MÉTAPHYSIQUE ET NOÉTIQUE

ALBERT LE GRAND

DU MÊME AUTEUR

Le problème de l'être chez Maître Eckhart, Cahiers de la Revue de Théologie et de Philosophie 4, Genève-Neuchâtel-Lausanne, 1980.

Introduction à la mystique rhénane d'Albert le Grand à Maître Eckhart, Paris, O.E.I.L./F.-X. de Guibert, 1984.

Ulrich de Strasbourg. De summo bono, II, 1-4, Hambourg, Felix Meiner, 1987.

Maître Eckhart. *Sur l'humilité*, traduction et postface, Paris, Arfuyen, 1988.

Maître Eckhart. *Poème* suivi d'un commentaire anonyme, Paris, Arfuyen, 1988, 1996.

La philosophie médiévale, « Que sais-je ? », Paris, PUF, 1989.

Albert le Grand et la philosophie, Paris, Vrin, 1990.

La philosophie médiévale, « Premier cycle », Paris, PUF, 1992, 2001.

Maître Eckhart. *Traités et sermons*, édition et traduction, Paris, GF-Flammarion, 1993.

Thomas d'Aquin. *Contre Averroès*, traduction et édition, Paris, GF-Flammarion, 1994.

La mystique rhénane d'Albert le Grand à Maître Eckhart, Paris, Seuil, 1994.

Porphyre, *Isagoge*, texte grec, traduction de A. de Libera et A.-Ph. Segonds, introduction et notes par A. de Libera, Paris, Vrin, 1995.

Eckhart, Suso, Tauler et la divinisation de l'homme, Paris, Bayard-Centurion, 1996.

La querelle des universaux. De Platon à la fin du Moyen Âge, Paris, Seuil, 1996.

Penser au Moyen Âge, Paris, Seuil, 1996.

Morgen Schtarbe, Paris, Flammarion, 1999.

L'Art des généralités, Paris, Aubier, 1999.

Maître Eckhart et la mystique rhénane, Paris, Cerf, 1999.

La référence vide : théories de la proposition, Paris, PUF, 2002.

Raison et Foi. Archéologie d'une crise d'Albert le Grand à Jean-Paul II, Paris, Seuil, 2003.

L'unité de l'intellect de Thomas d'Aquin. Commentaire du De unitate intellectus contra averroistas *de Thomas d'Aquin*, Paris, Vrin, 2004.

En collaboration :

Maître Eckhart, *Métaphysique du verbe et théologie négative*, Paris, Beauchesne, 1984.

Maître Eckhart, *Commentaire de la Genèse*, traduction et notes, Paris, Cerf, 1984.

Celui qui est. Interprétations juives et chrétiennes d'Exode 3, 14, Paris, Cerf, 1986.

Aux origines de la Logica Modernorum. Gilbert de Poitiers et ses contemporains, Naples, 1987.

L'œuvre latine de Maître Eckhart. Commentaire du prologue à l'Évangile de Jean, traduction et édition, Paris, Cerf, 1989.

Averroès et l'averroïsme, « Que sais-je ? », Paris, PUF, 1991.

Hommage à Paul Vignaux (1904-1987). Lectionum varietates, Paris, Vrin, 1991.

Averroès. *Le livre du discours décisif*, introduction A. de Libera, Paris, Flammarion, 1996.

L'Être et l'Essence. Le vocabulaire médiéval de l'ontologie. Deux traités De ente *de Thomas d'Aquin et Dietrich de Freiberg*, traduction et commentaires, Paris, Seuil, 1996.

Langages et Philosophies. Hommage à Jean Jolivet, Paris, Vrin, 1997.

L'Islam et la Raison. Averroès, présentation A. de Libera, Paris, Flammarion, 2000.

Dictionnaire du Moyen Âge, Paris, PUF, 2002.

Vocabulaire européen des philosophies, Paris, Seuil-Robert, 2004.

PROBLÈMES ET CONTROVERSES

Directeur : Jean-François COURTINE

MÉTAPHYSIQUE ET NOÉTIQUE

ALBERT LE GRAND

par

Alain de LIBERA

PARIS

LIBRAIRIE PHILOSOPHIQUE J. VRIN

6, Place de la Sorbonne, Ve

—

2005

En application du Code de la Propriété Intellectuelle et notamment de ses articles L. 122-4, L. 122-5 et L. 335-2, toute représentation ou reproduction intégrale ou partielle faite sans le consentement de l'auteur ou de ses ayants droit ou ayants cause est illicite. Une telle représentation ou reproduction constituerait un délit de contrefaçon, puni de deux ans d'emprisonnement et de 150 000 euros d'amende.

Ne sont autorisées que les copies ou reproductions strictement réservées à l'usage privé du copiste et non destinées à une utilisation collective, ainsi que les analyses et courtes citations, sous réserve que soient indiqués clairement le nom de l'auteur et la source.

© *Librairie Philosophique J. VRIN,* 2005
Imprimé en France
ISSN 0249-7875
ISBN 2-7116-1638-X

www.vrin.fr

À Kurt Flasch

Avant-propos

Deux conceptions de la métaphysique se sont affrontées à l'automne du Moyen Âge : l'une, par une série de médiations qui restent encore largement à décrire, a donné naissance à la métaphysique de l'esprit, culminant dans l'idéalisme allemand, l'autre, par une suite de réinstaurations dont les figures principales sont mieux connues, a prolongé, d'une scolastique l'autre, cette métaphysique de l'être globalement décrite plus qu'analysée sous l'équivoque rubrique d'onto-théo-logie. On le sait aujourd'hui, l'onto-théo-logie, concept introduit par Heidegger en 1930/1931, sur les pas de Kant, dans *Hegels Phänomenologie des Geistes* [1], et remanié à deux reprises au moins, en 1949, dans *Was ist Metaphysik ?* [2], en 1957, dans *Identität und Differenz* [3], ne correspond qu'à l'*une* des structures médiévales de la métaphysique. On a récemment précisé plusieurs de ces structures. O. Boulnois, notamment, complétant les analyses de R. Brague et de L. Boulbach, définit ainsi ce qu'il appelle les « trois figures historiques de la métaphysique médiévale » : d'abord, la *protologie* – la métaphysique comme science de ce qui est premier ou principe ; puis, la *katholou-protologie* – la métaphysique comme science « universelle parce que première », où l'étant dit communément est le sujet de la métaphysique dans la seule mesure où il se dit *d'abord* du premier étant, principe universel de tout le reste ; enfin, la *katholou-tinologie* – la métaphysique en tant qu'elle met en avant l'objet de l'intellect en général, qui consiste dans la *res*, l'*aliquid*, qui est plus vaste que l'*ens*, et

1. *GA* Bd. 32, Francfort, V. Klostermann, 1980, p. 141-143 (trad. fr. « *La Phénoménologie de l'esprit* de Hegel », Paris, Gallimard, 1984, p. 157-159).

2. Francfort, V. Klostermann, 1992 [14e éd.], p. 19-20 (trad. fr. in *Questions I*, Paris, Gallimard, 1968, p. 40).

3. Pfullingen, Neske, 1957, p. 51 (trad. fr. in *Questions I*, p. 289).

n'atteint Dieu « qu'à l'intérieur et à partir de cette universalité préalable »[4]. Comme le montre Boulnois, Heidegger ignorant la première et rejetant la deuxième comme incohérente (dans le cas, du moins de Thomas d'Aquin), c'est la katholou-tinologie scotiste qui constitue chez lui la figure paradigmatique de l'onto-théo-logie[5]. On voudrait remonter ici à un autre paradigme, celui de la *théiologie philosophique* d'Albert le Grand, non pour y saluer une exception locale, marquée par le brouillage ou la contamination – certains aspects de la métaphysique albertinienne relevant de ce que Brague appelle structure « katholou-protologique », d'autres, de la structure dite « protologique » –, mais pour tenter de ressaisir, en dehors des schèmes de pensée strictement heideggériens ou de leurs prolongements, le moment où les deux métaphysiques, celle de l'esprit et celle de l'être, n'étant pas encore clairement distinguées, c'est sous le signe d'une indécision ou d'un balancement initial entre *métaphysique* et *noétique* que théiologie et philosophie première échappent pour la première fois, du moins dans l'Occident médiéval, à la « problématique aristotélicienne » dont les diverses « structures » susmentionnées sont, chacune à sa manière, les avatars. On s'étonnera qu'il faille recourir à des expressions si peu naturelles pour nommer la science de *ce qui est*, pour désigner la partie de la philosophie, qu'on l'appelle « métaphysique » ou « ontologie », simplement destinée à inventorier (ou lister ou cataloguer) les choses (ou les types de choses) qui « ont de l'être » (ou un être), bref les choses (ou les types de choses) qu'*il y a* ! On songera à Locke et à sa critique des scolastiques « qui ont trouvé pratique de masquer leur ignorance d'un tissu étonnant et inexplicable de mots obscurs, et de se procurer l'admiration des autres par des mots inintelligibles, les plus

4. Sur tout cela, cf. O. Boulnois, « Heidegger, l'ontothéologie et les structures médiévales de la métaphysique », *in* C. Esposito, P. Porro (éd.), *Heidegger e i medievali*. Atti del colloquio internazionale, Cassino, 10-13 maggio 2000, *Quaestio*, 1 (2001), p. 379-406.

5. Sur Heidegger et Duns Scot, cf. O. Boulnois, « Heidegger lecteur de Duns Scot. Entre catégories et signification », *in* J.-F. Courtine (éd.), *Phénoménologie et Logique*, Paris, Vrin, 1996, p. 261-281. Sur la katholou-tinologie scotiste et son influence, cf. L. Honnefelder, *La Métaphysique comme science transcendantale*, Paris, PUF (Chaire Étienne Gilson), 2002. Pour une discussion critique de la thèse de la « structure onto-théologique » de la métaphysique et une réflexion sur l'articulation entre métaphysique et noétique, cf. l'ouvrage fondamental de F. Nef, *Qu'est-ce que la métaphysique ?*, Paris, Gallimard (Folio Essais, 447), 2004 (spécialement, IVe partie : « L'onto-théo-logie introuvable », chap. 10 : « Onto-théo-logie et métaphysique aristotélicienne », 11 : « Scot Érigène, Avicenne : le néo-platonisme court-circuité » et 12 : « Thomas d'Aquin lecteur d'Aristote : consolidation de l'onto-théo-logie ? » – avec d'importants développements sur l'objet de la métaphysique et la question de l'analogie).

aptes à produire l'étonnement, puisqu'ils ne peuvent être compris »[6]. On aura tort. L'historien a besoin de termes propres pour définir et classer. On veut croire qu'aucun philosophe ne s'est jamais rêvé (ni réveillé) katholou-protologue, et l'on sait bien que le mot même de « noétique », tel celui d'« hénologie » (deux termes qu'un journaliste qualifierait certainement de « barbares », comme tous les dérivés savants du grec), n'existaient ni dans l'Antiquité ni au Moyen Âge. Il faut bien cependant se résoudre à y recourir comme outils d'analyse ou principes de classement. Ce ne sont, en somme, que des expressions métalinguistiques. Le travail historique ne s'arrête pas là. Il doit aller à l'objet, à son (ses) langage(s), aux textes, à la chose même. C'est ce que l'on fera ici.

En proposant sous le titre de *Métaphysique et noétique* une réflexion sur la figure albertinienne de la philosophie première, il s'agit donc de reconstruire un complexe marqué par la rencontre d'une réflexion sur l'être, l'*esse* ou l'*ens*, et d'une théorie de l'intellect, l'*intellectus*, l'*intelligentia* – en termes disciplinaires : d'une ontologie et d'une psychologie philosophiques, de sa première « figure », albertinienne, et de ses suites ou de ses reprises, chez un Eckhart, un Dante, un Jean de Jandun, un Dietrich de Freiberg ou un Berthold de Moosburg. Cette rencontre n'est pas le fait d'une idiosyncrasie personnelle, *purement albertinienne* : c'est le fruit d'une histoire et d'une tradition, celle du péripatétisme gréco-arabe, qui se confond avec les principales étapes de la *translatio studiorum*, le long processus d'acculturation philosophique de l'Occident chrétien, entamé au IXe siècle dans la Bagdad abbasside, poursuivi au XIIe par le mouvement traducteur de Tolède, achevé à Paris, au début du XIIIe siècle avec la naissance de l'université. Deux âges de la métaphysique des *Latini* s'y trouvent convoqués : l'âge gréco-latin dominé par le questionnement théologique de Boèce, l'âge arabo-latin marqué par l'entrée des sources arabes : Fārābī, Avicenne, Ghazālī, Averroès. Plusieurs âges aussi de la psychologie et de la théorie de la pensée, c'est-à-dire, en termes médiévaux, de la réflexion sur le statut de l'âme, de l'intellect et de l'intelligible. Au mitan de ces deux ensembles, nouant être et intellect d'un lien qui doit autant au(x) néoplatonisme(s) qu'au Stagirite : un monde de textes et de pseudépigraphes « aristotéliciens », dont la plupart remontent au Proclus et au Plotin *arabes* – tel l'énigmatique *Livre du bien pur*, encore appelé *Livre des causes*, dont Albert aura été le plus ardent propagandiste et la plus notoire victime. D'un mot : un océan. D'où l'appel au philosophe dit « de Cologne », *Albertus Magnus*, son premier navigateur, mais aussi premier Allemand

6. *Essai sur l'entendement humain*, III, chap. 10, § 8, trad. J.-M. Vienne, Paris, Vrin (Bibliothèque des textes philosophiques), 2003, p. 200.

à avoir acquis le titre de « maître en théologie de l'université de Paris » : les années qui nous intéressent, celles où s'achève, en un sens, le « transfert culturel » d'Orient en Occident, de « Terre d'Islam » en « pays de Chrétienté », sont les *années Albert*.

Le livre qu'on va lire n'est pas né de rien. C'est le remaniement et la refonte d'un texte publié en 1991 sous le titre *Albert le Grand et la philosophie*. Si, pour des raisons évidentes, il en conserve la structure – allant précisément de la métaphysique à la théorie de l'intellect, contre le classement du corpus albertinien par Albert lui-même, qui place le *De anima* avant la *Métaphysique* et le *De causis et processu universitatis* –, il intègre, parfois suppose, les développements nouveaux qu'une longue discussion de l'œuvre albertinienne a récemment tenté d'articuler sur une base plus théologique dans *Raison et Foi*, comme l'« archéologie d'une crise d'Albert le Grand à Jean-Paul II »[7]. De même, il ne peut que tenir compte du travail, plus récent encore, effectué sur le *De unitate intellectus contra averroistas* de Thomas d'Aquin[8]. Contrepoint discret, il ne saurait être question de redire ici ce qui a été dit là, mais nécessaire, qui peut, on l'espère, valoir comme une invitation à d'autres parcours. Enfin, comme les textes albertiniens traduits sont rares, une manière d'anthologie est proposée en annexe, corpus minimal en regard de l'original, mais emprunté aux quatre œuvres les plus pertinentes au domaine couvert : *Metaphysica*, *De causis et processu universitatis*, *De anima*, *De intellectu et intelligibili*. On espère que, ainsi préparé, le lecteur pourra entrer plus facilement dans l'univers albertinien : celui d'une figure de la métaphysique où la question de l'être est, dans toute son ampleur, posée et traitée comme question de la pensée.

7. Cf. A. de Libera, *Raison et Foi. Archéologie d'une crise d'Albert le Grand à Jean-Paul II*, Paris, Éd. du Seuil (L'Ordre philosophique), 2003.

8. Cf. A. de Libera, *L'Unité de l'intellect. Commentaire du 'De unitate intellectus contra averroistas' de Thomas d'Aquin*, Paris, Vrin (Études et Commentaires), 2004.

CHAPITRE PREMIER

Profil d'une œuvre

Né vers 1200, mort à Cologne en 1280[1], frère prêcheur, maître en théologie de l'université de Paris, puis évêque de Regensburg, Albert le Grand est généralement crédité d'une immense ambition intellectuelle soldée, en fin de compte, par un double échec. Grand érudit, il aurait introduit dans son enseignement le péripatétisme arabe et les idées de certains néoplatoniciens, « donnant » ainsi Aristote aux Latins, sans toutefois parvenir à faire la synthèse d'éléments si divers ni réussir à accorder vraiment philosophie et théologie. Encyclopédique, mais confus, théologien fasciné par la philosophie, mais philosophe peu original, expert en digressions qui noient le propos d'ensemble et retardent le moment de la pensée, prodigue en analyses là où l'on voudrait une synthèse, inutile et incertain quand on voudrait une réponse claire, Albert serait plus historien que penseur, s'embarrassant dans les contradictions pour le plaisir du détail, se perdant dans l'anecdote pour

1. Sur la date de naissance d'Albert, cf. C. Wagner, « Alberts Naturphilosophie im Licht der neueren Forschung (1979-1983) », *in* R. Imbach et Chr. Flüeler (éd.), *Albert der Große und die deutsche Dominikanerschule. Philosophische Perspektiven, Freiburger Zeitschrift für Philosophie und Theologie*, 32 (1985), p. 71-73. Sur la vie et l'œuvre, on consultera principalement M. Lohrum, *Albert der Große. Forscher-Lehrer-Anwalt des Friedens* (Topos-Taschenbücher, 216), Mayence, 1991 ; W. Fauser, « Albertus Magnus », *in* S. Corsten *et alii* (éd.), *Lexikon des gesammten Buchwesens*, 1, Stuttgart, 1985, p. 52b-53a ; P. Hoßfeld, « Albertus Magnus », *in* R. Audi (éd.), *The Cambridge Dictionary of Philosophy*, New York-Cambridge-Melbourne, 1995, p. 15-16 et, du même, « Albertus Magnus (*ca.* 1200-1280) », *in* G. Böhme (éd.), *Klassiker der Naturphilosophie. Von den Vorsokratikern bis zur Kopenhagener Schule*, Munich, 1989, p. 74-85 ; W. Kluxen, « Albert der Große », in *Staatslexikon*, herausgegeben von der Görres-Gesellschaft, 1, Freiburg i. Br., 1985 (7e éd.), col. 88-91 ; É.-H. Wéber, « Albert le Grand (1193?-1280) », in *Encyclopaedia Universalis*. Corpus, Paris, 1992, p. 680a-681b ; G. Wieland, « Albertus Magnus », *in* W. Kasper (éd.), *Lexikon für Theologie und Kirche*, 1, Freiburg i. Br.-Bâle-Rome-Vienne, 1993 (3e éd.), col. 337-339.

la seule raison d'être complet, capable de citer mille curiosités et opinions diverses, mais incapable de retrouver son propre fil dans un écheveau de doctrines accumulées pêle-mêle, au hasard des trouvailles et des nouveautés. Maître de l'énoncé rapporté plutôt que « Docteur universel », Albert le Grand serait ainsi au mieux le saint patron de la lecture, au pis un répétiteur brouillon rassemblant, par masses volumineuses, les notes d'une leçon qui n'eut jamais lieu[2]. Tel est certainement l'avis de Carl von Prantl, dont certaine page meurtrière a donné le ton de la critique moderne : Albert est une tête mal faite ; sa seule contribution est de dégorger pour ses contemporains le lot de textes ingurgités par son formidable appétit de lecture ; il ne faut chercher en lui ni sain entendement ni talent philosophique ; c'est un compilateur qui n'a pas laissé une ligne de sa plume – y compris dans les digressions sans fin qui ont fait sa réputation[3]. Diagnostic sans appel, qu'un S. Ebbesen n'est pas loin de partager, qui assortit d'un point d'interrogation le *Magnus* que la tradition a ajouté au prénom du philosophe de Lauingen[4]. Ainsi, cette longue existence, ce vain, cet interminable babil, n'auraient qu'une justification : que leur intarissable titulaire ait été le maître de Thomas d'Aquin, et ainsi le modèle du précurseur, l'archétype d'un penseur dont la grandeur se mesure à l'aune de ceux qui l'ont suivi et heureusement dépassé.

Il faut retoucher d'emblée ce portrait misérable. Pourquoi ? Pour plaider en philosophie la cause de l'obésité ? Ou pour, toute honte rhétorique bue, faire l'éloge de la lourdeur ? Non pas. Mais pas davantage pour feindre qu'un papillon conceptuel puisse jamais jaillir

2. Cf. G. Piaia, « La genèse de l'interprétation historique et philosophique d'Albert le Grand (XVe-XVIIIe siècle) », *in* A. Zimmermann (éd.), *Albert der Grosse, seine Zeit, sein Werk, seine Wirkung*, Berlin-New York, Walter De Gruyter (Miscellanea Mediaevalia, 14), 1981, p. 237-255.

3. Cf. C. von Prantl, *Geschichte der Logik im Abendlande*, III, Leipzig, 1867, p. 89-90.

4. Cf. S. Ebbesen, « Albert (the Great ?)'s Companion to the *Organon* », *in* A. Zimmermann (éd.), *Albert der Grosse, seine Zeit, sein Werk, seine Wirkung*, *loc. cit.*, p. 89-103 : « Prantl was not right in saying, "Albert is only a compiler, and everything, everything without exception that he writes is alien property", but he was not far off the mark. The paraphrasing parts of Albert's commentaries are often free adaptation of the text-exegetic passages in Kilwardby » (cf. S. Ebbesen, *ibid.*, p. 91). Et de préciser *(ibid.)* : « It is no crime to borrow other people's good ideas, and the medievals were not finicky about copyright. The important question is whether Albert understood his sources and used them in a reasonable way. » La réponse est négative : la logique d'Albert est *fairly incoherent* et abonde en erreurs. Reste la question du *Magnus*. L'hypothèse d'Ebbesen est que le terme pourrait simplement signifier... « le Dominicain » – au sens où l'on oppose les *maiores* ou *magni (fratres)* aux *minores* (= franciscains). Cf., sur ce point, *ibid.*, p. 103, n. 37.

d'une chrysalide de plomb. On parle ici de *sumo*. Il faut le dire d'emblée, et en tirer quelque chose. Albert dit « le Grand » est, comme tout déprimé boulimique, pesant et ennuyeux pour ceux qui jeûnent. Schopenhauer en eût dressé, comme pour Hegel, un portrait fatal, avec bière et whist. Mais ce n'est pas ce qui *nous* importe. Le personnage théorique vaut pour nous plus que l'homme, que, de toute façon, nous ne connaîtrons pas. Or quel est-il ? C'est ici que la retouche s'impose. L'historiographie a toujours buté sur la question de la philosophie, de son sens, de sa place, de sa fonction dans la pensée d'Albert – un *théologien* – dont le moins qu'on puisse dire est qu'il a été reconnu *sur le tard*. Suspecté puis célébré pour son esprit d'ouverture ou son goût de l'expérience, voire de l'expérimentation, le Colonais est toujours resté un « importateur » de la philosophie, un médiateur donc, un maillon, important mais vite dépassé, sur la longue chaîne d'une scolastique pensée comme synthèse harmonieuse – ou, selon le point de vue, « contre nature »[5] – de la *science* aristotélicienne et de la *sagesse* chrétienne. On peut s'en étonner. Le fait pourtant est là, et réclame une analyse, pour ne pas dire une défense résolument axée sur les limites du ouï-dire. Qualifié de « singe d'Aristote » *(simia Aristotelis)* par le disciple de Jean Trithème, Paul Langius, il est, de l'humanisme aux Lumières, présenté comme un philosophe corrupteur de la théologie, un dialecticien « spinosique » *(spinosus)* – Langius anticipant pour lui de quelques siècles le laborieux jeu de mots nietzschéen sur le philosophe d'Amsterdam –, « borné » *(contentiosus)* et « bavard » *(garrulus)*[6]. Le

5. Comme celui de L. Rougier dans *Histoire d'une faillite philosophique : la scolastique*, Paris, J.J. Pauvert, 1966, esquissé dès 1924 dans « La mentalité scolastique », *Revue philosophique*, 87, p. 208-232, et, naturellement, dans *La Scolastique et le Thomisme*, de 1925.

6. Cf. *Pauli Langii Chronicon Citizense*, in *Rerum Germanicarum scriptores aliquot insignes*, collectore Jo. Pistorio, I, Ratisponae (= Regensburg), 1731, p. 1180 : « Fuit namque in omni philosophia peripatetica peritissimus. Hinc est a plerisque simia Aristotelis appellatus est. Qui et nimium vino secularis scientiae debriatus, primus (ni fallor) fuit, qui sapientiam humanam, ne dicam philosophiam prophanam, divinis literis copulare ausus est : quique dialecticam contentiosam, spinosam, et garrulam, sacratissimae et purissimae non pertimuit commiscere theologiae ; novum et philosophicum modum sacras docendi et explanandi literas suis tradens sequacibus, teologistarum sectae, quae ab eo Albertistarum dicitur, dux et monarcha excellens. » L'opinion du bénédictin a ici valeur de symptôme. Derrière l'« ébriété » d'un théologien, « ivre du vin de la science séculière », amateur de « philosophie profane » et de « dialectique épineuse », c'est l'idée même du rapport entre philosophie et théologie tel que le conçoit Albert qui se profile, pour être balayée. En plein XVIIIe siècle, la guerre menée, depuis les condamnations de 1270 et 1277, par Étienne Tempier contre les théologiens qui « philosophisent » continuera, ardente comme aux premiers jours, renouvelée, entre temps, par les épithètes choisies de l'invective humaniste.

reproche pointe dès 1419 dans le *Tricelogium astrologiae theologizatae* de Gerson. Le Chancelier est, sur ce point, l'anti-interprétant originel d'Albert[7], le point de départ de toutes les évaluations négatives de ses compromis supposés entre philosophie et théologie et de ses compromissions alléguées avec la « fausse science » ; c'est aussi par lui que transitent les diverses censures des XIIIe, XIVe et XVe siècles, dont la synthèse aboutira un temps à configurer la pensée albertinienne aux confins de la méfiance théorique et du soupçon d'hérésie. On retrouve la thèse du « corrupteur » à l'âge classique dans la monumentale *Historia critica philosophiae* de Brucker : selon lui, Albert n'a pas su « s'abstenir des distinctions inanes, des abstractions et questions » plus inutiles les unes que les autres ; il n'a pas su « raison sobre garder » et, de ce fait même, il a « corrompu de manière insigne et la philosophie et la théologie scolastiques »[8]. Le reproche revient chez Legendre de Saint-Aubin, discrètement teinté d'antiarabisme (« ... et le mauvais goût arabesque gâta les écoles, comme l'architecture et les autres arts avaient été corrompus par le goût gothique »), puis empreint d'un antiscolasticisme militant chez Boureau-Deslandes (« La peine d'un voyageur qui traverse des campagnes arides et incultes, n'est pas plus grande que celle d'un esprit raisonnable, qui est obligé par devoir de se donner aux scolastiques » et de lire « les vingt et un volumes *in-folio* d'Albert le Grand »)[9]. Il sera repris par Diderot (« Personne n'entendit mieux la dialectique et la métaphysique péripatéticienne. Mais il en porta les subtilités dans la théologie, dont il avança la corruption »)[10]. Tout n'est pas noir, cependant, dans le tableau dressé par l'encyclopédiste. S'il dénonce les vaines subtilités « dialectiques et métaphysiques » du Colonais, il souligne aussi son intérêt pour la philosophie naturelle, les arts mécaniques, la métallurgie et la lithologie. C'était déjà, d'ailleurs, le cas chez Brucker[11], sa source principale, sinon exclusive. Un point cependant fait l'unanimité : Albert est un écrivain déplorable. Son style « gothique, barbare, raboteux et grossier » est une offense au latin autant

7. Cf. Z. Kaluza, « Gerson critique d'Albert le Grand », *in* F. Cheneval, R. Imbach, Th. Ricklin (éd.), *Albert le Grand et sa réception au Moyen Âge*, Separatum de la *Freiburger Zeitschrift für Philosophie und Theologie*, 45 (1998) 1-2, p. 173 *sq*. Cf., en outre, A. de Libera, *Raison et Foi*..., chap. 1.

8. Cf. J.J. Brucker, *Historia critica philosophiae*, Leipzig, 1742-1744 [réimpr. Olms, Hildesheim-New York, 1975], t. III, p. 701-704, 720-721, 788-798.

9. Cf. A.-F. Boureau-Deslandes, *Histoire critique de la philosophie*, III, Londres, 1742 (2e éd.), p. 269-270.

10. Cf. *Encyclopédie, ou Dictionnaire raisonné des sciences, des arts et des métiers*, t. XIV, art. « Scholastiques », Lucques-Paris, 1758-1780, p. 658a.

11. Cf., sur ce point, J.J. Brucker, *Historia critica*..., t. III, *loc. cit.*, p. 793-796.

qu'à l'esprit[12]. Ici, on ne s'en étonnera pas, le coup d'envoi est donné par les humanistes, la palme revenant au portrait d'Albertus *Grotus*, brossé par Vivès, qui lui reproche d'avoir « conduit le bateau » de la dialectique « loin du rivage », dans la mer des « questions monstrueuses » chères aux pseudo-dialecticiens[13]. Une exception notable dans le concert des imprécations humanistes est fournie par Jean-François Pic. Dans son *Examen vanitatis doctrinae gentium, et veritatis Christianae disciplinae*, le neveu de Jean Pic de la Mirandole, seul, ou presque, se plaît, de fait, à souligner le rôle à ses yeux positif du Colonais dans la distinction nécessaire de la philosophie et de la théologie[14]. Reste que, globalement, Albert se voit rejeter par les humanistes, les classiques et les Lumières pour se confondre mieux que tout autre avec la « scolastique ». S'il survit, c'est... comme paradigme national. Déjà qualifié de « Varron allemand » par Jean Aventinus[15], qui le place en fait bien au-dessus de Varron, chante sa culture universelle et loue sa « suprême éloquence » *(sic !)*, Albert trouve son plus « bel » éloge chez Dieterich Tiedemann, concluant les quatre-vingts pages albertiniennes du *Geist der spekulativen Philosophie* (1791) par un vibrant : « Der Mann [...] war ein Deutscher. » Les deux tendances demeurent jusqu'à l'époque moderne. Canonisé par Pie XI en 1931, élevé au rang de « protecteur » des sciences de la nature par Pie XII (1941), la figure d'un « Albert der Deutsche » à l'exemplaire « vie allemande » *(Alberts deutsches Leben)* est aussi revendiquée à partir de 1933 dans une certaine Allemagne, pour revivifier l'image de la

12. Cf. Celio Rodigino (Ludovici Caelii Rhodigini [Ricchieri]), *Lectionum antiquarum libri XXX*, t. I, Lyon, 1555-1560, p. 34.

13. Cf. J.L. Vivès, *De causis corruptarum artium*, in *Opera*, I, Bâle, 1555, p. 383, 391.

14. À tort ou à raison ? C'est une autre affaire. Et pour servir quelle théologie ? – une autre encore. Certains pourront espérer, en tout cas, que Jean-François Pic se trompe dans son homélie, à en juger par l'aspect plutôt réactionnaire qu'y revêt la distinction des deux disciplines. Cf. *Opera omnia*, t. II, Bâle, 1557-1573 (réimpr. Olms, Hildesheim, 1969), p. 1248-1249 : « ... Christiani sumus, non Aristotelei, hoc est Deum eiusque virtutem et potestatem infinitam ex Evangelio, non ex Peripato credimus. Qua in re mihi illud magni Alberti in ultimo *Primae philosophiae* facit satis, theologiae, inquit, ratio nostrae, non cum philosophorum principiis convenit. Et supra paululum eos taxaverat, qui philosophiam cum theologia confunderunt. »

15. Cf. Jo. Aventini *Annalium Boiorum libri VII*, Leipzig, 1710, p. 667 : « Albertum Magnum Germanum Varronem, aut si veritas aperte dicenda, longe Varrone doctiorem [...] nihil eum penitus fugit, omnia perfecte novit : naturae secundum Aristotelem verissimus interpres [...]. Non minus Platonis, Epicuri, Pythagorae, aliorumque philosophorum dogmata calluit, quam Aristotelica. Primus Latinorum, quicquid in Graecis, Latinis, Arabibus, Hebraeis, Aegyptiis philosophis egregium fuit, perscrutatus est. Primus apud Latinos in omnis Aristotelis, Euclidis, Petri Lombardi, aliorum huiusmodi authorum commentaria scripsit. Eloquentia summa suo seculo, eruditione etiam nostro praeditus. »

« germanité médiévale » (*das Bild mittelalterlicher Deutschheit*, selon le mot de Ludwig Athanasius Winterswyl) ; cependant, la néoscolastique aidant, c'est en parrainant un « aristotélisme chrétien » accompli par Thomas d'Aquin qu'Albert va, dès la seconde moitié du XIXe siècle, trouver l'essentiel de sa gloire philosophique – une gloire ambiguë et, en un sens, « contreproductive », puisque l'éclatante réussite de l'élève rend superflue la pensée du maître.

Comme un train, une hagiographie peut en cacher une autre. L'apothéose de Thomas fait monter Albert. On reprend les documents anciens pour fixer une relation, à la fois paternelle et fraternelle, toute d'effacement et d'admiration, qui impose une équation simple en la colorant d'affect ou, pourquoi pas, d'affection : sans Albert, Thomas n'eût pas existé, mais, sans Thomas, Albert lui-même n'eût rien été. On souligne, par exemple, *via* Barthélemy de Capoue et Hugues de Lucca, que le vieux dominicain de Cologne ne pouvait entendre prononcer le nom de son ancien élève sans « fondre en larmes » ou, suivant à la lettre Hermann de Fritslar, on rappelle qu'Albert, ayant tout fait pour que l'Ordre mandât Thomas à Paris afin d'y devenir maître, avait su apaiser ses craintes dans un élan d'humilité prophétique :

> L'évêque Albert l'envoya à Paris. Il prit grand-peur, car il y a là-bas de grands savants. L'évêque Albert lui dit : n'aie pas peur. Tu occuperas cette chaire avec honneur. Tu es en vérité bien meilleur savant que moi [16].

Il faudra attendre Nardi pour que le Colonais recouvre vraiment son indépendance [17]. Historien de Dante, Nardi étudie Albert sans (voire contre) Thomas, prenant la mesure de ses choix philosophiques, de ses emprunts et de ses méthodes dans une perspective historique nouvelle. En résulte un tableau plus fouillé, plus difficile aussi, où Albert s'inscrit dans une mutation d'ensemble, dans un mouvement d'acculturation philosophique dont il est l'acteur principal, sinon exclusif, mouvement dont les effets multiples, voire contradictoires, apparaissent comme secrètement reliés, une fois définis le terrain et les enjeux de la pensée du XIIIe siècle. Telle est la difficulté. L'œuvre d'Albert est immense. Elle est à la fois d'assimilation et d'affirmation. Elle s'exprime dans des formes littéraires où l'engagement personnel de l'auteur ne saurait être

16. « Dô samte in bischof Albrecht zu Paris. Dô vorchte her sich sêre, wan dô grôze pfaffen sin. Dô sprach bischof Albrecht : envorchte dich nicht, du beheldest den stul mit êren wole. Du bist wêrlichen bezzer pfaffe dan ich ».

17. Sur le rôle de Nardi dans les études albertiniennes, cf. C. Vasoli, « L'immagine di Alberto Magno in Bruno Nardi », in *Albert der Große und die deutsche Dominikanerschule*, *loc. cit.*, p. 45-64.

univoque : ici la paraphrase de style avicennien, là le commentaire sententiaire ou biblique, là encore la somme, là enfin l'opuscule ou la monographie. Il faut distinguer ces formes et ces tons, ces méthodes et ces styles. Il faut aussi tenter d'évaluer l'importance de la philosophie arabe dans l'histoire de la philosophie du Moyen Âge occidental et dans l'histoire de la philosophie tout court. Il faut, enfin, et c'est le plus délicat, tenter d'*oublier Thomas d'Aquin*. Ce mot d'ordre, lancé dans *Raison et Foi* pour tenter de construire en théologie un « second paradigme », distinct à la fois de l'albertino-thomisme et du thomisme, auquel le premier a tôt fait de se réduire, même là où, comme dans le célèbre appel du 15 novembre 1980, la figure d'Albert est proposée par le souverain pontife en exemple aux enseignants, étudiants et chercheurs, ce mot d'ordre, dis-je, risquant d'être mal ou surinterprété (Albert n'est pas, après tout, un *anti*-Thomas non plus qu'un *autre* Thomas, grossièrement esquissé, mais simplement un *autre* type de théologien chrétien du XIIIe siècle que le théologien Thomas, thomasien ou thomiste), il faut préciser heuristiquement ce que signifie pareil *oubli*. En d'autres mots : ce qu'implique aujourd'hui la lecture de l'œuvre philosophique d'Albert.

On nous permettra d'être tranchant : lire Albert aujourd'hui veut dire aborder la philosophie médiévale en son état natif, au moment précis où l'idéal philosophique prend figure sinon indépendante, du moins autonome, à la croisée des cultures et des pratiques, des formes de vie et des tensions, des factions et des écoles. On ne peut comprendre une pensée dont la force réside en partie (mais en partie seulement) dans celle de ses interlocuteurs, si l'on ne considère pas d'abord la puissance d'ébranlement d'un Avicenne ou d'un Averroès. Albert a connu tous les âges de l'entrée d'Aristote. Étranger aux censures, il les a toutes connues, ou presque. On peut donc apprendre à son contact : ses hésitations même ont leur valeur. Qu'Albert n'ait pas légiféré là où d'autres ont manié l'anathème, qu'il n'ait pas toujours *décidé* là où tant d'autres l'ont fait, n'est ni la marque d'un échec ni le signe d'une vaine prudence. Il faut approcher Albert avec patience, en généalogiste ou en archéologue, aborder son œuvre dans l'horizon d'une histoire des corpus et des réseaux, l'évaluer dans une perspective rigoureusement historique, fondée sur le holisme sémantique et le relativisme de style collingwoodien, dont nous avons formulé ailleurs les principes méthodologiques et les stratégies interprétatives[18]. C'est ce que l'on essaiera de faire dans les pages qui suivent.

18. Sur ce point, cf. A. de Libera, *L'Art des généralités. Théories de l'abstraction* (Philosophie), Paris, Aubier, 1999 ; « Le relativisme historique : Théorie des "complexes

Contes et légendes

Reste la gloire équivoque de l'alchimiste, et le succès durable de la part d'ombre : le *Grand* et le *Petit Albert* ou les *Secrets des femmes*, ce classique de la littérature de colportage [19] – toutes œuvres apocryphes où l'on se plaît à imaginer le nécromant coiffant la mitre de l'évêque. À en croire la *Chronica novella* d'Hermann Korner (1435), dominicain de la province de Saxonia, Albert lui-même aurait protesté sur son lit de mort contre les accusations de magie noire qui pesaient obstinément sur lui. Il s'agit d'une légende, mais emblématique, qui retourne le thème négatif de la pratique magique dans celui, positif, de la vérification expérimentale. Albert est couché. On l'entoure. Il adjure :

> Frères bien aimés, voilà un certain temps que l'on répand sur mon compte un méchant mot, que l'on dit que je m'adonne à la magie noire, que grâce à elle j'accomplis des choses incroyables, mais qu'à cause d'elle je me suis écarté du chemin du Salut et que je me suis damné [...]. Dieu m'est témoin, il sait que j'ai beaucoup lu et écrit de cet art et que j'en ai vérifié moi-même quelques éléments. Mais je ne l'ai fait ni par légèreté ni pour m'y exercer sérieusement. Au contraire, c'était pour savoir s'il y avait quelque chose dans cet art, s'il ne renfermait pas ne fût-ce qu'un petit grain de vérité. J'ai fait cela, car je m'efforçais d'étudier à fond tout ce que l'esprit humain a essayé.

Plaidoyer vraisemblable – l'œuvre authentique contient nombre d'allusions, plus ou moins critiques, à la magie –, mais insuffisant, semble-t-il, puisqu'il faudra qu'à la demande d'Albert on ouvre sa

---

questions-réponses" et "traçabilité" », *Les Études philosophiques*, 4/1999, p. 479-494 ; « Archéologie et reconstruction. Sur la méthode en histoire de la philosophie médiévale », in *Un siècle de philosophie, 1900-2000*, Paris, Gallimard-Centre Pompidou (Folio Essais), 2000, p. 552-587. Pour une discussion de cette méthode, cf. K. Flasch, « Wie schreibt man Geschichte der mittelalterlichen Philosophie ? Zur Debatte zwischen Claude Panaccio und Alain de Libera über den philosophischen Wert der philosophiehistorischen Forschung », *Medioevo*, XX (1994), p. 1-29 ; P. Engel, « La philosophie peut-elle échapper à l'histoire ? », *in* J. Boutier et D. Julia (éd.), *Passés recomposés*, Paris, Éd. Autrement, 1995, p. 96-111 ; Cl. Panaccio, « La geste de l'universel et l'insistance des problèmes », *Actes du XXVIe Congrès de l'ASPLF : La Métaphysique, son histoire, sa critique, ses enjeux*, sous la dir. de L. Langlois et J.-M. Narbonne, Paris, Vrin - Québec, PUL, 2000, p. 234-241 ; Cl. Lafleur, « Questions de style et de méthode. Claude Panaccio et l'histoire d'un thème philosophico-théologique de l'antiquité à la fin du Moyen Âge », *Laval théologique et philosophique*, 57/2 (2001), p. 213-223 ; Cl. Panaccio, « Sur les méthodes en histoire de la philosophie. Réponse à Claude Lafleur », *ibid.*, p. 262-265.

19. Pour une traduction (angl.) commentée des *Secrets des femmes*, cf. *Ps.-Albertus Magnus, Women's Secrets*. A Translation of Pseudo-Albertus Magnus' *De secretis mulierum*, with commentaries by H.R. Lemay, Albany (N.Y.), 1992.

tombe, trois jours après sa mort, et que l'on y vérifie la disposition de son corps (« agenouillé, le visage tourné vers l'est, et non gisant sur le dos, comme on allonge d'habitude les cadavres »), pour faire taire tous les soupçons[20]. L'épisode est capital, dans la mesure où c'est Albert lui-même qui, par avance, a fait de l'exhumation de son corps le « signe » de son Salut et de sa béatitude. De cette ordalie souterraine, ses confrères tireront la preuve irréfutable de sa *sainteté*. N'importe, on prêtera beaucoup au Colonais : des *Secrets des Égyptiens*, le livre de magie le plus répandu en Allemagne jusqu'au début du XXe siècle, à ce *Livret d'Albert* « sur les vertus des plantes, des pierres et des animaux » *(i.e.* le *Grand Albert)*[21], qui, avec 227 exemplaires vendus, devait être le *best-seller* de la *Fastenmesse* de Francfort[22] en 1569 !...

Il est vrai que de *Magnus* à *Magus*, il y va seulement d'une lettre et qu'Albert a beaucoup écrit sur les animaux, les plantes et les minéraux. Au risque de décevoir le lecteur, il faut pourtant le dire hautement : l'œuvre albertinienne n'a rien à voir avec la magie[23]. L'homme connaissait bien les savoirs arabes, notamment l'astrologie et

20. Cf. *Albertus-Magnus Katalog, loc. cit.* : « Une dies wird euch das Zeichen sein : Nach drei Tagen sollt ihr mein Grab öffnen, wenn ihr dann meine Leiche kniend findet und nach Osten gewandt, als ob ich betete, so wisset, daß ich gerettet und im Stande der Seligkeit bin. Findet ihr aber meine Leiche auf dem Rücken liegend, so wie Leichen hingelegt zu werden pflegen, so bin ich der ewigen Verdamnis anheimgefallen. » L'épreuve macabre ayant réussi, les Dominicains « ont le cœur inondé de joie ». « Ils referment le tombeau ». Et Korner de poursuivre : « Zum Zeichen der *Heiligkeit des Meisters* ließen sie die Grabplatte drei Finger breit über den Fußboden höher legen und ein Gitter um das Grab anbringen, damit es nicht durch die Füße der Brüder entweiht werde. »

21. Le *Grand Albert* est le titre populaire du *Liber aggregationis seu liber secretorum Alberti Magni de virtutibus herbarum, lapidum et animalium quorundam*. Pour ce livre, voir le travail récent de D. Webb (éd.), *Das Geheimwissen des Albertus Magnus*, übersetzt von U. Schuler, Genève-Munich, 1989 (extraits et trad. all.).

22. Cf. *Albertus-Magnus Katalog*, n. 188 (citant le *Messjournal* du libraire francfortois Michael Harder).

23. Tout commence, sans doute, par une déclaration d'Albert dans le *De anima*, I, 2, 6 ; éd. Stroick, p. 32, 25-31 : « Ab antiquo Trismegisto et Socrate postea et nunc a divinis et incantatoribus communiter asseritur, quod [...] dii incorporei existentes, quos angelos vel daemones vocant, et animae exutae a corporibus moveantur de loco ad locum ; cuius veritatem *etiam nos ipsi sumus experti in magicis*. » La suite est acquise dès Ulrich de Strasbourg, dont le pseudo-témoignage est, non sans un contresens évident sur « *experti sumus* » (qui signifie « comme nous le savons, nous qui avons tout lu »), directement tributaire de l'aveu albertinien. Cf. *De summo bono*, IV, 3, 9, mss. Vat. lat. 1311, f° 120vb-121ra ; Saint-Omer 152, f° 125vb ; Erlangen 619, f° 356v (le ms. Vat. lat. 1311 omet *quondam*) : « ... doctor meus dominus Albertus episcopus quondam Ratisponensis, vir in omni scientia adeo divinus, ut nostri temporis stupor et miraculum congrue possit, et *in magicis expertus...* ».

l'alchimie[24], encore devait-il beaucoup aux livres, et il faut prendre garde que ce lecteur infatigable n'a sans doute pas, autant qu'on l'imagine, manié lui-même les fioles de jus de mouron, d'euphorbe ou de joubarbe, l'urine de garçon vierge, l'eau de fleurs de fève et les écailles d'ablette. Certes, on veut bien rêver encore à cet « androïde » qu'il aurait prétendument forgé en trente années de travail « avec la faveur du ciel et des planètes », véritable statue parlante, *Vénus d'Isle* ou *Golem*, que Thomas d'Aquin, importuné par « son trop grand babil et caquet », aurait un jour brisée. Abondamment repris – de Henri de Langenstein à Tostatus Alphonsus –, l'épisode, qu'on n'ose dire original, est conservé dans les *Rheinland Sagen* du *Deutscher Sagenschatz*. Il ne manque pas de piquant. On y voit un Thomas d'Aquin plein de curiosité profiter de l'absence de son maître pour s'introduire dans une pièce dérobée, y tirer un rideau défendu, découvrir, horrifié, une « statue merveilleuse » (qui l'accueille d'un triple *Salve !*), la jeter au sol, l'écraser à grands coups, tenter de fuir, et, finalement pris sur le fait, subir les reproches d'un Albert déchiré « par la colère et la douleur » : « Thomas, Thomas, qu'as-tu fait ? Ton ignorance a détruit une œuvre à laquelle j'avais consacré le meilleur de ma vie ! » Mais faut-il parler ici de magie ? Le Thomas de la légende croit à une diablerie, qui hurle *Apage, satanas !* On sait qu'Albert, quant à lui, avait simplement décrit une Minerve de bois, un automate jadis fabriqué par Dédale, dont il explique en détail le fonctionnement dans son *De anima* :

> *Mais certains* de ceux qui définissent l'âme par la motion *disent qu'*elle *meut le corps où elle se trouve* localement dans la mesure où *elle* est *elle-même mue* localement : *tel Démocrite*, qui *dit* que la cause du mouvement du corps animé est *semblable* à celle que rapporte un certain *Philippe, didascale,* c'est-à-dire docteur [ès arts] *comiques*. Il enseignait *en effet* aux comédiens comment rassembler un public dans des villes pour y entendre des vers, en faisant des statues mobiles des dieux, de manière à ce que les gens se pressent à ce spectacle, [leur] *racontant comment Dédale* avait autrefois fabriqué *une statue de Minerve* en bois, *douée de mouvement* dans tous ses membres, en sorte qu'elle semblait chanter, sa langue s'agitant, et danser. Mais la cause de ce mouvement était que, dans le creux des statues, *du vif argent* avait été *versé* en

24. Sur ce thème, cf U.R. Jeck, « *Materia, forma substantialis, transmutatio*. Frühe Bemerkungen Alberts des Großen zur Naturphilosophie und Alchimie », *Documenti e studi sulla tradizione filosofica medievale*, 5 (1994), p. 205-240. On dispose depuis 1996 de la traduction italienne d'un des nombreux opuscules pseudo-albertiniens sur l'alchimie. Cf., sur ce point, *Ps.-Alberto Magno, Trattatello d'Alchimia, in* C. Crisciani, M. Perreira, *L'Arte del sole e della luna. Alchimia e filosofia nel medioevo*, Spoleto (Società internazionale per lo studio del Medioevo latino, 17), 1996, p. 163-169.

> chaque membre, et que ceux-ci paraissaient se mouvoir quand celui-là se mouvait, comme c'est encore le cas pour des sièges et des statuettes. Quant aux pieds, ils reposaient sur de petites roues, contenant des tiges métalliques creuses, divisées en cellules : quand le vif-argent descendait dans la partie antérieure de l'arceau, passant d'une cellule à l'autre, la partie postérieure se déplaçait localement, puisque nécessairement la partie de la roue où se déversait le *fusile* ou vif argent subissait le même mouvement que lui [25].

Inutile d'insister. La magie d'Albert n'est qu'une invention populaire. La cause érudite était virtuellement jugée dès Jean Pic. Adversaire passionné de l'astrologie divinatoire, Pic, cherchant à parer l'argument de ceux qui se réclamaient d'Albert, *theologum praestantissimum, fautorem tamen astrologorum*, répondait en niant la paternité albertinienne du *Speculum astronomiae*, nœud de la discorde et principale preuve à charge, avant de conclure : « De deux choses l'une : ou Albert a écrit ce livre ou il ne l'a pas écrit. S'il l'a écrit, il ne reste qu'à dire avec l'Apôtre : "Là je le loue, ici je le blâme." » [26] Trithème,

25. Cf. Albert le Grand, *De anima*, I, 2, 7 ; éd. Stroick, p. 32, 49-69 : « *Quidam autem* eorum qui diffiniunt animam per motivum esse, *dicunt* eam *movere corpus, in quo est* localiter in eo quod *ipsa* localiter *movetur, ut Democritus*, qui *dicit similem* causam esse motus animati corporis, qualem dixit *Philippus* quidam *didascalus* sive doctor *comoediarum*. Docebat *enim* comicos convocare in villis homines ad carmina audienda per hoc quod fierent imagines deorum mobiles, propter quarum spectaculum homines confluerunt, *referens Daedalum* antiquitus fecisse ligneam *imaginem Minervae mobilem* in omnibus membris ita, quod videbatur cantare per motum linguae et tripudiare. Causa autem motus fuit, quia in concavo imaginis fuerunt *infixa* organa in *argento vivo* et ad motum illius moveri videbantur, sicut adhuc fit in sellis et imaginibus. Pedes autem stabant super rotulas parvulas, in quibus canthi concavi fuerunt et distincti per cellulas, et cum argentum vivum descendebat in anteriori arcu per cellulas, tunc posterior movebatur de loco ad locum, quia necesse habuit, quod ad eandem partem moveretur ad quam movebatur argentum *fusile* sive vivum » (nous indiquons en italique les termes du sous-texte aristotélicien, d'après *De anima*, I, 3, 406b15-19 [trad. Barbotin, *Aristote. De l'âme*, Texte établi par A.J. Jannone, ainsi traduit par E. Barbotin, Paris, Les Belles Lettres (CUF), 1966, p. 13] : « Certains prétendent aussi que l'âme meut le corps où elle se trouve de la même manière dont elle est mue : tel Démocrite, proche, en ses dires, de Philippe l'auteur comique. Celui-ci dit en effet que Dédale donna le mouvement à son Aphrodite de bois en y versant du vif argent »). Les informations fournies par Aristote étant très succinctes, les précisions apportées par Albert ne pouvaient qu'impressionner son lecteur – de là à lui attribuer la fabrication d'un androïde, il y avait, cependant, un pas difficile à franchir. Sur tout cela, cf. Albert le Grand, *De homine*, q. 3 ; Borgnet, t. 35, p. 22b. Sur la « légende » elle-même, cf. Quétif-Echard, *Scrip. Ord. Praed.*, t. I, p. 167 et J. Sighart, *Albertus Magnus*, 1857, p. 71 *sq*.

26. On sait, de toute façon, que Pic ne condamne pas, bien au contraire, la magie naturelle, mais seulement la superstitieuse. Cf. sur ce point, *Discours sur la dignité de l'homme*, in *Œuvres philosophiques*, trad. O. Boulnois, G. Tognon, Paris, PUF (Épiméthée), 1993, p. 55 : « ... la magie est double. L'une repose tout entière sur l'œuvre et

au contraire, dans ses *Annales Hirsaugienses*, sûr de la paternité albertinienne, invoquait le *Speculum* pour dédouaner son auteur, la ligne de défense adoptée par l'abbé de Spanheim consistant à rappeler que, selon le *Speculum astronomiae* lui-même, il ne fallait pas confondre « magie superstitieuse » et « magie naturelle » ! Pour Pic comme pour Trithème, une chose était en tout cas hors de doute : Albert n'avait rédigé aucun ouvrage de nécromancie ; s'il avait jeté un coup d'œil sur ce genre de textes, c'était pour les réfuter, non pour les mettre en pratique. Et Trithème d'ajouter que la plupart des textes qui circulaient sous son nom étaient des faux, forgés sciemment par les « charlatans et amis des ténèbres » *(nebulones et tenebriones)* qui vivent de la nécromancie, et trouvent là un expédient commode pour séduire les curieux[27]. Naudé, Raynaud et Bayle – Naudé surtout – ont ensuite clos le dossier[28]. En outre, Albert n'avait pas besoin de *pratiquer* quotidiennement la magie pour en *parler*[29].

---

l'autorité des démons, chose, par ma foi, exécrable et monstrueuse, l'autre, si on y regarde bien, n'est rien d'autre que la philosophie naturelle. » C'est la première sorte de magie, que les « Grecs », en fait, « n'estimaient pas même digne du nom de magie », puisqu'ils « l'appelaient γοητεία, et non μαγεία, c'est-à-dire sagesse parfaite et souveraine », qui est donc condamnable. Albert n'y a aucune part. Pas plus que Pic lui-même, qui revendique hautement le droit de « s'adonner à la *magia naturalis* » (*ibid.*, p. 61).

27. Sur le témoignage de Jean de Trittenheim (Trithemius), cf. G. Piaia, « Genèse de l'interprétation historique... », *loc. cit.*, p. 241, n. 12 et 250.

28. Cf. Th. Raynaud, *Hoplotheca contra ictum calumniae*, Lyon, 1650, p. 149-150 et 160-161 ; P. Bayle, *Dictionnaire historique et critique*, t. I, Amsterdam-Leyde-La Haye-Utrecht, 1740, p. 129-131 ; G. Naudé, *Apologie pour tous les grands personnages qui ont été faussement soupçonnez de magie,* La Haye, chez Adrian Vlac, 1653, p. 512-540. Sur tout cela, cf. G. Piaia, *Vestigia Philosophorum. Il medioevo e la storiografia filosofica*, Rimini, Maggioli Editore (Studi di filosofia e storia della filosofia, 6), 1983, p. 188-196. Naudé réorchestre toutes les discussions antérieures. Il rejette les preuves « que l'on a coustume de produire pour bien flestrir l'innocence » d'Albert : la plupart, dit-il, reposent sur de fausses attributions, notamment du *Speculum astronomiae*, que suivant, Jean Pic de la Mirandole, l'auteur de l'*Apologie* préfère attribuer à Roger Bacon. Reste l'Androïde, qui « a donné sujet à une milliace de fables et impertinences ». Naudé y voit un simple simulacre de métal, semblable « aux statues d'animaux forgées par Boèce », et écarte d'un trait de plume l'hypothèse selon laquelle le Malin aurait parlé par son canal. Pourquoi attendre, pour jouer les ventriloques, qu'Albert ait œuvré toute une vie sur une statuette improbable, quand il lui suffisait de s'exprimer à l'aide d'une bouteille ou d'une trompette ! Si magie il y a, en l'affaire, ce n'est donc pas « magie superstitieuse ». Tout relève ici des arts mécaniques ou, pour mieux dire, de « cette partie de la magie naturelle qui dépend des mathématiques » – une distinction traditionnelle, bien antérieure à Naudé, comme d'ailleurs à Jean Pic et Jean Trithème (qui, on l'a vu, cite lui-même le *Speculum astronomiae* !).

29. Sur la signification philosophique de la magie chez Albert et ses contemporains, voir U.R. Jeck, « Magie, Alchimie und Aufaklärung », *in* K. Flasch, U.R. Jeck (éd.), *Das Licht der Vernunft. Die Anfänge der Aufklärung im Mittelalter*, Munich, 1997, p. 146-161.

Toutes les *Introductions à la philosophie* rédigées à Paris dans les années 1245 placent la *magica* dans leurs dispositifs épistémologiques. On ne peut en inférer que leurs auteurs s'adonnent eux-mêmes aux disciplines qu'ils présentent ni qu'ils demandent de les introduire en tant que telles dans le programme des leçons *de forma* ! Cela veut seulement dire que, comme tout le monde, ils ont lu le *Didascalicon* d'Hugues de Saint-Victor, l'Isidore de Séville du XIIe siècle : quand l'anonyme *Philosophica disciplina* décrit les cinq arts qui composent la mantique – nécromancie, géomancie, hydromancie, aéromancie, pyromancie – ou les quatre qui forment la « mathématique vaine » – sciences des aruspices, des augures, de l'auspice, de l'horoscope – à quoi s'ajoutent la sorcellerie *(maleficium)*, le sortilège et l'illusionnisme *(prestigium)*, la plupart des « informations » fournies sont empruntées au *Didascalicon* du Victorin, la seule originalité de l'Anonyme étant d'introduire une sixième espèce de mantique : la chiromancie (« ceromantia, – a *ceros*, quod est "manus" –, que docet inspicere in manu secundum dispositionem manus vel secundum protractionem linearum »). De même, quand Robert Kilwardby, futur archevêque de Cantorbéry, introduit la magie dans son *De ortu scientiarum*, il recopie tout le chapitre de l'œuvre du maître de Saint-Victor[30] !

En fait, ce sont tous les théologiens contemporains d'Albert, non pas seulement les maîtres ès arts, qui parlent de magie. Dès avant Alexandre de Halès[31], les commentaires du livre II des *Sentences* traitaient – il est vrai superficiellement – la question de la magie et de la divination *per daemones*. L'essentiel était laissé aux canonistes, qui disposaient d'un dossier patristique et conciliaire sur les sortilèges grâce au *Décret* de Gratien, *Causa* 26, et aux *Décrétales* de Grégoire IX (livre V, titre 21), qui proposaient quelques sources « nouvelles » au-delà des standards

30. Pour tout cela, cf. Hugues de Saint-Victor, *Didascalicon*, VI, 15, éd. Ch. H. Buttimer, *Hugonis de Sancto Victore Didascalicon, De studio legendi* (The Catholic University of America, Studies in Medieval and Renaissance Latin, X), Washington (D.C.), 1939, p. 132-133, trad. fr. *L'Art de lire. Didascalicon*, Introd., trad. et notes par M. Lemoine, Paris, Éd. du Cerf (Sagesses chrétiennes), 1991, p. 235-237 (« Appendice B ») ; *Anonymi Magistri artium Philosophica disciplina*, éd. Cl. Lafleur, in *Quatre Introductions à la philosophie au XIIIe siècle* (Université de Montréal. Publications de l'Institut d'études médiévales, XXIII), Montréal, Institut d'études médiévales - Paris, Vrin, 1988, p. 286, 530-287, 569 ; Robert Kilwardby, *De ortu scientiarum*, éd. A.G. Judy, *Robert Kilwardby, O.P., De ortu scientiarum* (Auctores Britannici Medii Aevi, IV), Toronto-Oxford, 1976, p. 225-226.

31. Cf. Alexandre de Halès, *Summa theol.* II-II, n. 797-803, *De divinatione*, Quaracchi, 1930, p. 775-779 : *De sortilegiis*, et les *Prolegomena* du tome IV, Quaracchi, 1948, p. CLXXX et CCXC.

d'Augustin et d'Isidore[32]. La seconde entrée d'Aristote, l'arrivée des corpus scientifiques arabes a déterminé une rupture, dont Albert n'est pas l'instigateur, mais seulement un des témoins privilégiés. Après Alexandre de Halès, bien d'autres explorent le corpus récent des écrits dits « magiques ». Dès 1264 (ou 1265), Gérard de Feltre rédige une *Summa de astris*, dédiée à Jean de Verceil, argumentant la distinction entre astrologie superstitieuse et astrologie naturelle ou scientifique[33]. En 1269 (selon M. Grabmann), Guillaume de Moerbeke écrit un *De arte geomancie*[34]. Thomas d'Aquin lui-même se mêle de l'affaire : il y revient plusieurs fois – dans la question 5 du *De veritate*, le *Quodlibet XII*, a. 35, le *De operationibus occultis naturae*[35] et le *De iudiciis astrorum* (composés à Paris entre 1269 et 1272), le *De sortibus* (également composé à Paris, probablement durant l'été 1270 ou 1271), dans la *Summa theologiae, II-II^{ae}*, q. 95 et 96, *De superstitione divinativa*, enfin[36]. Il y a donc, à l'université, toutes facultés confondues, un public pour la magie, suffisant, en tout cas, pour que, en 1277, Étienne Tempier condamne en ces termes un traité précis de géomancie (identifié par son *incipit*), et une série de livres de nécromancie (non identifiés) :

> Par la même sentence, nous condamnons aussi le livre *de amore*, ou *de deo amoris*, qui commence ainsi : « Cogit me multum, etc. », et se termine ainsi : « Caue igitur, galtere, amoris exercere mandata, etc. » ; de même, nous condamnons le livre de géomancie qui commence ainsi : « Existimaverunt indi, etc. », et se termine ainsi : « Ratiocinare ergo super eum, et inuenies, etc. » ; pareillement, nous condamnons les livres, rouleaux ou cahiers traitant de nécromancie ou contenant des expériences de sortilèges, des invocations de démons ou des conjurations au péril des

32. Cf. Augustin, *De doctrina christiana*, II, XIX, 29-37 ; trad. G. Combès, J. Farges, BA 11 (Le magistère chrétien), Paris, Desclée de Brouwer, 1949, p. 284-299 ; Isidore de Séville, *Etymologiae*, VIII, chap. 9 ; PL 82, spéc. col. 312B, pour la distinction (tirée de Varron) entre les quatre genres de divination – géomancie, hydromancie, aéromancie, pyromancie – correspondant aux quatre éléments – terre, eau, air, feu – reprise dans le *Décret*.

33. On notera que, comme le soulignait déjà M. Grabmann, in *Mittelalterliches Geistesleben*, III, Munich, 1956, p. 277-279, toute la troisième partie du traité de Gérard repose, de manière tacite, sur le *De veritate*, q. 5 de Thomas d'Aquin.

34. Cf. M. Grabmann, *Guillelmo di Moerbeke O.P., il traduttore delle opere di Aristotele*, Rome, 1946, p. 49.

35. Sur ce texte, cf. J.B. McAllister, *The Letter of Saint Thomas Aquinas De occultis operationibus naturae ad quendam militem ultramontanum*, Washington, Catholic University, 1939.

36. Sur l'astrologie et la magie selon Thomas, cf. Th. Litt, *Les Corps célestes dans l'univers de saint Thomas d'Aquin*, Louvain-Paris, 1963, p. 240-241 et le classique de L. Thorndike, *History of Magic and Experimental Science*, vol. II, New York, Columbia University Press, 1929, p. 608-612.

âmes, ou encore dans lesquels on traite de telles et semblables matières, manifestement contraires à la fois orthodoxe et aux bonnes mœurs [37].

Et de préciser qu'une sentence d'excommunication frappera « tous ceux », ici tous les artistes, « qui auront enseigné ou écouté lesdits rouleaux, livres et cahiers, à moins qu'ils ne se dévoilent en deçà de sept jours » à Étienne lui-même ou au chancelier de Paris : « auquel cas, il sera procédé à d'autres sanctions, telles qu'elles seront exigées en proportion de la nature de la faute » [38]. Albert n'est donc pas seul. Il l'est d'autant moins que, comme je l'ai rappelé dans *Raison et Foi*, à la même époque, un Roger Bacon fait étalage d'une érudition aussi étendue que le *Speculum astronomiae*, y compris dans l'*Opus tertium*, l'un des trois échantillons du *Scriptum principale* rédigés par l'irascible franciscain à la demande... du pape Clément IV. Si, rapporté à ses contemporains, Albert peut être accusé de magie, c'est donc, Bacon mis à part, comme lecteur plus affamé, non comme praticien plus affirmé. Ses sources sont simplement plus nombreuses que celles des autres, qui vont du *Liber prestigiorum (Maqāla fi-'l-ṭalismāt)* de Ṯhabit ibn Qurra [39] au *Picatrix (Ghāyat al-Ḥakīm)*, traduits par Adélard de Bath [40]. On ne prête malheureusement qu'aux riches, fussent-ils de simples lecteurs omnivores. Scolastique, souabe, arabophile, expérimentateur et mage, Albert a tout pour être présenté comme un Frédéric II fait moine – n'a-t-il pas, comme lui, écrit *De falconibus* ? Quoi qu'en laisse entendre la récente encyclique du pape Jean-Paul II, Albert n'est pas pour autant un

37. Étienne Tempier, *Syllabus*, éd. et trad. par D. Piché, *Articuli condempnati a Stephano episcopo Parisiensi anno 1277*, *in* D. Piché, *La Condamnation parisienne de 1277*. Nouvelle édition du texte latin, traduction, introduction et commentaire, Paris, Vrin (Sic et Non), 1999 ; trad. p. 77, texte latin, *ibid.*, p. 76, 78 : « Librum etiam "de amore", siue "de deo amoris", qui sic incipit : "Cogit me multum, etc.", et sic terminatur : "Caue igitur, galtere, amoris exercere mandata, etc." ; item librum geomantie qui sic incipit : "Estimaverunt indi, etc.", et sic terminatur : "Ratiocinare ergo super eum, et inuenies, etc." ; item libros, rotulos seu quaternos nigromanticos aut continentes experimenta sortilegiorum, inuocationes demonum, siue coniurationes in periculum animarum, seu in quibus de talibus et similibus fidei orthodoxe et bonis moribus euidenter auersantibus tractatur... »

38. Étienne Tempier, *Syllabus*, trad. Piché, *La Condamnation parisienne...*, p. 79. Sur ce point, cf. L. Bianchi, « Censure, liberté et progrès intellectuel à l'université de Paris au XIIIe siècle », *AHDLMA*, 63 (1996), p. 52-53 et 77-78.

39. Cf. D. Pingree, « The *Preceptum canonis Ptolomei* », *in* J. Hamesse, M. Fattori (éd.), *Rencontres de cultures dans la philosophie médiévale. Traductions et traducteurs de l'Antiquité tardive au XIIIe siècle* (Publications de l'Institut d'études médiévales. Textes, Études, Congrès, 11. Rencontres de philosophie médiévale, 1), Louvain la Neuve-Cassino, 1990 p. 369.

40. Cf. Ch. Burnett, « Adelard of Bath and the Arabs », *in* J. Hamesse, M. Fattori (éd.), *Rencontres de cultures...*, *loc. cit.*, p. 97.

mixte médiéval de Galilée et de Claude Bernard. L'idée d'un Albert précurseur « de la philosophie guidée par les observations, les expériences et les mathématiques » a, certes, été lancée dès le XVIIe siècle – et avec quelle vigueur ! – par le célestin Appiano Buonafede (*alias* Agatopisto Cromaziano)[41]. Mais le bel élan d'imagination qui permet à l'historien italien de dresser un portrait d'Albert en chercheur « renaissant » tient plus du roman que de l'histoire : « ... il ne s'est pas soumis bassement à l'autorité [...], il a voulu toucher, voir, expérimenter et découvrir, il a examiné avec ses propres capacités les métaux, les pierres, les animaux, il a construit des machines ingénieuses, et il a sondé avec ses propres yeux les replis secrets de la nature[42]. »

Il faut donc tenter de mieux connaître l'homme tel qu'il fut si l'on veut échapper aux risques du merveilleux – qu'il y aille de l'hagiographie populaire ou de la savante, qui n'est que la première continuée par d'autres moyens. Or risques il y a ! Voici quelques exemples.

Un jour, Albert protège le pape contre une flottille du roi de Sicile, Manfred, en la dispersant par « son art » et obtient, du même coup, l'autorisation pontificale « d'exercer librement et sans pécher la magie noire »[43]. Ce « fait d'armes » fantaisiste raconté dans la *Vita b. Alberti doctoris magni* de Pierre de Prusse est moins plausible encore dans sa conclusion que dans sa prémisse : il va de soi qu'aucun pape n'eût accordé à qui que ce soit un tel « privilège ». La source de cette fiction est peut-être « l'autorisation de lire les livres du bien et du mal » accordée à Albert par Innocent IV (pape de 1243 à 1254), qu'évoque le franciscain Bonaventure d'Iseo dans une page célèbre, mais obscure. Le témoignage de la Légende n'en est pas moins sans équivoque. Face aux troupes de Manfred, la panique règne. Seul Albert garde la tête froide et agit :

> Une grande angoisse poignait le pape et tous ceux qui étaient avec lui, mais pas frère Albert. « Rendez-vous !... criaient les ennemis, ou vous êtes morts ! » Le pape dit : « Qu'allons-nous faire, chers amis ? N'y a-t-il personne parmi vous qui puisse nous conseiller comment nous en tirer ? » Frère Albert dit : « Seigneur, je pourrais bien vous dire

41. Cf. Appiano Buonafede, *Della istoria e della indole di ogni filosofia*, t. VI, Venise, 1782-1783, p. 95.

42. *Ibid.*, p. 99 (« ... non servì bassamente all'autorità [...], volle toccare, vedere, sperimentare e scoprire, esaminò con sue proprie diligenze i metalli, le pietre, gli animali, compose macchine ingegnose e andò guardando con gli occhi suoi stessi i nascondigli della natura »).

43. Cf. Pierre de Prusse, *Vita B. Alberti Doctoris Magni ex Ordine Praedicatorum Episcopi Ratisponensis* [= *B. Alberti Doctoris Magni De adhaerendo deo libellus. Accedit eius Alberti Vita*], Antverpiae, 1621, p. 61-351 (chap. 51 pour l'anecdote).

> comment leur échapper, mais cela irait contre votre commandement. Eussé-je licence d'utiliser ici mon art, ils se débanderaient tous dans la crainte et l'angoisse. » Le pape dit : « Fais-le donc Albert, je t'en donne licence ; tu ne te causeras par là aucun tort, car je t'absoudrai de tous tes péchés »[44].

Aussitôt dit, aussitôt fait. L'ennemi dispersé, à l'instant même où le pape promet l'absolution et accorde sa permission, chacun s'en retourne à Rome sans coup férir. Albert est désormais libre d'exercer à vie la *magie noire*.

> À peine le pape avait-il achevé sa phrase que les autres se mirent à fuir, comme si le diable les eût chassés. Ils éprouvaient une telle terreur qu'il leur semblait que le ciel dût leur tomber sur la tête. C'est ainsi que le pape fut sauvé par frère Albert, et rentra sans encombre à Rome. Mais par là frère Albert s'était gagné la permission d'exercer la magie noire librement et sans péché[45].

Autres prouesses : jeune étudiant encore, Albert enlève la fille du roi de France et la met dans son lit[46] ; là, toujours en France, il châtie la « reine sanglante », meurtrière de « neuf jeunes gens », en faisant

44. Cf. *Albertus-Magnus-Katalog*, n. 200 : « Große Angst befiel den Papst und alle, die mit ihm waren, nur nicht Bruder Albrecht. "Ergebt euch", riefen die Feinde, "oder ihr seid des Todes". Der Papst sprach : "Was sollen wir tun, lieber Freund ? Ist keiner unter euch, der uns raten kann, wie wir entkommen mögen ?" Bruder Albrecht sprach : "Herr, ich könnte uns wohl von ihnen befreien, aber es wäre gegen Euer Gebot. Hätte ich Urlaub, hier meine Kunst zu gebrauchen, sie sollten alle fliehen in Furcht und Angst." Der Papst sprach : "Albrecht, tu das, ich gebe dir Urlaub dazu, für nun und dein ganzes Leben ; tust du nicht Arges damit, dann absolviere ich dich von aller Sünde dabei." »

45. « Das hatte der Papst kaum gesagt, als die anderen flohen, wie wenn der Teufel sie gejagt hätte. So großer Schrecken überfiel sie, sie meinten, die ganze Welt wäre über sie hergefallen. Also wurde der Papst gerettet durch Bruder Albrecht und kam ohne einen Schaden nach Rom. *Bruder Albrecht aber hatte dadurch die Erlaubnis gewonnen, frei und sonder Sünde die schwarze Kunst zu üben.* »

46. L'épisode est raconté en détail dans une poésie du XVIe siècle publiée à Nuremberg par Hans Guldenmundt et reprise dans le *Altteusche Volks- und Meisterlieder* de Josef Görres (Francfort, 1817, p. 195-208). Le point de départ de cet « enlèvement » semble être une dispute sur le *rapt des femmes (De raptu mulierum)* ayant opposé l'évêque de Paris au maître général Jean de Wildeshausen, à laquelle Albert aurait lui-même participé (voir Thomas de Cantimpré, *De apibus*, 2, 57, 18). À défaut d'être véridiques, les vers composés *in des Marners Gulden thon* ne manquent pas de charme : « Es war ein Kung in Frankereich, Er hatt' ein Tochter minnigleich ; Er saß zu Paris in der Stadt, Das red ich ane Scherzen. Sein Tochter ihm gar wohl geful. Zu Paris ist ein hohe Schul, Darauf ein gelehrter Student saß, Er bracht den Kung in Schmerzen [...]. Der Student der hieß Albertus, Oder man nennt ihn auch Magnus ; Er hätt des Kuniges Tochter hold, Und wollt nun bey ihr wohnen [...]. Er führt sie also taugenleich, Das edle Kuniges Kind minnigleich, Bis er sie bracht in sein Hauß, Leits an sein Bett so schöne. »

révéler son crime par « neuf petits oiseaux »[47] ; là, au contraire, il sauve la réputation du pape en obligeant un démon à lui restituer la pantoufle d'une femme qui l'eût compromis[48] ; là, enfin, trop bête pour étudier, il est prêt à quitter le couvent, quand il obtient de la Vierge Marie la force nécessaire pour retourner au travail et y acquérir une maîtrise souveraine, avant de retomber dans sa tare congénitale et de mourir dans la simplicité de l'enfance[49]. On ne résiste pas au plaisir de citer ici l'essentiel de ce conte marial, où la figure d'Albert *narrativise tout le débat du XIIIe siècle sur les rapports de la théologie et de la philosophie, de la grâce et de la nature, des vertus acquises et des dons infus.* C'est un véritable récit explicatif de l'épistémé scolastique qui se déploie dans cette page étonnante. Lassé des études conventuelles, incertain de sa vocation, Albert veut s'enfuir. Il dresse une échelle contre le mur du jardin. C'est alors que quatre femmes apparaissent. Il lutte avec les deux premières, puis écoute la troisième, qui l'adresse à Marie demeurée en retrait. Celle-ci lui donne son secours, mais le place devant un choix

47. Cf. *Die neun Vögelein,* poésie attribuée à Martin Schleich, reprise par Achim von Arnim et Clemens Brentano dans le *Cor merveilleux de l'enfant* (*Des Knaben Wunderhorn*, t. 2, Heidelberg, 1808, p. 237-243). Dans l'édition Arnim-Brentano, le poème (interminable) porte le titre *Albertus Magnus* et est sous-titré *Von den Geheimnissen der Weiber.* L'argument, sans être torride, n'est pas sans charme. Telle une femme à barbe bleue, la gourmande souveraine consomme neuf jeunes académies, dont elle se défait, au matin, en les conduisant, vaguement ensommeillées, vers une oubliette. Plongés dans les flots (de la Seine), les amants sont bientôt à la fois réveillés et noyés. Intervient Albert. Au lieu de se présenter en dominicain austère, c'est déguisé en « jeune étudiant » qu'il aborde la reine. Une passe magnétique ou deux, et la voilà maraboutée. Enflammée de désir, elle va l'enlacer, quand, opportunément, Albert fait apparaître les neuf morts sous forme d'oiselets. La reine réagit. Elle veut le faire arrêter. Les oiseaux parlent pour lui et la confondent. Il ne reste à la moderne Messaline qu'à accomplir dix-huit années de pénitence, gardée par ses victimes ailées. On retiendra seulement ici quelques vers de la fin du poème : « Ihr Schuld kam da wohl klar an Tag,/ Der Kunstler führt die erste Klag :/ Frau Könnigin,/ Albertus ist mein Namen.// Albertus Magnus heiße ich,/ Sanktus nennt auch die Kirche mich,/ Du hast um mich/ Dein Buhlerkunst verloren.// Ein weiser Meister heiße ich,/ Du wollst im Zorn ertränken mich./ Da schrie sie laut :/ "O Weh daß ich geboren !// O Weh daß ich geboren bin !"/ Schrie da die edle Könnigin,/ Verzweifelung/ Kam da in ihre Sinne. » Sur Martin Schleich, cf. H. Fr. Rosenfeld, *s.v.*, *in* K. Langosh (éd.), *Die deutsche Literatur des Mittelalters. Verfasserlikon*, t. 4, Berlin, 1953, p. 77 *sq.*

48. Cf. P. Zaunert (éd.), *Deutscher Sagenschatz. Rheinland Sagen, 1. Band* : *Niederrhein bis Köln*, Iéna, 1924, p. 168 *sq.* Cf., en outre, *Albertus-Magnus-Katalog*, n. 203. L'épisode est repris dans le *Speculum historiale* de Vincent de Beauvais (livre XX, 3). Cela ne lui ajoute aucune vraisemblance. Comme le notait déjà Pierre de Prusse, en effet, Vincent ne parle pas d'Albert. Dans la « réalité » (si l'on ose ainsi parler) la « mule » du pape aurait été arrachée de haute lutte au démon par un certain évêque *Antidius*, aux premiers âges de la chrétienté.

49. Cf. *Sagenkranz der Stadt Köln und der angrenzenden Bezirke*, éd. Pauly, Cologne, 1922, p. 18 *sq.*

emblématique de cette « scolastique » dont il est pour nous le pionnier : théologie ou philosophie, *Gottesgelehrtheit* ou *Weltweisheit*. Albert a tôt fait de délibérer :

> Albert ne se le fit pas dire deux fois et pria la Mère de Dieu de faire de lui un habile philosophe [sage du monde]. Marie lui dit alors : « Il en sera ainsi, mais puisque tu as placé la philosophie [sagesse du monde] avant la science de Dieu, que mon Fils t'eût fait bien mieux connaître, tu devras à la fin de ta vie perdre toute ta science et redevenir idiot, comme tu l'étais, et cela se produira en vérité trois ans avant ta mort »[50].

Albert ne le sait pas encore, mais il a fait le mauvais choix. On ne sacrifie pas impunément la théologie à la « philosophie profane ». Le châtiment annoncé viendra au terme d'un *triduum* de trois ans, duquel le maître renaîtra dans la mort, après avoir appris le détachement. Sentant accompli le temps de l'annonce faite par Marie, Albert, devenu « le Grand », réunit ses disciples, confesse toute l'histoire, et sombre, apaisé :

> Quand Albert sentit enfin que les années de son idiotie revenaient, il raconta tout à ses élèves de la vision qu'il avait eue. Il devint plus stupide et plus simple qu'un enfant, mais supporta cela avec patience et abandon[51].

Dans cette fable d'une intelligence qui chancelle pour être allée au-delà des possibilités de sa nature (version positive du *châtiment de l'orgueil*, encore présent dans *Les Fleurs du Mal*, sous la figure de Simon de Tournai[52]), l'imagination populaire fixe sur la « grandeur »

50. « Albertus bedachte sich nicht lange und bat die Mutter Gottes, ihn zu einem tüchtigen Weltweisen zu machen. Darauf sprach Maria : "Das soll geschehen, aber da du die Weltweisheit der Gottesgelehrtheit vorziehst, die dich meinen Sohn hätte besser erkennen lassen, so sollst du am Ende deines Lebens all' deine Wissenschaft verlieren und wieder so dumm werden, wie du warst, und das soll sein drei Jahre vor deinem Tode". »

51. « Als Albertus endlich fühlte, daß die Jahre seiner Dummheit heranrückten, da erzählte er all' seinen Schülern von dem Gesicht, das er gehabt. Er wurde auch dummer und einfältiger wie ein Kind, trug das aber mit Geduld und Ergebenheit. »

52. Cf. Baudelaire, *Les Fleurs du mal*, XVI, « Châtiment de l'orgueil » : « En ces temps merveilleux où la Théologie / Fleurit avec le plus de sève et d'énergie, / On raconte qu'un jour un docteur des plus grands, [...] Comme un homme monté trop haut, pris de panique, / s'écria, transporté d'un orgueil satanique : / "Jésus, petit Jésus ! Je t'ai poussé bien haut ! / Mais, si j'avais voulu t'attaquer au défaut / De l'armure, ta honte égalerait ta gloire, / Et tu ne serais plus qu'un fœtus dérisoire !" / Immédiatement sa raison s'en alla. / L'éclat de ce soleil d'un crêpe se voila ; / Tout le chaos roula dans cette intelligence, / Temple autrefois vivant, plein d'ordre et d'opulence, / Sous les plafonds duquel tant de pompe avait lui. / Le silence et la nuit s'installèrent en lui, / Comme dans un caveau dont la clef est perdue. »... Il va de soi que, pas plus qu'Albert, le véritable Simon de Tournai,

d'Albert toute l'inquiétude qu'inspire le savoir. Prototype de l'intellectuel, il condense sur sa personne ce que la rêverie attend du travail. Né stupide, mais sauvé de lui-même par Marie, l'étude l'a fait l'égal des grands ; la vieillesse le ramène à sa vérité, c'est-à-dire, aussi, à la suprématie de la foi sur la « philosophie profane ». D'où la singulière reprise conclusive de l'épisode édifiant par l'historiographie protestante, où Marie revient pour recueillir elle-même la « profession » finale d'un Albert, entré dans la nuit bien avant la mort[53].

Pourtant, n'en déplaise à Hegel, qui dans ses *Vorlesungen über die Geschichte der Philosophie*, rapproche le jardin d'hiver de Faust du jardin où, selon diverses légendes, se serait déroulé un « banquet magique » où figurait Albert[54], ce dernier n'a rien de faustien[55], et, si les *Légendes* qui lui font parcourir le monde avec Alexandre, visiter l'enfer durant dix jours, ou se travestir en femme pour pouvoir étudier la médecine hors des murs hostiles du couvent, fascinent ou amusent, elles ne rendent guère justice à ce que durent être les efforts d'un homme qui, perpétuellement jeté sur les routes, un jour en France, un autre en Allemagne, un troisième en Italie (que l'on songe, par exemple, à l'année 1256 qui le voit à Paris en juin, à Erfurt fin juillet-début août, à Anagni en septembre), sut pourtant composer une œuvre monumentale. Certes, quelques documents médiévaux donnent une image d'Albert plus équilibrée que celle des *Légendes*. C'est le cas, notamment des *Dits des douze maîtres sublimes enseignant à Paris*, qui enracinent le Colonais dans l'univers de la « mystique rhénane », dont il est une source majeure. L'association des « douze maîtres sublimes » avec Paris

---

enseignant sur la montagne Sainte-Geneviève dans les années 1170-1180, n'a dû commettre le forfait – en l'occurrence le blasphème – que la légende lui a imputé.

53. Cf., par exemple, G. Hornius [Horn], *Historiae philosophicae libri septem*, Lugduni Batavorum, 1655, p. 298 : « De quo ingens miraculum insuper narrant, quinquennio ante mortem [sic !] omnia, quae in philosophia didicerat, oblitum : idque a B. Virgine precibus impetrasse, ne se in philosophorum opinionibus sed ipsa Christi fide ac charitate sineret mori. » Il va de soi que Georg Horn reprochait à Albert, dans le même passage, d'avoir « mis sur le même plan la philosophie d'Aristote et l'Écriture sainte » : « Quippe Albertus Magnus, prima scholasticorum secta, quae Albertistarum dicitur, condita, *Aristotelis philosophiam sacrae Scripturae aequiparavit* » (c'est moi qui souligne).

54. Cf. G.W.F. Hegel, *Vorlesungen über die Geschichte der Philosophie*, in *Sämtliche Werke*, t. 19, Stuttgart, 1928, p. 178-180.

55. Sur le thème de Faust, du « pacte diabolique » et de la magie, cf. G. Mahal, *Faust. Die Spuren eines geheimnisvollen Lebens*, Berne-Munich, 1980, p. 333-345 ; E. Frenzel, *Stoffe der Weltliteratur. Ein Lexikon dichtungsgeschichtlicher Längsschnitte*, Stuttgart, 1962, p. 617-620 (pour la légende du moine Théophile) ; N. Heinrichs, « *Scientia magica* », *in* W. Keller (éd.), *Aufsätze zu Goethes « Faust I »* (Wege der Forschung, 145), Darmstadt, 1974, p. 606-624.

peut étonner. Après tout, en dehors d'Albert, de Dietrich de Freiberg et de Maître Eckhart, aucun Allemand ne s'est « sublimement » illustré dans ce qui était, aux confins des XIIIe et XIVe siècles, la plus « haute école » concevable. Sans doute peut-on voir là un artifice d'écriture destiné à inscrire la culture allemande naissante dans le mouvement général des idées. Le *Dit* attribué à Albert surprend en tout cas, car il annonce un thème « antimagistral » (et antiparisien), doublé d'un éloge de la pauvreté volontaire, caractéristiques de l'eckhartisme. Le texte d'« Albert » dit :

> Si l'on veut s'enquérir des clercs les plus sages de la terre, on les trouvera à Paris dans l'école. Mais, si l'on veut s'enquérir du secret intime de Dieu, que l'on demande alors la personne la plus pauvre qui soit sur terre, qui par Dieu est volontairement pauvre : elle connaît davantage du secret intime de Dieu que le clerc le plus sage de la terre[56].

Un parallèle net figure dans le *Dit* eckhartien n° 8 édité par F. Pfeiffer, consacré à l'opposition du *Lesemeister* (« maître de lecture » = théologien exégète de « métier ») et du *Lebemeister* (« maître de vie »), chère à Heidegger :

> Maître Eckhart dit : mieux vaudrait un maître de vie que mille maîtres de lecture, mais lire et vivre en Dieu, à cela personne ne peut parvenir. S'il me fallait chercher un maître ès Écritures, je le chercherais à Paris, dans les hautes écoles, pour (apprendre) sa haute science. Mais, si je voulais l'interroger sur la vie parfaite, il ne saurait pas quoi me dire. Où devrais-

56. Les *Dits des douze maîtres sublimes enseignant à Paris* présentent succinctement les vues d'Eckhart à côté de celles d'autres maîtres, plus ou moins identifiables – en dehors du dixième, Albert le Grand lui-même, et du onzième, Hartmann de Kronenberg. Le texte a eu une large diffusion, non seulement en Allemagne et aux Pays-Bas, mais en Angleterre et même en France. Sur sa signification et celle des quasi-homonymes *Dits des douze maîtres,* cf. L. Sturlese, « Alle origini della mistica speculativa tedesca : Antichi testi su Teodorico di Freiberg », *Medioevo*, 3 (1977), p. 36-44. Pour une traduction des deux textes, cf. W. Wackernagel, « Vingt-quatre aphorismes autour de Maître Eckhart », *Revue des sciences religieuses*, 70/1 (1996), p. 90-101. On notera que les *Dits des douze maîtres* font défiler tous les thèmes de la mystique « spéculative » : théologie de l'émanation, avec Henri de Ettlingen ; théologies de l'image, avec Jean de Tannebach [pour "Dambach" ?], de la lumière, avec Binderlin de Fribourg, du détachement et de la liberté, avec l'énigmatique « Ros des Bavarois », de la naissance du Verbe dans l'âme, avec le non moins obscur « maître de Talhain ». La présence d'Albert dans ce dispositif littéraire ne saurait être insignifiante. On n'aura, d'ailleurs, garde d'oublier qu'Eckhart lui-même renvoie explicitement à l'« évêque Albert » dans la méditation sur la pauvreté d'esprit qui fait le gros de la *Predigt* 52. Sur ce point, cf. *Maître Eckhart. Traités et Sermons*, traduction et présentation d'A. de Libera, Paris, Flammarion (GF, 703), 1995 (3e éd.), p. 349.

> je donc aller ? Nulle part ailleurs que dans une nature nue et libre : c'est elle qui pourrait m'enseigner si je lui posais cette question[57].

Sous le nom d'« Albert », c'est un thème qu'on pourrait dire de la *gauche eckhartienne* qui se voit ainsi « autoriser ». Ces quelques notes ne suffisent pas, cependant, à compenser l'impression négative qui se dégage des récits populaires. Quelques mots, donc, sur le véritable Albert le Grand.

Albert a eu très tôt ses chroniqueurs : vers 1300, la *Legenda* I (aujourd'hui perdue), utilisée par Henri de Herford (vers 1355) ; en 1414, la *Vita domini et magistri Alberti Magni* de Louis de Valladolid ; vers 1421 (ou 1483-1487), la *Legenda Coloniensis* ; en 1486 ou 1487 la *Legenda Alberti Magni* de Pierre de Prusse ; en 1488 (ou 1490) la *Legenda litteralis Alberti Magni* de Rodolphe de Nimègue. Cependant, c'est en 1880, avec les travaux de Georg Freiherr von Hertling, que commence l'étude proprement scientifique de la vie et de l'œuvre d'Albert. Suivront ceux de Paul von Loë (1901-1902) et d'Heribert Christian Scheeben (1931), repris, critiqués ou développés par l'érudition contemporaine. On donne ici le résumé des travaux les plus récents. Albert est né en Souabe à Lauingen : vers 1206-1207 pour Mandonnet, Glorieux, Van Steenberghen, Gilson ; en 1193 pour Scheeben, Pelster et Craemer-Ruegenberg ; vers 1200 ou un peu avant 1200 selon Weisheipl (ce qui est la date la plus probable). Issu d'une famille de chevaliers *(ex militaribus)* qu'on a cru un temps, mais sans raison valable, pouvoir identifier aux comtes de Bollstadt *(de militari familia de Bolsteter dicta)*, le jeune Albert a d'abord étudié à Padoue[58], puis à Cologne, où il a achevé son noviciat en même temps que ses premières études de théologie. Alternativement située en 1223 ou en 1229, son entrée chez les Frères prêcheurs n'est guère mieux

57. Cf. F. Pfeiffer, *Deutsche Mystiker des vierzehnten Jahrhunderts*, 2 : *Meister Eckhart*, Leipzig, 1857 [réimpr. Aalen, 1962], p. 599.

58. Sur le séjour padouan d'Albert, cf. F. Pelster, « Alberts des Grossen Jugendaufenthalt in Italien », *Historisches Jahrbuch*, 42 (1922), p. 102-106, et H.C. Scheeben, « Albert der Grosse. Zur Chronologie seines Lebens », *Quellen zur Geschichte des Dominikanerordens in Deutschland*, 27 (1931), p. 7-15. Albert fait lui-même allusion à Padoue dans son *De natura locorum* : « Patavi, quae nunc Padua vocatur, in qua multo tempore, viguit studium literarum » (éd. P. Jammy, t. 5, Lyon, 1651, p. 286). Dans les *Meteora* et dans le *De passionibus aeris*, il évoque le tremblement de terre qui secoua la Lombardie en 1222. Cf. Albert le Grand, *Meteora*, 3, 2, 9 ; éd. Jammy, t. 2, p. 95 (« Et diu durante vidimus terra motum in Lombardia, sole existente in signo capricorni et erat in pluribus civitatibus illius regionis ») et *De passionibus aeris*, éd. Jammy, t. 5, p. 339 (« Vidimus tamen magnum terremotum durantem multo tempore in Lombardia »). Sur cet épisode, cf. G. Arnaldi, « Le origini dello studio di Padova », *La Cultura*, 15 (1977), p. 407.

documentée que ses premières années d'activité en Allemagne. On sait seulement qu'il enseigne à partir de 1233 dans les *studia* d'Hildesheim, de Fribourg, de Regensburg et de Strasbourg. On le retrouve ensuite (1245-1248) maître en théologie à Paris (il est le premier Allemand à recevoir ce titre alors prestigieux), enseignant au couvent Saint-Jacques ou, dit la légende, en plein air (sur la place censée porter aujourd'hui son nom : *Maubert*)[59], puis à Cologne, où il a pour élèves Ulrich de Strasbourg et, jusqu'en 1252, Thomas d'Aquin qui avait déjà suivi ses cours à Paris. De 1254 à 1257, il est provincial de la province dominicaine de *Teutonia*, forte à l'époque de quarante couvents d'hommes et d'innombrables couvents de religieuses, dont les Frères devront bientôt assurer la direction spirituelle *(cura animarum)*. En octobre 1256, il est à Anagni, devant le pape Alexandre IV, où il défend la cause des mendiants contre les attaques du maître séculier Guillaume de Saint-Amour, ce « Pascal du XIIIᵉ siècle », selon le mot d'Ernest Lavisse. Demeuré un temps à la curie, il y dispute en 1257 contre les doctrines d'Averroès, à la demande expresse du pape. Le texte de cette dispute sera publié en 1263, puis intégré, à quelque vingt ans de distance, à la *Summa theologiae*. Nommé évêque de Regensburg (Ratisbonne) en juin 1260, il le demeure deux années. Urbain IV le charge ensuite de prêcher la croisade « en Allemagne, Bohême et autres pays de langue allemande » (Orvieto, 13 février 1263), activité épuisante, qu'il n'abandonnera qu'à la mort du pape, après une série de voyages qui, en 1263-1264, le mènent à Augsburg, Francfort, Würzburg, Cologne, Brandenburg, Freiburg, Spire et Mayence. De 1264 à 1270, il réside à Würzburg puis à Strasbourg, où il retrouve Ulrich, lecteur à Würzburg dans les années 1264, puis *Lesemeister* à Strasbourg en 1267. C'est à cette époque (1268/1269) qu'il refuse une seconde nomination à Paris, où il eût été censé affronter à nouveau les adversaires des Mendiants, menés cette fois par Gérard d'Abbeville – Thomas d'Aquin l'y remplacera. Mis sur le compte de l'âge, ce refus le ramène pour dix ans à Cologne, où il meurt le 15 novembre 1280, non sans un certain détachement, si l'on en croit ce que raconte Henri de Herford. Mort avant la mort, il ne quitte guère sa cellule. À l'évêque venu le consulter et qui frappe à la porte, il répond, sans ouvrir : « Albert n'est plus ici » ; s'il sort, c'est pour aller se recueillir sur sa propre tombe : « Tous les

59. L'identification de « Maubert » à « Maître Albert » se heurte à plusieurs impossibilités : 1° Albert n'a jamais été maître ès arts (ce que lui reproche âprement Roger Bacon) ; 2° un dominicain n'enseignait, normalement, que dans son couvent ; 3° la formation *Maubert* supposerait une plaque comme « M. Aubert », qui n'a guère pu exister avant le XVIIᵉ siècle. Enfin, et surtout, il y a des indices que la place *Maubert* s'appelait déjà ainsi avant l'arrivée d'Albert à Paris.

jours, il allait voir sa sépulture et y récitait la prière des morts pour lui-même, comme s'il avait déjà disparu[60]. »

Œuvres et éditions

Il existe actuellement trois éditions imprimées d'Albert le Grand : l'édition Jammy[61], l'édition Borgnet[62] et l'édition critique, dite « de Cologne », préparée par l'*Albertus Magnus Institut* aujourd'hui à Bonn[63]. Tout, dans cet ensemble, n'est pas authentique. Certaines œuvres imprimées par Jammy et Borgnet sont d'attribution douteuse, d'autres sont à coup sûr pseudépigraphes[64]. Le catalogue *Albertus Magnus. Ausstellung zum 700. Todestag* publié par l'*Historisches Archiv der Stadt Köln* à l'occasion d'une exposition présentée du 15 novembre 1980 au 22 février 1981 à Cologne, en propose un

60. Cf. *Albertus-Magnus-Katalog*, n. 129 : « Täglich besuchte er seine Grabestelle und las die Totenwache für sich, wie wenn er schon gestorben wäre. » Le chroniqueur poursuit : « Il était honoré et révéré par tous les savants, qu'ils fussent du cloître ou du monde, vieux ou jeunes, humbles ou éminents, et il fut fraternellement aimé et souvent visité par l'archevêque Siegfried. Et quand, brisé par tant de travail et par l'âge, il était presque fou, et que l'archevêque Siegfried voulut le voir et frappa à sa porte, il répondit, alors qu'il était à l'intérieur : "Albert n'est pas là." Et quand l'évêque entendit cela, il pleura et dit : "En vérité, il n'est pas là" ; puis il s'en alla » (« Von allen Kloster- und Weltgeistlichen, Alt und Jung, Niedrig und Vornehm, wurde er geehrt und verhert, vom Erzbischof Siegfried [von Westerburg] überaus freundschaftlich geliebt und recht oft besucht. Als er, durch viel Arbeit und Alter *gebrochen, bereits irre* war, Erzbischof Siegfried ihn zu sehen wünschte und an die Tür seiner Zelle klopfte, antwortete Albert, der drinnen war : "Albert ist nicht hier". Als der Bischof das hörte, weinte er und sagte : "Wahrlich, er ist nicht hier" ; dann ging er fort »).

61. *Alberti Magni Opera omnia*, éd. Petrus Jammy, 21 vol., Lyon, 1651.

62. *Alberti Magni Opera omnia*, éd. Auguste et Émile Borgnet, 38 vol., Paris, 1890-1899.

63. *Alberti Magni Opera omnia edenda curavit Institutum Alberti Magni Coloniense Bernhardo Geyer praeside*, Münster/Westfalen, en cours de parution depuis 1951.

64. Trois ouvrages collectifs apportent des précisions nouvelles sur divers aspects de l'œuvre : G. Meyer, A. Zimmermann (éd.), *Albertus Magnus Doctor Universalis, 1280/1980*, Mayence, Matthias Grünewald Verlag (Walberberger Studien, 6), 1980 ; J.A. Weisheipl (éd.), *Albertus Magnus and the Sciences. Commemorative Essays* (Studies and Texts, 49), Toronto, 1980 ; A. Zimmermann (éd.), *Albert der Grosse, seine Zeit, sein Werk, seine Wirkung*, Berlin-New York, Walter De Gruyter (Miscellanea Mediaevalia, 14), 1981. La littérature secondaire (souvent très) antérieure à 1991 est présentée et discutée pour l'essentiel dans F. Van Steenberghen, *La Philosophie au XIIIe siècle* (Philosophes médiévaux, 28), 2e éd. mise à jour, Louvain-la-Neuve-Louvain, 1991, p. 245-275. Sur la tradition manuscrite de l'œuvre authentique, l'ouvrage de référence est W. Fauser, *Die Werke des Albertus Magnus in ihrer handschriftlischen Überlieferung, Teil I : Die echten Werke* (Opera omnia, t. subs. 1), Münster/W., 1982.

classement thématique. Nous reprenons ses intitulés généraux, en détaillant seulement l'essentiel.

Théologie

– Commentaires bibliques (notamment : *Job, Isaïe, Jérémie, Ézéchiel, Baruch, Daniel, Matthieu, Marc, Luc, Jean*) ;

– Commentaires d'œuvres de théologie systématique : *Sentences de Pierre Lombard* (Borgnet, t. 25-30) ; *Hiérarchie céleste* (Borgnet, t. 14, p. 1-468), *Hiérarchie ecclésiastique* (Borgnet, t. 14, p. 469-809), *Noms divins* (Cologne, t. 37/1), *Théologie mystique* et *Lettres* (Cologne, t. 37/2) de Denys le Pseudo-Aréopagite ;

– Œuvres de théologie systématique : *De natura boni* (Cologne, t. 25) ; *De sacramentis, De incarnatione, De resurrectione* (Cologne, t. 26), *De bono* (Cologne, t. 28) ; *De quattuor coaequevis* (Borgnet, t. 34, p. 307-798) ; *De homine* (Borgnet, t. 35)[65] ; *Summa de mirabili scientia Dei*, dite aussi *Summa theologiae*, comprenant : *Prima Pars* (Cologne, t. 34, incomplète), *II^a pars* (Borgnet, t. 32-33 pour l'ensemble) ; – Œuvres liturgiques : *De sacrificio missae* (Borgnet, t. 38, p. 1-189) ; *De sacramento eucharistiae* (Borgnet, t. 38, p. 191-432) ; – Sermons : quatre sermons universitaires parisiens (éd. B. Geyer, Munich, 1966, p. 13-57).

Philosophie

– Logique : paraphrase de l'*Isagoge* de Porphyre (Borgnet, t. 1, p. 1-148) ; paraphrases d'Aristote, comprenant : *Categoriae* (Borgnet, t. 1, p. 149-304), [Pseudo-Aristote], *De sex principiis* (Borgnet, t. 1, p. 305-372), *Perihermeneias* (Borgnet, t. 1, p. 373-457), *Analytica priora* (Borgnet, t. 1, p. 459-809), *Analytica posteriora* (Borgnet, t. 2, p. 1-232), *Topica* (Borgnet, t. 2, p. 233-524), *Sophistici elenchi* (Borgnet, t. 2, p. 525-752) ;

– Éthique, théorie des vertus et des devoirs : commentaires sur l'*Éthique à Nicomaque* (Borgnet, t. 7) et sur la *Politique* (Borgnet, t. 8), *Quaestiones super Ethica* (Cologne, t. 14) ;

65. Pour une traduction allemande (bilingue), cf. *Über den Menschen*. Übersetzt und hrsg. von H. Anzulewicz - J. Söder. Mit einem Geleitwort von L. Honnefelder, Hambourg, Felix Meiner Verlag (Philosophische Bibliothek, 531), 2004.

– Métaphysique : commentaire sur la *Metaphysica* (Cologne, t. 16/1 et 16/2) ; *De causis et processu universitatis* – double paraphrase de la *Métaphysique* de Ghazālī et du *Liber de causis* (Borgnet, t. 10) ;
– Opuscules : *De unitate intellectus contra Averroem* (Cologne, t. 17, p. 1-30), *De quindecim problematibus* (Cologne, t. 17, p. 31-44), *Problemata determinata* (Cologne, t. 17, p. 45-64), *De fato* – sur l'influence des astres (Cologne, t. 17, p. 65-78).

Sciences de la nature

– Physique, astronomie, géologie : *Physica* (Borgnet, t. 3 ; Cologne, t. 4/1, livres I-IV), *De caelo et mundo* (Cologne, t. 5, p. 1-341), *De generatione et corruptione* (Borgnet, t. 4, p. 345-476), *De natura loci* (Borgnet, t. 9, p. 527-584). Pseudo-Albert : *Speculum astronomiae* (Borgnet, t. 10, p. 629-651)[66], *Philosophia pauperum*, œuvre d'Albert d'Orlamünde (Borgnet, t. 5, p. 445-536) ;
– Météorologie, minéralogie, chimie : commentaire sur les *Météorologiques* d'Aristote (Borgnet, t. 4, p. 477-832), *De mineralibus* (Borgnet, t. 5, p. 1-116) ;
– Psychologie, anthropologie, physiologie : *De anima* (Cologne, t. 7), *De intellectu et intelligibili* (Borgnet, t. 9, p. 477-527), *De natura*

66. L'authenticité du *Speculum* reste discutée par quelques historiens. Ses récents éditeurs ont cependant plaidé avec force la thèse « albertinienne ». Cf. *Albertus Magnus, Speculum astronomiae*, éd. S. Caroti, M. Pereira, S. Zamponi, sous la dir. de P. Zambelli, Pise, 1977. Contre l'authentification, voir le compte rendu critique de l'édition S. Caroti par G. Hendrix, *Bulletin de théologie ancienne et médiévale*, 12 (1979), p. 485-486. Dans un article récent, R. Lemay, qui n'a aucun doute sur l'authenticité de l'ouvrage, présente le *Speculum astronomiae* d'Albert comme un coup fatal porté à l'interdiction de 1210. Cf. R. Lemay, « Roger Bacon's Attitude toward the Latin Translations and Translators of the Twelfth and Thirteenth Centuries », *in* J. Hackett (éd.), *Roger Bacon and the Sciences. Commemorative Essays*, Leyde - New York - Cologne, E.J. Brill (Studien und Texte zur Geistesgeschichte des Mittelalters, 57), 1997, p. 36, spéc. : « ... the confirmed presence of Albertus Magnus in Paris during the Council of 1245, added to the revelation by the Franciscan Bonaventure de Iseo that Albertus had received direct permission from the Pope to read the books of good and evil and to pass judgement on their acceptability (a mission resulting in the production of the celebrated *Speculum astronomiae*), a task which Bonaventure asserts Albert did merge with his on-going enterprise of commenting all the works of Aristotle, all these converging circumstances make it obvious that this was the moment when the effective solution to the 1210 ban on aristotelian works in natural science was found at last in Albertus Magnus' *Speculum astronomiae* », et p. 41, spéc. : « The *Speculum* [...] was known to contemporaries to have been instrumental in finally lifting the ban of 1210 against the libri naturales. » Cette thèse n'est cependant guère plausible. L. Bianchi lui a porté les coups les plus sévères.

et origine animae (Cologne, t. 12, p. 1-46), *De sensu et sensato* (Borgnet, t. 9, p. 1-96), *De memoria et reminiscentia* (Borgnet, t. 9, p. 97-119), *De somno et vigilia* (Borgnet, t. 9, p. 121-212), *De spiritu et respiratione* (Borgnet, t. 9, p. 213-255), *De motibus animalium* (Borgnet, t. 9, p. 257-303), *De iuventute et senectute* (Borgnet, t. 9, p. 305-321), *De morte et vita* (Borgnet, t. 9, p. 345-375) ;

– Biologie, sciences naturelles, zoologie : *De vegetabilibus* (éd. E.H.F. Meyer - K. Jessen, Berlin, 1867), *De animalibus* (éd. H. Stadler, Münster, 1916-1920), *De motibus animalium* (Borgnet, t. 9, p. 257-303), *Quaestiones super de animalibus* (Cologne, t. 12).

À ces textes s'ajoutent quelques publications récentes : cinq *Quaestiones* théologiques et philosophiques (*De prophetia, De sensibus corporis gloriosi, De esse Christi, Principium super totam Bibliam, De quiditate et esse*, parues en 1993 en édition critique [Cologne, t. 25/2])[67], ou, plus récemment, une édition du *De forma resultante in speculo* par H. Anzulewicz[68].

Le classement « disciplinaire » du catalogue de l'*Historisches Archiv der Stadt Köln* montre l'étendue du savoir albertinien. En termes d'archéologie philosophique, il présente, cependant, trois inconvénients majeurs : 1° il ne correspond pas à la vision qu'Albert lui même avait de l'architecture de son œuvre ; 2° il masque entièrement la relation existant entre son travail de « paraphraste » et la nature et l'état des corpus sur lesquels il s'est exercé ; 3° il rend difficile, sinon impossible le perception de l'épistémé dont relève l'ensemble de son projet. Le lecteur ne lui accordera donc qu'une valeur indicative et se reportera,

67. Cf. *Albertus Magnus, Quaestiones. Primum pleno numero edidit A. Fries C.Ss.R † manum postremam comiter imponentibus* W. Kübel, H. Anzulewicz *(Alberti Magni Opera Omnia, Tomus XXV, pars II)*, Münster/W., 1993. L'importance de ces questions a été soulignée par H. Anzulewicz : Thomas d'Aquin les a eues entre les mains, mais aussi Richard Fishacre, qui les a utilisées dans son Commentaire des *Sentences*. On notera que la question *De prophetia* a fait l'objet d'une autre édition dans J.-P. Torell, « La question disputée *De prophetia* de saint Albert le Grand. Édition critique et commentaire », in *Recherches sur la théorie de la prophétie au Moyen Âge, XIIe-XIVe siècle* (Dokimion, 13), Fribourg (Suisse), 1992, p. 119-204 (= Cologne, t. 25/2, p. 44-72).

68. Ce texte a connu à la fois une diffusion autonome sous forme de traité (transmis par 17 manuscrits) et une autre, en tant qu'intégré au *De homine* (lui-même représenté par 37 témoins). Cf. H. Anzulewicz, *'De forma resultante in speculo' des Albertus Magnus und die theologische Relevanz des Bildbegriffs und des physikalisch-mathematischen Spiegelbildmodells in den Frühwerken des Doctor Universalis. Eine textkritische und begriffgeschichtliche Untersuchung*, vol. 1-2, ungedr. Diss., Kath.-Theol. Fak. Der Univ. Bonn, 1997, repris dans *les Beiträgen zur Geschichte der Philosophie und Theologie des Mittelalters* (vol. 53), 1999.

s'il le souhaite, à *Raison et Foi* où un autre dispositif est adopté[69]. L'essentiel n'est pas là, mais bien plutôt dans le projet philosophique du Colonais, formulé par rapport à un certain état de l'offre textuelle caractéristique des années 1240-1250, en fonction d'un certain nombre de demandes ou de « complexes questions-réponses »[70], et que l'on ne peut pleinement apprécier qu'à condition d'être attentif au socle épistémique qui porte son activité[71]. Toute étude de l'œuvre albertinienne doit partir de l'organisation de son « sous-texte » – le *corpus* d'Aristote, de ses pseudépigraphes et de ses compléments –, et être attentive à la mise en ordre factuelle des savoirs, issue des pratiques d'enseignement de l'université de Paris[72], autant qu'à la conception de l'architecture idéale des disciplines philosophiques prônée par le Colonais. On tentera de le faire ici, sans prétendre évidemment à l'exhaustivité.

69. Dispositif qu'il complétera par une analyse des thèses d'Albert sur la hiérarchie des savoirs et des sciences. Sur ce point, cf. M.D. Jordan, « Albert the Great and the Hierarchy of Sciences », *Faith and Philosophy*, 9 (1992), p. 483-499.

70. Sur la notion de « complexes constitués de questions et de réponses » (notée par la suite CQR), cf. R.G. Collingwood, *An Autobiography*, Londres-Oxford-New York, Oxford University Press (Oxford Paperbacks), 1970. Pour qu'une collection d'énoncés donnés dans un *corpus* puisse être considérée comme un CQR, rappelons qu'il lui faut satisfaire trois conditions : 1° Toute question et toute réponse doit, dans un complexe, être pertinente ou appropriée ; chacune doit à la fois « appartenir » au tout et à la place qu'elle occupe dans le tout. 2° Toute question doit « s'être posée ». 3° Toute réponse doit être une réponse à la question à laquelle elle prétend répondre. Cf. Collingwood, *Autobiography*, p. 37.

71. Comme l'écrit Th. Ricklin, « Albert le Grand, commentateur : L'exemple du *De somno et vigilia III, 1* », *in* F. Cheneval, R. Imbach, Th. Ricklin (éd.), *Albert le Grand et sa réception...*, p. 31 : « Lorsqu'en 1248 Albert le Grand fut chargé par l'ordre des Dominicains d'organiser le *studium* de Cologne, il avait un projet dont une première ébauche est mise au point dans le prologue de son commentaire à la *Physique*. » Quel projet ? Écrire pour ses frères un livre sur les choses de la nature qui leur présenterait l'intégralité d'une science en ce domaine – une *scientia naturalis perfecta* – et leur permettrait de bien comprendre les livres d'Aristote – *libros Aristotelis competenter intelligere* (cf. Albert le Grand, *Physica*, I, 1, 1 ; éd. Hoßfeld, p. 1, 13-14). Tel est le but des « paraphrases » d'Albert : mettre au point un instrument d'intelligibilité, à la fois au service de la science à bâtir et de l'appropriation des savoirs aristotéliciens afférents. Cette double finalité ne doit pas être méconnue. Le but des commentaires albertiniens n'est pas l'assimilation d'un savoir mort, c'est plutôt, à fleur de textes, la production d'une science nouvelle.

72. Sur ce thème, cf. O. Weijers et L. Holtz (éd.), *L'Enseignement des disciplines à la Faculté des arts (Paris et Oxford, XIIe-XVe siècle)*, Turnhout, Brepols (Studia Artistarum. Études sur la Faculté des arts dans les universités médiévales, 4), 1997 ; et O. Weijers, *Le Maniement du savoir. Pratiques intellectuelles à l'époque des premières universités (XIIIe-XVe siècle)*, Turnhout, Brepols, 1996.

Rayonnement et influence

L'œuvre d'Albert à exercé une influence profonde du XIIIe au XVe siècle : quoi que l'on désigne exactement par cette expression, « l'averroïsme latin » en procède, un Dante également. On reviendra plus bas sur la question de l'*averroïsme*, pour nuancer éventuellement la signification et la portée de la formule. Il paraît bon, toutefois, de la maintenir telle quelle à ce stade pour prendre la mesure de la complexité du dossier. Complexe est le mot. Pour les uns en effet, Albert est le fondateur de l'*aristotélisme chrétien*. Pour d'autres, comme Van Steenberghen, qui refusent toute paternité averroïste, il est le tenant d'une voie moyenne entre les deux : l'*aristotélisme latin*. Pour d'autres encore, comme Twetten, celui d'un *aristotélisme arabe pour les croyants*[73]. On ne chipotera pas sur la formule « aristotélisme latin » : Albert est de fait « aristotélicien » et « latin », même s'il n'a jamais de mot trop dur pour s'en prendre aux *Latini*, notamment, on le verra, en psychologie et en noétique. On avouera cependant qu'ainsi conçue la démarcation de l'albertisme sur le vaste territoire du Moyen Âge se confond avec à peu près tout – fors l'ockhamisme. La référence arabe est plus discriminante, mais doit-on pour autant l'assortir d'une autre, pour le moins vague, aux « croyants » ? Et qui placera-t-on dans cette mouvance, s'il est vrai que tous les auteurs du Moyen Âge tardif – hormis Pétrarque[74] – ont puisé dans l'aristotélisme arabe ? Poser cette question, c'est revenir de gré ou de force au problème de l'averroïsme et de l'*anti*averroisme latins. Mais il y a plus compliqué encore : du fait de son encyclopédisme, l'œuvre albertinienne autorise tous les patronages comme toutes les filiations. Gilson l'avait bien vu, pareille fortune ne va pas sans ambiguïtés : la pensée d'Albert « charrie dans un flot puissant une masse de données où les générations suivantes ont trouvé de quoi

73. Cf. D.B. Twetten, « Albert the Great, Double Truth, and Celestial Causality », *Documenti e Studi sulla tradizione filosofica medievale*, XII, 2001, p. 357 : « Albert is not the founder of a Christian aristotelianism or of a Latin averroism. If Van Steenberghen's compromise is felicitous, "founder of Latin aristotelianism", one may further specify the complexity of Albert's thought as an "Arab aristotelianism for believers" – as can be seen on the question of celestial causality. » Pour la formule « aristotélisme latin », cf. F. Van Steenberghen, « Albert le Grand et la révolution culturelle du XIIIe siècle », *Revue générale pour l'humaniste des temps nouveaux*, 5 (1982), p. 32 (p. 25-38, pour l'ensemble de l'article).

74. Sur l'antiarabisme de Pétrarque, cf. A. de Libera, « Pétrarque et la romanité », *in* Chr. Menasseyre et A. Tosel (éd.), *Figures italiennes de la rationalité*, Paris, Éd. Kimé, 1997, p. 7-35.

nourrir vingt doctrines différentes »[75]. Vingt doctrines au moins. Reste qu'il ne faut pas confondre un philosophe avec une database, ni une œuvre avec un dictionnaire – si vaste soit-il. De deux choses l'une : ou Albert a *une* pensée ou il en a *mille*, ce qui revient à dire qu'il *n'en a pas*. Intermédiaire obligeant de toute la scolastique, Albert a rayonné dans toute l'Europe – dans l'Italie du XIVe siècle, spécialement, où plusieurs théories de l'ancien étudiant de Padoue ont trouvé un écho favorable, fût-il indirect, chez Ange de Fossombrone et Blaise de Parme[76], et, naturellement, plus directement et plus massivement, au-delà du XIVe, comme l'a montré une récente contribution de L. Bianchi, même si – il faut également le noter – maints contemporains de Léonard de Vinci ont *aussi* ouvertement méprisé ce « grossier fauteur de balivernes », mêlant théories philosophiques et croyances populaires, observations personnelles et racontars de « paysans »[77].

Mais Albert a su aussi, à proprement parler, faire école, et c'est ce qui compte. Soyons donc clair : telle que nous la voyons, son influence *propre*, personnelle, s'exerce sur trois grands courants. L'un est allemand, c'est la *deutsche Dominikanerschule* ; les deux autres, européens : le premier, parisien, se continue surtout en Italie, c'est, je le maintiens sous bénéfice d'inventaire, l'« averroïsme latin » ; le second, parisien aussi, passera en Allemagne puis en Belgique, puis en Europe centrale, c'est l'albertisme. Les trois procèdent d'Albert. Deux finissent dans le « néoplatonisme », un autre dans l'« aristotélisme intégral » ; un paradoxe, peut-être, mais fondé *à la source*, qui engage deux traditions scolaires, ici le *Studium generale* des dominicains de Cologne, là l'université des maîtres de Paris des XIIIe et XIVe siècles ; trois crises aussi, l'une ouverte en Allemagne par la condamnation de Maître Eckhart (Bulle *In agro Dominico* du 27 mars 1329), les deux autres à Paris, la première par la censure de l'aristotélisme (*Syllabus* du 7 mars 1277)[78], la seconde par celles du nominalisme. On l'a dit, on évoquera

75. Ét. Gilson, *La Philosophie au Moyen Âge. Des origines patristiques à la fin du XIVe siècle*, Paris, Payot, 1944, p. 514.

76. Cf. G. Federici Vescovini, « Su alcune testimonianze dell'influenza di Alberto Magno come "metafisico", scienzato e "astrologo" nella filosofia padovana del cadere del secolo XIV : Angelo da Fossombrone e Biagio Pelacani da Parma », *in* A. Zimmermann (éd.), *Albert der Grosse, seine Zeit, sein Werk, seine Wirkung*, *loc. cit.*, p. 155-176.

77. Cf. L. Bianchi, « *Rusticus Mendax*. Marcantonio Zimara e la fortuna di Alberto Magno nel Rinascimento italiano », *in* F. Cheneval, R. Imbach, Th. Ricklin (éd.), *Albert le Grand et sa réception*, p. 264-278. Les « paysans » sont sans doute les *rustici* mentionnés dans le *De vegetabilibus*, éd. Jessen, p. 95 et 579.

78. Sur cette censure, son importance pour l'histoire de la philosophie médiévale en général et pour l'évaluation du rôle d'Albert, pour la discussion, accessoirement, des thèses défendues par moi ici et dans des publications antérieures, cf. J.A. Aertsen,

plus loin l'aristotélisme dit *intégral* ; pour l'heure et la clarté du propos, on se contentera ici de quelques mots sur les héritiers directs.

L'école dominicaine allemande

La période qui va d'Albert, fondateur de la tradition philosophique des dominicains allemands, à Berthold de Moosburg, son principal propagandiste, couvre environ deux siècles : l'un, on l'a vu, est né vers 1200 ; l'autre est mort après 1361. Peut-on imaginer une « école » durer, sans changement, sur un si long intervalle ? Le fondateur même du *Corpus Philosophorum Teutonicorum Medii Aevi*, K. Flasch[79], montre la plus grande prudence vis-à-vis des notions de « mystique », de « néoplatonisme » et de « tradition scolaire albertinienne » *(Albertschule)*. De fait, on peut se demander ce qui rassemble *en profondeur* un Albert, un Ulrich de Strasbourg, un Dietrich de Freiberg, un Eckhart et un Berthold. La « mystique » ? Le concept en est trop vague et non philosophique[80]. Le « néoplatonisme » ? La catégorie n'est pas médiévale, et l'on doit d'abord en clarifier le statut véritable avant de pouvoir l'appliquer à ses supposés promoteurs. Reste donc l'« école d'Albert ». Mais le mot même n'a pas de définition univoque. S'agit-il des élèves d'Albert ? Thomas d'Aquin en fait partie. S'agit-il de ses partisans ? Ils n'existent pas avant le XVe siècle. S'agit-il de ses lecteurs ? Il faut y compter presque tout le Moyen Âge. S'agit-il d'une appartenance et d'un enracinement – ici l'ordre des Prêcheurs, là l'Allemagne ? Les XIIIe et XIVe siècles regorgent de dominicains allemands qui, loin de suivre le seul enseignement d'Albert, suivent d'abord celui de Thomas, et qui, pour la plupart, s'opposent à Dietrich de Freiberg et à Eckhart. Serait-ce qu'il n'y a pas d'école dominicaine allemande, liée à l'enseignement d'Albert le Grand et riche d'un fonds propre de lieux, de thèmes et de problèmes ? Ce serait trop dire. Il existe assurément une « culture

---

K. Emery Jr., A. Speer (éd.), *Nach der Verurteilung von 1277. Philosophie und Theologie an der Universität von Paris im letzten Viertel des 13. Jahrhunderts*. Studien und Texte, Berlin-New York, Walter De Gruyter, 2001, avec la recension de L. Bianchi, « New Perspectives on the Condemnation of 1277 and Its Aftermath », *Recherches de théologie et philosophie médiévales*, 70, 1 (2003), p. 206-229.

79. K. Flasch, « Von Dietrich zu Albert », in *Albert der Große...*, p. 7-28.

80. Sur cette question, cf. A. de Libera, « Albert le Grand et la mystique allemande », *in* M.J.F.M. Hoenen, J.H.J. Schneider et G. Wieland (éd.), *Philosophy and Learning. Universities in the Middle Ages*, Leiden-New York-Köln, E.J. Brill (Education and Society in the Middle Ages and Renaissance, 6), 1995, p. 29-42.

philosophique » spécifiquement « allemande »[81] aux XIIIe et XIVe siècles, exprimant une sorte de « monopole culturel » des dominicains de *Teutonia*, qu'ils se soient employés à Strasbourg (comme Ulrich, premier disciple d'Albert), à Cologne (comme Dietrich de Freiberg et Berthold de Moosburg), voire en ces deux villes, en ces deux *studia*, l'un provincial, l'autre général (comme Maître Eckhart). Cependant, sans majorer indûment l'unité des doctrines professées par des auteurs d'époques et de sensibilités philosophiques très différentes, on peut aller au-delà de strictes convergences de type « culturel » et parler d'une *pensée* dominicaine allemande, d'origine albertinienne, bref, d'une « pensée rhénane »[82]. La principale caractéristique de cette pensée est d'avoir formulé une théologie métaphysique du flux *(fluxus, influxio, influentia)*, articulée sur une nouvelle doctrine de la causalité, la causalité essentielle, héritée à la fois, mais non sans tensions, de Proclus, du *Liber de causis* et de Denys. Ce trait fondamental suffirait matériellement à qualifier une école – c'est bien, d'ailleurs, sur ces positions que se reconstituera, au XVe siècle, ce que l'on est convenu d'appeler le « néo-albertisme »[83]. On ne saurait, cependant, s'en tenir à ce facteur de continuité sans risque d'erreur épistémique.

L'épistémé d'Albert le Grand n'est pas celle de Berthold ni même peut-être, malgré la proximité des dates, celle de Dietrich de Freiberg. Si la pensée dominicaine allemande des XIIIe et XIVe siècles appartient à l'histoire générale de la philosophie, ce n'est pas seulement parce qu'elle offre une alternative d'ensemble au *thomisme,* ni parce qu'elle se situe aux confins (d'ailleurs incertains) de la philosophie et de la mystique spéculative, c'est aussi parce qu'elle répond de manière plurielle à des questions neuves nées, à fleur de textes, de la longue mise en place des corpus philosophiques grecs et arabes. L'histoire de la pensée n'est pas une simple histoire de la lecture. Il n'en faut pas moins faire toute leur place aux fréquentations littéraires. Les dominicains allemands ont beaucoup lu les *philosophes.* D'autres qu'eux l'ont fait. La singularité de cette lecture, ou plutôt de ces lectures, tient à la sympathie qu'elles portent à leur objet : le trait spécifique de l'école

81. Cf. L. Sturlese, « Albert der Große und die deutsche philosophische Kultur des Mittelalters », *Freiburger Zeitschrift für Philosophie und Theologie*, 28 (1981), p. 133-147.

82. Cf. A. de Libera, *La Mystique rhénane. D'Albert le Grand à Maître Eckhart*, Paris, Éd. du Seuil (Points Sagesses, 68), 1994, p. 444.

83. Cf. Z. Kaluza, « Exode 3, 14, et Matthieu 6, 9 : Le *Qui es* dans quelques textes de Henri de Pomerio (1328-1469) et de Heimeric de Campo (1395-1460) », *in* A. de Libera et E. Zum Brunn (éd.), *Celui qui est. Interprétations juives et chrétiennes d'Exode 3, 14*, Paris, Éd. du Cerf, 1986, p. 163-203.

dominicaine allemande réside dans un véritable *effort d'assimilation* de la pensée gréco-arabe qui prolonge et met en crise le geste inaugural d'Albert lui-même : transmettre la philosophie grecque aux « Latins ». On peut, et l'on doit, interroger tout à la fois ce geste et ses prolongements, car il ne faudrait pas prêter à nos auteurs plus qu'ils n'ont fait ni plus qu'ils n'ont voulu. L'« albertisme » n'est ni une défense et illustration de la philosophie à l'âge de la théologie, ni le seul authentique projet philosophique du Moyen Âge, et l'on voudrait bien dire que c'est une émergence de la philosophie, si la partie immergée n'était pas de loin, comme souvent, la plus fascinante. En fait, en chacun de ses moments, la pensée dominicaine allemande se déploie dans l'après-coup d'une traduction. L'« entrée » de Proclus, en 1268, est une date majeure. C'est à partir de cet événement que la notion d'*Albertschule* se laisse à la fois construire et déconstruire. Pourquoi ? Albert, le premier, fait face à la totalité d'Aristote et de ses commentaires arabes, et, tâche singulière, il lui faut simultanément proposer une lecture en en accréditant le principe ; après lui, le péripatétisme existe, les philosophes ont des doctrines, et ces doctrines ont leur histoire. Comme Aristote, il se plaît à la doxographie, il ne détache pas l'exposé des problèmes du récit de leur genèse, il compose, défait et recompose en permanence les *voies* et les *positions*, cherche les accords et les désaccords, pour, quoi qu'on en dise, multiplier sa propre pensée des parts de vérité qu'enveloppent les textes du passé. Plus que doxographe, Albert est « historien » dans le sens médiéval du terme : il met le même soin à anatomiser les corpus qu'à classer les végétaux, à analyser un argument typique qu'à décrire le mouvement des animaux ; sa doxographie philosophique est une histoire naturelle de la pensée.

Ulrich de Strasbourg († 1277) est un second Albert, qui applique à son maître sa propre méthode ; c'est le premier historien de l'albertisme, mais un historien qui, en un sens, crée son objet plus qu'il ne le trouve. Son ambition est simple : construire la somme albertinienne qu'Albert lui-même entreprend tardivement et n'achèvera jamais [84]. L'élève meurt avant son modèle ; restent deux témoins d'une pensée en train de s'accomplir, mais qui tous deux échouent à la fixer : le *De summo bono* d'Ulrich, la *Summa theologiae* d'Albert – dans le même temps monte la *Somme* d'un autre élève du maître colonais, Thomas d'Aquin, qui éclipsera les deux. Avec Dietrich de Freiberg († vers 1318-1320) la

84. Pour cet auteur, cf. *De summo bono*, livre I, éd. B. Mojsisch, Hambourg, F. Meiner (Corpus Philosophorum Teutonicorum Medii Aevi, I, 1), 1989 ; livre II, 1-4, éd. A. de Libera, Hambourg, F. Meiner (CPTMA, I, 2 [1]), 1987 ; livre IV, 1-2, 7, éd. S. Pieperhoff, Hambourg, F. Meiner (CPTMA, I, 4 [1]), 1987.

philosophie gréco-arabe conquiert sinon l'indépendance, du moins l'autonomie : il ne s'agit plus de transmettre ni de reproduire, mais de déployer, de confronter, de mettre en jeu les énoncés philosophiques d'Aristote, d'Avicenne ou d'Averroès pour en mesurer les effets de fracture ou de refonte sur la théologie et la philosophie communes[85]. Dietrich a un propos, il a surtout une cible : les *communiter loquentes*, expression d'une savoureuse ambiguïté où se conjuguent deux vocables, celui, « averroïste », de *loquentes* (« bavards »), désignant les théologiens ; celui, universitaire, d'opinion solennellement arrêtée, mais ramenée ici à la platitude d'une « opinion *commune* ». Aux yeux de Dietrich, les *communiter loquentes* ont leur héros, Thomas d'Aquin, et il ne laisse jamais de s'opposer à lui en s'opposant à eux.

Eckhart († 1328) est bien différent. Il n'y a chez lui ni antithomisme ni albertisme au sens strict. En outre, s'il se rencontre ici ou là avec Dietrich de Freiberg, il n'en épouse pas, loin de là, toutes les doctrines. Eckhart n'en appartient pas moins à la constellation qui se dessine autour d'Albert[86], et pour une raison de fond qui, en un sens, le fait plus extrémiste que tout autre : la reconnaissance de la valeur théologique et de la portée éthique de la « sagesse » philosophique. Si, contrairement à ses confrères, il ne pratique guère Averroès, si, dans sa manière, Proclus tient peu de place, la philosophie grecque et arabe est chez lui accueillie et prêchée avec autant de conviction que chez Albert (mais moins d'attention aux sources les plus récentes que chez Dietrich). Il y a donc un albertisme d'Eckhart, limité à l'éthique, qui nous éclaire sur ce que pouvait être réellement l'importance d'Albert aux yeux d'un dominicain

85. Les œuvres de Dietrich sont éditées dans *Dietrich von Freiberg, Opera omnia*, 4 volumes, Hambourg, F. Meiner (CPTMA, II, 1-4), 1977-1987. Sur sa vie, cf. L. Sturlese, *Dokumente und Forschungen zu Leben und Werk Dietrichs von Freiberg* (CPTMA, Beiheft 3), Hambourg, F. Meiner, 1984. Pour un bilan des études récentes, cf. K.-H. Kandler, B. Mojsisch (éd.), *Dietrich von Freiberg. Neue Perspektiven seiner Philosophie, Theologie und Naturwissenschaft. Freiburger Symposion : 10-13 März 1997*, Amsterdam, Grüner (Bochumer Studien zur Philosophie, 28), 1999.

86. On dispose sur ce point d'un témoignage direct, l'*Opus Ior* de Iordan de Quedlinburg qui, comme les travaux préparatoires du regretté J. Koch ont permis à L. Sturlese de le confirmer, renferme non seulement des citations de la *Rechtfertigungsschrift* portant sur des points décisifs de la pensée eckhartienne (naissance de Dieu dans l'âme, néantité de la créature, présence de l'Image divine dans l'âme, caractère incréé de l'intellect), mais, surtout, critique en détail la théorie de la vision bienheureuse de Dietrich de Freiberg avant d'y rattacher, pour les confondre dans une même réprobation, celle, eckhartienne, de l'incréé dans l'âme. Cf., sur ce point, L. Sturlese, « Meister Eckhart Weiterwirken. Versuch einer Bilanz », *in* H. Stirnimann et R. Imbach (éd.), *Eckardus Theutonicus, homo doctus et sanctus. Nachweise und Berichte zum Prozeß gegen Meister Eckhart*, Fribourg, 1992, p. 174, n. 19 qui renvoie au sermon 50 de Iordan, *in* ms. Vat. Pal. 448, f°s. 97rb-va et 98va-b.

allemand du Moyen Âge[87]. C'est cependant sur Berthold de Moosburg († après 1361), qu'il faudra insister. C'est avec lui, en effet, plus qu'avec qu'Eckhart, que le travail d'acculturation commencé par Albert se boucle sur lui-même, que la philosophie arabe est assimilée *en même temps* que le néoplatonisme s'affirme.

Commentateur de Proclus, Berthold fait des *Éléments de théologie* une lecture totale ; il a sous les yeux ce qui est pour lui la *Somme* du platonisme, et son travail, à la fois modeste et démesuré, consiste à y *articuler*, proposition par proposition, l'ensemble du savoir philosophique disponible[88]. Il ne s'agit pas de mettre en ordre les corpus, ni

87. Les œuvres d'Eckhart sont éditées dans *Meister Eckhart. Die deutschen und lateinischen Werke*, hrsg. im Auftrag der Deutschen Forschungsgemeinschaft, Stuttgart (1936 -). Derniers titres parus : *Die lateinischen Werke, Bd. V, Lief. 5-8: Acta Echardiana. Mag. Echardi Responsio ad articulos sibi impositos de scriptis et dictis suis*, éd. L. Sturlese, Stuttgart, Kohlhammer, 2000 (p. 241-520) et *Die deutsche Werke, Bd. IV, 1, Lief. 5.-8: Meister Eckharts Predigten*, éd. G. Steer, W. Klimanek et F. Löser, Stuttgart, Kohlhammer, 2002 (p. 257-512). Plusieurs bibliographies permettent de s'orienter dans la littérature passée et récente : Th. O'Meara, « An Eckhart Bibliography », *The Thomist*, 42 (1978), p. 313-336 (reprise par J. Ancelet-Hustache, Maître Eckhart, *Sermons*, III, Paris, Éd. du Seuil, trad. fr., p. 187-214) ; N. Largier, *Bibliographie zu Meister Eckhart* (Dokimion, 9), Fribourg (Suisse), 1987 [réactualisée en 1995] et, du même, « Recent Work on Meister Eckhart : Positions, Problems, New Perspectives, 1990-1997 », *Recherches de théologie et philosophie médiévales*, 65 (1998), p. 147-167. On consultera également avec profit *Voici Maître Eckhart*, éd. É. Zum Brunn, Grenoble, Jérôme Millon, 1994, le numéro spécial de la *Revue des sciences religieuses*, 70 /1 (1996), publié par M.-A. Vannier sur les Mystiques rhénans, ainsi que K. Jacobi (éd.), *Meister Eckhart. Lebensstationen-Redesituationen*, Berlin, Akademie Verlag (Quellen und Forschungen zur Geschichte des Dominikanerordens, N.F., 7), 1997 et la série de commentaires inaugurée par G. Steer, L. Sturlese (éd.), *Lectura Eckardi. Predigten Meister Eckharts von Fachgelehrten gelesen und gedeutet*, Stuttgart - Berlin - Cologne, Kohlhammer, 1998 (suivi jusqu'ici de *Lectura Eckhardi, II*, éd. G. Steer et L. Sturlese, 2003). Pour une comparaison des thèses d'Eckhart et de Dietrich en noétique, cf. K. Flasch, « *Converti ut imago* – Rückkehr als Bild. Eine Studie zur Theorie des Intellekts bei Dietrich von Freiberg und Meister Eckhart », *Freiburger Zeitschrift für Philosophie und Theologie*, 45/1-2 (1998), p. 130-150.

88. Cf. Berthold de Moosburg, *Expositio super Elementationem theologicam Procli. Prologus. Propositiones 1-13*, éd. M.-R. Pagnoni-Sturlese et L. Sturlese, Hambourg, Felix Meiner (CPTMA, VI, 1), 1984 ; *Prologue. Propositiones 14-34*, éd. M.-R. Pagnoni-Sturlese, L. Sturlese et B. Mojsisch (CPTMA, VI, 2), 1986 ; *Propositiones 35-65*, éd. A. Sannino, avant-propos de L. Sturlese (CPTMA, VI, 3), 2000 ; *Propositiones 66-107*, éd. I. Zavattero, avant-propos de L. Sturlese (CPTMA, VI, 4), 2003 ; *Propositiones 160-183*, éd. U.R. Jeck, I.J. Tautz, Prolegomena et Indices de N. Bray (CPTMA, VI, 7), 2003 ; cf., en outre, *Expositio super Elementationem theologicam Procli. Propositiones 184-211*, éd. L. Sturlese, Rome, Ed. di Storia e Letteratura (Temi e testi, 18), 1974. Voir aussi CPTMA, VII, 1 : *Miscellanea. Texte aus der Zeit Meister Eckharts*, I : Bertram von Ahlen, *Opera*, éd. A. Beccarisi, avant-propos de L. Sturlese, Hambourg, 2004 ; et CPTMA, VII, 2 : *Miscellanea. Texte aus der Zeit Meister Eckharts*, II : Berthold von Wimpfen, *Opera*. Anonymus, *Quaestio utrum beatitudo consistat in intellectu agente*. Anonymus, *Tractatus*

même de les « essayer » les uns par rapport aux autres, mais de distinguer les grandes philosophies et de montrer laquelle est la meilleure. Née du choc péripatéticien dont elle a, la première, mesuré positivement les effets de perturbation, *la pensée dominicaine allemande s'accomplit avec Berthold dans l'exaltation d'un platonisme qui doit tout à Proclus et presque rien à Platon.* Aucun auteur ne permet mieux de mesurer ce qui distingue ce surgeon d'Albert de l'albertisme proprement dit ou, pour parler plus exactement, du néo-albertisme. C'est donc sur la triade Ulrich-Dietrich-Berthold que nous insisterons dans les chapitres suivants – principalement sur Ulrich –, plutôt que sur Eckhart, suffisamment évoqué dans d'autres travaux.

Le néo-albertisme

Le néo-albertisme, *i.e.* l'albertisme proprement dit, est né bien après Albert, en plein XVe siècle[89]. Il ne s'agit pas d'une école enracinée dans un terroir, un ordre ou un milieu. Le phénomène est *européen.* Ses foyers principaux sont à Paris, à Louvain, à Cologne, mais on en retrouve les traces, plus ou moins marquées, à Cracovie, Heidelberg, Ingolstadt, Tübingen, Bâle, Prague, Copenhague et Uppsala. L'étendue même du mouvement semblerait devoir interdire, en principe, d'en faire un surgeon de l'école dominicaine allemande, même si l'éditeur de textes ne peut pas ne pas noter que la montée de l'albertisme coïncide avec la première diffusion véritable d'un Ulrich de Strasbourg, dont tous les manuscrits – ou presque – datent du XVe siècle. C'est que l'albertisme procède à l'évidence d'Albert plutôt que de Berthold ou de Dietrich, et que le principal mérite d'Ulrich est, on l'a vu, d'avoir donné une synthèse difficilement surpassable de l'œuvre albertinienne. Sans préjuger du résultat des recherches en cours, on peut cependant penser que l'albertisme n'a pas tout ignoré de la première école de Cologne : un hiatus pur et simple serait peu vraisemblable, quand même les canaux éventuels et les possibles voies de passage nous sont inconnus. Reste que, d'un siècle à l'autre, les problèmes ont évolué sur le fond, que l'albertisme s'inscrit dans une période déterminée par une situation philosophique précise et qu'il apporte une réponse d'ensemble à des

de natura accidentis. Pseudo-Bertram von Ahlen, *De investigatione creatoris per creaturas*, éd. A. Beccarisi, Hambourg, 2004.

89. Sur l'albertisme, cf. G. Meersseman, *Geschichte des Albertismus, Heft I : Die Pariser Anfänge des Kölner Albertismus*, Paris, 1933 ; *Heft II : Die ersten Kölner Kontroversen*, Rome, 1935 ; « Les origines parisiennes de l'albertisme colonais », *AHDLMA*, 7 (1932), p. 121-142.

questions largement renouvelées. Le socle épistémique de l'époque n'est plus Aristote, le péripatétisme gréco-arabe, ses menaces réelles ou supposées, son incompatibilité ou sa conciliation possible avec la théologie des Pères. Le nouveau référent est l'ockhamisme.

De 1330 à 1550, la scène philosophique européenne est dominée par un conflit entre les nominalistes, tenants de la *via moderna*, partisans d'Ockham et de Buridan, et les réalistes, tenants de la *via antiqua*, partisans de Thomas et de Duns Scot. Cette confrontation a un terrain d'élection : le problème des universaux, qui ouvre à la fois vers l'ontologie, la logique et la théorie de la connaissance. Face au nominalisme et à son programme binaire – il y a des singuliers, les étants, et des séries de singuliers, les signes ; des choses singulières, les étants singuliers, et des signes singuliers, les noms propres des choses singulières ; des signes communs, les concepts universels, signes mentaux d'une pluralité de singuliers, mais pas de choses communes, les universaux au sens de séries dont l'unité numérique serait donnée comme réelle –, le réalisme multiplie les réponses et les positions. L'albertisme trouve là sa première fonction. Mais ce n'est pas la seule. Le « retour » aux grands textes du XIIIe siècle, projet littéralement *réactionnaire*, alimente tous les réalismes. Il y a cependant différentes manières de renouer avec l'origine. Réduit à l'essentiel, l'albertisme apparaît comme une philosophie *réaliste* simultanément engagée sur deux fronts : contre le nominalisme d'une part, contre le réalisme thomiste de l'autre ; c'est, en un sens, une « troisième force », qui cherche sa voie entre des blocs.

Le rejet du nominalisme est une donnée fondamentale de l'albertisme. C'est une conséquence naturelle de la lecture d'Albert : tous les néo-albertistes du XVe siècle ont une perception propre de la situation philosophique de leur époque, et cette perception est albertinienne. Reprenant le cadre tripartite qui, chez Albert, organise l'histoire de la philosophie antique, ils le transposent pour affirmer leur idiosyncrasie. Là où Albert avait distingué stoïcisme, épicurisme et péripatétisme (catégories sur lesquelles nous reviendrons), les albertistes voient les reprises et les reviviscences : partisans d'Albert, ils se disent, comme lui, « péripatéticiens », mais c'est pour rejeter aussitôt sous le nom d'« épicurisme » les thèses nominalistes des *terministae*, et sous celui de « stoïcisme » celles, platonico-augustiniennes, des partisans des Idées[90].

90. Sur cet aspect de la doxographie néo-albertiste, cf. Z. Kaluza, « Le *De universale reali* de Jean de Maisonneuve et les *epicuri litterales* », *Freiburger Zeitschrift für Philosophie und Theologie*, 33 (1986), p. 486-489. Les tenants des Idées « platoniciennes » sont sans doute à chercher parmi d'éventuels partisans de Jérôme de Prague, maître régent à la faculté des arts de Paris en 1406, condamné pour sa doctrine des universaux au concile de Constance (après avoir dû fuir Paris pour le même motif), mort

Ils font même plus : puisqu'il y va principalement de la question de l'universel, ils passent de trois à quatre, distinguant dans la doctrine la plus honnie – celle d'Épicure – un épicurisme moderne d'un épicurisme ancien. Exploitant un texte de la *Metaphysica* d'Albert[91], ils assignent ainsi aux universaux *quatre* sortes d'être : *esse ydeale et in intellectu cause prime, esse intellectuale tantum et formale, esse formale et formatum, esse in intellectu abstrahente*, qui alimentent quatre écoles philosophiques : les platoniciens, les péripatéticiens, les épicuriens anciens (matérialistes) et les épicuriens modernes (nominalistes)[92], se réservant, selon les contextes, d'attribuer à Platon la thèse hérétique de l'existence des universaux « hors des singuliers et hors de l'intellect divin » (quand il s'agit de réduire au silence les tenants des Idées platoniciennes *stricto sensu*), ou, au contraire, d'identifier « l'universel des platoniciens avec l'être idéal dans l'esprit de Dieu » et de rapprocher l'école platonicienne de celle des péripatéticiens (quand il s'agit de s'opposer aux nominalistes). Ce singulier balancement n'est pas *nouveau*, il était commencé dès Albert ; son actualisation chez les albertistes montre à quel point le texte albertinien faisait pour eux office de grille de lecture. Conscients d'avoir une doctrine et capables de la nommer, ou, si l'on préfère, de la situer sur un échiquier dessiné d'avance par leur commun inspirateur, les albertistes – Jean de Maisonneuve, Heimeric de Campo, Jean Huilshout de Mecheln[93], Gérard de Harderwijk, Arnold

---

sur le bûcher le 30 mai 1416 après avoir également enseigné à Cologne et à Heidelberg. On peut aussi penser aux *novi Formalizantes* dénoncés par Gerson, soutenant l'existence d'« universaux réels éternels » à la fois hors de l'âme et hors de Dieu *(in re extra Deum)*. Sur tout cela, voir Z. Kaluza, « Le chancelier Gerson et Jérôme de Prague », *AHDLMA*, 51 (1984), p. 81-126.

91. Albert le Grand, *Metaph.*, V, 6, 5 ; éd. Geyer, p. 285, 56-96.

92. Sur cette classification cf. Z. Kaluza, *Les Querelles doctrinales à Paris. Nominalistes et réalistes aux confins du XIVe et du XVe siècle*, Bergame, Lubrina (Quodlibet, 2), 1988, p. 17-18. Une variante se lit sous la plume de Stephan Palec, wyclifiste praguois, écrivant vers 1403, qui distingue stoïciens et académiciens. Selon Stephan, les stoïciens tirent leur nom de la « porte Stoa » *(sic !)* près de laquelle ils tenaient école. Des académiciens, disciples de Platon, le penseur tchèque précise que « leur nom vient de la région d'Académie, où était leur lieu d'enseignement ». Les épicuriens, « partisans des jouissances et des plaisirs », ont pour prince « Aristipus » – vraisemblablement Aristippe de Cyrène, le fondateur du cyrénaïsme, souvent présenté comme un épicurien. Cf., sur ce point, Pseudo-Acron, *Ad Horatii Epistolam*, I, 17, 1 cité par F. Caujolle-Zaslawsky, s.v., *in* R. Goulet (éd.), *Dictionnaire des philosophes antiques*, t. I, Paris, Éd. du CNRS, 1989, p. 375.

93. Sur Jean de Malines, cf. A. Pattin, « Jan van Hulshout (1405-1475). Vlaams wijsgeer en theoloog van de Universiteit te Keulen », *Tijdschrift voor Filosofie*, 38 (1976), p. 104-138 ; « Le *Tractatus de homine* de Jean de Malines. Contribution à l'histoire de l'albertisme à l'université de Cologne », *Uitgave Tijdschrift voor Filosofie*, Leuven, 1977.

de Tongeren – méritent bien d'être considérés comme un courant autonome.

La critique du nominalisme est cependant loin d'être leur seul commun dénominateur. Celle de Thomas d'Aquin tient une place égale. Il suffit d'évoquer ici deux figures : Jean de Maisonneuve et Heimeric de Campo. On sait peu de chose sur Jean de Nieuwenhuyze (Ioannes de Nova Domo, † 1418)[94]. Le peu qu'on en sait, toutefois, nous mène à l'antithomisme : professeur à la faculté des arts de l'université de Paris dès 1400, premier fondateur du courant albertiste *(primi parisiensis doctrinae Alberti resuscitator)*, il y a, selon le témoignage même de son disciple Heimeric, « combattu la doctrine de Buridan et de ses partisans terministes pendant seize ans » (en même temps, d'ailleurs, que celles de Scot « et de ses partisans formalistes », les *Formalizantes*)[95], mais l'un des ses ouvrages les plus connus, le *Tractatus de esse et essentia* (1407 ?), édité par Meersseman[96], est d'abord une réfutation de la théorie de la « distinction réelle » de l'être et de l'essence selon Thomas d'Aquin[97], en même temps qu'un exposé albertiste de la doctrine de l'être comme « lumière émanée »[98]. Ce qui vaut à Paris vaut à Cologne. Commencée chez Jean de Maisonneuve, la critique de Thomas trouve son plein aboutissement chez le fondateur de l'albertisme colonais Heimeric Van de Velde (de Campo)[99]. Né en 1395 à Zon (dans le

---

Pour les textes principaux, cf. Johannes de Mechlinia, *Commentaria trium librorum De anima*, Coloniae, 1491.

94. Cf., toutefois, Z. Kaluza, *Les Querelles doctrinales à Paris...*, p. 87-120.

95. Comme l'a montré Z. Kaluza, le combat antinominaliste de Jean a surtout consisté à marginaliser les *Terministae* en refusant toute discussion avec eux – refus que devait reprendre Heimeric. Cf. Jean de Maisonneuve, *De universali reali*, éd. Weiler, « Un traité de Jean de Nova Domo sur les universaux », *Vivarium*, 6 (1968), p. 137 ; Heimeric de Campo, *Problemata*, Cologne, 1490 (non folioté), dans Z. Kaluza, *Les Querelles doctrinales à Paris...*, p. 114, n. 29.

96. G. Meersseman, *Geschichte des Albertismus, I*, p. 91-191. Meersseman a également édité la Question *Utrum universale, quod est forma, communicabilitatem propriam habeat ex hoc quod est universale in re vel ex hoc quod est universale ante rem*, dans son article, « Eine Schrift des Kölner Universitätsprofessors Heymericus de Campo oder des Pariser Prof. Johannes de Nova Domo ? », *Jahrbuch des Kölnischen Geschichtsvereins*, 18 (1936), p. 152-168.

97. Sur cette distinction, cf. le dossier rassemblé dans *L'Être et l'Essence. Le vocabulaire médiéval de l'ontologie*. Deux traités *De ente et essentia* de Thomas d'Aquin et Dietrich de Freiberg, présentés et traduits par A. de Libera et C. Michon, Paris, Éd. du Seuil (Points Essais, 339), 1996.

98. Sur ce point, cf. Z. Wlodek, « Albert le Grand et les albertistes du XVe siècle. Le problème des universaux », *in* A. Zimmermann (éd.), *Albert der Grosse..., op. cit.* (Miscellanea mediaevalia, 14), p. 193-207.

99. On dispose aujourd'hui d'une édition critique des principales œuvres : Heymericus de Campo, *Opera selecta*, hrsg. von Ruedi Imbach und Pascal Ladner,

diocèse de Liège), il arrive à Paris en 1410, suit les cours de Jean, devient maître ès arts en 1415, étudie la théologie, avant de se retrouver (au plus tard en 1422) étudiant à Cologne, où il est successivement bachelier bibliste (1423), maître en théologie (1428), vice-chancelier (1431), recteur (1432). Il est ensuite à Louvain (1435), dont il devient un des professeurs les plus éminents. Il meurt le 11 août 1460. Champion incontesté de l'albertisme, Heimeric en radicalise le composant antithomiste. Grâce à lui, en même temps, la chose devient une spécialité colonaise. C'est qu'il a là ses principaux adversaires, d'une remarquable opiniâtreté. Deux camps se dessinent, avec leur clientèle, leurs institutions – les *Bursae* –, leurs champions. Les albertistes ont Heimeric ; les thomistes Gerhard ter Steghen (Gerardus de Monte)[100]. L'affaire se noue dès la première grande œuvre du maître de Zon, les *Problemata inter Albertum Magnum et Sanctum Thomam ad utriusque opinionis intelligentiam* (conçus en 1424-1425, publiés en 1428, ces dix-huit « problèmes » – ou antinomies – vont devenir la bible des albertistes de la *Bursa Laurentiana*, instrumentant disputes et polémiques avec les thomistes de la *Bursa Montana*) ; elle rebondit avec la *Lettre* ouverte *aux professeurs de Cologne* – l'*Invectiva* – expédiée de Louvain en 1456, objet d'une réponse immédiate de Gerhard ter Steghen – l'*Apologia* ; elle ne s'apaisera pas de sitôt[101].

On peut s'étonner de l'âpreté de cette controverse. L'idée d'une opposition conceptuelle entre Albert et Thomas est incompréhensible à qui souscrit au schème historiographique de l'« aristotélisme chrétien ». C'est pourquoi la découverte de l'albertisme du XVe siècle a souvent été minimisée par les historiens, au profit d'une thèse plus prosaïque : la

Freiburg, Universitätsverlag Freiburg Schweiz (Spicilegium Friburgense. Texte zur Geschichte der kirchlichen Leben, 39), 2001.

100. Comme Heimeric, Gerhard ter Steghen (Gerhard van den Berge) est néerlandais. Né à Geldern, au nord d'Emmerich, mort le 23 octobre 1480, il arrive à Cologne en 1421, y obtient la licence de philosophie en 1424, enseigne les arts jusqu'en 1438, puis la théologie. Élève de Henri de Gorcum († 1431), il dirigera durant trente-neuf ans la *Bursa* où son maître avait regroupé la plupart des thomistes, lui donnant finalement son nom.

101. La liste dressée par Servatius Fanckel († 1508) donne une idée de la répartition des forces après la mort de Heimeric. De 1467 à 1488, les maîtres en théologie de Cologne se distribuent ainsi : 14 thomistes, 5 albertistes, 3 scotistes, 1 disciple de Gilles de Rome. Sur les 44 bacheliers non promus, 29 sont thomistes, 9 albertistes, 4 scotistes, 1 nominaliste, 1 sans orientation définie. Fait curieux, si tous les dominicains sont thomistes et tous les franciscains scotistes, tous les albertistes appartiennent au clergé séculier. Sur la liste de Fanckel, cf. G.M. Löhr, *Die theologischen Disputationen und Promotionen an der Universität Köln im ausgehenden 15. Jahrhundert nach den Angaben des P. Servatius Fanckel O.P.* (Quellen und Forschungen zur Geschichte des Dominikanerorden in Deutschland, 21), Leipzig, 1926.

concurrence quasi économique entre institutions d'enseignement objectivement rivales, les *Bursae*. Réciproquement, les premiers adversaires médiévaux de l'albertisme ont habilement cherché la concorde pour mieux le réduire. C'est tout l'objet du *Tractatus ostendens concordantiam sancti Thome et venerabilis Alberti in multis in quibus dictantur esse contrarii* de Gerhard ter Steghen, véritable dossier critique où la juxtaposition des textes authentiques doit faire apparaître l'inanité d'oppositions forgées par extrapolations et syllogismes. S'y ajoutent des considérations de saine politique (pourquoi dresser les uns contre les autres les tenants du réalisme quand les textes dont ils se réclament disent la même chose ?) et une méthode de lecture qui pèsera sur toute la tradition interprétative d'Albert (le philosophe Albert n'existe pas, il ne fait que rapporter les opinions des péripatéticiens ; seul compte le théologien, car lui seul parle en première personne). Le diagnostic est clair : l'albertisme est, si l'on ose dire, une invention des albertistes ; il n'a pas de fondement dans les textes ni de raison d'être doctrinale, bref, comme l'écrira dans le même sens Gilson, la seule fonction de ce retour à Albert est de « porter le désordre doctrinal » du XVe siècle « à son point de perfection »[102]. Diagnostic sévère, injuste aussi. De fait, même si les antinomies d'Heimeric multiplient à l'excès les points de désaccord, la plupart des thèmes philosophiques en suspens ont leur importance et leur signification.

Le rejet de la distinction réelle entre essence et existence au profit d'une doctrine du flux n'est pas un point de détail : c'est un vieux thème de l'antithomisme dans la première école de Cologne, partiellement illustré dès le *De esse et essentia* de Dietrich de Freiberg[103].

102. Ét. Gilson, *History of Christian Philosophy in the Middle Ages*, New York-Toronto, Random House, 1955, p. 533.

103. Cf. *De esse et essentia*, II, 1, 1 (trad. de Libera) : « Nombreux sont ceux qui soutiennent et enseignent le contraire de ce qu'on a dit. Ils s'appuient sur des raisonnements sophistiques, qui non seulement les trompent, mais ne sont pas sans danger ni réelle menace pour la vraie doctrine. Ils disent, en effet, que l'essence de n'importe lequel de tous les étants créés diffère de son être par une différence réelle, et que l'identité de l'essence et de l'être est seulement possible dans la Première Cause, qui est Dieu. » Sur la critique théodoricienne de Thomas, cf. R. Imbach, « *Gravis iactura verae doctrinae*. Prolegomena zu einer Interpretation der Schrift *De ente et essentia* Dietrichs von Freiberg *O.P.* », *Freiburger Zeitschrift für Philosophie und Theologie*, 26 (1979), p. 369-425. L. Rougier rappelle que la « distinction réelle de l'être et de l'essence », « fondement suprême de la doctrine de saint Thomas » a longtemps été présentée comme le « fondement de la philosophie chrétienne ». Cf. L. Rougier, *Les Paralogismes du rationalisme*, Paris, F. Alcan, 1920, p. 158 : « Les scolastiques aimaient à invoquer à ce sujet le témoignage d'Aristote et se référaient volontiers au passage des *Seconds Analytiques*, où il est déclaré que les définitions n'impliquent jamais l'existence du défini : "in hoc loco, déclare Cajetan, expresse Aristoteles dicit quod esse non est ipsa essentia rei : quod maximum

Parallèlement, l'affirmation d'une primauté métaphysique et épistémologique de l'universel *ante rem formale tantum* (considéré dans la lumière de l'Intelligence séparée où il s'écoule) sur l'universel d'abstraction (pris dans l'intellect humain qui l'abstrait des *phantasmata*), dans la mesure même où elle suppose l'adhésion à une noétique émanatiste liée à l'interprétation albertinienne du *Livre des causes* contre l'empirisme de la psychologie de la connaissance aristotélicienne, n'a rien d'une tension régionale, interne au réalisme : prise à la lettre, elle a pour effet de faire passer le thomisme sous la bannière du nominalisme. Sur ce terrain précis, la fiction de l'« aristotélisme chrétien » se défait alors d'elle-même : le « réalisme » albertiste est ouvertement néoplatonisant ; le « réalisme » thomiste, dans son aristotélisme strict, communique avec le nominalisme – les logiciens des factions adverses ne s'y trompent d'ailleurs pas : la théorie de l'*universale completum* défendue par les thomistes de Cologne est plus proche de la thèse nominaliste réduisant l'universel à une qualité de l'esprit humain que de la théorie de l'universel comme nature participée chère aux commentateurs albertistes de Pierre d'Espagne. La conclusion s'impose : l'opposition Thomas-Albert, qui structure une partie de la vie philosophique du XVe siècle, a une véritable portée doctrinale. Une étude de la pensée d'Albert le Grand ne saurait donc s'organiser à partir d'un schème de pensée concordataire : il faut aller librement aux choses et, tout particulièrement ici, « laisser voir la diversité rebelle »[104].

---

fundamentum doctrinae sancti Thomae" [*Comm. in Anal. post.*, cap. VI]. Cette proposition est même selon le R.P. del Prado *(O.P.)* le fondement de la philosophie chrétienne [*De fundamentali philosophiae christianae*, Fribourg (Suisse), 1911]. » C'est donc d'un terrible contresens sur les *Seconds Analytiques* (la composition ou la distinction alléguée n'étant pas chez Aristote *ontologique*, mais *logique*), que, selon lui, procèdent à la fois le thomisme et *toute la scolastique* : « en invoquant sur ce point l'autorité du Stagyrite *(sic)*, *les scolastiques* [c'est moi qui souligne] n'étaient pas sans commettre une lourde bévue ». Rougier sait bien que *tous* les scolastiques n'ont pas soutenu la distinction ontologique de l'être et de l'essence : c'est même sur ce rejet qu'il fonde son analyse de Duns Scot, et il consacre nombre de pages aux adversaires de Thomas. Il semble malheureusement que, pour lui, penser *contre* Thomas et sa distinction revienne au même que penser *avec* eux : on *est* scolastique, du Moyen Âge jusqu'à Suárez, que l'on soit ami ou adversaire des thèses de l'École. Les thèses de 1920 sur la différence réelle sont reprises par Rougier dans : *La Scolastique et le Thomisme*, Paris, Gauthier-Villars, 1925 ; *La Métaphysique et le Langage*, Paris, Flammarion, 1960 ; et *Histoire d'une faillite philosophique : la scolastique*, Paris, J.-J. Pauvert (Libertés), 1966.

104. P. Vignaux, *Philosophie au Moyen Âge*, précédé d'une *Introduction nouvelle* et suivi de *Lire Duns Scot aujourd'hui*, Albeuve, Castella, 1987, p. 64 (réimpr., Vrin [Bibliothèque d'histoire de la philosophie], 2004, avec une importante préface de R. Imbach).

CHAPITRE II

Philosophie et théologie

Lecteur de la quasi-totalité des sources gréco-arabes disponibles au XIIIe siècle, interprète de l'ensemble de l'œuvre d'Aristote, Albert le Grand est le premier auteur médiéval à avoir affronté comme tel le problème de l'essence de la philosophie. Si la forme littéraire de son activité philosophique – la paraphrase – se prête moins que d'autres à l'exposé de vues originales [1], si les questions disputées ou quodlibétales qui, jusqu'à un certain point, ont fait la pensée de Thomas d'Aquin, manquent ici cruellement, on ne saurait pour autant reconduire le mythe historiographique qui veut qu'Albert ait « exposé » la philosophie des autres sans rien avancer qui fût sien. Il y a une philosophie d'Albert le Grand, en d'autres termes : un corps de doctrines logiques, métaphysiques, psychologiques, éthiques reliées entre elles et formant un système que l'on peut décrire et analyser.

Depuis M. Grabmann, il est devenu banal de caractériser cette philosophie comme néoplatonicienne et d'en faire le point de départ d'une renaissance du néoplatonisme en Allemagne, dont l'école dominicaine serait à la fois le fer de lance et le théâtre [2]. Cette hypothèse est

1. Voir, cependant, sur ce point, A. Bertolacci, « *Subtilius speculando*. Le citazioni implicite della Philosophia prima di Avicenna nel Commento alla *Metafisica* di Alberto Magno », *Documenti e Studi sulla tradizione filosofica medievale*, IX, 1998, p. 261-339 et, du même, « Le citazioni implicite della *Philosophia prima* di Avicenna nel Commento alla *Metafisica* di Alberto Magno : analisi tipologica », *Documenti e Studi sulla tradizione filosofica medievale*, XII, 2001, p. 179-274.

2. M. Grabmann, « Der Einfluß Alberts des Großen auf das mittelalterliche Geistesleben », in *Mittelalterliches Geistesleben*, II, Munich, 1936, p. 362 (qui souligne, à l'occasion, le rôle supposé d'Ulrich de Strasbourg) : « Der Lieblingsschüler Alberts, der noch vor seinem Lehrer verstorbene Dominikanerprovinzial Ulrich von Straßburg, hat in seiner monumentalen theologischen *Summa* das größte und geschlossenste Werk des von Albert ausgehenden deutschen Neuplatonismus geschaffen. » Les suggestions de Grabmann ont beaucoup fait pour orienter la recherche sur la *fausse piste* du « néoplatonisme »

certainement critiquable. Il va de soi que la notion moderne, philologique et historique, de « néoplatonisme » n'a pas plus de sens pour Albert qu'elle n'en a pour l'ensemble des médiévaux. En outre, et c'est là la difficulté, si la relation d'Albert aux *platonici philosophi* est très particulière, si elle constitue un phénomène à la fois original et bien circonscrit, ce phénomène s'inscrit lui-même dans un cadre qui paraît le contredire, celui d'une profession de foi *péripatéticienne* constamment réaffirmée, d'une pratique philosophique alimentée par la fréquentation d'un corpus aux trois quarts « aristotélicien » et découpée sur une toile de fond précise : la situation de l'idée de *philosophie* dans l'espace culturel du XIIIe siècle parisien.

Ramenée à sa quintessence, la philosophie d'Albert le Grand peut paraître tout sauf néoplatonicienne. Son fin mot peut sembler, au contraire, aristotélicien, voire averroïste, qui affirme la valeur inconditionnée de la philosophie comme vie éthique parfaite et fait de la contemplation philosophique la réalisation de l'essence de l'homme, dont la pensée est la perfection propre et ultime. Cette contradiction peut être levée, si, comme nous le croyons, l'averroïsme latin procède de la lecture albertinienne d'Aristote et si, c'est dans cette lecture d'Aristote que, comme pour les péripatéticiens arabes, ses modèles, réside le néoplatonisme d'Albert. Il ne faut pas s'étonner que le Colonais tienne le même langage que les averroïstes : ce n'est pas qu'il se rencontre avec eux, c'est que, secrètement, ils le pillent ; il ne faut pas non plus s'étonner que l'inventeur du néoplatonisme allemand se dise « péripatéticien » : ses catégories historiques ne sont pas les nôtres, et l'on sait que le péripatétisme n'est pas l'aristotélisme.

Il y a un arrière-fond historiographique à la pensée d'Albert, l'averroïsme parisien, mais il faut moins tenter d'expliquer Albert par lui qu'il ne faut comprendre l'averroïsme par Albert. De même, il y a un néoplatonisme albertinien, mais il procède moins d'une relation directe à l'authentique qu'il ne se dégage à la longue du néoplatonisme oblique

---

reliant Maître Albert et Maître Eckhart *via* la *Somme* d'Ulrich. Le même diagnostic vaut pour Dietrich de Freiberg. « Le » néoplatonisme – fût-il seulement « allemand » – n'est pas une catégorie opératoire pour définir *toute* la pensée et préciser *tout* le legs d'Albert le Grand. Cf., en sens contraire, M. Grabmann, *ibid.*, p. 362-363 : « Die Edition dieser *Summa* wird unser Verständnis der Philosophie und Theologie Alberts wesentlich vertiefen und zugleich die immer noch sehr umschleierte Kenntnis der neuplatonischen Wesenszüge der Mystik Meister Eckharts in vielen Stücken klären. Mit Eckhart war ja gleichzeitig Dietrich von Freiberg, in welchem die neuplatonische Art und die naturwissenschaftliche Richtung Alberts einen besonders charakteristischen Vertreter fand, Professor and der Pariser Universität. » L'édition de la *Summa* d'Ulrich, désormais bien avancée, n'a pas vraiment confirmé *tel quel* le pronostic de Grabmann.

des commentateurs grecs et arabes d'Aristote. De l'ambiguïté objective où s'enracinait son travail de philosophe, l'historiographie thomiste a tiré la légende d'un Albert subjectivement ambigu, transférant sur l'homme l'incertitude des corpus, érigeant en particularité individuelle la difficulté d'une époque. Revenir à Albert le Grand signifie donc d'abord : réviser les conventions de lecture qui nous font prendre les effets pour les causes.

Le philosophe et la théologie

Les éloges de la philosophie sont nombreux chez Albert. On connaît le passage du *Commentaire* de la *Politique*[3] où il s'en prend à « ceux qui ont tué Socrate, chassé Platon d'Athènes à Académie [*sic !*], et accusé Aristote par des machinations qui l'ont contraint à l'exil », ou celui du *Commentaire* sur l'*Épître VII* de Denys où il dénonce « les ignorants qui veulent combattre par tous les moyens l'usage de la philosophie, surtout chez les prédicateurs, où personne ne leur résiste, bêtes brutes qui blasphèment ce qu'ils ignorent »[4]. La phrase est à double sens. Les *praedicatores* visés par Albert sont évidemment ceux qui, dans leur prédication, attaquent la philosophie sans que les auditeurs puissent leur répondre (puisqu'il s'agit, précisément de sermons) : il s'agit, donc, en un premier sens, des « prédicateurs », y compris universitaires, ennemis de la philosophie. Mais la phrase s'entend aussi bien des Prêcheurs, c'est-à-dire des confrères directs d'Albert, comme Hugues de Saint-Cher, qui de fait, là aussi dans ses sermons, s'en prend sans ménagements à tous ceux qui « scrutent la philosophie ». On peut citer ici l'apostille sur le Psaume 118, 3 :

> ... beaucoup de théologiens, quand ils lisent, disputent ou prêchent, s'appuient plus sur la philosophie que sur la théologie. De telles gens n'éclairent pas la parole de Dieu mais l'obscurcissent [...]. Dans l'Ecclésiastique (24, 31), il est dit par la Sagesse : « Ceux qui m'éclairent auront la vie éternelle. » Donc ceux qui l'obscurcissent auront la mort [*sic !*]. On lit dans les Proverbes (14, 6) : « Le moqueur cherche la sagesse et ne la trouve pas, alors que la doctrine des prudents est aisée. » Ceux qui philosophent *(philosophantes)* en théologie sont des moqueurs, car ils se moquent de Dieu et trompent leurs auditeurs [...]. Ceux en effet qui, laissant de côté les enseignements et les paroles de Jésus-Christ, qui n'a jamais prêché la philosophie, se servent des paroles de la philo-

3. Albert le Grand, *Politica*, VIII, 6, p. 803-804.
4. Albert le Grand, *In Dion. Epist.*, *VII*, p. 504, 27 *sq.*

> sophie, montrent qu'ils n'adhèrent pas aux paroles du Christ, ni à la doctrine qui est selon la piété [cf. I Tim. 6, 3], mais bien à celle qui est selon la curiosité [5].

Hugues n'est pas un cas isolé : dans les années 1270, un autre dominicain, Guillaume de Luxi, invective les « théologiens qui, laissant de côté les livres des Pères *(sanctorum)*, scrutent les livres des damnés *(inspiciunt in libris dampnatorum)* et entraînent les autres à scruter les livres des philosophes, qui, même s'ils contiennent nombre de vérités, contiennent aussi des erreurs *(falsitates)* » [6]. Chrétien et théologien, Albert n'entend pas plus subordonner la théologie à la philosophie qu'il ne veut renoncer à l'une au profit de l'autre [7]. En fait, comme l'a vu Nardi, sa méthode *semble* annoncer ce que les historiens de l'averroïsme latin ont cherché à thématiser sous le titre de « doctrine de la double vérité ». C'est lui qui le premier affirme, détournant une phrase de saint Bernard [8] tout en suivant Averroès [9], que le philosophe de la nature n'a pas à s'occuper des miracles : « Les miracles de Dieu ne me sont rien quand je disserte des choses de la nature » [10] – un slogan que reprendront

5. Cf. *Hugonis de Sancto Charo, Opera omnia*, t. II, éd. Venise, 1754, f° 316a-b.

6. Sur ces thèmes, cf. L.-J. Bataillon, « Les crises de l'université de Paris d'après les sermons universitaires », *in* A. Zimmermann (éd.), *Die Auseinandersetzungen an der Pariser Universität im XIII. Jahrhundert*, Berlin - New York, 1981, p. 166-169 (repris dans L.-J. Bataillon, *La Prédication au XIIIe siècle en France et en Italie*, Aldehot, 1993). Cf. aussi, du même, « Problèmes philosophiques dans les œuvres théologiques », *in* O. Weijers, L. Holtz (éd.), *L'Enseignement des disciplines à la Faculté des arts (Paris et Oxford, XIIIe et XIVe siècle)*, Turnhout, Brepols (Studia Artistarum. Études sur la Faculté des arts dans les universités médiévales, 4), 1997, p. 445-453.

7. F. Van Steenberghen voit là une position de « juste milieu ». Pour lui, Albert se situe *entre* les « théologiens conservateurs, qui, bientôt, vont déclarer la guerre au Philosophe, et les artiens, qui vont le suivre aveuglément jusque dans ses plus graves erreurs ». Cf. *La Philosophie au XIIIe siècle*, Louvain-la-Neuve, 1991 (Philosophes médiévaux, 28), 2e éd. mise à jour, p. 291. Ce qui est sûr, c'est qu'Albert assimile les « prédicateurs » – particulièrement les auteurs de sermons *universitaires*, et non les seuls « prêcheurs » (dominicains) – à des imbéciles qui, par ignorance, condamnent l'enseignement de la philosophie et des sciences profanes.

8. Cf. Bernard de Clairvaux, *Sermones in Cantica*, V, 1, éd. Cistercienne, t. I, p. 22 : « Et quid ad me de miraculis Dei qui de naturalibus dissero. »

9. Cf. Averroès, *In Arist. De gen. et corr.*, I, 7 ; éd. F.H. Fobes (Corpus Commentariorum Averrois in Aristotelem, IV/1), Cambridge (Mass.), 1956, p. 15, 50-52.

10. Albert le Grand, *De gen. et corr.*, I, 1, 22, p. 363b : « *Nihil ad me de Dei miraculis, cum ego de naturalibus disseram.* » Sur le statut du miracle et les rapports entre théologie et philosophie chez Albert, cf. L. Sturlese, *Storia della filosofia tedesca nel medioevo. Il secolo XIII,* Florence, Leo S. Olschki Editore (Accademia toscana di scienze e lettere. « La Colombaria ». Studi, CXLIX), 1996, p. 86-88.

tous les averroïstes latins, de Siger de Brabant[11] à Jean de Jandun[12] ; mais c'est lui aussi qui, dès son *Commentaire des Sentences*[13], tance vertement ceux qui reprochent aux philosophes antiques d'avoir, ignorant la Révélation, laissé de côté les problèmes du Chrétien : « Ils sont fous, ceux qui reprochent aux philosophes de ne pas traiter de la résurrection. C'est bien plutôt la tâche de la théologie par recours aux principes de la Révélation. » Pour Albert le Grand, comme pour Boèce de Dacie, philosophie et théologie ont leur objet et leurs principes propres[14]. Il n'y a qu'une manière de *faire* de la science et elle est aristotélicienne. Si la théologie chrétienne est une science, elle sera donc conforme aux canons de la science aristotélicienne, spécialement à sa méthode (la démonstration, le syllogisme « scientifique »), ce qui ne veut pas dire qu'elle le sera dans son contenu ni dans son domaine de législation. Toute science a un objet, un domaine et des principes qui fondent son argumentation : foi et raison ne se rencontrant en aucun des trois, ne sauraient s'opposer.

> Les matières dont traite la théologie ne s'accordent pas au niveau des principes avec celles dont traite la philosophie, car elles sont fondées sur la Révélation et l'inspiration, et non pas sur la raison ; c'est pourquoi nous ne pouvons discuter d'elles en philosophie[15].

Cette divergence ne signifie pas que la théologie ne puisse ni ne *doive* se constituer comme science. Cela vaut pour la théologie chrétienne. Cela vaudra encore, un siècle plus tard, quand Berthold de Moosburg s'efforcera de démontrer que la théologie sapientielle des platoniciens est – comme la théologie divine des Pères – une science *au*

11. Siger de Brabant, *De anima intellectiva*, III ; éd. B. Bazán, Louvain-Paris (Philosophes médiévaux, 13), 1972, p. 83 *sq.* On notera que traitant de l'âme, Siger relie spontanément le slogan d'Albert à la problématique de l'autonomie de la recherche philosophique. Le texte dit : « Ici, nous recherchons seulement l'intention d'Aristote, même si le Philosophe a peut-être pensé autrement que la vérité et la sagesse qui, sur cette question de l'âme, ont été transmises par la Révélation, et que l'on ne peut prouver par des argumentations naturelles. Mais nous n'avons pas à tenir compte ici des miracles, car nous traitons naturellement de choses de la nature *(sed nihil ad nos nunc de Dei miraculis, cum de naturalibus naturaliter disseramus)*. »

12. Jean de Jandun, *In Metaph. I*, q. 16 ; Venetiis, 1525, f° 13ra.

13. Albert le Grand, *In IV Sent.*, 43, 3, p. 509.

14. Sur Boèce et Siger, cf. F.-X. Putallaz, R. Imbach, *Profession philosophe. Siger de Brabant*, Paris, Éd. du Cerf, 1997.

15. Albert le Grand, *Metaph.*, XI, 3, 7, p. 542, 25-29 : « Theologica autem non conveniunt cum philosophicis in principiis, quia fundantur super revelationem et inspirationem et non super rationem, et ideo de illis in philosophia non possumus disputare. »

sens aristotélicien du terme[16]. Il n'est que de relire, sur ce point, le *Préambule* du *Commentaire des Éléments de théologie* :

> Pour établir l'anité *(anitatem)* ou existence de l'un, il [Proclus] se sert d'un certain principe complexe, à savoir qu'il y a multiplicité, de même que, pour établir l'anité du bien, il se sert d'un autre principe, à savoir qu'il y a un producteur. Ces deux principes, toute la structure de cette philosophie, notre Auteur les suppose à titre de simples croyances, dans la mesure où ils sont connus par la perception des sens et d'aucune façon pensés ou appris ou appréhendés grâce à quelque autre habitus scientifique, tout de même que la théologie qui porte sur le bien divin selon l'ordre de la Providence volontaire est, elle aussi, fondée sur des principes (assumés) par croyance : les articles de la foi chrétienne.

Il n'y a pas ici deux vérités suprêmes contradictoires[17], mais deux domaines de principes menant à des saisies distinctes du Premier : en philosophie dans l'ordre de la Providence naturelle, en théologie, dans celui de la Providence volontaire. Pour Albert, il n'y a pas plus de sens à vouloir prouver l'existence du Dieu de miséricorde par les principes d'argumentation de la physique qu'il n'y en aurait à démontrer la nécessité d'un Premier Moteur par les principes de la Révélation. Proche de l'averroïsme, cette séparation des pouvoirs peut, Berthold en témoigne, se maintenir sans lui ; elle n'a par elle-même rien d'hétérodoxe puisqu'elle demande à la théologie d'être une *science non philosophique*, c'est-à-dire, d'avoir un objet *propre*, en même temps que des principes et une méthode *autonomes*, et qu'elle demande la même chose à la philosophie[18], autrement dit d'être une *science philosophique*

16. Berthold, *Commentaire des Éléments de théologie de Proclus. Préambule du livre*, trad. A. de Libera, *in* R. Imbach et M.-H. Méléard (éd.), *Philosophes médiévaux. Anthologie de textes philosophiques (XIIIe-XIVe siècle)*, Paris, 10/18, 1986, p. 347 *sq.*

17. Telles que les oppose Étienne Tempier dans le prologue de son *syllabus* : « Ils disent en effet que certaines choses sont vraies selon la philosophie, qui ne le sont pas selon la foi catholique, comme s'il y avait deux vérités contraires, comme si la vérité des Saintes Écritures pouvait être contredite par la vérité des textes de ces païens que Dieu a damnés. »

18. Comme l'a établi L. Bianchi dans une série de publications récentes, le CQR qu'un Siger ou un Boèce ont affronté n'était pas celui de l'*unicité de la vérité*, mais plutôt celui de l'*unité du savoir*. Cf. L. Bianchi, *Il Vescovo e i Filosofi. La condanna parigina del 1277 e l'evoluzione dell'aristotelismo scolastico*, Bergamo, Lubrina (Quodlibet, 6), 1990 ; L. Bianchi et E. Randi, *Le verità dissonanti*, Roma-Bari, Laterza, 1990 ; L. Bianchi, *Censure et Liberté intellectuelle à l'Université de Paris (XIIIe-XIVe siècle)*, Paris, Les Belles Lettres, 1999. Le texte de Randi et Bianchi est traduit sous le titre *Vérités dissonantes. Aristote à la fin du Moyen Âge*, Paris, Éd. du Cerf-Fribourg, Éd. universitaires (Pensée antique et médiévale. Essais. Vestigia, 11), 1993, p. 45, n. 9. L. Bianchi souligne que le rôle d'Albert dans l'affaire de la « double vérité », est méconnu (*e.g.* par R.C. Dales, dans « The Origin of the Doctrine of the Double Truth », *Viator*, 15 [1984], p. 169-179).

n'acceptant rien qui ne se puisse rationnellement argumenter. Sur ce point, les déclarations d'Albert ne manquent pas : « il est malsain et honteux de soutenir une opinion en philosophie sans le raisonnement [ou sans raison] » (« foedum et turpe est in philosophia aliquid *opinari sine ratione* »)[19], « il n'est pas d'un philosophe de forger quelque chose et de dire autre chose que ce que le raisonnement [ou la raison] peut montrer » (« philosophi *non est aliquid fingere* et non dicere *nisi quod per rationem potest ostendi* »)[20] ; « il est d'un philosophe que de dire ce qu'il dit en s'appuyant sur le raisonnement [ou avec raison] » (« philosophi est id quod dicit, *dicere cum ratione* »)[21].

Que les philosophes contemporains d'Albert soient allés au-delà de ce discours de la méthode est probable. Mais tout reste affaire de nuance. Les propositions 40 (« Il n'y a pas meilleur métier que le métier de philosophe ») et 154 (« Les sages de ce monde sont les philosophes et eux seuls ») condamnées par Étienne Tempier en 1277 tendent à suggérer que les années 1260 – celles d'Albert, celles d'Ulrich, jusqu'à un certain point celles de Dietrich de Freiberg – ont vu naître puis fleurir une apologie de la sagesse mondaine, *sapientia mundana,* parallèle à la sagesse chrétienne, *sapientia christiana, sapientia nostra*, voire franchement opposée à elle[22]. Mais quel est au juste le sens du texte où, pour prendre un exemple souvent allégué, Boèce de Dacie apostrophe l'évêque de Paris[23] ? Faut-il entendre qu'un évêque n'a pas à juger des matières philosophiques, les philosophes ayant le monopole de la raison, ou, ce qui semble aussi lourd de conséquences, qu'aucune théologie rationnelle n'est possible. C'est l'interprétation de R.-A. Gauthier : la « sagesse des saints », entendons celle des Pères, « ne peut juger de la sagesse des philosophes », mais elle ne peut non plus « s'unir à elle »[24].

19. Albert le Grand, *Phys.*, VIII, 1, 13 ; Borgnet, p. 552.

20. Albert le Grand, *Metaph.*, XI, 2, 10 ; Geyer, p. 495.

21. Albert le Grand, *De quindecim problematibus*, 6 ; Geyer, p. 38.

22. Sur ce point, cf. A. de Libera, *Penser au Moyen Âge*, Paris, Éd. du Seuil (Chemins de pensée), 1991. Sur les condamnations de 1277, cf. J.M.M.H. Thijssen, « What really happened on 7 March 1277 ? Bishop Tempier's Condemnation and its Institutional Context », *in* E. Sylla, M. McVaugh (éd.), *Texts and Contexts in Ancient and Medieval Science. Studies on the Occasion of John E. Murdoch's Seventieth Birthday*, Leiden, Brill (Brill's Studies in Intellectual history, 78), 1997, p. 84-114 et, du même, « 1277 Revisited : A New Interpretation of the Doctrinal Investigations of Thomas Aquinas and Gilles of Rome », *Vivarium*, 35 (1997), p. 72-102, ainsi que L. Bianchi, « Censure, liberté et progrès intellectuel à l'université de Paris au XIIIe siècle », *AHDLMA*, 63 (1996), p. 45-93.

23. Boèce de Dacie, *De aeternitate mundi,* éd. N.J. Green-Pedersen, Hauniae (CPDMA, VI/2), 1976, p. 365, 828-832.

24. Cf. Gauthier, « Notes sur Siger de Brabant. II. Siger en 1272-1275. Aubry de Reims et la scission des Normands », *RSPT*, 68 (1984), p. 19, n. 30.

Cette thèse n'est pas isolée. Il en est même de plus radicales, comme celle d'Aubry de Reims, maître ès arts de l'université de Paris vers 1260, qui, détournant un passage de saint Jérôme, transfère aux *studia litterarum,* c'est-à-dire aux arts du langage (logique, grammaire) ou plus largement à la philosophie, tout ce que les Pères confiaient à la *scientia scripturarum,* et ne craint pas, pour finir, de réputer « homme au sens équivoque » qui « ignore la philosophie » – *Non est homo nisi aequivoce qui eam ignorat*[25] – un thème que nous retrouverons. Est-on pour autant si loin d'Albert ? Sur la forme, sans doute – encore que le maître de Cologne ne répugne pas aux formules sonnantes ; sur le rôle du magistère de l'Église, à coup sûr – on voit mal l'évêque de Regensburg, et d'abord le théologien, renoncer au principe même de son identité chrétienne. Mais pour le fond ?

Albert est le premier à définir philosophiquement la perfection de l'homme en tant qu'homme, et il souscrirait sans doute comme philosophe *et comme chrétien* au rejet d'une théologie chrétienne qui se voudrait simple « théologie rationnelle » ; quant à inciter l'évêque de Paris à la lecture et au travail, on ne voit pas que le principal tenant de l'ascèse intellectuelle, le chantre de la divinisation par l'intellect, puisse trouver là matière à redire. Il faut donc se garder d'instruire trop vite le procès d'Albert : il a distingué philosophie et théologie de manière à garantir à chacune ses droits de *discipline*, tout en maintenant pour chacune la même exigence de scientificité ; il ne s'est pas donné pour objectif d'ouvrir *un conflit des facultés*. En outre, et c'est le plus important, il a à la fois reconnu la rationalité du théologique, sans replier la théologie sur la raison naturelle, et la spiritualité du philosophique, sans engager la philosophie dans l'irrationnel. C'est dans cette double exigence que réside son originalité propre, laquelle ne s'explique et n'apparaît vraiment qu'à comprendre la dimension néoplatonicienne qui travaille au cœur de sa compréhension d'Aristote. Cette dimension n'est pas directement accessible. On n'y peut accéder que progressivement, en l'occurrence, par l'élucidation des aspects psychologiques, métaphysiques et éthiques de la théorie albertinienne de la connaissance intellectuelle. En attendant d'articuler *à la fin* ce qui fait tout l'objet du livre, nous examinerons donc, à un premier niveau, pour ainsi dire neutre, ce que sont exactement pour Albert les deux disciplines qui structurent l'expérience d'un intellectuel chrétien du Moyen Âge.

25. *Ibid.*, p. 33, 86, et p. 29, 15-17.

Théiologie et théologie

On sait que dans la *Métaphysique* VI, 1, 1026a26-32, Aristote démontre que la science universelle, parce que première, n'est pas la physique mais la théologie, « science de la substance immobile », et que, à ce titre même, il lui revient d'étudier l'essence et les attributs de l'être en tant qu'être. Commentant Aristote, Albert en épouse étroitement les perspectives. Les chapitres 1-3 du premier traité du livre VI de sa *Metaphysica* affirment successivement : [a] « qu'il importe qu'existe une science qui considère les principes et les causes de l'être véritable, qui est la substance composée des principes propres à la substance »[26], [b] que cette science recherchée est la *scientia divina* ou *theologia*, qui est « suréminente, première et universelle ». Autrement dit : suivant son *textus*, Albert fait de la *theologia* au sens d'Aristote la philosophie même. La question du rapport de la philosophie et de la théologie s'entend donc, pour lui, dans le cadre strict d'une distinction entre théologie philosophique ou « théologie au sens d'Aristote » et théologie révélée ou théologie chrétienne. D'une formule : le conflit des deux sagesses, *sapientia mundana-sapientia christiana*, attesté chez les « aristotéliciens radicaux » des années 1250-1260 et sanctionné par les condamnations de 1277[27], prend, chez Albert, la forme d'une distinction parfaitement raisonnée entre deux types de théologie, qui, sans être explicitement posées comme exclusives l'une de l'autre, n'en sont pas moins d'emblée caractérisées comme incommunicables. La dernière grande œuvre d'Albert va plus loin encore dans ce sens.

Le chapitre 1 de la question 3 du livre I de la *Summa de mirabili scientia Dei* ou *Summa theologiae* est explicitement consacré à la différenciation de la philosophie, la *theologia* d'Aristote, et de la théologie chrétienne, *ex parte subiecti,* autrement dit : quant à leur objet respectif. Albert adopte une division tripartite, classique au XIIIe siècle, distinguant : [1] l'objet principal de la partie principale, [2] les passions de cet objet ainsi que les passions de ses parties, [3] tout ce qui est au

26. Albert le Grand, *Metaph.*, VI, 1, 1, p. 303, 22-25 : « ... oportet esse unam scientiam, quae considerat principia et causas vere entis, quod est ex propriis substantiae principiis composita substantia. »

27. Outre les textes bien connus de Boèce de Dacie, *De aeternitate mundi,* éd. N.J. Green-Pedersen, *loc. cit.*, voir les dossiers établis par Gauthier, « Notes sur Siger... », p. 3-49 ; et R. Hissette, *Enquête sur les 219 articles condamnés à Paris le 7 mars 1277*, Louvain-Paris (Philosophes médiévaux, 22), 1977, p. 15-27. Pour le texte des *Articuli condempnati a Stephano episcopo Parisiensi anno 1277*, cf. D. Piché, *La Condamnation parisienne de 1277,* nouv. éd. du texte latin, trad., introd. et commentaire, Paris, Vrin (Sic et Non), 1999.

service des deux premières démarches et permet de les déployer effectivement. Cette triple détermination du sujet d'une science permet de départager la théologie philosophique de la théologie chrétienne, la *philosophia* de la *theologia* entendue avec saint Paul (I Thess. 3, 16 et Tit. 1, 1) comme « science selon la piété » *(scientia secundum pietatem)*[28]. Au sens [1], l'objet de la philosophie est Dieu ; au sens [2], l'étant ou *ens* et ses « passions » : le multiple, la puissance, l'acte, le nécessaire, le possible ; au sens [3], la doxographie, les positions des anciens et les principes propres de la démonstration, bref la matière et la forme du philosopher. Au sens [1], l'objet de la théologie chrétienne est Dieu ; au sens [2], le Christ et l'Église, ou, si l'on préfère, « le Verbe incarné avec la totalité des sacrements qu'il accomplit dans l'Église », c'est-à-dire, en somme, les œuvres de la réparation *(opera reparationis)*, qui sont « prouvées *de capite*, de la tête ou du chef, *ut de influente*, comme de la source », et prouvées de l'Église, le corps, « en quoi elles se déversent et s'écoulent, *ut de eo, cui influuntur* », toutes œuvres qui manifestent Dieu comme unique objet de fruition, *res qua perfecte quis fruitur* ; au sens [3], c'est le fruible et l'utile ainsi que les *res* et les *signa*, conformément à une formule classique d'Augustin reprise par Pierre Lombard[29], distinguant la science des réalités créées *(res)*, en tant qu'utiles au salut, et celle des signes (allégories et symboles), qui sont les appuis *(adminiculantia)* de l'œuvre que le Christ et l'Église accomplissent en vue de la *fruitio Dei*.

La différence entre les sujets respectifs de la philosophie et de la théologie est de soi manifeste quant aux sens [2] et [3], même si, dans sa définition du deuxième sens de la théologie, Albert glisse le vocabulaire éminemment philosophique du *fluxus* et de l'*influentia* dans son analyse de la notion traditionnelle de « Christ total », *Christus integer*, pratiquée par les théologiens depuis la Glose ordinaire, Robert de Melun, Gilbert de Poitiers et Pierre Lombard. On ne saurait en dire autant de la définition de leur objet principal, telle que l'assume le sens [1]. Serait-ce que les deux se rejoignent au sommet, en ce Dieu qui, pour l'une comme pour l'autre, est l'objet principal de leur partie principale ? Nullement. Le Dieu de la théologie chrétienne est le *Deus triunus*. Celui de la philosophie est moins Dieu que l'extension totale du divin, autrement dit : Dieu, la Cause première, les Intelligences et les Moteurs des sphères de la cosmologie gréco-arabe : « [la philosophie] traite de Dieu et des substances divines, qui sont séparées, ce que les philosophes de

28. Albert le Grand, *Summa theol.*, I, 3, 1, p. 8, 47-54.

29. Pierre Lombard, *Sent.*, I, d. 1, 1, n. 1 ; Grottaferrata, p. 55, 5-8, d'après Augustin, *De doctrina christiana*, I, II, 2 ; *CSEL*, 80, 9, 4-5.

l'Antiquité appelaient théologie. » La chose est claire : non seulement philosophes et théologiens n'ont pas le même Dieu, mais encore ils n'ont pas la même conception du divin. L'admission des Intelligences et des âmes célestes dépasse le strict problème cosmologique de l'animation du ciel. Recevoir les Intelligences séparées, c'est aussi, par exemple, recevoir la thèse du rôle médiateur des substances séparées dans le processus d'émanation causal générateur d'un univers fait de réalités à la fois émanatrices et émanées ; c'est nier que Dieu crée seul et sans intermédiaire ; bref, c'est nier l'idée même de création au sens chrétien du terme, conformément à un slogan – *ex uno non fit nisi unum* –, que les condamnations parisiennes de 1277 atteindront de plein fouet[30].

Quelles que soient donc les analogies de structure que les deux disciplines peuvent, par ailleurs, présenter, dont une démarche résolutive qui tend à ramener toutes choses à un Principe unique, un Dieu ; quelle que soit la teinte néoplatonisante que revêt ici ou là cette *resolutio* de l'univers, et l'exemplarisme dont elle se leste ; quelle que soit la dimension salvifique ou sotériologique où toutes deux se déploient ; quel que soit l'appel à la *conversio* qui retentit en elles deux, la philosophie selon Albert est une *théiologie*[31] solidaire de l'univers de la cosmologie gréco-arabe, sa théologie une *théologie* du Dieu révélé, créateur et unique fruible. Deux modèles d'un même univers ou deux univers épistémiques parallèles ? Si convaincu soit-on par les discours d'Albert sur la non-contradiction des sciences philosophiques et théologiques, on ne peut pas s'empêcher de penser que ces supposées parallèles finissent par se rencontrer dans un espace courbe : celui de la censure, voire, car ce pourrait bien être le même, celui du bon sens. Ce n'est pas, aujourd'hui, l'avis du magistère. Dans son discours-appel du 15 novembre 1980, prononcé dans la cathédrale de Cologne, Jean-Paul II, fait l'éloge de la « voie moyenne » empruntée par Albert, et lui attribue le mérite d'avoir reconnu qu'« il ne peut y avoir de conflit fondamental entre une raison qui, conformément à sa nature, qui vient de Dieu, est ajustée à la vérité et capable de la connaître, et une foi qui

30. Cf. principalement R. Hissette, *Enquête*..., p. 70-72. Sur l'adage en question, cf. A. de Libera, « *Ex uno non fit nisi unum*. La *Lettre sur le Principe de l'univers* et les condamnations parisiennes de 1277 », *in* B. Mojsisch-O. Pluta (éd.), *Historia philosophiae Medii Aevi, Studien zur Geschichte der Philosophie des Mittelalters*, Amsterdam-Philadelphia, Grüner, 1991, p. 543-560.

31. Sur le concept propre de théiologie, science du divin plutôt que de Dieu, voir J.-L. Marion, *Dieu sans l'être*, Paris, Fayard, 1982, p. 96 *sq.*

se réfère à la même source de toute vérité »[32]. Cette certitude qu'il ne peut y avoir contradiction absolue entre foi et raison naturelle vient d'un principe, abondamment repris par le pape, d'une intervention à l'autre : « le vrai ne s'oppose pas au vrai ». Certains en ont sinon douté, du moins contesté l'applicabilité aux confins disputés de la science et de la Révélation[33]. *Fides et ratio*, § 43, passant, selon un processus éprouvé, d'Albert à Thomas d'Aquin, en fait pourtant le grand acquis du thomisme :

> À une époque où les penseurs chrétiens redécouvraient les trésors de la philosophie antique, et plus directement aristotélicienne, il [Thomas] eut le grand mérite de mettre au premier plan l'harmonie qui existe entre la raison et la foi. La lumière de la raison et celle de la foi viennent toutes deux de Dieu, expliquait-il ; c'est pourquoi elles ne peuvent se contredire. Plus radicalement, Thomas reconnaît que la nature, objet propre de la philosophie, peut contribuer à la compréhension de la Révélation divine. La foi ne craint donc pas la raison, mais elle la recherche et elle s'y fie. De même que la grâce suppose la nature et la porte à son accomplissement, ainsi la foi suppose et perfectionne la raison. Cette dernière, éclairée par la foi, est libérée des fragilités et des limites qui proviennent de la désobéissance du péché, et elle trouve la force nécessaire pour s'élever jusqu'à la connaissance du mystère de Dieu Un et Trine. Tout en soulignant avec force le caractère surnaturel de la foi, le Docteur angélique n'a pas oublié la valeur de sa rationalité ; il a su au contraire creuser plus profondément et préciser le sens de cette rationalité. En effet, la foi est en quelque sorte « un exercice de la

32. Cf. Jean-Paul II, *Science and Faith in the Search for Truth*. John Paul II to teachers and university students in Cologne Cathedral, Saturday, November 15, 1980 ; traduction anglaise de *L'Osservatore Romano* (Web publishing, with permission, by the *Newman Center* at California Institute of Technology) : « Between these two extremes Albert takes the middle way : The claim to truth of a science based on rationality is recognized ; in fact, it is accepted in its contents, completed, corrected and developed in its independent rationality. And precisely in this way it becomes the property of the Christian world. In this way the latter sees its own understanding of the world enormously enriched without having to give up any essential element of its tradition, far less the foundation of its faith. For there can be no fundamental conflict between a reason which, in conformity with its own nature which comes from God, is geared to truth and is qualified to know truth, and a faith, which refers to the same divine source of all truth. »

33. Spinoza mentionne et rejette la factualité du principe dans le *Traité théologico-politique*, chap. XV, éd. cit., p. 252 : « Je demande premièrement : que faut-il faire en cas que la Raison réclame ? Sommes-nous tenus malgré cela d'admettre la vérité de ce qu'affirme l'Écriture et de rejeter comme faux ce qu'elle nie ? Peut-être dira-t-il qu'il n'y a rien dans l'Écriture qui contredise à la Raison. » *Mais ce n'est pas le cas*. Dans son annotation, Ch. Appuhn rappelle, *ibid.*, p. 370, n. 3, que « dans les *Pensées métaphysiques*, II, chap. IX, *in fine*, Spinoza avait dit : l'Écriture n'enseigne rien qui contredise à la Lumière naturelle », et qu'il soutient donc le contraire dans le *Traité*.

pensée » ; la raison de l'homme n'est ni anéantie ni humiliée lorsqu'elle donne son assentiment au contenu de la foi ; celui-ci est toujours atteint par un choix libre et conscient.

Cet optimisme « concordataire » dominait déjà dans l'adresse du 31 octobre 1981 aux membres de la commission de l'Académie pontificale des sciences chargée de faire le point sur « l'affaire Galilée ». Jean-Paul II y citait aussi l'adage en rappelant que, dans *Proventissimus Deus*, Léon XIII en avait fait la base de son enseignement : vérité scripturaire et vérité scientifique ne peuvent se contredire ; si la Bible semble contredite par la science, c'est qu'elle a été mal interprétée ; ce n'est pas elle qui est mise en cause, mais une de ses interprétations [34] :

> *Truth cannot contradict truth* and [if there seems to be such a contradiction] we may be sure that some mistake has been made either in the interpretation of the sacred words, or in the polemical discussion itself[35].

Albert est-il allé si loin ? Il faut, avant tout essai de réponse, se rappeler une chose : que l'idée de création n'est pas étrangère aux sources philosophiques arabes d'Albert – notamment pour celle qui, avec Averroès, commande sa représentation de l'articulation entre métaphysique et noétique : Fārābī. Chez ce dernier, en effet, la cognoscibilité de Dieu en tant que créateur est le thème central de la métaphysique ou « science divine » [36]. Les clarifications et délimitations épistémologiques voulues par Albert prennent leur sens en fonction d'affirmations de ce genre : trop d'harmonie entre philosophie et théologie tue(rait) l'harmonie. Le Colonais dirait sans hésiter que la vérité ne contredit pas la vérité – en tirerait-il la même conclusion que le magistère ? Soutiendrait-il la théorie (néo-)thomiste qu'il est censé patronner ? J'en suis moins

34. Cf. *Leonis XIII Pont. Max. Acta*, vol. XIII (-1894), p. 361.

35. Je cite la traduction anglaise du texte de l'adresse, parue dans *L'Osservatore Romano* du 4 novembre 1992. Sur « l'Affaire Galilée », cf. Pontificia Academia Scientiarum, *Copernico, Galilei e la Chiesa. Fine della controversia (1820)*. Gli atti del Sant' Ufficio, W. Brandmuller et E.J. Griepl, éd., Florence, Olschki, 1992.

36. Sur ce point, cf. O. Boulnois, « Le besoin de métaphysique. Théologie et structures des métaphysiques médiévales », *in* J.-L. Solère, Z. Kaluza (éd.), *La Servante et la Consolatrice*..., *loc. cit*, p. 58 : « Si la physique traite de la nature, elle englobe la connaissance du ciel et des substances qui y figurent, les astres. Mais la métaphysique commence quand on se demande "si cette substance [la nature] a un créateur" (*De ortu scientiarum*, éd. Cl. Baeumker, *Beiträge z. Gesch. d. Ph. d. M.A.*, XIX, 3, Münster, Aschendorff, 1916, chap. 1, p. 21). Cette recherche permet de "connaître Dieu et d'accéder à la connaissance du créateur de la substance et de l'accident" *(ibid.)*. C'est pourquoi elle est appelée (conformément au sens du grec *meta*) "science après la nature, à savoir science divine". La théologie est la connaissance de l'être divin comme être du créateur. »

convaincu. De plus, je constate que c'est en général *par leur manière de rompre* avec leurs sources philosophiques que l'on définit le plus souvent les théologiens médiévaux. C'est exemplairement le cas chez Gilson, quand il compare Thomas d'Aquin et Duns Scot : « Thomas a rompu avec Averroès en philosophe et sur le terrain de la philosophie » ; « Scot a rompu avec Avicenne en théologien [...] en lui reprochant [...] d'avoir indûment paré la métaphysique des plumes de la théologie » et « en réduisant [...] au minimum les limites de validité de la théologie naturelle »[37]. J'avoue ne pas savoir avec qui, en particulier, Albert a rompu – ni même s'il a rompu avec qui que ce soit, en philosophe ou en théologien. Il faut donc prendre autrement le problème. Dans *Raison et Foi*, j'ai essayé de montrer que la thèse personnelle d'Albert sur le dépassement d'éventuels (et bien réels) conflits entre science et foi était fondée sur deux diagnostics précis : 1° la reconnaissance des limites de la connaissance naturelle ; et 2° celle des insuffisances de la théologie universitaire, thèse que l'on peut bien, si l'on veut, dire « mystique », thèse qui, en tout cas, ne se confond ni avec le relativisme épistémologique, que l'on pourrait imputer aussi bien à sa théorie de la science qu'à sa reconstitution par le pape – si tant est qu'on se limite à dénoncer comme « relativiste » une position que l'on pourrait être plutôt tenté de regarder comme « inconsistante » ou « incohérente » –, ni avec son opposé, le dogmatisme concordataire. Je ne pense pas nécessaire de revenir sur ce point, car je ne suis de toute façon pas certain que l'on puisse déterminer réellement si le point de vue d'Albert combine une exigence d'autonomie (pour la philosophie) et un postulat de non-contradiction (entre foi et raison) ou un postulat d'autonomie et une exigence de non-contradiction, ou s'il ne lui arrive pas de passer subrepticement de l'une à l'autre combinaison, voire plus simplement de se laisser prendre, malgré la netteté de ses déclarations, dans un cercle vicieux conjugal[38]. N'ayant rien d'autre à offrir que le refus de l'anachronisme, j'aimerais plutôt évoquer ici la manière dont les disciples d'Albert ont interprété les écrits sur lesquels le magistère s'est

37. Cf. Ét. Gilson, *La Philosophie au Moyen Age*, Paris, Payot, 1962², p. 605 *sq.*

38. La métaphore, lointainement héritée des *Noces de Mercure et de Philologie*, est de Gilson, qui, moderne rénovateur de Martianus Capella, l'utilise, dans toutes ses tragiques harmoniques pour penser la censure de Tempier : « Après 1277, l'allure de la pensée médiévale tout entière se trouve changée. Après une courte *lune de miel*, théologie et philosophie croient s'apercevoir que leur *mariage* avait été une erreur. En attendant la *séparation de corps*, qui ne tardera guère, on procède à la *séparation de biens*. Chacune reprend possession de ses *problèmes* et défend à l'autre d'y toucher. » Analyse qui, sans doute, en apprend plus sur le mariage que sur 1277.

lui-même appuyé. Tournons-nous donc un instant vers Ulrich de Strasbourg.

L'objet de la théologie selon Ulrich de Strasbourg

Le *De summo bono*, I, II, 2 d'Ulrich présente de remarquables affinités avec le chapitre correspondant de la *Summa theologiae* d'Albert. Le dossier théologique est le même : comme Albert, et dans le même ordre que lui, Ulrich rapporte les trois grandes opinions des théologiens sur le sujet de la théologie : [1] les « choses » et les « signes »[39], [2] les *opera reparationis*[40], [3] le « Christ total » *(totus Christus)*[41]. Cependant, exploitant probablement certaines indications du *Commentaire sur les Sentences*[42], le Strasbourgeois fait du sujet de la théologie, *subiectum theologiae*, l'objet même de la foi, *obiectum fidei*, à savoir non pas Dieu *tout court*, mais « Dieu en tant qu'alpha et oméga, principe et fin » – un thème cher à Alexandre de Halès, dont la formule remonte, en dehors d'Apocalypse 1, 8, à l'une des sources constantes d'Ulrich : Alain de Lille. Cette formule, qui se prêterait facilement à une interprétation philosophique, a ici un sens strictement théologique : la théologie est science de foi *(scientia fidei)* et la foi, quant à elle, a pour rôle de « parachever notre intellect naturel », pour nous mener au Dieu Un et Trine, Principe de la création et du gouvernement providentiel, en même temps que Fin « attirant spécialement à elle la nature humaine par les œuvres de la rédemption, la diffusion des grâces et l'institution des sacrements ». La distinction de la philosophie et de la théologie est donc, comme chez Albert, parfaitement nette. Elle l'est sans doute même davantage.

Dans les chapitres 5 et 6 du même traité, Ulrich examine le statut scientifique de la théologie chrétienne, qu'il oppose sur ce point à la « sagesse naturelle », *sapientia naturalis*. Sa démarche vaut d'être notée, car elle consiste dans le déplacement du modèle aristotélico-albertinien. Commentateur de la *Métaphysique*, Albert le Grand avait, dans ce contexte précis et pour la seule métaphysique, analysé le topos aristotélicien des « conditions de la sagesse » exposé en *Metaph.*, I, 2, 982a4-983a23. Reprenant les mêmes éléments, et s'appuyant sur la thèse selon laquelle « n'est sagesse véritable que celle qui atteint à la

39. D'après Albert le Grand, *Summa theol.*, I, 1, 3, p. 9, 40-44.
40. *Ibid.*, I, 1, 3, p. 9, 45-48.
41. *Ibid.*, I, 1, 3, p. 9, 49-53.
42. Albert le Grand, *In I Sent.*, 1, 2, p. 16b.

vérité de son nom », Ulrich démontre que seule la *theologia* ou *sapientia divina* est sagesse vraie et non la *sapientia philosophica* ou *metaphysica*, car seule la théologie mérite vraiment les prédicats de la sagesse définis par Aristote et son commentateur Albert. Connaissance d'origine surnaturelle, enracinée dans la foi *(cognitio fidei)*[43], la théologie propose non seulement une connaissance plus parfaite que celle que la philosophie a de son propre objet (Dieu), mais elle présente aussi tous les caractères d'une science *(scientia)* fondée sur ses principes propres, et d'une sagesse *(sapientia)*, au sens aristotélicien du terme – ce en quoi elle dépasse la philosophie sur le terrain même de son essence. En fait, la théologie l'emporte également pour l'habitus de connaissance *(habitus cognitionis)*, tout en satisfaisant, là encore, aux conditions que lui avait fixées Aristote, cette fois dans l'*Éthique à Nicomaque*, ou, plus exactement, Albert, dans son propre *Commentaire sur l'Éthique*.

Selon Aristote, lu par Albert, l'habitus de sagesse est plus élevé que tout autre *(altissimus)*, en tant que perfection de l'intellect relative à ce qu'il y a en lui de plus élevé et de « divin » apte à opérer sur l'objet le plus élevé[44] ; il nous rend « très semblables à Dieu », en tant qu'il parachève ce qu'il y a en nous de divin et de « semblable à Dieu »[45] ; enfin, il nous fait aimer Dieu au plus haut point. Aux yeux d'Ulrich, ces trois prédicats valent à titre *exclusif* pour la théologie, ici appelée *sapientia nostra*, si on la considère « sous le mode qui lui revient en propre », celui de « science affective », *scientia affectiva* ; car si le nom de « sagesse » dit un « habitus de connaissance divine », il ne peut y avoir de vraie connaissance qui ne soit affective, comme en témoigne, notamment, le fait que l'*affectus caritatis* soit lui-même appelé « sagesse » dans Siracide 6, 23 : *Dilectio dei honorabilis sapientia*. En d'autres termes : la théologie est la philosophie parfaite, elle parachève la philosophie comme la connaissance de foi parachève la connaissance naturelle ; elle réalise parfaitement les concepts de science et de sagesse philosophiques tels que les philosophes les définissent eux-mêmes. En rassemblant des énoncés épars chez Albert, en utilisant des matériaux précis (les commentaires sur la *Métaphysique* et sur l'*Éthique*, vraisemblablement aussi le *Commentaire des Sentences*), Ulrich aboutit à une exaltation de la *sapientia christiana* au-dessus de la *sapientia mundana*, qui retrouve l'essentiel de l'inspiration augustinienne : le véritable philosophe est *amator Dei*. Son originalité est de transférer à

43. Ulrich, *De summo bono*, I, 1, 7 ; éd. Mojsisch (CPTMA, I, 1), Hambourg, 1989, p. 20, 61.

44. Albert le Grand, *Ethica*, X, 2, 3, p. 627b-628b.

45. *Ibid.*, X, 2, 4, p. 631a-b.

cette théologie les prédicats qui, chez Aristote, définissaient la philosophie. La théologie passe ainsi au crible de la philosophie, mais elle en ressort sinon exactement plus philosophique que la philosophie même, du moins plus grande que la philosophie dans sa visée la plus haute.

Résumons. Toutes deux sciences au sens aristotélicien du terme, la théologie chrétienne et la philosophie se distinguent pour Albert et Ulrich comme la théiologie se distingue pour nous de la théologie. En tant que théiologie, la philosophie possède une structure essentielle que l'on peut appeler onto-théologique, une structure qui, pour autant, n'articule pas la métaphysique comme telle. C'est ici que réside la caractéristique majeure de la thèse albertinienne sur l'essence et le sujet de la philosophie. Malgré quelques complications récentes, on l'a vu dans l'avant-propos en distinguant avec O. Boulnois *protologie*, *katholou-protologie* et *katholou-tinologie*, l'historiographie fait une large place à la thèse de Heidegger selon laquelle la philosophie première d'Aristote ne considère pas seulement « l'étant dans son étantité », mais « considère en même temps l'étant qui, en pureté, correspond à l'étantité : l'étant suprême », le « divin », l'« Être ».

> La philosophie première est, en tant qu'ontologie, en même temps la théologie du vraiment étant. Pour être plus exact, il faudrait l'appeler la théiologie. La science de l'étant comme tel est en soi onto-théologique[46].

Il faut cependant prendre garde que, pour Heidegger, cette caractérisation de l'essence de la « philosophie première » aristotélicienne définit aussi bien l'essence de sa « métaphysique », les deux termes étant, semble-t-il, interchangeables. Comme nous l'avons montré ailleurs, une telle interprétation vaut donc seulement pour les lectures d'Aristote – d'ailleurs nombreuses au Moyen Âge –, qui présentent la métaphysique comme une science ayant l'étant pour objet commun et Dieu pour objet éminent, autrement dit pour les auteurs qui considèrent que la *Métaphysique* d'Aristote nous livre le tout de sa philosophie première[47]. Or, précisément, tel n'est pas le cas d'Albert. Pour lui, en effet, la *Métaphysique* ne contient pas la théologie d'Aristote. En d'autres mots : ce que nous avons appelé théiologie philosophique – ou, d'une formule, la philosophie première dans sa structure originairement onto-théologique – n'est pas intégralement exposé dans la *Métaphysique*, mais

46. M. Heidegger, *Hegel et son concept de l'expérience*, in *Chemins qui ne mènent nulle part*, trad. W. Brokmeier, Paris, Gallimard, 1962, p. 161.

47. Sur Heidegger et la métaphysique médiévale, cf. C. Esposito, P. Porro (éd.) *Heidegger ei medievali*, in *Quaestio. Annuario di storia della metafisica*, n° 1, Bari-Turnhout, Brepols, 2001.

réclame pour être pensé à fond que cette *Métaphysique* soit complétée par l'exposé d'une véritable théologie.

Si nous revenons à la détermination du sujet de la philosophie, telle que la propose la *Somme de théologie*, nous pouvons donc dire que, pour Albert, la *Métaphysique* ne nous livre que l'étude systématique des passions de l'objet principal de la philosophie première, autrement dit une science de l'être en tant qu'être, sans assumer pleinement l'étude dudit objet, autrement dit Dieu. À son tour, ce *défaut* constitutif de l'objet de la *Métaphysique* comme science de l'être implique que le traitement adéquat et complet de la science du divin soit donné ailleurs. On touche là au problème fondamental de la pensée albertinienne. On sait que le jeune Aristote avait publié une *Théologie*, aujourd'hui perdue, qui constituait la troisième partie de son dialogue *De philosophia*. Cette perte pèse relativement sur l'interprétation contemporaine d'Aristote, sans provoquer toutefois de choc en retour décisif sur la lecture de la *Métaphysique*. La perspective d'Albert est tout autre, et c'est ce qui lui donne un statut époqual. Pour lui, en effet, la *Métaphysique* peut être objectivement complétée par un autre écrit d'Aristote, qui expose la relation de l'être en tant que tel au principe *créateur* dont il procède, le Dieu, le Principe, objet principal de la philosophie première. Ce texte qui constitue donc la seconde partie de la philosophie première et autorise seul à parler d'elle, dans son entier, comme d'une théiologie est l'ouvrage connu sous le titre de *Liber de causis*. Nous reviendrons plus loin sur ce texte, son histoire et ses vicissitudes. Il suffit pour l'instant de dire que la philosophie première ou théiologie au sens d'Aristote se compose, pour Albert, d'une science de l'être en tant qu'être, transmise dans la *Métaphysique*, et d'une théologie, transmise dans le *Livre des causes*. Ce fait est capital. C'est cette saisie originale de la structure de la philosophie première comme composée d'une *science de l'être* et d'une *science de Dieu* qui donne son sens et son contenu à la profession de foi péripatéticienne d'Albert, autrement incompréhensible ou absurde. C'est elle aussi qui explique qu'il puisse être *du même geste* aristotélicien et néoplatonicien, dans la mesure précise où, comme on le sait, si la *Métaphysique* est bien, malgré tout ce qu'on peut dire des manipulations qu'elle a subies, un ouvrage d'Aristote, le *Livre des causes*, lui, est une adaptation arabe des *Éléments de théologie* de Proclus (comportant certains traits plotiniens)[48], qui, en

48. C'est le cas de la proposition 8 du *Kalām fī maḥḍ al-khair*, dérivée de sections « des *Ennéades*, V et VI » ; de la proposition 21, « inspirée par des matériaux tirés des *Ennéades*, V, 2 et 3 » ; ou même de la célèbre proposition 4, mixte « de la proposition 138 de Proclus » et de matières contenues « dans les *Ennéades*, IV, 8 et 9, ainsi que VI, 7 et

quelque sens qu'on la sollicite, n'a réellement rien d'aristotélicien. On voit qu'il serait vain de déplorer ici une attribution malheureuse : il y va d'un problème de structure. Réciproquement, le fait que, à travers le *Livre des causes*, le néoplatonisme parasite en silence la lecture albertinienne d'Aristote ne doit pas nous faire méconnaître sa vision de la philosophie première, ni la forme particulière que revêt chez lui l'ontothéologie non comme structure latente et non élucidée de la métaphysique, mais comme structure explicite et organisée de la *prima philosophia*. Enfin, on comprend que, dans l'analyse d'une théiologie ainsi construite pour moitié sur Aristote, pour l'autre sur Proclus, le moment métaphysique de la science de l'être en tant qu'être soit nécessairement dépassé, ou plutôt intégré et dynamisé par une considération théologique et causale, qui, inconsciente de sa dimension philosophique originairement proclienne, s'ouvrira comme fatalement à ce Proclus chrétien qu'est le Pseudo-Denys de l'Aréopage[49]. Aristotélisme, néoplatonisme authentique, néoplatonisme chrétien occuperont ainsi les deux parties d'une philosophie première qui, dans sa définition même, suffirait à rendre impossible un essai d'inscription de la pensée albertinienne dans l'« aristotélisme chrétien » *stricto sensu.*

La distinction entre une métaphysique et une théologie au sein de la philosophie première d'Aristote aura diverses conséquences philosophiques et théologiques. Tout d'abord, le problème de l'analogie ou de l'univocité de l'être n'aura pas le magistère de fait qu'il occupe dans les systèmes de philosophie « aristotélicienne » fondés sur la seule *Métaphysique* d'Aristote ; plus exactement, la réflexion sur l'analogie et l'univocité ne sera pas intégralement fondée sur l'interprétation de la métaphysique d'Aristote, mais intégrera le moment supposé de sa

---

14 ». Cf. R.C. Taylor, « The *Kalām fī maḥḍ al-khair (Liber de causis)* in the Islamic Philosophical Milieu », in *Pseudo-Aristotle in the Middle Ages. The « Theology » and Other Texts*, Londres, The Warburg Inst.-Univ. of London (Warb. Inst. Surveys and Texts, XI), 1986, p. 39. La dépendance du *Liber de causis* à l'égard de la paraphrase arabe des *Ennéades* est solidement argumentée dans C. D'Ancona Costa, « La doctrine de la création *mediante intelligentia* dans le *Liber de causis* et dans ses sources », *RSPT*, 76 (1992), p. 209-233.

49. Nous supposons ici valide la thèse selon laquelle le personnage qui se cache derrière le pseudonyme de « Denys l'Aréopagite » a été l'élève de Proclus et de Damascius dans l'école d'Athènes. Sur tout cela, cf. S. Lilla, *in* R. Goulet (éd.), *Dictionnaire des philosophes antiques*, II, Paris, Éd. du CNRS, 1994, p. 727-742, et surtout H.-D. Saffrey, « Nouveaux liens objectifs entre le Pseudo-Denys et Proclus », *RSPT*, 63 (1979), p. 3-16 (réimpr. dans *Recherches sur le néoplatonisme après Plotin*, Paris, Vrin, 1990, p. 227-248) et « Le lien le plus objectif entre le Pseudo-Denys et Proclus », in *Mélanges offerts au Père L.E. Boyle à l'occasion de son 75e anniversaire*, FIDEM, Louvain-la-Neuve, 1998, p. 791-210 (réimpr. dans *Le Néoplatonisme après Plotin*, Paris, Vrin, 2000, p. 239-252).

théologie. Autrement dit, chez Albert, le « problème de l'être » ne pourra être réglé par une simple réflexion sur le sens de l'être, il le sera par une réflexion sur la cause de l'être et sur sa procession à partir de l'Être cause. Tous les concepts fondamentaux de l'ontologie recevront dès lors une double lecture, ontologique et théologique, l'une aristotélico-averroïste, quand il y va de l'être en tant qu'être de la *Métaphysique*, l'autre néoplatonicienne, quand il y va de l'être causal ou de la Cause de l'être selon le *Liber de causis*. Dans les deux cas, cependant, Albert aura la certitude de faire œuvre aristotélicienne.

Si l'on cherche un pendant académique à la vision albertinienne des rapports entre philosophie et théologie, si l'on veut mesurer ce qu'elle doit à la fois et contradictoirement à Averroès et au néoplatonisme, il faut la comparer à ce qui en fut le brouillon ou l'épure simultanément assumée, conservée et dépassée : le « rationalisme mystique » des maîtres ès arts parisiens des années 1265-1270, tel que l'illustre, entre autres, l'« Introduction à la philosophie » *Ut testatur Aristotiles*[50], laquelle, à l'évidence, procède du premier terreau philosophique où l'arbre de la connaissance albertinien a plongé ses racines : l'alfarabo-avicennisme, c'est-à-dire la position de ceux qu'Albert appelle les *meliores Peripateticorum/posteriores Peripatetici*. Cet univers philosophique solidaire de la conception « crypto-plotinienne » de l'univers tout court transmise par Fārābī et de la détermination de la métaphysique comme « science des réalités séparées » (les formes divines qui, selon la formule du *De intellectu et intellecto* farabien « de soi ne sont, n'ont été et ne seront jamais en aucune matière »), objets de l'intellect dit « acquis » *(intellectus adeptus)*, voilà le premier théâtre, et le plus constant, de la pensée d'Albert. Et c'est encore sous la bannière de Fārābī que la notion de « félicité », dont on ne dira jamais assez quel rôle structurant elle joue dans l'épistémé albertinienne, apparaît dans ce complexe, grâce au *De intellectu*, certes, mais aussi, grâce au *Liber exercitationis ad viam felicitatis*, le premier à avoir introduit chez les Latins la thèse d'une « béatitude suprême d'ordre purement intellectuel, consistant essentiellement dans la contemplation des sciences spéculatives », selon la formule de M.-Th. d'Alverny[51] – thèse attaquée à Paris dès 1210-1215, comme le montrent les cancellations du manuscrit Paris, Nat. lat. 6286, qui transmet le *Liber exercitationis* en même temps que

50. Sur le « rationalisme mystique » régnant à l'université de Paris dans les années précédant les condamnations de 1270 et 1277, cf. Cl. Lafleur, « L'Introduction à la philosophie *Ut testatur Aristotiles* (vers 1265-1270) », *Laval théologique et philosophique*, 48/1 (1992), p. 81-107.

51. Cf. M.-Th. d'Alverny, « Un témoin muet des luttes doctrinales du XIIIe siècle », *AHDLMA*, 24 (1949), p. 243.

l'*Asclepius* d'« Hermès Trismégiste », le *Liber XXIV philosophorum*, le Pseudo-Aristote, *De causis proprietatum elementorum*, le *De anima* d'Avicenne et les *Quaestiones naturales* de Sénèque et d'Adélard de Bath, bref l'essentiel du corpus sur lequel Albert a enté sa réflexion et sa pratique. Les textes cancellés, outre le *Liber exercitationis*, étant le *De causis proprietatum elementorum*, le *Liber XXIV philosophorum*, le *De anima* (ou plutôt la préface ajoutée par son traducteur, « Avendauth ») et les *Quaestiones* d'Adélard, c'est, au fond, la base « naturelle » ou « naturaliste » de la science et de la philosophie albertinienne qui est attaquée d'avance par les censures de 1210. C'est aussi sa métaphysique et son couronnement théologique, puisque, comme le souligne F. Hudry, « Le censeur » responsable des mutilations subies par le manuscrit « est un adepte farouche de l'incognoscibilité divine [...] prônée en opposition aux prétentions de connaissance rationnelle et philosophique de la divinité, nées de l'apport aristotélicien »[52].

Bien qu'Ulrich paraisse s'éloigner d'Albert en transférant massivement à la seule sagesse chrétienne l'ensemble des prédicats définissant chez Aristote la sagesse philosophique, bien qu'il semble par là même renoncer à ce qui, chez son maître, articulait le principe de ce que Jean-Paul II appelle l'« autonomie de la recherche philosophique », sa position à l'égard de la philosophie reste en fait la même. C'est que chez lui, plus que chez Albert, le thème d'une théologie d'Aristote, exactement conforme à l'enseignement des platoniciens, c'est-à-dire, on le verra, du néoplatonisme, et donc ultimement du néoplatonisme *chrétien*, permet de mettre en place *deux lectures* de l'aristotélisme, l'une métaphysique, orientée vers l'être formel et l'information, l'autre théologique, tournée vers l'être causal et la création, deux lectures compatibles, complémentaires, que l'attribution du *Livre des causes* à Aristote autorise encore, et que seule la reconnaissance tardive du caractère proclien de la supposée théologie aristotélicienne lèvera au contraire définitivement (notamment chez Berthold de Moosburg, prélude à une opposition systématique entre Aristote, philosophe de l'être, et Platon, philosophe de l'un, qui, à la Renaissance, organisera un dépassement de la métaphysique vers l'hénologie).

Pour bien comprendre la philosophie première d'Albert le Grand, il ne suffit donc pas de s'attacher à l'interprétation albertinienne de la *Métaphysique*, il importe avant tout de comprendre son interprétation du *Livre des causes*. Il en va de même *a fortiori* pour Ulrich de Strasbourg, dont toute la théologie philosophique est fondée sur un jeu complexe de

52. Sur tout cela, cf. F. Hudry, « Le *Liber XXIV philosophorum* et le *Liber de causis* dans les manuscrits », *AHDLMA*, 59 (1992), p. 68-69.

collages et de synthèses des deux commentaires correspondants d'Albert, l'*In Metaphysicam*, le *De causis et processus universitatis*, reflet littéraire d'une solidarité entre métaphysique et théologie « aristotéliciennes », qui articule le péripatétisme comme un véritable aristotélisme néoplatonisant.

Le « Livre des causes », la « Théologie d'Aristote » et la « Lettre sur le Principe de l'univers »

L'essentiel de l'activité intellectuelle d'Albert le Grand et d'Ulrich de Strasbourg s'est joué dans un espace culturel dominé par une constellation de textes et d'auteurs couverte d'un même terme : « péripatétisme ». Pour le Colonais comme pour le Strasbourgeois, les « philosophes » sont surtout les péripatéticiens arabes : en dehors d'Aristote, la philosophie se lit chez al-Fārābī, Avicenne, Averroès. Elle se lit aussi, comme théologie, dans le *Livre des causes* et dans un certain nombre d'ouvrages attribués par Albert à Aristote : la *Lettre sur le Principe de l'univers* et le *De natura deorum.* Au moment où il rédigea sa paraphrase du *Liber de causis* dans le livre II du *De causis et processu universitatis* Albert ignorait son origine proclienne : l'identification de la véritable source du *Livre* devait être faite par Thomas d'Aquin, grâce à la traduction latine des *Éléments de théologie* par Guillaume de Moerbeke.

Pour Albert, le *Livre* était une collection d'aphorismes aristotéliciens, auxquels « un certain David le Juif » avait ajouté un commentaire « à la manière dont Euclide avait procédé pour la géométrie », « s'inspirant », en l'occurrence, « de passages lus » dans Avicenne, Algazel et al-Fārābī. À en juger par ce qu'écrit Albert, cette collection n'existait pas en tant que telle avant l'intervention de David[53]. Il en indique, toutefois, la source directe : une *Epistola de principio universi esse* qu'il attribue formellement à Aristote.

> Ainsi David [...] pour ce livre a réuni des extraits d'une certaine épître *De principio universi esse,* œuvre d'Aristote, en y ajoutant bien d'autres choses qu'il tire d'Avicenne et d'al-Fārābī[54].

53. David le Juif semble être Jean d'Espagne (Ioannes ben David), également connu sous le nom d'Avendauth (ou Ibn Dawd). Assez curieusement, plusieurs manuscrits latins du *Liber de causis* sont intitulés *Metaphysica Avendauth.* C'est, d'ailleurs, le nom qu'utilise Albert en *De caelo*, I, 3, 8, p. 73, 30-31 : « ... secundum doctrinam Avendaud in Libro de causis ».

54. Albert le Grand, *De causis et processu universitatis a prima causa* (noté par la suite *Dcpu*), II, 1, 1, éd. Fauser, p. 61, 65-68 ; trad. H.-D. Saffrey, « Introduction », in

Si le titre général de la paraphrase d'Albert – *De causis et processu universitatis* – reflète assez exactement son interprétation de l'origine du texte qu'il commente, la mention de la *Lettre d'Aristote sur le Principe de l'univers* ne laisse pas de déconcerter. De fait, si l'on peut à la rigueur imaginer que « le travail de David se soit limité au découpage ou à l'arrangement d'un traité déjà existant en arabe, l'*Epistola de principio universi esse* », et que cette mystérieuse *Lettre* ait été « une traduction ancienne ou déjà un épitomé du traité de Proclus [55] » sur les *Éléments de théologie*, on ne peut pas ne pas s'étonner qu'Albert lui-même attribue ladite *Lettre* à Aristote. Le témoignage d'Albert sur l'origine du *Liber de causis* est aujourd'hui totalement rejeté par les arabisants. La question de l'*Epistola* n'en est pas tranchée pour autant.

Un ouvrage de 1989 propose sur ce point une série d'hypothèses que l'on peut résumer ainsi :

– Albert le Grand a « connu » et « utilisé directement un ouvrage d'Aristote *sur le Principe de l'univers* » [56] ;

– « Il semble qu'il ait eu entre les mains un commentaire de cette œuvre qui pourrait être celui d'Alexandre d'Aphrodise cité par Ibn al-Nadīm dans son *Fihrist*, puis par Averroès dans son épitomé de la *Métaphysique* » ;

– L'« œuvre connue d'Albert le Grand sous le nom de *Lettre sur le principe de l'univers* » est le troisième livre du dialogue d'Aristote *De philosophia*, consacré à l'exposé de sa théologie ;

– L'écrit pseudo-hermétique édité par Baeumker sous le titre de *Liber XXIV philosophorum* est un condensé théologique établi à partir du *De philosophia* d'Aristote, transmis en deux versions, l'une primitive, préservée dans le seul manuscrit 412 de la bibliothèque municipale de Laon, l'autre plus répandue, mais « fortement censurée et expurgée » à la suite des diverses mesures prises à Paris contre les *Libri Aristotelis de naturali philosophia* ;

– Le témoignage d'Albert sur l'origine du *Liber de causis* mérite plus de « considération qu'il n'en a reçu de la part des arabisants, dès lors que l'on connaît mieux la source indiquée, le *De philosophia* parvenu jusqu'à lui sous le titre de *Lettre sur le Principe de l'univers* ».

Nous avons discuté ailleurs cette thèse, montrant : [1] que la supposée *Lettre* d'Aristote commentée par Alexandre était en fait un

---

Sancti Thomae de Aquino Sup. Librum de causis expositio (Textus Philosophici Friburgenses, 4/5), Fribourg-Louvain, 1954, p. XXII.

55. H.-D. Saffrey, « Introduction », p. XXIII.

56. Pour tout cela, cf. F. Hudry, « Introduction », in *Le Livre des XXIV philosophes*, trad. du latin, éd. et annoté par Françoise Hudry ; postface de Marc Richir, Grenoble, Jérôme Million (Krisis), 1989, p. 59, 60, 62, 73.

seul et même ouvrage d'Alexandre – le *kitāb mabādi' al-kull* mentionné par Ibn al-Nadīm ; [2] que cet ouvrage, exclusivement préservé dans des manuscrits arabes[57] avait été traduit du grec en syriaque par Abū Zaid Ḥunain ibn Iṣhāq, et du syriaque en arabe par Ibrāhīm ibn ʿAbd Allāh al-Naṣrānī al-Kātib ; [3] qu'il avait été également édité[58] et traduit en français par A. Badawi[59] sous le titre : *Épître d'Alexandre d'Aphrodise. Des principes du tout selon l'opinion d'Aristote le Philosophe*. Reste qu'Albert donne un témoignage et qu'il faut l'expliquer[60].

Considérons le texte allégué pour suggérer qu'Albert « a utilisé directement » la *Lettre* d'Aristote. Il s'agit d'un passage du *De intellectu et intelligibili* où le Colonais montre que tout *cognitivum* venant d'un autre *cognitivum,* on doit, de proche en proche, rapporter chaque « connaissant » à une unique « Cause première et source de la connaissance » : le *Primum et perfectum cognitivum.* C'est la démonstration de

57. Sur ce point, cf. P. Thillet, « Introduction », *in* Alexandre d'Aphrodise, *Traité du destin*, Paris, Les Belles Lettres (CUF), 1984, p. LXVIII.

58. Cf. A. Badawi, *Arisṭū ʿinda 'l- ʿArab*, Le Caire, 1947, p. 253-277. L'édition Badawi est fondée sur le seul *cod. Damascenus, Bibl. publ.*, 4871. D'autres versions de l'*Épître* (par Abū Uṭman al-Dimašqī et ses élèves) ont existé.

59. Cf. A. Badawi, *La Transmission de la philosophie grecque au monde arabe. Cours professé à la Sorbonne en 1967*, Paris, Vrin (Études de philosophie médiévale, LVI), 1987, p. 135-153. On dispose à présent d'une édition critique, avec trad. angl. et commentaire : Ch. Genequand, *Alexander of Aphrodisias on the Cosmos*, Leiden - Boston - Cologne, Brill (Islamic Philosophy, Theology and Sciences. Text and Studies, XLIV), 2001. Sur les multiples influences repérables dans la cosmologie d'Alexandre, sa dimension théologique et sa réception mixte, combinée à des éléments plotiniens, dans le monde musulman, cf. Ch. Genequand, « Introduction », § 3, p. 16-20 et § 4, p. 20-26, spéc., p. 19-20 : « The two outstanding characteristics of the *Mabādi'* are [...] the doctrine of imitation and that of the divine power permeating the universe. The Platonic idea of imitation fused with Aristotelian teleology becomes the driving force of the universe, ensuring its cohesion not only on the psychological, but above all on the cosmological level. The existence of this universal impulse towards the Good and the Principle [...] constitutes the upward drive of the universe which will be superseded in later Greek Neoplatonism by the doctrine of ἐπιστροφή, but [...] it is the Alexandrian idea of assimilation or imitation which often prevails among the *Falāsifa*. As for the divine power permeating and inspiring all parts of the universe, it is the descending counterpart of imitation and provides the conceptual basis of the doctrine of providence ; combined with the Plotinian πρόοδος, it may be considered as the source of the theory of emanation *(fayḍ, ḥudūth)* in the particular form which it will assume in Arabic philosophy. » Cf. aussi, p. 22 : « The very concept of the Active Intellect as Giver of Forms, that is to say not only as source of the intelligible forms arising in the human intellect, but also of the forms embedded in the material world, might somehow derive from Alexander's idea of nature as divine power informing the formless matter. »

60. Sur ce point, cf. E. Alarcón, « S. Alberto Magno y la *Epistola Aristotelis de principio universi esse* », in *Actas del I Congreso Nacional de Filosofia Medieval*, Zaragoza, 1992, p. 181-192.

cette thèse, appuyée sur celle de l'unicité du Premier Moteur, qui serait directement issue de la *Lettre d'Aristote sur le principe de l'univers*. En effet, Albert écrit :

> Mais toute cette discussion est tirée de la *Lettre* qu'Aristote écrivit *Sur le Principe de l'univers*, dont Avicenne fait mention dans sa *Métaphysique*[61].

Un aveu d'emprunt est un argument fort. L'emploi du mot *cognitivum* est également intéressant, puisqu'il ne correspond pas littéralement à l'« Intelligence » *(Intelligentia, al-'aql)* du *Liber de causis*, mais au « Connaissant » *(al-'ālim)* du *Proclus Arabus*. Enfin, la thèse que discute Albert est effectivement troublante, puisqu'elle repose, semble-t-il, sur la proposition 102 des *Éléments de théologie* de Proclus *(... omnia cognitiva cognitionem participant propter intellectum primum)*[62] où l'Intellect est bel et bien défini comme *prime cognitivum* – une proposition dont Thomas d'Aquin se servira avant d'entamer sa critique des *Platonici* au nom de la *Sententia Dionysii*[63]. Albert aurait-il donc eu *réellement accès* à un autre texte, parallèle à celui du *Liber*, et, à son insu, proclien ? Ce n'est pas impensable. Tout incline à croire que, dans la tradition arabe, l'association Alexandre-Plotin-Proclus a fourni, sans jeu de mots, les éléments de théologie nécessaires pour combler les lacunes du livre Λ. C'est le cas, par exemple, du *Livre sur la science de métaphysique* de Baġdādī, contemporain d'Albert, qui contient à la fois Aristote, Alexandre, Proclus et le *Livre des causes*[64].

61. Albert le Grand, *De intell.*, I, 1, 2, p. 479b : « Haec autem disputatio tota trahitur ex epistola quadam Aristotelis quam scripsit *De universitatis principio*, cuius mentionem in *Metaphysica* facit Avicenna. » Dans la *Summa theol.*, II, 1, 4, 5, 1, p. 97a, en revanche, c'est à al-Fārābī que renvoie Albert : « ... in epistola *De principio universitatis*, ubi probat, sicut dicit Alpharabius, quod principium universitatis non est nisi unum ».

62. Cf. trad. Trouillard, Proclos, *Éléments de théologie*, Paris, Aubier, 1965, p. 121 : « ... tous les êtres capables de connaître reçoivent de l'esprit premier participation à la connaissance. »

63. Thomas d'Aquin, *Super Librum de causis expositio*, prop. 18a, éd. Saffrey, p. 103, 7-23.

64. Très précisément, la *Métaphysique* d'al-Baġdādī est un épitomé en 24 sections des principaux textes de la « philosophie première » antique, *i.e.* sections 1-12 : *Métaphysique* d'Aristote (trad. Usṭāh) ; sections 13-15 : *Commentaire d'Alexandre sur Métaph. lambda* (trad. Abū Bishr Mattā) ; *Paraphrase de Themistius sur Métaph. lambda* (trad. Iṣhāq ibn Ḥunain) + quelques fragments d'origine indéterminée ; section 16 : Alexandre d'Aphrodise, *Lettre sur les principes de l'univers* (trad. Ibrāhīm) ; sections 17-19, Alexandre, *De providentia* (trad. cercle de Kindī) ; section 20 : *Liber de causis* ; *Elementatio theologica*, prop. 54 + K 1. 57 + quelques fragments d'origine indéterminée ; sections 21-24 : l'*Uthūlūjiyā* – à savoir section 21 : 19 propositions de l'*Elementatio theologica* + 5 pièces d'Alexandre, section 22 : K II. 24-VIII, section K IX-X, section 24 :

Le texte fantôme dont nous parle Albert lui est-il, comme il le dit, parvenu sous le titre de *Lettre sur le Principe de l'univers* ? On *voudrait* le croire, mais il y a là deux difficultés, dont une à nos yeux est insurmontable.

Tout d'abord, des collections de textes du type que nous appellerons « Baġdādī » contiennent un traité sur *le Principe de l'univers* à côté du *Kalām fī maḥḍ al-khair* ou *Livre des causes.* D'autre part, et surtout, en invoquant l'autorité d'Avicenne, qui, d'ailleurs, ne semblait pas connaître le *Livre*[65], Albert se condamne lui-même. Il faut, en effet, noter que, dans la version arabe de sa *Métaphysique*, Avicenne parle de la *Lettre sur le principe de l'univers* sans l'attribuer à Aristote lui-même. Dans le texte original, exposant successivement les interprétations que « deux de ses plus anciens disciples » ont données de la théorie d'Aristote concernant l'unicité du Premier Moteur, Avicenne évoque d'abord « un de ses partisans dont l'opinion est très judicieuse » (*baᶜḍ man huwa asadd qawlam)*, puis cet autre « qui a expliqué succinctement les livres du "premier maître", sans pour autant les comprendre en profondeur ». L'identification du second de ces péripatéticiens ne fait pas de difficulté : c'est Themistius[66]. Il en va de même du premier. Tel que le présente la version arabe, c'est le *Doctor solidus* de l'aristotélisme qui est l'auteur de la *Lettre sur le principe de toutes choses*, autrement dit Alexandre d'Aphrodise, et non Aristote lui-même. Voici le texte original, dans la traduction de G.C. Anawati :

> Mais un de ses partisans qui a une pensée plus judicieuse, déclare et dit dans son épître qui traite des *Principes du tout*, que le moteur de l'ensemble du ciel est un, qu'il ne peut pas être un nombre, bien que chaque sphère ait un moteur et un aimé qui lui soient propres[67].

Si l'on considère le texte de la version latine, on a, en revanche, une tout autre leçon, qui s'ouvre sur un neutre :

---

non identifié. Sur tout cela, R.C. Taylor, « The Kalām fī maḥḍ al-khair...ḍ» in *Pseudo-Aristotle..., op. cit.*, p. 42 et, du même, « ʿAbd al-Laṭīf al-Baġdādī's Epitome of the Kalām fī maḥḍ al-khair *(Liber de causis)* », *in* M.E. Marmura (éd.), *Islamic Theology and Philosophy : Studies in Honor of George F. Hourani*, Albany, 1984, p. 236-248 et 318-2 ; et F.W. Zimmermann, « The Origins of the *Theology of Aristotle* », in *Pseudo-Aristotle...*, p. 180-181.

65. Cf. R.C. Taylor, « The Kalām... », p. 37.

66. Voir la note de S. Van Riet, *in* Avicenne, *Metaph.*, IX, 2 ; éd. Van Riet (*Avicenna Latinus*, Louvain, Peeters-Leiden, Brill, 1980), p. 463.

67. Avicenne, *La Métaphysique du Shifā'*, IX, 2, trad. G.C. Anawati, Paris, Vrin (Études musulmanes, XXVII/2), 1985, p. 127.

> Quod autem firmius est in dictis suorum sociorum manifestat et dicit, in sua epistola quae est de principiis omnium, quod motor universitatis caelorum unus est nec possunt esse plures, quamvis unaquaeque sphaera habeat motorem proprium et amatum proprium [68].

Autrement dit :

> Mais ce qui est le plus solide dans les dits de ses compagnons, Aristote le manifeste et le dit dans sa lettre qui traite des principes de toutes choses, à savoir que le moteur de l'univers des cieux est unique et qu'il ne peut y en avoir plusieurs, bien que chaque sphère ait son moteur propre et son propre objet de désir [69].

La conclusion s'impose : loin d'avoir directement consulté la *Lettre,* Albert ne la connaissait que par l'intermédiaire d'une référence fautive de l'*Avicenna Latinus.* Que le texte visé par Albert soit bien, en revanche, celui dont parle Avicenne dans la *Métaphysique du Shifā',* il suffit, pour s'en persuader, de comparer la citation avicennienne avec l'original alexandrin :

> Mais dire que le corps divin a plusieurs moteurs – même si nous reconnaissons que chaque sphère a un moteur et un objet de désir propres – n'est pas juste [70].

On peut donc faire justice des allégations d'Albert sur l'origine du *Liber de causis*. Il suffit de lire et de comparer le *Liber* et l'*Epistola.* Le résultat est décevant. Comme le dit A. Badawi, le seul grand mystère de la thèse d'Albert est « la source dans laquelle il a puisé sa théorie » [71]. L'attribution du *Livre* à Aristote n'a, chez les Arabes, rien d'exceptionnel – que l'on songe à la correspondance d'Ibn Sab'īn avec Frédéric II [72]. De même, il n'est sans doute pas sans signification que le

68. Avicenne, *Metaph.*, IX, 2 ; éd. Van Riet, p. 463, 68-71.

69. F. Hudry, « Introduction », *Le Livre des XXIV philosophes, op. cit.*, p. 60 : « Or ce qui est assez solide dans les paroles de ses compagnons, il [Aristote] le manifeste et dit dans sa *Lettre sur les principes de toutes choses* que le moteur de la totalité des cieux est unique, etc. »

70. Alexandre d'Aphrodise, *Épître sur les principes du tout*, trad. A. Badawi, in *La Transmission..., op. cit.*, p. 144-145. On notera que ce passage est le seul qui soit explicitement mentionné dans la version latine (inconnue au Moyen Âge) de l'*Épitomé* d'Averroès sur la *Métaphysique.* Cf. Averroès, *Epitomes in libros Metaphysicorum,* 4 ; Venise 1562, f° 388vH : « In suo libro de principiis universi [...] ponit motorem orbium omnium hoc motu esse unum. »

71. A. Badawi, *La Transmission...*, p. 65.

72. Sur Ibn Sab'īn, cf. A. Foure, *Encyclopaedia of Islam*, vol. 4, Leiden, ²1973. Pour la correspondance avec Frédéric, connue sous le nom de *Questions* ou *Lettres siciliennes*, cf. la préface d'Henry Corbin à *Al-Kalām 'alā al-masā'il al-siqilīyah (Correspondance philosophique avec l'empereur Frédéric II de Hohenstaufen)*, éd. S. Yaltkaya, Paris, 1941.

dossier arabe de la supposée *Théologie d'Aristote* renvoie ici ou là à une combinaison de textes de Proclus et d'Alexandre, allant parfois jusqu'à juxtaposer les *Éléments*, la *Lettre* et le *Livre du Bien pur* – comme chez Baġdādī –, ou encore que les *Éléments* soient intégrés à certains recueils de traités d'Alexandre, contenant la *Lettre* – comme dans la collection *D d'Abū Uṭman al-Dimašqī[73]. La lecture albertinienne du *Livre des causes* appartient à l'histoire de la *Théologie d'Aristote* et du *Proclus Arabus*. À cette complexe histoire Albert ajoute cependant une difficulté de plus, quand il fait de la *Lettre* la source du *Livre* et qu'il transporte dans l'Andalousie du XIIe siècle un problème si étroitement lié à la Bagdad du IXe. L'identification de l'*Epistola* peut-elle résoudre le problème ?

Loin s'en faut. Tout d'abord, on sait que, même après la traduction des *Éléments de théologie*, Albert n'a pas renoncé à sa thèse. Ensuite, même s'il s'est trompé sur son origine, certains textes tendraient à suggérer qu'il a effectivement disposé d'une traduction latine de la *Lettre*. Or, si tel est le cas, sa persévérance est assez incompréhensible, quelles que soient les ressemblances « stylistiques » existant *en arabe* entre le *Kalām fī maḥḍ al-khair* et certaines versions des traités d'Alexandre[74]. Albert a lu les *Éléments de théologie*. Il les a lus tardivement et il ne les cite guère que dans la première partie de sa *Somme de théologie*[75]. Quelle est leur influence ? On ne dira pas qu'elle est nulle, mais il est clair que ce n'est qu'une force d'appoint. Bref, Proclus n'est pas pour lui une alternative sérieuse à Aristote[76], et sa figure n'est pas idéalisée comme elle le sera chez un Dietrich de Freiberg ou un Berthold de Moosburg[77] ; ce n'est pas davantage le paradigme ou le sommet du

On peut encore consulter les contributions plus anciennes de M. Amari, « Questions scientifiques adressées aux savants musulmans par l'empereur Frédéric II », *Journal asiatique*, 5/I (1853), p. 240-274 et de A.F. Mehren, « Correspondance du philosophe soufi Ibn Sab'in Abd-oul-Haqq », *Journal asiatique*, 7/XIV (1853), p. 341-354.

73. F.W. Zimmermann, « The Origins... », p. 185, 236 (n. 302).

74. R.C. Taylor, « The Kalām... », p. 39 (n. 25, d'après Endress).

75. Sur ce point, cf. R. Kaiser, « Die Benutzung proklischer Schriften durch Albert den Großen », *Archiv für Geschichte der Philosophie*, 45/1 (1963), p. 1-22.

76. Sur le rôle « alternatif » de Proclus dans l'après-coup de la crise ouverte en *Teutonia* par la condamnation de 1329 frappant Maître Eckhart, cf. L. Sturlese, « *Homo divinus*. Der Prokloskommentar Bertholds von Moosburg und die Probleme der nacheckhartschen Zeit », *in* K. Ruh (éd.), *Abendländische Mystik im Mittelalter. Symposion Kloster Engelberg 1984*, Stuttgart, Metzlersche (Germanistiche Symposien, Berichtsband 7), 1986, p. 145-161.

77. L. Sturlese, « Il dibattito sul Proclo latino nel medioevo fra l'università di Parigi e lo Studium di Colonia », *in* G. Boss et G. Seel (éd.), *Proclus et son influence. Actes du colloque de Neuchâtel, juin 1985*, Zurich, Éditions du Grand Midi, 1987, p. 268-269.

platonisme, même si, ici ou là, son nom apparaît à côté de ceux de Denys et de Boèce[78]. Cette relative indifférence à la pensée authentique de Proclus peut éventuellement servir à en expliquer une autre : « celle, souveraine, avec laquelle Albert traite la question du platonisme du *Livre des causes* ». À cette neutralité distraite, l'éditeur de Berthold, L. Sturlese, suggère deux explications : d'une part, « la réaction d'autodéfense instinctive d'un vieux professeur devant une découverte qui détruit » la pierre d'angle de toutes ses « convictions de commentateur » ; d'autre part, la mise en œuvre d'une conception « concordataire constructive » tendant à effacer la distinction des *textes* platoniciens et aristotéliciens dans l'aperception d'une « large convergence de vues entre les *auctores antiquissimi* »[79]. Les deux explications sont possibles, mais on peut aussi bien soutenir qu'Albert avait grand besoin du *Livre* pour suppléer une théologie manquante qui, à ses yeux, faisait partie intégrante du système de la philosophie première d'Aristote – besoin « arabe », mais qu'il n'était pas le seul à ressentir chez les Latins, puisque, dans les années mêmes où il y a enseigné, l'université de Paris plaçait le *Livre des causes* comme « troisième partie » de la métaphysique, aux côtés de la *Metaphysica vetus* et de la *Metaphysica nova*[80]. Quant à sa persévérance dans l'erreur, il paraît bien qu'elle n'a rien d'exceptionnel. En fait, la découverte philologique de Thomas ne semble pas avoir eu d'impact immédiat[81]. Dans son commentaire de la *Métaphysique* (vers 1413-1418), Jean de Maisonneuve reprend encore la thèse d'Albert[82] et, dans l'école dominicaine allemande même, on voit

78. Cf. Albert le Grand, *Summa theol.*, I, 6, 26, 1, p. 183, 35-36 ; et I, 6, 26, 2, p. 192, 71-89.

79. L. Sturlese, « Il dibattito... », art. cité, p. 268-269.

80. Sur cette répartition, cf. A. de Libera, « Structure du corpus scolaire de la métaphysique dans la première moitié du XIIIe siècle », *in* Cl. Lafleur et J. Carrier (éd.), *L'Enseignement de la philosophie au XIIIe siècle. Autour du « Guide l'étudiant » du ms. Ripoll 109*, Turnhout, Brepols (Studia Artistarum. Études sur la Faculté des arts dans les universités médiévales, 5), 1997, p. 61-88.

81. À propos de cette découverte, on notera que, si Thomas est légitimement considéré comme le premier commentateur à avoir compris l'origine principale du *Livre des causes* – les *Éléments de théologie* de Proclus –, on peut raisonnablement se demander s'il n'a pas été devancé en cela par Guillaume de Moerbeke. Telle est l'hypothèse du père L.-J. Bataillon *(O.P.)*, qui nous écrivait le 12 juin 1990 : « Pour les *Éléments de théologie*, je pense que Thomas a été le premier à commenter le *Liber de causis* comme abrégé de Proclus, mais je suis persuadé que c'est Guillaume de Moerbeke qui a fait l'identification. Guillaume était un homme certainement de grande culture et qui n'a pas pu traduire l'*Elementatio* sans voir les liens avec le *Liber* ; je penserais même volontiers que c'est parce qu'il a vu les relations qu'il a traduit l'*Elementatio.* » Dont acte.

82. Cf. Z. Kaluza, *Les Querelles doctrinales...*, p. 89 : « scientia *Libri causarum* extracta est ab epistola Aristotelis quam scripsit *De universitatis principio.* »

que, tout en connaissant celle de Thomas, Dietrich de Freiberg continue de placer délibérément les *Éléments de théologie* et leur dérivé dans le même univers : celui des *Philosophi* péripatéticiens, partisans des Intelligences[83].

Cela posé, Albert a-t-il vraiment lu la *Lettre sur le principe de l'univers* ? Deux textes militent en faveur de cette hypothèse : l'un dans la *Somme de théologie*[84] ; l'autre dans le *De causis et processu universitatis*[85]. Le premier relance l'hypothèse d'une étroite affinité, sinon d'une relation de parenté stricte, entre le *Liber de causis* et l'*Epistola de universitatis principio.* Albert y affirme l'identité de Dieu avec la Première Cause entendue comme « cause de tout ce qu'il y a d'être dans les étants », thèse qu'il étaie par un renvoi explicite « à la quatrième proposition du *Livre des causes* » – « la première des réalités créées est l'être ». C'est à ce moment qu'il précise que cette *voie* est justement celle d'Aristote dans sa *Lettre* :

> Et c'est [la thèse] d'Aristote dans une certaine *Lettre* qu'il fit *sur le Principe de l'univers.* En effet, seule la Cause première simple, existant au comble de la simplicité, sans qu'aucune [autre chose] la détermine, peut, ramassée en vue d'une chose seconde, être la cause de l'être en tant qu'être.

Que tirer de ce texte ? Tout d'abord qu'il existe, aux yeux d'Albert, une « voie » aristotélicienne (celle du *Liber*) qui mène de la considération de l'être en tant qu'être à celle d'une Cause (une) de tout l'être (multiple) ; ensuite, qu'Albert pouvait définir cette voie *sans recourir* à la *Lettre* – son titre suffisait –, le contenu venant, quant à lui, directement du *Liber* (prop. 21), comme le prouve l'expression *simplex in fine simplicitatis* (comm.) qui transpose le *prime et maxime simplex* de Proclus (*Elem. theol.,* prop. 127)[86]. Le second texte est plus net et plus troublant, car il traite d'un des adages les plus répandus au Moyen Âge,

83. Cf. Dietrich, *De intell.,* I, 7, 1 ; éd. Mojsisch (CPTMA, II, 1), Hambourg, 1977, p. 140, 21-22 : « Et de isto genere sunt illae intellectuales substantiae, quas philosophi intelligentias vocabant, de quibus agitur in *Libro de causis* et in libro Procli » ; *De cogn. ent. separ.,* 8, 1 ; éd. Steffan (CPTMA, II, 2), Hambourg, 1980, p. 174, 30-35 : « Invenimus apud philosophos de illis divinis intellectibus, quos propter sui excellentiam intelligentias vocant [...]. Et hoc habemus manifeste ex *Libro de causis* et ex libro Procli, unde videtur sumptus *Liber de causis.* »

84. Albert le Grand, *Summa theol.,* I, 3, 18, 1, p. 88, 9-13.

85. Albert le Grand, *Dcpu,* I, 1, 6, éd. Fauser, p. 13, 68-72 (B 372b).

86. Cf. trad. Trouillard, p. 137 : « Tout ce qui est divin et *simple de façon primordiale et suprême*, et pour cette raison parfaite autonomie... » On notera que les mêmes termes figurent aussi dans le résumé de l'*Epistola* proposé par Maimonide en *Dux neutrorum,* II, 5, Paris, 1520, f° XLII.

un *dictum* que les condamnations parisiennes de 1277 ont, en outre, expressément atteint[87] : *Ex uno non fit nisi unum.*

Selon le témoignage d'Albert, cet axiome serait non seulement d'origine aristotélicienne, mais encore directement issu de son *Epistola* :

> On objecte encore très fortement que de l'Un simple n'est que l'Un. Or cette proposition est écrite par Aristote dans sa *Lettre sur le Principe de l'univers* ; elle est reprise et expliquée par al-Fārābī et Avicenne, ainsi qu'Averroès.

Face à un passage aussi péremptoire, il est tentant de supposer un accès direct d'Albert au texte d'« Aristote ». En effet, l'axiome de l'un ne figure pas dans le *corpus* authentique, le seul texte que l'on puisse alléguer, le *De generatione et corruptione*, disant seulement : « Ce qui se comporte de manière identique et semblable doit, de nature, toujours produire la même chose[88]. » Alors, Albert a-t-il réellement trouvé la proposition *'ex uno non fit nisi unum'* dans l'*Epistola* ? Il est difficile de répondre par l'affirmative. Il va de soi qu'il pouvait la trouver *ailleurs*, notamment chez Avicenne, Ghazālī, Averroès ou Maimonide – Maimonide surtout, qui, dans un passage fortement inspiré par Averroès, écrit :

> Aristote et tous ceux qui ont approfondi la philosophie se sont accordés sur cette proposition : *'du simple ne peut provenir qu'une seule [chose] simple'*. Et c'est en ce sens qu'Aristote a dit que : *'du Créateur ne provient en premier qu'un intellect unique et absolument simple'*[89].

On sous-estime l'importance de « Rabbi Moïse » dans la pensée d'Albert. Pourtant, il est clair que sa théologie « aristotélicienne » est le plus souvent la théologie alfarabo-avicennienne *telle qu'elle se présente chez Maimonide*, c'est-à-dire une théologie qui fait de Dieu « la Cause première (ou la Cause des causes) et le Premier Intellect », « réunissant en lui tous les intelligibles des choses selon leur forme la plus éminente » et « intelligeant l'univers tout entier en s'auto-intelligeant » dans la mesure où « il est en même temps l'intellect, l'intelligent et l'intelligible »[90]. Que cette théologie soit celle de la *Lettre* est incontestable :

87. Sur ce point, cf. R. Hissette, *Enquête..., op. cit*, p. 70-72.

88. Aristote, *De gen. et corr.*, II, 10, 336a27-28 : « Idem et similiter se habens semper idem innatum est facere. ».

89. Maimonide, *Dux neutrorum*, II, 23, f° LIIIv : « Aristoteles et omnes qui profundaverunt in philosophia, convenerunt in hac propositione, quod *ex simplici non potest provenire nisi unum simplex*. [...] Et secundum hanc intentionem dixit Aristoteles, quod *a creatore non provenit proventum primo nisi unus intellectus simplex solummodo.* »

90. Cf. M.-R. Hayoun, *La Philosophie et la Théologie de Moïse de Narbonne*, Tübingen, Mohr (Texts and Studies in Medieval and Early Modern Judaism, 4), 1989, p. 20.

c'est même son *leitmotiv*[91]. Cela posé, la question n'est pas ici de savoir si Albert a subi en général l'influence de Maimonide ou celle d'Alexandre, mais seulement de déterminer si le *dictum* sur l'un figure bien, comme il l'assure, dans la *Lettre sur le Principe de l'univers*. L'absence de toute traduction latine force à la conjecture. On doit cependant reconnaître que l'analyse alexandrinienne du rapport entre le Premier Moteur et le Premier Mobile *rappelle* le rapport entre la Première Cause et la Première Intelligence, tel que l'articule l'axiome *ex uno non fit nisi unum* chez les « philosophes »[92] et chez Aristote *cité par Maimonide* :

> Comme il ne se meut en aucune façon, il est cause du mouvement un et simple qui est celui de cette chose qui se meut vers lui, parce que l'imitation de cet [être] simple est elle aussi [quelque chose d']un et simple[93].

On ne peut objecter qu'Alexandre parle ici de « simplicité » plutôt que d'« unité » : c'est aussi le cas de Maimonide ; c'est sous cette forme ou sous la forme mixte combinant « un » et « simple » que l'adage est le plus couramment allégué au XIIIe siècle ; enfin c'est en des termes très voisins qu'il est condamné en 1277, l'article 33 de Tempier posant que l'effet immédiat de Dieu est non seulement *unique,* mais encore *semblable à sa cause* :

> Que l'effet immédiat du Premier doit être unique et très semblable au Premier (« Quod effectus immediatus a Primo debet esse unus tantum et simillimus Primo »)[94].

91. Alexandre d'Aphrodise, *Épître...,* trad. A. Badawi, p. 148 (« L'Intellect qui est en acte et absolument intelligible est un numériquement ») et 150 (« Ainsi en est-il de la Première Cause, à savoir qu'elle est intellect et intelligible en même temps »). Ce sont *aussi* les thèses du *Kalām fī maḥḍ al-khair*, prop. 12 (= *Liber de causis*, prop. 13 ; *Élém. théol.*, prop. 167, 168 et 169).

92. Cf. Avicenne, *Metaph.,* IX, 4, éd. Van Riet, p. 481, 50-51 : « Nosti etiam quod ex uno, secundum quod est unum, non est nisi unum » ; Ghazālī, *Metaph.*, I, IV, éd. Muckle, p. 117, 33-34 et I, 5, p. 119, 9-11 et 24-26 ; Averroès, *Metaph.,* XII, comm. 44 ; Venise 1562, f° 327vI : « Ab uno et simplici non provenit nisi unum » ; *Epitomes in libros Metaphysicorum,* 4 ; Venise 1562, f°s 392rD, 393rA-C : « Ab uno simplici inquantum est simplex provenit unum. »

93. Cf. A. Badawi, *Arisṭū ᶜinda 'l- ᶜArab*, p. 261 (trad. de J. Jolivet, que nous remercions ici). À l'évidence, ce texte est tiré de la *Physique*, VIII, 6, 260a17-19. Si telle est la source véritable de l'axiome sur l'un, il faut alors souligner que Maimonide cite la paraphrase d'Alexandre, *In Principio totius*, en *Dux neutrorum*, II, 5, f° XLII, lignes 27-32, avant de mentionner l'adage « aristotélicien » en II, 23, f° LIIIv.

94. Cf. R. Hissette, *Enquête..., op. cit.*, p. 70.

– formule que l'on retrouve chez Siger de Brabant attribuant le thème de l'unicité de l'effet à « Aristote et à Avicenne », sans fournir de source pour celui de la similitude[95].

Que conclure ? L'*Epistola* d'Alexandre est peut-être un surgeon de la théologie authentique d'Aristote exposée dans la troisième partie de son *De philosophia.* Le malheur veut que la thèse centrale de la *Lettre* alléguée par Albert soit d'abord une adaptation judéo-arabe d'un passage de la *Physique* paraphrasé par Maimonide sous l'autorité conjointe d'Alexandre, *In Principio totius*, et d'Aristote. Le malheur veut ensuite que la *Lettre* ait été associée à la pseudo-*Théologie d'Aristote* et que nous ne sachions rien sur son degré d'accessibilité (même limité) à un Latin du XIIIe siècle. Cela dit, et en toute hypothèse, on aura toujours peine à croire qu'Albert ait dû recourir directement à la *Lettre* pour connaître une thèse qu'il pouvait trouver dans Rabbi Moïse. En renvoyant à l'*Epistola*, il est donc plus vraisemblable qu'il se livrait à une extrapolation rendue nécessaire ou plausible par l'état de ses sources *manuscrites*. Pour nous, c'est ce qu'il fait dans le passage du *De intellectu* où il évoque le témoignage d'Avicenne. À l'en croire, il aurait eu ici accès à une suite d'arguments sur l'unicité du Premier Moteur *tirés* de l'*Epistola.* La chose n'a en elle-même rien d'impossible, puisque le traité d'Alexandre d'Aphrodise est pour l'essentiel consacré à cette démonstration. Hélas, on ne trouve aucun parallèle net.

Démontrant la nécessité d'un Premier « connaissant », Albert pose une thèse typique du *Proclus Arabus* :

> ... tout ce qui est créé par une cause plus noble est nécessairement en défaut par rapport à la Cause première, le défaut de connaissance qui est dans la capacité cognitive de l'âme des animaux montre donc que non seulement elle a sa capacité de connaissance par un autre, mais encore qu'elle est de beaucoup éloignée de cet autre qui est la Cause première et la Source de la connaissance.

Le seul passage d'Alexandre évoquant tant soit peu le texte du *De intellectu* est beaucoup plus « aristotélicien » :

> Posons donc que le moteur du corps sphérique par désir est cet être [...] qui est en vérité la sommité du bien et de l'excellence. Comme il est ainsi, il doit être plus haut et plus noble que tous les animaux et les corps

95. Siger de Brabant, *Quaestiones in Metaphysicam,* V, 10 ; éd. C.A. Graiff (Philosophes Médiévaux, 1), Louvain, Publications universitaires, 1948, p. 301, 70-82. Cité par Hissette, *Enquête...*, p. 71. On notera qu'un autre texte du XIIIe siècle, les *Quaestiones in Metaphysicam*, ms. Cambridge, *Peterhouse* 152, f° 291vb, cite le *dictum* comme conforme à l'« intention d'Aristote, d'Avicenne, d'Algazel et de la *quasi-totalité des péripatéticiens* ».

> divins. En effet, ce qui est cause de toute perfection qui existe dans les choses et qui leur est propre est plus digne qu'elles en hauteur et en noblesse.

Certes, on note l'apparition du thème de la « hauteur » et de la « noblesse » fréquemment utilisé par Albert pour caractériser la Cause première et les Intelligences séparées – autrement dit les « causes essentielles », intellectuelles, agissant par leur propre essence. Mais a-t-on là un indice de dépendance à l'égard d'Alexandre ? C'est, pour le moins, douteux. Telle que la formule Albert, la règle de la « noblesse » suppose la structure proclienne de la « précontenance » (προέχειν) qu'il connaît par Denys et Eustrate, et par eux seulement. Citons :

> En outre, dans tout ce qui est causé de manière univoque selon la nature, il en va de telle façon que tout ce qui est essentiellement dans l'effet causé est dans la cause de l'effet causé sur un mode plus puissant, plus noble, plus éminent, plus originaire et plus parfait [96].

De même, quand il mentionne le *dictum* sur la procession de l'Un, Albert l'attribue la plupart du temps, et *comme Maimonide*, à la « communauté des philosophes » [97], ce qui veut dire qu'il en trouve de multiples applications, diverses dans leurs visées, probablement aussi très hétérogènes [98] : ici, platoniciennes, avec la théorie porphyrienne de l'« Intellect paternel » qu'il connaît à travers Augustin, théorie qu'il relie à une doctrine des Idées divines filtrée par le thème dionysiaco-eustratien de la « précontenance » ; là, péripatéticiennes, avec la théorie de l'émanation des Intelligences et des âmes motrices des sphères. Deux modèles donc, « platonicien » et « péripatéticien », dont l'opposition deviendra grâce à lui paradigmatique dans l'école de Cologne pour culminer dans la réfutation de la *positio Peripateticorum de esse multitudinis,* proposée par Berthold de Moosburg dans son *Commentaire sur les Éléments de théologie* [99]. Dès lors, on ne saurait s'expliquer par

96. Albert le Grand, *De intell.*, I, 1, 3 ; éd. Jammy, p. 240b, d'après Denys, *Les Noms divins*, VII, § 3, P.G. 3, 869A-B.

97. *Ibid.*, I, 1, 5, p. 243a : « ... secundum quod communiter omnes Philosophi tradiderunt ».

98. Chez Ulrich de Strasbourg, le *dictum* « aristotélicien », explicitement attribué « aux philosophes », sert de justification commune à trois positions philosophiques identifiant tour à tour l'un émané à « l'Intelligence du Premier Ordre », à la « lumière de l'Intellect divin, hypostase de toutes les formes », et au « monde archétypal ». La première position est celle d'Avicenne ; la troisième, celle des platoniciens ; la deuxième, celle d'Albert. Cf. Ulrich, *De summo bono*, I, 1, 2 ; éd. Mojsisch, p. 9, 69-72.

99. Berthold, *Expositio*, prop. 5A-D ; éd. Sturlese (CPTMA, VI, 1), Hambourg, 1984, p. 113-120. Dans sa discussion, Berthold suit Ulrich, *De summo bono*, IV, 2, 9 ; ms. *Vat.*

de strictes raisons philologiques l'insistance d'Albert à attribuer le *Livre des causes* à Aristote. Même partiellement motivée par telle leçon fautive de l'*Avicenne latin* ou telle particularité de ses sources intermédiaires, sa décision est avant tout philosophique : son interprétation d'Aristote exigeait une théologie d'Aristote ; il pensait la trouver dans le *Livre des causes*, voire dans la *Lettre sur le Principe de l'univers*. Que le Colonais ait ou non connu l'*Epistola* nous importe. Les indices existent. La *Lettre* contient en effet certaines thèses que l'on retrouve chez Albert sans référence explicite : « l'Intelligence se pense elle-même » (Badawi, p. 150 ; *Kalām fī maḥḍ al-khair*, prop. 12 ; *Liber de causis*, prop. 13 ; *Élém. théol.*, prop. 167) ; « si l'acte de l'Intelligence est vie [= Arist., *Métaph.*, XII, 7, 1072b26-27], l'Intelligence en acte est la vie éternelle » (Badawi, *ibid.*) ; « la vie de l'Intelligence est une vie excellente au maximum et agréable au maximum puisqu'elle agit toujours dans les choses nobles sans aucun obstacle » (Badawi, *ibid.*) ; « la nature et la puissance de l'entité divine sont la cause de l'*existence* du monde et de l'*ordre* qui y règne, comme ce qui arrive dans une cité » (Badawi, *ibid.*) ; « ce qui est commun entre toutes les choses dans ce monde, c'est l'aspiration vers la mise en rapport (= la *conjonction*) avec la Substance première, selon ce qui est propre à chacune d'elles par suite de la nature qui lui est convenable » (Badawi, p. 151)[100]. Mais il importe plus qu'il se soit mépris, et plus encore qu'il ne soit jamais revenu sur ses choix d'interprète. C'est la marque, ou plutôt le *chiffre*, de son enracinement quasi médiumnique dans l'interprétation arabe d'Aristote, celle d'al-Kindī et de son cercle[101], pour qui la théologie était le but d'une métaphysique aristotélicienne dont la *Métaphysique* d'Aristote n'avait fourni que les fondations et dont le contenu théologique avait été mis en *Théologie* par les « philosophes ultérieurs », Alexandre, Plotin, Proclus, puis par Kindī lui-même et ses proches[102]. Albert le Grand avait un lointain aïeul en Orient. Il a hérité de lui *sans le savoir*.

---

lat. 1311, f° 82ra et Albert le Grand, *Dcpu,* I, 4, 8, éd. Fauser, p. 55, 65-57, 64 (B 428a-430b) ; *Summa theol.*, II, 1, 3, 3, 1, p. 23a-28b.

100. Tous ces thèmes sont attestés *ad sensum* chez Albert (*Dcpu,* I, 2, 2, éd. Fauser, p. 26, 79-27, 92 [B 389a-390a] ; *Metaph.*, XI, 2, 11, p. 497, 39-498, 53) et chez Ulrich (*De summo bono*, IV, 1, 2, 8-12, p. 14, 78-16, 146). Mais ne s'agit-il pas d'une vulgate péripatéticienne ?

101. Rappelons que c'est dans ce « cercle » que, depuis G. Endress, les meilleurs interprètes placent l'auteur du *Livre des causes.* Cf., sur ce point, G. Endress, *Proclus Arabus. Zwanzig Abschnitte aus der Institutio Theologica in arabischer Übersetzung*, Wiesbaden - Beyrouth, F. Steiner Verlag, 1973.

102. Cf. le texte de la préface de *K* analysé par F.W. Zimmermann, « The Origins... », art. cité, p. 137-138.

Le De natura deorum : Aristote, Hermès, Platon

Si rien n'exclut que l'*Epistola* d'Alexandre soit un surgeon du *De philosophia*, si rien ne prouve décisivement qu'Albert ait jamais pratiqué l'œuvre d'Alexandre, tout indique, en revanche, qu'il connaissait certains principes de la « théologie » d'Aristote. Deux textes le montrent à l'évidence. Le premier indique que, grâce à Cicéron, Albert savait qu'Aristote avait démontré l'existence de Dieu :

> Qu'il est, cela est conçu à partir des créatures, et même sur un mode infini, qu'il est Dieu et qu'il est la Cause première, et qu'il est une substance intellectuelle, à la manière dont Tullius rapporte que dans le livre *De la nature des dieux*, Aristote a démontré qu'il y a un Dieu (« Quia enim est, ex creaturis accipitur, et etiam infinite, quod Deus est et quod prima causa est et quod intellectualis substantia est, quemadmodum narrat Tullius Aristotelem probasse Deum esse in libro *De natura deorum* ») [103].

Il y a là, toutefois, un problème : s'il est vrai que le *De natura deorum* de Cicéron est bien, comme ici, l'une des sources d'information principales d'Albert concernant la « théologie » d'Aristote, le même Albert se réfère aussi parfois directement au « *De natura deorum* d'Aristote ». C'est le cas, par exemple, dans le passage du *De natura et origine animae* consacré à la « divinisation » de Socrate [104] ou dans cet extrait du *De anima* :

> Mais nous disputerons de cela dans la science qui a trait à la nature des dieux, qui est une certaine partie de la philosophie première et qui a été rendue publique par Aristote (« Sed de his nos disputabimus in scientia *De natura deorum*, quae philosophiae primae pars quaedam est et ab Aristotele edita est ») [105]

repris *verbatim* par Ulrich de Strasbourg :

> Et cela, le Philosophe l'a déjà dit en toutes lettres dans le livre qu'il a lui-même rendu public sur la nature des dieux (« Et hoc iam dixit expresse Philosophus in libro, quem edidit ipse, *De natura deorum* ») [106].

À suivre ces deux documents, on pourrait facilement conclure qu'Aristote a rédigé et publié une théologie, *De natura deorum* ; que cette « partie » de la philosophie première n'est autre que le troisième livre du *De philosophia* ; enfin, qu'Albert et Ulrich l'ont directement

103. Albert le Grand, *Summa theol.*, I, 1, 14, 1, p. 51, 47-51.
104. Albert le Grand, *De nat. et or. an.*, II, 14, p. 41, 43-45.
105. Albert le Grand, *De an.*, I, 2, 6, p. 32, 31-32.
106. Ulrich, *De summo bono*, IV, 1, 8, 3, p. 45, 52-53.

connue. Cela nous conduit au deuxième texte allégué pour établir qu'Albert « savait qu'Aristote parle de sa *philosophie* au livre I de son *De caelo* » [107] :

> Il est probable que les premières substances des réalités soumises à la génération [et à la corruption] ont été produites dans l'être par les « raisons » du dieu des dieux. Et cette philosophie est assurément celle d'Aristote, qu'il nomme lui-même « vulgaire » dans le premier livre *Du ciel et du monde* (« Probabile est, quod primae generatorum substantiae per rationes dei deorum in esse sunt productae. Et haec pro certo Aristotelis est philosophia, quam *vulgarem* ipse vocat in I libro *De caelo et mundo* »).

Commentant le mot *vulgaris*, F. Hudry note qu'« il renvoie au grec ἐγκύκλιος » [108]. Que désigne alors l'expression « philosophie vulgaire [répandue] » ? Traduisant le texte grec du *De caelo*, I, 9, 279a30-33, visé par Albert, elle répond sans hésitation, le *De philosophia* :

> De fait, comme dans les *Recherches philosophiques encycliques sur les choses divines* [c'est-à-dire le *De philosophia*], il apparaît souvent dans les raisonnements que l'immutabilité divine est nécessairement tout ce qui est premier et tout en haut, ce qui se vérifie dans ce qui a été dit [109].

Ce qu'elle commente ainsi : « L'adjectif *encyclique* signifie, au sens premier, destiné à circuler. Pour Aristote, il désigne un dialogue philosophique suffisamment facile pour circuler dans le public [110]. » On a donc une suite d'équations : *philosophie encyclique* (Aristote) = *De philosophia* (selon F. Hudry) = *philosophia vulgaris* (Aristote cité par Albert), à quoi l'on voudrait ajouter le *De natura deorum* (selon Albert dans le *De anima*). Cette équation est-elle acceptable ? Tout incite ici à la prudence. En de nombreux autres passages, Albert et Ulrich attribuent le *De natura deorum* non à Aristote, mais à « Hermès Trismégiste » [111], et l'identification des sources montre bien que le texte dont ils parlent ne peut être que l'*Asclepius*. En d'autres termes, si Albert « sait qu'Aristote parle de sa *Philosophie* au livre I du *De caelo* », le texte qu'il cite

107. Albert le Grand, *De quindecim problematibus*, VI, p. 38, 76-80 : « Il est probable que les premières substances des engendrés ont été amenées à l'être par les raisons du Dieu des dieux. Et c'est assurément la *philosophie* qu'il nomme lui-même *répandue* au livre I du *De caelo et mundo* » (trad. Hudry).

108. « Introduction », *Le Livre des XXIV philosophes*, *op. cit.*, p. 59.

109. *Ibid.*, p. 42.

110. *Ibid.*, n. 9.

111. Cf. Albert le Grand, *Dcpu*, I, 4, 1, éd. Fauser, p. 43, 58-59 (B 412a) : « Hermes Trismegistus in libro *De natura deorum* » ; *Summa theol.*, I, 18, 70, 1 ; Ulrich, *De summo bono*, IV, 1, 5, 6, p. 29, 67-69.

lorsqu'il détaille le contenu du *De natura deorum* n'est pas une version ou une partie du *De philosophia* rebaptisée *De natura deorum* mais le *De natura* de Cicéron lui-même ou l'*Asclepius* nommément attribué ailleurs, sous le titre de *De natura deorum* ou *De deo deorum*, à Hermès [112]. Comment expliquer ces contradictions ? La seule hypothèse vraisemblable est qu'Albert n'a jamais lu un *De natura deorum* (= *De philosophia)* d'Aristote, mais qu'il a été accidentellement conduit à appeler *De natura deorum* la « théologie » d'Aristote dont il trouvait l'exposé dans l'ouvrage homonyme de Cicéron [113]. Pourquoi accidentellement ? À cause de la réécriture averroïste du passage du *De caelo* mentionné par F. Hudry :

> Mais nous avons déjà dit dans notre livre traitant de la philosophie extrinsèque, livre que nous avons édité pour la communauté [...] (« Iam autem diximus in libro nostro in philosophia extrinseca, quam edidimus communitati [...] ») [114].

devenu sous la plume d'Averroès :

> Mais nous avons déjà dit dans le livre *De la nature des dieux*, que nous avons appelé philosophie extérieure, au sens où c'est par des arguments extérieurs, en s'appuyant sur des exemples vulgaires, que, de manière seulement probable et vulgaire, on [y] prouve [ce qu'on avance] (« Iam

112. Pour le *De deo deorum*, cf. Albert le Grand, *Metaph.*, I, 1, 1, p. 2, 4-7 : « Sicut subtiliter enim dicit Hermes Trismegistus in libro, quem de deo deorum ad Esclepium [*sic !*] collegam composuit, homo nexus est dei et mundi », repris dans Ulrich, *De summo bono*, I, 2, 1, éd. Mojsisch, p. 28, 22-24. Le texte de *Metaph.*, I, 1, 1 est traduit ici en annexe.

113. La dépendance d'Albert par rapport à Cicéron ne fait sur ce point aucun doute. On peut le montrer aisément à l'aide d'un exemple : parlant des démons, le Colonais explique que « Hésiode, Socrate et Platon » ont affirmé l'existence d'une pluralité de dieux et divisé en bons et mauvais démons – *calodaemones* et *cacodaemones* – toutes les substances intellectuelles subordonnées à la Première Cause. Cette théorie, tirée d'Apulée (*De deo Socratis*, 1 ; éd. Thomas, p. 6 ; 2, p. 8 ; 13, p. 21 ; 14, p. 23), laisse notre auteur perplexe. Il ne veut pas en discuter, mais concède qu'elle ne manque pas d'arguments, puisque, « comme le rapporte Cicéron dans le livre *Sur la nature des dieux*, Aristote lui-même semble y consentir dans son livre sur la nature des dieux ». Cf. Albert, *Dcpu*, II, 2, 1 ; éd. Fauser, p. 10-17, spéc. : « ... quamvis magnam suae positiones habeant rationem ita quod etiam Aristoteles in libro de natura deorum in multis videatur cum eis consentire, sicut narrat Tullius in libro *De natura deorum* ». Le texte de Cicéron auquel renvoie *ici* Albert ne laisse planer aucun mystère sur le livre d'Aristote concernant la nature des Dieux : il s'agit bel et bien du troisième livre de sa *Philosophie*. Cf. Cicéron, *De natura deorum*, I, chap. 12-13, Leipzig, 1879, p. 14-15 : « Aristotelesque in tertio *De philosophia* libro multa turbat a magistro suo Platone non dissentiens. »

114. Arist., *De caelo*, I, 9, 279a30, dans la traduction de Gérard de Crémone, source principale, mais non exclusive, d'Albert (cf. éd. Hoßfeld, p. 76, 77).

> autem diximus in libro De natura deorum, quem vocavimus philosophiam extraneam, eo quod extraneis rationibus per similia vulgaria probatur solum probabiliter et vulgariter [...] »)[115].

à quoi Albert lui-même ajoute, reprenant le cours du texte d'Aristote :

> ... ce pourquoi nous avons fait connaître cette philosophie à la communauté du peuple (« sicut et ipsam philosophiam edidimus communitati populi »)[116].

Autrement dit, si le texte d'Averroès semble plaider pour l'identification de la philosophie « encyclique » (extérieure, populaire) avec le *De philosophia*, il est clair que cette identification n'est pas connue d'Albert qui, vraisemblablement trompé par la parenté des titres et sur la seule base du document averroïste, attribue ici ou là à Aristote le *De natura deorum* (ou *Asclepius*) qu'il attribue ailleurs « correctement » au Trismégiste.

Dans ces conditions, la conséquence inéluctable de ce jeu d'attributions semble devoir être qu'Albert n'a pas directement connu le *De philosophia* d'Aristote[117], mais que, dans sa quête constante de la « théologie » aristotélicienne il a, en quelques occasions, attribué à Aristote certaines thèses d'Hermès. Cette stratégie, que L. Sturlese appelle d'« autodéfense », mérite l'attention. La fonction des citations albertiniennes du *De natura deorum* et de l'*Epistola* est claire et constante : il s'agit toujours de faire communiquer la théologie du péripatétisme avec la thèse, ailleurs regardée comme typiquement platonicienne, identifiant Dieu, la Première Cause et le Premier Agent[118].

115. Averroès, *De caelo*, I, comm. 100, Venise, f° 72A. Le mot *extranea* appartient au vocabulaire de la traduction arabo-latine de Michel Scot, accompagnant le commentaire d'Averroès, inséré ici par Albert dans son propre commentaire. Il va de soi que l'expression *De natura deorum* ne désigne pas obligatoirement un titre : au contraire, on peut penser qu'il s'agit de l'indication d'un contenu, comme dans l'expression *sententia de natura deorum*. On notera que la troisième traduction du *De caelo*, celle de Guillaume de Moerbeke, inconnue d'Albert, donne : « ... quemadmodum in enchyridiis philosophismatibus circa divina ». Le mot *vulgaris* employé dans le *De quindecim problematibus* ne relève donc d'aucune des trois traductions latines précitées.

116. Albert le Grand, *De caelo*, I, 3, 10, p. 77, 4-15.

117. N'oublions pas, enfin, qu'à l'homonymie existant entre l'ouvrage supposé d'Aristote et l'ouvrage attribué au Trismégiste s'ajoute l'ambiguïté due au fait qu'Albert cite assez souvent la « théologie » d'Aristote telle que la rapporte le *De natura deorum* de Cicéron. C'est ainsi qu'un texte « aristotélicien » du *De natura deorum* peut facilement être préfacé d'un équivoque *ipse Aristoteles in libro De natura deorum dicit*, quand il est repris par Ulrich de Strasbourg, sans qu'on sache toujours si celui-ci *sait effectivement de quoi il parle*. Cf. Ulrich, *De summo bono*, I, 1, 3, p. 12, 45.

118. Cf. Albert le Grand, *Metaph.*, XI, 2, 3, p. 486, 63-65 : « Plato et sui sequaces distinxerunt causam efficientem primam a prima causa movente » ; Ulrich, *De summo*

Cette replatonisation « forcée » d'Aristote destinée à garantir les droits du péripatétisme dans le champ de la théologie, fût-ce au prix d'une référence invérifiable, voire inauthentique, a de quoi déconcerter, pour ne pas dire choquer.

On dira que c'est manquer au principe de charité que de pousser aussi loin la duplicité ou l'aveuglement d'Albert. Pourtant, l'impression ne peut que croître à considérer la démarche d'un Ulrich de Strasbourg quand il exploite les matériaux accumulés par son maître. Chez lui, en effet, la distinction entre deux « voies », deux « sagesses », l'une reçue des sens, l'autre du suprasensible, est, on l'a vu, interprétée en termes d'opposition entre le point de vue d'Aristote, « procédant des principes de l'être créé », et celui des *Platonici,* fondé sur « la raison même du Premier Principe », l'un qui identifie à tort la Cause absolument première au Premier Moteur, l'autre qui l'identifie plus justement au Premier Agent ; mais c'est ce même Ulrich qui, immédiatement, limite la portée de ce clivage entre *viae* inconciliables, en expliquant que, dans d'autres œuvres, Aristote a adopté la « voie » de Platon, à savoir, précisément, dans le *De natura deorum* et l'*Epistola de principio universi* :

> [...] il est évident que tout l'univers est créé. Et cela, le Philosophe l'a déjà dit expressément dans le livre qu'il a lui-même publié sur *La Nature des dieux*, bien que dans d'autres de ses livres il ne se soit pas engagé dans cette voie, procédant en ceux-ci à partir des principes de l'étant créé, à partir desquels cela ne peut être suffisamment prouvé, puisque cela ne peut l'être qu'à partir de la notion du Premier Principe, par lequel seulement on peut terminer la question de l'existence [= anité] des choses, dans la mesure où c'est par lui seul que l'être est créé, comme on le prouvera plus bas ; et c'est de cela qu'il a traité dans le livre susdit sur *La Nature des dieux* et dans la lettre sur *Le Principe de l'univers* [119].

---

bono, IV, 1, 8, 3 ; Pieperhoff, p. 45, 51-46, 58 ; et II, 2, 2, 2 ; de Libera, p. 31, 23-32, 44. Sur la théorie porphyro-avicennienne du Premier Agent (*Primum Agens*, par opposition au *Primum Movens* aristotélicien), et son attribution au « Vieillard Grec » *(al-shaykh al-yūnānī)*, cf. A. de Libera, « Ulrich de Strasbourg lecteur d'Albert le Grand », *Freiburger Zeitschrift für Philosophie und Theologie*, 32 (1985), p. 105-136. Sur la distinction Premier Agent vs. Premier Moteur, cf. B. Faes de Mottoni, « La distinzione tra causa agente e causa motrice nella *Summa de summo bono* di Ulrico di Strasburgo », *Studi medievali*, 20 (1979), p. 313-355.

119. Ulrich, *De summo bono,* IV, 1, 8, 3, p. 45, 51-46, 58 : « ... patet, quod totum universum est creatum. Et hoc iam dixit expresse Philosophus in libro, quem edidit ipse, *De natura deorum*, quamvis in aliis libris suis non gradiatur ista via eo, quod in illis processit ex principiis entis creati, ex quibus istud probari sufficienter non potest, sed ex ratione primi principii, per quod etiam solum potest terminari quaestio, an sit res eo, quod esse ab ipso solo creatum est, ut infra probabimus, et de illo egit in praedicto libro *De*

Cette reconstitution de la démarche personnelle d'Aristote permet à Ulrich d'intégrer au péripatétisme l'alternative des deux voies, l'une platonicienne et théologique, l'autre aristotélicienne et philosophique. « Quand les péripatéticiens parlent en philosophes », ils disent qu'« il n'y a pas de Cause première en dehors du Premier Moteur » et que cette Cause « ne cause que par le mouvement », ce par quoi « ils prouvent ensuite l'éternité du monde ». Inversement, quand « ils conjecturent en matière divine, selon ce que la raison leur offre de plus probable, ils disent qu'il y a une Première Cause efficiente sans mouvement, comme les platoniciens l'ont, eux aussi, affirmé ». Le « péripatétisme » consiste donc dans la synthèse de deux théories ailleurs regardées comme rivales : celle, philosophique, du Premier Moteur aristotélicien et celle, théologique, du Premier Agent platonicien :

> Tout ce que nous avons pu auparavant démontrer au sujet de l'existence d'un Premier Moteur s'applique donc aussi au Premier Agent ou Efficient. Simplement, nous avons fondé notre démonstration [de l'existence de Dieu] sur la notion de moteur plutôt que sur celle d'agent, pour que la démonstration même soit plus solide, car, tant qu'il s'agit de principes naturels, on peut remonter à une cause en partant de ses effets. Mais puisque, selon Avicenne, en tant qu'agent, le Premier ne fait pas partie des principes naturels, rien ne suffit à montrer ou attester son mode d'action – étant donné qu'il s'agit de la diffusion d'une lumière formelle, qui a lieu sans mouvement ni changement. On ne peut donc, à partir de ses effets, construire une démonstration suffisante de l'existence d'un Premier Agent : on ne peut qu'y croire, mais en restant au niveau du probable, et en argumentant théologiquement par voie d'éminence. C'est bien pourquoi les péripatéticiens, auxquels nous avons emprunté notre preuve, ont deux langages [...]. C'est ce que fait Aristote, dans le livre de *La Nature des dieux*, quand il dit que le Ciel et les astres et le monde tout entier sont l'œuvre de Dieu.

Tirée d'Albert, cette vision d'une théologie péripatéticienne corrigeant par un certain platonisme les insuffisances d'une métaphysique

---

natura deorum et in epistola *De principio universi* » ; et II, 2, 2, 2, p. 31, 23-32, 44. On notera qu'en *De summo bono,* IV, 3, 1, 5, Ulrich ajoute à cette liste le *De regimine dominorum.* Sur ce point, cf. A. de Libera, « Ulrich de Strasbourg... », p. 114-115 et 132-133. En *De summo bono,* IV, 2, 1, 2, p. 57, 25-58, 27, Ulrich attribue au même texte la thèse de l'Intelligence comme premier créé : « ... ainsi, le premier créé est l'Intelligence, comme le dit le Philosophe dans la lettre sur *Le Régime des maîtres* » (« ... sic primum creatum est intelligentia, ut dicit Philosophus in epistula *De regimine dominorum* »). Par *De regimine dominorum*, Ulrich entend le Pseudo-Aristote, *Secretum secretorum*. Ce texte est publié dans les œuvres de Roger Bacon (qui, de fait, en a donné la première édition « critique »). Cf. *Secretum secretorum*, éd. R. Steele (*Opera hactenus inedita Rogeri Baconis*, V), Oxford, 1920.

inhérentes à son statut même de science de l'être en tant qu'être suppose qu'Aristote ait personnellement emprunté les deux voies ou qu'on les lui ait attribuées par la suite dans le monde gréco-arabe, avec ou sans base textuelle authentique.

R. Steele disait naguère que, commentant le *Livre des causes*, Albert « avait à réaliser une tâche impossible : expliquer un livre néoplatonicien comme étant purement aristotélicien »[120]. Il nous semble que cette remarque a une portée plus générale, et qu'Albert a affronté cette situation avec la plupart des textes sur lesquels il a construit sa vision de l'histoire. Le péripatétisme et le platonisme qu'il rencontrait ne lui étaient pas donnés à l'état pur : comme toute *voie philosophique*, ils ne pouvaient être que construits et reconstruits différentiellement, dans une intertextualité totale toujours déjà réglée ou déréglée par une histoire interprétative.

120. R. Steele, « Introduction », in *Opera hactenus inedita Rogeri Baconis,* XII. *Quaestiones supra librum De causis*, Oxford, Clarendon Press, 1935, p. XIV.

CHAPITRE III

Dieu et l'Être

Une des caractéristiques majeures de la pensée néoplatonicienne – ou néoplatonisante – est la distinction entre trois modes de l'être : l'être causal, l'être formel et l'être participé. De ces trois modes, le seul qui convienne à Dieu est le premier, raison qui, comme l'écrira Pic de la Mirandole, « fait dire aux *platoniciens* que Dieu n'est pas l'être mais le Principe de tous les êtres »[1]. Bien que foncièrement « platonicienne », la distinction entre être causal et être formel ici alléguée par un penseur de la Renaissance, lecteur de Ficin, s'est trouvée d'emblée au cœur de la pensée « péripatéticienne » d'Albert, avant même qu'il eût abordé la traduction latine des *Éléments de théologie* de Proclus. C'est donc cette théologie du Principe, issue de la tradition interprétative du *Liber de causis*, qui, chez lui, donne son sens à une métaphysique aristotélicienne de l'être qu'elle corrige et supplémente à la fois, autrement dit : c'est elle qui fixe le cadre épistémologique des notions fondamentales de l'ontologie, ouvrant un espace de jeu théorique où les concepts d'analogie et d'univocité vont, par la rencontre entre deux questions distinctes – celle de l'être en tant qu'être et celle de la cause de tout l'être –, trouver leur signification véritable.

Causalité univoque et théorie de l'analogie

Comme après eux Maître Eckhart opposant l'être « absolu » qui est Dieu, à l'être « formellement inhérent » qui est celui des créatures, Albert le Grand et Ulrich de Strasbourg distinguent deux sens de l'être :

1. G. Pico Della Mirandola, *Commentaire sur un poème d'amour de Benivieni selon l'esprit et la doctrine des platoniciens*, I, 1 ; trad. S. Toussaint, Lausanne, L'Âge d'homme (Contemplation), 1989, p. 85-86.

l'être au sens large, commun au créateur et à la créature « selon la communauté de l'analogie », l'être au sens spécial, considéré « selon la raison d'éminence et de causalité » qui est en Dieu seul.

Pris au sens spécial, l'être divin est distinct de l'être créé comme la cause l'est de l'effet et le parfait de l'imparfait. Son indétermination, qui fait qu'il n'est pas « quelque chose », n'en fait pas pour autant « un être universel que l'on prédiquerait comme s'il était la forme inhérente de toutes choses ». Dieu n'est pas la forme de toutes choses, la *forma essentiae rerum* ou l'*esse formale omnium* des panthéistes.

Si on prend l'être au sens spécial, son rapport à l'être créé n'est donc ni un rapport de simple analogie, qui ne concerne que l'« être commun », ni un rapport de stricte univocité formelle : c'est un rapport d'univocité causale ou de causalité univoque.

L'être de Dieu et la causalité divine

La conception albertinienne de la causalité univoque en tant qu'elle se distingue à la fois de l'analogie et de l'univocité au sens propre n'est pas de soi aristotélicienne, c'est une reprise de la notion dionysienne de l'être divin « contenant toutes choses dans l'unique extension de sa causalité propre ». Sa thèse centrale, qui, simultanément, articule et désarticule l'onto-théologie, est que, en tant que *cause* de tout l'être, Principe de l'*universitas*, l'être divin est l'être de tout étant. En d'autres mots, l'étance, la *natura entis*, est en soi prédicable de Dieu seul, mais elle est aussi prédicable de l'étant causé, en tant qu'il est *similitude* de l'être causal. C'est là un théorème dont la supposée « mystique spéculative » du XIVe siècle fera tout son profit : on peut prédiquer l'être de l'étant, dans la mesure où l'étant est assimilé à l'être divin, où il est cet être *per similitudinem* – autre manière de dire avec Denys que « l'être de toutes choses est la déité suressentielle » *(esse omnium est super esse deitas)*.

Cette théorie est clairement exposée dans le *De summo bono*, II, 2, 4. Selon Ulrich, Dieu est le « seul être véritable », car il n'y a rien d'autre en son être que son être, ou rien d'autre en lui que lui-même. La créature, au contraire, a un « être faux », car elle n'a pas dans son être même ce qui la fait à la fois différente et non différente des autres. Pour elle, « la raison de convenance et celle de la différence ne peuvent pas être une seule et même raison ». Il en va tout autrement pour Dieu, puisque c'est par son être que, à la fois, il « convient » ou « s'accorde » avec tous les étants et qu'il se « distingue » de tous les étants.

L'analyse ulricienne de l'être divin comme *ratio convenientiae et differentiae* du rapport Créateur-créature sera reprise dans la dialectique eckhartienne de la distinction indistinctive et de l'indistinction distinctive, telle que l'expose le *Commentaire sur la Sagesse*[2]. Mais, commentant l'autorité d'Augustin : « Dieu seul est au sens propre », Ulrich développe une seconde proposition « eckhartienne » : l'opposition entre l'être divin, qui est « proprement être » dans la mesure où il n'est mélangé à rien d'autre, et l'être créé, qui, lui, est mélangé au non-être.

La créature pourrait bien être éternelle, comme l'affirment les philosophes, elle resterait toujours causée et donc mélangée d'être et de non-être, car c'est la dépendance ontologique qui est la source du non-être créaturel. La créature n'a d'être en elle que par rapport à sa cause ; prise en elle-même, séparément, elle n'a que du non-être. Elle est en puissance un non-étant ou, plus précisément, « sa puissance à ne pas être est d'un non-étant », de même que « la puissance à être est d'un étant ». L'affirmation que la créature prise en elle-même ne contient que néant *(in se absolute habet non esse)*, qu'elle est en puissance non-étant, ou plutôt qu'elle est non-étant en tant qu'elle a puissance à ne pas être, est une adaptation de certaines thèses patristiques, instrumentalisée par des doctrines philosophiques précises, dérivées d'Avicenne. Suivons-en le fil.

Le néant intrinsèque de la créature est d'abord défini comme un néant conditionnel – une possibilité de non-être interprétée en termes de dépendance, c'est-à-dire d'influence. Cette possibilité est ensuite caractérisée théologiquement par l'expression de « puissance conditionnée » signifiant que *le néant est dans la créature ce que la liberté est dans le créateur*. Enfin, ce néant est défini avec Avicenne comme la possibilité propre du non-étant. La créature n'est donc pas un étant qui peut ne pas être, c'est, prise en elle-même, un non-étant caractérisé par la « possibilité de non-être » qui le définit.

2. Eckhart, *In Sapientiam*, n. 144-155, p. 481-491. La même dialectique de l'indistinction figure au § 11 de la *Predigt* 77 (ma traduction) : « [...] Dieu est indistingué de toutes choses, car Dieu est en toutes choses et il leur est plus intime qu'elles ne le sont à elles-mêmes. C'est ainsi que Dieu est indistingué de toutes choses. Et de même il faut que l'homme, lui aussi, soit indistingué de toutes choses, c'est-à-dire, qu'il ne soit rien en lui-même et qu'il se soit entièrement quitté lui-même, car c'est ainsi qu'il est indistingué de toutes choses et qu'il est toutes choses. Parce que, dans la mesure où tu n'es rien en toi-même, dans cette mesure tu es toutes choses et indistingué de toutes choses. C'est pourquoi, dans la mesure où tu es indistingué de toutes choses, dans cette mesure, tu es Dieu et toutes choses, car la déité de Dieu réside dans ce qu'il est indistingué de toutes choses. C'est pourquoi l'homme qui est indistingué de toutes choses saisit la déité là où Dieu lui-même saisit sa déité. » Cf., pour l'ensemble du sermon, *Maître Eckhart. Sermons*, III, trad. J. Ancelet-Hustache, Paris, Éd. du Seuil, 1979, p. 115-120.

Les deux thèses ulriciennes : fausseté de l'être créaturel, néant conditionnel de la créature, sont directement empruntées à Albert[3]. C'est ainsi que le *Super Dionysium De divinis nominibus* explique que la créature n'a pas d'être véritable, puisqu'elle tient son être « d'ailleurs » ou « d'un autre », et que « rapporté à Dieu, qui est véritablement, tout le reste est néant ».

Cette idée n'a rien de révolutionnaire. La différenciation de l'être créé et de l'être incréé en termes de « fausseté » et de « possibilité » de l'être créaturel est aussi formulée par Bonaventure[4] expliquant les trois prédicats de l'essence divine selon Pierre Lombard – vérité, immutabilité, simplicité. L'étant créé « a l'être après le non-être », son être est donc originairement « vide » et « possible », il est « mélangé », empreint de possibilité ; c'est pourquoi il manque de vérité, de stabilité et de simplicité. Pour Bonaventure, cette « possibilité » et cette « vanité » de l'être créé expriment à la fois le caractère propre de la création et de la créature – *ex nihilo*, tirée du néant, mais aussi « faite de néant » : *de nihilo* – et celui de la présence persistante du créateur dans la créature, qui signe son « abaliété » (du latin *ab alio*) et sa dépendance[5]. La vanité de l'être créé est donc l'expression bonaventurienne de ce qu'est la nullité de l'être créaturel dans la tradition albertinienne. Toute créature « est vanité et mélangée de non-être, puisqu'elle est faite de néant »[6], et cette vanité qui est la « profondeur » et l'« abîme de la création »[7] consiste dans un double *passage* : du non-être à l'être – c'est la création –, de l'être au non-être – c'est la faute ou le péché[8] –, idées que l'on retrouve chez Albert et Ulrich théoriciens du mal comme *défaillance* ontologique[9].

Dire que l'être créaturel est « faux », c'est, pour Ulrich, dire la même chose que Bonaventure posant l'être créé comme « vain » et « possible » ou la même chose qu'Albert affirmant qu'il n'est pas véritablement être ou, plus précisément, qu'il est « non véritablement étant »[10]. L'originalité des deux dominicains est de pousser à fond le thème avicennien

3. Albert le Grand, *Sup. Dion. De div. nom.*, 5, n. 8, p. 308, 11-27.

4. Bonaventure, *I Sent.*, 8 ; éd. Quaracchi, p. 162a-b.

5. *Ibid.*, 37, p. 639a.

6. *Ibid.*, 8, p. 150b.

7. *Ibid., proem.*, p. 3b.

8. *Ibid., proem.*, p. 4a.

9. Cf., sur ce point, A. de Libera, « Le mal dans la philosophie médiévale », *in* H. Holzhey et J.-P. Leyvraz (éd.), *Die Philosophie und das Böse. La Philosophie et le Mal, Studia philosophica, vol. 52./1993*, Bern-Stuttgart-Wien, Verlag Paul Haupt, 1993, p. 81-103.

10. Albert le Grand, *Sup. Dion. De div. nom.*, 5, n. 9, p. 309, 6.

organisant philosophiquement un thème théologique parfaitement traditionnel.

De fait, là où Bonaventure notait seulement l'équivalence entre « création *ex* nihilo » et « création *de* nihilo », Albert proclame que tout ce qui est *ex nihilo* est de soi néant, *de se nihil est*, et conclut un développement tiré d'Avicenne en affirmant que tout ce qui est *ex nihilo*, en tant qu'il est *ex nihilo*, n'a aucune puissance à être et est absolument et de soi-même néant :

> Avicenne dit et prouve que tout ce qui est du néant est de lui-même néant : si en effet il était de lui-même quelque chose, il ne dépendrait pas d'un autre selon l'être, mais il serait premièrement en puissance, et ensuite en acte : et, s'il était en puissance, il faudrait que cette puissance soit enracinée en quelque chose d'antérieur, or avant lui il n'y a rien ; mais le néant ne peut être racine que du néant, car, comme le dit Aristote dans le livre IV des *Physiques*, le néant n'a ni espèces, ni différences, ni puissance, ni vertus. Il semble donc que *la puissance à être est enracinée dans le néant, et ainsi ce qui est du néant en tant qu'il est du néant n'a [en lui-même] aucune puissance à être et n'est absolument rien : il n'est donc, de lui-même, rien* [11].

En un sens donc, la partie réputée la plus scandaleuse de la théologie eckhartienne, celle qui lui a valu d'être accusé de nier la réalité même de la création, est bien proche de l'enseignement d'Albert tel que le continue Ulrich de Strasbourg, un enseignement qui, sur le fond, ne s'oppose pas substantiellement à celui de Bonaventure.

L'innovation eckhartienne, celle de l'école dominicaine allemande ne sont donc pas là où on les attend généralement ; c'est que la véritable problématique ontologique de l'albertisme n'est pas la dialectique de l'être et du néant en tant qu'elle ouvrirait sur une métaphysique de l'analogie, mais en tant qu'elle procède d'une nouvelle théorie de la causalité univoque de Dieu : une théorie où l'ontologie est solidaire d'une cosmologie et d'une noétique et ne se comprend pas sans elles.

11. Albert le Grand, *Summa theol.*, II, 1, 3, 1, 1, p. 12a : « Avicenna dicit et probat, quod omne quod ex nihilo est, de se nihil est : si enim de se aliquid esset, tunc secundum esse non dependeret ex alio, sed primo esset in potentia, et postea in actu : et si esset in potentia, oporteret quod illa potentia radicaretur in aliquo quod est ante se : ante se autem non habet nisi nihil : nihil autem nullius radix esse potest : quia non entis, ut dicit Aristoteles in IV *Physicorum*, non sunt species, nec differentiae, nec potentia, nec virtutes. Ergo videtur, quod *potentia ad esse radicetur in eo quod est nihil : et sic id quod ex nihilo est, in quantum ex nihilo est, nullam potentiam habet ad esse et nihil omnino est, et sic de se nihil est.* »

C'est cette théorie et l'épistémologie générale où elle s'insère qu'il nous faut donc étudier.

Nous venons de voir que, par-delà l'opposition traditionnelle de la vanité de l'être créé et de la plénitude simple, immuable et véritable de l'être incréé, Ulrich de Strasbourg proposait une théorie de l'être divin comme « être au sens spécial » instaurant une problématique de la participation de la créature à l'être divin *per similitudinem*, autrement dit : une théorie de la causalité univoque de Dieu.

Cette formulation générale du problème de l'être dépend fondamentalement de la manière dont Albert lui-même, puis Ulrich ont conçu la synthèse de l'ontologie augustinienne et de l'apophase dionysienne qui caractérise toute leur postérité.

Le problème du primat du nom d'« Être » sur celui de « Bien », tel qu'Ulrich le reprend à la tradition patristique, restait sur l'opposition paradigmatique de Jean Damascène à Denys, l'un affirmant l'antériorité de l'Être sur le Bien, l'autre celle du Bien sur l'Être. Rédigeant le livre II du *De summo bono,* Ulrich compose un véritable commentaire des *Noms divins* de Denys, un commentaire qui, toutefois, ne suit pas le texte même et qui, contrairement à lui, commence par l'explication du nom d'Être.

Cet ordre d'explication ne signifie pas qu'Ulrich subordonne le Bien à l'Être comme la raison de la communication de Dieu à l'extérieur *(ad extra)*, c'est-à-dire le Bien, à celle de sa propre résidence ou fixation en lui-même *(ad intra)*, c'est-à-dire l'Être. Cela signifie qu'il utilise un nouveau concept de l'être, qu'il emprunte à Albert le Grand.

Si l'être divin est principe et fin de toutes choses, c'est que cet être est non seulement parfait, mais « plus que parfait », « superparfait », qu'il est en lui-même non seulement Principe mais *pur principier*. C'est cette prodigalité, cette générosité intrinsèques de l'être que l'on appelle « bonté ». Caractérisant l'être par sa bonté, Ulrich affirme que, étant au plus profond de lui-même diffusion de soi, l'être est originairement don et cause, bref, qu'il est Bien suprême. Autrement dit, ayant posé la transcendance de l'être divin, ayant affirmé l'unicité du seul être véritablement être, ayant distingué l'être spécial et l'être commun, bref, déterminant l'être divin comme pur *être causal*, Ulrich propose une philosophie première théologiquement conçue comme culminant dans une théorie du Bien, de sa diffusion et de sa communication effectives. C'est là qu'intervient la nouvelle thèse de l'être, empruntée à Albert, définissant la bonté divine comme cause univoque de tout l'être dans sa similitude. Cette thèse manifeste le lien intrinsèque de l'ontologie (Dieu, l'être), de la cosmologie (le monde) et de la noétique (l'âme) en insérant l'univers métaphysique de l'être dans l'univers hiérarchique du bien[12].

Ainsi formulé, l'albertisme apparaît comme une « reprise » spéculative de la pensée dionysienne pour, à la fois, encadrer et structurer les thèses classiques de la théologie de l'être et de la création : l'Être incompréhensible se donne à connaître comme Bonté pure dans une hiérarchie de similitudes, dans « une communication graduelle » d'images et de ressemblances, bref dans un « influx » dont la théorisation va faire converger l'une vers l'autre une métaphysique de la lumière inspirée par Denys, Érigène[13] et Avicenne, et une noétique spéculative inspirée par le péripatétisme gréco-arabe. Le « péripatétisme » albertinien n'est pas une christianisation d'Aristote : c'est une interprétation néoplatonicienne de sa théologie.

Causalité univoque et unité générique

Une distinction attribuée à Aristote[14], mais dont l'énoncé appartient à Averroès[15] affirme que « ce à quoi un nom convient premièrement et essentiellement est cause que l'intention de ce nom convient à tout le reste » de la série[16]. Ce principe, dont la seule version aristotélicienne est : « Ce par quoi primordialement nous connaissons chaque genre est la mesure première de ce genre ; le principe du connaissable dans chaque genre est donc l'un »[17], reçoit une interprétation particulière chez Albert, qui, en en faisant le fondement de sa démonstration de l'existence d'un Premier Principe de toutes choses, en fait aussi

12. Sur les divers aspects de la théorie albertinienne du Bien, cf. H. Anzulewicz, « *Bonum* als Schlüsselbegriff bei Albertus Magnus », *in* W. Senner (éd.), *Albertus Magnus. Zum Gedenken nach 800 Jahren : neue Zugänge, Aspekte und Perspektiven*, Berlin (Quellen und Forschungen zur Geschichte des Dominikanerordens, N.F. 10), 2001, p. 113-140 ; J. Müller, « Der Begriff des Guten im zweiten Ethikkomentar des Albertus Magnus. Untersuchung und Edition von *Ethica*, Buch I, Traktat 2 », *Recherches de théologie et philosophie médiévales*, 69/2 (2002), p. 318-370.

13. Pour les œuvres d'Érigène, on consultera essentiellement le *Periphyseon*, édition par I.P. Sheldon-Williams (†), L. Bieler et J.J. O'Meara (avec une traduction anglaise), *Scriptores Latini Hiberniae*, Dublin [trad. fr. par F. Bertin, Paris, PUF (Épiméthée) : *De la division de la nature (Periphyseon)*, livres I-II, 1995; livre III, 1995; livre IV, 2000], complétée par *Ioannes Scotus Eriugena, Periphyseon. Liber V*, éd. É. Jeauneau, Turnhout, Brepols, 2003, qui marque un progrès décisif dans l'établissement du texte.

14. Aristote, *Metaph.*, II, 1, 999b25 *sq.*

15. Averroès, *Metaph.*, II, comm. 4 ; éd. Darms, Averroes, *In Aristotelis librum II (a) Metaphysicorum commentarius*, Fribourg (Thomistische Studien, 11), 1966, p. 58, 22-26.

16. Cf. Albert le Grand, *Summa theol.*, I, 6, 26, 1, 3, p. 181, 44-45.

17. Aristote, *Metaph.*, V, 6, 1016b18-20 ; trad. Tricot, p. 266.

l'instrument philosophique privilégié de la théologie du Principe de l'univers couronnant la métaphysique de l'être. Suivons la démonstration[18] :

1. En tout ordre de cause, il y a un premier *(in omni ordine causae est unum primum)*.

2. Or, il y a un ordre des causes de l'univers *(ordo causarum universi esse)*, puisque l'être ne réside pas de façon homonyme dans les différents étants – en effet, selon Aristote, *Metaph.*, II : « Tout ce qui est en plusieurs, sans y être de façon équivoque, est dans un premier qui est principe et cause de tous les autres. »

3. Donc il y a un Principe de tout l'univers *(Principium universi esse)*.

Cet argument, qui combine les autorités muettes ou explicites, mais déformées, d'Averroès et d'Aristote, repose sur l'idée typiquement aristotélicienne qu'il y a en chaque genre un premier qui « mesure » tout ce qui y est contenu ; analyse confirmée par un passage parallèle du *Super Dionysium De divinis nominibus* qui emploie explicitement le terme *mensura* en renvoyant, cette fois, au livre X de la *Métaphysique*, lu avec Averroès :

> [...] comme il est dit dans [le livre] X de la *Métaphysique*, toutes les choses [relevant d'un genre] sont mesurées par un premier indivisible qui est le plus certain [déterminé] dans ce genre ; mais comme il est dit au même endroit, dans le genre substance il y a une unique première mesure, et le Commentateur dit que c'est le Premier Moteur, c'est-à-dire Dieu[19].

Nous reviendrons plus loin sur ce texte. Notons simplement, pour le moment, que telle qu'Albert l'emploie dans la *Summa theologiae*, la notion « aristotélicienne » de l'un comme « mesure première de chaque genre »[20], est appliquée à l'être divin comme s'il était un « premier » au sens d'« antérieur », c'est-à-dire de cause contenant à titre éminent l'être que les étants créés, c'est-à-dire « postérieurs », contiendraient seulement à titre secondaire. Or ni l'être, ni l'un, ni Dieu ne sont un genre. La notion de « Premier Principe » a donc pour corrélat celle d'attribution analogique. C'est elle que recouvre la formulation « intentionniste » empruntée à Averroès. L'« intention », c'est-à-dire le « concept » du

18. Albert le Grand, *Summa theol.*, II, 1, 3, 1, 1, p. 12a-b.

19. Albert le Grand, *Sup. Dion. De div. nom.*, 1, n. 50, p. 31, 63-67 : « ... sicut dicitur in X *Metaphysicae*, omnia mensurantur uno primo indivisibili et certissimo illius generis ; sed sicut ibidem dicitur, in genere substantiae est una prima mensura, et Commentator dicit, quod est primus motor, idest Deus. »

20. Aristote, *Metaph.*, X, 1, 1052b18-20 (Tricot, p. 530-531).

premier analogué, c'est-à-dire l'être de l'étant divin, est prédicable *per posterius* des seconds analogués, c'est-à-dire des étants créés, réalités dérivées qui participent selon une modalité atténuée ou diminuée la forme du premier analogué, signifié par le nom – « Qui est » (Ex 3, 14) –, seul être à la posséder pleinement. En s'appuyant sur cette notion « aristotélicienne » de l'un comme premier en chaque ordre causal, formule substituée à la formule aristotélicienne authentique de « mesure première de chaque genre », Albert paraît inscrire la démonstration de l'unicité du Principe producteur de toutes choses au niveau d'une théorie générale de l'analogie d'inspiration aristotélicienne, puisqu'elle semble respecter la thèse fondamentale selon laquelle l'un fait partie des πρὸς ἓν λεγόμενα[21]. Il n'en est rien. La stratégie d'Albert consiste, au contraire, par-delà le recours au vocabulaire de l'« analogie », à replatoniser la formulation « aristotélicienne » de l'un, en réinterprétant le rapport du postérieur à l'antérieur classiquement entendu comme rapport de participation et, ce faisant, à donner une interprétation nouvelle de la notion d'analogie. Pour que ce geste prenne toute sa signification, il faut déterminer le cadre théorique où il s'effectue, et donc analyser les deux notions albertiniennes de l'analogie, leurs origines respectives, leur sens et leur fonction.

De l'analogie philosophique à l'analogie théologique

La notion albertinienne d'analogie ne peut être comprise si on ne la saisit pas dans le mouvement général de la *translatio studiorum* et, plus précisément, sur le fond de la distinction entre les deux âges de la métaphysique des *Latini* mentionnés dans l'avant-propos : l'« âge gréco-latin », *i.e.* la métaphysique de l'*aetas boetiana*, fondée sur le *corpus* boécien d'Aristote et de Porphyre, les traductions qu'il en a faites, les commentaires qu'il en a donnés[22] ; l'âge « arabo-latin », *i.e.* la métaphysique édifiée, à partir des premières décennies du XIIIe siècle, sur un nouveau *corpus* : l'*Aristoteles novus* traduit de l'arabe et du grec à partir de la fin du XIIe siècle, et ses textes satellites, les paraphrases

21. *Ibid.*, IV, 2, 1003a33.

22. Sur la métaphysique de Boèce, et plus particulièrement sur le rapport entre sa logique et son ontologie, cf. L.M. De Rijk, « Boèce logicien et philosophe : Ses positions sémantiques et sa métaphysique de l'être », *in* L. Obertello (éd.), *Atti del Congresso Internazionale di Studi Boeziani (Pavia, 5-8 Ottobre 1980)*, Rome, 1981, p. 141-156 et, du même, « On Boethius' Notion of Being. A Chapter of Boethian Semantics », *in* N. Kretzmann (éd.), *Meaning and Inference in Medieval Philosophy. Studies in Memory of Jan Pinborg*, Dordrecht, Kluwer Academic Publishers, 1988, p. 1-29.

d'Avicenne, les commentaires d'Averroès. Cette métaphysique, que l'on pourrait dire aussi bien « scolastique » ou de « l'âge des universités », affronte le problème qui, depuis Trendelenburg[23], Brentano[24] et bien d'autres – à commencer par les auteurs du Moyen Âge tardif, leurs sources arabes et les sources grecques des textes arabes, en remontant jusqu'au *Commentaire* d'Alexandre sur le livre Γ de la *Métaphysique* –, apparaît comme le problème de la métaphysique aristotélicienne : celui de la « multiplicité des sens de l'être » en tant qu'il commande celui de la « possibilité d'une science une de l'être en tant qu'être ». Ce problème est lié à l'accessibilité d'un texte précis de la *Métaphysique*, 1003a33-b5, *i.e.* :

> L'étant se dit de façon multiple, mais relativement à une unité, à une certaine nature unique, c'est-à-dire de façon non homonyme : exactement comme tout ce qui est dit sain se dit relativement à la santé, parce qu'il la conserve, qu'il la donne, qu'il en est le signe ou qu'il la reçoit ; et ce qui est dit médical l'est relativement à la médecine, car ceci est dit médical parce qu'il a la médecine, cela pour y être naturellement apte, cela pour être l'œuvre de la médecine [...]. Ainsi, l'étant aussi se dit de façon multiple, mais tout entier relativement à un principe unique[25].

Ce que Heidegger appelle *die Seinsfrage* et Aubenque « le problème de l'être » est, en revanche, inconnu de l'âge boécien. L'âge gréco-latin de la métaphysique médiévale s'inscrit dans un autre cadre, fondamentalement marqué par l'exégèse néoplatonicienne de l'*Isagoge* et des *Catégories* et dominé par la reprise et la transposition de deux grands complexes « question-réponse » hérités des « apories » des commentateurs hellénophones d'Aristote. Le premier de ces complexes regarde le statut ontologique de l'accident : il est lié à l'aporie dite « des accidents séparables » et comporte à la fois un versant philosophique (le statut de l'accident selon Aristote et Porphyre) et un versant théologique (le problème du statut de l'accident dans l'Eucharistie et celui de la transsubstantiation). Le second complexe regarde le sens de la *praedicatio in divinis* : il est lié à l'aporie sur l'universalité des catégories et à la première aporie sur l'essence, selon les commentateurs des Kathгopiai. Chacun de ces complexes a été transmis aux médiévaux par Boèce et est demeuré comme cadre de discussion pratiquement inchangé jusqu'à la « seconde entrée » d'Aristote (l'arrivée de l'*Aristoteles novus*

23. Cf. F.A. Trendelenburg, *Geschichte der Kategorienlehre*, Berlin, Bethge, 1846.

24. Cf. F. Brentano, *Von der mannigfachten Bedeutung des Seienden nach* Aristoteles, Fribourg-en-Brisgau, 1862 ; *De la diversité des acceptions de l'être d'après Aristote*, trad. P. David, Paris, Vrin (Bibliothèque des textes philosophiques), 1992.

25. *Métaph.*, IV, 2, 1003a33-b5, trad. B. Cassin-M. Narcy, p. 115.

à la fin du XIIe et au début du XIIIe siècle). S'agissant de la *Seinsfrage* au sens heideggérien du terme, c'est le second complexe qui laisse apparaître la coupure la plus nette entre âges gréco- et arabo-latins de la métaphysique envisagée comme « onto-théo-logie » : le problème dominant jusqu'à la fin du XIIe siècle étant un problème précis posé par un texte précis – celui du « transfert » des catégories dans la prédication théologique (la *praedicatio in divinis*), tel que le programme le chapitre 4 du *De Trinitate* boécien[26]. Cette discontinuité manifeste ne signifie pas une rupture totale : le problème de Boèce survit dans les *Sommes de théologie* et les *Commentaires des Sentences* de l'âge scolastique à travers la question dionysienne des « Noms divins »[27] et elle n'est pas, à ce titre même, étrangère à la genèse du concept proprement médiéval d'*analogia entis*, fondamental dans le traitement du « problème de l'être » selon la *Métaphysique* d'Aristote et sa propre tradition interprétative grecque et arabe. Cette survie, dans le réseau complexe qui lui donne ses formes successives, est d'autant mieux comprise par l'historien qu'elle lui apparaît comme liée à la source même où Boèce a puisé – à distance – sa formulation du problème de l'applicabilité des catégories ontologiques dans le domaine de la théologie : l'aporie sur l'universalité des catégories[28] et la première aporie

26. On notera que le moment – la figure – boécien(ne) de la métaphysique ne correspond à aucune des trois structures de la métaphysique médiévale décrites par Boulnois (cf., *supra*, avant-propos) : la protologique, la katholou-protologique, la katholou-tinologique. On peut tout au plus, pour la distinguer de la formule heideggérienne standard, centrée sur l'âge scolastique médiéval, maintenir l'expression usuelle d'« onto-théo-logie », mais sous la forme légèrement modifiée d'onto-*théo*-logie, accentuant le foyer divin, en tant que source de l'être et objet de prédication « transférée ».

27. Sur cette question, cf. I. Rosier-Catach, « Henri de Gand, le *De Dialectica* d'Augustin, et l'imposition des noms divins », *Documenti e studi sulla tradizione filosofica medievale*, 6 (1995), p. 145-253.

28. Pour cette aporie dite « de Lucius et Nicostrate », cf. Plotin, *Ennéades*, VI, 1, 1, 19-30 ; trad. Bréhier, Paris, 1954, p. 60 : « ... la première question à poser est [...] la suivante : les dix genres sont-ils également dans les êtres intelligibles et dans les choses sensibles ? Ou bien sont-ils tous dans les choses sensibles, et quelques-uns d'entre eux seulement dans les êtres intelligibles ? Car l'inverse n'est pas possible. Quels sont alors ceux des dix genres qui sont dans l'intelligible ? De plus, ceux qui sont dans l'intelligible sont-ils les mêmes genres que ceux qui sont dans le sensible, ou bien la substance, dans le monde intelligible, n'a-t-elle que le nom en commun avec la substance sensible ? S'il en est ainsi, il n'y a pas plus de dix genres. Or il est absurde d'admettre leur synonymie, c'est-à-dire que le mot substance, dans les êtres premiers, ait le même sens que dans les réalités qui leur sont postérieures ; car "là où il y a de l'antérieur et du postérieur, il n'y a pas de genre commun". Mais, dans leur division des êtres en genres, les Péripatéticiens ne disent mot des êtres intelligibles ; c'est qu'ils n'ont pas l'intention de faire entrer la totalité des êtres dans leur division ; ils laissent de côté ceux qui sont des êtres au plus haut degré. »

sur l'essence élaborées par les commentateurs « grecs » d'Aristote depuis la critique plotinienne de la théorie aristotélicienne des catégories[29]. Elle l'est encore mieux, si, s'appuyant sur le dossier albertinien, l'historien s'efforce de restituer l'*analogia* scolastique à sa singulière et complexe genèse mi-péripatéticienne mi-néoplatonicienne.

Il y a trois moments logiques dans la constitution de la notion albertinienne d'analogie : celle des paraphrases de l'*Organon*[30], celle de la paraphrase de la *Métaphysique,* celle du *Commentaire des Noms divins* et de la *Somme de théologie*. La doctrine albertinienne de l'analogie n'est pleinement exposée que dans le dernier ; en revanche, les deux moments précédents, qui ne sont pas représentatifs de la pensée complète d'Albert, nous permettent de reconstituer à la fois les étapes de ce que nous appellerons la dérive péripatéticienne de l'aristotélisme et la structure de la doctrine albertinienne[31]. En effet, l'œuvre d'Albert le Grand constitue, pour ainsi dire en synchronie, la description des processus d'interprétation qui ont permis l'éclosion d'une notion d'analogie profondément étrangère à la pensée d'Aristote, une notion que l'on ne peut maîtriser si l'on s'en tient à la simple confrontation des textes du Stagirite avec leurs commentaires par Thomas d'Aquin.

Considérons d'abord les paraphrases de l'*Organon.*

29. Sur ces questions, cf. R Chiaradonna, *Sostanza, Movimento, Analogia. Plotino critico di Aristotele*, Naples, Bibliopolis (Elenchos, 37), 2002, p. 227-305 et l'admirable « Commentaire » de C. Luna, *in* Simplicius. *Commentaire sur les Catégories d'Aristote. Chapitres 2-4*, trad. Ph. Hoffmann avec la collab. de I. Hadot et P. Hadot, Paris, Les Belles Lettres (Anagôgê), 2001.

30. Sur ce point, cf. B. Tremblay, « A First Glance at Albert the Great's Teaching on Analogy of Words », *Medieval Philosophy and Theology*, 5 (1996), p. 265-296.

31. Sur la problématique médiévale et postmédiévale de l'analogie, cf. E.J. Ashworth, « Signification and Modes of Signifying in Thirteenth-Century Logic : A Preface to Aquinas on Analogy », *Medieval Philosophy and Theology*, 1 (1991), p. 39-67 ; « Analogy and Equivocation in Thirteenth-century Logic : Aquinas in Context », *Mediaeval Studies*, 54 (1992), p. 94-135 ; « Analogy and Equivocation in Thomas Sutton, *O.P.* », *in* C. Marmo (éd.), *Vestigia, Imagines, Verba : Semiotics and Logic in Medieval Theological Texts (XIIth-XIVth Century)*, Turnhout, Brepols, p. 289-303 ; O. Boulnois, « Analogie et univocité selon Duns Scot : la double destruction », *Les Études philosophiques,* 3/4 (1989), p. 347-369 ; « Duns Scot, théoricien de l'analogie de l'être », *in* L. Honnefelder, R. Wood, M. Dreyer (éd.), *John Duns Scotus : Metaphysics and Ethics*, Leiden - New York - Cologne, E.J. Brill (Studien und Texte zur Geistesgeschichte des Mittelalters, 53), p. 293-315 ; J.-F. Courtine, *Suárez et le système de la métaphysique*, Paris, PUF (Épiméthée), 1990 ; G. Pini, *Scoto e l'analogia : Logica e metafisica nei commenti aristotelici*, Pisa, Scuola Normale Superiore (Pubblicazioni della classe lettere e filosofia, XXVII), 2002 et, plus récemment, l'ouvrage fondamental de J.-F. Courtine, *Les Catégories de l'être*. Études de philosophie ancienne et médiévale, Paris, PUF (Épiméthée), 2003.

Comme nous l'avons montré ailleurs, la théorie médiévale de l'analogie de l'être n'est pas seulement une « replatonisation » d'Aristote, ni même la marque de l'affinité structurelle qui lie entre elles toutes les formes de néoplatonisme, c'est, plus décisivement encore, un geste théorique visant à inscrire la doctrine aristotélicienne de la pluralité des sens de l'être dans un univers hiérarchique de participations, geste qui procède moins d'un rapprochement des πρὸς ἓν λεγόμενα d'Aristote avec ses synonymes que d'une substitution des πρὸς ἓν λεγόμενα à ce qu'il avait appelé « paronymes » *(denominativa)*[32]. Rappelons la définition des paronymes :

> Enfin, on appelle *paronymes* les choses qui, différant d'une autre par le « cas », reçoivent leur appellation d'après son nom ; ainsi de grammaire vient grammairien, et de courage, homme courageux (« Denominativa vero dicuntur quaecumque ab aliquo, solo differentia casu, secundum nomen habent appellationem, ut a grammatica grammaticus et a fortitudine fortis »)[33].

Un texte d'Alexandre d'Aphrodise, qu'Albert ne connaissait pas directement, mais dont, on va le voir, il a subi l'influence à distance, à travers ses médiateurs arabes, en indique clairement le principe : installer en position médiane, entre homonymes et synonymes, à la place des paronymes, les choses dites ἀφ ἑνός et πρὸς ἕν, et confier à l'unité

32. Sur cette question, cf. A. de Libera, « Les sources gréco-arabes de la théorie médiévale de l'analogie de l'être », *Les Études philosophiques*, 3-4 (1989), p. 319-345. Sur l'aspect néoplatonicien de cette dérive, cf., outre les textes cités plus bas, l'article capital de J.-F. Courtine, « Aux origines néoplatoniciennes de la doctrine de l'analogie de l'être », *in* C. Chiesa, L. Freuler (éd.), *Métaphysiques médiévales. Études en l'honneur d'André de Muralt, Cahiers de la revue de théologie et de philosophie*, 20, Genève-Lausanne-Neuchâtel, 1999, p. 29-46.

33. Cf. Aristote, *Catégories*, 1, 1a12-15, trad. Tricot, p. 2. R. Bodéüs, *in* Aristote, [*Catégories*], Paris, Les Belles Lettres (CUF), 2001, traduit p. 3 : « Par ailleurs, sont dites dérivées toutes les choses qui se distinguent d'une autre par l'inflexion et détiennent l'appellation correspondant à leur nom. Ainsi de la science des lettres dérive le lettré et du courage, le courageux » ; F. Ildefonse et J. Lallot, in *Aristote, Catégories*, présentation, traduction et commentaire, Paris, Éd. du Seuil (Points Essais, 484), 2002, proposent, p. 57 : « On dit paronymes les items qui tirent d'un [autre], par différenciation flexionnelle, une appellation en rapport avec son nom, par exemple de grammaire [on a tiré] grammair*ien*, et de courage courag*eux*. » On sait, en outre, que, pour Aristote, *homonymes* sont « les choses dont le nom seul est commun, tandis que la notion désignée par ce nom est diverse », et *synonymes*, celles qui ont « à la fois communauté de nom et identité dė notion ». Sur la « flexion » chez les stoïciens, Cf. P. Hadot, « La notion de "cas" dans la logique stoïcienne », in *Le Langage. Actes du XVIII*^e^ *Congrès des sociétés de philosophie de langue française*, Genève, 2-6 août 1966, Neuchâtel, La Baconnière, 1966, p. 109-112 et R.B. Edlow, « The Stoics on Ambiguity », *Journal of the History of Philosophy*, 13 (1975), p. 429, n. 30.

qu'elles présentent le soin de modéliser l'unité des sens de l'être. Alexandre écrit :

> Voici en quoi les choses qui sont ainsi nommées diffèrent de chacune des deux autres classes : les choses synonymes et qui sont comprises sous un genre commun participent toutes, d'une façon équivalente et semblable, à l'essence représentée par le genre qui est affirmé de chacune d'elles ; d'autre part, les choses homonymes ne participent les unes par rapport aux autres, et selon le nom qui est attribué en commun à chacune d'elles, de rien d'autre que de ce nom seul [...]. Quant aux choses qui sont nommées d'après un terme unique et relativement à un terme unique, d'une part elles ne conservent pas mutuellement cette équivalence à l'égard de leur prédicat, par laquelle se caractérisent les synonymes ; mais elles ne possèdent pas non plus cette hétérogénéité rebelle à toute fusion et à tout mélange, qui est le propre des homonymes ; mais il y a entre elles une certaine communauté, consistant en ce que, si elles sont ce qu'exprime leur nom, elles le doivent à l'existence d'une certaine nature de la chose qui est leur principe, à l'égard de laquelle elles sont dans un certain rapport et à cause de laquelle elles participent d'un même nom ; et cette nature se laisse apercevoir en quelque façon en toutes ces choses[34].

Le *De praedicabilibus*, I, 5, nous donne la première mise en place albertinienne de cette nouvelle structure. Cette mise en place est logico-sémantique, et non pas ontologique. On l'analysera ici en tenant compte des divergences existant entre l'édition Borgnet et l'édition procurée par J. Blarer en 1954[35]. Le point de départ est la distinction porphyro-boécienne entre *univoca* (synonymes), *diversivoca* (polyonymes), *multivoca* (hétéronymes) et *aequivoca* (homonymes), auxquels s'ajoutent évidemment les *denominativa* (paronymes). Cette distinction, chez Porphyre et Boèce, comme dans le chapitre 1 des *Catégories*, qui en est la matrice, regarde les choses, y compris pour les nouveaux venus : polyonymes et hétéronymes. Les *polyonymes* sont les choses qui ont un nom différent et une définition identique, comme, par exemple, les *couteaux* désignés en grec par les termes ξίφος et φάσγανον. Les *hétéronymes* sont celles qui ont un nom différent et une définition différente, comme *grammaire, homme* ou *bois*. Pratiquement, cette classification n'apporte rien à l'ontologie catégoriale, car les nouvelles

34. Cf. Alexandre d'Aphrodise, *In Metaph.* IV, p. 241, 9-241, 21, cité et traduit par L. Robin, *La Théorie platonicienne des idées et des nombres d'après Aristote*, Paris, Félix Alcan, 1908, p. 155-157.

35. Le traité I du *De praedicabilibus* est édité par Blarer sous le titre *De antecedentibus ad logicam*, dans *Teoresi. Rivista di cultura filosofica*, 9 (1954), p. 177-242. Le texte de Borgnet est cité sous la lettre « B ».

entités introduites ne posent aucun problème particulier : la polyonymie (qui équivaut à la *synonymie* des stoïciens et à notre *synonymie* moderne), parce que, comme les synonymes aristotéliciens, les choses polyonymes se classent nécessairement dans la même catégorie ; l'hétéronymie, parce que les choses hétéronymes relèvent obligatoirement de catégories différentes. Albert, procédant en logicien « moderne », commentateur de l'*Organon*, traite la classification porphyrienne comme une division, non des choses, mais des « sons vocaux », mais, sur cette base, il développe aussi une interprétation tout à fait particulière de ce qu'Aristote avait appelé les « paronymes ». À l'analyse ontologique des cinq types de réalités distingués par Porphyre et Boèce (homonymes, synonymes, polyonymes, hétéronymes, paronymes) succède, une fois transposée au niveau des « voix », une nouvelle classification à cinq places, marquée par l'introduction d'un nouveau type de *voces significativae ad placitum*, qui vient se substituer à la notion aristotélicienne de paronymie. Albert nomme lui-même les premiers auteurs de cette innovation. Ce sont les « Arabes » :

> Au son vocal doué d'une signification conventionnelle, en tant qu'il se trouve dans l'intellect de celui qui cherche à connaître l'inconnu au moyen du connu, échoient cinq accidents, à savoir que certains de ces [sons vocaux] sont synonymes, d'autres hétéronymes, d'autres polyonymes, d'autres homonymes, d'autres, enfin, analogues ou proportionnels – que les Arabes appellent *convenants* [B qui, chez les Arabes, sont appelés des convenants] (« Adhuc autem voci significativae ad placitum secundum quod est in intellectu quaerentis ignotum scire [B scientiam ignoti] per notum, accidunt quinque, scilicet quod sint [B sit] univoca *quaedam ex ipsis* [*om.* B], et quaedam diversivoca, quaedam autem multivoca, quaedam autem [*om.* B] aequivoca, quaedam vero analoga sive proportionata, quae Arabes vocant [B apud Arabes vocantur] convenientia »)[36].

Avec les Arabes, les « analogues » ou « convenants » *prennent*, dans tous les sens du terme, *la place* des paronymes : non seulement, en effet, c'est à leur bénéfice que ceux-ci disparaissent, mais *ils remplacent ces derniers dans le rôle de tiers entre homonymes et synonymes*, et se superposent à eux donc, plus qu'ils ne les expulsent. Cela ne doit pas nous surprendre : la notion d'analogie est la réponse théorique à la quête « scolastique » (ce terme s'appliquant à la fois au néoplatonisme tardif et à la pensée latine universitaire du XIIIe siècle) du tiers manquant entre homonymes et synonymes, quête engagée dès Alexandre pour trouver une solution au problème aristotélicien de la possibilité d'une science

36. Cf. Albert le Grand, *De praedicabilibus*, I, 5, éd. Blarer, p. 219 (B 11a).

une de l'être en tant qu'être, et qui repose chez lui sur un certain usage ousiologique de la notion d'*homonyme intermédiaire* ἀφ ἑνός/πρὸς ἕν. C'est cet usage qui, en ce qui concerne le « problème de l'être », définit ce que j'appelle l'« épistémé alexandrinienne », introduite dans *L'Art des généralités* pour expliquer certains traits communs des doctrines boécienne, abélardienne et avicennienne de l'abstraction. De la fortune de l'homonymie intermédiaire selon Alexandre relève la thèse de la scolastique néoplatonicienne du VIe siècle, écartant à la fois la thèse d'Aristote-Porphyre sur l'être (homonymie stricte) et celle de Platon (synonymie stricte), telle que l'énonce, par exemple, Élias :

> L'étant n'est divisé ni comme un son homonyme comme le disent Aristote dans les *Catégories* et Porphyre ici même [*i.e.* dans l'*Isagoge*], ni comme un genre en des espèces, comme le dit Platon, mais d'après un terme unique et relativement à un terme unique [37].

En remontant aux « Arabes », Albert, premier historien de la philosophie sur la « longue durée », nous aide à comprendre comment une thèse qui n'était explicitement reconnue ni comme celle des *Catégories* ni comme celle de Platon par les commentateurs hellénophones tardifs a bien pu aboutir dans la *Latinitas* à une « platonisation » de la métaphysique d'Aristote, à l'invention d'une doctrine – l'analogie de l'être – dont tous les éléments semblent empruntés au Stagirite, sans qu'aucun des mélanges successivement tirés de leur combinaison soit aristotélicien. Le *De praedicabilibus*, I, 5 définit ainsi le concept d'« analogues » ou de « convenants » :

> Les analogues ou [termes] dits selon une proportion [B sont les [termes] dits selon une proportion], ou [*om.* B], comme disent les Arabes, les *convenants* sont intermédiaires [B Ils sont intermédiaires] entre les univoques et les équivoques, et sont imposés à des choses diverses selon l'être et la substance, relativement à quelque chose d'un auxquels ils sont proportionnés, comme *étant*, qui se dit de la substance à titre premier et principalement et de l'accident à titre secondaire, car [l'accident] est quelque chose d'une substance ou un principe pour l'étant [B quelque chose d'un étant] [38] : par exemple [B et] la quantité est dite *étant*, parce que c'est la mesure d'un étant, et la qualité est dite *étant* parce que c'est la disposition d'un étant (« Analoga autem sive [B sunt] proportionaliter dicta, sive [*om.* B] ut Arabes dicunt *convenientia*

37. Cf. Élias, *Eliae (olim David) in Porphyrii Isagogen et Aristotelis Categorias Commentaria*, éd. A. Busse, Berlin, G. Reimer (CAG, XVIII, 1), 1900, p. 70, 18-21.

38. Dans la version de Borgnet, on reconnaît plus directement la thèse d'Aristote en *Metaph.*, VII, 1, 1028a15-25, et *Metaph.*, V, 7, 1017a27 : « ... significatio uniuscuiusque istorum [= les neuf prédicaments de l'accident] est unius entis. »

[B *add.* et] sunt media inter univoca et aequivoca, quae sunt imposita diversis secundum esse et substantiam per respectum ad unum, cui proportionantur, sicut ens, quod dicitur de substantia primo et principaliter, et de accidente secundario, quia est aliquid substantiae vel entis principium [B quia est aliquid entis], ut [B et] quantitas dicitur ens, quia est mensura entis : et qualitas dicitur ens, quia est dispositio entis »)[39].

L'essentiel de ce que sera la notion médiévale d'analogie est décrit dans ce texte : le statut intermédiaire des termes analogiques ; l'interprétation de l'analogie *ad unum* en termes de proportion ; l'application de cette relation orientée et non convertible, comme l'était déjà la paronymie, au rapport substance accident désormais compris comme rapport *prius-posterius*, principal (ou antérieur) - secondaire (ou dérivé) ; enfin, du moins dans l'édition Borgnet, l'interprétation de l'accident comme « flexion » de la substance d'après une distinction *ens-entis* qui deviendra un lieu commun de l'exégèse aristotélicienne. Albert semble en attribuer la paternité théorique « aux Arabes ». Il serait sans doute plus juste de dire qu'ils ont contribué à l'*Aufhebung* des paronymes, les *denominativa*, dans les *convenientia*, et à leur remplacement par les analogues dans le rôle de tiers. Il ne faut pas, cependant, tirer de conclusion hâtive sur le point de vue d'Albert : tout dépend du texte que l'on retient. La suite du passage – qui apporte des précisions décisives – est en effet radicalement différente chez Borgnet et Blarer. L'apport est clair : une distinction entre ce qu'il faut à présent appeler les trois modes de l'analogie ou encore les trois types de proportions réglant l'emploi – c'est-à-dire l'attribution, mais le mot n'est pas prononcé – des termes analogiques : la *proportio ad unum subiectum*, qui vaut pour le terme « étant » ; la *proportio ad unum efficiens actum*, qui vaut pour le terme « médical » ; enfin la *proportio eiusdem finis* valant pour le terme « sain ». Pour illustrer le second point, Albert prend l'exemple du « médecin, qui est dit véritablement médecin »[40], car « il opère selon une médecine *qui est en lui* », alors qu'est dit « médecin » le profane[41], qui tout en imitant l'expert « n'opère pas selon un art médical qui serait en lui », et qu'est encore dit « médecin » « l'instrument médical qui sert à la médication », comme le clystère. Pour illustrer le troisième point, le « rapport à une même fin », Albert explique que le sain « est

39. Albert le Grand, *De praedicabilibus*, I, 5, éd. Blarer, p. 220 (B 11a-b).

40. Le terme *medicus* utilisé par Albert impose une traduction de ce genre (correspondant à ce que l'on entend dans un titre comme *L'Amour médecin*), plutôt que l'utilisation du mot « médical ».

41. L'*idiota*. Dans le *De praedicamentis*, I, 3, Borgnet, 152b, Albert précisera : « la petite vieille imitant le médecin » *(vetula medicum imitante)*.

principalement dans l'égalité [équilibre] de complexion des vivants », mais aussi « dans la nourriture, qui conserve la santé », « l'urine, qui l'indique », « l'air ou le lieu, qui la favorisent ». On a donc le schéma suivant :

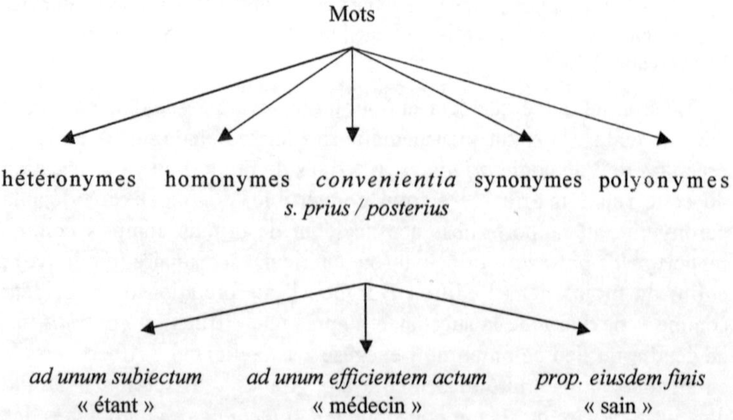

Un seul problème : déterminer la source de cette théorie de l'analogie, dont Albert précise avec insistance qu'elle est une théorie purement logique applicable au seul niveau des « sons vocaux articulés dotés d'une signification conventionnelle, qui leur permet d'affecter l'intellect de celui qui cherche à déterminer l'inconnu à l'aide du connu ». Ici on ne peut qu'être perplexe. En effet, l'édition Blarer (p. 220) mentionne « Averroès dans sa *Métaphysique* et Denys » (« Et hoc, ut dicit Averroes in *Metaphysica* sua et Dionysius, fit tribus modis »), tandis que Borgnet (B 11b) donne « Jean de Damas, dans sa *Logique* » (« Et hoc, ut dicit Ioannes Damascenus in *Logica* sua, fit tribus modis »). La fin du chapitre offre la même alternative : l'édition Blarer renvoyant aux « [œuvres] logiques *des Arabes* », Borgnet à des « [œuvres] logiques » *tout court*[42]. La mention de Denys au côté d'Averroès ne cadre guère avec les sources arabes, mais l'attribution à Jean de Damas de la division tripartite des modes de l'analogie est encore moins convaincante : dans les chapitres 15-19 de sa *Dialectica*, le Damascène n'aborde pas la question. Il se contente de restituer la distinction porphyrienne entre homonymes, synonymes, polyonymes et hétéronymes, *en se situant au plan des choses, non des mots*. Qui plus

42. Cf. éd. Blarer, p. 222 : « Haec autem omnia de logicis *Arabum* [*om.* B] extracta sunt, eo quod haec conveniunt voci significativae et articulatae, secundum quod per institutionem afficit intellectum eius, *qui per notum certificare quaerit ignotum* [B qui per notum certificari quaerit de ignoto]. »

est, il conclut son étude des paronymes en opposant la paronymie à l'homonymie ἀφ ἑνός d'Aristote[43] :

> Mais il faut savoir que les paronymes contiennent ce à partir de quoi ils sont dénommés, comme *grammairien* la grammaire et *juste* la justice, tandis que ce n'est pas le cas de ce qui est dit par unité d'origine. L'instrument médical en effet ne contient pas le médical (« Oportet autem cognoscere quoniam denominativa quidem continent ea a quibus denominata sunt, ut grammaticus grammaticam et iustus iustitiam, quae autem ab uno, nequaquam. Non enim continet medicinale instrumentum medicinalem »).

Le peu de pertinence de la référence à Jean de Damas montre donc que la source de la théorie logique de l'analogie mentionnée par Albert doit être cherchée ailleurs, ce qui veut dire, compte tenu de la structure en *patchwork* du *De praedicabilibus*, I, 5, non pas tant chez les seuls « Averroès et Denys », mais bien aussi – ou plutôt d'abord – chez ces mystérieux « Arabes », introducteurs des *convenientia*, précédemment allégués. Qui sont-ils ? C'est ce que nous apprend le *De praedicamentis*, I, 3.

Entièrement modelé sur le *Commentaire* de Boèce, le chapitre 3 nous ramène en apparence à la phase boécienne de l'histoire de l'analogie. Consacré aux *univocata* (aux univoqués, non aux univoques, *univoca* – mais la distinction est tout sauf nette), il semble renouer (comme le chapitre consacré aux homonymes) avec une perspective porphyrienne centrée sur les choses et non pas, comme celle des « Arabes », centrée sur les mots. En outre, même s'il dépasse le cadre d'une simple théorie des variations morphologiques, pour ouvrir sur une théorie de la prédication paronymique, le *De praedicamentis*, I, 3, ne fait aucune allusion aux analogues ni à l'analogie, contrairement au chapitre 2 du même traité, qui expose plus ou moins les mêmes matières que le *De praedicabilibus*, I, 5[44]. Le seul intérêt du chapitre 3 du *De praedicamentis*, I, est que, faisant l'aller et retour de manière plus ou moins maîtrisée entre les choses et les mots, la paraphrase albertinienne des *Catégories* ajoute au nom de Jean de Damas ceux d'Avicenne et d'al-Ghazālī. Cela permet l'identification des sources véritables d'Albert : le troisième chapitre de la *Logica* de Ghazālī résumant les thèses de la *Logique* du *Shifā'*. Que dit en effet ce texte ?

43. Jean de Damas, *Dialectica*, trad. de Robert Grosseteste, éd. A. Colligan, OFM (Franciscan Institute Publications. Text series, 6), 1953, p. 19, 16-20.

44. Cf. Albert le Grand, *De praedicamentis*, I, 2, Borgnet, 152b-153a, avec les commentaires de B. Tremblay, « Albert the Great... », *loc. cit.*, p. 284-285.

> Et enfin il y a les *convenientia* qui sont intermédiaires entre les synonymes et les homonymes, comme *étant* qui se dit à la fois de la substance et de l'accident. En effet, ce n'est pas un mot comme *chien* : ceux que l'on appelle du nom de *chien* ne conviennent pas dans une même signification de *chien*, alors que *être* convient à la fois à la substance et à l'accident. Mais ils ne sont pas non plus comme les synonymes, car l'animalité convient à égalité à l'homme et au cheval, indifféremment et sur le même mode, alors que la substance a à titre premier l'être, puis l'accident, par l'intermédiaire d'un autre que lui ; l'être leur revient donc selon l'antérieur et le postérieur. On appelle cela un *ambigu*, dans la mesure où il tient à la fois des uns et des autres [des homonymes et des synonymes] [45].

Le texte ghazalien permet en outre de visualiser, pour ainsi dire, l'apparition des *convenientia* au centre du dispositif de l'homonymie « réduite », légué par Porphyre, puisque ce qui précède la présentation des ambigus n'est autre que la classification du *Petit Commentaire* « par questions et réponses » porphyrien, appréhendée au niveau logique :

> ... [si on les] considère dans leur être notionnel, il y a cinq sortes de mots. Il y a en effet des synonymes, des polyonymes, des hétéronymes, des homonymes, et des *convenientia.* Les synonymes sont les mots comme *animal,* qui convient à l'homme et au cheval selon la même intention et indifféremment, sans plus ni moins, et sans antérieur ni postérieur ; en effet, pour tous il y a une seule et même animalité. De la même façon, *homme* convient à la fois à Pierre et à Jean. Les polyonymes sont une pluralité de noms pour une même chose, par exemple, *épée*, *glaive*, etc. Les hétéronymes sont une pluralité de noms d'une pluralité de choses, par exemple *âne* et *cheval* qui sont [les noms] d'individus [différents]. Les homonymes sont un seul nom convenant à une pluralité de choses différentes entre elles, comme *chien* que l'on dit de l'animal qui aboie et de la constellation céleste [46].

45. Cf. Ghazālī, *Logica, maneria prima*, 5, éd. Ch. Lohr, *Traditio*, 21 (1965), p. 246 : « Convenientia sunt media inter univoca et equivoca, ut ens quod dicitur de substantia et accidente. Non enim est sicut hec dictio canis, ea enim que appellantur canis non conveniunt in aliqua significatione canis, esse vero convenit substantiae et accidenti ; nec sunt sicut univoca, animalitas enim eque convenit homini et equo, indifferenter et eodem modo, esse vero prius habet substantia deinde accidens mediante alio, ergo est eis esse secundum prius et posterius. Hoc dicitur ambiguum eo, quod accedit et ad hoc et ad hoc. »

46. « ... dictiones in esse rationum sunt quinque modis. Sunt enim univoca, multivoca, diversivoca, equivoca, *convenientia.* Univoca sunt ut hec dictio "animal" convenit homini et equo secundum eandem intentionem et indifferenter sine magis et minus, et sine prius et posterius ; animalitas enim omnibus istis est una. Similiter "homo" convenit Petro et Iohanni. Diversivoca sunt multa nomina eiusdem rei, ut ensis, mucro, gladius. Multivoca sunt multa nomina multarum rerum, ut equus et asinus que sunt singula rerum. Equivoca

Soit :

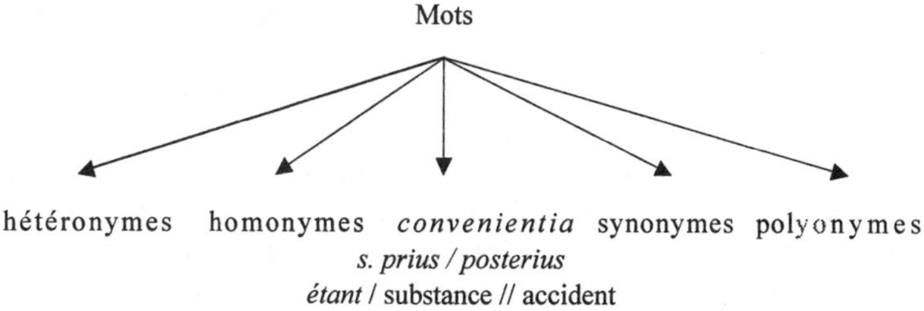

Ce qui est bien la matrice du schéma précédent – moins la classification des *convenientia*. Contrairement à Ghazālī, la *Métaphysique* de l'*Avicenne latin*, qui aborde elle aussi la question du tiers entre homonymes et synonymes, n'emploie pas *convenientia* au neutre pluriel, mais au féminin singulier. Les principaux textes, *Metaphysica* I, 5 (éd. Van Riet p. 40, 46-53), III, 2 (Van Riet, p. 113, 5-9) et IV, 1 (Van Riet, p. 184, 5-10), parlent de *convenientia secundum ambiguitatem*. Connue par les Latins avant la *Métaphysique* d'Aristote, c'est donc bien la *Métaphysique* d'Avicenne qui, à travers la reprise albertinienne, inaugure la problématique de la pluralité des sens de l'être en Occident chrétien, et sous une forme qui définit d'avance les conditions d'intelligibilité de la métaphysique aristotélicienne, puisqu'elle fonde la possibilité même de toute métaphysique comme science sur la possibilité de penser l'unité du concept d'être en termes de « convenance selon l'ambiguïté ». Albert n'a pas tort cependant d'assimiler les *convenientia* ghazaliens aux termes présentant une *convenientia secundum ambiguitatem* avicenniens – Avicenne lui-même parle de « ceux qui conviennent selon l'antérieur et le postérieur » dans une même *intentio* :

> Nous dirons donc que même si, comme tu le sais, l'être n'est pas un genre et n'est pas prédiqué à égalité de tous ceux qui lui sont subordonnés, c'est malgré tout une intention où ils conviennent tous selon l'antérieur et le postérieur. L'être appartient à titre premier à la quiddité qui est dans la substance, et ensuite seulement à ce qui vient après elle. Ainsi, puisque, selon ce que nous avons établi, l'être est une intention une et que les accidents qui lui sont propres viennent après lui, on a besoin d'une science une où l'on traite de lui, de même qu'il est nécessaire d'avoir une science une de tout ce qui concourt à la santé[47].

---

sunt ut una dictio conveniens multis et diversis, ut canis qui dicitur de latrabili et de celesti sidere. »

47. Cf. Avicenne, *Philosophia prima*, I, 5, éd. Van Riet, p. 40, 46-53 : « Dicemus igitur nunc quod quamvis ens, sicut scisti, non sit genus nec praedicatum aequaliter de his

La convenance avicenno-ghazalienne n'est pas encore l'analogie au sens le plus plein du terme : le sens ontologique. Pour des raisons évidentes, c'est dans la *Métaphysique* d'Albert, non dans les paraphrases de l'*Organon*, que la notion d'*analogia entis* apparaît sous sa forme proprement ontologique et non plus seulement logique. Cette introduction de la notion d'analogie correspond à l'effort d'Aristote en *Metaph.*, IV, pour, surmontant les objections qu'il avait auparavant lui-même accumulées contre l'idée d'une science unique du Bien, constituer une « science une de l'être en tant qu'être », sans revenir pour autant à une forme de platonisme. Cependant, chez Albert la lecture du texte d'Aristote est commandée par un nouvel intermédiaire. Cet intermédiaire, arabe lui aussi, nous est déjà connu : c'est Averroès. Dans la paraphrase du *De praedicabilibus*, Albert avait attribué à « Averroès et Denys » (selon Blarer) ou Jean de Damas (selon Borgnet), une triple distinction entre la *proportio ad unum subiectum*, valant pour le terme « étant », la *proportio ad unum efficiens actum*, valant pour le terme « médical », et la *proportio eiusdem finis*, valant pour le terme « sain ». Il est temps de préciser : Averroès n'est pas là par hasard. La triple distinction albertinienne figure bien chez lui comme l'écho lointain de la distinction problématique des trois types d'homonymes intentionnels introduite par Aristote dans l'*Éthique* (I, 4, 1096b26-31) : unité d'origine ou de provenance (ἀφ ἑνός), unité de fin ou de tendance (πρὸς ἕν), unité d'analogie (κατ ἀναλογίαν) – où « analogie » a le sens aristotélicien authentique de proportion mathématique à quatre termes (a/b = c/d). Mais il y a là plus qu'un écho : une reformulation de style quasi « scolastique ». En effet, on est bien désormais au niveau de la théorie improprement appelée « aristotélico-thomiste » de « l'analogie de l'être ». Le mot *ens*, dit Averroès, se dit de multiples façons : il n'est ni équivoque, comme « chien » dit du chien et du chien de mer, ni univoque, comme « animal » dit de l'homme et de l'âne ; bien plutôt, « il est du nombre des noms prédiqués de réalités attribuées à une seule et même chose, du nombre des noms qui sont intermédiaires entre les univoques et les équivoques ». Cependant, comme l'indiquait déjà le *De praedicabilibus*, I, 5, il y a trois cas possibles, car la chose qui focalise les prédications peut fonctionner de trois manières : comme fin, comme

---

quae sub eo sunt, *tamen est intentio in qua conveniunt secundum prius et posterius* ; primum autem est quidditati quae est in substantia, deinde ei quod est post ipsam. Postquam autem una intentio est ens secundum hoc quod assignavimus, sequuntur illud accidentalia quae ei sunt propria, sicut supra diximus. Et ideo eget aliqua sciencia in qua tractetur de eo, sicut omni sanativo necessaria est aliqua scientia. » On notera que le début du texte contient un renvoi implicite *(sicut scisti)* à la partie perdue en latin de la *Logique du Shifā'*, chap. 1 de la 2e *maqala*.

agent, comme sujet. Tout est simplement plus clair sous la plume d'Averroès que dans l'assez confus montage albertinien. La notion de fin reprend le πρὸς ἕν, le *ad unum* latin, valant pour le mot « sain » ; celle d'agent reprend le ἀφ' ἑνός, *ab uno*, valant pour le mot « médical » ; celle de sujet reprend, en en changeant le sens, le κατ' ἀναλογίαν, désormais interprété dans le sens de la *convenientia* arabe comme marque d'une dépendance ontologique radicale des accidents par rapport aux sujets : les neuf catégories de l'accident sont autant de flexions[48] de la catégorie de substance, *entis* par rapport à ce qui seul est *ens*, la substance.

> Le nom *étant*, même s'il se dit de multiples façons, reste toujours dit *étant* quelles que soient ses acceptions, parce qu'il est attribué à titre premier à l'étant qu'est la substance, et ces attributions en chaque cas sont diverses. En effet, les catégories s'attribuent à la substance, non parce qu'elle est leur cause efficiente ou finale, mais parce qu'elles sont constituées par elle, et qu'elle est leur sujet à toutes. Et universellement parlant elles ne sont dites être *étants* que parce qu'elles sont les dispositions *d'un étant*. Et c'est bien pourquoi nombreux sont les philosophes qui leur dénient l'être. En effet, la blancheur n'est pas ; ce qui est, c'est ce qui est blanc[49].

48. La « flexion » averroïste n'a évidemment rien à voir avec la πτῶσις stoïcienne. Elle s'appuie sur l'usage aristotélicien du terme, conforme à ce que décrivent aussi bien Bonitz (« *Über die Kategorien des Aristoteles* », *Sitzungsberichte der kaiserl. Akad. D. Wiss., Phil.-hist. Kl.*, X, 5, Vienne, 1853, p. 616 [réimpr. Darmstadt, 1967]) que Brentano. Sur cet usage, cf. F. Brentano, *De la diversité...*, trad. cit., p. 166, n. 289 : « Bonitz remarque, au sujet de l'expression πτῶσις, que "πτῶσις a chez Aristote à peu près la signification que nous attachons au terme de modification, en ce sens qu'il nous permet d'indiquer des altérations dans ce qui est accessoire et spécialisé mais sans préjudice d'une sauvegarde de l'essentiel". Cela s'accorde parfaitement à notre principe de subdivision des catégories, d'après lequel ces genres suprêmes de l'être sont identiques quant à leur terme, et ne diffèrent que relativement au mode selon lequel ils s'y rapportent. » Sur les aspects averroïstes de la définition de l'accident comme « flexion » et son importance dans les controverses eucharistiques du XIIIe siècle, cf. R. Imbach, « Le traité de l'Eucharistie de Thomas d'Aquin et les averroïstes », *RSPT*, 77 (1993), p. 175-194 ; S. Donati, « *Utrum accidens possit existere sine subiecto.* Aristotelische Metaphysik und christliche Theologie in den Physikkomentaren des 13. Jahrhunderts », *in* J.A. Aertsen, K. Emery et A. Speer (éd.), *Nach der Verurteilung von 1277. Philosophie und Theologie an der Universität von Paris im letzten Viertel des 13. Jahrhunderts. Studien und Texte*, Berlin-New York, Walter De Gruyter, 2001, p. 577-617 ; P.J.J.M. Bakker, « Inhérence, univocité et séparabilité des accidents eucharistiques. Observations sur les rapports entre métaphysique et théologie au XIVe siècle », *in* J.-L. Solère, Z. Kaluza (éd.), *La Servante et la Consolatrice. La philosophie au Moyen Âge et ses rapports avec la théologie*, Paris, Vrin, 2002, p. 203-204.

49. Averroès, *Metaph.*, IV, comm. 2 ; Venise, f° 65vI-K : « Hoc nomen ens, licet dicatur multis modis, tamen in omnibus dicitur ens, quia attribuitur primo enti substantiae et istae attributiones in unoquoque eorum sunt diversae. Praedicamenta enim attribuuntur

Ainsi se confirme la pertinence de la référence à « Averroes in *Metaphysica* sua ». Le schéma que l’on obtient est bien celui que l’on a rencontré tantôt dans le *De praedicabilibus* d’Albert, à propos des *convenientia*, mais *recentré sur la notion d’analogie.* De fait, on a le dispositif suivant :

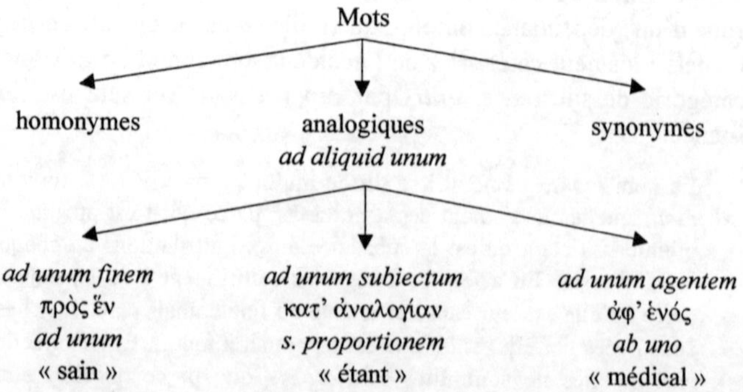

La notion de « flexion » exprime la contamination de deux usages aristotéliciens du terme πτῶσις. Le premier est évidemment celui de la définition des paronymes. Le second est celui de 1089a 26-27 (le seul de l’ouvrage) : « Le non-être selon les différentes πτῶσεις se prend en autant d’acceptions qu’il y a de catégories » (ἀλλ’ ἐπειδὴ τὸ μὲν *κατὰ τὰς πτώσεις* μὴ ὂν ἰσαχῶς ταῖς κατηγορίαις λέγεται). Le fait, remarqué par Bonitz[50], que πτῶσις ne soit jamais employé seul pour désigner les catégories (à l’exception d’un passage de *l’Éthique à Eudème*, I, 8, 1217b29), « mais seulement en liaison avec “être” et “non-être” (l’être selon les cas) », prouve certainement que, « aux yeux d’Aristote, ce mot à lui tout seul n’est pas apparu assez déterminé pour désigner les catégories au même titre que “genres” » ; il n’en suggère pas moins la présence d’un certain schème conceptuel, les catégories comme déclinaison de l’être ou de l’étant, non exempt d’un certain « platonisme grammatical ». Ce schème reste, cependant, principiellement distinct de celui de la paronymie au sens où l’entendent les *Catégories*, même si l’on peut imaginer qu’il a pu jouer un rôle dans les transferts successifs qui ont amené les paronymes au centre du dispositif de *Cat.*, 1, et leur absorption subséquente dans ce que les médiévaux ont appelé *analoga.*

---

substantiae, non quia est agens aut finis eorum, sed quia constituuntur per illam, et subiectum est eorum. Et universaliter non dicuntur entia, nisi quia sunt dispositiones entis, et multi homines negant ea esse. Albedo enim non est, sed album. »

50. « *Über die Kategorien des Aristoteles* », *loc. cit.*, p. 614.

Le « platonisme » virtuel de la thèse de 1089a 26-27 se retrouve-t-il dans la thèse averroïste ? Le schème de la déclinaison est-il celui qu'emprunte Averroès quand il explique que les accidents ne sont pas « étants » *(entia)*, mais « de l'étant » *(entis)*, à savoir « quelque chose du seul étant au sens véritable », la *substance* ?

Il nous semble que, malgré les apparences, l'analyse rushdienne met radicalement en question la théorie de la participation et les cadres mêmes de l'ancienne ontologie. De fait, Averroès ne se contente pas de dire que l'accident trouve son être dans la substance ou qu'il dépend dans son être du fait d'être dans une substance, il soutient que l'accident n'a *pas d'autre être que celui de la substance*. Autrement dit, il ne faut pas parler de l'accident comme d'une qualité concrétisée dans un sujet, recevant un être concret en entrant dans un sujet, mais gardant par-devers soi son être de qualité ; il faut remonter au sujet lui-même disposé d'une certaine façon et poser qu'il n'y a pas de qualités, mais seulement des sujets qualifiés, pas de quantités, mais seulement des sujets quantifiés. C'est bien là ce qu'affirme *In Metaph. Arist.* IV, comm. 2, en un raccourci saisissant : il n'y a pas de blancheur, il n'y a que des (étants) blancs, pas de blancheur participée, mais, si l'on ose dire, des *sujets qui blanchoient*. L'ontologie d'Averroès est si véritablement une ousiologie que l'attribution *ad unum subiectum* marginalise, pour ainsi dire, l'homonymie *ab uno* et l'homonymie *ad finem*. Aristote avait mentionné les paronymes après les homonymes et les synonymes. Les commentateurs avaient rapatrié les paronymes en position d'intermédiaires entre ces deux extrêmes. Averroès fait de même. Il mentionne les homonymes *ad unum subiectum* après les homonymes *ab uno* et les homonymes *ad unum finem*, mais c'est pour mieux les rapatrier au cœur du dispositif de ce qu'on appellera après lui l'analogie d'attribution, *secundum magis et minus*.

C'est cette théorie qu'adopte Albert en *Métaphysique*, IV, 1, 3, et c'est sur cette base qu'il conclut à la possibilité d'une science une de l'être en tant qu'être. Tout en distinguant entre *ad unum secundum finem* et *ad unum secundum efficientem causam*, c'est-à-dire *ab uno*, il conclut, paraphrasant Averroès :

> L'étant, donc, se dit selon tous ces modes en vertu d'une dépendance à un unique sujet, qui est véritablement étant, [sujet] auquel les autres [prédicaments] confèrent une passion, ou en sont des modifications ou ce qui modifie cet étant véritable ou en est dit à titre de dispositions ou de mesures ou de relations ou d'habitus ou d'actions de ce qui est véritablement étant, ou bien sont des intentions secondes prises en tant que portant sur l'être de ce qui est véritablement étant ou de quelque chose qui est dit au sujet de cet étant, comme l'accident est dit du sujet.

> C'est pourquoi certains disent que l'accident n'est pas [un étant], mais qu'il est et signifie un certain [mode d']être[51].

La chose est donc claire : quand il s'interroge sur la possibilité d'une science une de l'être en tant qu'être, Albert commentateur de la *Métaphysique* d'Aristote suit exactement la solution d'Averroès, et il répond en termes d'analogie de l'étant *ad subiectum unum, quod est vere ens*. La triple distinction qui supporte cette décision théorique est ce que l'on va appeler désormais dans l'école dominicaine allemande les trois modes de l'« analogie d'attribution », en renvoyant explicitement à Averroès. C'est le cas, par exemple, de Dietrich de Freiberg, dans le *De subiecto theologiae* (la source cachée de cette théorie restant le passage de l'*Éthique* d'Aristote, qui sert de clef à l'interprétation du texte de la *Métaphysique*, une fois le κατ' ἀναλογίαν réinterprété comme rapport de dépendance uniformément varié de l'accident au sujet) :

> Commentant le début du livre IV de la *Métaphysique*, Averroès distingue les divers modes d'attribution selon lesquels se manifeste une certaine dimension de l'analogie. Ou bien quelque chose est attribué à autre chose comme à sa cause efficiente, comme les herbes ou les potions sont dites médicinales par attribution à l'art de la médecine. Ou bien l'attribution se fait à quelque chose comme à une cause finale, comme l'exercice est dit cause de la santé ou l'urine est dite saine, parce qu'elle est signe de la santé. Le troisième mode a lieu quand les accidents sont attribués à la substance comme à un sujet, à un sujet, dis-je, non au sens d'être « dans la substance », mais au sens d'être attribués à quelque chose de plus formel qu'eux, à quoi la définition de l'étant revient formellement, absolument, essentiellement et véritablement. En conséquence de quoi tous les autres [tout ce qui n'est pas substance] sont dits *étants* parce qu'ils sont les dispositions d'un tel étant [la substance][52].

51. Albert le Grand, *Metaph.*, IV, 1, 3, p. 164, 52-62 : « Omnibus dictis modis dicitur ens per dependentiam ad subiectum unum, quod est vere ens, cui alia vel inferunt passionem vel sunt transmutationes eius vel transmutantia ens verum vel ad ipsum dicta sicut dispositiones vel mensurae vel respectus vel habitus vel actiones vere entis vel intentiones secundae acceptae circa ipsum esse vere entis vel alicuius quod dicitur ad ipsum ut accidens ad subiectum ; propter quod etiam quidam dicunt accidens non esse, sed esse quoddam esse et significare. » Cf., en outre, *ibid.*, p. 165, 19-26.

52. Dietrich, *De sub. theol.*, 3, 6 ; éd. Sturlese, p. 281, 78-87 : « Distinguit enim Commentator super principium IV *Metaphysicae* modos attributionis, secundum quos attenditur aliqua ratio analogiae : Attribuitur alicui aliquid tamquam *efficienti*, ut herbae vel medicinae dicuntur medicativae per attributionem ad artem medicinae ; item fit attributio ad aliquid tamquam *ad finem*, ut exercitium est causa sanitatis vel urina dicitur sana, quia signum sanitatis ; tertio modo attribuuntur accidentia substantiae tamquam *subiecto*, subiecto, inquam, non tamquam in substantia, sed potius tamquam magis

Dietrich le déclare sans ambiguïté : *Métaphysique*, IV ne se comprend pas sans *Métaphysique*, VII.

> La modalité et la cause de ce qu'on a dit, à savoir, d'une part, que l'accident est appelé *étant* par attribution et analogie à l'étant véritable, qui est la substance, puisque l'accident en son essence même n'est rien qu'une disposition de la substance, et, d'autre part, que l'accident n'est pas pourvu d'une essence de la même manière que la substance, tout cela Aristote le montre dans le livre VII de la *Métaphysique*, quand il montre qu'aucun accident n'a véritablement et proprement de quiddité et de définition et que seule la substance [a quiddité et définition au sens propre et véritable] [53].

L'unité de la science de l'être en tant qu'être se laisse donc penser chez Albert en termes averroïstes :

> Cette science est donc une science une, parce que, bien qu'elle porte sur une multiplicité de choses, elle porte sur elles toutes en tant qu'elles se ramènent à l'étant à titre de parties et en tant qu'elles sont consécutives à l'étant en tant qu'étant [54]...

car cet *ens in eo quod est ens* est l'*ens simpliciter, la substantia* dont toutes les autres réalités prédicamentales sont des dispositions, *dispositiones entis et non entia.*

---

formali, cui formaliter et simpliciter et essentialiter et vere convenit ratio entis, et consequenter alia dicuntur entia, quia sunt talis entis dispositiones. »

53. Cf. Dietrich, *De accidentibus,* 10, 4, éd. M.-R. Pagnoni-Sturlese, p. 67, 86-92 : « Modum autem et causam eorum, quae dicta sunt, videlicet quod accidens dicitur ens per attributionem et analogiam ad vere ens, quod est substantia, inquantum accidens essentialiter non est nisi dispositio substantiae, et quod aliter capit essentiam suam substantia, aliter accidens, ut praemissum est, ostendit Philosophus in VII Metaphysicae *in eo, videlicet, quod nullum accidens vere et proprie quiditatem habet nec definitionem, sed sola substantia.* » Dietrich pense à *Metaph.* VII, 4, 1029b22-1030a7 et VII, 5, 1031a1-4 et 11-14, ainsi évidemment qu'à VII, 1, 1028a18-19. Sur la postérité de cette théorie dans l'école dominicaine allemande, et son rejet par Nicolas de Strasbourg, cf. R. Imbach, « Metaphysik, Theologie und Politik », *Theologie und Philosophie*, 61 (1986), p. 392, qui, n. 206, cite un important passage de la *Summa philosophiae*, ms. *Vat. Lat.* 3091, f° 58rb : « Mais il ne peut y avoir analogie d'attribution entre l'accident et la substance à raison de leur essence et quiddité respectives, car il s'ensuivrait sinon qu'il n'y aurait qu'une seule et unique essence et quiddité dans la substance et tous ses accidents, essence et quiddité que les substances seraient seulement formellement et les accidents seulement dénominativement » (« Sed analogia attributionis non potest esse inter accidens et substantiam penes essentiam et quiditates eorum, quia tunc sequeretur, quod in substantia et omnibus accidentibus non esset nisi una essentia vel quiditas, quae essent substantiae solum formaliter et accidentium denominative tantum »).

54. « Haec scientia una est, quoniam licet sit de multis, de omnibus tamen illis est, prout reducta sunt in ens ut partes et prout sunt ens consequentia in eo quod est ens. »

Résumons. Nous avons vu se formuler chez Albert deux théories de l'analogie – l'une logique, l'autre métaphysique –, toutes deux devant l'essentiel de leur inspiration à l'interprétation arabe d'Aristote.

Pour autant, nous n'avons pas encore décrit *sa* théorie de l'analogie. La véritable théorie d'Albert n'est ni celle de ses paraphrases de l'*Organon* ni celle de sa *Métaphysique*, non parce qu'il y récite l'opinion des péripatéticiens, mais parce qu'il n'y péripatétise qu'à moitié. Certes, comme souvent, il y marque une préférence métaphysique pour Averroès, dans la mesure où la théorie de l'être en tant qu'être se laisse penser pour lui comme une réduction de la pluralité des catégories à la primauté ontologique de la substance. Cependant, on l'a dit, Albert ne se contente pas de réciter un péripatétisme métaphysique. Il y a un domaine où il procède *asserendo* et non pas seulement *recitando,* sans, pour autant, cesser de se réclamer du péripatétisme.

Pour bien comprendre où se situe sa pensée personnelle, il faut se rappeler qu'il distingue deux éléments dans le système péripatéticien – la métaphysique de l'être et la théologie du Principe –, et donc comprendre que, de ce fait même, il distingue entre deux sortes d'analogies : l'analogie philosophique et l'analogie théologique.

Analogie théologique : cette expression peut surprendre. Chez Albert, elle signifie que la triade *secundum causam efficientem (ab uno), secundum causam finalem (ad unum), secundum subiectum*, qui permet de formuler les conditions, les limites et la structure d'une science une de l'être créé, ne permet pas de poser le problème de la relation existant entre les créatures et Dieu. *Dieu n'est pas le sujet de l'être créé, mais la cause de l'être créé.* Le problème de l'analogie se déplace donc du point de vue unificateur de la substance, qui permet de penser l'unité de la science de l'étant en tant qu'étant *dans son sujet*, vers un autre mode d'unification : l'unification causale, qui permet de penser la *relation* de l'être incréé à l'être créé.

Chez Albert, cette unification causale porte le nom technique d'univocité d'analogie[55], notion par laquelle il essaie de penser à la fois une relation de participation de la créature au Dieu créateur et une transcendance de Dieu dont les perfections sont de soi imparticipables. Le terme qui note cette relation de participation dans sa dimension proprement causale et non pas ontique appartient donc au registre de la causalité divine, qui est supérieur et irréductible au discours sur l'étant :

55. Sur cette notion, cf. F. Ruello, *Les « Noms divins » et leurs « raisons » selon saint Albert le Grand commentateur du « De divinis nominibus »*, Paris, Vrin (Bibliothèque thomiste, XXXV), 1963, p. 79 (n. 32), 82, 86, 94, 102, 103, 128 (n. 14), 178, 179.

c'est ce que nous appelons *la théorie de la causalité univoque de Dieu par similitude*.

La causalité univoque de Dieu par similitude est alléguée par Albert dans le *Super Dionysium De divinis nominibus*, quand il explique que l'intention de Denys est de montrer « comment la substance divine principielle procède en tous les étants, au titre de cause formelle efficiente, en y déversant sa similitude »[56].

Le problème est simple : il s'agit d'expliquer que la causalité divine n'est ni strictement univoque ni strictement analogique au sens philosophique, quel qu'en soit le mode – *ad unum, ab uno, ad subiectum*. Ce statut intermédiaire de l'analogie théologique, entre synonymie et analogie de l'étant, se distingue donc bien de l'analogie philosophique, intermédiaire entre synonymie et homonymie pures. C'est cette position structurelle de l'analogie théologique qu'Albert exprime par cet apparent monstre théorique qu'est l'*univocité d'analogie*.

Précisons comment s'opère sa démarche. La *Summa theologiae*[57] distingue quatre types de prédication commune, une selon l'univocité stricte, trois selon l'analogie. La première surprise du lecteur est de voir que, *pour une fois*, cette division est référée à Proclus[58], non à Aristote ou même à Averroès ; en fait, on a là un véritable montage qui, à partir de certaines expressions procliennes sur le caractère *salvifique* et *unitif* du Bien[59], permet de retrouver l'interprétation averroïste de la distinction aristotélicienne entre unité d'origine ou de provenance et unité de fin ou de tendance.

L'univocité stricte désigne la prédication du genre ou de l'espèce relativement à ses inférieurs. Le premier type d'analogie a lieu quand ce qui est prédiqué se trouve absolument en un terme et « selon un certain mode » dans les autres[60]. Le deuxième, quand ce qui est prédiqué se trouve dans l'un « de façon excellente et éminente et n'est dans les autres que grâce à lui », ce qui, par exemple, est le cas de l'étant, qui est « éminemment et excellemment dans la substance et n'est dans les genres des accidents que parce qu'ils sont eux-mêmes dans la substance et par la substance ». C'est ce type d'analogie qui, pour Albert, recouvre

56. Albert le Grand, *Sup. Dion. De div. nom.*, 5, n. 4, p. 305, 8-11.

57. Albert le Grand, *Summa theol.*, I, 6, 26, 1, p. 171, 35-172, 17.

58. *Ibid.*, p. 169, 60-68.

59. Proclus, *Élém. théol.*, prop. 13, comm. ; éd. Boese, p. 10, 3-17 ; trad. Trouillard, p. 69 : « Si le bien est ce qui sauve tous les êtres et *devient ainsi le terme de leur tendance*, si ce qui sauve la substance de chacun et assure sa cohésion est l'un, puisque c'est par l'un que tout est sauvé et que la dispersion exile chacun de son essence, il faut reconnaître que le bien rend un les êtres auxquels il est présent et leur donne cohésion par cette unité. »

60. Albert le Grand, *Summ. theol.*, I, 6, 26, 1, p. 171, 62-63.

l'analogie « selon l'antérieur et le postérieur » proprement dite, c'est-à-dire le rapport entre ce qui est par essence et ce qui est par participation. Enfin, dans le troisième type, ce qui est prédiqué se trouve à titre premier dans un terme et dans les autres « par référence à ce terme » (la signification dite aujourd'hui « focale »).

Seule la théorisation de la distinction entre univocité stricte et analogie du second type retient réellement l'attention d'Albert : ni la première analogie, trop générale, ni la troisième, trop extrinsèque, ne sauraient jouer de rôle véritable en théologie.

En fait, la conception albertinienne de l'analogie théologique résulte fondamentalement d'une réflexion originale sur la manière dont un principe peut être présent dans ses principiés, ou si l'on préfère « être en plusieurs ». Cette caractérisation rapproche clairement le problème de l'analogie et celui de l'universel, autrement dit de l'univocité. C'est ainsi qu'Albert définit en partie « l'analogie philosophique » avec les prédicats de l'univocité, quand il en fait « le mode selon lequel l'être créé *entre* dans la *substance* des choses, *existant* en certaines de façon primordiale et en d'autres de façon dérivée ».

Serait-ce qu'Albert veut abolir toute distinction entre l'analogie et l'univocité *stricto sensu*, voire, plus simplement, qu'il confond les deux ? Évidemment non. L'entrée d'un principe dans son principié ne suffit pas à déterminer en lui un caractère d'analogué. La présence de quelque chose d'un en plusieurs n'est pas par elle-même analogique. Ce qui compte – Averroès oblige –, c'est de savoir si ce « quelque chose » est en plusieurs « de la même manière » ou de « diverses manières ». Dans le premier cas, en effet, on a l'univocité au sens strict, celle de la communauté du genre qui « entre » dans ses espèces comme matière logique ; dans le second cas, en revanche, on a l'analogie ou, mieux encore, cette univocité d'analogie, *univocatio quae est analogia*, dont parle le *Super Dionysium De divinis nominibus*.

C'est la distinction de ces deux sortes d'univocité, l'univocité stricte et l'univocité d'analogie, qui permet de penser la « convenance » ou le rapport de Dieu à ses créatures. Albert ne confond pas univocité et analogie, il essaie de donner un sens nouveau (pour le Moyen Âge) au concept d'analogie, qui l'éloigne de l'homonymie réduite ou « volontaire » et le rapproche de la synonymie. Cette nouveauté épistémologique lui permet de formuler une conception de l'analogie dans laquelle le créé est dit être « analogiquement » ce que Dieu est selon son essence ou substance, et cela en tant qu'« il y participe en l'atteignant autant qu'il le peut »[61]. En d'autres mots : l'univocité analogique

61. Albert le Grand, *Sup. Dion. De div. nom.*, 1, n. 57, p. 35, 45-68.

d'Albert est une participation selon l'analogie. Ou encore, l'analogie albertinienne n'est pas l'analogie dite *aristotélicienne*, c'est celle de Denys, c'est une analogie de réception, l'« analogie des récepteurs », *analogia recipientium*[62].

L'analogie, « capacité réceptive finie »[63], est la mesure précise de ce qu'un étant créé peut recevoir de son créateur, étant donné la place qu'il occupe dans l'univers hiérarchique. Loin de conférer à l'étant son caractère propre d'analogue, l'« entrée » du principe dans le principié est, telle que la conçoit Albert, déterminée par l'analogie de chaque étant, conformément à la règle, valable dans tout l'univers hiérarchique, selon laquelle « chacun reçoit ce que son analogie lui permet de recevoir ». Cette règle a un corrélat : « Ce qui est reçu se trouve dans le récepteur selon le mode du récepteur. » L'axiome, attribué à Boèce[64],

62. *Ibid.*, 4, n. 9, p. 119, 21. Sur l'« analogie de réception » dionysienne comme capacité réceptive propre à chaque créature, « analogie constitutive » déterminant la *mesure* du don d'être qu'elle reçoit, cf. Vl. Lossky, « La notion des *analogies* chez Denys le Pseudo-Aréopagite », *AHDLMA*, 5 (1931), 279-309.

63. *Ibid.*, 4, n. 64, p. 173, 17.

64. Naturellement, il est de la dernière importance pour le « péripatétisme *dionysien* » d'Albert – notamment, comme on le verra au chapitre V pour sa théorie des universaux – que cette règle figure aussi en toutes lettres dans le *Liber de causis*, prop. 9 [10], comm., § 99 ; trad. P. Magnard, O. Boulnois, B. Pinchard, J.-L. Solère, *La Demeure de l'être. Autour d'un anonyme. Étude et traduction du Liber de causis*, Paris, Vrin, 1990, p. 57 : « ... aucune des choses ne reçoit ce qui est au-dessus d'elle sinon sur le mode sur lequel elle peut le recevoir, et point sur le mode sur lequel la chose est reçue. » En 1989, P. Aubenque soulignait que, si « Dexippe, élève de Jamblique (IVe siècle), paraissait être le premier » philosophe à avoir « employé le concept d'analogie dans le contexte d'une interprétation de l'unité consécutive des substances », c'était « Jean Philopon, commentateur d'Aristote et chrétien lui-même », qui – selon J.-F. Courtine – avait « au début du VIe siècle, parlé d'une "analogie des étants", pour exprimer la participation graduelle des substances au premier principe à proportion de leur capacité respective ». Cf. P. Aubenque, « Sur la naissance de la doctrine pseudo-aristotélicienne de l'analogie de l'être », *Les Études philosophiques*, 3-4 (1989), p. 299 et 303. Cette remarque est importante pour l'historien d'Albert : de fait, l'« analogie de réception » philoponienne présente beaucoup d'affinités avec ce qu'Albert trouve chez Denys : comme chez ce dernier, elle organise une théorie de la « répartition proportionnelle » de l'être et, plus largement, de tout « don gracieux », depuis le Donateur suprême, qu'il soit « Étant premier » ou « Bien suprême », jusque dans ses « réceptacles ». Dans la théorie « philoponienne », l'analogie ne désigne donc pas *prima facie* une loi de l'être, mais une capacité de l'étant, une « réceptivité » au Don, qui varie en fonction de la place qu'il occupe dans la Hiérarchie des choses. L'analogie est la propriété interne de chaque chose, son degré de réceptivité en même temps que la marque individuelle de sa finitude : elle a pour synonyme « mesure » ou « symétrie ». Bref elle est constitutive de chaque chose en sa finitude. C'est, à l'évidence, ce genre d'idées que l'on retrouve chez Albert. On peut cependant remonter en deçà de Philopon, comme l'a précisément montré J.-F. Courtine : en fait à Alexandre lui-même.

signifie ici que non seulement l'être créé mais Dieu lui-même se trouve dans la créature selon l'analogie qui la spécifie. Dès 1989, J.-F. Courtine a tracé l'origine de cette théorie en remontant à Alexandre d'Aphrodise et à Asclepius de Tralles[65]. C'est ainsi, par exemple, que le *Commentaire* d'Asclepius *sur la Métaphysique* soutient que « l'étant premier a son existence dans la forme même de l'étant et que ce qui ne participe pas de lui n'est pas un étant », que « l'étant premier donne gracieusement l'être à tous les étants en vertu de la puissance qui lui est connaturelle » et que « cette donation advient de façon non uniforme selon la *capacité* de ceux qui la reçoivent, de même que le Soleil n'éclaire pas toutes choses de la même façon à cause de la *capacité* [*différente*] des choses qui reçoivent la lumière ».

Si l'on revient à la démonstration de l'unicité du Principe formulée dans la *Summa theologiae*, on voit donc qu'en attribuant à Aristote un *dictum* stipulant la nécessité d'un premier en tout ordre causal Albert s'écarte volontairement de la lettre aristotélicienne. En remplaçant l'expression de « genre » par celle d'« ordre », il prolonge, en effet, une autre substitution : celle de la communauté analogique à l'univocité selon le genre et l'espèce, substitution qui a pour fonction de permettre l'extension du *dictum* à l'univers de l'être qui, par définition, est transcendant à tout genre. Enfin, la conception de l'analogie qui lui permet de reformuler ailleurs le *dictum*, en posant que « tout ce qui convient par analogie à plusieurs doit d'abord se trouver en un seul », est l'analogie dionysienne, c'est-à-dire une analogie entendue comme « capacité » *(virtus)* de réception.

Ainsi, l'univers albertinien de l'être, cette *universitas* dont est censée traiter la *Lettre sur le Principe de l'univers,* est un univers d'analogues, relatifs à un même Principe qui se trouve reçu en eux selon différentes analogies, c'est-à-dire « différents modes essentiels »[66]. Le rapport des

65. Cf. sur ce point J.-F. Courtine, « Différence ontologique et analogie de l'être : le tournant suarézien », *Bulletin de la Société française de philosophie*, 83e année, nº 2 (Séance du 28 janvier 1989), avril-juin 1989, p. 59-61 (Alexandre), 62 (Asclepius) et 63 (Philopon). Rappelons qu'Asclepius est un disciple d'Ammonius (fils d'Hermeias) qui a édité les notes qu'il avait prises aux cours de son maître sur la *Métaphysique* d'Aristote. On lui doit également l'édition d'un commentaire sur l'*Introduction à l'arithmétique* de Nicomaque de Gérasa, qui pourrait lui aussi provenir des notes d'un cours d'Ammonius. Cf. L.G. Westerink, « Deux commentaires sur Nicomaque : Asclepius et Jean Philopon », *Revue des études grecques*, 77 (1964), p. 526-535, et la notice de H.-D. Saffrey, *in* R. Goulet (éd.), *Dictionnaire des philosophes antiques*, I, Paris, Éd. du CNRS, 1989, nº 458, p. 633-634.

66. Albert le Grand, *Sup. Dion. De div. nom.*, 4, n. 51, p. 158, 38. Cette théorie n'est d'ailleurs pas absente de l'*Epistola de principio universitatis.* Voir par exemple la traduction Badawi du *kitāb mabādi' al-kull*, p. 137-138 : « Toutes les choses font ce

créatures à Dieu chez Albert est analogique au sens strict où « chaque créature a en elle, selon sa propre vertu » ou analogie, « une similitude de ce qui est en Dieu »[67].

Analogie et similitude : contre le monisme

L'analogie selon Albert est inséparable de la causalité *per similitudinem*. C'est là ce qui lui permet d'éviter le panthéisme philosophique et sa variété ontologique, le monisme. Dire que Dieu est dans les choses selon l'analogie signifie, en effet, que Dieu se communique à toutes choses, que l'essence divine est en toutes choses selon la proportion qui définit chaque étant créé ; cela veut dire que les étants ne conviennent pas en Dieu comme en un genre commun, ce qui serait une univocité au sens strict, mais que, néanmoins, Dieu est tout entier participé en tous selon la mesure propre à chacun.

Reste, toutefois, à comprendre en quoi cette théorie n'identifie pas purement et simplement l'essence divine et l'étant créé dans *un même « être » participé analogiquement*. À ce niveau, en effet, il y a deux possibilités qui impliquent toutes deux une décision cosmologique : l'une est le monisme ontologique, pour lequel les êtres ne font qu'un, l'autre est celle d'Albert, pour qui les créatures diffèrent de Dieu par leur être et s'identifient à lui par le sien.

Similitude et théophanie

Le paragraphe 29 du *Super Dionysium De divinis nominibus* expose l'alternative : ou, « comme le veulent Avicenne et certains théologiens », Dieu est « le Donateur des formes », et chaque forme « un rayon de l'Intelligence première ou Cause première » ; ou, et c'est l'opinion propre d'Albert, chaque forme n'est qu'une « similitude » produite d'après son modèle en Dieu et qui tend à s'assimiler toujours plus à ce modèle, dans les limites de son analogie constitutive.

Il faut souligner énergiquement cette opposition, car on a trop tendance à identifier, d'une part, le thème « avicennien » de la communication « lumineuse » de Dieu, qui, réinterprété à travers un certain Érigène, fait de toute forme « radieuse » une théophanie déterminée par

---

qu'elles font [...] selon leur nature propre par désir d'imiter cet être qui les a formées selon la première intention et *ce que chacune reçoit selon sa capacité.* »

67. Albert le Grand, Sup. Dion. De div. nom., 13, n. 22, p. 445, 65-68.

la seule capacité réceptive de l'étant illuminé, et, d'autre part, la théorie proprement albertinienne, qui fait de la théophanie une théophanie d'assimilation qui conserve et intègre un moment actif, noétique, de commensuration du créé au modèle d'où il rayonne. De fait, il ne faut pas penser que la communication de Dieu aux créatures se produit pour Albert comme l'incorporation de la lumière du soleil aux différents corps. La communication divine selon l'*analogia recipientium* n'est pas l'effusion du « Donateur des formes », ce *Dator* dont Albert attribue la paternité tantôt à Avicenne tantôt à Platon. Nous retrouverons ce point en discutant l'interprétation et la critique albertiniennes de la doctrine platonicienne de l'induction des formes. Retenons simplement, pour l'instant, quelles sont les positions respectives de l'avicennisme et d'Albert sur le thème de la réception, telles que les expose le paragraphe 30 du *Super Dionysium De divinis nominibus*.

Pour Avicenne et l'avicennisme, le rayon de la Première Cause, unique et identique pour autant qu'il est considéré en lui-même, non encore incorporé ou reçu en tel ou tel corps, se rapporte indifféremment et uniformément à tout, rayonnant *(superlucens)* une même lumière sur tout. Au contraire, une fois « reçu en tel ou tel corps, il devient lui-même telle ou telle forme », selon la proportion ou analogie du corps récepteur, c'est-à-dire le degré de similitude de ce corps à la Première Cause. C'est ainsi que l'on distingue, notamment, la forme qu'est l'Intelligence, c'est-à-dire la lumière de la Première Cause en tant qu'elle est reçue dans le corps du ciel, et la forme qu'est l'âme rationnelle, c'est-à-dire la lumière divine en tant qu'elle est reçue « dans un corps très semblable au ciel, mais différent et inférieur ».

Cette identité quasi numérique de la lumière, partout identique à elle-même, partout elle-même dans la diversité des récepteurs, est, semble-t-il, la thèse « mystique » par excellence, une thèse qui concilie d'emblée la philosophie et la théologie, Avicenne et Denys. On s'attendrait donc à la retrouver chez Albert, lui-même à la fois avicennien et dionysien. Ce n'est pourtant pas le cas.

Pour le maître de l'école de Cologne, la diffusion selon Avicenne ne doit pas être simplement identifiée, c'est-à-dire confondue, avec la théophanie selon Denys. Les deux doctrines sont très voisines, et Albert emprunte aux deux. Elles ne sont pas identiques.

La doctrine d'Avicenne et celle des « théologiens » qui s'en inspirent ne rencontrent que la « surface de la lettre » dionysienne. Qu'est-ce à dire ? Essentiellement ceci : l'axiome « boécien » d'après lequel le « reçu » se trouve dans le « récepteur » selon l'analogie ou la capacité du récepteur ne suffit pas à caractériser la communication analogique de Dieu aux créatures, même si cette analogie est une capacité interne d'assimilation. La théophanie dionysienne n'est pas un simple dévoilement de la lumière selon le degré ontologique de l'étant qu'elle éclaire. La communication de Dieu aux créatures ne peut être pensée sans la conversion de la créature à Dieu, sans l'assimilation active de la créature spirituelle, que ce soit celle de l'Intelligence ou celle de l'âme rationnelle, au principe d'où elle émane. En d'autres termes : la théophanie désigne un double mouvement de descente et de retour. La communication par similitude est toujours en même temps conversion par similitude. Ce double mouvement de la théophanie correspond à l'articulation kénose (grâce) – apothéose (amour), qu'Albert pouvait lire dans les textes d'Érigène transmis par l'un ou l'autre des manuscrits du *Corpus dionysien de l'université de Paris*, par exemple :

> C'est par la descente de la Sagesse même de Dieu dans la nature humaine par la grâce et l'exaltation de cette même nature jusqu'à la Sagesse elle-même qu'a lieu la théophanie[68].

Certes, la position d'Albert n'est pas partout aussi nette, et il y a de nombreux passages où la théophanie dionysienne semble être identifiée à l'émanation avicennienne. La distinction albertinienne entre *lux* et *similitudo* n'en est pas moins fondamentale pour reconstituer le véritable contenu philosophique de l'albertisme et pour percevoir l'unité doctrinale de l'école de Cologne.

Pour expliquer les hésitations – réelles ou apparentes – d'Albert, il faut noter que la théorie selon laquelle la lumière du « Donateur des formes » flue dans la matière où elle devient forme selon l'aptitude de la matière à la recevoir, et plus généralement l'opinion selon laquelle « toutes les formes proviennent de la lumière de la Première Cause », est moins celle d'Avicenne lui-même que celle, « stoïcienne », de Platon, de Parménide et de « certains Latins ».

Afin de comprendre cette position, nous suivrons la réfutation de Parménide proposée dans la *Métaphysique* et reviendrons plus loin sur celle de Platon. Mais auparavant il nous faut dire un mot des énigmatiques « Latins » mentionnés par Albert.

68. Jean Scot Érigène, *De div. nat.*, I, 9 ; PL 122, 449B-D ; Sheldon-Williams, p. 52, 22-54, 14 : « Ex ipsa sapientiae Dei condescensione ad humanam naturam per gratiam et exaltatione eiusdem naturae ad ipsam sapientiam per dilectionem fit theophania. » La *Predigt* 43 de Maître Eckhart donnera une expression encore plus forte de cette notion de théophanie en posant que « l'âme engendre à partir d'elle-même Dieu à partir de Dieu en Dieu » *(Diu sêle gebirt ûzer ir got ûz got in got)*. Les rapports d'Albert et d'Eckhart à Érigène – via le *Corpus dionysien de l'université de Paris* – restent tous deux à étudier.

Contre les « Latins »

La thèse panthéiste des « Latins » est que « toutes choses sont Dieu, et Dieu est toutes choses ». On peut la rapprocher de l'affirmation selon laquelle « toutes les choses sont dans l'essence divine », attribuée en ces termes par Garnier de Rochefort à Amaury de Bène et aux amauriciens (thèse 8 du *Contra Amaurianos*) :

> De plus, puisque Dieu et l'essence divine sont la même chose, et qu'il n'y a rien d'autre, puisque toutes choses sont en Dieu, on demande si toutes choses sont dans l'essence divine. Augustin dit en effet : « De lui, par lui et en lui elles sont de même raison » ; donc, si toutes choses sont de son essence et par elle, toutes sont dans son essence (« Item cum idem sit deus et divina essentia, et prorsus nichil aliud, cum omnia sint in deo, queritur utrum omnia sint in divina essentia. Dicit enim Augustinus [*pro* Apostolus ?] : Ex ipso et per ipsum et in ipso sunt eiusdem rationis [69]. Ergo, si omnia sunt ex eius essentia, et per ipsam : [ergo] omnia sunt in eius essentia ») [70].

Le panthéisme combattu par Albert a, cependant, une physionomie un peu différente : il s'agit d'une théorie affirmant que « toute créature est Dieu », placée sous le patronage d'Alexandre d'Aphrodise et expressément attribuée à David de Dinant (Belgique). Cette formulation est capitale. La complaisance pour des thèses partagées à la fois par les Bégards et les philosophes arabes (Algazel) que Pierre d'Ailly reproche à Jean de Monzon, dans l'horizon de laquelle Gerson s'efforce, comme l'a montré Z. Kaluza, d'enfermer Albert [71], se révèle à partir de là pur artifice polémique gersonien : de fait, dans son *Gutachten* de l'hérésie de Flies, Albert s'exprime clairement sur ce qui relie en profondeur l'hérésie de David à celle des Bégards du « Libre Esprit ». Et son diagnostic est sans appel : seule la mauvaise ou, plutôt, la *pire* philosophie s'accorde avec leur naturalisme mystique.

> Dire que toute créature est Dieu, c'est l'hérésie d'Alexandre, qui soutenait que la matière première, Dieu et *noys*, c'est-à-dire l'esprit, étaient identiques en substance ; hérésie qui a été reprise par un certain David de Dinant, qui, de notre temps, a dû fuir la France à cause d'elle, et qui eût été châtié s'il avait été arrêté [72].

69. On sait qu'Augustin dit précisément le contraire : selon lui, chaque chose a en Dieu un exemplaire distinct.

70. Cf. Garnier de Rochefort, *Contra Amaurianos*, éd. Cl. Baeumker, *Beiträge zur Geschichte der Philosophie des Mittelalters*. Bd 24. Heft 5/6, Münster, 1926, p. 8.

71. Cf. Z. Kaluza, « Gerson critique d'Albert le Grand », *loc. cit.*, p. 177.

72. « Dicere quod omnis creatura sit Deus, – haeresis Alexandri est, qui dixit materiam primam et Deum et noym, hoc est mentem, esse idem in substantia ; quem

La thèse attribuée à David de Dinant par Albert correspond assez bien à un fragment des *Quaternuli* édités par M. Kurdzialek :

> Il est manifeste donc qu'il n'y a qu'une seule substance, non seulement de tous les corps, mais aussi de toutes les âmes, et que cette substance n'est rien d'autre que Dieu lui-même [73].

Elle évoque également une des thèses d'Amaury figurant dans l'interrogatoire d'un « groupe de clercs accusés d'hérésie » publié par M.-Th. d'Alverny : cet interrogatoire est, de fait, l'occasion pour un amauricien de « reconnaître qu'il s'est trompé en affirmant [ou prêchant] que Dieu était partout, dans les choses dotées de raison aussi bien que dans celles qui en sont dépourvues, dans les sensibles aussi bien que dans les non sensibles » *(... se errasse predicando quod Deus est ubique, sic in re rationabili, sicut irrationabili, sic in sensibili, sicut insensibili)* [74]. Enfin, si elle est infidèle à l'esprit authentique des doctrines d'Alexandre, elle est conforme à la vision qu'Albert a de sa *positio* : celle d'un matérialisme panthéistique radical.

La réaction d'Albert aux thèses des « Latins » – David à coup sûr, certains « amauriciens », sans doute – est doublement motivée : le panthéisme grossier du philosophe de Dinant est et ne peut être considéré que comme une hérésie, mais, dans le même temps, cette hérésie s'appuie sur des œuvres d'Aristote qu'Albert considère lui-

---

postea quidam David de Dignando secutus est, qui temporibus nostris pro hac haeresi de Francia fugatus est, et punitus si fuisset deprehensus ». Le *Gutachten* d'Albert a été édité plusieurs fois, tantôt sous le titre de *Damnatio fratrum de libero spiritu*, tantôt sous celui de *Compilatio de novo spiritu*. Les éditions standard sont celles de J. de Guibert, *Documenta ecclesiastica christianae perfectionis studium spectantia*, Rome, 1931, p. 115-127 et de W. Preger, *Geschichte der deutschen Mystik im Mittelalter*, Leipzig, 1874, p. 461-471. La thèse anathématisée ici par Albert porte le numéro 76 dans le *Gutachten*.

73. Cf. *Davidis de Dinanto Quaternulorum Fragmenta*, éd. M. Kurdzialek, *Studia Mediewistyczne*, 3 (1963), p. 71 : « Manifestum est igitur unam solam substantiam esse, non tantum omnium corporum, sed etiam animarum omnium et eam nichil esse quam ipsum Deum. »

74. Sur tout cela, cf. M.-Th. d'Alverny, « Un fragment du procès des amauriciens. "Beau père qui estes in celz et en la terre" », *AHDLMA*, 25-26 (1950-1951), p. 331. On notera que la thèse *Deus est ubique* figure également dans la liste de Garnier de Rochefort, éd. cit., p. 2 : « Ils disent en effet : Dieu est partout. Il n'est personne qui oserait le nier. Mais ils infèrent : Donc il est en tout lieu [ce qui est inadmissible] » (« Dicunt enim : Deus est ubique. Nemo est qui hoc negare audeat. Sed inferunt : Ergo est in omni loco »). Il va de soi que l'interprétation amauricienne de l'ubiquité divine a toujours été rejetée dans la théologie chrétienne. Elle va directement contre la thèse de Boèce – qui donne le point de vue courant sur la question, dans le *De Trinitate*, chap. 4 : s'il est vrai que Dieu est partout, c'est au sens où il n'est nulle part, c'est-à-dire au sens où il n'est contenu en aucun lieu.

même comme capitales pour la « science naturelle »[75]. C'est sans doute pour arracher l'Aristote « naturel » à la funeste compagnie d'un hérétique reconnu que le Colonais attaque si fréquemment l'interprétation « alexandrinienne » des écrits aristotéliciens. Alexandre, cependant, n'est pas seul en cause. Dans les nombreux passages de la *Summa theologiae* consacrés à l'hérésie de David, Albert fait allusion à divers autres parrainages allégués dans l'œuvre originale aujourd'hui perdue. Le premier est celui d'Anaximène, dont deux thèses étaient, apparemment, convoquées par David :

> Anaxim 1 : Dieu et la matière première sont identiques (« ... *antiquo errore Anaximenis,* qui nuper per quemdam David de Dinanto renovatus est, *qui dixit Deum et materiam primam esse idem* »)[76] ;
>
> Anaxim 2 : Toutes les choses ne font qu'un (« ... inducens super hoc *antiquum Anaximenem, qui dixit omnia esse unum, ut dicit Aristoteles in primo Primae philosophiae*, et hoc unum dixit [= David] esse Deum »)[77].

75. À savoir : le *De generatione animalium*, le *De historiis animalium*, le *Peri Metheorum*, le *De sompno et sompnio et divinatione per sompnum*, tous quatre cités sous ces titres exotiques dans les fragments des *Quaternuli* ayant échappé à l'autodafé. Sur ce point, cf. M. Kurdzialek, « David von Dinant als Ausleger der aristotelischen Naturphilosophie », *in* A. Zimmermann (éd.), *Die Auseinandersetzungen an der Pariser Universität im XIII. Jahrhundert*, Berlin-New York, Walter De Gruyter (Miscellanea Mediaevalia, 10), 1976, p. 181-192. Sur le *De dubitabilibus problematibus in unaquaque arte ou Liber de probleumatum (sic)*, également allégué par David, cf. Ch.B. Schmitt, D. Knox, *Pseudo-Aristoteles Latinus. A Guide to Latin Works Falsely Attributed to Aristotle before 1500*, Londres, Warburg Institute (Warburg Institute Surveys and Texts, 12), 1985, p. 53. On notera, cependant, que le dossier de David de Dinant s'est relativement compliqué grâce aux travaux récents de M. Pickavé, qui remet en cause nombre d'affirmations de Kurdzialek et examine d'un œil neuf la question du rapport d'Albert à deux « David » distincts. Cf. M. Pickavé, « Zur Verwendung der Schriften des Aristoteles in den Fragmenten der *Quaternuli* des David von Dinant », *Recherches de théologie et philosophie médiévales*, 64, 1 (1997), p. 199-221. Pour une présentation plus générale, cf. E. Maccagnolo, « David of Dinant and the Beginnings of Aristotelianism in Paris », *in* P. Dronke (éd.), *A History of Twelfth-Century Western Philosophy*, Cambridge, CUP, 1988, p. 429-42. De riches aperçus dans A. Speer, « Von Plato zu Aristoteles. Zur Prinzipienlehre bei David von Dinant », *Freiburger Zeitschrift für Philosophie und Theologie*, 4 (2000), p. 307-341.

76. Cf. Albert le Grand, *Summa theol.*, II pars, I, q. 4, mbr. 3 ; Borgnet, t. 32, Paris, 1889, p. 108 : « ... l'antique erreur d'Anaximène, qui a été renouvelée récemment par un certain David de Dinant, qui soutenait que Dieu et la matière première étaient identiques ».

77. Cf. Albert le Grand, *Summa theol., loc. cit., ibid.* : « ... alléguant à ce propos le [philosophe] antique Anaximène, qui a dit que toutes choses ne font qu'un, comme le rapporte Aristote au premier livre de la *Philosophie première*, et il [David] dit que cet un est Dieu ».

Mais sont également allégués, pêle-mêle, Démocrite, Plutarque, Sénèque, Lucain, Orphée [78] et... Aristote lui-même, qui a inséré ses vers dans un « livre où il parle de Dieu » [79]. On le voit, David balaie large. Naturellement, Albert rejette l'existence du livre d'Aristote « cité » par le philosophe belge. En l'occurrence, dit-il, il ne peut s'agir que d'un mensonge (ou d'un « faux ») :

> Quant à dire qu'Aristote a inséré ces vers dans son livre, nous répondons qu'un tel livre n'est pas parvenu jusqu'à nous et que nous ne le croyons pas authentique, puisque Aristote prouve et dit le contraire [80].

Cette défense, indispensable, ne suffit cependant pas. Aristote étant innocenté une première fois sur le fond, le meilleur moyen de le soustraire une seconde fois, et pour de bon, à toute accusation comme à tout compagnonnage suspect avec Alexandre et ses modernes rénovateurs latins est de croiser le fer contre un auteur qu'il a lui-même attaqué pour cause de « panthéisme ». C'est la fonction dévolue par Albert à... Parménide, dans une page étonnante, où la saveur romanesque de la méthode des *positiones* fera peut-être oublier au lecteur moderne l'absence de sens philologique, qui caractérise en général, et ici tout particulièrement, les interventions d'Albert en histoire de la philosophie.

78. Cf. Albert le Grand, *Summa theol.*, *ibid.*, p. 109 : « En faveur de sa thèse il allègue les vers d'Orphée, dans lesquels, dit-il, il [Orphée] affirme que l'univers est Dieu, et puisqu'il est évident que l'univers est divers dans [sa] forme et un dans [sa] matière, il arguë que cela ne pourrait être si Dieu et la matière première n'étaient pas identiques » (« Pro se inducit versus Orphei, in quibus, ut dicit, Deum universum esse affirmat : et cum constet, universum esse in forma diversum et unum in materia, arguit, quod hoc non potest esse, nisi Deus et materia prima sint idem »).

79. Cf. Albert le Grand, *Summa theol.*, *loc. cit.*, *ibid.* : « Il dit aussi qu'Aristote a inséré ces vers dans un certain livre sien, où il parle de Dieu » (« Dicit etiam, quod ipsos versus Aristoteles inseruit cuidam libro suo in quo sermonem facit de Deo »). Il va de soi que David devait utiliser Aristote comme simple source d'information sur les thèses des matérialistes antiques. Albert le reconnaît implicitement en plusieurs occasions. Cf., par ex., *ibid.* : « Il fait état de ce que dit Aristote dans le premier livre des *Physiques* : que les philosophes anciens soutenaient qu'il n'y avait qu'un seul être, qu'il était invisible et immobile, et que c'était la *hylé*, c'est-à-dire la matière » (« Inducit quod Aristoteles dicit in primo *Physicorum* : quod antiqui philosophi dixerunt unum solum esse id quod est, et illud esse invisibile et immobile, et hoc esse hylen, sive primam materiam »). On se gardera, cependant, d'oublier que beaucoup de références supposées de David sont, en réalité, des indications fournies par Albert pour mettre les *thèses* du philosophe belge dans une perspective historico-critique permettant de montrer leur caractère pseudo-aristotélicien. En somme, les citations albertiniennes sont tout sauf une anthologie des *textes* de David.

80. Cf. Albert le Grand, *Summa theol.*, *ibid.*, p. 111 : « Et quod dicit Aristoteles inseruisse versus illos libro suo, dicimus talem librum ad nos non pervenisse, nec credimus esse verum, cum Aristoteles probat et dicat contrarium. »

Contre Parménide

La *Métaphysique*, I, 10, 4, expose la thèse générale de Parménide d'après laquelle « toutes choses ne sont qu'une seule réalité selon la forme et la notion [raison] »[81]. Cette thèse est fondée sur six propositions et axiomes, qui sembleraient pouvoir servir à la construction d'une métaphysique « albertiste », telle qu'on la comprend généralement, mais que, pourtant, Albert rejette explicitement :

1. La première forme de toutes choses est la lumière de la Cause première ;

2. Tout ce qui concourt à l'introduction d'une forme est informé par la vertu de la lumière de la Cause première ; ce qui signifie que toutes les causes secondes agissent en fonction de la Cause première ;

3. Rien n'est en acte, s'il n'est constitué dans l'être par la lumière de la Première Cause ;

4. La lumière de la Cause première n'est pas multipliée par les secondes ; ce sont plutôt les secondes qui sont « unies » ou « unifiées » par elle ;

5. La lumière de la Cause première « possède à l'avance » *(praehabet)* « virtuellement » tout ce qui est et devient, et contient ainsi absolument toutes choses en elle-même ;

6. Tout ce qui est en dehors de cette lumière qui est véritable, simple et absolue « n'est pas ou est pur néant »[82].

À lire ces six propositions, on pourrait croire qu'il s'agit d'un résumé d'Albert ou d'Ulrich de Strasbourg. Et, effectivement, dans la démonstration fournie pour chacune d'elles, on peut reconnaître beaucoup de la conceptualité albertinienne – de l'affirmation du néant de l'être créaturel pris hors de sa cause à la doctrine de la précontenance caractéristique de la causalité essentielle.

Suivons ses principaux moments.

La première proposition est démontrée en recourant au *dictum* « pseudo-aristotélicien » selon lequel « toute multiplicité de causes à l'intérieur d'un même genre causal se ramène à un premier dans ledit genre », puisque, autrement, il y aurait *regressus ad infinitum*. Or aucune cause formelle ne peut transcender la causalité du Premier *(largissimi)*, donc « toute intelligence étant pleine de formes »[83], la

81. Albert le Grand, *Metaph.*, I, 4, 10, p. 60, 64-65.

82. *Ibid.*, I, 4, 10, p. 60, 66-78.

83. On reconnaît ici le début de la prop. 9 (10), § 92 du *Livre des causes* : « Omnis intelligentia plena est formis. »

Première Cause dont la lumière « influe à toutes les Intelligences une lumière universellement formante, possède tout ce qui est », car c'est « par sa lumière intelligible qu'elle se communique à toutes choses ».

La troisième proposition, comme la deuxième, est démontrée par le fait que les causes secondes « n'ont pas d'elles-mêmes le pouvoir de causer l'être », mais seulement de par la lumière qui flue sur elles à partir de la Cause première. La lumière de la Cause première étant « seule productive de tout être », « rien n'est constitué dans l'être sinon par la lumière de la Première Cause ».

La première partie de la quatrième proposition est démontrée par le fait que toute multiplication se fait par « ses différences divisives ». Or les causes secondes – et ce qui en dépend – sont postérieures à la lumière de la Première Cause, sans en être les différences ; donc, puisqu'elles ne la divisent pas, elles ne la multiplient pas. La seconde partie est démontrée par le fait que tout ce qui provient d'un principe simple et unique est lui-même « principe d'unité, de rassemblement et de compréhension pour ce qui lui est inférieur », puisqu'il comprend tout ce qui vient après lui.

La cinquième proposition est démontrée par le fait qu'aucun être ne peut communiquer une chose sans « la posséder d'avance et la contenir au moins virtuellement ».

La démonstration de la sixième proposition est plus complexe. Il n'y a rien en dehors de l'être, puisque tout ce qui est est pour autant qu'il a de l'être – on reconnaît ici une version du principe fondamental de la métaphysique de la participation : *'omne ens est esse habens'* –, or, si tout être appartient à la lumière simple de la Première Cause, tout ce qui n'est pas elle est pur néant. La démonstration complète s'articule ainsi : tout l'être de tous les existants appartient à la lumière de la Première Cause. Cet être est en lui-même un et n'est pas multiplié par ce qui vient après. L'être de tout existant est donc un seul être simple, non multiplié. Or tout ce qui est simple est un, non multiplié, puisque la multiplication de l'être découle de la multiplication de « ce qui est ». Soit, en forme syllogistique. Majeure : tout ce qui est en dehors de l'être n'est rien ; mineure : tout ce qui est en dehors de l'être un et simple est en dehors de l'être ; conclusion : tout ce qui est en dehors de l'être un et simple n'est absolument pas et est pur néant.

Les six démonstrations des propositions de Parménide ne sont évidemment pas de Parménide. On y trouve essentiellement des formulations du *Livre des causes*, d'Avicenne et de Denys. C'est pourquoi Albert dit que la position de Parménide « n'est pas dépourvue de sens physique ni d'une grande rationalité ». Elle est pourtant fausse. Pourquoi ?

Parce que Parménide a cru que « le Premier n'était pas multiplié par les réalités secondes ». Or, dit Albert, les réalités premières sont multipliées par les réalités secondes, et, précisément, c'est par l'être qu'elles sont multipliées. Il ne faut donc pas penser que les réalités premières et secondes font un seul être. Ce serait là faire une unité d'univocité stricte. Au contraire, la multiplication du Premier dans les seconds regarde son être. On a donc une multiplicité ontologique selon l'être, le genre, l'espèce et le nombre, et l'on a une unité qui n'est pas *unité* selon l'être d'une substance, mais *union* de proportion ou d'analogie[84].

L'insistance d'Albert sur la multiplication du Premier n'est pas exclusive d'une adhésion à la diffusion lumineuse du Premier Principe. Elle est exclusive d'une théorie qui, contre l'analogie, prétendrait maintenir l'unité numérique de l'être divin en toutes choses. La théorie de la multiplication a donc pour fonction de maintenir la différence radicale de Dieu et de la créature, de l'être incréé et de l'être créé, au sein d'une théologie de la manifestation d'inspiration dionysienne, c'est-à-dire de poser la théophanie comme ouverture d'un espace lumineux de différenciation et d'identification, non comme le simple lieu d'une continuation de l'identité primordiale. Les Intelligences et les âmes rationnelles ne sont pas comme les corps, et la lumière de la Cause première n'est pas celle du soleil. Dans la théophanie, qui révèle Dieu à la créature spirituelle, circule en sens inverse, mais d'un même mouvement, la tension anagogique qui ramène constamment l'âme à Dieu.

Autrement dit, revenant au *Super Dionysium De divinis nominibus*, la théorie « avicennienne » de la lumière n'est pas rejetée comme une version physique ou métaphysique, non théologique, de la théorie « dionysienne » des théophanies, mais comme une version physique ou métaphysique erronée, de soi et philosophiquement fausse. Il y a en effet une interprétation philosophique et correcte de ce qu'énonce la notion théologique de théophanie d'assimilation, mais cette notion se trouve chez Aristote et non chez Avicenne. Cette notion capitale est l'*éduction des formes*.

Si l'on veut parler de façon convenable, tant en philosophie qu'en théologie, il faut maintenir que les formes sont tirées, *éduites*, de la puissance de la matière. Une forme n'est donc pas par son essence la lumière de la Première Cause incorporée au réel. L'action du ciel sur la matière n'est pas de transmettre, elle est d'éduire. C'est elle qui tire les formes de la puissance matérielle, en tant qu'elle agit comme « vertu du Premier Moteur », et ainsi la matière monte en quelque sorte à la forme, en s'actualisant comme image ou ressemblance de cette vertu lumi-

84. Albert le Grand, *Metaph.*, I, 4, 10, p. 61, 53-58.

neuse. En d'autres mots, la forme n'est pas lumière incorporée, mais image de la lumière produite, ou plutôt suscitée par la lumière : *Forma non est lux prima incorporata, sed similitudo eius causata ab ipsa*[85]. La véritable doctrine de Denys n'est donc pas une théorie de l'incorporation du rayon divin à l'univers des étants, mais une théorie de la causalité divine en tant qu'elle appelle chaque chose à monter autant qu'elle le peut jusqu'à sa ressemblance :

> Et c'est ainsi qu'il faut entendre ce que dit Denys, que le rayon divin se manifeste d'en haut sur tous les existants, non au sens où il leur serait incorporé, mais au sens de ce à quoi toute chose s'élève autant qu'elle le peut pour lui ressembler[86].

Arrivé à ce point, il nous faut déterminer quel est le sens de l'opération albertinienne et quelle est son originalité spécifique. Autrement dit et d'abord : à qui s'adresse la critique d'Albert ?

Le sens de la critique albertinienne

Avicenne lui-même n'est sans doute pas directement visé. Les adversaires d'Albert semblent plutôt ceux qui amalgament les théories d'Avicenne et de Denys, et oublient le moment d'assimilation active que comporte le « don formel », c'est-à-dire non seulement ceux qui pensent que le Dieu participé par tout est l'être formel de tout, mais encore ceux qui oublient :

1. que Dieu est certes l'actualité ou l'acte de toutes choses, mais seulement au sens où « il est imité par chacune d'elles autant qu'elle le peut »[87] ;
2. qu'il est certes et aussi « vertu universelle » qui meut toute chose, contient toute chose et donne à toute chose d'être « selon sa proportion », mais sans, pour autant, être en toutes choses leur être, le même être, numériquement identique.

Ces deux points tiennent en une formule : Dieu est toutes choses par sa vertu, sur le seul mode de la causalité exemplaire, conformément à l'axiome général qui veut que la vertu d'un agent supérieur ne soit pas numériquement identique dans les inférieurs, mais effectuée exemplairement par elle. Avicenne, les partisans du *Dator formarum* et certains théologiens n'ont pas vu cela.

85. Albert le Grand, *Sup. Dion. De div. nom.*, 1, n. 30, p. 15, 58-60.

86. *Ibid.*, p. 15, 60-64 : « Et sic est intelligendum, quod dicit Dionysius, quod superapparet radius divinus omnibus existentibus, non tamquam incorporetur eis, sed ut in cuius similitudinem consurgit unaquaque res, quantum potest. »

87. *Ibid.*, p. 16, 9-10.

De qui s'agit-il ? Pour les « partisans du Donateur des formes », on pense généralement à Ghazālī, à Isaac Israeli, voire à Avicebron ; pour les théologiens – latins –, à Guillaume d'Auvergne et Alexandre de Halès[88].

La référence à Alexandre de Halès est intéressante, car on y voit fonctionner dans une direction différente la plupart des thèmes que l'on retrouve chez Albert et ses élèves – le principe essentiel, la forme exemplaire, l'illumination, l'influence ou influx ; il faut, toutefois, se demander si elle suffit.

Dans la *Summa Halensis*, Alexandre pose la question de savoir si, conformément à la thèse de Pierre Lombard affirmant que Dieu est dans les choses par la puissance *(potentialiter)*, la présence *(praesentialiter)* et l'essence *(essentialiter)*, on peut soutenir que l'essence divine est dans les choses ou, plus simplement, que Dieu « est dans les choses » ou « fait partie de l'être des choses ».

La réponse avancée est traditionnelle : Dieu est essentiellement dans les choses par son essence, potentiellement par sa vertu, « présentiellement » par son opération. De prime abord, c'est dans son explication de l'être de Dieu dans les choses *per essentiam* qu'Alexandre de Halès soutient la thèse que semble rejeter Albert : Dieu est essentiellement dans les choses comme « principe essentiel de tout leur être », de sorte qu'aucune créature ne peut être « séparée » de l'essence divine. En effet, si l'essence divine est séparable des choses au sens où elle n'est mélangée à aucune d'elles, elle est, en revanche, inséparable d'elles parce qu'elle les cause et que toutes dépendent d'elle pour être. En ce sens, « aucune créature ne peut être séparée de Dieu ». C'est l'explication de l'inséparabilité Créateur/créature dans le cadre d'une comparaison avec la diffusion de la lumière – et non évidemment l'inséparabilité elle-même comme signe de dépendance ontologique de l'être créé – que critique Albert, autrement dit la doctrine halésienne – et bonaventurienne – selon laquelle *de même* que la lumière du soleil est la cause essentielle ou substantielle (le *substantificum*) de l'illumination, de même « la clarté de l'être de la créature ne peut être sans la clarté de la lumière éternelle qui rayonne et influe constamment en elle »[89].

On a pourtant peine à imaginer qu'Albert ait réduit la pensée d'Alexandre ou celle de Bonaventure aux quelques formules, d'ailleurs assez vagues, où ils semblent professer le monisme de Parménide. C'est donc sans doute moins l'interprétation halésienne du *Livre des causes* qui est visée par Albert qu'un collage systématique mais rudimentaire de

88. Alexandre de Halès, *Summa theol.*, I ; Grottaferrata, p. 73a.
89. Bonaventure, I *Sent.*, 37, 1, 1, 1 ; éd. Quaracchi, p. 638a.

l'univers du *Livre* avec certaines doctrines dionysiaco-érigéniennes. Ce montage est-il identifiable ? Certainement. Il s'agit vraisemblablement de ce que l'on désigne sous le titre d'« avicennisme latin ».

L'avicennisme latin

On sait que les premières versions latines d'Avicenne étaient dues à une équipe de traducteurs espagnols comprenant au moins un membre arabophone, « Avendauth Israelita », sans doute Ibn Dawd (actif à Tolède entre 1148 et 1180)[90] – le « David le Juif » mentionné par Albert comme auteur supposé du *Liber de causis* –, et un latiniste connu sous le nom de « Gundissalinus » – auquel l'érudition récente est tentée de faire correspondre deux personnages distincts, tous deux archidiacres, tous deux membres du chapitre de l'archevêché de Tolède et... tous deux contemporains : le traducteur arabo-latin « Dominicus Gundisalvi », archidiacre de Cuéllar dans le diocèse de Ségovie, et le philosophe « Gundisalvus », archidiacre de Talavera dans le diocèse de Tolède[91].

Auteur d'un *De divisione philosophiae* qui a eu une certaine influence au XIIIe siècle, Gundissalinus – « le philosophe » (selon Rucquoi) ou, plus vraisemblablement « le philosophe traducteur » (si l'on ne distingue pas les deux) – a également rédigé (à quelle date ?) un *De anima* dont le titre même indique bien la nature : *Liber de anima a Dominico Gundissalino ab arabico in latinum translatus* ! De cette singulière « traduction »[92], qui ne reprend aucun écrit arabe en particulier, on peut aisément montrer qu'elle est une compilation de matériaux divers dont, selon le mot de Gilson, « Avicenne fait largement les

90. Le dossier des traductions est, en fait, assez complexe : la traduction du *Fons Vitae* d'Ibn Gabirol et des *Intentions des philosophes* de Ghazālī semble avoir été faite par « Gundissalinus » et un certain « Iohannes Hispanus » (distinct de Jean de Séville *alias*... « Iohannes Hispalensis »), celle du *De anima* d'Avicenne, adressée à l'archevêque de Tolède... Jean (1151-1166), par « Gundissalinus » et Ibn Dawd, celle de la *Métaphysique* d'Avicenne par « Gundissalinus » seul. Sur les binômes de traducteurs, cf. M.-Th. d'Alverny, « Les traductions à deux interprètes, d'arabe en langue vernaculaire et de langue vernaculaire en latin », in *Traduction et Traducteurs au Moyen Âge*, Actes du colloque international du CNRS organisé à Paris, Institut de recherche et d'histoire des textes, 26-28 mai 1986, Paris, Éd. du CNRS, 1989, p. 193-206.

91. Voir, sur ce point, A. Rucquoi, « Gundisalvus ou Dominicus Gundisalvi », *Bulletin de philosophie médiévale*, 41, 1999, p. 85-106.

92. Le chapitre X est édité dans R. De Vaux *(O.P.)*, *Notes et Textes sur l'avicennisme latin aux confins des XIIe-XIIIe siècles*, Paris, Vrin (Bibl. thomiste, XX), 1934, p. 147-178.

frais »[93]. Par là, pourtant, c'est tout un courant de pensée qui s'engage – l'avicennisme latin, plus tard l'« augustinisme avicennisant » – et qui entraîne avec lui Aristote et Avicenne dans une direction qui leur est étrangère, rendant leur intégration d'autant plus ambiguë et insatisfaisante qu'elle est immédiatement réussie.

En substituant le « Père des lumières » de l'Épître de Jacques (1, 17) à l'Intelligence agente d'Avicenne – c'est sa thèse la plus célèbre –, Gundissalinus ne se contente pas d'ouvrir la voie à une identification de l'intellect agent d'Aristote avec le Dieu des chrétiens, il met en place une théorie de l'illumination et de la sagesse où la conception aristotélicienne de la science semble demander elle-même le baptême. Tel est certainement le premier adversaire visé par Albert ; ce n'est pas le seul.

Les deux derniers tiers du XIIe siècle ont « avicennisé » avec une « inconscience et une intempérance » que Gilson a bien mises en lumière. C'est de cette période que date le manifeste de l'avicennisme latin. Publié dans l'édition de 1508 sous le titre *Liber Avicennae in primis et secundis substantiis et de fluxu entis*, cet ouvrage est un centon de passages empruntés à Denys, à Augustin et à Érigène entremêlés aux textes authentiques d'Avicenne[94]. Exposant la doctrine érigénienne des théophanies dans le cadre de la théorie avicennienne des Intelligences, mêlant inextricablement la notion d'un Dieu « se créant lui-même » dans sa propre Révélation à la conception d'une émanation nécessaire de tous les effets dont la Première Intelligence précontient les raisons intelligibles, combinant le système des Idées divines et des théophanies angéliques à la série descendante des causes secondaires où se diffuse l'unité réfléchie des sorties et des contemplations, puis fondant sur cette base hiérarchique l'illumination avicennienne dans une illumination augustinienne faite pour un monde sans médiation où aucune créature ne saurait s'interposer entre l'âme et Dieu, ce livre, qui n'est ni d'Avicenne, ni de Denys, ni d'Augustin, ni d'Érigène, propose une synthèse de toutes les formes de néoplatonisme accessibles à un Latin du XIIe siècle.

Proche, dans son principe, du *De anima* de Gundissalinus, le *Liber de causis primis et secundis* lui offre néanmoins une alternative. Là où Gundissalinus faisait un passage obligé de la science à la sagesse, de la connaissance naturelle à la connaissance sapientielle, le *Liber* laisse l'intellect de l'homme écrasé par les images *(depressus phantasiis)* et

93. Cf. Ét. Gilson, « Les sources gréco-arabes de l'augustinisme avicennisant », *AHDLMA*, 4 (1929-1930), p. 74-92.

94. Cf. *ibid.*, p. 92-102 ; texte dans R. De Vaux *(O.P.)*, *Notes et Textes...*, p. 88-146.

incapable de connaître Dieu ; cependant, cette limitation a une compensation : elle fonde la connaissance naturelle dans l'illumination divine. C'est là la place d'« Augustin » et le rôle des *Soliloques* : si la « terre » n'est pas « illuminée par le soleil, elle reste invisible » ; les « disciplines » restent aveugles sans le secours de Celui qui tout à la fois « est, brille et *fait comprendre* » ou, mieux, *donne à penser*. Face aux doctrines de Gundissalinus et à son apologie de la connaissance excessive qui a nom « sagesse » et « saveur » *(sapientia, sapor)*, la place réservée par le *Liber* à l'illumination transcendante dans le pur domaine de la connaissance naturelle dessine le second pôle de l'avicennisme latin. C'est entre ces deux moitiés d'un même héritage que se noue l'influence d'Avicenne jusqu'au XIIIe siècle.

Bien qu'il ait lu Ibn-Sīnā dans le détail de ses *authentica* et de ses apocryphes, bien qu'il en ait vraisemblablement manié plus de versions latines que nous n'en connaîtrons jamais[95], bien qu'il ait donné à la psychologie avicennienne les ultimes prolongements spirituels qu'une théologie chrétienne du Moyen Âge pût s'autoriser, bien qu'il ait dans la majeure partie de ses commentaires philosophiques d'Aristote tissé son propre texte des textes d'Avicenne, d'Averroès et d'al-Fārābī, en un mot, bien qu'il ait été pour Avicenne ce qu'Avicenne avait été pour Aristote, Albert ne pouvait pas ne pas s'attaquer à l'avicennisme latin.

C'est ce qu'il fait, lorsqu'il critique les théologiens qui n'ont retenu que la « surface de la lettre de Denys ». Lecteur d'Avicenne, d'Augustin, d'Érigène et de Denys, Albert se veut avant tout le continuateur de l'aristotélisme, ce qui, en l'espèce, signifie qu'entre Avicenne et lui il y a Aristote et Averroès, un univers de thèmes, de problèmes et de doctrines né de la diffusion et de la montée contrariée de l'*Aristoteles novus*, rythmé par les censures, les méfiances et les erreurs.

En dénonçant ceux qui n'ont rien compris à Denys, Albert a d'abord en vue ceux qui ont négligé la partie positive de l'enseignement d'Avicenne, les tenants de l'« avicennisme ordinaire » : cette métaphysique de la lumière où le thème du *de fluxu* nourrit une noétique de l'illumination qui ramène le flux des formes intelligibles à une théorie générale de l'« induction des formes » *(inductio formarum)*, qui, aux yeux d'Albert constitue le péché originel du platonisme.

Autrement dit, ce que Gilson appelle « le platonisme inconséquent d'Avicenne » est cela même qu'Albert dénonce chez les théologiens latins, c'est-à-dire, pour lui, les partisans médiévaux d'Avicenne *(sequaces Avicennae)* affirmant (avec Platon) que « les intelligibles sont

95. Pour une première orientation, cf. M. Grignaschi, « Les traductions latines des ouvrages de logique arabe et l'abrégé d'Alfarabi », *AHDLMA*, 39 (1972), p. 41-107.

en nous sur un mode habituel » (condition fondamentale de toute théorie de l'anamnèse), tout en maintenant (avec Avicenne) que l'âme doit pourtant se tourner vers les choses sensibles pour se disposer à recevoir l'intelligible[96].

Une douteuse combinaison du platonisme et du péripatétisme, telle est la définition albertinienne d'un avicennisme expressément décrit comme la doctrine de « presque tous les Latins modernes ». Rejetant l'avicennisme, Albert n'en rejette pas pour autant la source. Pour lui, Avicenne est et reste un péripatéticien. Ce ne sont donc pas les thèses d'Avicenne qui sont critiquées, mais bien seulement l'usage qu'en font les platoniciens modernes. Chez eux, l'avicennisme d'Avicenne devient l'élément d'un platonisme diffus qui, sous le vocable d'« infusion des formes », intègre aussi bien la théorie du Donateur des formes (selon Ghazālī) que celle de l'« obscurcissement » *(obumbratio)* de l'intelligible entrant progressivement dans la matière (selon Isaac Israeli). C'est ce platonisme que dénonce Albert, c'est à lui que, comme on le verra, il oppose la théorie aristotélicienne de l'« éduction des formes ».

Si Denys et Avicenne doivent jamais s'accorder, ce ne sera donc pas à la manière de l'avicennisme latin ou « moderne ». Une chose est sûre : toutes les doctrines potentiellement critiquées ont en commun de ne pas souscrire à la thèse aristotélicienne de l'éduction des formes. C'est pourquoi Albert les rejette et les rejette toutes. Pour lui, la théorie de l'*analogie* théologique implique une théorie de l'*anagogie* philosophique, qu'il trouve dans la seule théorie de l'éduction des formes. Si l'analogie philosophique ne permet pas de fixer le rapport des créatures à Dieu, l'analogie théologique ne peut être pensée sans la doctrine métaphysique des formes qui, aux yeux d'Albert, constitue la fine pointe de l'aristotélisme.

On voit ici combien est complexe la relation de la philosophie et de la théologie chez Albert et combien particulier un néoplatonisme lié à la doctrine aristotélicienne de l'*eductio formarum.* Un chrétien ne peut professer n'importe quelle théorie des formes. C'est là la conclusion la plus remarquable que l'on peut tirer de l'étude de l'analogie chez Albert : s'il n'y a pas et ne peut y avoir chez lui de philosophie chrétienne, le christianisme lui impose certains choix en matière de philosophie.

96. Sur ces théories, cf. le dossier rassemblé dans Guillaume d'Auvergne, *De l'âme (VII, 1-9)*, introduction, traduction et notes par J.-B Brenet, Paris, Vrin (Sic et Non), 1998.

CHAPITRE IV

La métaphysique du flux

La polémique d'Albert contre la théorie « avicennienne » de la lumière étant avant tout une critique de l'interprétation avicenno-dionysienne du *Livre des causes* dans l'avicennisme latin – ou dans ce que Gilson a appelé l'« augustinisme avicennisant » –, il nous faut maintenant voir quelle lecture le Colonais donne lui-même du concept fondamental de la théologie péripatéticienne : l'influence ou influx de la Première Cause.

On sait que le *Liber de causis* propose les éléments d'une véritable métaphysique du flux. Dans le *De causis et processu universitatis*, I, 4, Albert développe les différents aspects de cette métaphysique, en se centrant sur « le flux des êtres causés à partir de la Première Cause et l'ordre des causés » : *De fluxu causatorum a causa prima et causatorum ordine*. Le traité comprend huit chapitres :

1. *Quid sit fluere rem a re* (F 42, 34-44, 3 ; B 410a-412a)[1] ;
2. *Quid sit influere* (F 44, 4-45, 21 ; B 412b-413b) ;
3. *De modo fluxus et influxus* (F 45, 22-46, 67 ; B 414a-415b) ;
4. *Quid in quid fluit* (F 46, 68-48, 37 ; B 416a-418a) ;
5. *De ordine fluentium a primo* (F 48, 38-49, 64 ; B 418b-420a) ;
6. *De ordine causarum eiusdem generis, per quas est fluxus de primo usque ad ultimum* (F 49, 65-52, 11 ; B 420b-423a) ;
7. *De quaestione, utrum caelum movetur ab anima, vel a natura vel ab intelligentia* (F 52, 12-55, 61 ; B 423b-427b) ;
8. *De ordine eorum quae fluunt a primo principio, secundum omnem gradum entium universorum* (F 55, 62-58, 29 ; B 428a-431b).

1. Les références sont à l'édition critique de W. Fauser, notée « F ». Nous ne mentionnons l'édition Borgnet (notée « B ») que pour mémoire.

Cette problématisation du flux et de l'influx est théologique et cosmologique ; ce n'est pas celle, purement physique, que propose le traité *De motu* dans la *Physica*. Il s'agit donc pour nous, à présent, de voir si les deux diffèrent, l'une valant pour la production des choses à partir de la Cause première, l'autre pour le mouvement, et si oui, laquelle a, si l'on peut dire, elle-même influencé la postérité philosophique et théologique d'Albert. Pour ce faire, il nous faut, cependant, travailler archéologiquement la notion de « flux ». Le *fluxus* albertinien relève effectivement de deux complexes distincts, correspondant aux deux âges de la métaphysique médiévale : l'âge gréco-latin, boécien et « porrétain » ; l'âge arabo-latin ouvert par les traductions d'al-Fārābī, d'Avicenne et d'Averroès[2].

Aux origines du concept de flux : Boèce et la tradition porrétaine

Les *Opuscules théologiques* de Boèce sont un document important pour l'histoire de l'interprétation médiévale des *Catégories*[3], compte tenu de la place du traité d'Aristote dans la construction de la théologie trinitaire, et de la place de la théologie trinitaire dans le développement de la réflexion philosophique du haut Moyen Âge. Dans l'opuscule qu'il a spécialement consacré à *La Trinité*, Boèce a repris une partie des questions laissées en suspens par Aristote dans les *Catégories*[4]. S'agissant des termes concrets, plus précisément des termes accidentels concrets, où s'est progressivement concentrée la réflexion médiévale sur

2. Les mots *fluere* et *fluxus* (correspondant à l'arabe *fāḍa*, *fayḍ*, *fayaḍān*), qui sont utilisés par Albert en tant que termes « péripatéticiens » gréco-arabes, sont pour le moins saturés de sens, puisqu'ils désignent en sous-main l'émanation que nous dirions aujourd'hui « néoplatonicienne ». Il est en tout cas clair qu'ils sont attestés aussi bien chez Fārābī (qu'Albert connaît) que dans les *Plotiniana* et *Procliana arabica* (qu'il ne connaît pas comme tels ou n'aborde qu'à travers des produits dérivés). Sur l'histoire du « flux », et sur l'usage qu'en fait Avicenne, cf. A. Hasnawi, « Fay » (épanchement, émanation), in *Encyclopédie philosophique universelle. II : Les Notions philosophiques*, Dictionnaire, t. 1, Paris, PUF, 1990, p. 966-972 et J.L. Janssens, « Creation and Emanation in Ibn Sīnā », *Documenti e Studi sulla tradizione filosofica medievale*, 8 (1997), p. 457-460.

3. Sur l'œuvre de Boèce comme commentateur d'Aristote, cf. S. Ebbesen, « Boethius as an Aristotelian Scholar », *in* J. Wiesner (éd.), *Aristoteles, Werk und Wirkung*, t. II, Berlin - New York, W. de Gruyter, 1987, p. 286-311.

4. Pour une traduction française de *La Trinité*, cf. *Boèce. Courts Traités de théologie*, trad. H. Merle, Paris, Éd. du Cerf (Sagesses chrétiennes), 1991 ; Boèce, *Traités théologiques*, trad. A. Tisserand, Paris, Flammarion (GF, 876), 2000. Du même A. Tisserand, cf. *Logique et Théologique dans les traités théologiques de Boèce*, thèse de doctorat soutenue le 16 février 2002, Paris, EPHE, V^e^ section (à paraître, Paris, Vrin), 2 vol.

la paronymie[5], le *De Trinitate* a formulé un problème spécifique, qui a puissamment contribué à redéfinir les bases de l'ontologie catégoriale d'Aristote dans un cadre éminemment non aristotélicien : expliquer, comme une loi interne au langage, que toute utilisation théologique des mots du langage ordinaire ou philosophique ou, plus précisément, des « catégories attribuées universellement à toutes choses » (les dix catégories selon Aristote), supposait qu'ils « changent de sens », c'est-à-dire soient l'objet d'une « transformation », conformément à un principe voulant que les « catégories soient ce que leurs substrats » (*i.e.* les sujets auxquels on les applique) « leur permettent d'être ».

> Il y a en tout dix catégories attribuées universellement à toutes choses : la substance, la qualité, la quantité, la relation, le où, le quand, l'habitus ou manière d'être, la position, l'agir et le pâtir. Ces catégories sont telles que leurs substrats peuvent les admettre, car, parmi elles, une partie sert de substrat à l'attribution des autres choses et l'autre partie consiste dans les accidents (attribués à ce substrat). Mais, si l'on tourne ces catégories vers Dieu pour les lui attribuer, tous ces attributs *subissent une transformation* (« At haec cum quis in divinum vertit praedicationem, cuncta *mutantur* quae praedicari possunt »)[6].

Il s'agit donc, dans ce contexte, de définir deux modalités de la prédication des termes concrets, sur la base d'une distinction non aristotélicienne, entre deux sortes d'étants ou de sujets ontologiques : un Dieu caractérisé par sa simplicité ontologique et une pluralité d'étants créés définis par leur composition. Pour faire face à cette difficulté, les auteurs du haut Moyen Âge développèrent, à l'aide d'indications éparses, tirées de Boèce lui-même mais aussi d'Augustin, une théorie du *transfert* des catégories *in divinis*, un transfert interprété comme métaphore[7] : *translative sive metaphorice*, selon l'expression de Jean

5. Cf. S. Ebbesen, « Concrete Accidental Terms : Late Thirteenth-Century Debates about Problems Relating to such Terms as *'album'* », *in* N. Kretzmann (éd.), *Meaning and Inference in Medieval Philosophy*, Dordrecht, Kluwer, 1988, p. 107-174 et, du même auteur, « *Termini accidentales concreti*. Texts from the late 13th Century », *CIMAGL*, 53 (1986), p. 37-150.

6. Cf. Boèce, *De Trinitate*, chap. 4, éd. Rand-Stewart, in *The Theological Tractates*, with an English Translation, London, Loeb (Loeb Classical Library), 1968, p. 16, 1-9.

7. L'apparition de la « métaphore » en ce contexte, à la place exacte qu'allait occuper l'*analogia entis* à l'époque scolastique, restait dans le cadre de la division porphyrienne des homonymes, qui, on le sait, discutait la question de savoir si, comme le soutenait Atticus, les homonymes par métaphore ne formaient qu'une classe avec les homonymes par analogie. Cf. Porphyre, *In Cat.*, éd. Busse, p. 66, 30-68, 1. Entre les deux ensembles porphyro-boécien et scolastique, il y a cependant une solution de continuité. La doctrine scolastique de l'*analogia entis* constitue un remaniement radical de la grille porphyrienne et une rupture non moins radicale avec l'élaboration des notions porphyro-boéciennes de

Scot Érigène[8]. La *translatio* servit ainsi progressivement d'outil pour rendre compte onto-*logiquement* de la différence ontico-ontologique de l'être simple et de l'étant composé. Cette innovation, qui constituait moins la reprise de la question ouverte par l'inconsistance de la définition aristotélicienne des paronymes, que la suture, dans un cadre non aristotélicien, du supposé système des catégories, permit une avancée importante sur le terrain de la sémantique, mais au prix d'une neutralisation du dynamisme causal organisant le déploiement de l'étant concret.

L'onto-théo-logique boécienne contenait cependant d'autres pistes pour construire *causalement* c'est-à-dire aussi *casuellement* l'ontologie des paronymes. Il appartient à un groupe d'auteurs du XIIe siècle, l'école

« métaphore » et d'« analogie » par les théologiens latins du haut Moyen Âge. Pour saisir l'originalité de la pensée d'Albert, il faut montrer jusqu'où va l'élaboration *préscolastique* de style « boécien » pour marquer, ce faisant, *jusqu'où elle ne va pas.*

8. On ne saurait sous-estimer le rôle d'Érigène dans la formation du complexe hérité par Albert. Encore faut-il en mesurer à la fois l'audace et la nouveauté. Le passage érigénien de la *mutatio* catégoriale boécienne à la *translatio* entendue comme « métaphore divine » est le fruit d'une décision philosophique qui découle de la culture théologique de l'Érigène et exprime une caractéristique centrale de la philosophie du haut Moyen Âge : l'effort pour harmoniser les doctrines de Boèce avec celles d'Augustin. Toutefois, en parlant de *translatio*, Érigène ne se contente pas de relancer un terme commun à Boèce, commentateur des *Catégories*, et à Augustin, théologien de la Trinité : il cherche à synthétiser les deux approches augustinienne et boécienne du problème de la prédication divine ; mais il le fait en les reliant à la problématique des « Noms divins » engagée par son troisième auteur de prédilection : le Pseudo-Denys. Érigène est le premier à voir si nettement que le problème de la *praedicatio in divinis* est le même que celui des Noms divins. Étant donné que, comme cause de tous les étants, Dieu peut recevoir tous les noms et que, comme transcendant tous les étants, il ne peut être nommé par aucun, le rapport des mots et des choses se noue, dans son cas, entre la polyonymie et l'homonymie : à la fois tous les noms lui reviennent et aucun nom ne lui convient. Les Noms divins sont intermédiaires entre les polyonymes et les homonymes, comme, pour les commentateurs néoplatoniciens d'Aristote, les choses qui sont dites ἀφ' ἑνός καὶ πρὸς ἕν sont intermédiaires entre les synonymes et les homonymes, et les paronymes maximalement intermédiaires entre les hétéronymes et les synonymes. Au XIIIe siècle, la question onto-*théo*-logique sera souvent réorganisée à partir de la *seule* problématique dionysienne des Noms divins. Signe en est que la notion de transfert est alors renvoyée à Denys, *De myst. theol.* 3 ; PG 3, 1032D-1033B, autant qu'à Augustin, *De Trin.*, V, VIII, n. 9 ; *BA* 15, p. 443-447, ou à Ambroise, *De fide*, prol., n. 2 ; PL 16, 559D-560C (reformulé, en fait, par Pierre Lombard, *Sent.* I, 22, 1, n. 2 ; Gottaferrata, 1971, p. 178, 12-20). Boèce lui-même et, plus encore, Érigène (sans doute à cause de la condamnation du *Periphyseon*) viennent au second plan : le même complexe demeure cependant, de manière latente, sous le changement de patronage conceptuel. Albert sera l'un des rares à en garder explicites tous les composants – à commencer par le composant érigénien (référé au *Commentator in De divinis nominibus, Iohannes Episcopus* : un des pseudonymes d'Érigène dans le *Corpus dionysien de l'université de Paris*).

porrétaine, avec, à sa tête, un des plus grands commentateurs médiévaux de Boèce, Gilbert de la Porée, *alias* Gilbert de Poitiers[9], d'avoir suivi jusqu'au bout l'une des voies tracées par l'auteur du *De Trinitate*. C'est par la production d'un concept nouveau, la *denominatio*, lié à la fois à la paronymie aristotélicienne (dont il était la traduction latine) et à la métaphore selon Boèce et les théologiens du Haut Moyen Âge, que l'école porrétaine a à la fois réorganisé et rempli d'un point de vue boécien la structure métaphysique « ouverte » donnée et esquivée dans la tripartition aristotélicienne des homonymes, des synonymes et des paronymes. En bref : la *denominatio* porrétaine a entièrement réformé ou plutôt dépassé la conception aristotélicienne des *denominativa* – la laissant subsister en son ordre. Cette réforme a été rendue possible par une redéfinition *causale* – c'est-à-dire théologique – de la notion « aristotélicienne » de *denominatio*. C'est cette rencontre explicite du causal et du casuel qu'a orchestrée la lecture porrétaine des *Opuscula theologica* de Boèce. Pour comprendre comment s'est effectuée cette rencontre, il faut analyser le texte où elle s'est opérée : le *De hebdomadibus*.

De hebdomadibus est le titre sous lequel a circulé au Moyen Âge l'opuscule dont le titre original, attesté par la plupart des manuscrits, est *Quomodo substantiae in eo quod sint bonae sint cum non sint substantialia bona*. Comme l'indique le titre complet, le problème traité par Boèce est précis : déterminer « comment, posé qu'elles sont bonnes (puisqu'elles tendent au bien et lui sont donc semblables en quelque façon) les choses qui existent – les substances – sont bonnes *dans leur être même* sans être cependant *substantiellement* bonnes ». Le changement d'univers par rapport à Aristote est évident, à simplement parcourir les pages denses, où Boèce met en œuvre sa réponse. De fait, dans son problème comme dans sa solution, Boèce effectue un déplacement radical de l'ontologie aristotélicienne en introduisant l'idée christiano-platonicienne d'une procession, d'un flux – *fluxus, defluere* – des choses existantes, les « biens seconds », à partir de la volonté du Bien premier. La thèse finale est donc tout, sauf aristotélicienne : les choses existantes ne sont bonnes ni dans leur essence substantielle ni par participation, mais de par leur origine même, parce que leur être a été voulu par le Créateur et « s'épanche », « flue », de sa volonté.

9. Sur Gilbert de la Porée, cf. J. Jolivet et A. de Libera (éd.), *Gilbert de Poitiers et ses contemporains. Aux origines de la « Logica Modernorum ». Actes du VIIe Symposium européen de logique et de sémantique médiévales, Poitiers, Centre d'études supérieures de civilisation médiévale, 17-23 juin 1985*, Naples, Bibliopolis (History of Logic, 5), 1987.

La conception boécienne du *fluxus* est le premier fondement de la métaphysique albertinienne du « flux ». Elle a malheureusement été négligée par les historiens de l'albertisme. Son importance est, pourtant, capitale. Tout d'abord, parce qu'elle a constitué une version proprement chrétienne de l'émanation, avant l'introduction du modèle gréco-arabe de l'*emanatio*, hérité d'Avicenne et d'al-Fārābī, qui, à partir du XIIIe siècle, précisément sous l'influence d'Albert, a dominé l'Occident latin. Ensuite, parce qu'elle présentait des caractéristiques propres. Contrairement à sa concurrente arabe, l'émanation de style boécien restait dans le cadre strict d'une certaine ontologie platonicienne identifiant l'Être au Bien premier, sans investir le champ de la cosmologie et de la noétique péripatéticiennes : elle ne prétendait pas assumer l'explication de la genèse du cosmos intelligible gréco-arabe, le système des Intelligences et des sphères, étagées entre un Dieu assimilé à la Première cause de l'univers et le monde sublunaire [10], mais articuler le rapport de création au niveau même de la différence ontologique affectant *en bien* le déploiement causal des étants composés à partir de l'être simple « possédant en unité son être et ce qu'il est ». La théorie boécienne de l'émanation ne descendait pas jusqu'à la production de la nature, mais isolait dans la sphère du créé la dimension ontologique de la différence, pour disposer théologiquement, sous la raison du Bien, et non pas physiquement, sous la raison des natures, le problème de la causalité. L'effusion des « biens seconds » à partir du Bien premier et de sa volonté était donc assignée au cœur de l'être concret, référée au problème de la différence elle-même, interne au créé, et formulée dans le langage « platonicien » de la participation. En demandant si les choses bonnes étaient bonnes « par soi », dans leur être même, bref « substantiellement », ou par participation, puis, en répondant qu'elles ne l'étaient ni d'une manière ni de l'autre, mais seulement en tant que leur être procédait de la volonté du Bien premier [11], Boèce ouvrait une nouvelle brèche dans le système des catégories : il faisait entrer une idée purement causale de l'être qui allait décisivement rejaillir sur l'interprétation du phénomène de la paronymie.

C'est cette réinterprétation qu'accomplit la nouvelle notion de *denominatio* élaborée dans l'école porrétaine sous l'impulsion de Gilbert

10. Pour une description de cette métaphysique, celle du pseudo-aristotélicien *Livre des causes*, cf. C. D'Ancona Costa, *Recherches sur le Liber de causis*, Paris, Vrin (Études de philosophie médiévale, LXXII), 1995.

11. Cf. Boèce, *De hebdomadibus*, trad. Tisserand, p. 131 : « Or puisqu'elles ne sont pas simples, elles n'auraient absolument pas pu être, si cela qui est le seul Bien n'avait pas voulu qu'elles fussent. C'est donc parce que leur être a découlé de la volonté du Bien qu'elles sont dites être-bonnes. »

de Poitiers, un auteur dont l'influence sur Albert et l'école dominicaine allemande ne saurait être surestimée. Ramenée à l'essentiel, l'innovation de Gilbert tient en une formule. Elle consiste à poser le fait qu'émanant de la volonté du Bien premier *(Bonum)*, les biens seconds peuvent être dits bons *(bona)* « selon une dénomination » *(denominative)*. La formule peut paraître banale. Elle ne l'est pas. En effet, « être dit dénominativement » ne signifie pas ici simplement, comme chez Aristote, la dérivation du nom d'une chose qualifiée à partir de la qualité correspondante – comme celle de « blanc à partir de blancheur, de grammairien à partir de grammaire ou de juste à partir de justice ». Il ne s'agit pas d'expliquer la formation d'un nom (concret) à partir d'un autre nom (abstrait), mais de capter onto-logiquement une relation causale, inscrite dans la structure même de la prédication. On est ici bien proche de ce que Platon appelait l'éponymie[12]. On est aussi sur le terrain que viendra décisivement occuper la théorie scolastique de l'analogie, mais en deçà de la possibilité de son introduction. En fait, la théorie porrétaine de la *denominatio* est la *première* tentative médiévale de réorganisation métaphysique du système de *Catégories* 1, 2, 5 et 8. Elle donne la physionomie d'ensemble du premier âge de la métaphysique médiévale – celui que nous avons appelé l'âge « gréco-latin » ou *aetas boetiana* – avant l'arrivée d'une métaphysique fondée sur le corpus des écrits naturels d'Aristote et de ses interprètes arabes.

La « dénomination » invoquée par Gilbert de Poitiers touche un aspect précis de la réalité : la dimension de l'être-causé. Il n'est donc pas étonnant que la plupart des exemples qui servent à l'illustrer soient d'ordre *technique*. L'être ici visé est celui d'un *opus*, le résultat d'un faire, un *factum.* Soit le terme « humain ». *Humanum* peut se dire formellement d'un vivant, comme dans *animal humanum*, mais il se dit dénominativement d'un produit fabriqué par l'homme, comme dans *opus humanum*, parce que, et l'on rejoint ici la notion d'émanation causale, il émane ou a émané *(fluxit)* d'un agent dont l'*être* est humain. De même un triangle de bronze est de bronze « par le genre selon lequel il existe », triangle « par la qualité qui le fait quelque chose », et *humain* « par dénomination », c'est-à-dire parce que c'est un homme qui a coulé l'alliage et façonné la figure. C'est ce type de rapport qui organise la relation du Bien premier aux biens seconds : « bon » se dit du Bien premier par essence, et des biens seconds par « dénomination ». Le niveau physique de la problématique ontologique de la prédication, celui

12. Sur le rapport entre éponymie platonicienne et paronymie aristotélicienne, cf. A. de Libera, *La Querelle des universaux. De Platon à la fin du Moyen Âge*, Paris, Éd. du Seuil (Des Travaux), 1996, p. 56-66.

qui est défini par l'alternative de la subsistance substantielle et de la participation accidentelle, est donc dépassé onto-*théo*-logiquement, par une considération proprement théologique, qui, comme dans le cas de l'art et de la « technique », permet d'attribuer aux subsistants des prédicats dénominatifs, mais en s'attachant à des prédicats qui dépassent infiniment la puissance du faire humain – en l'occurrence, ici, celui de « bon », appliqué au créé dans la seule mesure où il procède d'un être dont l'être même est le Bien ou, ce qui revient au même, d'un être dont l'essence est la Bonté.

L'attribution du prédicat dénominatif exprime un processus réel, mais c'est aussi, il faut le souligner, l'inverse du mouvement assumé par la problématique du « transfert » développée à partir du chapitre 4 du *De Trinitate.* Il s'agissait tantôt de comprendre comment les catégories de l'étant pouvaient être transférées à l'Être simple ; il s'agit à présent d'expliquer comment s'effectue le transfert de la bonté depuis le Bien premier, qui est bon par essence, à ce qui émane de lui. La métaphore organisait conceptuellement le premier transfert. Elle ne suffit pas à décrire le second. Le premier transfert, le transfert ascendant, travaillait à exhausser les catégories en Dieu, par la relève de la différence interne à la structure ontologique du créé. C'était un problème de limite, du langage comme de la pensée, ouvrant sur la possibilité même d'une science théologique. Le second transfert, le transfert descendant, doit, au contraire, déplier dans le langage un processus réel, il doit permettre de penser causalement la structure de l'étant créé comme *créé*, de fixer la *figure* du paradoxe qui fait que des êtres émanés du Bien premier sont bons *en leur être même*, sans que leur bonté soit aussi leur essence. C'est ce transfert paradoxal qu'exprime la notion technique de *denominatio*.

L'ensemble de ce complexe se retrouve chez Albert le Grand. Il y reçoit, cependant, une signification différente, dans la mesure où la notion boécienne de « flux » est intégrée à une nouvelle épistémé : la noétique émanatiste du péripatétisme gréco-arabe. Cette rencontre est particulièrement lisible dans le *De causis et processu universitatis.* Pour s'en rendre compte, il faut, cependant, interpréter correctement la structure et le contenu de cet ouvrage. Contrairement à l'opinion reçue, en effet, le *De causis et processu universitatis* n'est pas une simple paraphrase du *Liber de causis*. Ce fait, absolument capital, commande toute la conception albertinienne de la théologie « péripatéticienne ».

Structure du *De causis et processu universitatis*

Le *De causis et processu universitatis* est un exposé complet de la théologie aristotélicienne, constituant une sorte d'ultime symptôme de la tradition compliquée de l'*Uthūlūjiyā* ou pseudo-*Théologie d'Aristote*[13]. C'est donc sur une ligne interprétative fondamentalement « arabe » qu'Albert organise son interprétation et qu'il articule sa discussion d'ensemble de l'histoire de la théologie philosophique.

Le plan du *De causis et processu universitatis* apparaît clairement une fois ses sources principales identifiées, et s'avère, dans cet horizon, parfaitement logique :

– le livre I est une théologie du Premier Principe construite à partir de la *Métaphysique* de Ghazālī ;

– le livre II est une théologie des Intelligences et du « gouvernement » ou *regimen* divin construite à partir du *Liber de causis.*

L'articulation des deux sources principales d'Albert, Ghazālī et le *Liber de causis*, justifie l'idiosyncrasie du commentaire : ce livre prétendument « mal composé » est en réalité d'une parfaite rigueur.

Le livre I, *De proprietatibus primae causae et eorum quae a prima causa procedunt*[14], fixe la toile de fond : les trois voies philosophiques de l'antiquité, épicurienne, stoïcienne, péripatéticienne, par rapport au problème fondamental de la théologie : *De primo omnium principio* ou *De universi esse principio* (tr. 1), puis commence l'exposé de la théologie péripatéticienne : le *De scientia primi* (tr. 2), le *De libertate, voluntate et omnipotentia primi*[15] (tr. 3), le *De fluxu causatorum a causa prima et causatorum ordine*[16] (tr. 4). Les principaux parallèles avec Ghazālī sont les suivants :

a) Dcpu, I, 1, 10, *De proprietatibus eius quod necesse est esse*[17] (F 18, 41-24, 14 ; B 380b-383b) = Ghazālī, *Metaph*., I, II ; Muckle, p. 52-61 (F 18, 58-23, 80)[18].

13. Sur la pseudo-*Théologie d'Aristote*, cf. F.W. Zimmermann, « The Origins of the So-Called *Theology of Aristotle* », in *Pseudo-Aristotle in the Middle Ages*, p. 110-240.

14. « Des propriétés de la Cause première et des [êtres] qui procèdent [émanent] de la Cause première ».

15. « De la liberté, de la volonté et de la toute-puissance du Premier ».

16. « Du flux des [êtres] causés à partir de la Cause première et de l'ordre [hiérarchique] des [êtres] causés ».

17. « Des propriétés de celui qui est l'être nécessaire ».

18. J'avais signalé ces parallèles dans « Albert le Grand et Thomas d'Aquin, interprètes du *Liber de causis* », *RSPT*, 74 (1990), p. 347-378. L'édition Fauser (1993) reproduisant désormais le texte de Ghazālī, nous indiquons cette référence, en plus de l'édition Muckle, pour la commodité du lecteur.

b) Dcpu, I, 2, 2, *Quod primum est vivens et omnis vitae principium*[19] (F 26, 79-27, 92 ; B 389a-390b) = Ghazālī, *Metaph.*, I, III, sent. I ; Muckle, p. 63, 22 *sq. (Primum est vivens)* et sent. XI ; Muckle, p. 80, 6 *sq.* (*Primum delectatur in se ipso*[20], cité par Albert sous la forme *vita delectabilissima vivit*[21], thèse aristotélicienne également attestée dans l'*Epistola* d'Alexandre).

c) Dcpu, I, 2, 3, *Quod primum scit se scientia perfecta et scit omne quod est vel potest esse*[22] (F 28, 1-29, 53 ; B 390b-392b) = Ghazālī, *Metaph.*, I, III, sent. V ; Muckle, p. 70, 18 *sq.*, et II ; Muckle, p. 64, 21 *sq.* et 65, 3-5.

d) Dcpu, I, 2, 4 : *Quod primum scit se, et quod in ipso scientia et scitum et sciens unum sunt*[23] (F 29, 54-30, 98 ; B 393a-b) = Ghazālī, *Metaph.*, I, III, sent. II ; Muckle, p. 65, 3-5 et 64, 21 *sq. (Primum est sciens seipsum et scientia eius et scitum suum est ipsemet*[24]*)* : thèse attestée à la fois dans la proposition 167 de Proclus[25], la proposition 12 du *Kalām* (ou 13 du *Liber de causis*) et dans l'*Epistola* d'Alexandre.

e) Dcpu, I, 2, 5 (F 31, 1-81 ; B 394a-395a) : *Quod primum scit omnia genera, species et individua tam substantiae quam accidentium*[26] = Ghazālī, *Metaph.*, I, III, sent. III ; Muckle, p. 66, 1 *sq. (Primus scit omnes species et genera omnium quae sunt*[27]*)*, sent. IV ; Muckle, p. 66, 21 *sq. (non inducit multitudinem in eius scientia*[28]*)*, sent. II ; Muckle, p. 64, 21 *sq. (scire se ipsum non addit sibi aliquid*[29]*)*, le tout ponctué par une reprise de l'expression du *Liber de causis*, prop. 21 : « Propter hoc oportet ipsum esse in fine simplicitatis[30] » (B 395a).

19. « Le Premier est vivant et il est le principe de toute vie ».

20. « Le Premier se délecte de lui-même ».

21. « Le Premier vit la vie la plus délectable ».

22. « Le Premier se connaît d'une science parfaite et il connaît tout ce qui est ou ce qui peut être ».

23. « Le Premier se connaît lui-même et en lui la connaissance, le connu et le connaissant ne font qu'un ».

24. « Le Premier se connaît lui-même et il est lui-même sa science et l'[objet] qu'il connaît ».

25. Cf. trad. Trouillard, p. 159 : « Tout esprit [*sic*] se pense lui-même. »

26. « Le Premier connaît tous les genres, espèces et individus tant des substances que des accidents ».

27. « Le Premier connaît toutes les choses qui sont ».

28. « Cette science n'introduit en lui aucune multiplicité ».

29. « La connaissance de soi ne lui ajoute rien ».

30. « C'est pourquoi nécessairement il existe au comble de la simplicité ».

f) Dcpu, I, 3, 1 (F 35, 9-36, 60 ; B 400a-402a) : *De libertate primi* = Ghazālī, *Metaph.*, I, III, sent. X ; Muckle, p. 79, 19 *sq.* (*Primus largissimus est a quo emanat omne bonum*[31], cité en B 402a).

g) Dcpu, I, 3, 2 (F 36, 61-37, 76 ; B 402b-403b) : *De voluntate primi* = Ghazālī, *Metaph.*, I, III, sent. VII ; Muckle, p. 79, 9 *sq.* *(Primus est volens et ei est voluntas et causa*[32]*).*

h) Dcpu, I, 3, 3 (F 37, 77-39, 13 ; B 404a-405b) : *De omnipotentia primi* = Ghazālī, *Metaph.*, I, III, sent. VIII ; Muckle, p. 77, 16 *sq.* *(Primus est potens).*

i) Enfin le *Dcpu*, I, 4, articulation indispensable du livre I et du livre II, correspond exactement au programme de la *Metaphysica* tel que le formule Ghazālī au début du livre I, V, intitulé *Flos divinorum* : *Quomodo omnia habent esse a primo principio et quomodo omnia perveniunt ad unum qui est causa causarum*[33], tandis que le *Dcpu*, I, IV, 8, son chapitre terminal, expose les deux thèses centrales de la théologie péripatéticienne, telle que l'entend Albert : *A primo principio non provenit nisi unum*[34] et *Decem intelligentiae, novem coeli*[35], toutes deux développées par Ghazālī en *Metaph.*, I, V ; Muckle, p. 119, 23 *sq.* et 121, 3.

Le livre II, constitué par la paraphrase du *Liber de causis*, introduit un ordre absent de l'original arabe. La structure du *Kalām fī maḥḍ al-khair* n'est pas évidente. Sans être dénué de tout principe d'organisation, l'ouvrage n'a pas une loi de composition interne valable d'un bout à l'autre d'un texte, dont, significativement, aucune des propositions adaptées ne recoupe celles que regroupe l'anthologie d'Abū Uṭman al-Dimašqī. Albert, qui rédige une paraphrase et non un commentaire littéral, ne propose pas de *divisio textus*. L'articulation des cinq traités qui composent le livre II du *De causis et processu universitatis* permet cependant d'en extraire une. Sa méthode d'explication est originale : chaque proposition est introduite de manière tacite, dans le cours de l'exposé théologique, point de départ de nombreuses discussions, digressions et questions où Albert brasse l'ensemble de ses dossiers ; quant aux parties du *Liber de causis* considérées comme « commentaire », elles sont placées à la fin de chaque séquence consacrée à une proposition, comme une sorte de résumé des thèses successivement

31. « Le Premier est la suprême largesse, tout bien en émane ».

32. « Le Premier est [doué de] vouloir et en lui la volonté est cause ».

33. « Comment toutes choses tiennent leur être d'un Premier Principe et comment toutes reviennent à l'Un qui est la Cause des causes ».

34. « Du Premier Principe ne procède que l'un ».

35. « Il y a dix Intelligences et neuf cieux ».

avancées. C'est dans ces résumés que figure en général l'énoncé littéral des propositions, le texte du *commentarium* étant ensuite tissé de gloses et d'incises, selon la méthode suivie dans le *Super Dionysium De divinis nominibus*. Chaque section consacrée à un *commentarium* est indiquée par une expression comme *capitulariter colligendo* ou *summatim perstringendo*[36].

Voici cette division (indiquant en romain la première occurrence d'une *propositio*, en italiques, celle de chaque *commentarium*, et entre parenthèses l'expression utilisée par Albert pour introduire cette section particulière) :

Liber II : *De terminatione causarum primarium*[37]

I. *De potentiis et virtutibus causarum primarium*[38]

Ldc 1 : II, 1, 5 ; *II, 1, 6 (patet igitur)* ; *Ldc* 2 : II, 1, 7 ; II, 1, 9 ; *II, 1, 10 (ex istis planum est)* ; *Ldc* 3 : II, 1, 15 ; *II, 1, 16 (capitulariter restringendo)* ; *Ldc* 4 : II, 1, 17 ; *II, 1, 18* ; *II, 1, 19* ; *Ldc* 5 : II, 1, 21 ; *II, 1, 23 (capitulariter colligitur)* ; *Ldc* 6 : *II, 1, 25 (ex inductis patet).*

II. *De intelligentiis*[39]

Ldc 7 : II, 2, 2 ; *II, 2, 8 (capitulariter loquendo)* ; *Ldc* 8 : II, 2, 9 ; *II, 2, 13 (capitulariter colligendo)* ; *Ldc* 9 : II, 2, 14 ; *II, 2, 19 (colligendo)* ; *Ldc* 10 : II, 2, 21 ; *II, 2, 24 (summatim collecta)* ; *Ldc* 11 : II, 2, 25 ; *II, 2, 27 (summatim perstringendo)* ; *Ldc* 12 : II, 2, 28 ; *II, 2, 30 (summatim perstringendo)* ; *Ldc* 13 : II, 2, 31 ; *II, 2, 34 (capitulariter colligi)* ; *Ldc* 14 : II, 2, 37 ; *II, 2, 41 (capitulariter dicendo)* ; *Ldc* 15 : II, 2, 42 [mbr1] ; II, 2, 43 [mbr 2] ; *II, 2, 45 (capitulum est).*

III. *Qualiter intelligentiae sunt causa motus infiniti*[40]

Ldc 16 : II, 3, 4 ; *II, 3, 6 (capitulariter dicendo)* ; *Ldc* 17 : II, 3, 7 ; *II, 3, 9 (summatim colligendo)* ; *Ldc* 18 : II, 3, 10 [mbr1] ; *II, 3, 14* [mbr 2] *(capitulariter dicendo)* ; *Ldc* 19 : II, 3, 15 ; *II, 3, 18 (colligendo).*

36. L'alternance albertinienne de digressions sur les propositions (pseudo-aristotéliciennes) et de chapitres ou de « sommes » sur leur *commentarium* (pseudo-avicennien et/ou farabien) exprime l'hétérogénéité supposée du *Livre*. La technique de la *capitulatio* est caractéristique de l'albertisme. On la retrouve, entre autres, dans le *De intellectu et intelligibili*.

37. « Sur la détermination des causes premières » (*i.e.* l'étude de leurs caractéristiques ou propriétés).

38. « Sur les puissances et les vertus des causes premières ».

39. « Sur les Intelligences ».

40. « Comment les Intelligences sont la cause d'un mouvement infini ».

IV. *De regimine universorum a causa prima*[41]

Ldc 20 : II, 4, 1 ; *II, 4, 4 (summarie)* ; *Ldc* 21 : II, 4, 5 ; *II, 4, 6 (collective dicendo)* ; *Ldc* 22 : II, 4, 7 [mbr1] ; *II, 4, 8 (colliguntur brevi compendio)* ; *Ldc* 23 : *II, 4, 10 (colligi possunt)* ; *Ldc* 24 : II, 4, 11 [mbr1] ; II, 4, 12 [mbr2] ; *II, 4, 13 (ergo)* ; *II, 4, 15 (congregando)*.

V. *De primorum principiorum incorruptibilitate*[42]

Ldc 25 : II, 5, 1 [mbr1] ; II, 5, 2 [mbr1 complet] ; II, 5, 3 [mbr2] ; *II, 5, 4 (colligendo)* ; *Ldc* 26 : II, 5, 5 ; *II, 5, 7 (congregantes breviter)* ; *Ldc* 27 : II, 5, 8 ; *II, 5, 11 (colligendo)* ; *Ldc* 28 : II, 5, 13 ; *II, 5, 14 (colligendo)* ; *Ldc* 29 : II, 5, 15 ; *II, 5, 16 (ad compendium reducentes)* ; *Ldc* 30 : *II, 5, 20 (colligendo)* ; *Ldc* 31 : II, 5, 21 ; *II, 5, 22 (in compendio ergo dicimus)* ; *Ldc* 32 : *II, 5, 24 (sub compendio ergo comprehendente)*.

La relation entre le « sous-texte » pseudo-aristotélicien d'Albert, les divers CQR qui s'y rattachent et l'horizon d'exégèse qu'ils déterminent étant précisée, la question de la structure de la théologie « péripatéticienne » peut être raisonnablement abordée. La question est d'autant plus intéressante que l'articulation Algazel/*Liber de causis* n'est pas sans exemple, et qu'elle est, au contraire, attestée, sous un format évidemment réduit, dans la plus célèbre des « Introductions à la philosophie » rédigées pour les maîtres et étudiants de l'université de Paris dans les années charnières du XIIIe siècle : la *Divisio scientiarum* d'Arnoul de Provence. L'œuvre s'ouvre, en effet, sur une citation de la *Metaphysica* d'« Algazel » également attestée chez Albert (« Primus est largissimus a quo emanat omne bonum »)[43], doublée d'une longue *probatio* – la première intervention d'Arnoul, près d'une page et demie après le début du livre, consistant en un court développement sur l'inégalité de réception de l'« influence du bien », placé sous l'égide du *Liber de causis* :

> Bien que l'influence du Bien sur tout ce qui est demeure en Lui égale et invariable, les créatures, cependant, ne sont pas à égalité capables de Lui, comme il est dit dans le *Livre des causes* : plus elles en sont proches, plus c'est abondant, plus elles en sont éloignées, moins cela est plein, conformément à l'ordre [hiérarchique] selon lequel sa Sagesse se révèle absolument[44].

41. « Sur le gouvernement de l'univers [des êtres] par la Cause première ».

42. « Sur l'incorruptibilité des premiers principes ».

43. Cf. *supra*, p. 153, point *f*.

44. Cf. *Divisio scientiarum Arnulfi Provincialis*, éd. Cl. Lafleur, dans *Quatre Introductions à la philosophie au XIIIe siècle* (Université de Montréal. Publications de l'Institut d'études médiévales, XXIII), Montréal, Institut d'études médiévales - Paris, Vrin,

Structure et contenu de la théologie péripatéticienne

Le premier signe du redéploiement « péripatéticien » de la notion de « flux » dans la théologie philosophique d'Albert est la distinction introduite par le *De causis et processu universitatis* entre « cause » et « principe fluant » *(fluens principium)*[45]. Bien que la tradition philosophique issue du *De motu*, notamment la physique du XIVe siècle, ait distingué rigoureusement entre les deux, le terme de « principe fluant » semble, dans l'albertisme, désigner indistinctement une « forme fluante » *(forma fluens)* et un « flux de forme » *(fluxus formae)*. Ce qui, aux yeux d'Albert, caractérise un flux est en effet l'identité formelle et spécifique de ce qui flue, puisque c'est une seule et même réalité, la forme fluente, qui se trouve au point de départ du flux et à son point d'arrivée. Cette caractéristique permet cependant de distinguer le flux d'une série de processus apparemment semblables, dont celui du « principier » :

> Une chose est la division de la cause, une autre celle du principe fluant. Ne flue en effet que ce qui d'une forme est à la fois dans ce qui flue et dans ce à partir de quoi se fait le flux (« Non enim fluit nisi id, quod unius formae est in fluente et in eo a quo fit fluxus »). De même que le fleuve a la même forme que la source d'où il flue, de même l'eau est dans l'un et l'autre de même espèce et forme. Ce n'est pas toujours le cas dans le causé et la cause. Il y a en effet des causes équivoques. De même, ce n'est pas la même chose que de fluer et de causer univoquement [...]. En outre, ce n'est pas la même chose que principier. [...] D'où il appert que fluer n'est pas la même chose que constituer de manière élémentale[46].

Le *flux* n'est ni cause, qu'elle soit univoque ou *a fortiori* équivoque (une *cause* étant soit univoque soit équivoque à son effet), ni principe ni constituant élémentaire. Si les concepts de *forma fluens* et de *fluxus* semblent, de prime abord, chargés d'exprimer le nouveau concept de « causalité univoque » que nous avons vu opérer par-delà la distinction traditionnelle entre univocité et analogie, de manière à assumer le rôle de correctif aux perspectives des théologiens latins qui identifient purement et simplement illumination « avicennienne » et théophanie

---

1988, p. 298, 18-22 : « Quamvis autem influentia boni super omne quod est a parte Ipsius equalis maneat non uariata, creature tamen non equaliter sunt capaces illius, ut scribitur *Libro de causis*, set que propinquius assistunt, uberius, que remotius, minus plene, secundum ordinem in quo Eius sapientia maxime declaratur », d'après *Liber de causis*, prop. 23 (24), éd. cit., p. 97, 20-98, 52.

45. Albert le Grand, *Dcpu*, I, 4, 1, éd. Fauser, p. 42, 37 *sq.* (B 410b).

46. *Ibid.*, p. 42, 38-39.

dionysienne, l'analyse albertinienne du flux paraît donc aller en sens contraire de sa visée supposée, puisqu'elle montre en détail pourquoi le « fluer » n'est pas seulement distinct du « causer » en général, mais diffère aussi du « principier » et du « constituer élémentalement ». En fait, ces mises au point sont fondamentales. Albert donne de bonnes raisons de rejeter une expression comme « principe fluant ».

La caractéristique première d'un principe est d'appartenir à la chose dont il est le principe, d'en être, pour ainsi dire, l'initiale : *aliquid rei* parce que *primum rei*. Selon une étymologie qui, vraisemblablement, remonte à la fois à Basile (pour le grec) et à Jérôme (pour l'hébreu), un principe est non seulement ce qui « commande » mais aussi ce qui « commence » une chose. La source d'un flux, en revanche, n'est pas toujours *aliquid rei*. Fluer n'est donc pas la même chose que principier.

> S'il y a en effet une force dans ce qui est principe, tout principe est quelque chose de la chose dont il est le principe. Son nom même le dit bien. Le principe d'une chose est ce qui d'elle est premier. Or ce qui est la source d'un flux comme celui dont nous parlons ici n'est pas toujours quelque chose de la chose, car la source première ne peut être mêlée à rien ni ne peut être une partie de la chose qu'elle constitue. C'est pourquoi elle flue aussi bien dans ce qui lui est immédiat que dans ce qui lui est joint médiatement, et se rapporte à tout d'une manière une et identique, même si tout ne se rapporte pas à elle d'une manière une et identique [47].

Cette précision entraîne donc l'autre distinction : fluer n'est pas non plus la même chose que « constituer élémentalement », c'est-à-dire à l'aide d'éléments formels :

> Ce qui, en effet, est constitué élémentalement est composé de constituants premiers [qui le constituent] selon la forme. Or un flux exige d'être le flux de quelque chose de simple, qui dans son être ne contient rien qui le compose élémentalement [48].

N'étant ni une partie de ce qui flue d'elle ni composée en elle-même, la nature de la source nous aide à comprendre celle du flux et du fluer, l'idiosyncrasie de sa dimension causale. Celle-ci apparaît clairement dans la définition qu'en propose Albert au niveau de la Source première, une fois écartées les notions de cause, de principe et de constitution élémentale :

> Il appert de cela que le flux est purement et simplement une émanation de forme à partir de la source première, qui est source et origine de

47. *Ibid.*, p. 42, 64-74.
48. *Ibid.*, p. 42, 76-80.

toutes les formes (« Ex his patet quod fluxus est simpliciter emanatio formae a primo fonte, qui omnium formarum est fons et origo »)[49].

La notion de Source est plus adéquate que celles de Cause première ou de Principe premier pour construire une métaphysique du flux et, par là, s'efforcer de contrer ce que la conception purement protologique de la métaphysique a de trop schématique. Albert ne veut évidemment pas dire que la Source n'est pas Cause première (ou Premier Principe) ou qu'elle est autre chose que la Cause première (ou que le Premier Principe) : il veut plutôt dire que les concepts de cause et de principe ne permettent pas de penser adéquatement le caractère fontal de la Cause et du Principe, qu'ils sont moins adaptés pour dire la réalité métaphysique de l'activité du Premier : le flux. Quoi qu'il en soit, telle qu'il la présente ici, la Source, l'origine du flux, semble se confondre avec ce que la tradition appelle le « Donateur des formes ». Contrairement à ce qu'il fait dans le *Super Dionysium De divinis nominibus*, Albert attribue la paternité de cette théorie non à Avicenne ou à Ghazālī, mais à Platon. Rien d'étonnant à cela, cependant. Il ne fait que suivre leur commune inspiration. Les deux auteurs « arabes » sont de fait bel et bien mobilisés. Une partie du sous-texte est empruntée à Avicenne, comme le montre l'expression avicennienne de « trésor » utilisée pour qualifier le « fond » de la générosité du Donateur[50]. Sans parler évidemment du mot même de *Source*, qui apparaît plusieurs fois chez Ghazālī pour désigner le Premier (comme « Source de tout l'être », *fons omnis esse*, ou « Source de l'être de l'univers », *fons esse universitatis*)[51]. L'ensemble du texte indique en outre que le Colonais a à l'esprit les distinctions qu'il expose en pleine clarté dans son Commentaire de Denys, puisqu'il remarque que l'interprétation du flux moyennant l'hypothèse du *Dator formarum*, se heurte à la doctrine aristotélicienne de l'éduction des formes à partir de la matière ou, plus exactement, qu'il est difficile (mais pas impossible) d'accommoder la « voie » péripatéticienne de l'éduction à la théorie du flux, puisque l'*eductio* est plus proche de la notion de cause ou de production que de celle de *fluxus*[52].

À peine a-t-on mis en place le concept fondamental de flux, que la question du Donateur des formes s'impose à l'attention. De fait, elle est d'une importance stratégique : c'est le point crucial sur lequel se joue la distinction des théologies platonicienne et péripatéticienne, le terrain sur

49. *Ibid*, p. 43, 1-3.
50. *Ibid*., p. 43, 4-7.
51. Voir les références à l'édition Muckle dans Fauser, p. 43, *ad lin.* 2.
52. Cf. éd. Fauser, p. 43, 8-14.

lequel s'édifie l'aristotélisme néoplatonisant, le lieu où effectuer la nécessaire « déplatonisation » d'Avicenne.

Du Démiurge au Donateur des formes : contre le platonisme

Comme la quasi-totalité des médiévaux, Albert le Grand a connu Platon à travers le *Timée* et ses satellites : Macrobe[53], Calcidius, Cicéron et leurs surgeons médiévaux du XIIe siècle[54], à quoi il faut ajouter le témoignage d'Augustin, complété par celui de Némésius, d'Aristote et de ses commentateurs grecs, byzantins ou arabes. La disparité de ces sources lui a fourni une grille de lecture singulière dont on ne peut aujourd'hui encore totalement dominer la puissance de déformation[55].

Doxographe qui tisse son propos des doxographies antérieures – d'Aristote à Averroès –, le Colonais se prend, sans le vouloir, dans les incertitudes, les allusions et les erreurs de ses propres devanciers, dans des réseaux complexes d'énoncés indirects et de références croisées qui lui renvoient l'image multiple, déformée et déformante de monstres théoriques, de dépendances fictives et de généalogies fantômes.

On l'a dit en commençant, Albert distingue en général trois écoles dans la philosophie antique :

> Les difficultés qui entourent les principes de l'étant dans sa totalité, il semble qu'il faille en découvrir le principe chez les premiers philosophes dans la mesure où ils s'en sont enquis. En effet, tant les épicuriens que les stoïciens et les péripatéticiens semblent avoir transmis des thèses bien différentes au sujet du principe de toutes choses[56].

53. Sur Macrobe, cf. l'ouvrage fondamental d'I. Caiazzo, *Lectures médiévales de Macrobe*. Les *Glosae Colonienses super Macrobium*, Paris, Vrin (Études de philosophie médiévale, LXXXIII), 2003.

54. Cf. T. Gregory, « The Platonic Inheritance », *in* P. Dronke (éd.), *A History of Twelfth-Century Western Philosophy*, Cambridge, CUP, 1988, p. 54-80. Cf., en outre, J. Marenbon, « Platonismus im 12. Jahrhundert : Alte und neue Zugangsweisen », *in* Th. Kobusch, B. Mojsisch (éd.), *Plato in der abendländischen Geistesgeschichte*, Darmstadt, 1997, p. 101-119 ; Th. Ricklin, « Plato im zwölften Jahrhundert. Einige Hinweise zu seinem Verschwinden », *in* S. Gersh, M.J.F.M. Hoenen (éd.), *The Platonic Tradition in the Middle Ages. A Doxographic Approach*, Berlin-New York, Walter De Gruyter, 2002, p. 139-163.

55. Pour plus de détails, cf. A. de Libera, « Albert le Grand ou l'antiplatonisme sans Platon », *in* M. Dixsaut (éd.), *Contre Platon. Tome I. Le Platonisme dévoilé*, Paris, Vrin (Tradition de la pensée classique), 1993, p. 247-271.

56. Cf. Albert le Grand, *Dcpu*, I, 1, 1 ; éd. Fauser, p. 1, 9-13 : « Difficultates quae sunt circa totius entis principia, utcumque tangere cupientes a primis philosophantibus videtur sumendum esse principium. De primo enim omnium principio diversa tradidisse videntur Epicurei scilicet et Stoici et Peripatetici. »

Les épicuriens : Thalès, Anaximène, Héraclite, Empédocle, « Démocrite et son collègue Leucippe », Caecina[57], Attale, Hésiode et/ou Homère, Épicure. Les stoïciens : Pythagore[58], Hermès Trismégiste, Socrate, Platon, Speusippe, les académiciens et les brahmans. Les péripatéticiens : Anaxagore, Aristote, Alexandre, Théophraste, Porphyre, Abubacher et/ou Avempace, Avicenne, Algazel, Averroès.

Placé entre un épicurisme qui a donné son nom à Épicure (« épicurien » veut dire *super-curans,* autrement dit, superflu)[59] et un péripatétisme quelque peu hétérogène, le platonisme d'Albert n'intègre ni Denys ni le *Livre des causes.* C'est un moment du stoïcisme – interprétation surprenante qui n'a d'autre fondement que structurel et d'autre portée que taxinomique. Sur cette base large, pour ne pas dire baroque, où le seul dénominateur commun des platoniciens est l'admission de la théorie platonicienne des « Formes », Albert n'en est pas moins capable de distinguer Platon de ses successeurs et d'opposer le tout, à quelques détails près, à ce qui pour lui reste la norme de la philosophie pleinement achevée : le péripatétisme.

La question du Démiurge illustre bien cette stratégie d'ensemble. Elle est même, en un sens, exemplaire. Ici, en effet, Albert connaît le texte même de Platon : le *Timée*, dans la version latine de Calcidius ; grâce à Macrobe, il dispose d'une vulgate platonicienne qui en déploie les premières *figurations* ; reste le péripatétisme arabe et les perturbations qu'il y induit. Comment lire cette histoire multiple ? La réponse d'Albert est simple : en en faisant l'exégèse, c'est-à-dire en liant, en rapprochant, en assimilant ses diverses personnifications. Cette manière d'écrire l'histoire, fondée sur l'aperception des affinités morphologiques plus que sur la saisie des enchaînements réels, aboutit à des équations dont le principe organisateur ne peut être montré dans le courant narratif des influences. Mais cet échec empirique ou antiquaire a sa contrepartie positive : il produit des systèmes qui procèdent les uns des autres par variations ou retouches, un jeu d'articulations conceptuelles qui, à travers les traductions et les transpositions de fait, permet d'esquisser, voire de mesurer le sens philosophique des continuités et des ruptures.

57. Sur Aulus Caecina, chevalier romain originaire de Volterra, client et ami de Cicéron, théoricien des foudres, formé à la science divinatoire étrusque par son propre père, cf. M. Ducos, « Caecina (Aulus –) », *in* R. Goulet (éd.), *Dictionnaire des philosophes antiques*, t. II, Paris, Éd. du CNRS, 1994, p. 148-149.

58. Sur Pythagore, cf. Albert le Grand, *De nat. et or. an.*, II, 8, p. 31, 70-32, 25 ; *De an.*, II, 1, 9, p. 77, 1-11 et 77, 15-18.

59. Ou « superficiel », du latin *supra cutem*. Sur ce point, cf. Albert le Grand, *Dcpu,* I, 1, 2, éd. Fauser, p. 7, 20-8, 6 (Borgnet, p. 365a).

Lecteur du *Timée*, Albert place le Démiurge dans un réseau conceptuel où Macrobe côtoie à la fois Aristote, Isaac Israeli et Avicenne. La conséquence de ce montage est simple : Platon devient le sectateur d'une doctrine qu'il n'a jamais professée. Le Démiurge se fait *Dator formarum*.

Il faut ici insister sur un phénomène que l'on vient d'évoquer et que l'on retrouvera plus tard en traitant des universaux : quand il présente la théorie du Donateur des formes, Albert l'attribue en général à Platon[60], plus rarement à Avicenne, et quelquefois aux deux. Or on sait que l'expression de *Dator formarum* n'est pas platonicienne et qu'elle est si rare chez Avicenne que Gilson, avouant ne l'y avoir jamais trouvée, en attribuait à tort la paternité au seul Ghazālī[61].

Comment, dans ces conditions, expliquer la doxographie d'Albert ? Plutôt que d'égrener une série de passages en quête d'une improbable synthèse, nous prendrons pour fil conducteur un texte où les conditions de la réinterprétation péripatéticienne de la théorie du Démiurge sont rassemblées et analysées.

Dans le *De intellectu et intelligibili*, I, 1, 4 *(Quod ab intelligentia natura cognitiva sit causata, sicut dicit Plato),* Albert met en discussion la thèse platonicienne du *Timée* sur l'origine de l'âme. Le moment proprement platonicien est exposé en tête de ce qui a toutes les apparences d'une question disputée[62]. Il s'agit d'un fragment *adapté* du « discours du Démiurge » : les principes de la vie, de la sensibilité et de l'intellect proviennent des « moteurs célestes ». Elle est complétée par une seconde thèse, anonyme, qu'Albert reprend par la suite en l'attribuant à d'énigmatiques « philosophes ultérieurs » : les âmes des animaux dérivent de causes déterminées qui sont les « Intelligences ».

C'est cette seconde formulation, appuyée sur trois arguments qui fournit le *quod sic*.

Le *quod non* développe une thèse contraire alternativement attribuée aux « péripatéticiens », à Ptolémée et aux « meilleurs des sages de la Grèce » : « Théophraste, Denys et les autres philosophes ». Il comprend trois arguments :

60. Le renvoi à Platon d'une doctrine typiquement avicennienne peut s'autoriser lointainement du *Timée,* Waszink, p. 22, 19-20 : « Itaque consequenter cuncta sui similia, prout cuiusque natura *capax beatitudinis* esse poterat, effici voluit. »

61. À tort, car l'expression *dator formarum* apparaît bel et bien deux fois dans la *Métaphysique* d'Avicenne : une première fois, en IX, 5 (Van Riet, p. 490, 35), au pluriel (« a primis datoribus formarum »), la seconde, au singulier, quelques lignes plus bas (493, 95), cf. trad. O. Lizzini, in *Avicenna. Metafisica*, a cura di P. Porro e O. Lizzini, Milano, Bompiani, 2002, p. 945 et 949.

62. Pour ce qui suit, cf. Albert le Grand, *De intell.*, I, 1, 4, p. 241-242.

1. Le premier répond au troisième argument du *Quod sic* : c'est la réfutation d'une thèse astrologique selon laquelle « l'âme serait subordonnée à la dernière Intelligence et régie par elle » ; Albert y développe le thème de la liberté humaine selon Ptolémée, limitant ainsi l'influence des astres qui « inclinent » sans nécessiter[63].

2. Le deuxième argument répond au premier du *Quod sic* en réaffirmant, avec le *Liber de causis*, une prééminence étiologique de la Cause première sur toute espèce de cause dérivée, y compris l'Intelligence motrice de la dernière sphère.

3. Le troisième répond au deuxième argument du *Quod sic* : l'âme humaine n'est pas la simple « résultante de la lumière de l'Intelligence » ; une cause secondaire ne peut apporter que privation, seule la Cause première influe les perfections ou *bonitates* qui sont en l'homme. C'est là une application du principe de la « véhémence causale », selon la première proposition du *Livre des causes*.

Dans sa *determinatio*, Albert procède en deux temps. Il cherche d'abord une interprétation de la lettre platonicienne susceptible d'être accordée à l'enseignement des péripatéticiens, puis il revient *ad propositum,* c'est-à-dire au véritable thème de la *quaestio* : non pas la thèse de Platon en tant que telle, mais bien celle des « philosophes ultérieurs ». Là encore, on peut trouver un sens acceptable, si du moins on expulse le déterminisme astrologique du processus cosmologique de l'émanation noétique ou *fusio animae*. Sa conclusion, manifestement appuyée sur des sources arabes, débouche sur un vibrant éloge des *philosophi melius intelligentes,* qui font des moteurs inférieurs les « vertus et les membres du Premier Ciel et de son moteur ».

On le voit, la théorie platonicienne du *Timée* est prise ici dans une tradition interprétative maximale, puisqu'elle sert de prétexte à l'exposé d'un ensemble de thèses cosmologiques caractéristiques du péripatétisme gréco-arabe. Il ne faudrait pas en conclure qu'Albert confond tous

63. Cf. Ptolémée, *Quadripartitum*, tr. 1, chap. 1, ed. Veneta, f° 3v *sq*. Dans le *De quindecim problematibus*, 4, p. 36, 14-25, Albert donne trois arguments tirés du « livre que l'on appelle en arabe *Alarba*, mais dont le titre latin est *Quadripartitum* », autrement dit la *Tétrabible*. Il explique que « dès le début du livre », Ptolémée prouve que le destin, qui provient d'une constellation, « n'impose aucune nécessité ». Trois arguments sont avancés : 1° L'influence du destin ne s'exerce pas immédiatement sur l'homme, elle passe par des intermédiaires, et l'inégalité même des caractéristiques propres à chaque individu peut la contrarier. 2° Le destin n'agit pas par soi sur les natifs de tel ou tel signe, son mode d'action n'est qu'accidentel. En effet, il agit par l'intermédiaire des qualités premières des corps, qui ne reçoivent pas par soi les vertus ou forces émanées des étoiles. 3° Enfin, et plus généralement, dans tout ce en quoi elle s'exerce, l'influence du destin porte sur une matière diversifiée et d'inégale puissance, laquelle matière, puisque leur source est aux cieux, ne peut recevoir uniformément les forces qui émanent d'en haut.

les platonismes. Si l'on en juge par quelques textes parallèles – *De anima*, I, 2, 7 ; *Metaphysica*, XI, 1, 8 –, il sait au moins distinguer deux platonismes : celui de Platon filtré par Macrobe ; celui des *philosophi*, partisans du Donateur des formes.

Le *De anima*, I, 2, 7[64], expose la version commune d'un platonisme tout pénétré d'astrologie. Telle que la présente le passage, la position platonicienne s'articule en deux principes fondamentaux :

1. Les âmes sont, comme le ciel, dotées de deux mouvements : au « mouvement diurne » correspond celui de l'intellect ; au « mouvement erratique », celui de la *phantasia*.

2. Le « mouvement résultant des phantasmes et du poids de la chair » se laisse inscrire dans une théorie des sept mouvements girovagues, où l'âme qui transite de sphère en sphère acquiert ses diverses propriétés : la mémoire dans la sphère de Saturne ; l'opinion et la ratiocination sur le probable dans celle de Jupiter ; l'irascibilité dans celle de Mars ; l'*illustratio sensibilium* dans celle du Soleil ; l'estimation du nocif et du profitable dans celle de Mercure ; le désir (le concupiscible) dans celle de Vénus ; enfin, les divers mouvements liés à la nature du corps (attraction, nutrition, digestion, augmentation, génération) dans celle de la Lune.

Cette théorie du transit planétaire des âmes, qui, originairement faites dans les étoiles, descendent ensuite d'orbe en orbe, est complétée par celle du retour *ad stellas compares,* exploitant le thème boécien de la réminiscence *(excitata ratione)*. À terme, ce sont toutes les théories de la métempsycose et de la métensomatose *(transcorporatio)* qui sont ainsi passées au crible d'une critique dont la base documentaire est fournie par Platon, Macrobe et le *De natura hominis* de Némésius d'Émèse attribué, selon l'habitude médiévale, à Grégoire de Nysse[65].

En *Metaphysica,* XI, 1, 8, Albert fournit l'examen complet *(perscrutatio completa)* de la question traitée dans le *De intellectu*, I, 1, 4. En effet, il offre là une discussion métaphysique générale portant sur la théorie de l'induction des formes, et non une simple analyse noétique de

64. Albert le Grand, *De an.*, I, 2, 7, p. 34, 15 *sq.*

65. *Ibid.*, III, 2, 10, p. 190-191 : *Digressio declarans opinionem Platonis et Gregorii Nysseni et errorem eorundem*. L'attribution du *De natura hominis* à Grégoire de Nysse n'est pas propre à Albert. Elle est classique au Moyen Âge. Comme en témoigne *De an.*, III, 2, 10, p. 190, 30-31, Albert classe « Grégoire » parmi les sectateurs de Platon : « Gregorius [...] Nyssenus et plures Graecorum sapientium philosophia Platonis imbuti [...]. » En plein XIVe siècle, Berthold de Moosburg reprend encore cette attribution dans son exposé de la doctrine de la métempsycose. Cf. *Expositio s. El. Theol., Procli,* 199E, éd. Sturlese, p. 212, 41-213, 67.

la *fusio animae*. La doctrine de Platon est à nouveau exposée[66] puis réfutée en deux temps[67]. La *positio platonica* déployée en huit thèses voit le passage de la figure platonicienne du Démiurge à celle, non platonicienne, du Donateur des formes :

> 1. Toutes choses ont été faites par les dieux secondaires auxquels le Dieu des dieux (le Démiurge) a confié la « semence de la génération » ;
> 2. Ces dieux secondaires sont les étoiles et les sphères célestes qui « ont mis en mouvement la matière pour produire la totalité des réalités engendrables » ;
> 3. La semence confiée aux dieux secondaires est une *forma formans* qui forme la matière *ad conveniens sibi in nomine* ;
> 4. L'agent de la communication de la forme à la matière dernière est le « Donateur des formes » ;
> 5. Cette communication de la forme à la matière peut être appelée une « induction » ;
> 6. La forme induite, ou introduite, porte tantôt le nom d'« image-copie » *(imago)*[68], au sens où elle imite la forme extérieure à la matière, tantôt celui d'« écho » *(resultatio)*, tantôt celui d'« ombre » *(umbra)*[69], au sens où « elle s'obscurcit en entrant dans la matière » ;
> 7. La forme-modèle, extérieure à la matière, porte le nom d'« exemplaire » *(exemplar)* ;
> 8. Cette causalité *ad par* est une causalité univoque, et c'est en ce sens que, selon l'adage, « toute l'œuvre de la nature est celle d'une Intelligence »[70], *i.e.* au sens précis où l'univoque engendre l'univoque selon une causalité exemplaire.

La réfutation de ces thèses, menée au nom d'Aristote, repose essentiellement sur la théorie de l'éduction des formes. C'est également le cas de la discussion finale du platonisme qui clôt le chapitre[71].

66. Albert le Grand, *Metaph.*, XI, 1, 8, p. 468, 62-469, 3.

67. *Ibid.*, p. 469, 4-25 et 470, 68-471, 7.

68. Sur ce thème, cf. Albert le Grand, *De intellectu et intelligibili*, I, 1, 8 ; éd. Jammy, p. 245b : « Les platoniciens ont affirmé que les formes étaient absolument séparées et que plus elles étaient unies à la matière, moins elles étaient dites formes, et que, immergées dans la matière, il valait mieux les appeler des "images", comme le rapporte Boèce dans le livre de *La Trinité*. » Pour le témoignage de Boèce, cf. *De Trinitate*, cap. 2 ; éd. Rand-Stewart, p. 12, 48-56.

69. La notion d'« ombre » est empruntée à Isaac Israeli, *Liber de definitionibus*, éd. Muckle, p. 313, 26-27 : « L'âme rationnelle est engendrée à l'horizon de l'intelligence, à partir de son ombre » (« Anima rationalis [...] in horizonte intelligentiae et ex umbra eius generata est »).

70. Sur ce philosophème, cf. L. Hödl, « *Opus naturae est opus intelligentiae.* Ein neuplatonisches Axiom im aristotelischen Verständnis », *in* F. Niewöhner et L. Sturlese (éd.), *Averroismus im Mittelalter und in der Renaissance*, Zürich, Spur Verlag, 1994, p. 133-148.

71. Cf. Albert le Grand, *Metaph.*, XI, 1, 8, p. 470, 68-471, 7.

Comme on le voit, la *perscrutatio completa* annoncée dans le *De intellectu* contient donc l'exposé des thèses les plus importantes de la métaphysique d'Albert : rejet du *Dator formarum,* rejet de l'induction des formes, mise en place de la théorie de l'éduction et de l'inchoation des formes, dont B. Nardi a naguère signalé l'importance [72].

Si la caractérisation du platonisme par la notion d'*inductio formarum* est empruntée à Averroès, Albert développe lui-même sa théorie de l'éduction des formes en cinq théorèmes qui constituent la formulation métaphysique la plus complète de son concept de causalité univoque :

1. Tout ce qui est engendré est « éduit de la puissance à l'acte » ; cette puissance d'où part l'éduction est interne à la matière, sans pour autant faire partie de sa substance ; 2. tout ce qui est éduit de la puissance à l'acte est « extrait par un moteur qui est univoque à l'engendré ou se réduit à l'univocité » ; 3. tout moteur inférieur situé au niveau de la matière des réalités engendrables se réduit au mouvement du ciel, car « le ciel est la cause et la mesure de ce mouvement, par la forme de l'Intelligence qui produit ce mouvement et par les formes des étoiles, celles des orbes et les vertus irradiantes de la lumière » ; 4. selon l'ordre de la nature, rien ne se fait *ex nihilo* : tout devenir procède des « inchoations » confuses et indéterminées des essences qui ont été « conférées » *(inditae)* – terme classique de la doctrine des raisons spermatiques – « à la matière » ; 5. selon l'ordre de la nature rien ne se fait non plus *ex quolibet* : tout devenir procède dans une communauté de genre ; chaque genre embrassant à la fois dans son extension le produit et son contraire, les contraires ne font qu'un *in radice generis*. Sur la base de ces cinq principes Albert donne du platonisme une interprétation finalement assez nuancée : Platon a raison sur un point, mais tort sur un autre. Il a raison de soutenir que le Premier Moteur, qui est séparé de toute matière, produit le mouvement de la matière par la forme du mouvement du ciel, et que, formant et réglant toute génération, les réalités qu'il engendre le sont de manière univoque. De fait, la forme qui règle et informe la génération, l'Idée, séparée de la matière, a bien « la vertu d'une semence dans l'ordre d'une causalité tout ensemble efficiente, formelle et régulatrice ». Sa théorie, qui vaut seulement pour « la Cause première et universelle de la génération », non pour sa « cause prochaine propre », est, sur ce point, identique à celle du *Peri geneseôs,* pour laquelle la cause de la génération et de la corruption est le soleil et le cercle de l'écliptique. En revanche, sa théorie de l'induction des formes

72. Cf. B. Nardi, « La dottrina d'Alberto Magno sull'*inchoatio formae* », *Studi di filosofia medievale*, p. 69-101, spéc. p. 88-89.

est intégralement « fausse et absurde »[73]. Elle est même contradictoire avec la partie positive de sa doctrine. En effet, la forme régulatrice du mouvement du ciel, universelle et séparée de toute matière, est purement motrice, agissant par des intermédiaires « qui touchent à la matière » ; ainsi elle ne peut que mouvoir la puissance qui est dans la matière pour l'éduire à l'acte, mais elle ne peut rien y induire – ni acte ni puissance. Si l'on en juge par ce texte, l'éloge des *philosophi melius intelligentes* s'applique donc, dans le *De intellectu,* à ceux qui n'ont gardé du platonisme que sa théorie de la « Cause première et universelle » de la génération, sans accepter pour autant sa théorie de l'induction des formes par le *Dator formarum.* Il va de soi, en revanche, que cette *perscrutatio completa*, purement métaphysique, ne permet de se prononcer ni sur le problème de l'origine de l'âme ni sur les principes ultimes de la théologie.

Le péripatétisme en question

S'il y a, de l'aveu même d'Albert, un enseignement positif de Platon et plusieurs platonismes, on peut se demander jusqu'à quel point le péripatétisme forme pour lui un bloc homogène. On l'a vu, plusieurs thèses platoniciennes sont empruntées à des auteurs généralement classés parmi les *philosophi*, autrement dit des péripatéticiens, la plupart du temps arabes. Et, c'est là tout le problème, un Avicenne, un Ghazālī comptent parmi les principaux tenants de la doctrine « platonicienne » du Donateur des formes. Comment dès lors opposer au platonisme un péripatétisme si travaillé de l'intérieur que, sur l'essentiel, les deux doctrines se recoupent ou au mieux se contaminent l'une l'autre ? La réponse est simple. Il faut prendre Albert au mot. Un des énoncés albertiniens les plus nets, les plus dérangeants pour la critique moderne, est l'affirmation, souvent reprise sous une forme plus ou moins voilée, d'une communauté de pensée quasi totale avec Averroès. Il suffit de voir Albert au travail pour comprendre que cette profession de foi n'est ni irréfléchie ni marginale. Sans être averroïste – comment le pourrait-il ? –, Albert le Grand est entièrement pénétré par la pensée d'Averroès. C'est chez lui qu'il trouve l'exposé des grandes philosophies du passé, leur critique, leur mise en perspective ; c'est chez lui qu'il apprend à expliquer, anatomiser, faire et défaire une pensée ; c'est chez lui qu'il trouve les grandes questions qui agitent la philosophie de son propre temps. Or, il est presque inutile de le rappeler, Averroès est un adversaire déclaré d'Avicenne, un tenant de l'aristotélisme pur qui ne cesse de

73. Cf. Albert le Grand, *Metaph.,* XI, 1, 8, p. 471, 5-7.

dénoncer les déformations platonisantes imposées à Aristote dans l'interprétation avicennienne. Pourquoi faudrait-il qu'Albert ne l'ait pas suivi sur ce point ? Pourquoi faudrait-il que la reconnaissance de l'existence d'une tradition « péripatéticienne » l'ait, contre Averroès, incité à maintenir la fiction indéfendable d'une unanimité des tendances et des courants ? Pourquoi faudrait-il qu'il ait tout accepté d'Avicenne, alors que, tel Averroès, il est lui-même engagé dans un combat contre une platonisation d'Aristote où, depuis la fin du XIIe siècle, tous les « Latins modernes » se sont lancés ? Il n'y aucune raison de refuser à Albert une indépendance critique qu'il n'a jamais abdiquée. Péripatéticien, Albert ne se sent pas tenu d'adhérer à chaque doctrine des *peripatetici philosophi.* S'il suit Avicenne en de nombreux domaines, notamment, comme on le verra, dans sa doctrine de l'essence, il ne craint pas de l'abandonner en d'autres. La doctrine albertinienne de l'analogie philosophique intègre celle d'Avicenne, elle ne s'y soumet pas – Averroès a le dernier mot. Il en va de même pour la théorie du Donateur des formes. Il ne faut donc pas se laisser troubler ici par la notion moderne de néoplatonisme. Albert est, pour nous, néoplatonicien, ce n'est pas pour cela qu'il est plus proche d'Avicenne que d'une autre de ses sources arabes : tous les commentateurs d'Aristote qu'il fréquente – y compris Averroès – sont néoplatoniciens. Se voulant l'interprète, l'ambassadeur, du péripatétisme, Albert néoplatonise sans le savoir ; ce n'est pas une raison suffisante pour en faire un avicennien. Commentant le *Livre des causes*, Albert ne sait pas ce qu'il commente ; ce n'est pas une raison suffisante pour en faire un esprit confus. Le *Dator formarum* n'est pas indispensable à la théologie péripatéticienne du Principe et il est contradictoire avec la charte métaphysique de l'aristotélisme : l'éduction des formes, Albert fait donc tout pour l'expulser de l'univers du *Livre,* sans renoncer pour autant à inscrire la pensée dans un cosmos intelligible, dans une émanation. C'est un projet intellectuel cohérent, même s'il nous déconcerte : aristotéliser le *Liber de causis*, pour trouver le vrai sens – théologique – du péripatétisme ; projet articulé sur une vision tripartite des voies philosophiques – épicurisme, stoïcisme, péripatétisme – rebelle à nos classifications, et appuyé sur des corpus aujourd'hui à demi perdus ou inaccessibles, des archives introuvables ou controuvées, des traditions interprétatives ambiguës ou opaques, encore largement inexplorées ; projet difficile à cerner donc, mais qui, délibéré, doit être affronté comme tel[74]. La mise en évidence de la pluralité du

74. Sur ces questions, cf. A. de Libera, « Épicurisme, stoïcisme, péripatétisme. L'histoire de la philosophie vue par les Latins (XIIe-XIIIe siècle) », *in* A. Hasnawi, A. Elamrani-Jamal et M. Aouad (éd.), *Perspectives arabes et médiévales sur la tradition scientifique et*

péripatétisme est l'acquis philosophique d'Albert. Il faut le mettre à son crédit, même s'il revêt pour nous des formes paradoxales. L'histoire de la philosophie qu'il nous propose n'est pas la nôtre, elle existe cependant, et il faut accepter de la lire, si l'on veut comprendre sa pensée : aux yeux d'Albert, comme à ceux d'Aristote ou d'Averroès, le travail de l'historien fait partie du philosopher. Exposant, c'est-à-dire expliquant et amplifiant, la lettre du *Liber de causis*, Albert procède autant en historien de la métaphysique du flux qu'en théoricien proprement dit. C'est ainsi qu'il est le premier à donner une image différenciée du péripatétisme, distinguant plusieurs versions de la théorie « péripatéticienne » du flux. On doit s'attacher à cette analyse, c'est une pièce essentielle du système.

Hermès, ou le péripatétisme dévoyé

L'analyse des doctrines « des anciens et premiers péripatéticiens » est l'un des épisodes les plus déconcertants de l'exégèse philosophique albertinienne. Albert semble, en effet, s'y contredire lui-même et, qui plus est, s'opposer par avance aux doctrines de ses successeurs, puisque la formulation qu'il en donne – et qu'il va combattre – semble faire du flux une « procession » constituant la lumière à partir de la lumière en similitude, selon un type de diffusion multiplicatrice anticipant apparemment les théories d'un Berthold de Moosburg :

> Ce mode du flux, les anciens et premiers péripatéticiens l'ont appelé *procession* : en effet, en se communiquant par la capacité originaire même d'engendrement de la forme simple, il émet une forme qui procède de lui sans diminution à la façon dont le rayon procède de la lumière et dont, en ce sur quoi il tombe, ce rayon même constitue, par sa propre diffusion, multiplication et réflexion, une lumière semblable à la source première de la lumière, autant qu'il est possible (« Istum modum fluxus antiqui Peripatetici et primi processionem vocaverunt : eo quod in ipsa prima originatione formae simplicis communicando se, de se emittit formam a se procedentem sine sui diminutione, sicut a luce procedit radius et ipse radius in eo cui incidit, per sui diffusionem et multiplicationem et reflexionem constituit lumen simile primo fonti luminis inquantum possibile est »).

---

philosophique grecque. Actes du colloque de la Société internationale d'histoire des sciences et de la philosophie arabes et islamiques. Paris, 31 mars-3 avril 1993, Leuven-Paris, Peeters - Paris, Institut du Monde arabe (Orientalia Lovaniensia Analecta, 79), 1997, p. 343-364.

Diffusion, multiplication, réflexion, similitude, c'est là presque tout le programme du cycle néoplatonicien d'un Denys, source majeure d'Albert, comme de toute l'école dominicaine allemande. Pourquoi, dans ces conditions, parler de « péripatétisme ancien » ? Il ne suffit plus ici de noter que la notion médiévale de péripatétisme ne recouvre pas celle, moderne, d'aristotélisme, ni de suggérer qu'ici comme ailleurs le maître de Cologne maintient la solidarité d'Aristote avec un certain platonisme tardif – notamment dans l'analyse du fond et de la nature de la « générosité » divine. Certes, on l'a dit et redit, l'Aristote d'Albert n'est pas le nôtre, et son péripatétisme est un complexe d'énoncés platoniciens et aristotéliciens qui concerne plus la *Wirkungsgeschichte* d'Aristote dans le monde gréco-arabe qu'Aristote lui-même ; pourtant, rien de tout cela ne permet de recevoir comme telle la présentation albertinienne de l'histoire du péripatétisme. Il faut aller au texte. Surtout, il faut s'entendre sur les fondements de la théologie péripatéticienne professée par Albert.

À qui demande pourquoi le Premier émet un flux Albert répond que c'est la communicabilité du Principe qui produit son émanation. Cette communicabilité, qui réside dans le fait même de son éternelle actualité et dans l'abondance, corrélative, de sa bonté, il l'explique donc par les prédicats attribués à Dieu au livre XII de la *Métaphysique*.

La générosité du Premier vient de ce qu'il n'est ni en puissance ni en habitus, puisque, selon Aristote, Dieu ne peut ni être tiré de la puissance à l'acte par plus noble que lui ni être conçu comme plongé dans le sommeil :

> Si, en effet, le Premier était en puissance, il serait imparfait : il y aurait alors quelque chose d'autre plus noble que lui, qui le ferait passer de la puissance à l'acte. Si, en revanche, il était en habitus, il serait comme endormi et ligoté, et il lui faudrait recevoir d'ailleurs la dissolution de ses liens (« Si enim in potentia esset primum esset imperfectum : et sic erit aliud nobilius se, quod ipsum de potentia in actum educeret. Si vero esset in habitu, esset quasi dormiens et ligatus, et oporteret quod aliunde haberet ligaminis solutionem »).

L'actualité pure du Premier est donc la cause de son émanation.

Cette persistance de l'émanation, ainsi définie en termes philosophiques, ne laisse rien échapper du thème théologique traditionnel de la « dépendance » ontologique de la créature. Si le flux est toujours en train de se faire et continu, la réception de l'influx n'est faite que de temps en temps et discontinue. C'est là la racine même de la dissymétrie ontologique du Principe et du principié : la réception discrète de l'influx formel du Premier détermine une éduction discrète des formes à partir de la matière.

Reste à penser la manière dont s'effectue l'éduction non pas seulement au sens physique mais au sens métaphysique le plus général. Reste à penser cette « montée » jusqu'à la similitude, qui constitue la réponse du créé à l'appel, à l'attraction formelle du Créateur. Reste à penser l'émission formelle, le *fluxus formae*, comme une authentique « causalité par similitude ». Tout cela implique à l'évidence une série de décisions sur la nature du Premier, sur celle de ce qui, dans la créature, répond à l'appel du Créateur et, par-delà, sur celle de la causalité divine : formelle efficiente, efficiente exemplaire ou d'un autre type, s'il en est.

Concluant le chapitre consacré au *Quid sit fluere*, Albert répond clairement à ces questions : l'émanation de la Première Source est celle d'un Premier Intellect, « intelligible et simple », tant au point de vue de l'essence qu'à celui de l'être, d'un Intellect qui produit tout à cause de sa simplicité absolue, en appelant à lui, par une série de médiations, les formes contenues à l'état latent dans la matière.

Ainsi, la seule interprétation acceptable du thème « platonicien » du *Dator formarum* est celle qui, dans la ligne théologique d'Aristote, en fait un Intellect agent qui par son activité tire de la matière les formes qui y reposent comme enfermées[75]. C'est là la raison pour laquelle, selon Albert, Hermès Trismégiste dit dans le *De natura deorum* que toutes les choses sont « pleines d'un esprit qui véhicule en elles les vertus des dieux »[76]. Hermès a saisi quelque chose de la vérité péripatéticienne. Cela ne veut pas dire qu'il a su en tirer le juste parti.

La construction de la théologie péripatéticienne passe par la critique d'Hermès, figure double, si profondément ambiguë qu'on la retrouve tantôt stoïcienne, initiant Socrate à la philosophie, tantôt péripatéticienne, au principe d'une école qui culminera en la personne d'Aristote[77]. Cette ambiguïté (liée à l'extraordinaire hétérogénéité du

75. Albert le Grand, *Dcpu*, I, 4, 1, éd. Fauser, p. 43, 61-44, 3 (B 412b).

76. Ce *De natura deorum* est évidemment l'*Asclepius*, chap. 6, éd. Thomas, p. 41, 17-18 : « Spiritus, quo plena sunt omnia, permixtus cunctis cuncta vivificat » (« Cet esprit, dont tout est rempli, mêlé à tout, vivifie tout »).

77. Le platonisme « syncrétique » d'Apulée présente des caractéristiques suffisantes pour expliquer l'orientation typologique, à nos yeux aberrante, de la vision albertinienne de l'histoire de la philosophie antique. Comme le rappelle J.-M. Flamand, ce platonisme, qui utilise « très librement des doctrines empruntées à Aristote ou aux stoïciens, *considère ingénument la Stoa comme une branche du platonisme, et Aristote comme un platonicien* » (c'est moi qui souligne. Pour plus de détails, cf. J.-M. Flamand, « Apulée de Madaure », *in* R. Goulet [éd.], *Dictionnaire des philosophes antiques*, t. I, Paris, Éd. du CNRS, 1989, p. 298-317). On ne s'étonnera donc pas que, pour Albert, qui ignore toute chronologie même relative des écoles de l'Antiquité, le platonisme puisse devenir une branche de la Stoa. Le *De mundo* (édité par L. Minio-Paluello, dans l'*Aristoteles Latinus*, XI, 1-2, Paris-Bruges, 1965, p. 114-133), traduction-*paraphrase* du περὶ κόσμου (éd. W.L. Lorimer,

corpus hermétique médiéval) est telle que, dans certains contextes, Hermès devient la référence majeure. Selon L. Sturlese, qui s'appuie sur la théorie de l'homme comme *nexus mundi*, on peut aller jusqu'à dire, sur un plan plus général, que : « L'*uomo divino* (*De int.*, II, 9, Borgnet 517) o *perfetto* (*Metaph.* I, 1, 5, Geyer 7) non è il mistico, sperduto nella contemplazione intuitiva e gratifica del Dio cristiano, e neppure il filosofo assorto nella pura quietistica contemplazione di Aristotele, ma lo scienziato, profeta e mago ermetico[78]. » Nous y reviendrons.

Suivons, en attendant, l'exposé du *De causis et processu universitatis.* Albert distingue les « péripatéticiens les plus anciens » et les « péripatéticiens ultérieurs ». Les plus anciens sont ceux qui ont vu les débuts de la philosophie première :

> Trismégiste et Apollon, et Hermès d'Égypte et Asclepius le disciple du Trismégiste.

Pour ces péripatéticiens les plus anciens « Dieu est tout ce qui est ». Il se diversifie dans les choses non selon l'essence, mais selon l'être – plus exactement : selon le degré d'occultation de la lumière originelle causé par l'obscurité de la matière en cet étant-ci ou cet étant-là[79].

C'est ici qu'Albert semble condamner d'avance sa propre école, la thèse de l'identité de la Première Cause selon l'essence et de sa différenciation selon l'être en ses divers produits constituant un théorème « néo-platonicien » fondamental de l'albertisme, que l'on retrouve systématisé dans la théorie de la cause essentielle de Dietrich de Freiberg et de Berthold de Moosburg.

Aristotelis qui fertur libellus De mundo, Paris, 1933, et G. Reale, *Aristotele. Trattato sul cosmo, per Alessandro*, traduzione con testo greco a fronte, introduzione, commento e indici, Naples, 1974, qui plaide avec force pour l'authenticité du περὶ κόσμου), est un autre facteur de brouillage décisif. La paraphrase d'Apulée présente en effet des distorsions importantes avec l'original grec, dont l'intrusion massive d'une démonologie (étrangère à la pensée d'Aristote) est le signe le plus visible. C'est dans le *De mundo*, tel qu'il pouvait le lire *en latin*, qu'Albert a pu trouver une authentification « aristotélicienne » d'un univers hiérarchique composé de quatre classes d'êtres : le Dieu suprême, les dieux célestes, les démons et les vivants terrestres. Sur la distinction entre platonisme « syncrétique » et platonisme « éclectique », cf. J. Dillon, *The Middle Platonists. A Study of Platonism, 80 B.C. to A.D. 220* (Classical Life and Letters), Londres, Duckworth, 1977 (spéc. p. 266-340). L'expression « platonisme syncrétique » est bien argumentée par Ph. Merlan, « Albinus and Apuleius », *in* A.H. Armstrong (éd.), *The Cambridge History of Later Greek and Early Medieval Philosophy*, Cambridge, CUP, 1970 (2e éd.), p. 64-73.

78. Cf., sur ce point, L. Sturlese, « Il razionalismo filosofico e scientifico di Alberto il Grande », *Documenti e studi sulla tradizione filosofica medievale, Rivista della Società internazionale per lo studio del medioevo latino*, I, 2 (1990), p. 421.

79. Albert le Grand, *Dcpu*, I, 4, 3, éd. Fauser, p. 45, 23-33 (B 414a).

Placé sous le patronage d'Hermès, fondateur de cette « sagesse des philosophes » qu'Albert ne craint pas de présenter ici ou là comme « seconde révélation » – révélation philosophique, à côté de la « première révélation », la Révélation chrétienne[80] –, on pouvait croire qu'Albert accueillerait favorablement une formulation parlant d'un Dieu résidant en tout selon diverses modalités ontologiques, *in omnibus essentialiter secundum aliud esse.* Or il n'en est rien. Pourquoi ? Simplement parce que, telle qu'elle est ici formulée, la doctrine d'Hermès supprime toute hiérarchie, « toutes choses étant formées immédiatement par l'essence du Premier », et fait du Premier lui-même un être matériel « qui agit dans le nombre et par la division des différences et des accidents propres »[81].

Autrement dit, ce qu'Albert reproche à Hermès, c'est de penser le Premier comme un genre généralissime subsumant la diversité de l'univers créé comme une simple division logique de sa propre essence. Ce qui condamne d'abord Hermès, c'est donc de n'avoir pas su maintenir la transcendance du Premier ; mais ce qui le condamne pardessus tout, c'est de n'avoir pas su adopter le fondement même du

80. L'idée d'une « double révélation » n'est pas propre à Albert, mais elle revêt en général des formes bien différentes. C'est ainsi, par exemple, que Roger Bacon fait naître *deux fois* la philosophie de la Révélation, selon un scénario catastrophe (de *double décadence*) décrit en détail dans l'*Opus Maius*, III, t. 1, éd. J.H. Bridges, Oxford, OUP, 1897-1900 (reprint, Francfort, Minerva, 1964), p. 73 et l'*Opus Tertium*, éd. J.S. Brewer, *R. Baconi opera quaedam hactenus inedita*, Londres, 1859 (reprint, New York, 1964), I, 1, p. 80-81 : les patriarches Seth, Noé, Sem et Abraham, philosophes parfaits et parfaits fidèles, ont transmis aux Chaldéens et aux *premiers philosophes* profanes (Nemroth, Zoroastre, Prométhée, Atlas et Hermès Trismégiste) la sagesse qu'ils avaient reçue par illumination divine et révélation, mais ceux-ci n'ont *pas su en préserver le dépôt*, à cause du *péché originel* ; ces « sages », voulant s'approprier ce qui venait de Dieu, sont devenus les « fous » dont parle Rm 1, 22 ; une *seconde révélation* a donc été nécessaire en la personne de Salomon, suivie d'une *seconde rechute* avec Thalès, Pythagore, Socrate, Platon et, à un degré évidemment moindre, Aristote – les philosophes ne faisant qu'expliciter *imparfaitement, parce que infidèles*, « par l'enseignement et le travail » (*per doctrinam et opus*, in *Opus Maius*, II, 14, t. 1, éd. cit., p. 68), la « *parfaite sagesse* donnée aux *saints* ». Sur tout cela, cf. J. Hackett, « Philosophy and Theology in Roger Bacon's *Opus Maius* », *in* J. Long (éd.), *Philosophy and the God of Abraham. Essays in Memory of J.A. Weisheipl (Papers in Medieval Studies)*, Toronto, Pontifical Institute of Medieval Studies, 1991, p. 55-69. On notera que, pour Bacon, les maîtres ès arts de l'université de Paris sont les *héritiers de Nemroth*, prince des *philosophes athées* – sur ce point, cf. J. Hackett, « Epilogue : Roger Bacon's Moral science », *in* J. Hackett (éd.), *Roger Bacon and the Sciences. Commemorative Essays*, Leyde - New York - Londres, Brill (Studien und Texte zur Geistesgeschichte des Mittelalters, 47), 1997, p. 405-409 –, alors que, pour Albert, ce sont surtout de *mauvais philosophes*, préférant les arguties logiques et les disputes *(sophismata)* à la lecture des « grands textes ».

81. Cf. Albert le Grand, *Dcpu,* I, 4, 3, éd. Fauser, p. 45, 52-65.

« péripatétisme » véritable selon Albert : la théorie aristotélicienne de l'éduction des formes.

Cette ignorance de l'éduction est lourde de conséquences : elle le conduit inévitablement au matérialisme. La démonstration s'en fait en deux temps :

1. Toute forme qui confère un certain être à la matière par son actualité est d'abord en puissance dans cette matière avant d'être « conduite » à l'acte, en étant déterminée par ses principes.

2. Si donc le Premier informe immédiatement toute matière et toute la matière, il faut admettre qu'il s'est d'abord trouvé dans la matière avant d'y être reconduit à l'acte sous l'action d'un autre agent ; par conséquent, il faut aussi admettre une double dépendance du Premier, par rapport à la matière et par rapport à une cause efficiente externe, dépendance qui le prive de toute antériorité et de toute nécessité : *Et sic primum principium non erit necesse esse omnino et omnimode*[82].

L'opinion des « péripatéticiens anciens » est donc rejetée en termes vigoureux : leurs thèses sont détestables, elles proviennent de philosophes « qui ignoraient tout de l'art syllogistique et ont seulement tâtonné dans les ténèbres »[83].

À cette opinion ancienne, qui, selon lui, a été ensuite renouvelée par Alexandre et tous ceux qui ont affirmé que « Jupiter était toutes choses », Albert préfère, dit-il, celle des « péripatéticiens ultérieurs », qui définissent le flux comme le « mode de communicabilité des bontés du Premier »[84].

82. *Dcpu, ibid.*, p. 45, 66-46, 3.

83. *Ibid.*, p. 46, 3-6.

84. *Ibid.*, p. 45, 49-51 : « Posteriores autem philosophi peripatetici fluxum hunc non ponebant nisi in communicabilitate primi et bonitatum eius, quae fluunt ab ipso. » Ce mode de communicabilité est évidemment ce que le *De mundo* appelle « Providence », et qu'il oppose à l'immanence totale professée dans le panthéisme « poétique » des premiers âges de l'humanité. Cf. *De mundo*, chap. 24, trad. J. Beaujeu in *Apulée. Opuscules philosophiques et Fragments*, Paris, Les Belles Lettres (CUF), 1973, p. 143-144 : « Une opinion ancienne, profondément enracinée dans toutes les consciences *(cogitationes omnium hominum)*, veut que Dieu passe pour l'auteur de toute création et soit en même temps principe de conservation et de durée pour ce qu'il a créé *(deum [esse] originis haberi auctorem deumque ipsum salutem esse et perseuerantiam earum, quas effecerit, rerum)*. Aucune réalité n'est douée d'une force assez puissante pour pouvoir, privée du secours de Dieu, se suffire par sa propre nature. C'est en suivant cette opinion que des poètes inspirés ont osé déclarer que tout était plein de Jupiter, dont la présence est saisie non seulement par la pensée, mais aussi par les yeux, les oreilles et toute substance sensible *(hanc opinionem uates secuti profiteri aussi sunt, omnia Ioue plena esse, cuius praesentiam non iam cogitatio sola, sed oculi et aures et sensibilis substantia comprehendit)*. Mais, si ce langage élégant est approprié à la puissance de Dieu, il n'est pas adapté à sa majesté. En fait, il est le Sauveur et le Créateur de tous les êtres qui ont été engendrés

La réfutation définitive de l'« erreur des anciens », dans le *De causis*, I, 4, 5, permet de préciser sur ce point sa pensée philosophique. Deux thèses y dominent :

1. Tout flux comporte un ordre, c'est-à-dire un rapport du deuxième au premier, d'un troisième au deuxième, et ainsi de suite, « en tout genre de cause » – principe qui reprend la transposition de l'axiome « aristotélicien » de l'« un comme mesure première de chaque genre », et qui est illustré ici par la proposition d'Isaac Israeli[85], tantôt alléguée en contexte platonicien, selon laquelle « le dérivé naît toujours à l'ombre de l'antérieur » ;

2. La source originaire du flux primordial est un « Intellect universellement agent ».

C'est sur cette base que, reprenant le système cosmologique des Arabes, Albert décrit en philosophe le flux de l'Intellect premier comme producteur d'un système hiérarchisé d'Intelligences qui, dans une suite d'obscurcissements de la lumière primordiale, mène de la Première Intelligence émanée à l'intellect de l'homme.

Albert adhère-t-il véritablement aux doctrines cosmologiques qu'il expose ou récite pour préparer son explication du *Liber de causis* ? La chose est contestée. Elle va pourtant de soi : il suffit de noter que la caractéristique propre de la Première Intelligence, celle qui la détermine comme premier degré de l'obscurcissement de la lumière du Premier, est la différence typiquement albertinienne, empruntée à Boèce et à Gilbert de Poitiers, entre *esse* et *quod est* :

---

et faits pour remplir le monde *(sospitator quidem ille <et> genitor est omnium, qui ad conplendum mundum nati factique sunt)* ; ce n'est pas à dire, toutefois, qu'il ait façonné cet univers de ses mains, en s'acquittant d'une tâche matérielle, mais, grâce à une sorte de providence infatigable, il atteint tous les objets les plus éloignés et les embrasse, même séparés de lui par les plus grandes distances *(quadam infatigabili prouidentia et procul posita cuncta contingit, et maximis interuallis disiuncta conplectitur)*. » Cf., aussi, chap. 25, *ibid.* : « C'est pourquoi il est plus juste et plus honorable d'adopter l'opinion suivante : cette puissance suprême, consacrée dans son sanctuaire céleste, procure de la même façon aux êtres les plus éloignés comme aux plus voisins son secours salutaire, par elle-même et par des intermédiaires, sans aller s'immiscer dans chaque cas particulier et sans se dégrader en mettant la main à tout *(Qua[m] re[m] rectius est atque honestius sic arbitrari : summam illam potestatem, sacratam caeli penetralibus, et illis qui longissime separentur, et proximis, una et eadem ratione et per se et per alios opem salutis adferre, nec penetrantem atque adeuntem specialiter singula nec indecore adtrectantem comminus cuncta)*. De fait, la médiocrité d'une fonction si humble et si peu relevée ne convient même pas à un homme, s'il y a au fond de lui tant soit peu de fierté. »

85. Cf. Isaac, *Liber de definitionibus*, éd. Muckle, p. 313, 25-27 : « ... anima rationalis [...] ex umbra eius [scil. intelligentiae] generata est », cité par Albert, *Dcpu*, I, 4, 5, éd. Fauser, p. 48, 41-42 (sous la forme : « semper posterius oritur in umbra praecedentis ») et 78-79.

> La lumière [...] originaire s'obscurcit en elle [la Première Intelligence] du fait que, en elle, autres sont l'être et ce qui est (« Primum [...] lumen occumbit in ipso per hoc quod aliud est in ipso esse et quod est »)[86].

La formulation même de ce théorème, qui lui permet de penser le déploiement des hiérarchies intellectuelles et intelligibles comme la réplication de la différence constitutive de l'*Intelligentia*, nous montre non seulement la nature du flux tel que le conçoit Albert, mais le plein assentiment qu'il donne aux visées du péripatétisme « moderne ». La condamnation des « anciens » et de leur rénovateur Alexandre repose, en effet, sur une clarification décisive des concepts de l'ontologie qui, à son tour, entraîne une reformulation du statut noétique des différents étants placés, selon leur « analogie », dans l'univers hiérarchique – thème, on le sait, parfaitement albertinien.

En disant que « Jupiter est tout », les anciens ont soutenu que la diffusion même du Premier en toutes choses était leur être[87]. Ils ont ainsi nié la différence ou plutôt la distance qui sépare, intérieurement comme extérieurement, tout dérivé de son principe. Or cette distance ne peut ni être niée ni être abolie, puisqu'elle est la procession et la processivité mêmes, puisqu'elle exprime la diversité essentielle fondamentale et irréductible entre le procédant et le principe de sa procession, car, comme l'affirme ici explicitement Albert :

> Ce qui procède diffère de ce dont il procède du fait qu'il procède et est d'une essence différente de ce dont il procède (« Procedens distat ab eo a quo procedit, per hoc quod procedens est et diversae essentiae ab eo a quo procedit »)[88].

On ne saurait donc dire – avec Hermès – que le Premier et le principié ont la même essence et diffèrent seulement par l'être, puisque, précisément, ils diffèrent par leur essence, *essentia*. Mais il faut s'entendre sur cette différence. Le premier principié diffère du Premier Principe dans la mesure où il est le siège de la différence originaire, celle du *quod est* et de l'*esse*, alors que le Premier Principe est le siège de l'identité originaire, est l'identité même du *quod est* et de l'*esse*. Ainsi le principié diffère-t-il du Premier par la différence qui le constitue, le Premier étant pour Albert, comme pour Eckhart, distinct dans son indistinction même. Le principié diffère en outre du Premier dans la mesure où il est en puissance par rapport à lui. Cette différenciation

86. Albert le Grand, *Dcpu,* I, 4, 5, éd. Fauser, p. 48, 56-57 (B 418b).
87. *Ibid.*, p. 49, 14-15 (B 419b) et 27-31 pour Jupiter (thèse attribuée, nommément, à Alexandre d'Aphrodise).
88. *Ibid.*, p. 49, 38-41.

dynamique est décrite dans la terminologie cosmologique des Arabes. Le premier principié, la Première Intelligence, n'a d'être nécessaire (l'*esse primi*) que dans la mesure où elle se pense relativement à l'Intellect Premier *secundum id quo est*, c'est-à-dire comme causée par lui. En revanche, quand elle se pense elle-même, *secundum id quod est*, c'est-à-dire comme « ce qu'elle est », la lumière du Premier Principe, par laquelle elle se pensait comme émanée de lui, s'obscurcit en elle, ce qui produit à l'extérieur d'elle une nouvelle Intelligence. À ce niveau, la différence du principié au Premier réside donc dans le fait que, de par la distinction qui sépare en lui ce qui le fait être *(id quo est, esse)* de ce qu'il est *(id quod est)*, le principié ne peut se penser lui-même comme tel dans la lumière de la Première Cause.

On le voit, tel que le décrit le *De causis et processu universitatis*, le concept de flux se prête à une interprétation théologique créationniste cherchant à penser la différence de l'*essentia* de la créature et de l'*essentia* du Créateur dans le mouvement de différenciation de l'*esse* et du *quod est* qui, interne à la créature et constitutif de sa créaturalité, l'a toujours déjà séparée d'un Créateur qui n'a pas d'autre *quod est* que son *esse*. On est encore ici en un sens dans l'univers de Boèce, auquel est empruntée la distinction entre *esse* et *quod est*[89]. L'admission de la

89. Cette distinction est en effet à la base de sept des « règles » du *De hebdomadibus* de Boèce. Rappelons que la règle 2 distingue l'être *(esse)* et « ce qui est » *(id quod est)*. L'être *n'est pas* ou plutôt : il *n'est pas encore (nondum est)*, c'est-à-dire qu'il *n'est pas étant*, qu'il n'est rien d'étant, tant qu'il n'est pas l'être de quelque chose. Au contraire, « ce qui est », c'est-à-dire l'étant, *est*, puisqu'un étant est précisément « ce qui a reçu une forme qui lui donne d'être » ou qui le « fait être » *(forma essendi)*. La règle 3 pose que « ce qui est » peut participer à quelque chose, alors que l'être, lui, ne participe à rien. Il faut en effet être étant pour participer à quelque chose, et l'être n'est pas étant, puisque seul ce qui a reçu d'être est étant. La règle 4 stipule que « ce qui est » peut posséder – c'est-à-dire *avoir* – quelque chose en plus ou en dehors de son être ou du fait même qu'il est. L'être, au contraire, ne comporte, n'*a*, rien en dehors ou en plus de lui-même. La règle 5 distingue deux modes d'être ou, si l'on veut, deux manières d'« être quelque chose » *(esse aliquid)* : « être seulement quelque chose » *(tantum esse aliquid)* et « être quelque chose essentiellement » *(esse aliquid in eo quod est)*. La première forme verbale permet de signifier l'être accidentel d'une chose ; la seconde, sa nature substantielle ou essentielle. La règle 6 explique que tout ce qui participe à l'être pour être, participant à autre chose pour être quelque chose, « ce qui est » participe à l'être afin d'être et est afin de participer à une chose quelconque, différente de l'être, pour être quelque chose. La règle 7 pose que « tout ce qui est simple possède en unité son être et ce qu'il est » ou, pour mieux dire, que son être *(esse)* et ce qu'il est ou *ce qui est* lui-même ("son" *id quod est*) coïncident ; la règle 8, que, « dans le cas de tout composé, autre est l'être, autre lui-même ». On notera que la règle 7 n'a de validité que dans la sphère propre du théologien : seul Dieu (ou, dans le langage « platonicien » les « divins », *res divinae*), est ce qu'il est. Au contraire, tous les êtres « naturels » sont des étants *concrets*, c'est-à-dire onto-

cosmologie et de la hiérarchie des Intelligences des philosophes arabes, du *Liber de causis* à Avicenne lui-même, contre le panthéisme fruste des « premiers péripatéticiens », a cependant une fonction précise dans la pensée d'Albert : transposer la problématique de la causalité par similitude sur le plan de la noétique spéculative. C'est seulement en reliant la théorie de la lumière, celle du flux et celle des Intelligences qu'Albert parvient à formuler la doctrine de l'univocité d'analogie que nous l'avons vu rechercher dans la confrontation de l'illumination avicennienne avec la théophanie dionysienne. On peut même dire que c'est de cette triple rencontre que résulte sa doctrine ultime de la théophanie d'assimilation.

Le sens du péripatétisme

Nous avons vu que, dans sa recherche d'une formulation adéquate de l'univocité de la causalité divine comme causalité *per similitudinem*, Albert :

1. rejetait formellement toute assimilation de la créature à Dieu dans un même être numériquement identique qui serait à la fois commun au Créateur et à la créature ;

2. s'efforçait de penser en termes de flux la relation de dépendance causale existant entre Dieu et le créé, mais que, sur ce point, il proposait des formulations différentes dans plusieurs de ses œuvres, puisque l'on devait au moins distinguer :

2.1. la théorie de la *Metaphysica*, où, polémiquant contre le monisme de Parménide, il présentait le Premier comme « multiplié selon l'être » dans les réalités secondes,

2.2. celle du *De causis et processu universitatis*, où, polémiquant contre le matérialisme d'Hermès, il posait le Premier comme différant du principié par son essence même, c'est-à-dire par l'identité en lui de l'*esse* et du *quod est* ;

3. qu'en des endroits stratégiques, et quelle que soit la doctrine adoptée, il liait sa réflexion sur la causalité univoque par similitude :

3.1. à une théorie noétique de la production des Intelligences et des intellects par « émanation » conversive,

3.2. à une théorie de l'éduction ou de l'élicitation des formes à partir de la matière.

---

logiquement composés. En dehors de la règle 7, les six autres règles mentionnées sont donc des règles « physiques ».

La simple juxtaposition des deux derniers points peut nous servir de guide pour essayer de comprendre le sens général de cette démarche.

L'intention philosophique d'Albert : d'Aristote à Denys et retour

Albert le Grand est un philosophe et un théologien chrétien qui fait de la connaissance de Dieu par sa créature en théophanie le sens propre et la fin ultime de la création. Il accepte donc les données du péripatétisme gréco-arabe chaque fois qu'il le peut et aussi loin qu'il le peut. Il ne confond pourtant pas cette philosophie avec la théologie de Denys.

Acceptant ou récitant la hiérarchie des Intelligences selon les philosophes, Albert en rejette l'essentiel du point de vue de la théologie de la création, *i.e.* l'affirmation de l'éternité du monde intrinsèquement liée à la théorie « avicennienne » de l'irradiation. Pour les philosophes, la matière étant éternelle, la création est une irradiation éternelle de formes sur la matière. À cette doctrine d'une forme et d'une matière coéternelles au Premier Agent essentiel, Albert oppose la théorie, d'inspiration aristotélicienne, de l'inchoation des formes. Les premières formes ne sont pas irradiées dans la matière par le rayon divin. Ce qui est créé dans la matière ce n'est pas la forme, mais l'inchoation d'une forme, et ce en même temps que la matière, dans le temps, non éternellement. L'inchoation des formes étant le fondement, la condition de possibilité de l'éduction des formes, on peut dire qu'ici Aristote se corrige lui-même en corrigeant Avicenne.

Ce n'est pas tout. L'adoption même du système des Intelligences doit être mise en perspective. Ce qu'Albert cherche à faire, c'est à se donner les moyens de comprendre la théophanie grâce à une noétique spéculative dont il trouve les éléments dans le *Liber de causis*, Avicenne et le péripatétisme gréco-arabe en général. Mais ce n'est pas pour confondre à son tour purement et simplement la cosmologie arabe avec l'univers dionysien, là où – il le dit lui-même – ses prédécesseurs avaient seulement rapproché superficiellement l'illumination avicennienne et l'illumination dionysienne. La fin du *De causis et processu universitatis* distingue clairement les deux univers quand elle rejette l'assimilation des Intelligences, c'est-à-dire les moteurs du Ciel, aux anges des Saintes Écritures. Cette attitude méthodologique et philosophique sera, notons-le dès maintenant, reprise par Dietrich de Freiberg et Berthold de Moosburg grâce à une distinction entre Providence naturelle et Providence volontaire, adaptée d'Augustin, sur laquelle nous reviendrons.

L'ensemble de ces distinctions ne suffit pourtant pas à lever notre embarras face au texte albertinien. En effet, si nous voyons bien quelle fonction a le dialogue avec le péripatétisme gréco-arabe dans la recherche d'une formulation satisfaisante de la causalité univoque par similitude, si nous voyons même quelques-uns des points de théologie de la création sur lesquels Albert se sépare des auteurs qu'il « expose », nous ne pouvons encore en dire autant pour la théologie de la création en général.

Il nous faut donc affronter la question suivante : qu'est-ce qu'Albert a véritablement retenu du *Liber de causis* ?

Si l'on fait la part de quelques remaniements locaux apportés en fonction d'exigences proprement théologiques, les emprunts albertiniens au *Liber* tiennent en deux groupes de thèses :

1. l'affirmation que « l'être est la première des choses créées » et la distinction subséquente de ce qui est « par création » et de ce qui est « par information » ;

2. l'affirmation de l'univocité de la causalité divine comme flux de lumière à partir d'une Première Cause définie comme « Intellect universellement agent ».

Il n'est pas évident que ces deux thèses soient aisément coordonnables avec celles de la théologie chrétienne de la création. Avant de voir comment Albert prétend le faire, il nous faut en dégager les différents aspects.

L'affirmation que l'être est la première chose créée, thèse centrale du *Liber de causis* (prop. 4), va de pair avec la distinction, exposée dans le commentaire au paragraphe 17 (prop. 18), opposant le *modus creationis* du Premier Étant au *modus formae* de la Première Vie :

> La Première Vie donne la vie à ceux qui sont au-dessous d'elle, non par mode de création, mais bien plutôt par mode de forme (« Vita autem prima dat eis quae sunt sub ea, vitam non per modum creationis, immo per modum formae »).

Albert accepte l'une et l'autre. La distinction entre « être par création » et « être par information » est alléguée puis systématiquement développée dans le *Super Dionysium De divinis nominibus*[90]. L'être, dit Albert, est à la fois la première conception de l'intellect et le terme de toute analyse. Il est à ce titre le premier produit de la Première Cause, toute production autre étant nécessairement ultérieure et surajoutée. Il

90. Albert le Grand, *Sup. Dion. De div. nom.*, 3, n. 2, p. 101, 43-47 (pour la différence entre l'étant et le bon) ; et 4, n. 57, p. 165, 15-20. Le lien entre les deux est explicité en 5, n. 20, p. 314, 4-13.

est donc la première chose créée, mais aussi, en un sens, la seule chose créée, toute autre détermination n'étant qu'une formation de l'être.

Plus difficile à cerner, l'affirmation de la causalité comme flux de lumière à partir du Premier Intellect universellement agent se subdivise en sept thèses :

1. La Cause première est un Intellect universellement agent en tant que lumière « illuminant », c'est-à-dire produisant, tout ce qui est[91] ;

2. Cet Intellect premier constitue tout selon un ordre, d'abord les Intelligences, puis toutes choses, en vertu de lui-même[92] ;

3. Cause de l'être de toutes choses par le flux de sa lumière, l'Intellect divin n'est pas pour autant l'être de toutes choses[93] ;

4. La distinction de l'Intellect premier et des réalités dérivées est fondée dans leur structure ontologique même : dans toutes les réalités émanées, *esse* et *quod est* sont distincts. C'est, on l'a vu, le cas pour les Intelligences ; c'est également le cas, on le verra, pour l'intellect humain, dont les principes constitutifs, d'où fluent l'intellect possible et l'intellect agent, sont originairement différenciés en un *quod est* et un *quo est*, alors qu'en Dieu *quod est* et *quo est* sont un :

> En effet, la Cause première est une Lumière pure qui n'a pas d'autre lumière au-dessus d'elle ; c'est pourquoi en elle l'*esse* et le *quod est* sont identiques[94].

5. La causalité de la Lumière intelligible s'applique à un univers de puissances hiérarchiquement ordonnées qui ont besoin de l'activité de l'Intellect divin pour être appelées à un certain *quod est* et conservées en lui. En effet, tout *quod est* est d'abord dans son principe intelligible, la Cause première, comme tout visible est d'abord dans la lumière du soleil, et tout artefact dans la lumière de l'art, puisque tout effet est d'abord dans sa cause efficiente ; mais, d'autre part, l'être, l'*esse*, d'une chose ne « subsiste » dans son *quod est* qu'en tant qu'il émane en elle à

91. Albert le Grand, *Dcpu,* I, 2, 1, éd. Fauser, p. 26, 17-20 (B 388a) : « Et c'est un intellect pur universellement agent, qui constitue, produit et fait à partir de lui-même tout ce qui est ; ce pourquoi on dit qu'il illumine tous les autres et n'est illuminé par aucun » (« Et hoc est intellectus purus universaliter agens, qui ex seipso constituit et producit et facit omne quod est. Propter quod dicitur illustrans super alia et non illustratus ab alio »).

92. *Ibid.,* I, 4, 2, p. 44, 6-36 (B 413a).

93. *Ibid.,* I, 4, 5, p. 49, 14-36 (B 419b).

94. *Ibid.,* II, 1, 25, p. 91, 6-7 (B 475a) : « Causa enim prima *lumen purum est, supra quod non est aliud lumen.* Propter quod in ipsa idem est esse et quod est » – le passage latin en italiques est une citation muette du *Livre des causes*, prop. 5 (6), cf. Fauser, p. 91, 55-56.

partir de son Principe – émanation qui ne peut ultimement provenir que de Celui en qui *esse* et *quod est* sont identiques[95].

6. L'ordre hiérarchique des êtres produits par le flux de lumière de l'Intellect divin est celui « d'une chute et d'un obscurcissement », car « l'inférieur est toujours une chute du supérieur, et l'inférieur commence là où [...] la lumière du supérieur décline »[96].

7. L'émanation de la Cause première se fait à la fois dans l'ordre immatériel et dans l'ordre matériel, dans celui des intelligibles et dans celui de la matière : la lumière émanée du Premier Principe est aussi bien forme naturelle que forme intelligible ; en fait, on peut même dire que les « formes naturelles qui illuminent la matière » « émanent »[97], elles aussi, du Premier Principe par l'intermédiaire de ces Intellects intelligibles que sont les Intelligences. Autrement dit, reprenant une formule de Gilson : l'univers qu'Albert emprunte au *Liber de causis* est celui des Arabes, pour qui « toutes les formes sont imprimées dans les choses par les Intelligences motrices des sphères célestes, ces Intelligences devant elles-mêmes leur causalité instrumentale à ce qu'elles sont informées par la vertu de la lumière de la Cause première, à qui elles doivent d'être, et d'être causes »[98].

L'ensemble de ces affirmations, largement filtré par la *Métaphysique* de Ghazālī, constitue le legs du *Liber de causis* à la pensée albertinienne. On les retrouve toutes, sous une forme ou une autre, d'un bout à l'autre de son œuvre. Ces données sont-elles cohérentes ?

On peut légitimement s'étonner qu'Albert consacre tant de soin à formuler les éléments d'une métaphysique « gréco-arabe » de la lumière, notamment cette singulière et embarrassante septième thèse, s'il a pour but principal de promouvoir la théophanie dionysienne dans le champ de la théologie de la création.

Il faut cependant bien voir que le foyer de la pensée d'Albert est la noétique spéculative. C'est elle qui permet de comprendre l'unification progressive de l'œuvre albertinienne autour de thèmes précis dont elle assure à la fois l'intelligibilité philosophique et la compatibilité théologique : la définition aristotélicienne de Dieu comme « Pensée de la Pensée », la doctrine du flux intelligible dans la cosmologie arabe, la notion dionysienne de théophanie.

95. *Ibid.*, I, 2, 1, p. 26, 16-17 (B 387b) : « Et illa non potest esse nisi illa cui idem est esse et quod est. »

96. *Ibid.*, I, 4, 8, p. 55, 70-72 (B 428a) : « ... inferius semper casus quidam est superioris et inferius incipit, ubi lumen aliquo modo occumbit superioris. »

97. *Ibid.*, I, 2, 1, p. 26, 24-27 (B 387b).

98. Ét. Gilson, *La Philosophie au Moyen Âge...*, *loc. cit.*, p. 517-518.

S'il y a une « métaphysique de la lumière » chez Albert, elle ne peut être statique ni, *a fortiori*, univoque. Il faut donc au minimum distinguer :

– les passages où Albert récite la théorie « arabe » de l'incorporation de la lumière incréée à l'univers matériel et corporel par l'intermédiaire des Intelligences ;

– ceux où il s'efforce de penser le mode de diffusion de la lumière physique comme simple paradigme de la diffusion communicative de la lumière divine ;

– ceux où il s'efforce de penser le moment d'assimilation active que comporte une « information » entendue comme conformation, « mensuration » du créé à un Principe agissant comme cause finale et « objet d'amour ».

La paraphrase du *Liber de causis*, de par le contenu même de l'œuvre commentée, est évidemment caractéristique de la première tendance. Caractéristique de la seconde est le texte plus tardif de la *Summa theologiae*[99], où Albert exprime la théorie dionysienne de l'*analogia recipientium* à travers la thèse « aristotélicienne » de la lumière comme « hypostase des couleurs »[100]. Caractéristiques de la dernière, les textes où la lumière divine est présentée comme venant « convaincre » l'intellect humain d'« adhérer » à elle comme à une vérité transcendant toutes choses, tel ce passage du *Super Dionysium De mystica theologia* :

> Un savoir [enseignement] de ce genre procède [...] d'une certaine lumière divine, qui [...] est ce qui convainc l'intellect de s'attacher à elle au-delà de [= en dépassant] toutes choses (« Huiusmodi doctrina [...]

99. Albert le Grand, *Summa theol.*, I, 6, 25, 3, p. 159, 26-40.

100. Cf. Albert le Grand, *Metaph.* I, 5, 15 ; éd. Geyer, p. 89, 31-32. Sur la lumière comme « hypostase » des couleurs, cf. *Quaestiones Nicolai Peripatetici* [= Michel Scot], q. 7 ; éd. Wielgus, p. 136. Le texte de « Nicolas », édité dans St. Wielgus, « *Quaestiones Nicolai Peripatetici* », *Mediaevalia Philosophica Polonorum*, 17 (1973), p. 57-155, fait partie du corpus « alchimique » d'Albert. Il s'agit d'un recueil pseudonyme qui circulait au début du XIIIe siècle en liaison avec les traductions latines d'Averroès, « collection de notes ou de petits traités touchant la minéralogie, la médecine, la botanique et l'alchimie, rassemblées par un esprit curieux bien informé des réalités arabes » – cf., sur ce point, R. Halleux, « Albert le Grand et l'alchimie », *RSPT*, 66 (1982), p. 63. Les *Quaestiones* ont exercé une influence indéniable. Albert n'estimait guère leur auteur, qu'il identifie à Michel Scot, si médiocre philosophe, à ses yeux, que l'on doit mettre en doute pour cette seule raison l'authenticité de l'ouvrage. Cf. Albert le Grand, *Meteora*, III, 4, 26 ; éd. Borgnet, p. 697 : « Foeda dicta inveniuntur in libro illo qui dicitur *Quaestiones Nicolai Peripatetici*. Consuevi dicere quod Nicolaus non fecit librum illum, sed Michael Scotus, qui in rei veritate nescivit naturas, nec bene intellexit libros Aristotelis. »

procedit [...] ex quodam lumine divino, quod [...] est res quaedam convincens intellectum ut sibi super omnia adhaeretur ») [101].

Ce dernier point est le plus mal connu de la pensée d'Albert. C'est pourtant l'un des plus fondamentaux, puisque l'on sait :

1. qu'il rapporte la connaissance vraie dans le domaine naturel à un don gratuit du Saint-Esprit ;

2. que ce don de connaissance vraie, définie comme grâce *gratis data*, est présenté en termes de communication de la « lumière de l'Intellect incréé » à l'intellect de l'âme rationnelle [102] :

> Pour connaître le vrai sous sa raison [propre] [...] la lumière de l'intellect [...] ne suffit pas par elle-même, il faut que s'adjoigne à elle la lumière de l'intellect incréé, à la façon dont le rayon du soleil s'adjoint au rayon d'une étoile (« Ad cognitionem veri sub ratione [...] lux intellectus [...] non sufficit per se, nisi per applicationem lucis intellectus increati, sicut applicatur radius solis ad radium stellae ») ;

3. que, pour lui, l'information de l'intellect humain par l'influx illuminateur de l'intellect incréé permet à l'homme d'*acquérir*, comme intellect acquis, *intellectus adeptus*, « cette lumière intelligible qui brille dans tous les intelligibles » et qui « est la substance même de l'intellect » [103].

On voit donc combien la doctrine d'Albert peut recevoir d'aspects différents selon les écrits, voire les périodes : ici, flux de la Cause première ; là, paradigme de l'hypostase des formes ; là, enfin, principe d'une assimilation en grâce menant elle-même, au niveau de la grâce *gratum faciens*, à une pure et simple déification de l'homme – puisque, comme l'affirme le *Super Dionysium De divinis nominibus* [104] : « Deus seipsum dat in gratiis gratum facientibus, et hi qui ad ipsum convertuntur deificantur » –, la lumière « albertinienne » est, en fin de compte, l'expression de la subtile ambiguïté qui, entre la philosophie et la théologie, le péripatétisme et le platonisme, pèse sur toute la recherche d'une formulation adéquate de la causalité univoque par similitude.

Nous allons voir que l'école de Cologne a gardé l'essentiel de cette subtilité, mais qu'elle a levé l'ambiguïté en interprétant la notion albertinienne de flux de deux manières, certes voisines, mais néanmoins bien distinctes. La première, très proche de l'Albert « gréco-arabe », est

101. Albert le Grand, *Sup. Dion. De mystica theologia*, p. 455, 14-18.
102. Albert le Grand, *I Sent.*, 2, 5, p. 59b-60a.
103. Albert le Grand, *Metaph.*, XI, 1, 9, p. 473, 40-47.
104. Albert le Grand, *Sup. Dion. De div. nom.*, 9, n. 10, p. 383, 60-61.

celle d'une théologie que l'on pourrait appeler « strasbourgeoise », puisqu'elle est dominée par la conception ulricienne du Bien suprême correspondant à une lecture de Denys filtrée par le *De causis*. La deuxième est celle de l'école de Cologne proprement dite, elle est dominée par une théorie de l'Intellect et de l'Un correspondant à une lecture de Denys filtrée par l'*Elementatio theologica* de Proclus.

Ces deux théories ne s'excluent ni ne se contredisent. Simplement, le moment « strasbourgeois » de l'albertisme est plus avicennien que le moment « colonais », lui, plus proclien. Tous deux n'en sont pas moins dionysiens. Il y a donc une position d'ensemble : la caractérisation de la théologie comme théologie de l'« attraction créatrice », théologie de la causalité finale du Bien[105]. Mais il y a une différence dans l'équipement philosophique et conceptuel qui permet de la construire : ici, la noétique des degrés de l'Intellect selon Avicenne ; là, la théorie de la causalité essentielle selon Proclus et Denys.

Causalité univoque et attraction du Bien

En intitulant sa somme *Du Bien suprême*, Ulrich manifeste clairement l'axe néoplatonisant de sa pensée. Certes, le titre n'est pas en soi original, puisqu'on sait que Philippe le Chancelier et Albert lui-même ont appelé un de leurs ouvrages *De bono*. Le « Bien suprême », *Summum Bonum*, dit cependant quelque chose de plus. On peut, en effet, y entendre ce qu'Albert en écrit dans la *Summa theologiae* : le Bien suprême est la cause suprême et universelle de tout bien, la Cause première qui possède d'avance virtuellement et éminemment et absolument tout bien[106]. Ce « Bien suprême », ici défini dans la conceptualité dionysienne et proclienne de la cause « précontenante » et « essentielle », est cependant également défini par Albert dans la terminologie boécienne du *quod est* et de l'*esse*. Il y a deux sortes de bien : le « bien qui est formellement bon de par l'essence même de la bonté », autrement dit par participation à elle ; le « Bien premier » au niveau de l'efficience, de la formalité et de la finalité, parce qu'il est « bien par essence » et parce que « son être et son *quod est* sont le bien lui-même et

105. Sur la causalité du bien, cf. H. Kühle, *Die Entfaltung des Gottesbegriffes zum Begriffe des höchsten Guten nach Albert dem Großen*, Münster, 1931, p. 51-76 (§ 5 : « Gott als universelle Finalursache. Das höchste Gut ») ; J. Péghaire, « La causalité du bien selon Albert le Grand, *Summ. th.*, p. I, tr. VI, qu. 26, mbr. I, art. 2, partie 1 », in *Études d'histoire littéraire et doctrinale du* XIII*e siècle,* Paris-Ottawa (Publications de l'Institut d'Études médiévales d'Ottawa, 2), 1932, p. 59-89.

106. Albert le Grand, *Summa theol.*, I, 6, 26, 2, p. 192, 92-94.

rien d'autre ». Ce Bien-là, dit Albert, « n'est pas multiplié par les sujets », il est « bien en lui-même et séparé des participants au bien, et il est la Cause première et suprême de tout bien, existant en lui-même et existant par lui-même »[107]. On trouve dans ces deux passages de quoi comprendre l'unité de la pensée d'Albert et l'origine des enseignements des deux écoles, la colonaise et la strasbourgeoise, qui se sont réclamées de lui. Concentrons-nous ici sur l'unité. Nous avons été jusqu'ici embarrassés par les prises de position d'Albert dans le domaine de l'ontologie. En effet, comment un même auteur peut-il soutenir tantôt que l'être des suppôts multiplie l'être participé, tantôt que le Principe et le Principié sont différenciés non par l'être, mais par l'essence, pour déclarer finalement ici que le Bien par essence n'est pas multiplié par l'être des sujets ? Telle que l'expose la *Summa theologiae*[108], la doctrine de « l'acte propre du Bien suprême » répond à cette question dans le sens de la théologie strasbourgeoise, celui que va reprendre Ulrich de Strasbourg. L'acte propre du Bien suprême est de produire des biens. Glosant Denys[109], Albert montre successivement que le Bien suprême est cause de tout bien en étant semé ou implanté en chaque être et en étant le pôle ou l'objet de sa conversion. Le Bien suprême est ainsi l'alpha et l'oméga, le principe et la fin de toutes choses : « Car tout ce qui a été fait en lui le désire, et tout ce qui désire le Bien est bien », ce qui veut dire que : « Tout ce qui est par le Bien suprême est bon, en tant qu'il est par lui, et possède la forme du bien et désire le bien[110]. » Autrement dit : il est vrai de dire que l'être de Dieu n'est pas le même être numériquement identique en toutes choses, au sens où toutes choses seraient Dieu et où Dieu serait toutes choses. Il est également vrai de dire que tout le créé étant travaillé et déchiré par la différence, en lui originaire et constitutive, de l'être, *esse* ou *quo est*, et du *quod est*, Dieu ou le Principe, en qui *esse* et *quod est* sont identiques, est essentiellement distinct, en tant qu'Identité absolue, de ce qui flue de lui en tant que différence absolue. Mais il est également vrai de dire que comme Bien suprême, au-delà de l'être et de l'essence que nous trouvons dans les choses, Dieu est à la fois le même et unique Bien pour tous et qu'il est essentiellement le même, dans la stricte mesure où, s'il est multiplié selon les sujets qui sont tournés vers lui, ceux-ci sont en même temps *unifiés* par lui dans leur désir. Cette théorie du Bien suprême propose un type de participation par la pensée et le désir qui

107. *Ibid.*, p. 193, 76-86.
108. *Ibid.*, p. 193, 90 *sq.*
109. Denys, *Les Noms divins*, 4, 4 ; PG 3, 700A-B.
110. Albert le Grand, *Summa theol.*, I, 6, 26, 2, p. 193, 90-194, 3.

dépasse de loin la théorie de la *lux incorporata*. La lumière du Bien « informe » au sens où elle provoque l'adhésion de la pensée. Cette adhésion a en même temps une valeur ontologique. La pensée qui s'attache à son principe s'instaure dans l'être véritable, mais cet être n'est ni elle ni à elle. L'affect noétique constitue l'intellect affectif *(affectivus)* dans la lumière de grâce comme répondant de l'amour extatique de Dieu. En d'autres mots : le don d'être, le don formel, est ici accompli par attrait, attraction d'amour par et pour le Bien. Cette double extase n'a évidemment rien à voir avec la simple création de l'être « comme première chose créée ». C'est un *appel* supposant l'amour que l'intellect incréé se porte à lui-même dans l'intellect de la créature ; c'est une théophanie au sens propre, *i.e.* une autorévélation de Dieu dans l'*advocatio* du monde à son Principe créateur. Ces différentes propositions résolvent donc le problème de la causalité univoque par similitude en s'appuyant sur une notion de causalité d'attraction qui, à un niveau général, englobe l'ensemble de la théologie de la création et, à un niveau plus spécifique, du fait que la causalité d'attraction est une causalité par affect noétique, concerne la réintégration de l'univers dans sa Cause par l'intermédiaire de la pensée intellective de l'homme. Cette réintégration n'étant pas eschatologique, la notion de flux qui correspond à cette doctrine ne peut recevoir qu'une seule base philosophique : la doctrine aristotélicienne de l'éduction des formes.

L'activité du Principe noétique universellement agent suscite dans son appel à l'assimilation une montée, une élévation, une élicitation universelles des formes contenues à l'état inchoatif dans la matière. Cependant, c'est dans la pensée humaine que le flux s'accomplit comme théophanie, c'est-à-dire comme révélation et autorévélation. La pensée humaine est le « lieu » du double « mouvement » d'effusion et de remontée qui caractérise le flux théophanique. C'est en elle que s'accomplit la rencontre « lucide » du supérieur et de l'inférieur. Dans la version qu'en donne la *Summa theologiae* d'Albert, cette théorie repose sur une série de principes « néoplatonisants » qui sont intégralement repris dans le *De summo bono* d'Ulrich de Strasbourg :

1. Le premier axiome est emprunté à Scot Érigène, à travers une citation de « Maxime » dans le *Corpus dionysien de l'université de Paris*[111], selon laquelle « bien » est dit à partir d'« appeler », puisqu'il

111. *Commentator In De div. nom.*, 4 ; ms. *Nat. lat.* 17341, f° 222rb-222va. D'après Jean Scot Érigène, *De divisione naturae*, II, n. 24 ; PL 122, 580C-D ; éd. Sheldon-Williams, p. 124, 5-13 ; Denys, *Les Noms divins*, 4, 7 ; PG 3, 701C. Sur cet axiome, cf. Albert le Grand, *Sup. Dion. De div. nom.*, 4, n. 3, p. 114, 36-39 et n. 77, p. 186, 22-31. Cf. également Ulrich, *De summo bono*, II, 2, 1, 2, p. 28, 25-30 : « *Bonum* enim in Latino dici-

« appelle autant ceux qui ne sont pas que ceux qui sont ». L'acte propre du Bien est ainsi « d'amener les biens à l'être » « en leur imprimant sa forme » par « une certaine *écoute* naturelle », conformément au passage de Rom. 4, 17 qui sous-tend l'étymologie érigénienne : *Deus vocat ea quae non sunt, tamquam ea quae sunt.* Comme la nature incréée d'Érigène, le Bien suprême est donc supérieur à la différence même de l'être et du non-être, puisqu'il *appelle à l'être*[112], c'est-à-dire « à sa ressemblance », aussi bien ceux qui, étant déjà, peuvent encore s'élever dans la hiérarchie des similitudes créées ou incréées que ceux qui, n'étant pas encore, restent contenus virtuellement dans les « replis secrets de la nature » créée. On le voit, la doctrine albertinienne de l'*appel du Bien* propose une fusion spéculative de la doctrine aristotélicienne de l'éduction des formes et de la doctrine érigénienne des « raisons » enveloppées dans le réel. Elle est également inséparable de l'interprétation érigénienne de la doctrine traditionnelle de la création dans le Verbe, reformulée au niveau de sa théorie des « causes primordiales ».

2. Le deuxième axiome, emprunté à Denys, est que l'acte propre qui sert de principe moteur au Premier est l'amour dont l'effet est l'extase, c'est-à-dire la « sortie » communicative, car, selon les *Noms divins*, c'est par l'amour que Dieu ne reste pas stérile, l'amour qui est le désir et même le vouloir du Bien. Le Bien suprême ne crée donc rien dont il ne veuille le bien, ce qui signifie que, comme le dit Boèce, tout ce qui est est bien en tant qu'il est.

3. Le troisième axiome est emprunté à Boèce : tout ce qui vient du Bien est bien. En effet, on ne peut concevoir que ce qui est ne soit pas bien en tant que tel, sans poser que la Cause première peut être sans être bonne lorsqu'elle crée. Or, de par l'axiome 2, ce qui meut la Première

---

tur a *boo, boas*, id est *voco, vocas*, et *kalos*, quod est nomen boni in Graeco, dicitur a *kalo, kalas*, id est *clamo, clamas.* » Sur le *Commentator*, voir H.-F. Dondaine, *Le Corpus dionysien de l'université de Paris au XIIIe siècle*, Rome, 1953, p. 84-89. Sur son utilisation chez Albert et Ulrich, voir A. de Libera, « Ulrich de Strasbourg lecteur d'Albert le Grand », *Freiburger Zeitschrift für Philosophie und Theologie*, 32/1-2 (1985), p. 122-124.

112. On notera que, chez Heimeric de Campo, « l'étymologie identifiant *bonum* et *vocatio, diffusio* et *boatus* » sert également de support à « une théorie du Bien suprême qui se diffuse et ainsi appelle toutes les choses à être ». Sur l'équivalence heimericienne de *creare* et de *vocare*, voir Z. Kaluza, « Exode 3, 14, et Matthieu 6, 9... », art. cité, p. 198-200. Kaluza souligne le fait que Heimeric a trouvé chez Albert « l'étymologie de *bonum*, la théorie de la diffusion et le thème de l'appel ». Cf., en outre, du même, « La *vox* créatrice de Dieu. Remarques sur l'*Alphabetum* de Heimeric de Campo », *in* H.J. Westra (éd.), *From Athens to Chartres. Neoplatonism and Medieval Thought. Studies in Honour of É. Jeauneau*, Leyde-New York-Cologne, E.J. Brill (Studien und Texte zur Geistesgeschichte des Mittelalters, 35), 1997, p. 227-237.

Cause à créer est l'extase du Bien qui « ne laisse pas Dieu demeurer stérile » *(quae non sinit ipsum sine germine)*.

4. Le quatrième est emprunté à Platon, pour qui la cause de la génération du monde est le Bien premier « à qui toute jalousie est absolument étrangère ». Or, conformément à un autre principe souvent allégué sous le nom de Denys [113], selon lequel le « Bien est diffusif de soi et de l'être », il est clair que « le Bien premier n'est communicatif de l'être et du bien que par le bien ». L'étant et l'être en tant que tels ne provoquent pas d'extase. Ils ne peuvent donc faire « germer » le Bien premier, puisque que d'eux-mêmes ils ne se diffusent pas en autre chose et ne peuvent se multiplier dans des participes :

> En effet, l'étant ou l'être, en tant qu'il est tel, ne sort pas de lui-même, il ne fait donc rien germiner ; au contraire, quant à ce qu'il est par lui-même, il [r]est[e] en lui-même, ne se diffuse pas en autre chose ni ne se multiplie dans tout ce qui participe de lui (« Ens enim vel esse, secundum quod huiusmodi, extasim non facit et per consequens non facit germinare, sed quantum est de se, in se solo est non diffundens se in aliud nec multiplicans se in participativa sui »).

Ces quatre axiomes nous ramènent en apparence aux distinctions classiques de la théologie latine (Guillaume d'Auxerre, Alexandre de Halès) entre l'être divin considéré en lui-même et absolument comme « océan infini de substance » et l'être considéré en tant que cause et sous la raison du Bien, comme alpha et oméga, principe et fin. En fait, si la trame théologique semble banale, la perspective philosophique qui l'instrumente a changé. Ce qui est désormais affirmé, ce n'est pas la simple distinction de raison entre Dieu essence et Dieu moteur ou promoteur de la création, c'est la transcendance du Bien, placé, dans sa productivité même, au-dessus de l'être, par son aptitude à se multiplier lui-même tout en restant essentiellement le même à travers les similitudes variées des formes qu'il appelle à l'être.

Il y a là un changement de paradigme dans la représentation de la nature de la causalité divine : la causalité formelle efficiente cède le pas à la causalité finale exemplaire. La théorie du Bien suprême permet de résoudre sur une base néoplatonisante, c'est-à-dire supra-ontologique, le problème ontologique de la communication de l'être aux créatures. Le Bien « signifie en Dieu l'essence divine », non la simple raison de sa productivité, « et il connote dans la créature la diffusion de l'être et du

113. Albert le Grand, *Summa theol.*, I, 6, 26, 1, p. 173, 60-62, d'après Denys, *Les Noms divins*, 4, 1 ; PG 3, 693B et 4, 10 ; PG 3, 708A-B ; *La Hiérarchie céleste*, 4, 1 ; PG 3, 178C. L'adage est acquis dès la *Glossa in I Sent.*, 1, n. 36 (p. 23, 25-26) d'Alexandre de Halès. Cf. Ulrich, *De summo bono*, II, 2, 1, 2, p. 28, 31-32.

bien, non de celui-ci ou de celui-là, mais l'être et le bien tout entier et en général » :

> Bonum [...] in Deo [...] significat divinam essentiam et in creatura connotat diffusionem esse et boni, non huius vel illius, sed totius generaliter [114].

Théologie du Bien et métaphysique du flux chez Ulrich de Strasbourg

Ulrich Engelbrecht est mort en 1277 avant la censure parisienne du 7 mars. Sa relation à la pensée d'Albert n'est pas facile à préciser. B. Hauréau écrit :

> Le défaut d'Ulrich est l'obscurité. Quand on l'interroge sur les questions qui paraissent avoir causé le plus d'embarras à son maître, il répond en des termes encore plus équivoques [...] Les thèses d'Ulrich sont celles de son maître, mais il a le tort, assez commun aux disciples, de tout exagérer. Il rend ainsi paradoxales même les opinions communes.

Cette critique sévère n'est pas fondée. Le véritable problème est de savoir ce qu'Ulrich a lu. Le *De summo bono,* apparemment inachevé, a été commencé dans les années 1260. Élu provincial, Ulrich n'a sans doute pu y travailler à temps plein jusqu'à sa mort – trois ans avant son propre maître ! Il semble toutefois qu'il ait connu les matériaux utilisés par Albert pour la rédaction de sa dernière grande œuvre théologique, elle-même inachevée, la *Summa theologiae*, les deux œuvres qu'il a le plus utilisées restant la *Métaphysique* et le *De causis et processu universitatis*.

L'albertisme d'Ulrich est un albertisme problématique, un albertisme, si l'on peut dire, *en voie de constitution*. La difficulté de sa pensée tient avant tout à la nature des matériaux dont il a voulu faire la synthèse, à ces deux œuvres, chacune représentative d'une des parties de la philosophie première d'Aristote. C'est ce qui fait son intérêt.

Nous avons vu que, dans sa théorie du Bien suprême, Albert recourait simultanément à la théorie de la causalité essentielle procliano-dionysienne et à la théorie de la causalité finale, attractive, du Bien, pour construire une théorie de la procession conversive de l'étant comme « diffusion » communicative du Bien. Cette double stratégie témoigne d'une influence, assez limitée, de Proclus ; tout en connaissant certains des matériaux de la *Summa*, Ulrich n'a, en revanche, jamais utilisé

114. Albert le Grand, *Summa theol.*, I, 6, 26, 2, p. 195, 32-34.

Proclus. Il n'en est pas moins arrivé aux mêmes conclusions qu'Albert avec les seules ressources, non procliennes, de sa documentation. Autrement dit : il a pensé à la fois la théorie de la diffusion comme causalité essentielle et comme causalité d'attraction, et il a vu la complémentarité de ces deux théories sans, évidemment, reconnaître la portée historique et philosophique totale de cette rencontre. Pas plus qu'Albert il n'a donc pris conscience du caractère non aristotélicien de la philosophie qu'il était en train de construire au nom du péripatétisme, et il est resté enfermé dans les catégorisations historico-philosophiques du *De causis et processu universitatis*, alors même qu'il introduisait certains des théorèmes qui allaient les faire éclater dans les générations ultérieures.

Il est particulièrement intéressant d'étudier de ce point de vue la manière dont il présente la théorie du flux.

Le *De summo bono*, IV, 1, 5 *(Quid sit fluere et influere et de tribus, quae ad hoc requiruntur)*, est une paraphrase de la paraphrase d'Albert, autrement dit : une application au texte albertinien de la méthode d'exposition qu'Albert avait lui-même appliquée au *Liber de causis*. L'ensemble du passage est un collage de longues citations muettes du *De causis et processu universitatis*. Les éléments nouveaux – il y en a – sont donnés par des explications, des compléments ou, selon les propres paroles d'Ulrich, des « corollaires remarquables ». On peut les résumer ainsi :

1. Ce qui flue est la forme, car « l'origine du flux est la forme de la lumière du Premier Intellect universellement agent »[115].

2. Ce qui flue est dit fluer en tant qu'il sort du Premier Principe, non en tant qu'il sort de la puissance de la matière[116].

3. L'origine du flux est ce que Platon appelle le « Donateur des formes », « car toute chose qui donne ou répand une forme en quoi que ce soit le fait en vertu de cette source et des trésors qu'elle lui emprunte »[117].

Ces doctrines nous sont familières. Ce sont celles qu'Albert propose tantôt en historien, tantôt en philosophe essayant de comparer et de rapprocher leur contenu. Ulrich, lui, affirme. Les trois propositions sur le flux deviennent ainsi trois thèses sur le flux. Et il les complète par une série de théorèmes qui constituent en termes de flux une première formulation de ce que l'on retrouvera par la suite chez Dietrich de Freiberg ou Berthold de Moosburg en termes de causalité essentielle :

115. Ulrich, *De summo bono,* IV, 1, 5, 1, p. 27, 3-5.

116. *Ibid.*, p. 27, 5-6.

117. *Ibid.*, p. 27, 10-13 (d'après Albert le Grand, *Dcpu,* I, 4, 1, p. 43, 1-47).

4. Ce qui flue est essentiellement identique et ne diffère que par l'être.

5. La différenciation selon l'être provient des diverses réalités dans lesquelles flue la forme fluante.

6. Cette différenciation est comparable à la multiplication d'un genre dans ses espèces, la différence ne multipliant pas l'essence du genre mais son être :

> Est un selon l'essence ce qui flue du Premier [en s'écoulant] par tous les seconds, bien que [son] être soit autre selon que cette nature [qui flue] est en plusieurs, de même que ce n'est pas la différence qui multiplie l'essence du genre, mais l'être (« Unum est secundum essentiam, quod a primo per omnia secunda fluit, licet esse sit alterum secundum quod haec natura est in diversis, sicut differentia non multiplicat essentiam generis, sed esse ») [118].

Autrement dit : la théorie du flux proposée par Ulrich à partir de la paraphrase albertinienne du *Liber de causis* n'est autre que la théorie d'« Hermès » et des « anciens péripatéticiens », celle-là même qu'Albert avait formellement rejetée dans le *De causis et processu universitatis* [119].

Cette première transformation de la théorie albertinienne est, évidemment, la plus décisive. Ulrich n'ignore pas qu'elle est au moins contraire à la lettre de son modèle. La suite de son travail montre qu'il s'efforce de la justifier et de la fonder philosophiquement.

Son premier pas consiste à expliquer la cause de la générosité de la source du flux en s'appuyant à la fois sur le Pseudo-Denys et sur la doctrine qu'Albert avait présentée comme celle des « péripatéticiens ultérieurs ». L'argument dionysien est la diffusivité intrinsèque du Bien suprême – argument également utilisé par Albert dans le quatrième axiome « platonicien » de la *Summa theologiae*. C'est la bonté « diffusive d'elle-même et de l'être » qui est cause de l'effusion du Premier :

> Ce qui fait s'écouler [fluer, émaner] cette source est double selon la notion. Son premier [aspect] est la bonté, qui est diffusive de soi et de l'être, comme le dit Denys (« Faciens autem fluere hunc fontem duplex est secundum rationem. Unum est bonitas, quae est diffusiva sui et esse, ut dicit Dionysius [...] ») [120].

Le second argument réside dans la communicabilité même du Principe :

118. *Ibid.*, p. 27, 13-15.
119. Albert le Grand, *Dcpu,* I, 4, 3, p. 45, 24-43 (B 414a).
120. Ulrich, *De summo bono,* IV, 1, 5, 4, p. 28, 37-38.

> Le second est sa communicabilité (« Secundum est sua communicabilitas [...] »).

Cet argument est à son tour glosé dans un rapprochement de doctrines, puisque la communicabilité du Premier est expliquée, comme chez Albert, à l'aide d'Aristote, *Métaphysique*, livre XII – la cause de la communicabilité est l'*actualité* pure du Premier, qui ne saurait être ni en puissance, ni en habitus. Cette actualité est, à son tour, pensée comme *sufficientia*, c'est-à-dire à la fois comme l'*autosuffisance* ou autonomie du néoplatonisme proclien (αὐτάρκεια) et le *fondement suffisant* du créé selon Maimonide [121] :

> ... du fait qu'il ne suffit pas seulement à lui-même, mais aussi à toutes les autres choses (« ex hoc quod non solum sibi, sed etiam omnibus aliis sufficit ») [122]...

termes et formule que reprendra Eckhart [123] :

> De même qu'il est lui-même pour lui-même et pour toutes choses l'être, de même il suffit à lui-même et à toutes choses, il est lui-même sa propre suffisance et [celle] des autres, 2 Cor. 3 : « Notre suffisance vient de Dieu » (« Sicut enim ipse sibi et omnibus esse est, sic et ipse sibi et omnibus sufficit, ipse sua et omnium sufficientia est, 2 Cor. 3 : "Sufficientia nostra ex deo est" »).

La doctrine des « péripatéticiens ultérieurs » selon Albert nous livre ainsi son secret : c'est celle de Maimonide encadrant la métaphysique d'Avicenne et de Ghazālī. Ce résultat est conforme à la taxonomie albertinienne. Le relevé des citations attribuées à des « péripatéticiens » dans le *De causis et processu universitatis* permet en effet de distinguer au moins cinq groupes, plus ou moins superposables ou recoupables : [1] les *antiquissimi Peripatetici* et/ou *primi Peripatetici* ; [2] les *antiqui Peripatetici* ; [3] les *posteriores Peripatetici* ; [4] les *Peripatetici* ; [5] les *meliores Peripateticorum.* Une fois identifiées, les sources des citations permettent de constituer ainsi ces groupes : [1] Les *antiquissimi* et/ou *primi Peripatetici* comprennent Apollon, Asclepius et Hermès Trismégiste. [2] Les *antiqui Peripatetici* sont Fārābī, Ghazālī, Averroès,

121. Maimonide, *Dux neutrorum*, I, 62, f° 26r7. Il faut évidemment ajouter que la proposition 21 du *Liber de causis (Primum est dives per se)* transpose la proposition 127 de Proclus *(Omne divinum simplex prime est et maxime et propter hoc maxime per se sufficiens)*. « Riche » et « suffisant » ont donc originairement le même sens : *per se sufficiens, sibi sufficiens, sufficiens*, αὐτάρκης, voire *per se sufficientissimum, maxime per se sufficiens*, αὐταρκέστατον, dans le lexique de l'*Elementatio*.

122. Ulrich, *De summo bono*, IV, 1, 5, 4, p. 28, 38-40.

123. Eckhart, *In Exodum*, n. 21 ; *LW*. 2, p. 28, 1-3.

Avicenne, le *Liber de causis*, Maimonide, Porphyre, Themistius et Théophraste. [3] Les *posteriores Peripatetici* désignent les péripatéticiens postérieurs à Porphyre, Themistius et Théophraste, à savoir : Fārābī, Ghazālī, Avicenne (tous trois nommés), le *Liber de causis*, Maimonide (pas nommés, mais identifiables). [4] les *Peripatetici* sont Aristote, le (Pseudo-Aristote) *De principio universi esse*, Alexandre d'Aphrodise, Fārābī, Ghazālī, Averroès, Avicenne, « Isaac » (Israeli), le *Liber de causis*, Maimonide, Porphyre. [5] Les *meliores Peripateticorum* regroupent Fārābī, Ghazālī, Avicenne, le *Liber de causis*, Maimonide[124]. Dans le cas présent, celui des « péripatéticiens ultérieurs », il va de soi qu'il s'agit *aussi* des *posteriores Peripateticorum.*

Les équations, les équivalences posées par Ulrich sont surprenantes. La plupart ont pourtant été reprises par Eckhart, puisque, au paragraphe 20 d'*In Exodum*, celui-ci traduit la proposition 21 (= 20) du *Livre* – « le Premier est riche par soi » *('Primum est dives per se')* – avec Maimonide – « l'Essence se suffit à elle-même » *('Essentia sufficit sibi')*[125].

Maintenant, Ulrich s'écarte-t-il réellement d'Albert ? On pourrait le croire. Eckhart nous permet de répondre. En effet, dans *In Exodum*, il montre que l'autonomie de l'essence divine signifie la même chose que l'« être nécessaire », le *necesse esse* d'Avicenne et, plus important encore, il affirme que la *sufficientia* divine réside dans le fait que l'essence de Dieu est son être, que la *quiddité* de Dieu est son *anité*. Il est clair que ces expressions, typiquement avicenniennes, désignent la même chose que les expressions boéciennes, *id quod est* et *esse*, utilisées par Albert pour distinguer Dieu par l'indistinction de son essence et de son être. La preuve en est qu'Eckhart retraduit lui-même en termes de « suffisance » l'adage boécien et porrétain selon lequel « en tout ce qui est en deçà du Premier, l'*esse* et le *quod est* diffèrent », écrivant : « En tout [...] ce qui est en deçà de Dieu l'essence elle-même ne se suffit à elle-même ni pour tout ni en tout » (« In omni [...] siquidem citra Deum essentia ipsa non sufficit sibi ad omnia nec in omnibus »).

La conception ulricienne du flux ne laisse donc rien échapper des énoncés d'Albert, simplement elle y met un type de cohésion qu'ils n'avaient pas chez lui. Ulrich peut ensuite réciter la cosmologie des Intelligences ; sa lecture du *De causis et processu universitatis* a décisivement orienté la philosophie albertiste vers une sorte de réévaluation de

124. On notera que le *Liber de causis* n'est jamais cité sous son titre, mais toujours par le biais des auteurs – les *Peripatetici* – à partir desquels il est censé avoir été compilé : c'est ce qui explique qu'on le retrouve dans d'autres groupes (à l'exception de [1]).

125. Eckhart, *In Exodum*, n. 21 ; *LW*. 2, p. 26, 1-5.

la doctrine des « anciens péripatéticiens »[126]. La *sufficientia* divine désigne à présent la diffusion de Dieu par essence dans une diversité d'êtres et d'étants : l'*analogia recipientium* et la causalité univoque se sont rejointes dans une même théorie du flux essentiel.

Reste à relier cette théorie de la diffusion à celle de l'attraction. C'est ce que fait le *De summo bono*, II, 3, 1.

Commentant Denys, *Les Noms divins*, 4, 4[127] :

> Le Bien est, selon les Écritures, ce dont tout reçoit substance et être comme mû par une cause parfaite, ce en quoi tout subsiste comme protégé et contenu dans une puissante plantation, ce vers quoi tout se convertit comme à sa propre fin et ce que tout désire.

Ulrich écrit : tout ce qui désire sa propre perfection désire en fait le Bien suprême, car toute perfection singulière est une « similitude », c'est-à-dire une « image révélatrice », de la perfection divine. Désirant telle perfection particulière, je désire donc essentiellement le Bien suprême et par accident le *quod est* propre de la perfection particulière. Tout désir d'une perfection est ainsi le désir de Dieu dans sa similitude[128].

Or comme l'a montré Denys lui-même, il y a quatre sortes de désir : le désir intellectuel, le désir sensible, le désir vital et le désir naturel, et tous ces désirs sont des désirs d'assimilation théophanique suscités par le caractère d'« image révélatrice », de *similitudo*, de la lumière. Lisant ensemble le thème de la diffusion de la lumière de la Première Cause selon le *Liber de causis* et celui du caractère conversif, synthétique, rassembleur, de la lumière selon Denys, Ulrich fait ainsi du Bien suprême le pôle d'une procession conversive, qui concerne tous les degrés de l'univers.

À ce stade de sa réflexion, le Strasbourgeois retrouve donc la théorie albertinienne de l'attraction finale du Bien. Cette attraction par similitude est la version ulrico-albertinienne de la causalité univoque par similitude : la causalité divine n'est pas un simple flux de forme. Dans la mesure où, d'une part, la forme est principe de perfection pour tout ce qui est, toute perfection venant de la forme, dans la mesure où, d'autre part, tout ce qui est désire sa propre perfection, toute forme est une

126. Ulrich, *De summo bono*, IV, 1, 5, 6, p. 29, 79-80. Cette réévaluation ne change évidemment rien sur le fond aux insuffisances de l'hermétisme, qui, dans son matérialisme panthéistique, reste « une philosophie fausse et vide ». Voir aussi, *ibid.*, la page 29, 67-71, qui réfute la théorie de l'esprit « véhicule » *(vehiculum)* des formes et des vertus divines en toutes choses (d'après *Asclepius*, 6 ; éd. Thomas, p. 41, 7*sq.*).

127. PG 3, 700A-B.

128. Ulrich, *De summo bono*, II, 3, 1, 2, p. 42, 46-48.

image révélatrice de Dieu qui appelle formellement chaque étant à l'union selon sa propre analogie.

Dans le cas de la nature intellectuelle, le désir porte sur la perfection qui est la sienne en tant qu'intellect. Cette perfection n'est autre que sa « réduction à la similitude de la Première Cause », autrement dit, son assimilation à la Première Cause dans son « image révélatrice » : *Haec perfectio est reductio eius in similitudinem primae causae*[129]. Cette réduction n'est, à son tour, possible que dans la mesure où la nature intellectuelle est une lumière émanée *(lumen)* de la lumière véritable *(lux)*, le Bien de Denys, « lumière intelligible au-delà de toute lumière ».

La distinction entre *lumen* et *lux*, lumière et source de la lumière, est ici fondamentale. On sait, en effet, que la lumière émanée et la lumière source sont communément données au XIIIe siècle comme étant identiques selon l'essence et différenciées seulement par l'être. Comme l'écrit Bonaventure :

> ... il ne semble pas que la lumière émanée et la lumière originaire soient d'une essence différente, il semble au contraire qu'elles diffèrent exclusivement par la manière d'être ou par l'être (« ... luminis et lucis non videatur alia essentia esse, sed solummodo differre videantur per modum essendi sive per esse ») [130].

Que veut donc dire Ulrich en affirmant que la nature intellectuelle est une « lumière (émanée) de la lumière (véritable) » ? Il faut, pour le comprendre, remonter à la théorie de l'âme d'Albert. Et d'abord : qu'est-ce que la « nature intellectuelle » ?

L'expression ulricienne vient du *De natura et origine animae*[131]. Dans ce texte, Albert montre que l'âme n'est ni quelque chose, c'est-à-dire un étant particulier, ni une forme au sens absolu, mais une « nature intellectuelle composée d'un *quod est* et d'un *quo est* ». Cette composition de *quod est* et de *quo est* répond manifestement à la distinction entre *quod est* et *esse* formulée à propos des Intelligences dans le *De causis et processu universitatis*. Elle s'inscrit donc dans le cadre de la noétique émanatiste construite par Albert sur la base du *Liber de causis*, et par là même dans le cadre de la théorie du flux.

La composition originaire en l'âme de deux principes constitutifs fluant d'un principe supérieur détermine en elle deux parties substantielles qui, à leur tour, fluent de ces principes : l'intellect possible, qui flue du *quod est* ; l'intellect agent, qui flue du *quo est*. Dire que la

129. *Ibid.*, II, 3, 1, 3, p. 43, 55-57.

130. Bonaventure, *In II Sent.*, 13, 3, 2 ; éd. Quaracchi, p. 327b.

131. Albert le Grand, *De nat. et or. an.*, I, 8, p. 17, 16-24.

nature intellectuelle est émanée de la Lumière véritable, revient donc ultimement à dire qu'il y a en elle un flux constant de lumière qui par l'intermédiaire de l'intellect agent actualise progressivement en elle l'intellect possible et les intelligibles. Cette « noétique » est à la fois « émanatiste » et, si l'on peut dire, « attractiviste ».

La perfection propre désirée par la nature intellectuelle, ce qui l'attire, est ce qu'Albert appelle l'intellect « acquis » *(adeptus)*, l'information de l'intellect possible par l'intellect agent, dans une union où l'intellect possible est – jusqu'à un certain point – uni à l'intellect agent comme la matière l'est à la forme[132]. En effet, l'« intellect acquis » désigne la « puissance » absolument « parfaite » de l'intellect possible parvenu à « la perfection » absolue « de sa possibilité », c'est-à-dire à la considération actuelle des intelligibles – distincte de la simple capacité de les considérer, qui caractérise le mode inférieur de la *potentia perfecta*, l'intellect « en habitus ».

Il faut toutefois garder à l'esprit que :

1. la composition originaire du *quod est* et du *quo est* signifie que la substance de l'âme est émanée de principes supérieurs ;

2. la continuité ininterrompue du flux illuminateur issu de ces principes implique en l'homme un dépassement du degré d'intellectualité décrit sous le titre d'intellect acquis.

Chez Albert, ce dépassement est indiqué par les expressions « intellect saint », « intellect assimilé » et « intellect divin » qui désignent les degrés ultérieurs de l'illumination. L'intellect saint est celui de l'homme occupé tout entier à la connaissance actuelle des intelligibles *in intellectu adepto*[133]. Science ou « mystique » ? L'alternative existe, et certains – L. Sturlese, S. Ebbesen – n'ont pas manqué de la souligner. Il faut dire que la formule se prête à diverses lectures : aucune cependant ne légitime à nos yeux l'opposition entre science et sagesse. La notion albertinienne d'intellect « saint » est partiellement empruntée à Avicenne, chez qui ce type d'intellect désigne la faculté d'invention du moyen terme d'un syllogisme également appelée « sagacité » ou « subtilité » (ar. *ḍakā'*, lat. *subtilitas*) – la *sollertia* (gr. *anchinoia*) d'Aristote (*Anal. post.* I, 34, 89b10-11). Comme l'écrit Avicenne dans l'original arabe du *De anima*, V, 6 (cf. éd. Van Riet, p. 152) : « L'intuition intellectuelle *(ḥads)* est un acte par lequel l'esprit découvre de lui-même le moyen terme et la sagacité *(ḍakā')* est la faculté *(quwwa)* de

132. On verra plus loin qu'Albert raffine son modèle de l'union avec une notion de *détermination* empruntée à Averroès.

133. Sur la distinction entre *ḥads* et *ḍakā'*, cf. D. Gutas, *Avicenna and the Aristotelian Tradition*, Leyde, Brill, 1998, p. 162 (texte) et 166-169 (commentaire).

l'intuition intellectuelle. » Pour le philosophe iranien, la possession de « l'intellect saint » (ar. *'aql qudsī*) ou « pur » n'est pas un simple talent scientifique, c'est l'une des trois conditions de la *prophétie*. L'*Avicenna Latinus* décrit ainsi l'état correspondant à *l'intellectus sanctus* : l'homme dont l'âme est suffisamment purifiée et unie aux principes intelligibles, son âme en est comme inspirée *(inspirata)* ; son esprit *(ingenium)* s'enflamme *(accendatur)* de telle sorte qu'il reçoit de l'Intelligence agente la réponse à toutes ses questions ; il sait tout instantanément *(subito)* ou presque *(pene subito)* ; ces réponses aux questions (le latin dit seulement *quaestiones*) sont fermement imprimées en lui *(firmiter impressas)*, et non sur un mode de simple probabilité ; en outre, il appréhende tous les moyens termes nécessaires dans l'ordre requis, et non à titre de croyances aveuglément acceptées *(probata)*, mais à titre de certitude rationnelle – en effet, « la croyance, quand elle porte sur les choses qui sont connues seulement si on connaît leurs causes, ne possède aucune certitude rationnelle ». Cet état qui est donc un des « modes », c'est-à-dire une des conditions de la prophétie, est une *virtus sancta*, la plus élevée de toutes les facultés humaines. Albert puise largement dans cette description avant d'homologuer l'un par l'autre l'« intellect saint » selon Avicenne et l'« intellect divin » selon Aristote, dans le *De intellectu et intelligibili* : certains hommes, c'est-à-dire ceux qui sont appelés à devenir prophètes *ou* philosophes (on notera ce *ou*)...

> ... sont nés pour tout comprendre d'eux-mêmes ou sans grand enseignement, car ils n'ont pas l'intellect agent à titre de puissance de l'âme ou comme cause efficiente des intelligibles en l'âme, grâce à l'abstraction ; ils l'ont au contraire pour forme, forme par laquelle l'âme intellective opère toutes choses. Or nous avons dit dans le livre *De l'âme* que c'est à la félicité que tout philosophe veut parvenir : c'est précisément cela qui est appelé ici intellect *saint* ou *pur* par Avicenne, et intellect *divin*, par Aristote. Et c'est cet intellect qui, sans grand besoin d'études, reçoit une illumination [qui l'élève] aux prophéties et à l'interprétation très véridique des songes[134].

134. Cf. Albert le Grand, *De intellectu*, I, 3, 3 [mon édition] : « ... quasi per se aut ex parva doctrina nati sunt intelligere omnia, quia agentem modo non habent tanquam potentiam animae, vel quasi efficientem per abstractionem intelligibilia in anima, sed habent eum quasi pro forma, per quam anima intellectualis cuncta operatur ; quia in libro de *Anima* felicitatem esse diximus, ad quam intendit pervenire omnis philosophus, et hic vocatur intellectus sanctus sive mundus ab Avicenna, ab Aristotele autem dicitur intellectus divinus, et hic intellectus de studio levi ad prophetias accipit illuminationem et ad somniorum verissimam interpretationem. »

À ce stade de l'intellect *saint* ou *pur*, l'âme reçoit donc de l'intellect agent les images des Substances séparées et s'assimile à elles, puis, à travers elles, elle reçoit la lumière même du Premier Intellect. Tels sont les deux degrés de l'*intellectus assimilatus* et de l'*intellectus divinus*. En recevant sa perfection propre d'intellect acquis, la nature intellectuelle reçoit donc de loin la « lumière » même qui « illumine tout homme », selon la parole de Jn 1, 9 ; en cherchant sa propre perfection, c'est donc elle qu'en fait elle cherche. Mais, d'autre part, dès qu'elle en a reçu ce qu'Eckhart – après Gundisalvi ? – appellera le « goût » *(sapor)*, elle est à la fois davantage attirée par elle et davantage affectée par elle, et s'approche ainsi davantage d'elle. Cette approximation continuée suppose cependant le stade inaugural de l'intellect acquis, qui seul permet la réduction progressive des intelligibles à la lumière intellective qui, fluant dans l'intellect agent, transmet à l'âme les images émanées de ses principes supérieurs.

On peut donc dire qu'en désirant sa propre perfection, l'information de l'intellect possible par l'intellect agent, la nature intellectuelle désire son assimilation à la lumière du Premier Intellect qui, par l'intermédiaire des Intelligences, flue en elle dans son *quo est* jusqu'à l'image révélatrice de la *lux increata* qu'est en elle le *lumen* de l'intellect agent. Désirant sa perfection propre la nature intellectuelle est donc toujours en même temps ramenée au Bien suprême, *sub ratione intellectus*.

Ce désir d'assimilation ne concerne pas que l'homme. Il concerne en fait toute la nature et chaque être selon son rang propre. Les natures intellectuelles, les animaux doués de sensation, les vivants dépourvus de sensations comme les plantes et, au-delà, tous les êtres de la nature inanimée, bref, tout ce qui en général désire sa perfection, désire consciemment ou non une « similitude de la Bonté première ». La noétique émanatiste du *De causis et processu universitatis* est ainsi entièrement reprise et reformulée dans la perspective dionysienne d'un désir universel du Bien compris comme cause finale de tout désir quel qu'il soit. Le *De summo bono* l'affirme explicitement en montrant que le désir vital et naturel tend à sa perfection dans la mesure où « son mouvement vers la perfection est l'œuvre de la Première Intelligence qui meut toutes choses par rapport à une fin, puisque, selon Aristote, *l'œuvre de la nature est l'œuvre d'une intelligence* »[135]. L'intention du moteur est l'objet réel, véritable, du désir du mû, à savoir : « la diffusion de la Bonté » première « par similitude » et non « cette nature-ci ou cette nature-là en tant que telle ». La philosophie véritable est donc elle-même théorie du Bien, puisque, toujours selon Aristote, les « meilleurs

135. Ulrich, *De summo bono*, II, 3, 1, 3, p. 43, 64-68.

philosophes » nous parlent du Bien « que toutes choses désirent » [136]. Le *De summo bono*, IV, 1, 2, reprend la même doctrine dans une longue paraphrase de la *Metaphysica* d'Albert : la fin de tout l'univers est d'atteindre en acte le Premier Principe *(finis universorum est attingere actualiter primum principium)* [137]. Ce contact a lieu dans toute la nature dans la mesure où elle participe de la Bonté première « dans l'ombre de la matière et des privations » et il a lieu dans l'intellect de l'homme qui atteint intellectuellement le Bien suprême par la contemplation et « se joint à lui » [138].

La causalité d'attraction permet donc de repenser le problème de la causalité univoque formulé en termes ontologiques dans la notion « hermétique » de l'identité essentielle et de la différence d'être : on peut dire que le Bien est multiplié matériellement par les réalités perfectibles, mais que la Bonté, elle, est formellement une, dans la mesure où, toute perfection désirée étant l'image révélatrice de la Bonté première, *similitudo primae bonitatis*, cette formalité reste toujours celle d'un exemplaire et d'une image. Dieu n'est pas la bonté formellement inhérente à tout bien, celle que l'intellect peut abstraire de tout ce qui *est* bon ; autrement, la nature divine serait muable, composée, divisée et éparse dans les choses. La Bonté divine est dans les choses à titre exemplaire. Ce que l'intellect abstrait des choses n'est donc pas dans ce cas une forme inhérente. C'est la « raison formelle » même de toute bonté, l'image révélatrice du Bien suprême. Donc, comme on ne peut voir une image sans voir en même temps, « dans la même vision numériquement

136. *Ibid.*, II, 3, 1, 4, p. 43, 71-76, d'après Aristote, *Éth. Nic.*, I, 1, 1094a2. Cf. Albert le Grand, *Summa theol.*, I, 6, 26, 1, 2, p. 175, 44-45.

137. Ulrich, *De summo bono*, IV, 1, 2, 11, p. 15, 113-16, 139, d'après Albert le Grand, *Metaph.*, XI, 2, 11, p. 497, 39-72, et 498, 42-53. C'est, on l'a vu, ce que la *Lettre* d'Alexandre appelle « l'aspiration vers la mise en rapport avec la Substance première » (Badawi, p. 151).

138. La thèse péripatéticienne d'Albert rejoint ici le motif hermétique de l'homme comme *nexus mundi*, cher à L. Sturlese, « Saints et magiciens : Albert le Grand en face d'Hermès Trismégiste », *Archives de philosophie*, 43 (1980), p. 625, qui renvoie au *De intellectu et intelligibili*, texte charnière, où, selon lui, le « problème d'Hermès prend un tournant décisif », dans la mesure où, pour la première fois, « s'y présente une thèse susceptible d'unifier » toutes les données hermétiques « dans une interprétation globale » : l'homme « *nexus Dei et mundi* » – intégration de la doctrine d'Hermès « à la problématique arabe de l'intellect acquis ». Le passage décisif auquel pense Sturlese est *De intellectu*, II, 3, 9 ; d'après *Asclepius*, 29, éd. Thomas, p. 336 : « Qui autem simplici primo et divino intellectui coniunctus est divinus est et optimus in scientiis et virtutibus, ita quod sicut dixit Homerus non videbitur viri mortalis filius esse, sed dei. Et ideo dicit Hermes Trismegistus in libro de *Natura dei deorum* quod homo nexus est dei et mundi, quia per huiusmodi intellectum [*i.e.* intellectum assimilatum] coniungitur deo. »

identique », ce dont elle est l'image, c'est à chaque fois le Bien qui est atteint dans la communication graduelle de ses similitudes.

La théorie de la communication *per similitudinem* se clôt donc par la parole de Denys : « La bonté parfaite s'étend à tout l'univers », ce qui revient à dire que la causalité d'attraction est une hiérarchie de théophanies. Le problème de la causalité « selon l'univocité d'analogie » est ainsi résolu. Le rapport des créatures à Dieu n'est ni un rapport de participation univoque ni un rapport d'analogie d'attribution extrinsèque, c'est un rapport de participation par similitude, selon l'antérieur et le postérieur. C'est cette doctrine qu'Albert formule dans le *Super Dionysium De divinis nominibus* quand il écrit :

> Le Bien premier est l'exemplaire universel de tous les biens. Il n'est ni prédicable d'eux ni participé par eux univoquement, mais (participé) selon l'antérieur et le postérieur, selon la diversité des récepteurs ; et c'est ce même Bien qui est exemplaire et cause efficiente [139].

C'est elle qu'Ulrich reconstruit à partir des matériaux qui lui sont accessibles. C'est elle qu'assume la doctrine de la « causalité essentielle » dont Albert jette les bases quand il écrit dans ce même *Super Dionysium De divinis nominibus* [140] que « Dieu est cause essentielle », non au sens où « il entrerait dans l'essence des choses comme forme et matière », mais au sens où « il les cause toutes par son essence, qui est sa bonté ». C'est elle, enfin, que l'on va retrouver au cœur de la spéculation des générations ultérieures de dominicains allemands, lecteurs de l'*Elementatio theologica* de Proclus.

La théorie de la causalité essentielle

C'est chez Dietrich de Freiberg qu'est formulé pour la première fois le concept proprement colonais, c'est-à-dire aussi proclien, de la causalité essentielle. On sait que deux traits fondamentaux caractérisent le « dispensateur » selon Proclus : le fait « d'agir par son être même » et le fait de « précontenir son effet », autrement dit, « d'être à titre primordial ce que l'effet est à titre secondaire ou dérivé » [141]. Une cause essentielle

139. Albert le Grand, *Sup. Dion. De div. nom.*, 2, n. 84, p. 98, 5.

140. *Ibid.*, 4, n. 177, p. 262, 6-14.

141. Proclus, *Élém. théol.*, prop. 65, comm. La version latine, éd. Boese, Leuven University Press (Ancient and Medieval Philosophy. De Wulf-Mansion Centre. Series, 1), 1987, p. 35, 4-6, dit : « ... in producente videtur quod producitur ut in causa preexistens, propterea quod omnis causa prehabet in se ipsa causatum, prime ens quod illud secundario » ; trad. Trouillard, p. 101 : « [Nous pouvons] considérer le produit dans le producteur en tant qu'il préexiste dans sa cause, puisque toute cause précontient en elle-

n'est donc pas seulement une « cause précontenante », c'est un « dispensateur » qui précontient ses effets dans la stricte mesure où « il agit par son être même ». C'est ce qu'affirme la proposition 18 des *Éléments de théologie* :

> Tout dispensateur qui agit par son être (τὸ τῷ εἶναι χορεγοῦν) est lui-même de façon primordiale ce qu'il communique aux bénéficiaires de ses dispensations.

La version latine de Guillaume de Moerbeke donne la leçon suivante :

> Omne derivans esse aliis, ipsum prime est hoc quod tradit recipientibus derivationem [142].

Telle que la programme la proposition 18 de l'*Elementatio theologica*, la théorie de la « causalité essentielle » selon Proclus est donc une théorie de la « chorégie » articulée sur trois principes :

1. Une cause essentielle est ce que Proclus appelle un « dispensateur », un « chorège » ou un « dieu » [143] ;

2. Un chorège ou un dieu est une cause qui « agit par son être même » (αὐτῷ τῷ εἶναι) [144] ;

---

même son effet en ce sens qu'elle est à titre primordial ce qu'est précisément cet effet à titre dérivé. »

142. *Ibid.*, prop. 18 ; éd. Boese, p. 12, 1-2.

143. Comme dans le commentaire de la proposition 122, p. 61, 6-12, exposé des versions procliennes de l'*influxio* (qu'Albert connaît par le *Livre des causes*) et de l'*analogia* (qu'il connaît par Denys) : « Tout sujet qui est capable de recevoir la participation des dieux jouit des biens que les normes de sa propre constitution *(mensuras proprie ypostaseos)* lui permettent d'accueillir, tandis que les dieux rayonnent leurs biens sur ces êtres par leur être même, ou plutôt par leur antériorité à l'être (*ipso esse, magis autem ipso preesse* : αὐτῷ τῷ εἶναι μᾶλλον δὲ προεῖναι). Car, n'étant rien d'autre que des bontés, c'est par leur être même qu'ils dispensent sans envie leurs biens à tous » ; trad. J. Trouillard, Paris, Aubier, 1965, p. 133.

144. La traduction de αὐτῷ τῷ εἶναι par « du simple fait d'être » ne correspond pas à celle d'Albert et de ses disciples allemands, axée sur l'essence *(causa essentialis)* et, à ce titre, assez inexacte (si on l'entend en termes scolastiques). Sur cette alternative, cf. J. Pépin, « ΥΠΑΡΞΙΣ et ΥΠΟΣΤΑΣΕΙΣ en Cappadoce », *in* F. Romano, D.P. Taormina (éd.), *Hyparxis et Hypostasis nel Neoplatonismo*. Atti del I Colloquio internazionale del Centro di ricerca sul Neoplatonismo. Università degli Studi di Catania, 1-3 ottobre 1992, Lessico intellettuale europeo, Leo S. Olschki Editore, Firenze, 1994, p. 72-73 : « Une formule assez fréquente dans le néoplatonisme plonge ses racines dans le premier sens de "être" dégagé par Aristote [celui qui correspond à la question *an sit*, par opposition à celui de la question *quid sit*] : c'est αὐτῷ τῷ εἶναι, "par l'existence même". Les dieux [...] accomplissent leur providence "du simple fait qu'ils existent", ou encore : "du fait même qu'ils existent", ils irradient les biens sur tout ce qui peut les recevoir. C'est de tels passages que s'inspirera Denys l'Aréopagite [*e.g. Noms divins*, IV, 1, 693B] pour manier la même expression. »

3. C'est une cause qui « est elle-même de façon primordiale » tout « ce qu'elle communique » aux produits de la chorégie.

Ces caractéristiques se retrouvent dans la définition de la cause essentielle proposée par le *De animatione caeli.* Une cause essentielle est :

1. une cause qui « précontient en elle son effet causé sur un mode plus noble que celui qu'il a en lui-même », et cela « parce qu'elle le contient essentiellement et plus intimement » ;

2. une cause qui, « de ce fait, est par son essence même cause pour ce qu'elle cause » [145].

Dietrich est le premier à donner une formulation de la causalité essentielle qui reprenne intégralement les éléments de la définition proclienne du dieu ou du « chorège ». Il y apporte, toutefois, une modification en posant que l'activité de la cause essentielle se fait par son *essence*, non par son *être*. Il n'y a donc pas emprunt direct à Proclus, mais transposition de la théorie proclienne. Cette transposition est originale : c'est, on va le voir, un approfondissement de la conception albertinienne de la cause par essence. Il ne fait, en tout cas, aucun doute que les sources directes de la théorie de la « cause essentielle », Proclus et le *Liber de causis*, parlent d'être et non d'essence.

La proposition 122 de l'*Elementatio theologica* dit :

> Tout ce qui *produit par son être* produit sans contracter de relation, puisque la relation s'ajoute à l'être et pour cette raison reste en marge de la nature.

Soit dans la version de Moerbeke :

> Omne [...] *per esse faciens* sine habitudine facit – habitudo enim appositio est ad esse ; propter quod et preter naturam [146].

De même, le passage correspondant du *Liber de causis* parle de « tout ce qui agit par son être » : *Omne quod agit per esse suum tantum*, expression reprise plus loin sous la forme : *non agit nisi per ens suum* :

> [159] Entre tout agent *qui agit par son seul être*, et ce qu'il fait, il n'y a pas de moyen terme s'entremettant ni d'autre chose intermédiaire. Et il n'y a pas d'intermédiaire entre l'agent et ce qu'il fait, si ce n'est un ajout à l'être : à savoir quand l'agent et ce qu'il fait sont mis en rapport par un instrument, que l'agent ne fait rien par son propre être, et qu'ils sont composés. C'est pourquoi le recevant reçoit du fait d'une médiation entre lui-même et celui qui l'a fait, et alors l'agent est séparé de son

145. Dietrich, *De an. caeli*, 8, 2 ; éd. Sturlese, p. 19, 15-18.
146. Proclus, *Élém. théol.*, prop. 122, comm., p. 61, 14-15.

> produit. [160] Mais l'agent qui n'admet absolument pas d'intermédiaire entre lui-même et ce qu'il fait est un agent et gouvernant véritable [...] [161] La raison en est qu'il gouverne par le mode sur lequel il agit et il *n'agit que par ce qu'il est*, donc son être est également son gouvernement[147].

L'origine de la caractérisation de la cause essentielle chez Dietrich ne doit donc pas être cherchée dans un seul passage de Proclus : il s'agit plutôt d'une libre adaptation de plusieurs passages. En fait, puisque la traduction latine de la proposition 18 *('omne derivans esse aliis')* ne parle ni de cause essentielle ni de dispensateur, ni d'agir *per esse suum tantum*, mais seulement de « ce qui fait dériver l'être jusqu'à d'autres réalités », on peut même dire qu'en construisant son propre concept de la cause essentielle Dietrich réunit des éléments qui se trouvaient plus ou moins dissociés dans la version latine de Proclus : la « dérivation » de la proposition 18 exprimant certes la notion de « chorégie », mais par une formule *(derivans esse aliis)* qui laisse échapper le sens de l'activité *per esse* noté dans la proposition 122.

Que désigne l'expression de cause essentielle chez Dietrich ? La réponse nous est donnée dans le *De cognitione entium separatorum*[148]. Dietrich y énumère les cinq « conditions » qui font qu'une « cause essentielle précontient *(praehabeat)* en elle son effet causé sur un mode plus noble et plus éminent que celui qu'il a en lui-même ».

> Il faut que ce soit une substance, car, selon l'être accidentel pris absolument aucune substance n'a un être plus noble et plus éminent selon la nature que n'importe quelle substance selon l'être substantiel.
>
> Deuxièmement, il faut que ce soit une substance vivante, car, toutes choses égales par ailleurs, le vivant en tant que vivant est toujours plus noble et plus éminent que le non-vivant.
>
> Troisièmement, il faut que ce soit une substance vivant de manière essentielle, c'est-à-dire de par sa propre essence, car une telle forme de vie, à savoir celle qui est par essence, est plus intime et par conséquent

147. *Liber de causis*, prop. 19 (20), § 159-160 et 161, éd. Pattin, p. 90, 25-91, 31 : « Inter omne agens, quod agit *per esse suum tantum*, et inter factum suum non est continuator neque res alia media. Et non est continuator inter agens et factum esse nisi additio super esse, scilicet quando agens et factum sunt per instrumentum et non facit per esse suum [...] et sunt composita. [...] regit res per modum per quem agit et *non agit nisi per ens suum*, ergo ens eius iterum regit regimen eius » ; trad. Magnard *et al.*, p. 71.

148. Dietrich, *De cogn. ent. separ.*, 23, 15, p. 186, 93-187, 107. Sur tout cela, cf. B. Mojsisch, « Sein als Bewusst-Sein. Die Bedeutung des *ens conceptionale* bei Dietrich von Freiberg », *in* K. Flasch (éd.), *Von Meister Dietrich zu Meister Eckhart*, Hambourg, Felix Meiner (CPTMA, Beiheft 2), 1984, p. 95-105.

> plus éminente que toute autre forme de vie qui dépend d'accidents extérieurs, comme par exemple la vie selon la sensation ou la vie selon l'imagination.
>
> Quatrièmement, la raison et la caractéristique propre de la cause essentielle veulent que cette vie, qui est à titre de substance de par son essence, soit une forme de vie intellectuelle. Telle est en effet la forme de vie suprême dans le genre des vivants.
>
> Cinquièmement, il faut nécessairement que cette vie intellectuelle soit seulement intellect en acte.

Ces cinq propriétés s'appliquent aux substances séparées de la théologie péripatéticienne, c'est-à-dire « à Dieu, aux Intelligences, à ce qu'on appelle les Âmes des cieux et aussi à l'intellect agent » [149]. La force et l'innovation de Dietrich sont donc de penser à partir de Proclus les éléments néoplatoniciens introduits chez « Aristote » par le *Livre des causes.* C'est évidemment ce qui le sépare d'Albert et ce qui fait passer entre eux ce qu'on pourrait appeler une coupure épistémologique. La notion théodoricienne de cause essentielle n'en a pas moins été forgée dans une explication avec Albert. C'est ce double mouvement de continuité et de rupture qu'il faut restituer ici.

L'expression de « cause essentielle » *(causa essentialis)* est attestée tant chez Albert [150] que chez Ulrich de Strasbourg. Elle ne pouvait avoir chez eux la même signification philosophique que chez Dietrich dans la mesure où sa nature proclienne n'avait pas encore été reconnue. Elle n'en assumait pas moins déjà le même rôle fonctionnel. En fait, on peut dire que la théorie de la causalité essentielle s'est virtuellement formée avant même que la notion proclienne de chorégie ne fût connue. Comment ? Par l'intermédiaire du *Liber de causis* lu avec Aristote et Denys. Bref, avant la traduction de l'*Elementatio theologica*, Albert et ses premiers disciples ont reconstruit la théorie de la chorégie sur la base de ses équivalents péripatéticiens, arabes et dionysiens, l'articulant plus ou moins explicitement dans un corps d'énoncés, eux-mêmes plus ou moins explicités, que l'on peut résumer dans les quatre thèses suivantes :

149. *Ibid.*, p. 187, 108-109 ; pour les « Intelligences », voir plus spécialement *De intell.*, II, 38, 1, p. 176 ; pour l'intellect agent : *De vis. beat.*, 1.1.2.1., 3-4, p. 23 ; 1.1.2.2., 1, p. 24.

150. Cf., par exemple, Albert le Grand, *Sup. Dion. De div. nom.*, 4, n. 177, p. 262, 6-14 : « ... on appelle aussi cause essentielle, [une cause] qui cause par son essence, et c'est ainsi que la Première Cause est maximalement essentielle, et qu'elle cause toutes choses par son essence, qui est sa bonté » (« ... dicitur etiam essentialis causa, quae causat per essentiam suam, et sic prima causa maxime essentialis est et causat omnia per suam essentiam, quae est sua bonitas »).

1. Une cause essentielle est une cause par soi, c'est-à-dire une cause qui agit par essence.

2. Une cause essentielle est une cause qui est elle-même par essence ce qu'elle produit par *son* essence.

3. Une cause essentielle possède à l'avance de façon supérieure et essentielle ce que possède son effet.

4. Une cause qui satisfait à l'ensemble de ces conditions est de nature « intellectuelle », autrement dit : Dieu, Premier Intellect, et les Intelligences séparées.

Ces quatre thèses peuvent elles-mêmes être ramenées à une formule plus générale : au stade de sa naissance chez Albert et Ulrich de Strasbourg, la théorie de la causalité essentielle formule en termes de flux émanateur ce que Proclus avait pensé en termes de chorégie, elle interprète en termes d'Intelligences et d'Intellects ce qu'il avait pensé en termes de dispensateurs ou de dieux, et elle désigne le tout sous le titre aristotélicien de cause essentielle et par soi.

Si l'on rapproche maintenant cette première tentative de ce que les générations ultérieures ont effectivement pensé, on constate que la théorie de la causalité essentielle a eu pour double fonction de réévaluer les fondements de la théorie albertinienne du flux et de restructurer ou de redéfinir son champ d'application. On peut donc distinguer trois grands moments dans l'histoire de la théorie de la causalité essentielle :

1. l'utilisation de la notion de cause essentielle pour traiter certains problèmes de théologie de la création dans le cadre strict d'une conceptualité pseudo-aristotélicienne – en fait « néoplatonicienne » –, c'est-à-dire celui de la cosmologie du *Liber de causis* et de la théorie des Intelligences séparées d'Avicenne ;

2. son utilisation pour régler le problème de la causalité intellectuelle de l'intellect de l'homme dans le cadre d'une théorie de l'univers empruntée à la fois consciemment et systématiquement, c'est-à-dire sélectivement, à la cosmologie émanatiste arabe et à la chorégie proclienne ;

3. son utilisation dans le cadre d'une noétique spéculative assumant dans sa spécificité le problème chrétien du rapport de Dieu un et trine à sa créature.

Ces étapes ne peuvent être distinguées de façon exclusivement chronologique : la troisième, celle d'Eckhart, est d'ailleurs partiellement antérieure à la dernière formulation de la deuxième, celle de Berthold de Moosburg ; et la deuxième est, en un sens, autant que la première, représentée par Albert lui-même. Ce sont donc avant tout des moments logiques. C'est en ce sens que nous considérerons ici l'un de ses tout premiers promoteurs : Ulrich de Strasbourg.

Causalité par essence et théologie de la création chez Ulrich de Strasbourg

La théologie de la création d'Ulrich de Strasbourg, principal représentant du premier moment logique de la théorie de la causalité essentielle, peut être résumée dans la formule suivante, reprise ensuite selon des modalités et des altérations diverses dans toute l'école d'Albert : Dieu est un principe essentiellement actif, principe essentiel de toutes choses, agissant par essence, selon une causalité essentielle et par soi, qui produit immédiatement l'Un-Tout en le créant comme univers total[151]. Chacune de ces affirmations reprend des thèses d'Albert le Grand.

La première condense un passage du *De causis et processu universitatis*[152]. Il s'agit à cet endroit de préciser le sens du mot « vie » attribué au Premier Principe sur la base de la définition aristotélicienne de Dieu comme « vivant éternel parfaitement noble », *animal sempiternum et nobilissimum*[153]. Le texte d'Albert, repris par Ulrich[154], montre que la vie de Dieu est « parfaitement noble », dans la mesure où ce qui est noble « ne déchoit jamais de la dignité de ses principes ». Or c'est bien le cas du Dieu procédant dans l'univers. En tant qu'il est « le principe le plus noble », c'est-à-dire la « lumière pleine et originaire d'un intellect universellement agent », Dieu vit de telle manière que sa procession n'est ni « obscurcie » ni « empêchée » par aucune chose : ni par la matière, ni par les conditions qui s'y attachent, ni par « une quelconque nature étrangère ». C'est pour expliquer cette absence d'empêchement qu'est introduite la notion de « principe essentiel », lointaine transposition de la distinction aristotélicienne[155] entre « motion essentielle » et « motion accidentelle ».

151. Ulrich, *De summo bono,* IV, 1, 8, 2, p. 45, 34-35.

152. Albert le Grand, *Dcpu,* I, 2, 2, p. 27, 59-64 (B 389b-390a).

153. Aristote, *Metaph.,* XII, 7, 1072b28-29.

154. Ulrich, *De summo bono,* IV, 1, 2, 10, p. 15, 103-113.

155. Aristote, *Physique*, VIII 4, 255b31-256a2 : « ... les choses légères et lourdes qui se meuvent ou [essentiellement] en vertu de la cause génératrice et efficiente de leur légèreté et de leur lourdeur, ou [accidentellement] en vertu de ce qui les délivre de l'obstacle et de l'empêchement ».

> Tout ce qui est principe agissant par son essence *(essentialiter)* demeure en soi-même immobile mais déverse *(exserit)* continuellement son action à l'extérieur, sans qu'on puisse l'en empêcher, puisqu'il a de par lui-même suffisance pour agir[156].

Ce type de causalité, l'*exseritio* (terme que les albertistes du XVe siècle généraliseront au rapport essence-être) est celle de la lumière ou de la chaleur, mais elle caractérise au plus haut point la causalité divine et est donc attribuée au « Premier Intellect universellement agent » qui est la « pleine lumière et la lumière originaire ». En tant que principe essentiel, le Premier Principe est donc un « principe agissant essentiellement », *i.e.* un principe qui demeure lui-même en lui-même tout en se déversant à l'extérieur.

Les deuxième, troisième et quatrième prédicats de Dieu (« principe essentiel de toutes choses », « agissant par son essence », « selon une causalité essentielle et par soi ») spécifient la causalité divine comme causalité intellectuelle. En tant que causalité d'un « Intellect vivant universellement actif », la causalité du Premier Principe considérée au niveau du *statut* de l'Agent *(conditio operantis)*, non à celui de l'œuvre elle-même *(conditio operis)*, peut être abordée de deux manières. On peut, en effet, penser à sa simplicité, en tant qu'« il est lui-même tout ce qu'il possède », ou à sa perfection, « en tant qu'il contient en lui la perfection de tous les genres selon leurs raisons propres »[157]. Prise dans sa simplicité, la causalité divine peut être caractérisée comme « causalité par soi », c'est-à-dire comme causalité « par essence ».

L'assimilation des deux expressions nous livre ainsi le premier concept « albertiste » – préthéodoricien – de la causalité essentielle. Si la cause par soi n'est pas accidentelle, c'est au sens précis où elle « agit par son essence », autrement dit : par elle-même et non par autre chose. La cause essentielle n'agit ni par une puissance intrinsèque ni par un instrument extrinsèque, elle agit par sa propre essence. L'essence du Premier Principe étant « sa nature d'Intellect actif », dire que Dieu est « principe essentiel de toutes choses » revient donc à dire qu'il cause par son intellect, par l'intellect qui est son essence. Cette thèse est celle de tous les « philosophes », elle est affirmée à l'unisson « tant par les stoïciens que par les péripatéticiens »[158], mais elle est également conforme à ce qu'enseignent Jacques, Jean, Chrysostome et Denys[159].

156. Ulrich, *De summo bono,* IV, 1, 2, 10, p. 15, 109-112.

157. *Ibid.*, IV, 1, 3, 2, p. 16, 9-17, 13.

158. *Ibid.*, p. 17, 13 (la thèse vient d'Albert le Grand, *Sup. Dion. De div. nom.*, 4, § 24, p. 131, 19-25).

159. *Ibid.*, p. 17, 24-30.

Prise dans sa perfection, la causalité divine peut être considérée comme essentielle dans la diversité même de ses processions : toutes les perfections des diverses réalités émanées sont d'abord contenues en Dieu. C'est ce que soutiennent les philosophes qui « posent les différentes processions du Premier Principe selon une causalité essentielle et par soi »[160]. L'expression « causalité essentielle » rencontre ainsi pour la première fois le *dictum* « pseudo-aristotélicien » sur l'univocité d'analogie :

> Car toute nature, qui se trouve en plusieurs univoquement ou analogiquement, est en tous causée par ce en quoi elle se trouve à titre premier et essentiel, à la façon dont c'est par le premier chaud, à savoir le feu, que la chaleur est causée dans tous les corps chauds[161].

Ulrich traduit : tous les étants viennent du Premier Étant, toute connaissance vient du Premier Intellect, tout bien vient du Premier Bien[162] – savoir : Dieu. Du même coup, les deux aspects de la causalité essentielle chez Proclus – « agir par sa propre essence » et « précontenir ses effets » – vont pouvoir être rapprochés.

Telle que la formule Ulrich, la causalité essentielle n'est cependant pas encore la causalité proclienne. On est au niveau de la *mensura* aristotélicienne, selon laquelle il y a en chaque genre un premier qui « mesure » tout ce qui y est contenu et non au niveau de la *mensura* proclienne selon laquelle la cause universelle cause « par mode d'unité » (ἑνοειδῶς). La théorie de la causalité essentielle de Dieu chez Ulrich de Strasbourg est ainsi le fruit de la rencontre entre le thème albertinien de la causalité par essence entendue comme causalité par soi et la notion aristotélicienne de l'un ou du principe comme mesure première de chaque genre, telle qu'Albert l'avait héritée d'Averroès. Au vrai, c'est bien le langage aristotélicien du genre qui est utilisé ici, non celui, proclien, de l'« ordre essentiel » *(ordo essentialis)* cher à Dietrich de Freiberg. Cette remarque en induit une autre, qui limite plus encore la portée de la théorie ulricienne.

Universellement agent, Dieu est extérieur à tout genre, *universaliter extra genus* ; il rayonne absolument sur toutes choses, *illustrat super omne quod est* ; en revanche, si les Intelligences motrices des sphères agissent aussi universellement, elles le font seulement à l'intérieur d'un genre *(universaliter in genere)* sur tout ce qui vient après elles ; quant

160. *Ibid.*, p. 17, 31-33.

161. *Ibid.*, IV, 1, 2, 9, p. 15, 99-101 : « *Quia* omnis natura, quae univoce vel analogice est in diversis, in omnibus eis causatur ab eo, in quo primo et essentialiter ista natura reperitur, sicut a primo calido, quod est ignis, causatur calor in omnibus calidis. »

162. *Ibid.*, IV, 1, 3, 2, p. 17, 33-36.

aux intellects créés, ils n'agissent pas selon leur essence, mais de par leur émanation du Premier Intellect :

> ... l'intellect causé, [...] n'agit pas par lui-même ou selon ce qu'il est, mais selon une illumination [qui descend] sur lui du Premier Intellect, qui opère par lui-même (« ... causato intellectu, qui non agit per se sive secundum id, quod est, sed secundum illustrationem super ipsum a primo intellectu, qui per se operatur »).

Ces restrictions de la théorie de la cause essentielle sont toutes issues du *De causis et processu universitatis* d'Albert ; leur signification philosophique est fondamentale. Ulrich exclut l'intellect de l'homme de la causalité essentielle. Thèse qui durcit un thème central de la psychologie albertinienne : l'intellect de l'homme est universellement agent, il n'est pas intellect par essence, c'est-à-dire agissant par son essence[163]. C'est sur ce point que Dietrich de Freiberg se séparera à la fois d'Albert[164] et d'Ulrich, donnant ainsi à la théorie de la causalité essentielle un nouveau départ.

163. Albert le Grand, *Dcpu,* II, 1, 7, p. 69, 16-20 (B 445b), spéc. : « Nous n'avons pas un intellect qui soit par essence intellect » (« Non habemus intellectum qui per essentiam intellectus sit »), avec la critique de Dietrich, *De vis. beat.*, 1, 1, 2, 2, 1-2 ; éd. Mojsisch, p. 24, 44-53.

164. Cf. B. Mojsisch, « Grundlinien... », p. 41.

CHAPITRE V

Les universaux

Albert le Grand est généralement présenté comme un tenant du « réalisme modéré ». Cette étiquette est historiquement peu parlante[1]. La doctrine albertinienne des universaux est avant tout *péripatéticienne*. C'est ainsi qu'Albert la définit lui-même, c'est ainsi que les albertistes du XVe siècle la caractérisent face à l'« épicurisme » des *Terministae* – les nominalistes partisans de la conception ockhamiste de l'universel comme signe conceptuel (ou terme mental) – et face au « stoïcisme » des *Formalizantes* – les « platoniciens » partisans de la théorie des Idées. Le péripatétisme n'est cependant pas la simple marque d'une doctrine moyenne scellée par un double refus, celui de la réduction de l'universel à un signe, celui de la « forme » platonicienne séparée à la fois de Dieu et de la pensée ; c'est une thèse philosophique d'ensemble qui engage la métaphysique, la théologie, la psychologie. Autrement dit : le cadre d'élucidation du problème de l'universel ne peut être la sémantique des termes ou l'ontologie de la signification, mais une théorie de la pensée, définie dans la ligne du péripatétisme gréco-arabe comme un processus d'actualisation du pensant dans le pensé, du sujet intelligent dans l'objet intelligible, conformément à un modèle triadique où la distinction du pensant, du pensé et du penser fournit les questions où se noue le projet philosophique fondamental de l'albertisme : *qui* pense ? qu'est-ce que le *pensable* ? à quoi *mène* la pensée ? Telle que la formule Albert, la question de l'universel se situe donc au croisement de la psychologie philosophique et de l'éthique, elle s'ancre dans l'univers de l'émanation, le cosmos intelligible du *Livre des causes*, et reste soumise à ce qui donne sens à l'activité intellectuelle que l'homme y

1. Elle a éventuellement un intérêt théorique, mais à condition de la définir dans un cadre non « néoscolastique », comme le fait, par exemple, D.W. Mertz, *Moderate Realism and Its Logic*, New Haven - Londres, Yale University Press, 1996.

exerce : la sagesse théorétique selon Aristote. Bref, la question de l'universel s'inscrit dans le programme philosophique de la théorie du flux.

Liée au système émanatiste du *Liber* lu à travers Avicenne et les « Arabes », notamment Fārābī, la doctrine albertinienne des universaux est une doctrine de l'intelligible pensée dans le mouvement général de l'*influentia* des Intelligences séparées dans ou sur l'âme humaine. Bien qu'elle ait trait à la logique et à la sémantique philosophique, la théorie des universaux ne se comprend donc pas sans la métaphysique du flux. Sans elle, en effet, les thèmes principaux qui l'organisent – distinction des trois états de l'universel *(ante rem, in re, post rem)*, théorie de l'indifférence de l'essence – devraient être fatalement considérés comme une intrusion de la métaphysique avicennienne dans le champ de la sémantique ; réciproquement, l'originalité même d'Albert s'effacerait dans une simple doctrine commune, puisqu'il est clair qu'au XIIIe siècle la plupart des commentateurs de l'*Organon* s'accordent à reprendre la définition avicennienne de l'universel comme « inhérent à plusieurs et prédiqué de plusieurs », tout en maintenant avec Porphyre que les universaux n'existent pas comme tels dans les choses mais seulement « dans les intellects nus et purs ».

Avant d'examiner en détail la doctrine émanatiste des trois états de l'universel, il faut donc déterminer *d'où parle Albert*, ce qui veut dire préciser comment il entend le « problème de Porphyre » ou, si l'on préfère, le « problème des universaux ». Dans la reformulation qu'il donne de la première question de Porphyre, Albert explique d'une manière déroutante le sens de la célèbre formule *in solis nudis purisque intellectibus* (traduction amplifiante du grec ἐν μόναις ψιλαῖς ἐπινοίαις), sur laquelle s'ouvre l'ensemble du questionnaire isagogien[2].

La question originale de Porphyre (notée Q) est :

> Q : ... concernant les genres et les espèces, savoir s'ils existent ou bien s'ils ne consistent que dans de purs concepts (... περὶ τῶν γενῶν τε καὶ εἰδῶν τὸ μὲν εἴτε ὑφέστηκεν εἴτε καὶ ἐν μόναις ψιλαῖς ἐπινοίαις κεῖται).

Dans la traduction de Boèce, Q devient Q*:

> Q* : ... concernant les genres et les espèces, savoir s'ils subsistent ou bien s'ils *sont posés dans les intellects seuls, nus et purs* (« de generibus

2. Les deux questions suivantes sont : « ou, à supposer qu'ils existent, s'ils sont des corps ou des incorporels, et, en ce dernier cas, s'ils sont séparés ou bien s'ils existent dans les sensibles et en rapport avec eux » (εἴτε καὶ ὑφεστηκότα σώματά ἐστιν ἢ ἀσώματα καὶ πότερον χωριστὰ ἢ ἐν τοῖς αἰσθητοῖς καὶ περὶ ταῦτα ὑφεστῶτα. Boèce : « sive subsistentia corporalia sunt an incorporalia, et utrum separata an in sensibilibus et circa ea constantia »).

ac speciebus illud quidem, sive subsistunt sive in solis nudis purisque intellectibus posita sunt »)

La paraphrase d'Albert (notée Qa) demande à son tour :

> Qa : [Savoir] si ceux que l'on appelle *genres et espèces, subsistent* réellement, *ou si* bien plutôt ils ne sont aucunement subsistants dans la nature des choses, mais *sont posés dans les intellects seuls, nus et purs* en vertu d'une abstraction effectuée à partir des choses (« ... an ista quae *genera et species* dicuntur, in re *subsistant*, *aut* non quidem in rerum natura sint subsistentia, sed *in solis nudis purisque intellectibus* per abstractionem a rebus factam *sint posita* »).

Quel est le sens de Qa ? Si l'on compare le texte d'Albert aux questions disputées par les maîtres ès arts parisiens, on a une impression curieuse. Il y a en effet au moins deux formulations artiennes de Q au XIIIe siècle. Celle de Jean Le Page, qui découpe ainsi la question :

> Q1 : Les universaux existent-ils ?
> Q2 : Les universaux sont-ils quelque chose de [dans] la nature ou de pures intentions existant dans l'intellect ?

Celle de Robert Kilwardby, qui la présente sous la forme suivante :

> Q1 : Y a-t-il des universaux ?
> Q2 : Supposé qu'il y ait des universaux sont-ce des choses ou bien, si ce ne sont pas des choses, existent-ils seulement dans l'intellect, comme l'a soutenu Platon [3] ?

Qa correspond davantage à la formule de Jean Le Page pour le sens, et plus à celle de Kilwardby pour le vocabulaire. La mention de « Platon » dans la version kilwardbienne de Q2, de prime abord assez inexplicable, nous livre l'horizon épistémique de la prise de position albertinienne. Cet horizon est indistinct, marqué par la surimpression de deux problématiques distinctes : la première, plus proche du sens originel de Q, demande si les universaux existent dans la nature (c'est-à-dire aussi comme des choses de la nature) ou seulement dans l'intellect humain abstracteur – c'est le sens immédiat de la réécriture albertinienne ; la seconde, qui suppose toute une tradition exégétique, demande s'ils existent dans les choses ou seulement dans la Pensée divine créatrice – thèse attribuée à Platon, et que Kilwardby a intégrée à l'énoncé de Q2. Ces deux problématiques sont bien différentes. Albert ne devrait normalement pas les mêler. C'est toutefois ce que fait Kilwardby quand

3. Cf. Robert Kilwardby, *Notule super librum Porphirii*, ms. Peterhouse 206, f° 34va (éd. P.O. Lewry †) : « Dubitatur quarto : supposito quod uniuersalia sint, queritur utrum sint res, an non sint res set solum in intellectu, ut posuit Plato. »

il répond à la question : tout son propos étant de montrer que les universaux ont deux sortes d'être – l'un dans les choses (à titre d'essences ou de quiddités des choses), l'autre dans l'âme humaine, « par abstraction des singuliers » – et qu'« ils ne sont pas des Idées existant seulement dans l'esprit de Dieu, comme le croyait Platon, même si ces Idées sont les causes formelles et les exemplaires des universaux »[4]. Si l'on compte bien, cela fait deux sortes d'entités : les Idées et les universaux ; et deux modes d'être pour les universaux : dans les choses, dans l'intellect, voire plus simplement *trois modes d'être pour une même entité*, l'universel : dans l'intellect de Dieu, dans les choses, dans l'intellect humain. Albert passe du sens originel de Q2 (version Jean Le Page) au sens kilwardbien, non certes dans Qa (explicitement centrée sur l'abstraction), mais dans l'explication qu'il donne de la clause *in solis nudis purisque intellectibus*.

> Je dis dans les intellects *seuls* pour les[5] exclure des choses, au sens où ils ne sont pas dans les choses. Mais je dis *nus* les intellects séparés des appendices de la matière, qui sont seulement intellects d'[intelligibles] qui n'ont jamais été dans une matière. En effet, ce qui a été dans une matière n'est pas dans des intellects nus, mais dans des intellects qui sont mêlés à l'imagination et aux sens. Et j'appelle *purs* les intellects qui ont un intelligible vers quoi rien ne meut sinon la lumière de l'Intelligence, et non un phantasme reçu[6].

La position albertinienne est, semble-t-il, la suivante. Les genres et les espèces ne subsistent pas dans les choses, ils ne sont pas « posés dans les choses » : c'est la réponse à la première branche de l'alternative de Q*, et c'est ce que signifie l'expression *in solis*, sur laquelle se greffe la seconde branche – puisqu'ils ne sont pas dans les choses, les universaux sont-ils dans des intellects « nus et purs en vertu d'une abstraction faite à partir des choses » ? La réponse à cette question est ce

4. Cf. Robert Kilwardby, *Notule...*, ibid. : « nec sunt uniuersalia ydee solum in mente diuina, ut posuit Plato, quamuis sint cause formales et exemplaria uniuersalium. »

5. « les » : à savoir les *universaux*, Albert rejetant ici la thèse « réaliste » proprement dite assimilant les universaux à des choses.

6. Albert le Grand, *Liber de praedicab.*, II, 2, éd. A. Borgnet, p. 19a-b : « Et dico *solis* intellectibus per exclusionem rerum, ita quod non in rebus sint. *Nudos* autem dico intellectus ab appendiciis materiae separatos, qui illorum tantum sunt, quae nunquam in materia fuerunt. Quae enim in materia fuerunt, non in nudis sunt intellectibus, sed sunt in intellectibus qui immixti sunt phantasiae et sensui. *Puros* autem voco intellectus ex parte intelligibilis, ad quod nihil movet nisi solius intelligentiae lumen, et non phantasma receptum. » Sur la postérité de la lecture albertinienne de l'*Isagoge*, cf. E.P. Bos, « John Versor's Albertism in his Commentaries on Porphyry and the *Categories* », *in* P.J.J.M. Bakker, *Chemins de la pensée médiévale*, p. 47-78.

qui déroute le lecteur de la paraphrase albertinienne. En effet, le Colonais semble distinguer « intellects nus » et « intellects purs ». Comment ? Pourquoi ? D'un point de vue porphyrien, il n'y a évidemment aucune raison de le faire : c'est un accident de copie qui a intégré à la version latine le terme *puris*, qui à l'origine devait être une glose interlinéaire de *nudis* (remontant peut-être elle-même au manuscrit grec utilisé par Boèce)[7]. C'est donc une donnée proprement médiévale qui, quel qu'il soit, rend compte du choix exégétique d'Albert. Pour déterminer si celui-ci en vient réellement à distinguer deux sortes d'intellects dans la formulation d'une question où, normalement, ne figure que l'intellect humain abstracteur, il faut voir que les premiers interprètes scolastiques de l'*Isagoge* ont donné avant lui toutes sortes de lectures du passage. C'est exemplairement le cas dans le *Compendium examinatorium Parisiense* (ms. Ripoll 109), qui dispose à plaisir des trois termes « seuls », « nus », « purs », les combinant de diverses manières, pour obtenir plusieurs versions de Q2 :

> (1) en rapportant *solis* à *nudis purisque*, l'Anonyme demande si les universaux existent seulement dans ce qui est, initialement et de soi, entièrement dénué de *fantasmata* : l'intellect possible (défini par Aristote comme une « table rase » avant tout exercice de l'intellection) ;
>
> (2) en rapportant *solis* à *puris*, il demande s'ils existent plutôt dans l'intellect agent, qui est le seul à ne pas se mélanger avec les *fantasmata* (contrairement au possible qui se mêle à eux dans l'exercice de l'intellection) ;
>
> (3) en ne tenant compte ni de *nudis* ni de *puris*, il demande s'ils existent dans l'intellect en général, c'est-à-dire non dans les sens et la sensation ;
>
> (4) en ne tenant pas compte de *solis*, il demande s'ils sont « acquis par l'intermédiaire des sens », ou, au contraire, « innés » *(innata)* grâce à l'intellect agent[8].

Albert emprunte une autre voie : il semble distinguer « intellects nus » et « intellects purs ». Est-ce bien le cas ? Une seule certitude : la mention d'intelligibles qui « n'ont jamais été dans une matière » reprend

7. Sur ce point, cf. J. Shiel, « The Greek Copy of Porphyrios' *Isagoge* used by Boethius », *in* J. Wiesner (éd.), *Aristoteles, Werk und Wirkung*, t. II, Berlin-New York, W. de Gruyter, 1987, p. 312-340.

8. *Compendium examinatorium Parisiense*, éd. Cl. Lafleur et J. Carrier, *Le « Guide de l'étudiant » d'un maître anonyme de la faculté des arts de Paris au XIIIe siècle*. Édition critique provisoire du ms. Barcelona, Arxiu de la Corona d'Arago, Ripoll 109, f° 134ra-158va, Québec (Publications du Laboratoire de philosophie ancienne et médiévale), 1992, p. 300, § 1189.

tacitement une formule du *De intellectu et intellecto* d'al-Fārābī[9]. Cette distinction entre formes intelligibles a une longue histoire : elle dépend originairement d'une distinction alexandrinienne entre Formes incorporelles, de soi immatérielles (comme l'Intellect séparé, Premier Moteur immobile), *intelligibles* en soi, et formes engagées dans une matière (formes dites « matérielles »), connues par abstraction – ces formes universelles abstraites dont Alexandre explique qu'elles « sont *intellect* [en acte] quand elles sont conçues (καὶ τότε ἐστι νοῦς ὅταν νοῆται) », mais ne sont plus *intellect* en acte quand elles ne sont plus intelligibles en acte (*i.e.* quand elles ne sont plus conçues à part de la matière)[10]. Ce que veut dire Albert, c'est donc, en première approximation, qu'il y a diverses réponses au questionnaire de Porphyre selon le type d'intelligibles que l'on considère : immatériels ou « engagés dans une matière ». Les formes dites « matérielles » ne peuvent accéder à l'intelligibilité, *donc à l'universalité*, qu'en étant actualisées, c'est-à-dire rendues intelligibles en acte en étant intelligées en acte, autrement dit : *séparées* par la pensée d'une matière dont elles sont en fait *inséparables*, et *appréhendées* par la pensée *comme si* elles existaient par elles-mêmes. Les formes immatérielles, de soi intelligibles, sont de soi universelles. La situation est cependant plus complexe que ne le dit cette bipartition alexandrino-farabienne des formes. D'elle, il faut essentiellement retenir l'équation : intelligible en acte = intellect en acte. Mais l'univers dans lequel Albert l'insère tacitement, communique, toujours par Fārābī, avec une structure hiérarchique qui relève du néoplatonisme gréco-arabe, autrement dit de ce continent immergé dont le *Liber de causis* est, pour les *Latini*, la seule partie demeurée visible. Soyons clair : Albert partage avec Kilwardby et d'autres la conviction que l'universel a au moins deux types d'être en vertu du fait qu'il y a deux types d'intellects : ce qu'il

9. Cf. al-Fārābī, *De intellectu et intellecto*, éd. Gilson, *in* « Les sources gréco-arabes... », art. cité, p. 120, 174-182.

10. Cf. Alexandre d'Aphrodise, Περὶ ψυχῆς, éd. Bruns, p. 85, 11-25 et *Quaestio* 1.25, éd. Bruns, p. 39, 9-17 (trad. Sharples, p. 82-83) : « Selon Aristote, parmi les êtres, un est incorporel et sans corps, c'est une forme qui est immatérielle et séparée, car c'est une actualité séparée de toute potentialité. Il appelle aussi cet être intellect, et intellect en actualité, toujours en acte d'intellection et intelligeant le meilleur des êtres, c'est-à-dire lui-même. Cet intellect a toujours lui-même pour objet, car ce qui est intellect au plus haut degré a comme objet ce qui est intelligible au plus haut degré, et ce qui est intelligible au plus haut degré est la forme séparée de la matière. Car un tel être est intelligible par sa propre nature, tandis que les formes matérielles sont bien intelligibles, mais pas par leur propre nature ni en elles-mêmes – au contraire, l'intellect qui les a pour objets les rend intelligibles en les séparant de la matière en pensée et en les appréhendant comme étant par elles-mêmes, alors que la forme qui est séparée de toute matière et de toute potentialité est intelligible au sens propre, de par sa propre nature. »

appelle les intellects par essence et les intellects acquis. Distingue-t-il pour autant intellect « purs » et intellects « nus » ? Chez Kilwardby, l'intellect « pur » est clairement distinct de l'intellect « nu » : l'intellect pur est en effet l'intellect divin des « platoniciens », ce que soutient aussi Nicolas de Paris, quand il explique en ces termes le sens de l'expression *intellectus purus* :

> Un intellect pur est un intellect qui n'est pas mêlé à l'imagination, et c'est l'intellect de l'Intelligence et [l'intellect] suprêmement pur est l'intellect du Premier. D'où, demander si les universaux sont dans l'intellect pur revient à demander si ce sont des Idées dans l'esprit divin, comme en pose Platon [11].

Le même Nicolas explique ainsi le sens d'*intellectus nudus* :

> Mais l'intellect nu est l'intellect qui n'est pas encore vêtu de formes, comme l'intellect humain dans sa première création, qui est comme une table rase sur laquelle des formes différentes ne sont pas encore dépeintes. D'où, être [ou non] dans un intellect nu, c'est être [ou non] de nature [de naissance] dans l'intellect, au sens où Aristote se demande à la fin des *Seconds Analytiques* [II, 19, 99b17-100b5] si les habitus des principes sont innés. La question [ici posée] est donc de savoir si les universaux sont innés dans l'intellect et si la science qui les concerne est créée en même temps que l'intellect [12].

S'il l'épousait, la distinction entre intellects « nus » et « purs » ne serait donc pas une invention d'Albert : c'est un standard des commentaires universitaires de l'*Isagoge* dans les années 1230-1260. L'invraisemblable mélange conceptuel, aboutissant à la rencontre fortuite sur la « table » de dissection aristotélicienne (*De an.*, III, 4, 429b30-430a2) de la machine à coudre chrétienne et du parapluie de Platon, est cependant étranger à l'univers du Colonais. L'horizon herméneutique d'Albert

11. Cf. Nicolas de Paris, *Super Porphyrium*, éd. D. Piché, in *Le Problème des universaux à la faculté des arts de Paris entre 1230 et 1260* (thèse université Laval/EPHE soutenue à Québec en 2002) : « Intellectus autem purus est intellectus qui non est admixtus fanthasie et intellectus intelligentie et maxime purus intellectus Primi. Unde querere utrum uniuersalia sint in intellectu puro, hoc est querere an sint ydee in mente diuina quemadmodum Plato ponit. » Sur ce point, cf. le livre tiré de la thèse (ouvrage important, qui contient l'essentiel du dossier des universaux au premier âge – réaliste – de la scolastique), Paris, Vrin (Sic et Non), 2005, p. 161 *sq.*

12. Cf. Nicolas de Paris, *Super Porphyrium*, éd. cit. : « Intellectus autem nudus est intellectus nondum indutus formis, sicut intellectus humanus in sua prima creatione qui est quasi tabula rasa in qua nondum forme diuerse depicte sunt. Vnde in intellectu nudo esse est esse a natura in intellectu, prout querit Aristoteles in fine Posteriorum utrum habitus principiorum innati sint. Vnde questio est utrum uniuersalia innata sint in intellectu et utrum scientia eorum creata sit cum intellectu. »

lecteur de l'*Isagoge* est plus imprégné par le *Liber de causis* et, éventuellement par ses commentaires latins, que par l'exégèse artienne de Porphyre – même si les deux, on le verra, se recoupent. Quelle est la thèse albertinienne ? À bien y regarder, ce n'est pas la distinction kilwardbienne entre intellects « purs » (divin[s]) et intellects « nus » (humains) : « nus » et « purs » s'appliquent tous deux à un intellect qui contemple les formes intelligibles non matérielles (au sens alexandrinien et farabien) du terme, sans y être mû par un phantasme. Albert parle donc moins ici de l'abstraction que de ce qui la couronne : ce degré suprême de l'intellect « acquis », consécutif à l'abstraction de « tous les intelligibles matériels ou presque ». Il n'est pas question de « Platon ». Pas question non plus (pas encore) de la théorie des trois états de l'universel – qui interviendra en son temps (et qu'il faudra précisément forger contre les lectures latines). En expliquant la formule boécienne « *in solis nudis purisque intellectibus* », Albert a certainement en tête la tripartition de l'intelligible dont les commentateurs de l'*Isagoge* ne connaissent que les prémisses (ou l'ombre portée). Cependant, il ne la fait pas d'emblée intervenir : son propos est autre. Il ne s'agit ni plus ni moins que de donner au problème de Porphyre la réponse que celui-ci a évitée, parce qu'elle relevait selon ses propres termes « d'une science plus haute », une réponse, en somme, conforme non à la seule logique, mais bien à la théologie péripatéticienne, comprise comme théologie de l'intellect. D'où la présence en sous-main du *Liber de causis*, dont deux théorèmes jouent un rôle déterminant :

> Ldc 9 [10] : Toute intelligence est pleine de formes (« Omnis intelligentia plena est formis »).
> Ldc 10 [11] : Toute intelligence pense les choses perpétuelles, celles qui ne sont pas détruites et ne tombent pas sous le temps (« Omnis intelligentia intelligit res sempiternas quae non destruuntur neque cadunt sub tempore ») [13].

13. *Liber de causis*, prop. 9 [10], § 92 et 10 [11], § 100 ; trad. P. Magnard *et al.*, Paris, Vrin, 1990, p. 56-57. L'arrière plan des propositions 9 [10] et 10 [11], spécialement de la proposition 9 [10], est la proposition 177 des *Éléments de théologie* de Proclus (trad. Trouillard, p. 167 : « Tout esprit est une plénitude d'idées, mais un esprit contient des idées plus universelles, un autre de plus particulières. Les esprits plus élevés possèdent de façon plus universelle tout ce que leurs subordonnés détiennent sous un mode plus particulier, tandis que les esprits moins élevés contiennent de façon plus particulière tout ce que détiennent sous un mode plus universel les esprits qui les précèdent »), dont le texte latin est (éd. H. Boese, Leuven, Leuven University Press, 1987, p. 87) : « Omnis intellectus plenitudo ens specierum, hic quidem universaliorum, hic autem particulariorum est contentivus specierum ; et superiores quidem intellectus universaliorem habent quanto particulariorem qui post ipsos, inferiores autem particulariorem quanto totaliorem qui ante ipsos. »

Précisons. Dans l'univers du *Liber*, l'ordre des Intelligences est intermédiaire entre celui de la Cause première et celui des Âmes. La proposition 9 [10] du *De causis* soutient que toute Intelligence (ou Intellect) est remplie de formes *plus ou moins universelles*, selon la position qu'elle occupe dans la Hiérarchie (conformément au principe, également attribué, on l'a vu, à Boèce, qui veut qu'« aucune des choses ne reçoive ce qui est au-dessus d'elle sinon sur le mode sur lequel elle peut le recevoir, et point sur le mode sur lequel est la chose reçue »[14]). La hiérarchie des intellects/intelligibles et des Âmes – la majuscule a ici son importance – fournit le cadre théorique dans lequel Albert aborde métaphysiquement le problème des universaux. Formidable dépaysement pour un historien de la logique, familier des discussions du XIIe siècle et, tout particulièrement, du débat entre Pierre Abélard et Guillaume de Champeaux. Albert connaît évidemment certaines thèses de ses lointains prédécesseurs : il est même à l'âge scolastique un des derniers témoins de la *positio* des « Nominaux » sur le statut des énonçables *(enuntiabilia)*. Chez lui, cependant, l'horizon interprétatif de l'*Isagoge* n'est décidément plus celui de la querelle, spécifiquement latine, des *Reales*, des *Vocales* et des *Nominales*[15], mais, si déroutant que cela puisse être pour nous, celui du « premier » aristotélisme arabe, où le *Liber de causis*, al-Fārābī, Avicenne et al-Ghazālī remplacent les logiciens des « petites écoles » et autres « sectes » parisiennes des *années Abélard : Montani, Parvipontani, Alberici,* et autres *Melidunenses*. La logique latine cède le pas, sur le terrain où elle a pourtant pris son essor – l'interprétation du « problème de Porphyre » –, à une métaphysique-noétique syncrétique où l'aristotélisme et le néoplatonisme sont à la fois étroitement imbriqués et mutuellement gauchis. Cette double intrication commande toute la doctrine albertinienne des universaux, et sa théorie la plus caractéristique, la théorie du « triple universel » *(triplex universale)*. Elle explique l'impression de *syncope* que ressent l'historien de la logique et de la sémantique médiévales face

14. *Liber de causis*, prop. 9 [10], § 99, trad. cit., p. 57. L'axiome joue, on l'a dit, un rôle capital comme corrélat de la règle d'attribution analogique (« chacun reçoit ce que son analogie lui permet de recevoir »).

15. Cf. A. de Libera, *La Querelle des universaux, op. cit.*, chap. 3 : « Le haut Moyen Âge et la querelle des universaux », p. 125 *sq*. Les *Vocales* sont un groupe de logiciens où l'on peut classer Roscelin de Compiègne, Rainbert de Lille, Arnulfe de Laon, Gerland de Besançon (l'auteur d'une *Dialectica* attribuée par L.M. De Rijk à Garland le Computiste) et Abélard lui-même, à ses débuts. Sur ce groupe et sur les *Nominales*, cf. Y. Iwakuma, « *Vocales*, or Early Nominalists », *Traditio*, XLVII (1992), p. 37-111 ; T. Shimizu, « From Vocalism to Nominalism : Progression in Abaelard's Theory of Signification », *Didascalia*, 1 (1995), p. 15-46 ; Y. Iwakuma, « *Nominalia* », *ibid.*, p. 47-88.

au XIIIe siècle, et la sévérité du diagnostic posé par les logiciens sur les théories d'un Albert ou d'un Thomas rapportées, *a parte ante*, à celles d'Abélard, *a parte post*, à celles d'Ockham ; la déception aussi, pour ne pas dire plus, qu'éprouve celui qui suit la problématique des universaux jusqu'au XVe siècle, face aux laborieuses taxonomies scolaires d'un Jean de Maisonneuve. Le moment albertinien n'est pas pour autant sans intérêt. La réponse apportée par Albert au problème de Porphyre est celle d'un métaphysicien et d'un théoricien de l'intellect : elle a son mérite théorique et ses temps forts – l'élaboration de la doctrine du triple universel et la reprise de la théorie avicennienne de l'indifférence de l'essence. Elle marque surtout un progrès par rapport à d'autres tentatives d'inscription du « problème de Porphyre » dans l'univers épistémique du *Liber de causis*, et ne prend tout son sens que par rapport à elles.

Ignorants des doctrines originales de Proclus, les premiers commentateurs latins du *Liber* ont d'abord platonisé à outrance ses thèses sur le statut de l'intelligible. Le maître mot est alors l'*Idée*, par quoi, comme nous l'annoncions plus haut, l'univers épistémique du *Livre des causes* recoupe celui des commentaires universitaires de l'*Isagoge*. Chez Roger Bacon, un des tout premiers commentateurs parisiens de l'ensemble des « écrits naturels » d'Aristote, la proposition 9 [10] s'insère dans une théorie où les trois entités de la Hiérarchie du *Livre* : la Cause première, les Intellects (Intelligences) et les Âmes, sont censées penser ou connaître au moyen de Formes exemplaires ou Idées (« per formas exemplares sive per ydeas »). La différence entre Intellects et Cause première est que, chez celle-ci, sa substance ou essence même est exemplaire de tout ce qui est, alors que les Intellects, connaissent grâce à des « Formes créées en même temps qu'eux » *(species concreatae)*, distinctes de leur essence et infusées en eux par la Cause première au premier instant de leur création – une thèse qui, à l'évidence, est à l'arrière-plan de la lecture de Porphyre par Nicolas de Paris. Une des sources possibles de Bacon, le Pseudo-Adam de Bocfeld, précise le dispositif d'un point de vue dynamique ou génétique en posant que les Formes innées *(formae exemplares innatae)* résident d'abord dans les Intellects séparés puis dans les âmes[16]. Mais de quelles « âmes » s'agit-il ? Dans le *Liber*, les « Âmes » ne désignent pas les âmes humaines : la hiérarchie des intelligibles, parallèle à celle des sujets intelligents, ne fait pas place à l'âme humaine ni, *a fortiori*, au problème « aristotélicien » de l'abstraction empirique. Les trois sortes d'exemplaires distinguées

16. Cf. Pseudo-Adam de Bocfeld, *Scriptum super Librum de causis*, ms. Venise, Biblioteca Marciana, Lat. VI, 1 (2821), f° 14ra.

par le Pseudo-Adam devraient donc renvoyer uniquement aux entités étagées entre la Première Cause et le monde empirique : la Cause première elle-même, les Intelligences et les Âmes dites « nobles ». Cela semble être le cas : la Cause première est définie comme l'*exemplar non factum nec elaboratum* ; lui sont subordonnés : l'*exemplar factum, sed non elaboratum*, qui est « la cause exemplaire de toute la réalité, qui se trouve dans l'Intellect sans coïncider avec sa substance », et l'*exemplar factum et elaboratum*, qui est « celui qui se trouve dans l'Âme » – la seule différence entre « les formes innées présentes dans l'Intellect et celles qui sont dans l'Âme » étant qu'elles sont parfaitement *distinctes* dans l'Intellect, et *confuses* dans l'Âme[17]. Pourtant, un déplacement capital s'opère : le Pseudo-Adam applique à l'âme humaine ce que le *Liber* attribue à l'Âme noble. Plus exactement, c'est à propos d'elle que, soutenant que l'âme contient les *exemplaria* des choses sensibles, il pose le problème crucial du différend Platon-Aristote autour duquel tourne la problématique universitaire des universaux, reflétée par les commentaires porphyriens de Jean Le Page et de Nicolas de Paris (qui acceptent l'innéisme) ou de Kilwardby (qui le refuse) : les exemplaires qui sont en l'âme sont-ils innés ou bien acquis ? À quoi il répond que l'« intellect de l'âme », c'est-à-dire l'âme dans son état le plus élevé, celui de l'intellect en tant qu'agent, connaît toutes choses en acte grâce à des Formes exemplaires innées. L'expression « intellect de l'âme » vient directement du *De anima*, III, 4, 429a23-24 : « Ainsi, ce qu'on appelle "intellect de l'âme" – et j'entends par "intellect" ce par quoi l'âme opine et pense (λέγω δὲ νοῦν ᾧ διανοεῖται καὶ ὑπολαμβάνει ἡ ψυχή) – n'est en acte aucune des choses qui sont, avant de penser (οὐθέν ἐστιν ἐνεργείᾳ τῶν ὄντων πρὶν νοεῖν)[18]. » Chez Aristote, τῆς ψυχῆς νοῦς désigne l'intellect dit *possible*, entendu comme cette puissance ou partie de l'âme, dont 429a25 affirme qu'« il serait irrationnel » de considérer qu'elle est « mélangée au corps » (« unde neque misceri est rationabile ipsum corpori »). Le Pseudo-Adam l'applique au contraire à l'intellect *agent*, et transpose au couple intellect séparé/intellect de l'âme l'opposition distinct/confus que nous avons vu appliquée par Bacon au couple Cause

17. Cf. Pseudo-Adam, *Scriptum...*, ms. cité, f° 20va.

18. Tricot, p. 175, traduit ὁ ἄρα καλούμενος τῆς ψυχῆς νοῦς par : « Ainsi cette *partie de l'âme* qu'on appelle *intellect* », et poursuit : « (et j'entends par intellect ce par quoi l'âme pense et conçoit), n'est, en acte, aucune réalité avant de penser » ; Bodéüs (p. 227), plus circonspect, n'introduit pas la notion de partie, préfère « intelligence de l'âme » et traduit ainsi ὁ ἄρα καλούμενος τῆς ψυχῆς νοῦς : « Par conséquent, ce qu'on appelle *l'intelligence de l'âme* », rendant la suite par : « (et, par là, j'entends ce qui permet à l'âme de réfléchir et de se former des idées) n'est effectivement aucune des réalités avant de penser. »

première/Intelligence : les exemplaires innés qui sont dans l'intellect (agent) de l'âme sont à l'état confus ; ceux qui sont dans les intellects séparés sont distincts. La distinction entre Âme noble et âme humaine s'efface devant celle, plus importante pour la théorie de la connaissance humaine, entre Intellect séparé et intellect de l'âme. En fait, tant le Pseudo-Adam que Bacon ou, encore, un troisième commentateur du *Liber de causis*, le Pseudo-Henri de Gand, soutiennent que « ce qui possède les *exemplaria* innés est l'intellect de l'âme, considéré en tant qu'*agent*, non pas en tant que *possible* » :

> L'Intellect agent a deux opérations. La première, en lui-même : c'est l'intelliger, qui comporte trois modes. [En effet] il intellige soit ce qui est au-dessus de lui, comme la Cause première, soit ce qui est du même rang que lui, comme les autres intellects [...] ; ou bien lui-même de par sa présence à soi, ce qui veut dire qu'il s'intellige lui-même par son essence ; et aucun de ces trois modes n'a besoin de [Formes] exemplaires pour connaître. Mais il connaît aussi ce qui est en dessous de lui : et c'est ainsi qu'il connaît les choses sensibles grâce à des habitus innés, comme l'intellect possible [les connaît] grâce à des habitus acquis [19].
>
> [...] s'il connaît sous la raison par laquelle il est agent, comme il ne peut perdre du fait de son union avec le corps ce qu'il possède en lui-même qui a été créé en même temps que lui, l'âme, selon cet intellect [agent], possède des exemplaires concréés [des choses sensibles] [20].

19. Cf. Pseudo-Adam, *Scriptum...*, ms. cité, f° 27ra : « Intellectus vero agens duplicem habet operationem : unam in se, et hec est intelligere, et hoc tripliciter : aut quod est supra se, ut causam primam ; aut quod est iuxta se, ut alios intellectus [...] ; aut intelligit se ex sui presentia, scilicet se per essentiam suam, et nullo istorum modorum indiget exemplaribus ad cognoscendum ; aut cognoscit quod est sub se, et ita cognoscit res sensibiles per habitus innatos, sicut possibilis per acquisitos. »

20. Cf. Henri de Gand, *Quaestiones in Librum de causis*, éd. J.P. Zwaenepoel, *Les Quaestiones in Librum de causis attribuées à Henri de Gand*, Louvain-Paris, Publ. universitaires-Béatrice Nauwelaerts, 1974, p. 130, 86-89 : « ... si sub ratione qua agens, cum illud quod se habet sibi concreatum per unionem cum corpore non possit amittere, anima adhuc secundum talem intellectum habet exemplaria concreata ». Dans la première de ses deux séries de *Questions sur le Livre XI de la Métaphysique*, Bacon, qui utilise la tripartition *nec factum nec elaboratum, factum sed non elaboratum, factum et elaboratum* introduite par le Pseudo-Adam, explique, quant à lui, que « le troisième exemplaire est acquis, et est l'exemplaire de l'intellect possible », tout en soulignant, comme le Pseudo-Henri de Gand, que cet exemplaire est confus (« tertium est non distinguens nec distinctum sed confusum »). Selon le Pseudo-Henri de Gand, c'est même pour distinguer l'âme humaine des intellects séparés qu'Aristote a, au début de la *Physique*, explicitement posé que « toute connaissance humaine est au début confuse ».

C'est ce fond de doctrines que l'on retrouve dans la théorie des universaux exposée par le *Compendium examinatorium parisiense* (§ 1187), qui pose successivement 1° que les universaux sont « la quiddité et l'essence » des choses et qu'ils sont « prédicables de ce en quoi ils sont » ; 2° que ce sont des formes « qui sont comme un certain être divin que l'on trouve en chaque chose » (« quoddam divinum esse quod est in quolibet ») ; 3° que, en tant que « divins », les universaux sont une sorte d'« illumination », « une puissance rayonnant de la Cause première » (« quedam uirtus relucens a prima causa ») ; 4° que l'universel est l'« objet confus de l'intellect agent » ; 5° qu'il peut être caractérisé de deux points de vue : en tant que nature dotée d'un être en soi et par soi et en tant qu'être actuel existant réellement dans les singuliers. Cette dernière distinction est expliquée par le recours à la lumière – plus exactement, à la différence existant entre la lumière considérée en elle-même et dans ce qu'elle éclaire :

> C'est pourquoi, de même que la lumière subsiste par elle-même, mais aussi dans le corps lumineux d'où elle tient son être, de même l'universel subsiste par lui-même dans son essence, mais il tient [son] être des singuliers, être par lequel il est lui-même dit être en acte (« Unde, sicut lux stat per se et tamen in aliquo luminoso a quo suum esse trahit, et ita universale [universalia éd.] in essentia sua per se stat, habet tamen esse a singularibus quo dicitur esse actu »).

On ne manquera pas au principe de charité en disant que la nébuleuse dans laquelle flottent les premières interprétations artiennes du questionnaire de Porphyre comme les premières lectures du *Liber de causis* laisse dans un état lui-même bien confus la théorie aristotélicienne de l'intellect et de l'intelligible. Lecteur du *Liber de causis* et du *De anima*, Albert le Grand conçoit la doctrine du « triple universel », *ante rem*, *in re*, *post rem*, pour faire pièce à ces premières élaborations scolaires du statut métaphysique-noétique de l'universel.

La doctrine de l'universel

La distinction des universels *ante rem, in re* et *post rem* est un classique de la théorie médiévale des universaux : c'est la charte de tous les réalismes, qu'ils soient modérés ou extrêmes, c'est un stéréotype de la scolastique tardive et de la néoscolastique. La tradition la fait remonter à la *Logica* d'Avicenne, qui, lui-même, parle d'une distinction « usuelle » entre trois façons de considérer les cinq universaux (genre, espèce, différence, propre, accident), à savoir comme entités *naturelles*, *logiques*, ou *intelligibles* :

> L'usage était, quand on voulait distinguer les cinq [universaux], de dire que, sous un certain rapport, c'étaient des réalités *physiques*, sous un autre, *logiques*, sous un autre encore, *intelligibles* ; et l'on pouvait ajouter que, sous un certain rapport, ils étaient *sans la multiplicité* et, sous un autre, *avec la multiplicité* ; et l'usage était de placer le traité portant sur cette question immédiatement après celui portant sur le genre et l'espèce, bien que la question porte en commun sur les cinq universaux [21].

En fait, l'origine de cette théorie est néoplatonicienne : le premier grand témoin de la doctrine des trois sortes d'universaux est Ammonius dans son commentaire de l'*Isagoge* [22]. On y trouve, en effet, ses deux caractéristiques principales : la distinction entre universaux πρὸ τῶν πολλῶν (antérieurs aux multiples), universaux ἐν τοῖς πολλοῖς (dans les multiples) et universaux ἐπὶ τοῖς πολλοῖς (postérieurs aux multiples) ; la reprise d'une métaphore, celle du sceau, de la cire et de l'image imprimée, issue du *Timée*, 50C-D (éd. Waszink, p. 48, 6-7), et transmise parallèlement par Aristote dans son exposé critique des doctrines de Platon, en *Métaph.* I, 6, 987b-988a (cf. 988a1, le terme ἐκμαγεῖον).

> Pour éclaircir ce que le texte [de Porphyre] veut dire, présentons-le au moyen d'un exemple, car il n'est pas vrai que [les philosophes] désignent simplement et au hasard telles choses comme des corps, telles autres comme des incorporels, mais ils le font au terme d'un raisonnement, et ils ne se contredisent pas non plus les uns les autres, car chacun d'eux dit des choses raisonnables. Imaginons donc un anneau, avec une empreinte [représentant] par exemple Achille, ainsi qu'une multitude de pains de cire ; supposons que l'anneau marque de son sceau tous les pains de cire ; supposons maintenant que quelqu'un vienne plus tard et qu'il regarde les pains de cire, en constatant que toutes [les marques] viennent d'une unique empreinte : il aura en lui-même la marque, c'est-à-dire l'empreinte dans sa faculté discursive (διάνοια) ; on peut donc dire que le sceau sur l'anneau est *antérieur aux multiples* ; que la marque dans les pains de cire est *dans les multiples*, tandis que celle qui est dans la faculté discursive de celui qui l'a, imprimée, est *postérieure aux multiples* et *postérieure dans l'ordre de l'être* (ὑστερογενής). Eh bien, c'est cela qu'il faut comprendre dans le cas des genres et des espèces.

21. Avicenne, *Logica*, 3, éd. Venise, 1508, f° 12ra-va : « Usus fuit, ut, cum quinque haec distinguerentur, diceretur secundum hoc, quod uno respectu sunt naturalia et alio respectu logicalia et alio intellectualia, et fortassis etiam diceretur, quod uno respectu sunt absque multiplicitate et alio cum multiplicitate ; et fuit usus, ut tractatus de his poneretur continuus cum tractatu generis et speciei, quamvis hoc commune sit quinque universalibus. »

22. Cf. Ammonius, *In Porph. Isag.*, éd. Busse, CAG, IV, 3, Berlin, G. Reimer, 1891, p. 41, 10-42, 26.

L'objectif poursuivi par Ammonius est clairement « concordataire », c'est la conciliation de trois points de vue : le premier, théologique (avec Platon) ; le deuxième, physique (avec Platon et Aristote) ; le troisième, logique et noétique (avec Aristote)[23]. Sans le savoir, Albert le Grand, qui intervient sur les trois terrains, transmet donc au monde latin, avec sa théorie du « triple universel », *ante rem*, *in re* et *post rem*, une thèse « symphonique » des commentaires néoplatoniciens de Porphyre[24]. Il n'est pas étonnant, dans ces conditions, de le voir fluctuer entre les références les plus diverses (y compris Platon lui-même), quand il s'efforce de « tracer » généalogiquement la doctrine du *triplex universale*. Mais il doit aussi à Avicenne sa propre lecture dynamique de l'harmonisation des points de vue philosophiques. Pour Avicenne en effet les trois manières de considérer l'universel correspondent à une trajectoire ou un parcours : celui-ci est *d'abord* dans l'intellect divin (la pensée créatrice) ou dans celui des anges, il a donc, avant d'entrer dans les multiples, le statut et l'unité d'une intention, comparable au statut du modèle idéal dans l'esprit d'un artisan ; dans les multiples, en revanche, il a un autre statut, donc un autre être, celui, particularisé (multiplié) des particuliers (multiples) en lesquels il est instantié ; et il en a encore un troisième, avec une nouvelle sorte d'unité, dans la pensée *(intelligentia)* humaine, celui du concept abstrait. Ces trois états correspondent clairement, pour le premier, aux Formes séparées de Platon, pour le deuxième, à des formes immanentes au sens d'Alexandre (*i.e.* « engagées dans une matière »)[25], pour le troisième, aux concepts produits par

23. La théorie d'Ammonius a eu une fortune considérable. On la retrouve chez les commentateurs David et Elias, mais aussi chez Simplicius, quand il dénonce « certains » qui, ne voyant que la « seconde sorte de genres », ne s'élèvent pas jusqu'à la contemplation des genres transcendants (« extrinsèques ») et croient que les « natures communes » *subsistent seulement dans les singuliers* ; ou encore chez le chrétien syriaque Sergius de Reš'ainā († 22 avril 536), qui situe clairement les genres et les espèces antérieurs aux multiples dans l'esprit d'un *Dieu* « créateur ». Mais c'est aussi la source de la doctrine méréologique de l'universel et du tout d'une source importante d'Albert (que nous retrouverons plus bas) : le Byzantin Eustrate de Nicée, qui l'expose à travers le prisme de la théorie alexandrinienne des *touts homéomères et anhoméomères*, et celle, elle aussi particulièrement chère à Albert, de la doctrine ammonienne des *trois états de l'universel*.

24. Pour l'influence, sur ce point, de ces commentaires dans le monde arabophone (chrétien et musulman), cf. M. Rashed, « Ibn 'Adī et Avicenne : sur les types d'existants », *in* V. Cellupica et C. D'Ancona (éd.), *Aristotele e i suoi esegeti neoplatonici. Logica e ontologia nelle interpretazioni greche e arabe.* Atti del Convegno internazionale Roma, 19-20 ottobre 2001, Naples, Bibliopolis (Elenchos, XL), 2004, p. 107-171.

25. Cette forme dite « matérielle » est, en un sens, commune à Aristote et à Platon. Sur la forme « immanente » au sens de Platon, cf. L.M. De Rijk, *Plato's Sophist. A Philosophical Commentary*, Amsterdam-Oxford-New York, North Holland Publishing Company, 1986, p. 60-63.

un acte de « dépouillement », dévêtant la Forme des accidents ou circonstances dont sa présence dans une matière l'a « habillée ».

> Mais puisque de tout de ce qui se rapporte à Dieu et aux anges, le rapport est le même que celui, chez nous, des objets artisanaux à l'âme de l'artisan, pour cette raison, ce qui est dans la Sagesse du Créateur et des anges quant à la vérité et à la connaissance des choses naturelles est antérieur à la multiplicité, et ce qui est intelligé de ces choses est une certaine intention ; celles-ci [ces intentions] acquièrent ensuite l'être qui est dans la multiplicité et, pendant qu'elles sont dans la multiplicité, elles ne sont en rien quelque chose d'un, puisque, dans les sensibles [existant] à l'extérieur, il n'y a rien de commun, mais seulement discrétion et disposition [différente] ; enfin, elles recouvrent derechef chez nous d'être objet d'intellection, après avoir été dans la multiplicité [26].

Dans la formulation d'Avicenne, les trois types d'entités distingués par Platon, Aristote et Alexandre, sont donc présentés comme les états successifs d'une même essence, transitant dynamiquement de la Pensée créatrice à la pensée abstractive, sorte d'Odyssée (« retour », *fīl-ma'ād*) de l'intelligible, qui s'achève quand, selon l'expression de la *Métaphysique* du *Shifā'*, l'âme est devenue une sorte de « monde intelligible », « dans lequel sont décrits ou dessinés la forme du tout et l'ordre intelligé dans le tout et la bonté s'écoulant en tout » [27].

C'est l'ensemble de ce dispositif que, sous des patronages divers – où Avicenne et les « Arabes » tiennent cependant toujours une place éminente –, reprend Albert. Quelles que soient ses fluctuations, la conception albertinienne du *triplex universale* est centrale pour son « école » ou ce que l'on considère comme telle. Comme je l'ai montré ailleurs [28], la triple distinction avicennienne entre universaux *in multi-*

26. « Sed quia omnium quae sunt comparatio ad deum et ad angelos est, sicut comparatio artificialium, quae sunt apud nos, ad animam artificem, ideo id quod est in sapientia creatoris et angelorum et de veritate cogniti et comprehensi ex rebus naturalibus, habet esse ante multitudinem ; quidquid autem intelligitur de eis, est aliqua intentio ; et deinde acquiritur esse eis, quod est in multiplicitate, et cum sunt in multiplicitate, non sunt unum ullo modo, in sensibilibus enim forinsecus non est aliquid commune nisi tantum discretio et dispositio ; deinde iterum habentur intelligentiae apud nos, postquam fuerint in multiplicitate. »

27. Cf. *Metaphysica*, IX, 7 ; éd. Van Riet, p. 510, 72-511, 83.

28. A. de Libera, *La Philosophie médiévale* Paris, PUF (Que sais-je ?, 1044), 1989, p. 118-119. La source avicennienne de la division albertinienne est amplement confirmée par A. Bertolacci, « Le citazioni implicite... », p. 221-230, qui étudie du point de vue formel et conceptuel la paraphrase du chapitre 1 du livre V de la *Métaphysique* d'Avicenne sur la division des universaux (notamment la triade *ante rem, in re, post rem*) fournie dans une digression de la *Métaphysique* d'Albert (V, 6, 5-7, éd. Geyer, p. 285, 8-15), comparant les deux textes structurellement (plan) et ligne par ligne (pour les

plicitate (naturalia), postquam fuerint in multiplicitatem (logicalia) et *ante multiplicitatem (intellectualia)*, et plus encore la focalisation sur la distinction binaire des *logicalia* et des *intellectualia*, a servi de fondement à l'une des formules théoriques les plus caractéristiques de l'école dite « de Cologne » : la distinction entre universel logique abstrait (ou universel de prédication) et universel théologique séparé (ou universel de production), développée dans la ligne de la théorie dionysienne et proclienne de la précontenance par Dietrich de Freiberg[29] et Berthold de Moosburg[30], mais esquissée par Albert lui-même sur une base dionysienne et post-dionysienne[31]. Cette distinction a, d'ailleurs, largement débordé l'école dominicaine allemande pour être finalement adoptée par nombre de réalistes du XIVe siècle, tel Wycliff († 1384) opposant universel « logique » et universel « métaphysique »[32].

La portée historique et doctrinale de la distinction d'Avicenne est donc considérable. Ce n'est pourtant pas à Avicenne qu'Albert l'attribue en général, mais à Platon. Comment expliquer cette attribution ? Même si la distinction binaire entre « universaux abstraits, que l'on peut exprimer dans une définition », et « Idées dans le monde intelligible, qui sont les causes exemplaires de tout ce qui existe comme espèce dans ce monde sensible », est fondamentale dans le platonisme[33], il va de soi qu'Albert n'a pas pu trouver la doctrine d'un *triple* universel dans Platon : elle n'y figure pas. Le seul texte que l'on puisse invoquer à cause de sa structure triadique traite des « trois genres d'être » que sont les « modèles intelligibles », les « imitations » ou « empreintes de ces êtres éternels » et « cette sorte d'être difficile et obscure qu'est le Réceptacle »[34]. Le renvoi à Platon ne saurait davantage s'expliquer par

---

passages repris). Dans la typologie des paraphrases dressée par Bertolacci, le texte relève du type C1 : « Albert cite implicitement le texte d'une partie d'un chapitre d'Avicenne, qu'il complète par certaines doctrines avicenniennes ».

29. Dietrich, *De cogn. ent. separ.*, 10, 1-4, p. 176, 1-177, 33.

30. Berthold, *Sup. Elem. Theol. Procli*, I A, p. 74, 99-112.

31. Albert le Grand, *Metaph.*, XI, 2, 12, p. 499, 71-86.

32. John Wycliff, *Tractatus de universalibus*, II, 2 ; éd. Mueller, Oxford, Clarendon Press, 1985, p. 62-63.

33. Cf., sur ce point, C. Steel, « Définitions et Idées. Aristote, Proclus et le Socrate du *Parménide* », *in* A. Motte, Chr. Rutten et P. Somville (éd.), *Philosophie de la forme : Eidos, Idea, Morphè dans la philosophie grecque, des origines à Aristote*. Actes du colloque interuniversitaire de Liège, 29 et 30 mars 2001, Centre d'études aristotéliciennes de l'Université de Liège, Louvain-la-Neuve - Paris - Dudley, Éd. Peeters, 2003, p. 593-609. On n'oubliera pas que la thèse faisant des Idées les causes des universaux est connue des médiévaux, cf., *supra*, n. 4, le texte de Robert Kilwardby.

34. Platon, *Timée*, 50 C-D, éd. Waszink (*Plato Latinus* IV, Londres, Warburg Institute-Leiden, Brill, 1962), p. 48, 12-14 ; trad. J. Moreau, in *Platon. Œuvres complètes*, II, Paris, Gallimard (La Pléiade), [1]1950, p. 469.

la *Logica* d'Avicenne, puisque, comme on l'a dit, le seul texte qui nous soit parvenu en voile l'origine dans une formulation vague : *Usus fuit.* Reste la solution d'autres intermédiaires, qu'il faut tenter d'identifier.

Un texte peut nous servir de point de départ, le *De intellectu et intelligibili,* I, 2, 5. Albert écrit :

> Platon distingue trois sortes d'universel. Le premier est antérieur à la chose : c'est la cause formelle qui possède d'avance et virtuellement tout l'être de la chose et existe avant elle à titre séparé et perpétuel. En effet, puisqu'il est cause, il importe qu'il soit antérieur à la chose, et puisqu'il n'y a transmutation, génération et corruption que dans la matière qui leur sert de sujet, cet universel doit être antérieur à tous les processus de ce genre ; c'est pourquoi il est inengendrable et perpétuel. Mais, puisque c'est lui qui donne l'être à la matière, il est également l'être des individus, tout comme le sceau donne figure à la cire – je parle d'une figure qui possède d'avance tout l'être et toute la vertu de la chose. Cet universel donc, Platon dit qu'il est séparé et mathématique, existant selon lui-même, et qu'il est le principe de la science et la cause formelle de la génération dans tous les engendrés. Il dit aussi qu'il reste extérieur aux engendrés, tout comme le modèle de bois qui sert à faire les chaussures reste extérieur au cuir, même si chaque chaussure est formée d'après lui. Enfin, puisqu'il est perpétuel, il dit qu'il est le principe de la science, et puisqu'il est immatériel, il dit qu'il est toujours et partout identique en tous les vivants animés. Le deuxième universel, il dit qu'il est seulement dans la chose, et que c'est une forme imprimée aux choses à partir du premier universel, et que de ce premier universel sortent les formes des choses, comme d'un certain *etymagium,* c'est-à-dire un sceau. Et ce deuxième universel, dit-il, est sujet au mouvement et à la mutation, à cause de la matière où il est engagé. Quant au troisième, il dit qu'il est postérieur à la chose, parce qu'il est tiré des choses par une considération ; et par lui, dit-il, non seulement la chose est connue, mais encore elle est connue dans sa nature propre et par application de la forme aux réalités qui la particularisent et l'individualisent[35].

Ce texte fait confluer deux types de langage : celui, néoplatonicien, de la précontenance et celui, platonicien, des Idées et des choses ou principes mathématiques, le tout articulé sur une trame aristotélicienne, qui, pourtant, ne concerne pas la théorie des universaux !

Le langage de la « précontenance » ne figure évidemment ni chez Platon ni chez Aristote. La formule est donc d'Albert. L'exemple du sceau, en revanche, est chez les deux, puisqu'on le retrouve dans le *Timée* et dans la *Métaphysique*. Cependant, c'est bien la *Métaphysique* qui guide la lecture du *Timée*, comme le prouve l'utilisation même du

35. Albert le Grand, *De intell.*, I, 2, 5 ; éd. Jammy, p. 249b.

mot *etymagium*[36]. En effet, si le terme ἐκμαγεῖον est employé par Platon dans l'original grec, il ne figure ni dans la traduction ni dans le commentaire de Calcidius[37], qui donne à la place *signacula* ; il est en revanche dans plusieurs versions latines de la *Métaphysique*, dont la *Translatio anonyma,* ou *Media,* qui est l'une des sources principales d'Albert[38]. Une référence au *Timée* ne peut donc être qu'indirecte ou forcée. Le Platon d'Albert est ici celui d'Aristote exposant la distinction des Idées, des choses mathématiques et des choses naturelles, un thème qui, foncièrement, ne recouvre pas celui des trois états de l'universel, et que seule autorise la lecture aristotélicienne de la théorie de l'ἐκμαγεῖον, *illisible* comme telle dans le *Plato Latinus.*

Quelle est dans ces conditions l'origine de la théorie des trois états de l'universel ? Il faut, sans doute, ici différencier deux formules, proches, mais irréductibles l'une à l'autre : la première, distinguant trois sortes de formes, pour fixer son lieu d'origine dans le platonisme de Platon ; la seconde, distinguant trois sortes d'universaux, pour suivre le cours ultérieur de ses déplacements et de ses reconceptualisations dans la tradition interprétative du platonisme, qu'elle soit elle-même ou non platonicienne.

La théorie platonicienne des Idées et la doctrine des trois états de l'universel

L'exposé le plus clair de la théorie des trois sortes de formes est donné dans le *Super Ethica*[39]. Ce texte est une *lectura,* un commentaire questionné, qui, d'après Guillaume de Tocco, a été reporté par Thomas d'Aquin *(studiose collegit, et redegit in scriptis opus).* Le point de départ textuel est un passage de l'*Éthique,* 1095a 26-28 :

36. Sur l'*echmagium* ou *etymagium,* cf. Albert le Grand, *Metaph.,* I, 4, 13, p. 66, 10-63 et 71-77.

37. Platon, *Timée,* 50 C-D, éd. Waszink, p. 48, 6-7 ; Calcidius, *Commentarius, ibid.,* p. 309, 10 ; 317, 8 ; 322, 10-11.

38. La *Vetustissima translatio* a « ex quodam ἐκμαγεῖον » (*Aristoteles Latinus,* XXV 1/1a, p. 22, 14) ; la *Vetus,* « ex quadam fantasia » (*Aristoteles Latinus,* XXV 1/1a, p. 105, 15) ; la *Media,* « ex aliquo echmagio » (*Aristoteles Latinus,* XXV 2, p. 22, 26).

39. Albert le Grand, *Sup. Ethica,* I, 3, 17, p. 15, 55-16, 20. Pour plus de détails, cf. A. de Libera, « Albert le Grand et le platonisme. De la doctrine des Idées à la théorie des trois états de l'universel », *in* E.P. Bos et P.A. Meijer (éd.), *On Proclus & His Influence in Medieval Philosophy,* Leiden - New York - Köln, E.J. Brill (Philosophia antiqua, LIII), 1992, p. 89-119.

> Certains pensent qu'en dehors de tous ces biens multiples il y a un autre bien qui existe par soi et qui est pour tous ces biens-là cause de leur bonté[40].

Selon Eustrate[41], Aristote parle ici de Platon. Albert le suit et met immédiatement en place une critique de la théorie platonicienne des Idées. « Nous », dit-il, « nous plaçons les Idées en tant que *rationes* dans la *mens* divine », tandis que, comme le dit Averroès[42], les platoniciens qui veulent dire cela avec leurs *formae* n'y arrivent pas parfaitement. En effet, Platon distingue trois sortes de formes : les divines, les mathématiques, les sensibles. Les formes divines sont « séparées de ces choses existant dans les étoiles amies *(in comparibus stellis)* dont il faisait le principe producteur des formes sensibles », allusion au *Timée,* 42B, l'homme existant dans ces substances séparées comme l'homme sensible existe *ici (hic)*, c'est-à-dire ici-bas. La formule est ambiguë, mais le référent est clair : c'est la théorie des trois sortes de substances exposée et critiquée par Aristote en *Métaphysique,* III, 2, 987b – Idées, Choses intermédiaires ou mathématiques, substances sensibles[43].

Selon Albert, Platon soutient qu'il y a des *species* de toutes choses, séparées et existant par soi, dont proviennent les formes matérielles. Combinée à la doctrine de la création démiurgique, cette théorie des formes vient s'inscrire dans un système de causalité émanative, dont la figure suprême, celle du *Dator formarum* d'Avicenne et d'al-Ghazālī, vient servir une interprétation du platonisme comme philosophie ou théologie de l'*inductio formarum.*

On a vu plus haut que la *Metaphysica* d'Albert donnait une description très précise de cette *positio platonica* composite, où toutes les variétés de platonisme (les unes admises par Albert, les autres non) se mêlent en une succession plus ou moins réglée[44]. Cependant, si le point de départ de l'ensemble de dérives et de glissements qui donne sa figure propre au platonisme chez Albert y est parfaitement exposé, si le cadre global de la théorie platonicienne des universaux en est du même coup nettement dessiné, il est non moins clair que la formulation d'une doctrine des trois états de l'universel suppose une ou plusieurs autres

40. Aristote, *Éth. Nic.*, I, 2, 1095a26-28 ; *transl. Lincolniensis*, éd. Kübel, *op. cit.*, p. 14, 82-83 ; trad. Tricot, p. 41.

41. Eustrate, *In Primum Aristotelis Moralium ad Nicomachum,* 1095a26-28 ; éd. Mercken, Leiden, Brill (Corpus Latinum commentariorum in Aristotelem Graecorum, VI/1), 1973, p. 49, 84.

42. Averroès, *Metaph.,* XII, comm. 36 ; Venise 1562, f° 318vM.

43. Albert s'appuie d'ailleurs sur ce texte pour organiser sa présentation de la thèse platonicienne.

44. Albert le Grand, *Metaph.,* XI, 1, 8, p. 468, 62-469, 3.

initiatives théoriques dont la seule notion d'induction des formes ne saurait constituer ni l'amorce ni le propos.

Pour arriver à expliquer l'attribution à Platon d'une théorie des trois états de l'universel, il nous faut donc sortir de l'espace de jeu délimité par le *Timée* et la critique aristotélicienne du platonisme, et nous attacher à une tradition interprétative plus large, celle des commentateurs d'Aristote.

Il y a au moins six versions de la doctrine du *triplex universale* chez Albert : la première, non marquée, en fait une thèse générale [45] ; la deuxième renvoie aux *Antiqui* [46] ; la troisième, largement majoritaire, à Platon [47] ; la quatrième, à « Platon selon le Commentateur » [48] ; la cinquième, au « Commentateur » [49] ; la sixième, à Eustrate [50].

Nous n'examinerons ici que les attributions explicites.

Dans le *Super Ethica,* I, 5, 28-29, Albert commente le célèbre passage de l'*Éthique*, I, 4, 1096a17-19, dans lequel Aristote critique la théorie platonicienne du Bien.

> Ceux qui ont apporté l'opinion dont nous parlons ne constituaient pas d'Idées des choses dans lesquelles ils admettaient de l'antérieur et du postérieur, et c'est la raison pour laquelle ils n'établissaient pas non plus d'Idées des nombres.

Telle que la restitue Aristote, la thèse de Platon repose sur les notions d'antérieur et de postérieur : il ne peut y avoir de genre commun, de quiddité commune, pour les « essences hiérarchisées dans lesquelles il existe de l'avant et de l'après ». Platon soutient donc qu'il n'y a pas d'idées des choses admettant une subordination hiérarchique, autrement dit des nombres, qu'il s'agisse des nombres mathématiques, homogènes et combinables entre eux, ou plutôt des nombres idéaux, qualitativement distincts et incombinables.

Tel est le point de départ. Mais ce n'est pas là l'enjeu. Ce qui compte, ce que retient Albert, c'est que, sur cette base, Aristote veut enfermer Platon dans sa propre doctrine.

45. Albert le Grand, *De sex princ.*, I, 2, 1, p. 308a.

46. Albert le Grand, *De praedicab.*, II, 3, 1, p. 24b.

47. Albert le Grand, *Physica*, I, 1, 6, p. 10, 53-78 ; *De an.*, I, 1, 4, p. 8, 81-9, 10 ; *De intell.*, I, 1, 5 ; éd. Jammy, p. 249a-b ; *De nat. et or. an.*, I, 2, p. 4, 51-92 ; *Sup. Ethica,* I, 3, 17, p. 15, 55-16, 20.

48. Albert le Grand, *Sup. Ethica,* I, 5, 29, p. 25, 1-34.

49. *Ibid.*, I, 2, 9, p. 7, 26-41 ; *Sup. Dion. De div. nom.* 2, n. 84, p. 97, 49-50.

50. Albert le Grand, *Summa theol.*, I, 6, 26, 1, p. 183, 1-5.

Le premier argument du Stagirite, le seul que nous discuterons ici, est fondé sur la priorité de la substance. Étant donné que le Bien s'affirme et dans l'« essence » ou substance et dans la qualité et dans la relation, étant donné, en outre, que la substance possède une antériorité naturelle sur les autres catégories – la relation, par exemple, étant « semblable à un rejeton et à un accident de l'Être » –, il ne peut y avoir Idée du Bien aux yeux d'un platonicien conséquent.

La reprise albertinienne du texte d'Aristote montre que des sources intermédiaires organisent sa propre lecture. Voici sa paraphrase du texte de l'*Éthique*, 1096a17-19. Aristote « attribue à Platon » la doctrine suivante : il n'y a Idée que des choses auxquelles elle s'applique sans ordre d'avant et d'après ; or il n'y a pas de nombre dans l'Idée car elle se rapporte de la même manière à tout ce dont elle est l'Idée ; donc toutes les choses qui conviennent dans une même Idée sont univoques ; donc, Platon est un partisan de l'univocité de l'Être.

Suit une question, avec cinq arguments destinés à montrer que « Platon ne pouvait faire autrement » que de poser une telle doctrine ; c'est une défense de l'univocité en même temps que de la théorie des Idées. Après cette question, où diverses autorités platonisantes plutôt que platoniciennes ont été mobilisées, Albert expose sa solution. « Selon le Commentateur, Aristote a eu tort d'attribuer cette doctrine à Platon. » Quelle doctrine ? Une conception de l'univocité de l'Idée empêchant qu'il y ait Idée du Bien. Albert ne peut défendre l'univocité – on a vu qu'il était un partisan de l'analogie, et même l'un de ses premiers inventeurs –, il va donc critiquer l'interprétation d'Aristote. Il s'appuie pour cela sur le « Commentateur », c'est-à-dire, à nouveau, sur Eustrate.

Quelle théorie le métropolite de Nicée allègue-t-il pour faire pièce à l'interprétation aristotélicienne de Platon ? Précisément, la théorie des trois sortes d'universaux, *triplex universale*. Autrement dit, la doctrine platonicienne des universaux vue par Eustrate vient explicitement corriger ou pondérer la doctrine platonicienne des Idées vue par Aristote[51]. Ce n'est pas tout : il faut suivre le jeu d'écriture dans lequel

51. En fait, la formulation méréologique d'Eustrate est déjà une synthèse entre platonisme et aristotélisme. La distinction entre trois sortes de touts a été spécialement élaborée par Proclus dans les propositions 66-69 des *Éléments de théologie*. La distinction elle-même figure en toutes lettres dans la proposition 67. Cf. Proclus, *Elementatio theologica*, éd. Boese, Leuven University Press (Ancient and Medieval Philosophy, De Wulf-Mansion Centre, Series 1, V), 1987, p. 36. Pour la traduction française, cf. Proclus, *Élém. théol.*, prop. 67, trad. Trouillard, Paris, Aubier-Montaigne, 1965, p. 102-103. Étant entendu que, « considérés les uns par rapport aux autres, les êtres sont ou bien des touts ou bien des parties » (prop. 66), Proclus pose que « toute totalité est ou bien antérieure à ses parties, ou bien composée de parties, ou bien immanente à une partie ». La version latine

Albert fond et réécrit le texte original d'Eustrate pour en tirer une argumentation personnelle.

Il y a trois sortes d'universaux :

– l'universel *ante rem* précontient et possède d'avance la chose ou nature dont il est le principe formel et producteur. Étant l'Idée de cette nature, il réside à ce titre même dans le Premier Moteur, car « de même que toutes les formes sont en puissance dans la matière première, elles sont en acte dans le Premier Moteur ». C'est de telles formes que viennent celles qui sont dans la matière, de même que « tout ce qui est en puissance est tiré et mené à l'acte par ce qui est en acte » ;

– l'universel *in re* est la nature participée en tant qu'elle est distribuée ou distribuable en acte dans plusieurs ;

– l'universel *post rem* est ce que l'âme « abstrait » de la chose. C'est de lui qu'Aristote dit qu'il est un accident quant à l'être[52], c'est-à-dire <l'être> d'abstraction, qui est le sien.

Considérée dans le Premier Principe, une nature reste extérieure aux dispositions (temporalité, multiplicité, unité, avant, après) qui s'attachent à elle en tant que participée ; c'est pourquoi Platon « a soutenu que l'universel qui est Idée en Dieu n'a *dans le Premier* ni ordre de l'avant et de l'après *ni nombre* ». Aristote n'a pas vu cela. Au contraire, « il a fait dire » à Platon que l'universel était un et univoque en tant que

---

de Guillaume de Moerbeke dit : « Omnis totalitas aut *ante partes* est aut *ex partibus* aut *in parte.* » Comme l'explique le commentaire de la proposition 67, le tout antérieur à ses parties est la *forme* d'une pluralité d'êtres, *préexistant* dans sa cause ; le tout composé de parties est la forme « prise dans l'ensemble simultané de ses parties », *i.e.* le tout dans « sa subsistance propre » ; le tout immanent à la partie est la forme saisie « en chacune de ses parties » devenue elle-même tout « par la participation au tout qui fait d'elle un tout partiel » – d'un mot : le tout *participé.* Voici le texte de ce commentaire tel que pouvaient le lire les Latins à partir de 1269 (date de la traduction de Guillaume) : « Aut [...] in causa uniuscuiusque species considerata, et totum illud ante partes dicimus quod in causa praexistit ; aut in participantibus ipso partibus, et hoc dupliciter : aut enim in omnibus simul partibus, et est hoc ex partibus totum, quo et quecumque pars est minor quam totum ; aut unicuique partium, ut et parte facta totum secundum participationem, quod et facit partem esse totum partialiter. » C'est cette tripartition qui, superposée à la théorie des trois états de l'universel, donne la curieuse division d'Eustrate, où le concept abstrait d'Aristote prend la place du tout participé selon Proclus. Sur l'aspect méréologique de cette distinction, cf. A.C. Lloyd, « Neoplatonists' Account of Predication and Medieval Logic », in *Le Néoplatonisme, Actes du colloque de Royaumont 9-13 juin 1969*, Paris, Éd. du CNRS, p. 358, qui adopte une terminologie légèrement différente opposant : (a) « the *imparticipable* (= a whole prior to its parts and indivisible) ; (b) the *participated* (= a whole consisting of its parts and divisible) ; (c) the *participant* (= a whole existing only in each of its parts and divided) ».

52. Aristote, *Metaph.*, VII, 13-14, 1038b1-1039b19.

nature participée – ce qui est évidemment faux, mais justement sans rapport avec la pensée authentique de Platon.

On ne peut qu'être surpris par une telle reconstitution. On sait, en effet, qu'Albert reproche en général aux platoniciens de ne pas poser les Idées en Dieu (on en a donné plus haut un témoignage précis, appuyé sur Averroès) ; il y a donc une contradiction à faire de Platon un partisan des Idées divines. N'oublions pas, cependant, l'expression *secundum Commentatorem.* Il est ici question du Platon d'Eustrate[53]. Plus loin, après avoir répondu aux arguments avancés en faveur de l'univocité, Albert conclut d'ailleurs :

> Que cela soit dit selon l'opinion du Commentateur. Cependant, si ce qu'Aristote fait dire à Platon, à savoir ce qui a été dit plus haut, est bien ce que ce dernier soutenait, alors il [Platon] a parlé de façon absolument mauvaise (« Et hoc dictum sit secundum opinionem Commentatoris. Si tamen verum est, quod Aristoteles imponit Platoni, ut dictum est supra, absolute male dixit »).

Évidemment, ce qu'Aristote reproche à Platon est fondé, et en général Albert suit Aristote, non pas Platon, ou plutôt il suit l'interprétation aristotélicienne de Platon plutôt que celle d'Eustrate[54]. Maintenant, résume-t-il fidèlement la présentation de la théorie platonicienne des universaux selon Eustrate ? La réponse doit être nuancée.

En fait, Albert emprunte deux choses au « Commentateur » :

– la notion de « précontenance » qu'il lit aussi chez Denys (c'est le προέχειν des *Noms divins*)[55], mais dont il trouve la *même* figuration proprement *platonicienne* dans l'analyse eustratienne du Bien comme « principe unique de tous les êtres, possédant tout être de façon éminente », « surpossédant » *(superhabens)* et précontenant *(praehabens)*

53. Eustrate présente explicitement Platon et les platoniciens comme partisans des Idées divines « présubsistantes » aux formes *(species)* existant dans les corps, Cf. Eustrate, *In Primum Aristotelis Moralium ad Nicomachum,* 1096a10-14 ; éd. Mercken, p. 70, 30-71, 45. Sur la doctrine des Idées chez Eustrate, cf. K. Giocarinis, « Eustratius of Nicaea's Defense of the Doctrine of Ideas », *Franciscan Studies,* 12 (1964), p. 159-204. On peut aussi invoquer Augustin, dont la célèbre *Quaestio de ideis* (*Quaestiones LXXXIII,* q. 46 ; Paris [BA, 10], 1952, p. 123) est souvent interprétée comme tendant à enrôler Platon sous la bannière des Idées divines. Mais il s'agit déjà là d'une interprétation, dont le principal promoteur est précisément le traducteur d'Eustrate, Robert Grosseteste. Sur Grosseteste cf. Z. Kaluza, « Le *De universale reali* de Jean de Maisonneuve... », art. cité, p. 485.

54. Cf., cependant, Albert le Grand, *Ethica,* I, 5, 12, 23, p. 72b, qui est une longue paraphrase d'Eustrate.

55. Cf. Denys, *De div. nom.,* 13, n. 2 ; PG 3, 977D ; éd. Simon, p. 432, 70-73 (« ... sicut omnia in seipso *praehabens* et supermanans secundum unam impausabilem et eandem et superplenam et imminorabilem largitionem »).

tout en lui-même de façon surintellectuelle *(superintelligibiliter)* et suressentielle *(supersubstantialiter)* »[56] ;

– une théorie *de universali et toto,* formulée « à propos de Platon » *(circa Platonem),* distinguant trois sortes de « tout » et posant l'équivalence de l'universel *in partibus (= post rem)* et de l'intelligible logique, « prédiqué de plusieurs », selon la formule d'Aristote et de Porphyre[57], et « postérieur dans l'ordre de l'être »[58], selon celle d'Ammonius :

> Ils disent en effet que le tout se dit de trois manières : *avant les parties, à partir des parties, dans les parties.* Sont dites [être un tout] *antérieur aux parties* les Formes existant [de manière] absolument simple et immatérielle, car chacune d'elles subsiste avant les multiples, qui sont faits à leur [ressemblance]. Sont dites [être un tout constitué] *de parties* les réalités composées et [divisées] en plusieurs parties, qu'elles soient homéomères (c'est-à-dire constituées de parties semblables), comme la pierre [se divise] en pierres, le tout existant en chaque partie en laquelle il est divisible, puisque chacune d'elles reçoit et le nom et la notion du tout, ou anhoméomères (c'est-à-dire constituées de parties dissemblables), comme l'homme est [constitué] de mains, de pieds et d'une tête, car aucune des parties de l'homme n'est semblable au tout, puisqu'aucune ne reçoit le nom et la notion du tout. Sont [dits] *dans les parties,* en revanche, les intelligibles qui sont « dits de plusieurs » et « postérieurs dans l'ordre de la génération »[59].

56. Eustrate, *In Primum Aristotelis Moralium ad Nicomachum,* 1096a10-14 ; éd. H.P.F. Mercken, *In Ethicam Nicomacheam commentarius, translatio Roberti Grosseteste,* in *The Greek Commentaries on the Nicomachean Ethics of Aristotle,* I, Leiden, Brill (Corpus Latinum commentariorum in Aristotelem Graecorum, 6/1), 1973, p. 68, 69-71.

57. La définition aristotélicienne standard de l'universel est en effet celle qui est transmise par l'*Isagoge* (I, § 6) : est universel, *ce qui est dit* (prédiqué) *de plusieurs* (trad. Boèce : « Eorum enim quae praedicantur, alia quidem de uno *dicuntur* solo, sicut individua sicut Socrates et hic et hoc, *alia vero de pluribus,* quemadmodum genera et species et differentiae et propria et accidentia communiter, sed non proprie alicui »).

58. Cette formule reprend une partie de l'alternative formulée par Aristote lui-même dans le *De anima,* I, 1, 402b7 : « L'animal pris universellement ou bien n'est rien ou bien est postérieur » (τὸ δὲ ζῷον τὸ καθόλου ἤτοι οὐθέν ἐστιν ἢ *ὕστερον*).

59. *Ibid.*, p. 69, 4-70, 14 : « Tripliciter enim aiunt dici totum : ante partes, ex partibus, in partibus. *Ante partes* quidem illas species, quoniam ante multa quae ad illas, simplicissimas existentes et immateriales, facta sunt unaquaeque illarum subsistit. *Ex partibus* autem composita et in multa partita, sive homoiomera (id est similium partium), ut lapis in lapides, totum existens ad partes in quas divisibilis est, quarum unaquaeque et nomen et rationem totius recipit, sive anhomoiomera (id est dissimilium partium), ut homo in manus, pedes, caput. Nulla enim partium hominis similis est toti, ut neque nomen neque rationem totius recipiens. *In partibus* autem, ut *intelligibilia,* quae et de multis et posteriora generatione dicuntur. » L'expression «*posteriora generatione* » reprend le terme ὑστερογενής d'Ammonius (traduit plus haut par « postérieur dans l'ordre de l'être »). La même caractérisation des concepts aristotéliciens abstraits comme entités « postérieures

À lire Eustrate, on croit voir s'établir une correspondance entre les trois universaux d'Ammonius et les trois sortes de tout : c'est évident pour les premier et troisième couples, moins évident pour le deuxième. Ce qui est sûr, en tout cas, c'est que le tout *in partibus* n'est pas l'universel *in re* et que le tout *ante partes* correspond à l'universel « théologique ». C'est surtout ce dernier point que retient Albert.

Ici, il faut bien voir que l'assimilation du platonisme sur la base d'une rencontre, historiquement et philologiquement fondée, entre Eustrate et Denys est une nouveauté capitale, qui aura sa fortune ultérieure. Au XIVe siècle, un Marsile d'Inghen exposera en ce sens une doctrine des Idées *secundum mentem beati Dionysii* entièrement tirée d'Eustrate et d'Albert *lecteur d'Eustrate*[60] ; pourtant, et c'est là l'autre aspect, capital, de la lecture albertinienne, deux thèses articulant sa présentation de la doctrine « platonicienne » de l'universel *ante rem* ne sont ni chez Platon, ni chez Denys, ni chez Eustrate !

Tout d'abord, l'adage selon lequel « les formes sont en acte dans le Premier Moteur ». Cette thèse fait partie des autorités d'Averroès dans le recueil des *Auctoritates Aristotelis*[61] et elle est vraisemblablement tirée de *Metaph.*, XII, commentaire 18, *in fine.* Albert ne peut l'ignorer, puisque dans le *Super Dionysium De divinis nominibus* il écrit lui-même :

> C'est pourquoi le Commentateur, [commentant] le livre XI de la *Métaphysique*, dit que toutes les formes sont en acte dans le Premier Moteur et en puissance dans la matière première (« Unde dicit Commentator in XI *Metaphysicae*, quod omnes formae sunt in actu in primo motore et in potentia in prima materia »)[62].

Ensuite, la proposition affirmant que « tout ce qui est en puissance est mené à l'acte par ce qui est en acte » est d'Aristote[63], qui, pour montrer que l'homme est actualisé par l'homme, pose que « d'un être en puissance un être en acte est toujours engendré par un autre être en acte »[64].

---

dans l'ordre de l'être / génération » *(ysterogenea)* figure chez Proclus, *In Parmenidem*, *lib.* II, éd. C. Steel, Leuven, University Press-Leiden, E.J. Brill (Ancient and Medieval Philosophy. De Wulf-Mansion Centre, Series 1, III), 1982, p. 90, 79-92, 44, et *ibid.*, *lib.* IV, p. 218, 86-223, 79.

60. Voir sur ce point M.J.F.M. Hoenen, *Marsilius van Inghen († 1396) over het goddelijke weten. Zijn plaats in de ontwikkeling van de opvattingen over het goddelijke weten ca. 1255-1396*, I (Diss.), Nijmegen, Ingenium Publishers, 1989, p. 357-361.

61. *Auctor. Arist.*, 1, n. 283 ; éd. Hamesse, p. 139, 87-88.

62. Albert le Grand, *Sup. Dion. De div. nom.*, 2, n. 45, p. 73, 60-62.

63. Aristote, *Metaph.*, IX, 8, 1049b24-25.

64. *Ibid.*, 1049b24-25, trad. Tricot, Paris, Vrin, 1966, p. 508.

Albert a donc inséré dans sa présentation de la doctrine de « Platon selon Eustrate » deux passages étrangers à l'un comme à l'autre, le premier pris à Averroès, le second à Aristote[65] ! Cet extraordinaire syncrétisme pourrait s'expliquer par la nature même du texte considéré, sorte de champ clos où, à travers deux interprètes canoniques, Aristote et Eustrate, s'affrontent deux positions philosophiques argumentables *ad placitum*, sur la base de tous les énoncés et de tous les instruments disponibles.

Mais, ce serait aller trop vite et trop court que de donner à cette stratégie une signification purement circonstancielle. Albert ne se contente pas de forger un Platon possible contre le Platon historique en le lardant de formules empruntées à Aristote et à ses commentateurs byzantins ou arabes : il lui arrive aussi de platoniser Aristote en conservant les mêmes protagonistes. Le *Super Ethica,* I, 2, 9, en est la preuve la plus manifeste[66].

Le texte commenté est le début de l'*Éthique* (1094a1), spécialement : *Ideo bene enuntiaverunt bonum, quod omnia appetunt* – « ainsi a-t-on déclaré avec raison que le Bien est ce à quoi toutes choses tendent »[67].

La question ouverte au paragraphe 9 est : toutes choses peuvent-elles désirer un seul et même Bien ? Il semble, en effet, qu'il y ait là équivocité inévitable, chaque chose recherchant son propre bien.

La réponse d'Albert fait encore appel à Eustrate : les choses ne poursuivent pas un même bien selon le sujet, mais quelque chose d'un exemplairement – ce pour quoi le Commentateur distingue un triple universel : l'universel *cum re* ou *forma rei,* l'universel *post rem* qui est *abstractum a re* et l'universel *ante rem.*

L'universel *ante rem* n'est pas prédicable des choses, c'est « ce en quoi une certaine nature est *primo,* à titre premier, et ce dont elle descend exemplairement en tout ce qui l'imite en cette nature » selon sa proportion, c'est-à-dire son analogie. En effet, « ce qui est premier est cause de tout ce qui est postérieur », tel le feu qui cause la chaleur en tout ce qui est chaud.

65. Sans parler évidemment de la distinction entre homéomères et anhoméomères, issue d'Aristote, prolongée par Alexandre, que l'on retrouve, entre autres, jusque chez Jean de Damas, dans l'analyse du concept de division par soi (καθ' αὐτο) relativement à une chose (ὡς πρᾶγμα) : pour l'universel, ὡς γένος εἰς εἴδη (genre – espèces), ὡς εἶδος εἰς ἄτομα (espèce – individus), pour le tout : ὡς ὅλον εἰς μέρη (tout – parties), précisément subdivisé selon la distinction ὁμοιομερῆ *vs* ἀνομοιομερῆ. Sur tout cela, cf. Alexandre d'Aphrodise, « Problème » 28, éd. Bruns, p. 157, 10-158, 1 ; trad. Sharples, p. 74-76.

66. Albert le Grand, *Sup. Ethica,* I, 2, 9, p. 7.

67. Aristote, *Éth. Nic.*, I, 1, 1094a1 *sq.* ; trad. Tricot, p. 32. Cette définition figure aussi dans les *Topiques*, III, 1, 116a19-20.

Si la tripartition de l'universel peut bien être tirée d'Eustrate, on vient de voir à quel prix, il n'en va pas de même du principe qui fonde la théorie de la causalité exemplaire ou analogique de l'universel *ante rem*. Quelle est son origine ? Albert l'indique lui-même : Aristote, *Metaphysica,* II, 1, autrement dit le *dictum* sur l'un comme « mesure première de chaque genre », reformulé par Averroès, dont nous avons vu quel rôle central il assumait dans la reconstitution albertinienne de la théologie d'Aristote[68].

Que signifie cette nouvelle dérive ? Il faut, pour comprendre Albert, noter qu'Aristote sert ici la tentative centrale de sa métaphysique : la mise au point d'une causalité formelle prise dans le sens de la cause formelle exemplaire, la causalité univoque par similitude, et non pas formelle univoque, la causalité univoque au sens strict. Or, paradoxalement, c'est bien contre le Platon d'Aristote, partisan de l'univocité, que, à travers Aristote, se risque cette univocité nouvelle, une univocité que, comme on l'a vu, Albert lui-même ne cesse d'explorer tantôt sous le titre de causalité exemplaire, tantôt sous celui d'univocité d'analogie.

Or qu'est-ce qu'une univocité selon l'analogie ? C'est, on l'a dit, ce qui assume dans le langage de l'Être le mouvement par lequel le Bien descend exemplairement dans tous les biens. Pour Albert, comme pour Ulrich, tous les biens désirent un seul et même Bien par mode d'exemplarité, ou mieux : *un par mode d'exemplarité*, et non pas un en raison selon l'espèce ou le genre. En effet, la « Bonté que toutes choses désirent » ne peut être prise selon une notion ou raison une. Les tenants de l'univocité stricte, de l'univocité générique, bref les platoniciens vus par Aristote, ont donc tort. Mais qu'est-ce qui bloque la possibilité d'une univocité stricte ? Qu'est-ce qui rend nécessaire une pensée de l'analogie ? Ce n'est pas la pluralité des sens de l'être selon Aristote, c'est la *finitude de l'être créé*.

Si « la Bonté que toutes choses désirent » ne peut être prise selon une raison une en tous les biens, c'est à cause de la diversité de leur *proportio,* de leur analogie constitutive qui détermine pour chacun un rapport particulier à la Bonté suprême, conforme à sa place dans la Hiérarchie. L'analogie dont il est ici question est donc bien théologique et non philosophique, dionysienne plutôt qu'aristotélicienne.

68. Cf., dans le même sens, Berthold, *Exp. sup. Elem. theol. Procli*, 26D ; éd. Sturlese, p. 154, 63-65 : « Et ainsi, il [l'universel théologique] est dit universel selon une universalité d'acte et de séparation, et non pas logique : en effet, il précomprend tout et s'étend absolument à tout ce qui tombe sous [est assujetti à] son intention [concept] » (« Et sic etiam dicitur universalis universalitate actus et separationis, non logica : praecomprehendit enim omnia *et extendit se ad simpliciter omnia suae intentioni subiecta* »).

L'interprétation exemplariste du *dictum* aristotélicien sur la causalité formelle de l'un livre ainsi son sens : Albert rejette l'univocité stricte de Platon et lui substitue l'univocité d'analogie, par la médiation d'une théorie causale qu'il prétend retrouver chez Aristote grâce à une interprétation particulière, surdéterminée, de la notion de cause formelle. L'analogie néoplatonicienne peut ainsi s'imposer à la place de l'univocité platonicienne grâce à un progrès décisif dans la conception de la causalité univoque, accompli par Aristote lui-même. Une certaine vision de l'histoire s'organise par le biais des traditions interprétatives. Que l'Aristote qui sert de moyen terme à cette construction soit celui d'Averroès montre à son tour qu'Albert travaille sur des filières plutôt que sur des auteurs, qu'il crée ses ruptures singulières à l'aide de continuités multiples ou éparses.

Les origines de la théorie platonicienne des trois états de l'universel s'avèrent ainsi non seulement postérieures à Platon, ce qui était prévisible, mais intrinsèquement liées à un complexe de lieux, de thèmes et de doctrines où communiquent le Platon historique, le néoplatonisme des commentateurs byzantins d'Aristote, le péripatétisme teinté de néoplatonisme des commentateurs arabes et le néoplatonisme dionysien – phénomène que l'on pouvait à la rigueur attendre, connaissant Albert, mais que l'on s'étonne de voir fonctionner aussi méthodiquement.

La « voie » d'Albert : le péripatétisme dionysien

Reste à boucler un parcours entamé dans la métaphysique de l'être causal, poursuivi sur le terrain de l'intelligible et qui, dans son achèvement, montrera la place exacte de la tentative albertinienne.

La doctrine platonicienne des Idées nous est apparue jusqu'ici à travers le commentaire de textes d'Aristote. Cette voie nous a menés jusqu'à Denys. Il est cependant possible de repartir et de traverser en sens inverse les étapes que nous avons parcourues : c'est là la réalisation même du programme annoncé plus haut comme typique de la pensée albertinienne – *d'Aristote à Denys et retour*.

Dans le *Super Dionysium De divinis nominibus*[69] Albert traite le thème dionysien de la procession de la « divine discrétion » par laquelle tous les biens sont dits « procéder d'un Bien unique ». Mené sous forme de question, le travail d'interprétation consiste à passer le texte de Denys au crible de celui d'Aristote.

69. Albert le Grand, *Sup. Dion. De div. nom.*, 2, n. 83-84, p. 96, 46 *sq.*

Le premier argument du *quod non* s'appuie sur l'*Éthique à Nicomaque,* 1094a5-7, et sur le thème de la multiplicité des biens. Aristote soutient que tous les biens n'ont pas, pris ensemble, d'unité générique ou spécifique, donc, contrairement à ce qu'affirme Denys, il ne peut y avoir formellement procession de toutes choses *ab uno*, c'est-à-dire *ab uno bono.* Tel quel, ce *contra* nous ramène clairement à l'univers du *Super Ethica* (§ 9 et 28-29), mais cette fois les objectifs ont changé.

On l'a vu, Aristote essayait tantôt d'enfermer Platon dans la thèse selon laquelle « il n'y pas d'Idée des choses admettant l'antérieur et le postérieur ». Albert se posait donc le problème de savoir si Platon avait effectivement affirmé que tout ce qui s'accorde dans un même principe est nécessairement univoque. Enfin, lecteur d'Eustrate, il avait ouvert une autre possibilité, celle de l'universel *ante rem,* avec son unité distincte de l'univocité générique, au terme de quoi il avait pu présenter Platon comme un partisan des Idées divines.

Dans le *Super Dionysium De divinis nominibus* (§ 83), l'accusateur reste le même, c'est Aristote, mais l'accusé est différent, ce n'est plus Platon et le platonisme, c'est Denys et le néoplatonisme. Que fait Albert ? Il défend Denys comme il avait défendu Platon : avec la notion de causalité exemplaire. Seul fait nouveau, mais d'importance, il ne mentionne pas d'emblée l'*universale ante rem,* préférant utiliser le *topos* d'une division bipartite des formes.

Il y a, dit-il, deux sortes de formes. L'une, exemplaire, n'est pas commune par communauté de prédication, mais « de par la procession des réalités exemplifiées à partir d'elle », *sicut forma calcificis omnibus calceis* – nous reconnaissons l'exemple « platonicien » utilisé dans le *De intellectu*, I, 1, 5 ; une telle forme n'est pas nécessairement participée de manière univoque par tous, mais par chacun *secundum suam possibilitatem* – c'est l'équivalent du *secundum proportionem* dans le *Super Ethica*. La seconde sorte de forme, en revanche, est commune à plusieurs par la seule prédication, c'est la forme du genre ou de l'espèce : d'elle et d'elle seule les choses procèdent de manière univoque.

La première étape de la conclusion d'Albert consiste donc, comme dans le *Super Ethica*, à faire valoir la causalité formelle exemplaire contre la causalité formelle univoque : les biens procèdent formellement d'un seul et même bien, non au sens d'une forme générique ou spécifique, mais au sens d'un exemplaire unique. Platon est certes réfuté – tous les biens ne sont pas de même genre ou de même espèce –, mais les droits du néoplatonisme sont saufs, et les deux positions bien distinguées.

Cependant, la question rebondit : si Aristote a rejeté la théorie platonicienne de l'univocité, il aurait aussi rejeté l'unité exemplaire des différents biens. Aristote n'avait pas lu Denys. L'autorité alléguée suppose donc une certaine réécriture, le texte antiplatonicien d'*Éthique*, I, 4, 1096b25-26 : *Non est igitur bonum commune quid secundum unam ideam* (« Le Bien n'est donc pas un certain [principe] commun selon une Idée unique »), étant transposé, pour les besoins de la cause, en un langage quasi dionysien : *Omnia bona non habent unum exemplar boni* (« Tous les biens n'ont pas pour [modèle] exemplaire un unique Bien »).

Face à cette critique, toute la stratégie d'Albert consiste à sauver la thèse de Denys en montrant qu'Aristote vise bien Platon mais non l'exemplarisme divin. Clarification remarquable du point de vue doxographique, qu'il faut donc restituer en détail.

Aristote a, certes, critiqué la thèse platonicienne de l'existence d'un exemplaire unique de tous les biens, mais un « exemplaire » pris au sens précis où Platon posait des *formes* séparées et intermédiaires. Il n'a pas rejeté l'existence d'un exemplaire de tous les biens, si « exemplaire » désigne *l'idée dans l'esprit de l'artisan.* N'est-ce pas lui, en effet, qui en *Métaphysique*, VII, écrit :

> La santé du corps qui est dans l'équilibre du froid et du chaud vient de la santé qui est dans l'âme du médecin, [de même que] la maison [vient] de la maison [qui est dans l'esprit de l'architecte] [70].

Fort de cette référence, Albert ajoute : « C'est bien pourquoi le Commentateur distingue à cet endroit un triple universel », *unde Commentator ibidem distinguit triplex universale.* Revoilà donc les trois états de l'universel. Il n'est plus question de Platon. Il est encore question du « Commentateur ». Mais de qui s'agit-il au juste ? Si le texte commenté est bien, comme le suggère le mot *ibidem,* la *Metaphysica*, VII, 1032b5-30, ce *Commentator* ne peut être qu'Averroès. Averroès aurait donc, lui aussi, proposé une doctrine des trois états de l'universel ? C'est ce que comprend P. Simon, l'éditeur du *Super Dionysium De divinis nominibus.* Dans sa note, il cite un texte tiré du commentaire 23 du livre VII de la *Metaphysica,* qui, effectivement, sans en contenir tous les termes, paraît très proche de la distinction des trois genres d'universels [71]. Toutefois, dans l'édition de Venise, 1562, Averroès fait seulement une distinction bipartite entre les formes mentales et les réalités qui en découlent, distinction qu'il rattache ensuite – lointain écho du *Timée* ? – aux trois facteurs nécessaires de tout engendrement [72].

70. Aristote, *Metaph.*, VII, 7, 1032b5-30.
71. Albert le Grand, *Sup. Dion. De div. nom.*, 2, n. 84, p. 97, n. 49.
72. Averroès, *Metaph.*, VII, comm. 23 ; Venise, f° 174rA-B.

On peut donc se demander si le *Unde Commentator ibidem distinguit* d'Albert renvoie au commentaire sur le livre VII de la *Métaphysique*, comme le croit Simon, ou s'il ne reprend pas au contraire le commentaire sur le livre I de l'*Éthique* qui sert de point de départ à toute la discussion – ce qui, obligatoirement, nous reconduirait à Eustrate. Une chose est claire : qu'il s'appuie sur Averroès ou sur Aristote lu à travers Eustrate, c'est le schème artificialiste de la cause formelle aristotélico-averroïste qui vient ici féconder l'analyse de l'exemplarité. En effet, en déployant l'habituelle distinction des trois universels, l'universel *ante rem,* cause de la chose, l'universel *in re,* qui a son être dans les singuliers, l'universel *consequens,* qui a son être dans l'abstraction, autrement dit, dans l'âme, Albert insiste avant tout sur le fait que l'universel *ante rem* précontient le particulier qui en dérive, comme la *forma operis* dans l'esprit de l'artisan cause ce qui est dans les choses et se produit, s'extériorise, s'*exemplifie* en elles.

Si donc l'expression *universale ante rem* n'est pas tirée d'Averroès, le schème de l'art (médical ou architectural) qui vient lui donner sens reste bien typiquement averroïste. Ainsi, c'est sous le triple patronage d'Aristote, d'Eustrate et d'Averroès que s'organise la théorie de l'exemplarisme. Conscient du paradoxe et comme pour en atténuer les éclats, Albert replace d'ailleurs le tout dans une métaphore où il exploite le sens technique du mot *exemplar*.

Un livre dont sort exemplairement une pluralité d'autres livres est commun à tous ses *exemplata.* Non qu'il soit prédiqué d'eux, ni participé univoquement par eux, au contraire, « il est reçu en eux selon la diversité du parchemin et l'écriture du scribe », et il en irait encore de même si l'*exemplar* se produisait lui-même dans les livres exemplifiés à partir de lui. C'est en ce sens précis que le Bien premier est l'exemplaire universel de tous les biens, il n'est pas prédiqué d'eux comme un simple concept logique, ni univoquement participé par eux comme une cause physique : il les « exemplifie » et les « effectue » métaphysiquement selon l'antérieur et le postérieur, d'après la diversité, ou analogie, des récepteurs.

Isolée dans l'œuvre d'Albert, la métaphore du livre illustre une analyse proposée sous une autre forme dans le *De causis et processu universitatis*[73] et la *Summa theologiae*[74] – toujours contre Platon et la théorie des Idées :

> Il faut dire que Dieu n'est pas principe comme une cause efficiente l'est dans la matière, [...] il est efficient comme une cause séparée, comme

73. Albert le Grand, *Dcpu,* I, 2, 1, p. 25, 15-26, 28 (B 387a-b).
74. Albert le Grand, *Summa theol.,* I, 1, 3, 1, 2, *ad 3m*, p. 15b.

l'artisan est principe de l'objet artisanal. De cette thèse ne découle pas pour autant l'erreur de Platon : nous ne disons pas en effet que, regardant l'exemplaire [modèle], il [Dieu] regarde quelque chose qu'il n'est pas lui-même ou qui lui est extérieur : c'est lui-même qui est l'exemplaire ; si en effet l'exemplaire était différent de lui, étant donné que le propre d'un exemplaire est d'être le principe de quelque chose et d'être la cause de son être, ce ne serait pas lui [Dieu] la cause du tout de l'être et de son univers, et ainsi il ne serait pas Principe premier et par soi (« Dicendum quod Deus non est principium ut causa efficiens in materia, [...] sed est efficiens ut causa separata, sicut artifex principium est artificiati. Non tamen sequitur aliquid de errore Platonis : non enim dicimus, quod respiciens ad exemplar, respiciat ad aliquid quod non est ipse, vel extra ipsum, sed *exemplar est idem ipse* : si enim exemplar esset diversum ab ipso, cum exemplar aliquid principiet et causat de esse, non esset ipse *causa totius et universi esse*, et sic non esset principium primum et per se »).

Cet argument, où l'on note la formule « aristotélicienne » « cause du tout de l'être et de son univers » – écho de l'*Epistola de principio universitatis* –, sera repris par tous les disciples d'Albert, d'Ulrich de Strasbourg à Berthold de Moosburg [75], en passant par Maître Eckhart.

Telle que la pense ici Albert, l'analogie théologique et dionysienne a donc aussi un sens philosophique et averroïste : à l'argument tiré d'Aristote selon quoi « il ne peut y avoir formellement procession de toutes choses *ab uno* », Albert ne se contente pas de répondre avec Denys que les choses procèdent de l'un selon leur analogie ou mesure propre, il précise avec Averroès que l'*un* dont elles procèdent est lui-même dit « un par analogie », au sens où « il est participé par plusieurs de diverses manières » – définition qu'il complète par l'exemple classique de la santé, qui lui avait servi à rectifier la théorie avicennienne de l'analogie comme simple *convenientia secundum ambiguitatem*.

On comprend, dans ces conditions, qu'Albert ait si souvent affirmé que peu de choses le séparaient d'Averroès [76]. On comprend aussi quelle place décisive a chez lui le thème d'une théologie d'Aristote, et la fonction que, de ce fait même, il assigne au platonisme.

On se plaît à rappeler le slogan concordataire par lequel Albert signe son projet philosophique :

75. Cf. Ulrich, *De summo bono*, IV, 1, 2, 7 ; Berthold, *Exp. sup. Elem. theol. Procli*, 174A. Textes cités par M.-R. Pagnoni-Sturlese, « À propos du néoplatonisme d'Albert le Grand », *Archives de philosophie*, 43 (1980), p. 638.

76. Sur le rapport Albert-Averroès, cf. E.-H. Wéber, « Les emprunts majeurs à Averroès chez Albert le Grand et dans son école », *in* F. Niewöhner et L. Sturlese (éd.), *Averroismus im Mittelalter*..., p. 149-179.

> Sache que l'on ne peut devenir homme parfait en philosophie sinon par la connaissance des deux philosophies d'Aristote et de Platon (« Scias, quod non perficitur homo in philosophia nisi ex scientia duarum philosophiarum Aristotelis et Platonis »)[77].

Ce programme est en réalité dissymétrique. La métaphysique d'Aristote est complète. Sa théologie, épelée dans les *propositions* du *Livre des causes*, n'est qu'esquissée. Le rôle du platonisme est de donner à Aristote les compléments théologiques que sa *Métaphysique* réclame sans la livrer tout entière, et que l'accord des *stoïciens* et des *péripatéticiens* sur la causalité exemplaire de la Première Cause, accord qu'Albert est le premier à dire, autorise. C'est que l'universel *ante rem* n'est pas seulement l'Idée divine d'un Augustin, c'est l'universel divin qui manque à la Pensée de la Pensée, une fois posé que cette Pensée est aussi le Bien dont tout procède. Si Platon ne suffit pas sans Aristote, Aristote ne suffit pas sans ce platonisme singulier, ce platonisme sans Platon, qui se lit chez Denys, se devine chez Eustrate et se dote d'un instrument chez Averroès.

Attribuant le *Liber* au péripatétisme, par le biais de l'*Epistola de principio universitatis,* Albert ne prononce pas, pour autant, l'équivalence des hypothèses. La théorie platonicienne des Idées et celle des formes sont en elles-même fausses ; c'est au mieux une erreur, au pis une hérésie. Mais c'est du platonisme que vient la théorie du Premier Agent, et non d'Aristote. Albert le sait et il y fait droit. Là où un Thomas, s'apercevant des harmoniques qui lient le *Liber* à Proclus, use d'Aristote et de Denys pour les corriger tous deux en chrétien, Albert, qui voit en Aristote l'auteur du *Liber*, veut un péripatétisme total qui intégrerait le meilleur du platonisme. Le bon platonisme est, comme il le dit lui-même, celui qui ne s'oppose pas à l'enseignement des péripatéticiens. C'est une doctrine qui ne peut se maintenir seule, à l'état isolé, mais qui prend sa signification vraie dans ce à quoi on l'ajoute. Le bon platonisme est celui de la précontenance, de la causalité exemplaire, du Principe de toutes choses agissant dans la forme de l'Un. Albert croit qu'Aristote a parlé de ce Principe ; il fait donc d'Aristote le centre de perspective et la formulation correcte du vrai platonisme, assimilant l'éduction des formes à l'attraction du Bien. Il faudra plus d'un siècle et le *Commentaire* de Berthold sur Proclus, pour que le platonisme s'écarte de ce faux centre et reprenne son autonomie.

77. Albert le Grand, *Metaph.*, I, 5, 15, p. 89, 85-87.

La théorie albertinienne de l'essence

Partiellement tirée d'Avicenne et du *Livre des causes*, la doctrine albertinienne de la pluralité des modes d'être de l'universel est fondée sur une doctrine de l'essence qui, elle, est rigoureusement, sinon intégralement, avicennienne. La distinction de l'être et de l'essence articule toute la théorie des universaux. Les états de l'universel sont des modes d'être irréductibles les uns aux autres : en tant que « rayon » de l'Intelligence agente – c'est-à-dire, en termes dionysiens, en tant que « Rayon théarchique unifiant la constitution des êtres soumis à sa Providence »[78] –, l'universel a une certaine sorte d'être, simple, pur, immatériel, immobile, incorporel, incorruptible, qui le rend « capable de parfaire » l'intellect possible de l'homme, de le mettre en route vers l'acte, autrement dit de l'é-mouvoir à la pensée[79] ; et il en a un autre en tant qu'il est présent à cet intellect, et un autre encore en tant qu'il est incorporé aux singuliers *(in rebus)*. Structure ternaire qui, comme telle, reste d'ailleurs trop vague pour restituer toute la doctrine d'Albert, dans la mesure où, à la suite d'al-Fārābī, le Colonais distingue entre les intelligibles qui sont dans une matière, offerts à l'abstraction, donc donnés à l'activité d'une pensée qui « agite l'universalité *dans les choses* », et ceux qui, « n'ayant jamais été ni ne devant jamais être dans une matière », affectent la pensée de l'homme une fois qu'il a acquis la quasi-totalité des formes engagées, ou plutôt voilées, dans le sensible ; structure ternaire qui, en outre, laisse échapper une autre distinction, pourtant fondamentale, opposant l'être d'aptitude, la communicabilité, de l'universel, à son être d'existence actuelle – thème difficile sur lequel nous reviendrons.

Quel est, dans ces conditions, le problème central de la théorie des universaux ? Comme le montre bien Jean de Maisonneuve, les écoles philosophiques se font une spécialité d'étudier un mode d'être de l'universel – les « platoniciens » se vouent à son « être idéal », les « péripatéticiens » à son « être intellectuel et formel », les épicuriens à son « être formel et formé », les « nominalistes modernes » à son être conceptuel[80] –, mais cette pluralité de saisies laisse une question irrésolue, qui, cependant, conditionne tout : qu'est-ce qui porte cette pluralité des *modi essendi*, qu'est-ce qui, donc, rend possible la différenciation même des états d'intelligibilité qui se diversifient dans la

78. Denys, *La Hiérarchie céleste*, 121B ; trad. M. de Gandillac, Paris, 1943, p. 183.

79. Albert le Grand, *De praedicab.*, II, 2, p. 24b.

80. Jean de Maisonneuve, *De universale reali*, p. 140-141.

distinction de l'universel comme forme idéale, forme fluante, forme participée et forme abstraite ?

C'est là la place de la théorie de l'essence. Si, comme le soutiendra Heimeric de Campo, la pluralité des modes d'être de l'universel fait que l'universel n'a d'autre unité qu'analogique[81] – au sens aristotélicien de l'analogie de provenance, autrement dit une « unité d'origine » plutôt qu'une « unité propre » –, le fondement même de cette unité ne peut résider ni dans l'universel lui-même ni dans l'universalité comme telle, puisque c'est précisément par leur type d'universalité que se distinguent les états de l'universel. La thèse d'Albert est que, dans la pluralité même de ses états, l'universel est d'abord un état de l'essence[82]. Autrement dit : l'universalité et la pluralité des modes de l'universalité sont toutes deux extérieures à l'essence. L'universalité est un état ontologique de l'essence et lui reste, *à ce titre même,* extrinsèque. C'est en ce sens précis que la théorie de l'universel est fondée sur une théorie de l'essence.

L'indifférence de l'essence

Au moment où Albert enseigne à Paris, certains maîtres ès arts commencent à distinguer différentes manières de considérer une forme. Prise en elle-même, absolument parlant, une forme est dite au sens propre *essence* ; en tant qu'acte ou perfection d'une matière, elle est dite et est *acte* ; en tant que perfection d'un composé, elle est dite *quiddité* ; en tant qu'elle est en plusieurs singuliers à la fois, elle est dite *universel*[83]. C'est cette théorie que reprend le célèbre passage du *De intellectu et intelligibili* où Albert expose ce qu'il appelle la « voie moyenne » entre les thèses des Latins[84], pour qui l'universel existe comme tel dans

81. Heimeric de Campo, *Problemata,* « Problema 2 », f° 7v.

82. C'est bien ainsi que l'entend d'ailleurs Heimeric, quand il écrit, *ibid.* : « Et hoc modo ego intelligo doctorem meum Albertum Magnum, cum dicitur universale in his tribus manere idem secundum essentiam, diversum secundum esse. »

83. Cf. Anonymi, Magistri Artium (*ca.* 1245-1250), *Lectura in Librum de anima a quodam discipulo reportata,* I, 2, 4, éd. Gauthier (Spicilegium Bonaventurianum, XXIV), Grottaferrata, 1985, p. 32, 475-488.

84. Il s'agit de Robert Grosseteste, *In Anal. post.,* I, 7, éd. Rossi, p. 141, 131-141, pour qui l'universel selon Aristote serait « forma fundata in suis individuis » – thèse discutée au XIVᵉ siècle par Ockham, *In I Sent.,* d. 2, q. 7, éd. Gàl-Brown, p. 232, 8-21, et Wycliff, *De universalibus,* II, 2, éd. Mueller, p. 59, 165-177 –, et de Roger Bacon, qui, dans ses *Questions sur le livre XI de la Métaphysique,* s'appuyant sur une citation tronquée d'un adage d'Aristote tiré d'*Anal. post.,* II, 19, 100a6-8 et de *Metaph.,* I, 9, 990b13-14 (« universale est unum in multis [et unum praeter multa] ») soutient formellement que l'universel aristotélicien « est dans les choses » et non dans l'intellect

les choses, et celles des péripatéticiens, pour qui l'universel n'existe pas dans les choses mais seulement dans « les intellects purs et nus ». Il y a deux manières de considérer une essence : en tant que nature distincte de la matière, en tant que nature prise dans une matière. L'essence comme *natura diversa a materia* peut à son tour être considérée de deux manières : comme *essentia absoluta in seipsa* (« essence séparée en elle-même »), c'est-à-dire comme *essence* au sens propre, ou en tant qu'il lui revient une « communicabilité selon l'aptitude », c'est-à-dire comme *universel*. De son côté, l'essence *in materia* se laisse également analyser en *acte* et en *quiddité*.

Tout ici renvoie à Avicenne. La notion de « communicabilité selon l'aptitude » reprend les fondements même de la définition avicennienne de l'universel *logique* comme « id quod in intellectu non est impossibile praedicari de multis », formule difficile, qui se comprend mieux en arabe qu'en latin. Ce que veut dire Avicenne, c'est en effet selon l'original arabe : 1° qu'on appelle « universel » ce dont, en tant qu'il est représenté, le *ma'nā* admet d'être prédiqué de plusieurs (*Metaph.*, V, 1, § 3), et 2° qu'on appelle « particulier » ou « singulier » ce dont, en tant qu'il est représenté, le *ma'nā* n'admet pas d'être prédiqué de plusieurs (*ibid.*, V, 1, § 4). Ces deux définitions correspondent à *De interpr.*, 7, 17a38-40 :

> [...] *parmi les choses* les unes sont universelles, les autres singulières – et j'appelle *universel* ce qui, par nature, peut servir de prédicat à plusieurs sujets, *singulier* ce qui ne le peut pas [...]

et *Isagoge*, I, 6 :

> [...] parmi les prédicables, les uns ne se disent que d'un seul, comme les individus, par exemple Socrate, cet homme-ci ou cette chose-ci, tandis que les autres se disent de plusieurs [...].

Il y a, toutefois, une différence notable entre Avicenne et ses sources : celles-ci parlent des choses (quel que soit *ici* le sens, fort ou faible, du mot πρᾶγμα) ou des prédicables, lui fait au contraire intervenir leur *ma'nā* et la représentation mentale de ce *ma'nā*. Dans la définition

---

(éd. Steele-Delorme, *Opera hactenus inedita Rogeri Baconis* VI, Oxford, 1926, p. 127) : « Certains posent [...] que l'universel a l'être dans l'intellect ou l'âme et nulle part ailleurs. Ce n'est pas vrai ; bien au contraire, l'universel est dans les choses. [L'universel] est en effet ce qui est un en plusieurs, comme le dit Aristote dans le premier [livre] des *Seconds Analytiques* et le premier [livre] de la *Métaphysique* : et c'est sa similitude qui est dans l'âme » (« Quidam ponunt [...] quod universale in intellectu vel anima habeat esse et non alibi. Quod non est verum, immo universale in rebus est. Est enim unum in multis, ut dicit Aristoteles, primo *Posteriorum* et primo *Metaphysicae*, cuiusmodi autem similitudo est in anima »).

de « l'universel employé en logique », l'*Avicenna latinus* rend *ma'nā* par *intellectus* – habituellement traduit par *intentio* (il est vrai que le mot *ma'nā* a un spectre très large, qui, au-delà de πρᾶγμα, le fait correspondre encore à λόγος, νόημα, διάνοια, ἔννοια et θεώρημα[85]). La formule que lit Albert – « id quod *in intellectu* non est impossibile praedicari de multis » – signifie donc très probablement : « ce dont rien *dans son concept* n'est impossible à prédiquer de plusieurs ». D'où l'expression de « communicabilité selon l'aptitude », qu'il faut entendre au sens de « susceptible d'être commun à plusieurs en tant qu'apte à en être prédiqué » – où « apte » (*i.e. naturellement* apte, comme dans l'expression *aptus natus*, souvent employée dans la logique du XIIIe siècle) reprend l'affirmation d'Aristote que « *de nature* (πέφυκε) l'universel se prédique de plusieurs ».

Au-delà, la thèse d'Albert suppose encore les trois définitions avicenniennes de l'universel synthétisées dans la formule logique plus générale, à savoir (toujours d'après la version arabe) :

> [1] « Universel » se dit du *ma'nā* en tant que celui-ci est prédiqué actuellement d'une pluralité, par exemple « homme ».
>
> [2] « Universel » se dit aussi du *ma'nā* dont il est possible qu'il soit prédiqué de plusieurs, la condition que ceux-ci soient existants en acte n'étant pas requise. Il en va ainsi du *ma'nā* « maison heptagonale », universel en tant qu'il est dans sa nature d'être prédicable d'une pluralité, même s'il n'est pas nécessaire que cette pluralité soit forcément existante, ni même qu'il existe une seule [de ces choses].
>
> [3] Enfin, « universel » se dit du *ma'nā* dont rien n'interdit, du point de vue de sa représentation *(taṣawwur)* [par l'esprit], qu'il soit prédiqué de plusieurs, mais dont l'impossibilité [qu'il soit prédiqué de plusieurs] vient de ce qu'une cause l'interdit, ou d'une démonstration qui l'établit. Ainsi « soleil » ou « terre » : lorsque l'on intellige « soleil », ou « terre », l'esprit n'interdit pas d'admettre comme possible que leur *ma'nā* existe *(yūjadu)* en plusieurs, à moins qu'on ne lui produise une démonstration ou une preuve qui lui fera connaître que cela est impossible. Mais il s'agira alors d'une impossibilité extrinsèque, non pas relative à [l'acte] même de se représenter[86].

85. Cf. G. Endress, « Du grec au latin à travers l'arabe : la langue créatrice d'idées dans la terminologie philosophique », *in* J. Hamesse (éd.), *Aux origines du lexique philosophique européen* (Fédération internationale des instituts d'études médiévales. Textes et études du Moyen Âge, 8), Louvain-la-Neuve, 1997, p. 151-157.

86. Cf. Avicenne, *Metaph.*, V, 1 ; éd. Van Riet, Peeters, Louvain - Brill, Leiden, 1980, p. 227-228, repris dans Albert le Grand, *Metaph.*, V, 5, 5, p. 285, 6 *sq.*

Mais, plus profondément encore, la thèse d'Albert suppose ou réclame : 1° la théorie avicennienne de l'accidentalité de l'être ou de l'existence par rapport à l'essence ; 2° la distinction avicennienne entre ce qu'est l'essence en elle-même et l'essence en tant que lui advient l'universalité.

En effet, telle que l'expose la *Métaphysique*, la théorie albertinienne de l'universel pose que :

1. Il ne faut pas confondre l'universel *ante rem* (cause précontenante des stoïciens et des péripatéticiens *et* cause formelle antérieure au particulier selon la substance et la définition), l'universel *in re* (forme participée en acte ou en puissance), l'universel *post rem* (forme abstraite dégagée à partir de l'expérience) et l'universel *pris en lui-même*, c'est-à-dire considéré dans son *indifférence* au propre et au commun, à l'un et au multiple ;

2. Pris en lui-même, l'universel est une essence à laquelle s'attache accidentellement l'« université », c'est-à-dire le rapport à des sujets qui l'instaure comme « univers » au triple niveau *ante rem, in re, post rem* : « uni-vers » parce que « versé dans », *unum versum in esse omnium*[87].

En d'autres mots : en tant que nature simple, l'universel ou, mieux, l'essence n'est ni propre ni commune, ni une ni multiple. Ce n'est que par accident qu'il lui advient d'être dans tel ou tel particulier (à titre de propre), d'être référée à plusieurs (à titre d'universel ou de commun), d'être séparée (à titre d'intelligible), individualisée (à titre d'un) ou divisée par les divisions de la matière (à titre de multiple)[88]. On a là autant de modes d'être, *modi essendi*, qui restent extérieurs à l'essence dans la mesure même où l'être est extérieur à l'essence et s'ajoute à elle de l'extérieur.

Toutes ces thèses sont avicenniennes. La théorie de l'indifférence de l'essence et celle de l'accidentalité de ses manières ou modes d'être forment un système. C'est ce qui permet à la *Logique* du *Shifā'* de poser à la fois qu'une essence – par exemple l'*animal* – est en soi quelque chose, que c'est le même animal qui est universel dans l'intellect et singulier dans les choses, sans que pourtant, en lui-même il soit universel ou singulier :

> Nous prendrons pour illustrer cela l'exemple du genre, en disant que l'animal est en soi quelque chose, et qu'il est le même, qu'il soit sensible ou intelligé dans l'âme. Mais en lui-même il n'est *ni* universel *ni* singulier (« Ponamus autem in hoc exemplum generis dicentes quod animal est in se quoddam. Et idem est utrum sit sensibile aut sit

87. Albert le Grand, *Metaph.*, V, 5, 5, p. 286, 17-18.
88. *Ibid.*, V, 5, 7, p. 287, 14 *sq.*

intellectum in anima. In se autem huiusmodi nec est universale, nec est singulare »)[89].

Pour bien comprendre la position d'Avicenne et, partant, celle d'Albert, il faut cependant se méfier de la formule de la *Logique* et la compléter ou la préciser (voire la rectifier) à partir des textes parallèles de la *Métaphysique*. Contrairement à ce que l'on est tenté de croire, Avicenne ne soutient pas, en effet, qu'une essence, par exemple l'humanité ou, selon l'exemple célèbre de la *Métaphysique*, la caballéité, n'est ni particulière ni universelle ou bien encore ni existante dans l'âme ni non existante dans l'âme, ou ni existante dans les choses ni non existante dans les choses ou, plus généralement encore, ni qualifiée ni non qualifiée. Ce que soutient Avicenne est très proche de ce qu'affirme Alexandre dans la *quaestio* 1.11 (Bruns, p. 21, 26), à savoir :

T : la caballéité n'est pas, en vertu de sa propre nature, universelle

(où la négation a grand scope), et non pas :

*T : la caballéité en vertu de sa propre nature n'est pas universelle

(où la négation a petit scope).

Le sens de T est clair : ce n'est pas en vertu de sa propre nature que la caballéité (ou l'animal ou l'humanité) est [un] universel ; l'universalité lui échoit par accident (elle n'appartient pas à l'essentiel de l'essence caballéité ou animal ou humanité). D'une formule : « la caballéité en elle-même est caballéité seulement » *(equinitas est tantum equinitas)*. La seule différence entre Avicenne et Alexandre est que le penseur iranien étend le même raisonnement au particulier, tandis qu'Alexandre, lui, rejette absolument la thèse selon laquelle la particularité serait un accident de l'essence.

L'indifférence de l'essence à l'être pose un problème plus délicat que son indifférence à l'universel. Pour Alexandre, il n'y a pas d'essence qui ne soit instantiée dans un particulier au moins – plus généralement : il n'y a pas d'essence non instantiée. Les trois thèses d'Avicenne sur l'universel sont que : au sens [1], l'existence de la pluralité est requise (dans la mesure où le *ma'nā* est attribué « actuellement ») ; au sens [2], l'existence de la pluralité n'est pas requise, ni même l'existence d'un seul particulier ; au sens [3], l'existence de la pluralité n'est pas exclue, même si de fait il n'existe qu'un seul particulier. Mais qu'en est-il de l'essence à laquelle échoit accidentellement d'être ou non universelle ? Avicenne admet-il des essences non instantiées ? La

89. Avicenne, *Logica*, 3, f° 12ra.

première certitude est que, pour lui, ni « un » ni « pluriel », ni « existant dans la réalité » ni « existant dans l'âme » n'entrent dans la définition d'une essence quelle qu'elle soit. La seconde est que l'existence accompagne toujours l'essence ou nature, que celle-ci existe dans un/plusieurs particuliers(s), et que, dans le cas des essences ou natures ayant besoin d'une matière pour subsister, cette existence est particularisée (dans le particulier) ou universelle (dans l'âme), tandis que, dans le cas des essences ou natures immatérielles, elle est à la fois universelle et numériquement une. Si donc, pour Alexandre, une essence ou nature est « dépendante » du particulier et « indifférente » à l'universalité, pour Avicenne, au contraire, toute nature, de soi indifférente à chaque « circonstance » ou « condition » susceptible de l'accompagner, a toujours l'existence à titre de premier concomitant ; pour autant, toute nature existante a *plusieurs modes d'existence* qui, tantôt, découlent du fait qu'elle existe en un ou en plusieurs particuliers, tantôt (comme l'universalité) lui échoient à titre de second concomitant, du fait qu'elle existe dans une âme ou un esprit. Une essence est une *chose* qui a l'existence à titre de concomitant et dont l'existence présente ou peut revêtir plusieurs modes qui, eux-mêmes, peuvent être conçus de diverses manières. En somme, l'être n'appartient pas à la définition d'une chose quelconque (en dehors, évidemment, de l'Être nécessaire), mais il n'y a pas de « chose » (d'essence) que l'être – qu'un mode de l'être ou un mode d'être – n'accompagne pas.

Les *conséquences* logico-ontologiques de ces positions d'Avicenne sont connues et clairement acceptées par Albert. C'est ainsi que, dans la controverse qui oppose les principaux maîtres du XIIIe siècle sur le fondement de la prédication sur les classes vides (culminant dans le traitement de la question *Utrum haec sit vera : 'Homo est animal', nullo homine existente*), Albert allègue les thèses d'Avicenne et de Ghazālī, pour maintenir que la vérité d'une proposition analytique ne dépend pas de l'existence d'un objet de référence, puisque « l'être et l'existence sont des accidents de ce qui est » :

> L'universel est prédiqué de ce dont il est prédiqué de façon telle que, à peine le sujet posé, il [l'universel] est conçu en lui par l'intellect, que ce sujet soit en acte ou non : que l'homme soit ou qu'il ne soit pas, il est en effet vrai en tout temps que l'homme est un animal, et que l'animal est un corps animé, et que le corps animé est une substance, mais il ne s'ensuit pas pour autant que le corps animé soit un étant selon l'acte. C'est pourquoi Avicenne dit que l'être ou l'existence est un accident de ce qui est : il est en effet vrai que l'homme est un animal, qu'il y ait un animal ou qu'il n'y en ait pas, et l'être ou le non-être sont pour lui un accident (« Universale praedicatur de eo de quo praedicatur, ita quod et

> statim posito subiecto per intellectum concipitur in illo sive subiectum sit in actu, sive non : omni tempore enim verum est, quod homo est animal, sive homo sit, sive non sit, et quod animal sit corpus animatum, et quod corpus animatum sit substantia : sed ex hoc non sequitur, ergo corpus animatum est ens secundum actum. Et ideo dicit Avicenna, quod esse et existentia accidit ei quod est : verum enim est hominem esse animal, sive aliquod animal sit, sive non sit : et accidit ei esse, vel non esse ») [90].

Cette solution, dont il connaît diverses formulations [91], est reprise tout au long de son œuvre, et lui fait alléguer tour à tour l'« inclusion du prédicat selon l'acte et la notion *(actu et intellectu)* dans le sujet » [92], le « rapport naturel que les termes d'une proposition entretiennent, précision faite de l'être actuel » [93], ou la notion d'une vérité propositionnelle de par l'« aptitude de l'essence », indépendante de l'existence des singuliers notés par les termes :

> De ce qui a été dit on infère que, puisque l'universel est dans l'essence d'une chose selon l'aptitude qu'elle a à exister tout entière en plusieurs, et que, puisque cette aptitude est égale relativement aux passés, aux présents et aux futurs, l'universel, qui est la substance de la chose ou est fondé dans la substance elle-même, est univoque relativement à tous les passés, les présents et les futurs. En outre, puisqu'elle relève de l'aptitude de l'essence qui est antérieure à la matière et au composé, il est clair que, aucun homme particulier n'existant, cette proposition 'l'homme est un animal', n'en est pas moins vraie, ainsi que toutes les expressions du même genre [94].

90. Albert le Grand, *De praedicab.*, II, 8, p. 38a-b. Sur cette controverse, cf. A. de Libera, « Roger Bacon et la référence vide. Sur quelques antécédents médiévaux du paradoxe de Meinong », *in* J. Jolivet, Z. Kaluza, A. de Libera (éd), *Lectionum varietates. Hommage à Paul Vignaux (1904-1987)*, Paris, Vrin (Études de philosophie médiévale, LXV), 1991, p. 85-120. Un premier dossier de textes est rassemblé dans A. de Libera, *César et le Phénix. Distinctiones et sophismata parisiens du* XIII*e* *siècle*, Pise, Scuola normale superiore - Florence, Opus libri (Centro di cultura medievale, IV), 1991.

91. Albert le Grand, *Metaph.*, V, 2, 12, p. 249-250.

92. Albert le Grand, *De praedicab.*, VIII, 8, p. 136b-137a : « Et ideo dicunt Avicenna et Algazel, quod haec semper vera est, Socrates est homo, et haec, homo est animal, et animal est substantia, et omnis illa propositio in qua praedicatum est de ratione subiecti et clauditur in intellectu eius. »

93. Albert le Grand, *Liber I Prior. Anal.*, IV, 16, p. 574b.

94. Albert le Grand, *De intell.*, I, 2, 3 (ma transcription, cf. Borgnet, p. 248b) : « Ex dictis autem adhuc accipitur, quod cum universale sit in essentia rei secundum aptitudinem quam habet ad existendum in pluribus tota : et cum illa aptitudo aequaliter sit respectu praeteritorum et praesentium et futurorum, quod universale quod est substantia rei, vel fundatur in ipsa substantia, univocum est respectu omnium praeteritorum praesentium et futurorum. Adhuc autem cum sit de aptitudine essentiae quae est ante materiam et

L'argument de l'être comme « accident », qui, comme le note L. Rougier, va de pair avec la distinction réelle de l'essence et de l'existence, Albert l'attribue aux Arabes, non à Aristote lui-même :

> Il a été rendu manifeste par Avicenne, Algazel et Alfarabi que, quand l'attribut est compris dans la compréhension du sujet, la proposition est vraie, que le sujet existe ou qu'il n'existe pas. Par exemple, que l'espèce humaine et le genre animal existent ou non, cette proposition demeure éternellement vraie : 'l'homme est un être animé'. Il en est de même de cette autre : 'un être animé est un être sensible et une substance, si bien que l'homme est une substance' ; mais, si l'on partait de là pour inférer que la substance est un être existant, et par suite que l'homme existe, ces philosophes diraient que la conclusion n'est pas valable, parce que l'existence survient à titre d'accident à l'homme et à l'animal et n'est pas enfermée dans la définition de leur essence [...] Telle est la doctrine d'Avicenne, qui s'accorde avec ce qu'enseigne Porphyre, à savoir que, aucune espèce d'êtres vivants n'existant, la notion d'animal n'impliquerait pas moins celle d'une substance animée douée de sensibilité [95].

En se référant à l'accidentalité de l'être par rapport à « ce qui est », Albert prend position dans un débat important pour l'histoire de la logique, et s'inscrit, malgré la répugnance que lui inspire la pratique parisienne des *sophismata*, dans un réseau de discussion technique portant sur deux séries de propositions : la première, formée par 'Omnis homo de necessitate est animal', et ses affiliées *(e.g.* 'Omnis homo de necessitate est animal', *nullo homine existente* ; 'Omnis homo est animal', *nullo homine existente* ; 'Homo est homo', *nullo homine existente)* ; la seconde, par 'Caesar est homo', *Caesare mortuo* et ses affiliées *(e.g.* 'Caesar est Caesar', *Caesare mortuo)*. Ces propositions ne sont pas toujours discutées dans un cadre sophismatique au sens strict : on les retrouve en effet soit dans des formes littéraires apparentées,

---

compositum, patet quod nullo existente homine particulari, adhuc haec est vera : "homo est animal", et huiusmodi aliae locutiones. »

95. Albert le Grand, *De praedicab.*, VII, 9, trad. L. Rougier, *La Scolastique et le thomisme*, Paris, Gauthier-Villars, 1925, p. 571-572. Le texte de Porphyre cité par Albert est sans doute *Isagoge*, VIII, 4 : « En outre, les genres sont antérieurs aux différences qui sont sous eux, c'est pourquoi ils se suppriment en même temps que les différences, mais ne sont pas supprimés en même temps qu'elles ; en effet, si *animal* est supprimé, est supprimé du même coup le *doté de raison* et le *dépourvu de raison*, mais les différences n'entraînent pas de la même façon la suppression du genre : *en effet, même si on les supprimait toutes, on peut encore concevoir une substance animée, dotée de sensations*, c'est-à-dire, on l'a vu, l'animal. »

comme les *Abstractiones* (Richard de Cornouailles)[96], les *Distinctiones (Tractatus florianus de solutionibus sophismatum)*[97], et les *Syncategoremata* (*e.g.* Robert Bacon, Jean Le Page ou Henri de Gand)[98], soit éditées à part comme *Quaestiones logicales* (*e.g.* Siger de Brabant)[99], soit insérées à titre de *quaestiones* dans des commentaires d'Aristote (*e.g.* Jean Duns Scot, *Quaestiones super Peri hermeneias, Opus* I). Albert traite le problème dans ses paraphrases du corpus péripatéticien ou dans les ouvrages qu'il compose spécialement pour en assurer l'achèvement – comme le *De intellectu et intelligibili.* Siger, cependant, dès 1269, cite la solution du *De intellectu* dans un passage peu remarqué de sa *Quaestio « Utrum haec sit vera 'Homo est animal', nullo homine existente »* :

> Mais Albert de Cologne, parlant de manière plus probable que les autres, dit, dans son petit livre sur *L'Intellect et l'Intelligible*, que cette [proposition] est vraie, car, puisqu'il est de l'aptitude de l'essence que d'être avant la matière et l'individu composé, il est clair que, nul homme

96. Cf. Ricardus Sophista, « *Omnis homo de necessitate est animal* » ; éd. H.A.G. Braakhuis, « English Tracts on Syncategorematic Terms from Robert Bacon to Walter Burley », *in* H.A.G. Braakhuis *et al.* (éd.), *English Logic and Semantics from the End of the 12th Century to the Time of Ockham and Burleigh. Acts of the 4th European Symposium on Mediaeval Logic and Semantics. Leiden-Nijmegen, 23-27 April 1979* (Artistarium Supplementa, 1), Nimègue, Ingenium Publishers, 1981, p. 161 [p. 131-165 pour l'ensemble de l'article].

97. Cf. L.M. De Rijk, *Some Earlier Parisian Tracts on Distinctiones Sophismatum.* I. *Tractatus vaticanus de multiplicitatibus circa orationes accidentibus*, II. *Tractatus florianus de solutionibus sophismatum*, III. *Tractatus vaticanus de communibus distinctionibus.* An Edition with an Introduction and Indexes (Artistarium, 7), Nimègue, Ingenium Publishers, 1988.

98. Cf. Robert Bacon, « *Omnis homo de necessitate est animal* », in *Syncategoremata* ; éd. H.A.G. Braakhuis, in *De 13de Eeuwse Tractaten over Syncategorematische Termen, I : Inleidende Studie*, Meppel, 1979, p. 120-121 ; également dans « English Tracts on Syncategorematic Terms... », *in* H.A.G. Braakhuis *et al.* (éd.), *English Logic and Semantics..., loc. cit.*, p. 162 ; Jean Le Page, « *Omnis homo de necessitate est animal* », in *Syncategoremata* ; éd. H.A.G. Braakhuis, in *De 13de Eeuwse Tractaten...*, p. 237-240 ; également dans « English Tracts on Syncategorematic Terms... », p. 162-163 ; Henri de Gand, « *Omnis homo de necessitate est animal* », in *Syncategoremata* ; éd. H.A.G. Braakhuis, in *De 13de Eeuwse Tractaten...*, p. 368 ; également dans « English Tracts on Syncategorematic Terms... », p. 165.

99. Cf. Siger de Brabant, *Quaestio « Utrum haec sit vera : 'Homo est animal', nullo homine existente »* ; éd. B. Bazán, Siger de Brabant. *Écrits de logique, de morale et de physique. Édition critique* (Philosophes médiévaux, 14), Louvain, Publications universitaires - Paris, Béatrice Nauwelaerts, 1974, p. 53-59. La différence entre *quaestio* et *sophisma* peut être étudiée (et testée) en comparant la question de Siger à son *sophisma* « *Omnis homo de necessitate est animal* » ; éd. B. Bazán, *in* Siger de Brabant. *Écrits de logique..., ibid.*, p. 43-52.

particulier n'existant, cette proposition reste vraie « l'homme est un animal », de même que les autres expressions de ce genre [100].

Compte tenu de son ancrage apparemment plus métaphysique que logique, la notion d'« aptitude de l'essence » mérite toute l'attention. On peut en effet être tenté de rapprocher l'*esse aptitudinis essentiae* albertinien de l'*esse essentiae*, classique chez les auteurs du XIIIe siècle. Qu'est-ce que cet « être d'essence » ? Dans son commentaire sur les *Tractatus* de Pierre d'Espagne, le maître anglais Simon de Faversham l'oppose à l'*esse in suppositis* et à l'*esse intentionis*, lui-même subdivisé en *sine respectu ad supposita* et *cum respectu ad supposita* [101] ; à leur tour Martin de Dacie, Boèce de Dacie et Henri de Gand l'opposent à l'*esse in re extra sensibili* et à l'*esse in anima*. L'origine de la doctrine est – on y reviendra – avicennienne. Sa relation avec le problème de l'universel est claire. Chez Roger Bacon, qui l'abandonnera par la suite, l'être d'essence permet de distinguer les domaines respectifs du physicien et du mathématicien :

> Toute chose a deux sortes d'être, le premier est actuel, naturel, matériel, concret, et c'est cet être que considère le physicien, ce pour quoi il considère la forme dans la matière quant à l'être qui lui vient de la matière ; le second est l'être de l'essence, formel et séparé ou abstrait. Cet être que possède ce qui existe dans une matière est celui qui ne lui vient pas de la nature de la matière, et c'est cet être que considère le mathématicien.

Distinction qui, à son tour, entraîne la différenciation entre deux modalités de l'universel :

> En effet, quant à l'être actuel et naturel qui est le sien par les singuliers, l'universel est un en plusieurs ; mais, dans l'être d'essence et [l'être] connaissable [*cognoscitivum*] par l'âme, il est non en tant que tel, mais en tant qu'il est un en dehors de plusieurs [102].

100. Cf. Siger de Brabant, *Quaestio « Utrum haec sit vera 'Homo est animal', nullo homine existente »* ; éd. B. Bazán, p. 55, 89-91 : « Sed Albertus Coloniensis probabilius praedictis dicens, dicit eam esse veram in suo libello *De intellectu et intelligibili*, dicens quod, quia de aptitudine essentiae est ante materiam et compositum individuum [esse], patet quod, nullo homine existente particulari, adhuc haec est vera, homo est animal, et aliae huiusmodi locutiones. » Le passage cité par Siger est *De intellectu et intelligibili*, II, 3 (Borgnet, p. 494).

101. Cf. L.M. De Rijk, « On the Genuine Text of Peter of Spain's *Summulae logicales*, II : Simon de Faversham, † 1306, as a Commentator of the Tracts I-V of the *Summulae* », *Vivarium*, 6 (1968), p. 87-88.

102. Roger Bacon, *Quaestiones supra libros quattuor Physicorum Aristotelis*, éd. Delorme (*Opera hactenus inedita Rogeri Baconis*, VIII, Oxford, 1928), p. 69-71.

L'opposition *esse actuale/esse essentiae* semble donc correspondre primitivement à la distinction *esse in multis/esse praeter multa* issue des *Seconds Analytiques*[103] telle qu'ont dû la retranscrire les maîtres ès arts dès les années 1250, pour qui l'universel est « ce qui est un en plusieurs et un en dehors de plusieurs » *(universale est unum in multis et unum praeter multa)*.

L'*esse aptitudinis* d'Albert se réduit-il à l'*esse essentiae* ? N'en serait-ce pas plutôt une formule alternative comparable à toutes celles qui ont été essayées au XIIIe siècle : de l'*esse simpliciter* (opposé à l'*esse ut nunc*) d'Aristote à l'*esse quidditativum* de Richard de Clive[104], en passant par l'*esse habitudinis* et l'*esse habituale* de Richard de Cornouailles[105], de Guillaume de Sherwood[106] et d'Henri de Gand[107] ?

Pour répondre à cette question, il faut au préalable en affronter une autre : la notion avicennienne d'indifférence de l'essence implique-t-elle nécessairement celle de l'être d'essence ?

Être d'essence et être d'aptitude

Reconnaître à l'essence un être propre *(wuǧūd ḫāṣṣ)* en tant qu'essence, en dehors du particulier où elle devient existante en tant que particularisée, et en dehors de l'âme, où elle devient existante en tant qu'universelle, dans la mesure où elle est conçue comme quelque chose à quoi – du fait de sa co-occurrence en plusieurs choses – s'attache l'universalité, c'est maintenir une thèse précise, la distinction entre la nature « de soi commune » et l'universel. Indifférence de l'essence et être de l'essence s'impliquent mutuellement. C'est la conviction d'Avicenne. C'est également celle d'Albert. La notion d'essence ou de nature de soi commune – ou « communicable », dans le langage albertinien – est irréductible à celle d'universel : comme eût dit Alexandre, le commun, τὸ κοινόν, n'est pas l'universel, τὸ καθόλου. Cette irréductibilité impose d'user précisément de la terminologie logique. La charte du supposé « réalisme modéré » d'Albert et d'Avicenne est qu'aucun

103. Aristote, *Anal. post.*, II, 19, 100a6-8.

104. Richard de Clive, *Quaestiones Metaphysicae*, cod. Worcester Cath. Q. 13, f° 125 ; éd. Ebbesen, p. 157.

105. Ricardus Sophista, *Abstractiones*, « Sophisma Omne coloratum est » ; éd. Pinborg, p. 4 ; *ibid.*, « Omnis homo de necessitate est animal » ; éd. Braakhuis, p. 161.

106. Guillaume de Sherwood, *Introductiones in logicam*, 5.3.4. ; éd. Ch. Lohr, P. Kunze et B. Mussler, *in* « William of Sherwood. *Introductiones in logicam.* Critical Text », *Traditio*, 39 (1983), p. 273, 55-65.

107. Henri de Gand, *Syncategoremata* ; éd. Braakhuis, p. 368.

universel n'est dans les choses en tant qu'universel ou, si l'on préfère, qu'il n'y a pas d'universel *in re*. Il n'y a là *nulle modération*. Le mot juste serait « rigueur ». C'est en effet par abus de langage, commodité d'exposition ou habitude scolaire que l'on parle des trois *états de l'universel.* Si l'on veut parler rigoureusement, conformément à l'esprit de la doctrine avicennienne reprise et développée par Albert, c'est bien plutôt des *états de la nature* (communicable) *ou de l'essence* qu'il faut parler. Dans ce cas, le lien conceptuel fort des deux thèses d'Avicenne, indifférence de l'essence, être de l'essence, apparaît clairement, et avec lui le sens véritable de la thèse, soulignée par Albert, de l'accidentalité de l'être par rapport à l'essence. De fait, en bon avicennisme, ce qui existe dans les singuliers, c'est « la nature en tant que l'universalité lui arrive accidentellement » ou, pour mieux dire, « en tant qu'elle est susceptible de donner lieu à l'intellection d'une forme universelle », *i.e.* dans le langage commun : en tant qu'elle est intelligible en puissance. Qu'elle soit intelligée en acte au titre de forme abstraite particulière ou d'« intelligible d'intelligible(s) », cela ne regarde pas ce qu'elle est en tant que nature, mais ce qu'elle est en tant que nature existant dans l'intellect et susceptible, là, d'y connaître divers *états d'intelligibilité*. La thèse complète d'Avicenne, qui conserve quelque chose de la distinction alexandrinienne entre le commun et l'universel, τὸ κοινόν et τὸ καθόλου, réclame l'admission d'un être propre de l'essence, par exemple de l'animal pris en son essence, qu'il ne faut pas confondre avec l'universel ou le genre animal. La grande question que pareille thèse pose à l'historien, comme elle n'a pas manqué de le faire aux *Latini* eux-mêmes, est de déterminer l'être de cet être. La réponse d'Avicenne est claire, et c'est aussi celle d'Albert : l'être propre de l'essence est *l'être même de l'intellect divin qui le produit.*

Deux séries de thèses énoncées dans la *Métaphysique* du *Shifā'* fondent cette affirmation :

> *Métaph.*, V, 1, § 34.
> L'animal pris en son essence est une nature.
> L'existence de cette nature précède celle de l'[être] naturel comme le simple précède le composé.
> Donc, l'animal pris en son essence a une existence propre.

> *Métaph.*, V, 1, § 35.
> L'animal pris en son essence [= la nature mentionnée au § 34] a en propre que son existence est l'existence divine.
> L'animal pris en son essence a en propre que son existence est l'existence divine, car la cause de son existence en tant qu'il est animal est l'Intellect providentiel de Dieu.

Contrairement à Frege, Avicenne soutient qu'il n'y a de pensées que *pensées*, autrement dit qu'*il y n'y a pas de* pensées (des vérités, des faussetés, des états de choses essentiels, des structures quidditatives, des essences ou essentialités ou quelque nom que l'on utilise) indépendantes du fait qu'elles soient ou non pensées. *Toute pensée*, disons toute *essence, est pensée par Dieu*. La postérité latine d'Avicenne, dans laquelle s'inscrit Albert, montre que, d'une certaine manière, les *Latini* ont été confrontés aux deux thèses les plus célèbres de Frege – « toute pensée n'est pas *pensée* » et « il faut reconnaître un Troisième Royaume » [108] –, qu'ils se sont en somme posé la question de savoir si le fait qu'il y ait des pensées existant indépendamment de *notre* activité de pensée conduisait à poser qu'il y a des pensées existant indépendamment de *toute* activité de pensée, des pensées qui ne sont pensées par aucun esprit quel qu'il soit. Cette problématique peut-être résumée à l'aide de la terminologie que j'ai proposé d'introduire dans *La Référence vide* : faut-il (ou non) nécessairement admettre un *Archi-truth-bearer* (Premier Porteur de vérité) et/ou un *Archi-truth-maker* (Premier Vérifacteur) [109] ? Plus simplement, et pour ce qui concerne Avicenne et sa postérité du XIIIe siècle : y a-t-il des pensées sans porteur ?

La réponse sera claire, s'agissant des auteurs et de la période considérée : il y a un Porteur universel de toutes les pensées au sens frégéen du terme (du moins des pensées *vraies*), et ce porteur est Dieu ou, dans le langage péripatéticien, la Cause première [110]. La notion

108. Sur cette thèse, cf. G. Frege, *Recherches logiques. La pensée*, trad. Cl. Imbert, *in* G. Frege, *Écrits logiques et philosophiques*, Paris, Éd. du Seuil, 1971, p. 184 : « Il faut admettre un troisième domaine. Ce qu'il enferme s'accorde avec les représentations en ce qu'il ne peut pas être perçu par les sens, mais aussi avec les choses en ce qu'il n'a pas besoin d'un porteur dont il serait le contenu de conscience. Telle est par exemple la pensée que nous exprimons dans le théorème de Pythagore, vraie intemporellement, vraie indépendamment du fait que quelqu'un la tienne pour vraie ou non. Elle n'a besoin d'aucun porteur *(Er bedarf keines Trägers)*. »

109. Sur la notion de *truth-maker* (« vérifacteur »), cf. K. Mulligan, P. Simons, B. Smith, « Truthmaker », *Philosophy and Phenomenological Research*, 44 (1984), p. 287-321. Sur l'utilisation de cette notion dans la problématique des universaux, cf. D.M. Armstrong, *Universals. An Opinionated Introduction*, Boulder - San Francisco - London, Westview Press (Focus Series), 1989.

110. Cette théorie péripatéticienne de l'*Archi-truth-bearer*, qui en tant que Première Cause est aussi *Archi-truth-maker* est bien différente de ce que seront les théories des XIVe et XVe siècle, qu'il s'agisse de la théorie de l'*Archi-truth-maker* de Grégoire de Rimini, affirmant que les énonçables sont vrais ou faux « en vertu de la Vérité incréée » (plus précisément, qu'une proposition est vraie en soi si son *complexe significabile* « est jugé vrai par la Vérité première », et fausse en soi si son *complexe significabile* « n'est pas jugé vrai par la Vérité première ») ou de la théorie de l'*Archi-truth-bearer* de Pierre d'Ailly, affirmant qu'il y a une *proposition incréée*, Dieu lui-même, qui est *le* « porteur de

médiévale d'*esse essentiae* semble avoir été formulée pour donner un statut ontologique à l'essence considérée absolument, autrement dit dans son indifférence ontologique même. C'est pourquoi l'être d'essence est souvent présenté comme une « forme d'être atténuée » ou une « forme atténuée de l'être » *(esse diminutum)*. Cette expression meinongienne n'est pas invoquée ici par hasard : de fait, la distinction entre *esse actuale* et *esse habituale semble* intuitivement proche de la distinction entre l'existence et la subsistance, l'*Existieren* et le *Bestehen* ; il *semble* qu'elle recoupe largement ce que Meinong appelle « le principe d'indépendance de l'*être-ainsi (Sosein)* par rapport à l'*être (Sein)* » ; enfin, la théorie de l'indifférence de l'essence *paraît* elle-même correspondre à la doctrine de l'« *Außersein* de l'objet pur ». Parallèlement, les attaques de Bacon contre les *Cavillantes*, partisans de l'« être habituel », *rappellent* la critique russellienne de Meinong, soutenant 1° que le théoricien de l'« être logique » *(logical being)*[111] des objets non réels se condamne lui-même à dire à la fois que Pégase existe et n'existe pas[112], ou 2° que la « théorie des objets » ne respecte pas le principe de contradiction[113].

Il y a cependant une différence radicale entre l'être d'essence et l'*Außersein*[114], une différence qui nous interdit de poser qu'il y a des pensées sans porteur et qui fait que l'on ne peut transposer tel quel au Moyen Âge le débat Russell-Meinong, non plus que la question frégéenne du Troisième Royaume. La notion d'*Außersein* porte moins sur un « objet pur », au sens d'une essence ou de tous les objets en général, que sur des objets bien distincts, ceux qui, comme le « cercle carré », « ni n'existent ni ne subsistent ». Elle spécifie des « objets *entièrement* extérieurs à l'être » : les « objets apatrides », qui sont

---

la vérité », quand même il n'existerait aucune proposition (théorie que j'appelle « théorie de la *Grande Proposition* », comparable à la « théorie du *Grand Fait* », « *Great Fact Theory* » ou « *One-Big-Fact Theory* », discutée de nos jours par D. Davidson). Pour tout cela, je me permets de renvoyer à *La Référence vide*.

111. B. Russell, *Introduction to Mathematical Philosophy*, chap. 16 : « Descriptions », repr. *in* M. Weitz (éd.), *The Analytic Tradition*, New York-Londres, 1966, p. 147.

112. B. Russell, « Review of Meinong's *Über die Stellung der Gegenstandstheorie im System der Wissenschaften* », *Mind*, New Series, 16 (1907), p. 439.

113. B. Russell, « On Denoting », repr. *in* R.C. Marsh (éd.), *Logic and Knowledge*, Londres-New York, Routledge, 1994, p. 45. Sur tout cela, cf. A. de Libera, *La Référence vide. Théories de la proposition*, Paris, PUF (Chaire Étienne Gilson), 2002.

114. Pour plus de détails, cf. A. de Libera, « Subsistance et existence : Porphyre et Meinong », *Revue de métaphysique et de morale*, 2/1997, p. 167-192.

heimatlose et *außerseiende*[115]. Meinong ne soutient pas que *tout objet* a un ou de l'*Aussersein,* mais qu'un objet dont on ne peut dire ni qu'il existe ni qu'il subsiste doit avoir une certaine sorte de statut ontologique complètement « extérieur à l'être », qu'il doit être entièrement *außerseiend*[116]. Conclusion : la notion médiévale d'être d'essence n'est pas synonyme de l'*Außersein* meinongien. Qu'en est-il de l'« être d'aptitude de l'essence » *(esse aptitudinis essentiae)* albertinien ?

Pour aller au plus court, on répondra que, pour Albert, le statut ontologique de l'essence indifférente ne peut être pensé dans les catégories de l'être causé, mais seulement dans celles de l'être causal. Si l'essence est cause de l'être, elle ne peut être saisie selon les prédicats définissant l'*étant* un ou l'*étant* multiple, l'*étant* propre ou l'*étant* commun. La notion d'aptitude ne peut être séparée de celle de communicabilité. La communicabilité définit la nature comme nature – de fait, elle ne la quitte jamais, même quand elle est réalisée, c'est-à-dire particularisée, dans le particulier, ce pour quoi on parle, cédant peut-être à la facilité, de la présence de l'universel dans le particulier ou, plus simplement, d'universel *in re.* Cependant, le fait primordial reste que *l'essence est cause.* C'est tout le secret du réalisme dit « modéré » d'Albert. Celui-ci ne se contente pas de dire que l'unité primordiale de l'essence – de l'essence en tant qu'essence, non encore multipliée dans l'être – n'est ni celle d'une chose singulière ni celle d'un universel abstrait (au sens où Frege dit qu'une pensée n'est ni une chose ni une représentation[117]). Il pose clairement (que ce qu'il pose soit ou non

115. Il faut rappeler ici la mise en garde de K. Perszyk contre la confusion entre thèses « pseudo-meinongiennes », portant sur les objets non existants, et thèses « meinongiennes » au sens strict, portant sur les objets « étrangers à l'être » ou « apatrides ». Pour Perszyk, seules les thèses pseudo-meinongiennes sont « historiquement dérivables » – ce qui veut dire qu'elles s'inscrivent dans une tradition, qui commence avec les stoïciens et culmine au Moyen Âge *via* Avicenne –, en revanche, le « meinongianisme » proprement dit n'a pas d'antécédent. En effet, un objet doté d'un mode d'être « brentanien » comme l'« inhérence » ou « in-existence » mentale n'est pas meinongien au sens propre, *i.e.* entièrement étranger à l'être *(außerseiend)*, et il en va de même pour tout objet uniquement caractérisé comme possédant une « espèce d'être » distincte de l'existence. Sur tout cela, cf. K. Perszyk, *Nonexistent Objects : Meinong and Contemporary Philosophy* (Nijhoff International Philosophy Series, 49), Dordrecht-Boston-London, Kluwer Academic Publishers, 1993. Les vues de Perszyk sont discutées (à propos d'Abélard et des *Latini*) par F. Nef, *L'Objet quelconque*, Paris, Vrin (Problèmes et Controverses), 1998, p. 147.

116. Cf. M.S. Gram, « Ontology and the Theory of Descriptions », *in* E.D. Klemke (éd.), *Essays on Bertrand Russell*, Urbana, University of Illinois Press, 1971, p. 125.

117. On sait en effet que, pour Frege, ce qui appartient au « Troisième Royaume » a deux propriétés qui font qu'il présente une ressemblance partielle avec les représentations d'une part, les choses de l'autre, mais qu'il ne se réduit ni aux unes ni aux autres. Avec les représentations : l'habitant du « Troisième Royaume » comme la *Vorstellung* n'est pas

clair) que cette unité n'est pas celle d'une nature commune entendue comme *chose réelle*, mais celle d'une *cause idéale* entendue comme cause précontenante, enveloppant la série de ses modes dans sa forme primordiale, *uniformiter*. L'unité de l'essence comme telle est insondable et fondatrice : c'est celle de l'universel *ante rem* dans le premier sens du terme, celui de *cause exclusivement créatrice*. L'unité de l'universel comme tel est fondée : c'est celle de l'universel *ante rem* dans le second sens du terme, celui de forme causale et causée, *créatrice et créée*.

Formulée en termes de statut ontologique, l'indifférence de l'essence énonce pour Albert un statut à la fois extérieur à la choséité et extérieur à l'être – l'être étant, selon le *Liber de causis*, la première des choses créées[118] : c'est le statut de la Pensée divine, causant par son essence même, lumière créatrice incréée, *lux* ; en revanche, l'être d'aptitude note le statut causé-causal de l'essence en tant qu'universel, Rayon émané, lumière causale (créatrice) et créée, *lumen*. En somme : il y a des pensées que nous ne pensons pas, mais ces pensées ne sont pas par elles-mêmes indépendantes de tout pensant. Elles ont un archi-porteur ou pour mieux dire, en l'occurrence, un archi-vérifacteur : la Première Cause, Dieu. Prise en cette Cause, l'essence est donc bien « extérieure », c'est-à-dire, ici, antérieure à l'être, *außerseiend*, mais il faut immédiatement préciser : *extérieure à l'être créé*, et elle se confond si peu avec l'extra-ontologique meinongien que, loin de désigner l'objet impossible, elle peuple au contraire un Troisième Royaume frégéen entendu comme ce que Leibniz appelle « le Pays des possibles ».

Chez Albert, la théorie des états de l'universel et la théorie de l'essence forment donc un système, ou plutôt elles s'inscrivent de plain-pied dans le système de la causalité intelligible tel que le formule philosophiquement le *Livre des causes*, et tel que le développe théologiquement le penseur de Cologne sur la base de théorèmes de Denys et d'Érigène. Les modalités de l'universel recoupent ici les *divisions de la nature* selon Jean Scot : l'universel *ante rem*, autrement dit l'essence, est purement cause *(causa)* ; l'universel *in re* est à la fois cause et causé *(causa et causatum)* ; l'universel *post rem* est purement causé *(causatum)*[119]. L'essence est indifférente, parce que antérieure à la réalité, *universale praehabens rem, praeconceptio*[120].

---

perceptible par les sens ; avec les choses : l'habitant du « Troisième Royaume » comme le *Ding* n'a pas besoin d'un « porteur » au contenu de conscience duquel il appartiendrait.

118. Cf. *Liber de causis*, prop. 4, § 37 : « Prima rerum creatarum est esse et non est ante ipsum creatum aliud. »

119. Albert le Grand, *Dcpu*, II, 2, 22, éd. Fauser, p. 116, 44-62 (qui utilise le langage de la « cause ») et II, 2, 40, p. 134, 32-38 (qui utilise celui de la forme « formante » et

Cette interprétation causale de l'*esse essentiae* n'est évidemment pas sans quelque parallèle médiéval. Elle peut être partiellement rapprochée, par exemple, de deux positions célèbres d'Henri de Gand. La première est rapportée par Godefroid de Fontaines en 1286, dans son *Quodlibet* III, question 1, version brève :

> La créature a un être réel quant à l'être d'essence avant d'avoir un être réel quant à l'être d'existence, car, de même que, quant à l'être d'existence, la créature est rapportée à Dieu à partir du temps réel et comme à sa cause efficiente, quant à l'être d'essence, elle lui est également rapportée réellement de toute éternité et comme à sa cause réelle exemplaire, puisque les idées exemplaires sont en Dieu de toute éternité. Or, la relation réelle requiert un fondement réel. Donc, la créature a eu de toute éternité l'être d'essence, avant d'avoir l'être d'existence[121].

La seconde, énoncée en 1276, figure dans le *Quodlibet* I, question 9, d'Henri, où elle est combinée à la thèse citée par Godefroid de Fontaines :

> En un autre sens, on comprend que la créature participe à l'être en pensant l'essence même de la créature comme quelque chose d'abstrait par l'intellect, indifférent à l'être et au non-être, qui est de soi un certain étant, ayant cependant une idée formelle en Dieu, par laquelle un certain étant est en Dieu avant d'être produit dans sa nature propre, à la manière dont chaque chose a d'être un étant en Dieu, ainsi que le dit Jean au premier chapitre : *Ce qui a été fait en Lui était vie*[122].

Elle ne s'y réduit, cependant, aucunement. L'essentiel de la doctrine albertinienne de l'essence ne peut être saisi au niveau d'une problématique de l'être causé, il ne peut être compris qu'au niveau, proprement

---

« formée ») : « Les formes [...] ont trois notions : la première, selon que la forme est une essence simple et invariable ; l'autre, selon qu'elle est forme formante ; la troisième, selon qu'elle est forme formée. La première est la forme dans l'âme, la deuxième, dans l'intelligence, la troisième, [la forme] en tant qu'elle est en repos dans les sensibles » (« Formae enim uniuscuiusque tres intentiones sunt ; una quidem, secundum quod forma est simplex essentia et invariabilis ; et altera, secundum quod est forma formans ; et tertia, secundum quod est forma formata. Et prima quidem est forma in anima, secunda in intelligentia, tertia, secundum quod in sensibilibus quiescit »).

120. Cf., sur ce point, É.-H. Wéber, « Langage et méthode négatifs chez Albert le Grand », *RSPT*, 65 (1981), p. 79-81.

121. Godefroid de Fontaines, éd. M. De Wulf et A. Pelzer, *Les Quatre Premiers Quodlibets de Godefroid de Fontaines* (Les Philosophes belges, 2), Louvain, 1906, p. 301, trad. in *Thomas d'Aquin, Dietrich de Freiberg, L'Être et l'Essence..., loc. cit.*, p. 227.

122. Cf. Henri de Gand, *Quodlibet* I, q. 9 ; éd. R. Macken, *Henricus a Gandavo, Quodlibet I*, Leyde, E.J. Brill, 1979, p. 48 *sq*. Cf. trad. in *Thomas d'Aquin, Dietrich de Freiberg, L'Être et l'Essence..., loc. cit.*, p. 212.

théologique, de l'être causal, celui du *fluxus* et de l'*influentia*. Mais ce n'est pas tout. D'Avicenne Albert hérite non seulement une ousiologie articulée par les théorèmes de l'indifférence de l'essence ou de l'accidentalité de l'être et de l'universel, mais encore l'idée du « retour » *(fīl-ma'ād)*, du « devenir monde intelligible », qui fonde ce que j'ai appelé plus haut une « Odyssée de l'intelligible », à savoir : une restitution de la forme déchue dans la matière et les corps à un état d'intelligibilité qui, pour être incommensurable à celui d'un Prototype idéal, celui de la Forme comme cause précontenante, n'en est pas moins supérieur à celui de l'« ombre » de la matérialité et de de la corporéité. Après avoir séjourné dans la matière, « après avoir été dans la multiplicité », disait Avicenne, les formes intelligibles « recouvrent derechef chez nous d'être objet d'intellection » (« deinde iterum habentur intelligentiae apud nos, postquam fuerint in multiplicitate ») : la production de l'universel dans l'âme humaine est le premier stade d'une remontée universelle des intelligibles au Premier Principe, dans la forme de l'Un ; la première étape d'une palingénésie, dont parle aussi bien Érigène, et que Maître Eckhart reprendra dans un sermon célèbre sur Mt 10, 28 *(Nolite timere eos qui corpus occidunt)*, en expliquant comment « toutes les créatures se rassemblent dans mon intellect, afin que je les prépare toutes à retourner à Dieu » :

> Dieu se goûte Lui-même en toutes choses. Le soleil, lui aussi, déverse sa claire lumière sur toutes les créatures ; tout ce qu'il touche de son vif éclat, il l'attire en lui-même, mais sans en perdre sa force éclairante. Prenons un bassin rempli d'eau, plaçons-y un miroir et exposons-le aux rayons du soleil ; le soleil projette également son vif éclat jusqu'au fond du bassin et non pas simplement l'image de son propre disque, et cet éclat n'est cependant pas affaibli. La réflexion du miroir exposé au soleil, comme elle se fait dans le soleil, est, à proprement parler, également le soleil même ; mais le miroir n'en reste pas moins ce qu'il est. Il en va de même de Dieu. Dieu est dans l'âme avec sa nature, son être et sa déité, et il n'est cependant pas l'âme. La réflexion de l'âme s'opérant en Dieu, elle est, à proprement parler, également Dieu même ; mais l'âme n'en reste pas moins ce qu'elle est. Écoutez bien ! Toutes les créatures dirigent leur course vers leur plus haute perfection. Toutes éprouvent le besoin de s'élever de leur vie à leur être. *Toutes les créatures viennent s'assembler dans mon intellect, pour, en moi, devenir intelligibles. Moi seul je les prépare à retourner à Dieu.* Vous tous, prenez garde à ce que vous faites [123] !

123. Maître Eckhart, sermon allemand *Nolite timere*, Pfeiffer n° LVI, p. 179, 10-181, 25.

C'est par là, par ce travail *réflexif* de restauration de l'intelligible à lui-même dans le miroir de l'âme, que l'homme albertinien s'avère effectivement *nexus dei et mundi* : en se faisant le point de conversion où la « sortie » s'inverse en « retour » ; se réclamant à la fois d'Avicenne, d'Aristote et de Denys, Albert dirait, et dit : *intellectus sanctus* ou, mieux, *intellectus divinus.* Si le « problème des universaux » semble ne pas se poser dans l'albertisme, c'est que l'universel, la production de l'universel, l'abstraction, sont considérés comme le point de départ d'une ascension métaphysique, dont la description et l'analyse ne relèvent pas tant de la logique, de la théorie du signe et de la signification, que de la psychologie philosophique et de la noétique. C'est pourquoi la question de la genèse de l'universel « postérieur dans l'ordre de l'être » n'est pas, en fin de compte, un problème subalterne : il y va du socle de l'activité théorétique, en tant qu'elle conduit ou est censée conduire aux « sommets de la contemplation ». Cela veut dire une certaine revalorisation de l'universel *post rem*, effectivement revisité par Albert sous le nom très averroïste d'« intellect spéculatif » *(intellectus speculativus)* : la production et la contemplation de l'universel devenant le point de départ d'une ascension dont le programme esquissé par Avicenne est présenté par Fārābī, comme la succession de deux phases, dont l'une prépare l'autre : l'acquisition de tout l'intelligible abstrait, puis, fondée sur elle, la contemplation des intelligibles séparés (les *divina*). Par les universaux, c'est-à-dire les intelligibles théoriques, les *intellecta speculativa*, la métaphysique communique avec la noétique. C'est elle, et la théorie – pour ne pas dire la théologie – de l'intellect où elle s'achève, qu'il nous faut à présent étudier. Avicenne s'éloigne. Averroès nous attend.

CHAPITRE VI

Psychologie philosophique et théorie de l'intellect

La noétique d'Albert est le cœur vivant de sa pensée, le foyer de son système, le principal terrain de son engagement philosophique. À la fois réception du péripatétisme, dans le commentaire sur le *De anima*, et profession de foi péripatéticienne, dans le *De intellectu et intelligibili*, la psychologie albertinienne naît aussi d'un dialogue de pensée avec Averroès[1].

Les fondements de la psychologie albertinienne

Du corpus noétique gréco-arabe, Albert tire deux séries de problèmes : l'un regarde la nature et l'origine de l'âme, tout particulièrement de l'âme *intellective* ; l'autre, le statut de la contemplation philosophique comme union à l'Intellect agent. La distinction aristotélicienne de l'intellect agent et de l'intellect possible, dans ses multiples déplacements et reformulations péripatéticiennes, forme le cadre de toute la réflexion d'Albert ; elle mobilise l'essentiel de ses doctrines philosophiques les plus personnelles, de l'éduction des formes à la *conjonction*, en passant par la tension anagogique vers le *Principe de toutes choses* ; c'est aussi le terrain sur lequel s'effectue la *critique* de la philosophie arabe.

1. Pour l'horizon de ce dialogue et la détermination de son CQR, cf. A. de Libera, « Existe-t-il une noétique averroïste ? Note sur la réception latine d'Averroès au XIIIe siècle », *in* F. Niewöhner et L. Sturlese (éd.), *Averroismus im Mittelalter*..., p. 51-80.

Pluralité des âmes et flux psychique

Le *De intellectu et intelligibili*, I, 1, 5, est consacré au problème de l'origine des différents types d'âmes distingués par Aristote. Le problème est clair : étant donné la simplicité de la Cause première, quelle est l'origine de la diversification de l'âme en âmes végétative, sensitive, et intellective ? Albert essaie l'une après l'autre les réponses que lui fournit la tradition.

La première – l'action des moteurs intermédiaires – est rejetée au nom des « philosophes », en fait Averroès[2] : les « corps célestes animés, ne possédant d'autres vertus que l'intellect et la volonté », ne sauraient transmettre ce qu'ils n'ont pas.

La deuxième est celle de « Pythagore »[3] : tous les êtres sont animés, mais pour certains d'entre eux la diversité des puissances est « occultée » par la « terrestréité »[4]. C'est le cas, par exemple, des pierres dont l'âme est à ce point « oppressée » par l'élément « terrestre », qu'on n'y trouve aucun des trois mouvements correspondant aux trois genres d'âmes distingués par Aristote. Albert rejette cette explication panpsychiste : les pierres sont des corps dépourvus d'instruments – autrement dit d'organes –, or *la nature ne fait rien en vain.* Si donc il y avait en elles un quelconque principe d'animation, elles seraient dotées d'instruments pour l'« expliciter », ce qui n'est pas le cas. Seconde critique : il ne saurait y avoir unité générique des âmes en tous les corps, puisque ceux-ci diffèrent « par la figure, la quantité et la nature ». Au passage, Albert réfute une objection de « Platon », ou plutôt un adage tiré du *Timée*[5], selon lequel « les formes sont infusées dans la matière à proportion de ses mérites »[6]. Il lui oppose que « la diversité matérielle n'est pas la cause, mais le simple signe de la diversité des formes ».

2. Averroès, *De an.*, II, comm. 32, p. 178, 24-25 ; *Auctor. Arist.*, 2, nº 285, p. 139, 90-91, et 6, nº 117, p. 184, 94-95.

3. Pour Pythagore, cf. également Albert le Grand, *De nat. et or. an.*, II, 8, p. 31, 70-32, 25.

4. Sur ce terme, cf. Albert le Grand, *De an.*, I, 2, 1, p. 18, 76-19, 14, où Albert expose la doctrine des « pythagoriciens tardifs » à l'aide de la notion de terrestréité. En *De nat. et or. an.*, I, 2, p. 5, 66-67, cette fois à propos de Démocrite, il parle d'« oppression de la matière ».

5. Platon, *Timée*, éd. Waszink, p. 22, 19-20.

6. Albert le Grand, *De an.*, II, 3, 24, p. 133, 19-21 ; *Metaph.*, V, 2, 4, p. 240, 80-83 ; VIII, 1, 5, p. 395, 30-32. *De nat. et or. an.*, I, 2, p. 5, 51-58, attribue la doctrine à Platon *et à Pythagore*. Même attribution à Platon en *Sup. Dion. De div. nom.*, 2, n. 44, p. 73, 28-29 : « Et c'est pourquoi ils ont dit que les formes étaient données par le Donateur des formes, et qu'elles n'étaient pas [originairement] dans la matière, mais que néanmoins la matière méritait la forme, appelant "mérite de la matière" ce qu'Aristote appelait inchoation,

L'attribution du panpsychisme à « Pythagore » mérite quelque attention. Elle n'est pas constante chez Albert. Dans le *De anima*, il en fait « la très ancienne opinion des stoïciens de l'école de Socrate »[7]. La terminologie est, cependant, différente : il y aurait une seule âme numériquement identique dans tous les corps, mais qui dans les pierres serait « empêchée d'exercer toutes les opérations de la vie par la masse de la matière » ; en revanche, dans les réalités les plus éloignées de « la prédominance de tel ou tel contraire », la « tempérance tendant à l'égalité » se rapprocherait, comme chez l'homme, d'une « conformation aux réalités célestes ».

Cette opinion « stoïcienne » est, en fait, tirée d'Avicenne[8], qui soutient que ce qui empêche les corps élémentaires de recevoir la vie est l'*ultimitas contrarietatis* : « moindre est la contrariété dans un corps » (*quo minor fuerit contrarietas*, mais la version arabe dit plus clairement « chaque fois qu'un corps tend à éliminer un des deux contraires »), « plus il accède à la tempérance qui n'a pas de contraire », et « plus il commence à s'assimiler aux corps célestes, ce pour quoi il ne peut manquer de recevoir une vertu vivifiante de la substance séparée rectrice ». Albert ne la critique pas, et pour cause, car il va l'intégrer à son propre exposé.

Le problème de la diversité des âmes peut être abordé d'un autre point de vue, plus péripatéticien : comment, dans le cadre du cosmos noétique gréco-arabe, expliquer la pluralité analogique des âmes si, comme le soutient l'adage, « de l'un ne procède que l'un » ?

La question est plus difficile, car elle engage tout le péripatétisme. Albert y répond par une théorie générale de l'émanation, centrée sur la diffusion des « dons généreux » *(largitiones)* de la Première Cause – thème avicennien et ghazalien –, qu'il illustre par une comparaison avec la diffusion de la lumière corporelle, avant de la reformuler dans le cadre de la théorie métaphysique du flux.

L'originalité de sa position consiste à interpréter l'émanation à partir de deux conceptualités différentes. L'une est théologique et chrétienne, c'est la notion augustinienne de « région de dissemblance » *(regio*

---

puissance ou privation de la forme » (« Et ideo dixerunt a datore primo dari formas et non esse in materia, sed tamen materiam mereri formam, meritum materiae vocantes id quod Aristoteles vocavit formae incohationem sive potentiam sive privationem »). L'expression *secundum meritum* semble être un équivalent de *secundum aptitudinem*, comme en témoigne un passage parallèle de *Metaph.*, XI, 1, 11, p. 468, 68-70 : « Hanc etiam et huiusmodi formam dicit <Plato> communicari materiae per datorem formarum et ipsam materiam formae *aptari* recipiendae. »

7. Albert le Grand, *De an.*, II, 1, 9, p. 77, 1-11, et 77, 15-18.

8. Avicenne, *De an.*, V, 7 ; éd. Van Riet, p. 172, 98-99.

dissimilitudinis) ; l'autre est philosophique et aux confins du péripatétisme, c'est celle d'occultation, ou « obombration », empruntée à Isaac Israeli[9] :

> Comme je l'ai dit dans la *Physique*[10], tout ce qui est en la Première Cause à l'état d'indistinction, procédant d'elle, devient distinct selon l'être, les essences et les différentes espèces, tout de même que les rayons provenant du soleil reçoivent un être différent et différentes espèces dans l'air, dans le verre blanc et dans le verre coloré. Et c'est d'après ce mode que se produit toute diversité : quelque chose d'un flue d'un principe unique à travers des réalités différentes qui l'explicitent instrumentalement, pour aboutir aux différentes réalités qui sont informées par lui, ainsi que nous l'avons en partie établi dans le livre VIII de la *Physique*. Mais il y a des degrés de *dissemblance* dans cette descente, car le principe de vie descendant qu'est l'âme conserve sa noble opération divine, intellectuelle et animale[11] jusque dans le corps organique composé de contraires, dont la combinaison est proportionnée à l'égalité du ciel : *divine*, en ce qu'il est principe d'information [...] ; *intellectuelle*, en ce qu'il opère sans se servir du corps ; *animale*, en ce qu'il se sert instrumentalement du corporel. Toutefois, ce qu'il a d'intellectuel est *obombré* dans la mesure où il reste en perpétuel état de quête et non pas certain comme l'est le principe intellectuel des Intelligences célestes, qui n'est pas obombré par les turbulences des corps. En s'éloignant davantage dans la région de dissemblance, il est encore plus obombré, au point qu'il perd entièrement son principe intellectuel, ne retenant que la connaissance des sensibles. Et, en s'éloignant plus encore, il ne retient que la plus infime puissance de l'âme, qui est l'activité végétative, et les autres fonctions de ce genre. L'exemple en est la lumière qui s'éloigne du soleil dans l'air limpide, dans le nuage subtil et dans le corps coloré en blanc, en noir ou en rouge ; elle s'y

9. Isaac, *Liber de definitionibus*, éd. Muckle, p. 313, 25 *sq.*

10. Albert le Grand, *Phys.*, II, 2, 19, p. 127, 51-54 : « Ce qui dans la Cause première est sur un mode simple, en tant qu'un et indistinct de l'essence de la Cause première, cela, une fois infusé dans les [êtres] célestes et les moteurs des cieux, est multiplié, diversifié et ordonné [hiérarchisé] » (« Quod in prima causa est simpliciter et ut unum et indifferens ab essentia causae primae, hoc infusum caelestibus et motoribus caelorum multiplicatur et diversificatur et ordinatur »).

11. *Liber de causis*, prop. 3, éd. Saffrey, p. 17 : « Omnis anima nobilis habet tres operationes ; nam ex operationibus eius est operatio animalis et operatio intelligibilis et operatio divina. » Cette distinction est issue de la proposition 201 de l'*Elementatio theologica* de Proclus (trad. Trouillard, p. 182) : « Toutes les âmes divines ont trois degrés d'activité, l'un en tant qu'âmes, l'autre en tant qu'elles recèlent un esprit divin, un autre enfin en tant qu'elles sont suspendues aux dieux » (« Omnes divinae animae triplices habent operationes : has quidem ut animae, has autem ut suscipientes intellectum divinum, has autem ut diis extraiunctae »). Sur les trois opérations de l'âme noble, cf. Albert le Grand, *De nat. et or. an.*, I, 8, p. 17, 32-44, et II, 2, p. 21, 26-42.

> enferme petit à petit, et elle perd de plus en plus la force de sa puissance, jusqu'à en arriver à la privation ; dans toutes les choses où elle procède, elle a un être et une espèce différents, et elle n'est pas une, sinon d'après sa procession à partir de la source première et unique de la lumière.

Cette théorie syncrétique du flux est-elle platonisante ? Non, du moins si l'on suit l'interprétation albertinienne de Platon. Il y a certes une pensée de l'*influxio* chez Platon, mais, on l'a dit, cette *infusio* ou *inductio formarum*, liée à l'hypothèse du Donateur des formes, est profondément *moniste*. Albert rejette le monisme ontologique de Parménide, il ne peut que rejeter le monisme psychologique de Platon.

L'erreur platonicienne repose sur une thèse précise : il y aurait « une forme première unique de toutes choses, tout dérivant de l'Idée même de l'Un *(ex ipsa unius idea)* ». Cette thèse n'est pas fausse en soi.

Dans la *Metaphysica*[12], Albert en accepte une formulation, il est vrai christianisable puisque définie dans le registre à la fois néoplatonicien et dionysien de la précontenance. « L'Idée de l'Un » est la lumière de l'« Intellect paternel »[13], qui est

> une Idée unique et simple, universelle en vertu et en causalité, qui contient d'avance en elle-même virtuellement les formes de toutes choses sur un mode plus excellent qu'elles ne l'ont en elles-mêmes.

Dans le *De intellectu*, en revanche, Albert rejette formellement l'erreur de la « secte platonicienne », parce qu'elle est précisément formulée dans le langage moniste de l'être. Il oppose donc à « Platon » que la procession à partir de l'Un simple est *multiple* « selon l'être et la figure », que les natures des âmes et des formes sont diverses *en être* et que leur diversité formelle est la raison même de leur diversité matérielle. Certes, il y a une unité dans la procession, mais c'est une *unité d'origine*, qui ne tient qu'à « la relation » de chaque terme « à la cause efficiente une et unique » de toute la procession.

La diversité étant expliquée en termes de *position hiérarchique* (Denys) et de degré de *dissemblance* (Augustin), le texte du *De intellectu* peut être regardé comme typique de la théologie de l'intellect selon Albert.

Scellant la rencontre de l'*analogie* dionysienne avec la psychologie philosophique d'Aristote, il la justifie et la fonde dans le cadre

12. Albert le Grand, *Metaph.*, I, 4, 12, p. 64, 80-65, 42.

13. Augustin, *Cité de Dieu*, X, XXIII (BA 34), p. 504, déjà mentionné *supra*. Cf. également Albert, *Metaph.*, I, 4, 12, p. 64, 80-65, 42, où la théorie de la lumière de l'« Intellect paternel » comme « Idée une et simple » est mise en relation avec la théorie de l'exécution *ad par* exposée p. 64, 7-79. Voir aussi *De an.*, I, 2, 2, p. 22, 19-28.

spécifique du cosmos intelligible gréco-arabe. D'abord, en recourant à la théorie des trois opérations de l'*anima nobilis* selon le *Liber de causis* ; ensuite, en reprenant la théorie avicennienne de la descente du « principe de vie » selon la « complexion » propre à chaque corps dans un espace de jeu déterminé en haut par les Corps célestes, en bas par les corps « composés de contraires », espace qu'il décrit aussi bien en termes (augustiniens) de « dissemblance » qu'en termes (philosophiques) d'« obombration ».

Reste le problème crucial de l'origine de l'âme intellective et de l'intellectualité. Trois possibilités s'offrent d'elles-mêmes : la matière, la Cause première, le flux lui-même.

La réponse d'Albert est entièrement conditionnée par une critique de la psychologie d'Alexandre d'Aphrodise, esquissée dans le *De intellectu* et développée pour elle-même dans le *De anima*, III, 2, 5, et le *De natura et origine animae*, 2, 5. On peut en fixer ici les thèses essentielles, avant de passer à l'examen de la critique d'Alexandre :

1. L'âme humaine a une nature intellectuelle de par sa procession à partir de la Cause première, et du fait même qu'elle « ne descend pas jusqu'au mélange avec la matière ».

2. Cette nature possède trois caractéristiques qui expriment la situation *intermédiaire* de l'âme humaine entre l'intellectualité pure et le mélange à la matière.

C'est là que la théorie avicennienne de la *complexio* prend tout son sens : en effet, de par sa « ressemblance » à la Cause première, l'âme humaine est dotée d'un « intellect universellement agent » ; étant « appropriée à un corps physique organique dont elle se sert comme d'un instrument », elle est dotée d'un intellect possible ; n'étant pas *secundum se* « immergée dans la matière », elle « connaît toutes choses intellectuellement ».

Sur la base de ces théorèmes avicenniens, Albert engage la lutte contre Alexandre.

Le matérialisme psychologique : contre Alexandre d'Aphrodise

La critique du matérialisme occupe une large place dans la pensée d'Albert le Grand. C'est, on l'a vu, l'erreur fondamentale d'Hermès et des « premiers péripatéticiens ». C'est aussi celle d'Ibn Gabirol, identifiant « la matière première et l'intellect possible »[14]. La figure

14. Cf., sur ce point, Albert le Grand, *De an.*, III, 2, 9, p. 189, 1-190, 26.

d'Alexandre d'Aphrodise, « rénovateur » du matérialisme hermétique se place entre ces deux extrêmes.

Comme la plupart des maîtres du XIIIe siècle, Albert a connu directement les thèses d'Alexandre formulées dans son *De intellectu et intellecto*, il a pu en suivre la diffusion et la vogue croissantes, les condamnations et les censures. Sa vision d'Alexandre n'en a pas moins été imprégnée par une autre source, Averroès, véritable alternative philosophique ouvrant sur une opposition qui, dans la suite, devait effectivement aboutir à l'éclosion d'écoles distinctes, violemment opposées : l'alexandrinisme [15] et l'averroïsme [16].

On a dit combien Albert aimait à souligner sa proximité à l'égard d'Averroès. Elle est ici éclatante : l'exposé même des théories d'Alexandre est filtré par le *De anima* du philosophe cordouan [17]. Deux thèses, inspirées d'Aristote, mais qui détournent sa pensée plutôt qu'elles ne la prolongent, sont en cause. L'une regarde la nature de l'intellect possible, l'autre son statut d'être « séparé ». Leur radicalisme même va permettre à Albert de reformuler sa doctrine de l'éduction des formes, faisant ainsi apparaître la modernité d'Alexandre – qui, contrairement à Hermès, était en possession du concept décisif de la pensée péripatéticienne, l'*eductio formarum* – en même temps que la portée fatale de son « détournement ». Alexandre en ressort philosophe d'importance, et dans cette mesure même adversaire suprême.

15. Sur l'alexandrinisme, cf. O. Pluta, « Der Alexandrinismus an den Universitäten im späten Mittelalter », *Bochumer Philosophisches Jahrbuch für Antike und Mittelalter*, 1 (1996), p. 81-109.

16. Sur l'averroïsme, cf. F. Van Steenberghen, « L'averroïsme latin », in *Introduction à l'étude de la philosophie médiévale*, Louvain-Paris, 1974, p. 531-554 ; Z. Kuksewicz, « L'évolution de l'averroïsme latin », *in* R. Työrinoja, A.I. Lehtinen, D. Føllesdal (éd.), *Knowledge and the Sciences in Medieval Philosophy. Proceedings of the VIIIth International Congress of Medieval Philosophy (SIEPM)*, vol. III, Helsinki, 1990, p. 97-102 ; « Der lateinische Averroismus im Mittelalter und in der Früh-Renaissance », *in* M.J.F.M. Hoenen, J.H.J. Schneider, G. Wieland (éd.), *Philosophy and Learning. Universities in the Middle Ages*, Leyde-Boston-New York, Brill, 1995, p. 371-386 ; « The Latin Averroism in the Late Thirteenth Century », *in* F. Niewöhner et L. Sturlese (éd.), *Averroismus im Mittelalter*..., p. 101-113. Sur l'averroïsme italien, cf. B. Nardi, *Saggi sull'aristotelismo padovano del secolo XIV al XVI*, Florence, Sansoni, 1958 ; A. Maier, *L'averroismo in Italia*, Rome, Accademia Nazionale dei Lincei, 1979 ; Z. Kuksewicz, *Averroïsme bolonais au XIVe siècle*, édition des textes, Wroclaw-Varsovie-Cracovie, Ossolineum (Institut de philosophie et de sociologie de l'Académie polonaise des sciences), 1965 ; S. Vanni-Rovighi, *Gli averroisti bolognesi*, in *Oriente et Occidente nel Medioevo. Filosofia e scienze* (Atti del convegno internazionale, 9-15 aprile 1969), Rome, 1971, p. 161-179 (réimpr. in *Studi di filosofia medioevale*, II, Milan, 1978, p. 222-244).

17. *Ibid.*, III, 2, 5, p. 182, 15-183, 45, d'après Averroès, *De an.*, III, comm. 5, p. 393, 196-394, 228.

Dans le *Grand Commentaire sur le De anima*, III, comm. 5 (éd. Crawford, p. 394), Averroès présente ainsi les deux thèses d'Alexandre : 1° l'intellect matériel est une faculté engendrée ; 2° étant sous ce rapport comme les autres facultés de l'âme, il est comme elles « une préparation produite essentiellement *(per se)* dans le corps par le mélange et la complexion [des éléments] ». Le terme *preparatio* (Crawford, p. 394, 200) renvoie à l'arabe *'isti'dād*, employé dans le *Commentaire moyen du De anima*, § 7, pour qualifier la doctrine d'Alexandre définissant l'intellect comme une « disposition pure »[18].

Telle que l'organise Albert, lecteur d'Averroès, la thèse d'Alexandre peut être ramenée aux affirmations suivantes :

1. L'intellect possible est bien, comme le dit Aristote, la « forme d'un corps organisé ayant la vie en puissance »[19], mais c'est « une *forme naturelle ultime*, éduite de la semence humaine par mouvement et changement », c'est-à-dire une forme « issue de la *combinaison des formes élémentales* subsistant dans le composé, et de la combinaison desquelles procède toute forme naturelle ».

2. La « séparation » de l'intellect possible n'est pas « séparation d'avec le corps », mais « séparation d'avec les intelligibles », la métaphore aristotélicienne de la *table rase* devant être interprétée dans le sens où le corps lui-même serait la table, l'intellect n'étant que la « préparation *(rasura et planatio)* de la table pour l'écriture »[20].

Dans la lecture d'Albert, « Alexandre » devient ainsi le premier tenant d'un matérialisme fondé à la fois sur une interprétation maximaliste de la théorie de l'*éduction* des formes et sur une théorie de la

18. Sur les noétiques respectives d'Averroès et d'Alexandre, cf. H.A. Davidson, *Alfarabi, Avicenna, and Averroes, on Intellect. Their Cosmologies, Theories of the Active Intellect, and Theories of Human Intellect*, New York-Oxford, OUP, 1992 ; A. Elamrani-Jamal, « Averroès : la doctrine de l'intellect matériel dans le *Commentaire moyen* au *De anima* d'Aristote. Présentation et traduction, suivie d'un lexique-index du chapitre 3, livre III : *De la faculté rationnelle* », *in* A. de Libera, A. Elamrani-Jamal, A. Galonnier (éd.), *Langages et philosophie. Hommage à Jean Jolivet*, Paris, Vrin (Études de philosophie médiévale, LXXIV), 1997. Sur l'évolution d'Averroès en noétique et les diverses rédactions du *Grand Commentaire* (dont l'une, préservée partiellement en arabe [caractères hébraïques] dans un manuscrit de Modène, Biblioteca Estense, –.J. 6.23, est à la fois antérieure au *Commentaire moyen* et à la version du *Grand Commentaire* traduite par Michel Scot), on consultera le travail révolutionnaire de M. Geoffroy et C. Sirat sur *Le Grand Commentaire d'Averroès au 'De anima'*, Paris, Vrin (Sic et Non), 2005.

19. Aristote, *De an.*, II, 1, 412a19-22, 412a27-28, 412b5-6.

20. Ces deux points sont très exactement ceux que l'averroïste Jean de Jandun reprochera à son tour à Alexandre, en se référant explicitement à Albert autant qu'à Averroès. Cf. Jean de Jandun, *Quaestiones super libros De anima*, III, 5, Venise, 1587, col. 234 (« ut possumus colligere ex recitatione Commentatoris *et Alberti* »).

pluralité des formes soutenant « la permanence actuelle et complète des formes élémentales dans les composés » :

> Alexandre, qui à une certaine époque a été tenu pour le principal disciple d'Aristote, dit que l'intellect possible est forme du corps et puissance causée par les éléments, forme sur laquelle rayonne l'Intelligence agente qui n'est pas une partie de l'âme humaine, mais est séparée [21].

Péripatéticien convaincu, mais partisan de l'âme-substance, Albert ne peut admettre que l'intellect possible soit *par essence* forme d'un corps ; tenant de l'extrinséité de l'intellect, il ne peut accepter une origine naturelle, immanente, de ce qui fait, à ses yeux, l'humanité de l'homme : l'intellect ; partisan résolu de l'unité des formes substantielles, il ne peut recevoir une doctrine de la pluralité des formes, laquelle, retouchée ici ou là, tendra pourtant à s'imposer après lui, malgré ses efforts. C'est parce que Alexandre attente à ce qu'il y a de vital dans l'aristotélisme qu'Albert le condamne avec tant de solennité. L'alexandrinisme est :

> [...] une erreur très grave *(pessimus)*, qui entraîne la destruction de toute la noblesse et de la perpétuité même *(perpetuitatis)* de l'âme humaine [22].

L'aspect le plus visible de cette erreur est de soutenir que l'âme individuelle disparaît après la mort, qu'elle se dissout et se défait, en un mot se *corrompt*, comme n'importe quel composé naturel. Albert connaît différentes doctrines du « devenir » de l'âme *post mortem* [23].

Il y a celle des « disciples de Socrate, Platon et Speusippe l'Académicien » [24], autrement dit, celle des « brahmanes » : après la mort, les âmes des hommes retournent à leurs « étoiles amies » *(ad stellas compares)*.

Celle des partisans de Pythagore, la métensomatose, doctrine que Platon lui-même semble avoir soutenue, en réservant, toutefois, cette *transcorporatio* à ceux qui « ont refusé justice et piété » dès leur première incarnation.

Celle d'Anaxagore, reprise par « certains philosophes arabes » : après la mort, il ne reste rien que la lumière du Premier Intellect, cause universelle de la génération et de la nature.

Celle d'Avicenne et d'al-Ghazālī : une fois séparée du corps, l'âme humaine reste tournée vers la lumière de l'Intelligence agente, qui lui

21. Albert le Grand, *De an.*, III, 2, 5, p. 182, 17-21.

22. *Ibid.*, p. 183, 21-22.

23. Albert le Grand, *De nat. et or. an.*, II, 7, p. 29, 77 *sq.*

24. Albert le Grand, *De nat. et or. an.*, II, 7, p. 29, 83-88, et 30, 30-31, 67. Dans l'*Ethica*, I, 5, 15, Albert revient plus précisément sur le personnage de Speusippe.

prodigue ses formes intelligibles à travers une Procession, une *influentia*, génératrice d'une « suprême délectation et d'une vie parfaite ».

Celle d'Isaac Israeli, reprenant les thèses des « plus anciens épicuriens, Hésiode et Caecina » : après la mort, les âmes des justes sont rassemblées en chœur dans l'orbe suprême, pour y chanter et pratiquer la justice, tandis que celles qui ont cédé à l'« obscénité » brûlent « dans un grand feu perpétuel ».

Il connaît même certaines doctrines nouvelles, dont le « dogme récemment apparu » *(nuper novellum quorundum dogma apparuit)* qui accorde la vie éternelle « à l'âme de tous les animaux capables de se déplacer ».

Il les rejette toutes ou les aménage à des degrés divers. Pourtant, même si, par bien des côtés, elle s'apparente à la position d'Anaxagore, aucune ne lui inspire plus d'aversion que celle d'Alexandre.

Aux yeux d'Albert, la postérité d'Anaxagore est riche : « Abubacher » et Averroès en font partie, qui ont voulu amender sa doctrine de l'*irradiatio*, définissant ainsi l'âme intellectuelle comme une « lumière unique et séparée de l'Intellect premier *se continuant* par rayonnement jusqu'aux âmes les plus pures des corps organiques, se joignant à leurs puissances les plus spirituelles : l'imagination et la *phantasia* ». Cette erreur, le monopsychisme, est grave en ce qu'elle prive l'homme de la cause même de son humanité, en ce qu'elle fait du principe de son autonomie un principe d'hétéronomie. De fait, tel que le voient les successeurs d'Anaxagore, l'homme n'est pas homme à cause de *sa propre nature intellectuelle*, c'est-à-dire d'un acte ou d'une activité – la pensée – qui lui serait coessentielle : il est homme de l'extérieur, par quelque chose d'« extérieur selon l'être et la nature », une Pensée qui n'est pas en lui *(in ipso)* mais qui l'affecte seulement du dehors, *super ipsum*, par rayonnement. Albert ne s'oppose pas à l'idée de rayonnement comme telle. C'est le maître mot de la métaphysique du flux. Mais il y a flux et flux, lumière et lumière.

L'erreur d'Averroès est de ne pas voir que « la Lumière pénètre dans les profondeurs de l'âme humaine » *(profundatur)*, et qu'elle y *reste* au titre de forme, lumière intériorisée *(intraneata)*, connaturelle à l'âme, forme de l'âme, distincte et divisée, répartie en tous ses participes, en tous ses récepteurs, en autant d'intellects distincts et personnels. C'est une erreur inadmissible.

L'erreur d'Alexandre est pire encore : Abubacher et Averroès maintiennent la transcendance de l'intellectualité sans accéder à son intériorisation, Alexandre nie toute transcendance intérieure et donne de l'immanence une version purement naturaliste. Albert va donc critiquer Alexandre en se servant d'Averroès, car il se sent plus proche de celui-ci que de celui-là. Il y a une valeur positive dans l'averroïsme. Il n'y en a pas chez Alexandre, car il ruine toute philosophie et – plus grave encore ? – défigure l'aristotélisme.

Suivons la démonstration.

La thèse selon laquelle l'intellect possible serait une simple puissance naturelle résultant des « éléments » repose sur une théorie très structurée. La distinction des quatre éléments découle de l'addition d'une forme, la « forme élémentale » *(forma elementalis)*, à la matière première. La production des composés se fait par l'addition de formes nouvelles, les « formes des composés », aux formes élémentales qui subsistent sous un certain mode. Cette addition a lieu dans un processus dynamique que l'on peut décrire comme un « éloignement » *(recessus)*. Dans ce processus, les éléments perdent leur statut de prédominance originaire, et de cette modification progressive résulte une série ordonnée de *mirabilia* naturels. La première combinaison des formes élémentales donne les formes naturelles, qui, ajoutées aux formes premières, produisent les minéraux. Viennent ensuite les êtres vivants, puis, graduellement, « selon des degrés de plus ou moins grande harmonie ou égalité », les éléments en arrivent, par combinaison, à produire « la forme qu'on appelle intellect possible, qui est en puissance tous les intelligibles sans être aucun en acte ». Cet intellect n'est donc pas *séparé du corps*, mais seulement des intelligibles : « table rase », privation pure, capacité réceptive séparée de ce qu'elle va recevoir, tout comme la matière est séparée de l'acte, la page blanche séparée de l'écriture. Tel serait, d'après Alexandre, le sens de la thèse d'Aristote sur la séparation de l'intellect possible.

À cette dérivation naturaliste de la capacité de penser, Alexandre donne deux raisons tirées d'Aristote.

La première est la définition aristotélicienne de l'âme comme « entéléchie première d'un corps ayant la vie en puissance » :

> D'où [résulte] aussi que l'âme est l'acte premier d'un corps naturel ayant la vie en puissance (« Unde et anima actus est primus corporis physici potentia vitam habentis »)[25].

25. On reconnaît ici la deuxième des trois définitions de l'âme proposées dans le *De anima* : la première (*De an.*, II, 1, 412a19-20) en faisant « l'essence » ou « la forme » d'un « corps naturel ayant la vie en puissance » (*Transl. vetus*, Gauthier, p. 135 ; *Transl. nova*, Gauthier, p. 67 : « Necesse est ergo animam substanciam esse, sicut speciem corporis phisici potencia vitam habentis ») ; la deuxième (*De an.*, II, 1, 412a27-28) précisant que c'est « en définitive, une entéléchie première d'un corps naturel ayant la vie puissance » (Tricot, p. 68 ; *Transl. vetus*, Gauthier, p. 148 : « Unde et anima est actus primus corporis phisici potencia vitam habentis » ; *Transl. nova*, Gauthier, p. 67 : « Unde anima est primus

La seconde, qui va évidemment toucher Albert au cœur, est la notion d'éduction des formes. Alexandre en fait le nerf d'une démonstration en cinq points.

1. La puissance de la matière corporelle et physique ne peut être terminée ou parachevée que par une forme qui se trouve en elle potentiellement et qui est tirée d'elle, en un mot « éduite », par un mouvement ou un changement.

2. Or il est évident que l'âme rationnelle intellective est la perfection d'un corps humain qui est lui-même une matière « mise en corps » (« corporéifiée » plutôt que corporelle).

3. L'âme intellective doit donc être potentiellement dans la « semence du corps » et en sortir par mouvement ou changement.

4. Or aucun incorporel séparé n'est en puissance dans un corps ni tiré de lui par mouvement ou changement.

5. Donc, *en tant que perfection de l'homme*, l'intellect possible est forme d'un corps, opérant en lui comme le font ses autres formes naturelles.

À cette interprétation particulière de l'éduction s'ajoute une théorie de la pluralité des formes fondée sur l'idée de permanence des formes élémentales dans les composés. Cette doctrine, également rejetée par Thomas d'Aquin, qui fera de sa critique une des pièces centrales de son ontologie, sera réfutée, après Albert, dans toute l'école de Cologne, notamment chez Dietrich de Freiberg et Maître Eckhart. Ce n'est pourtant pas sur elle que porte le plus vif des objections d'Albert[26], mais sur l'interprétation alexandrinienne de l'*eductio formarum.* Et, sur ce point, il suit presque à la lettre Averroès.

Le « plus déraisonnable », dans la théorie d'Alexandre, est de soutenir que la première perfection de l'âme rationnelle, préparant à la seconde, c'est-à-dire à la réception des intelligibles, puisse être le fait de la « complexion » ou mélange des éléments[27]. Cette doctrine contredit tout le péripatétisme puisque, « dès l'Antiquité, *tous les péripatéticiens* ont professé que l'intellect pénétrait en l'âme de l'extérieur, qu'il n'était pas issu des éléments ni ne préexistait potentiellement en eux ». Albert force ici le trait. On a vu qu'il était ailleurs moins certain de la

actus corporis phisici potencia vitam habentis ») ; la troisième expliquant qu'elle est « l'acte premier d'un corps naturel organisé ».

26. Sur ce point, le Colonais suit largement Averroès. Cf. Albert le Grand, *De caelo*, III, 2, 1, p. 220, 21-221, 31, d'après Averroès, *De caelo*, III, comm. 67, éd. Venise, 1562, f° 232A-B.

27. L'influence d'Averroès sur Albert est ici totale. La fine pointe de la critique albertinienne est, en effet, directement empruntée au *De an.*, III, comm. 5, éd. cit., p. 397, 311-317.

concordance des divers états du péripatétisme. Mais c'est que l'idée d'une éduction de l'intellect lui est proprement insupportable : comment prouver, en effet, comment même « penser que la vertu incorporelle qui discerne les incorporels puisse être tirée des éléments » ! On peut bien admettre que l'âme végétative « procède jusqu'à l'être par la voie de la nature », que l'âme sensitive se « produise » par la vertu de la « semence » ; on ne peut, en revanche, accepter que la semence humaine puisse jamais entrer dans la production de la capacité de penser. Il y va du sens même de l'aristotélisme et de la nature de l'homme.

Comme l'affirment avec éclat les *Quaestiones super De animalibus*, la véritable doctrine d'Aristote est que l'intellect, en tant que part du divin en l'homme et fondement de la dignité de sa nature, est d'origine extrinsèque (θύραθεν)[28]. C'est tout l'enseignement du *De generatione animalium*, constamment allégué par Albert d'un bout à l'autre de son œuvre :

> D'où il est dit *que l'intellect entre seulement de l'extérieur* et *que lui seul a un être divin*, parce que son opération ne communique aucunement avec une opération corporelle (« Et sequitur dicere, *quod intellectus tantum intrat de extrinseco* et *quod ipse solus habet esse divinum*, quoniam operatio eius non habet communicationem cum operatione corporali aliquo modo »)[29].

Si appliquer l'éduction à l'intellect revient à nier sa divinité et à priver l'homme de sa nature, cela revient donc aussi, et d'abord, à nier qu'il y ait en l'homme « quelque chose de divin », à nier que cet *aliquid in anima*, qui n'est pas quelque chose de l'âme mais quelque chose en l'âme et qui, dans sa transcendance même, devient pourtant *sa forme*, définisse exactement l'humanité de l'homme en tant qu'homme. C'est mettre à bas tout l'aristotélisme et le sens même de la philosophie, telle que la définit Aristote. C'est dévoyer le fondement de son anthropologie – la thèse selon laquelle l'« homme en tant qu'homme n'est rien d'autre qu'intellect »[30]. C'est destituer la psychologie de son statut de science humaine en la dépouillant de ce qu'Aristote appelle la « science de la partie fondamentale et la meilleure de l'être de l'homme » : l'intellect. C'est retirer à la vie humaine son aspiration constitutive : « tout faire pour vivre selon la partie la plus noble qui est en elle » *(secundum optimum eorum que in ipso)*.

28. Albert le Grand, *Quaestiones sup. De animal.*, éd. Filthaut, p. 280-282.

29. Aristote, *De animalibus*, XVI (= *De gen. animal.*, II, 3, 736b27-29).

30. Cette formule, qui se lit notamment dans le *De intellectu*, I, I, 1, p. 239b, est tirée d'*Éth. Nic.*, IX, 8, 1168b30-1169a3, et X, 7, 1178a9-10.

En réduisant à un effet de la matière la partie « la plus noble » *(principale et melius)*[31] de l'homme, en lui ôtant cette « présence en lui d'un élément divin », Alexandre a donc bien corrompu toute la philosophie. Mais son matérialisme n'a pas même le mérite de la cohérence. En posant que la « matière produit toutes les formes », y compris la pensée, « d'après la variété de sa composition » et de ses combinaisons successives, Alexandre devrait aller jusqu'au bout de sa doctrine et souscrire au déterminisme le plus strict, bref, professer que « le hasard et la fortune sont les moteurs de toutes choses », sans admettre qu'il y ait la moindre « cause agente par soi » ; or il s'y refuse : sa théorie de l'intellect contredit donc sa théorie de la Providence.

Le rejet de l'alexandrinisme, pièce fondamentale de la pensée d'Albert, n'est pas un simple épisode doxographique. Il éclaire l'ensemble de l'œuvre. On peut, en effet, se demander pourquoi Albert semble ici ou là rejeter la notion d'éduction des formes qu'il a ailleurs installée au centre de toute philosophie d'intention péripatéticienne. Se contredirait-il d'un texte à l'autre ? Non. Comme en témoigne, par exemple, le *De anima*, I, 2, 13, son intention est constante : il ne s'agit pas de critiquer ou de réformer l'*eductio*, il s'agit de limiter son domaine de validité et d'empêcher, contre Alexandre, son extension au problème de l'origine de l'intellect.

Cette visée particulière a sa stratégie ou plutôt son renversement d'alliances. La limitation de l'*eductio* entraîne la réévaluation de l'*infusio animae.* En réfutant Alexandre, Albert redonne vie et légitimité à l'émanatisme de style « platonicien » : il défend Aristote par Platon. La doctrine des *philosophi* partisans du Donateur des formes est ainsi, et sans paradoxe, utilisée pour illustrer la thèse aristotélicienne de l'origine extrinsèque de l'intellect, telle que l'expliquent les *Quaestiones super De animalibus*. Après un exposé du quadruple mode d'action instrumentale *(per instrumentum corporeum)* du Premier Moteur incorporel sur la matière – par la vertu des corps célestes, par celle de la lumière, par le mouvement des cieux, par certaines qualités premières internes aux éléments –, Albert montre ainsi que l'âme humaine, « proche de l'égalité du ciel et, de par son excellence, éloignée des contraires élémentaux », « tout entière extérieure à la corporéité et à la matière », « est une certaine similitude du Premier Agent ». C'est cette *similitudo* que d'énigmatiques *philosophi* ont tenté d'exprimer par le thème de la fonction médiatrice de l'Intelligence :

31. Aristote, *Éth. Nic.*, X, 7, 1177b30-1178a3, *transl. Lincolniensis, recensio pura*, éd. R.-A. Gauthier, *Aristoteles Latinus*, XXVI. I-3., fasc. 3, Leiden - Bruxelles, Brill - Desclée De Brouwer, 1972, p. 360, 20-361, 5.

> ... c'est pourquoi des philosophes ont dit que l'âme était créée par la médiation de l'Intelligence (« ... propter quod dixerunt philosophi quidam mediante intelligentiae animam creari »)[32].

En effet, l'âme humaine, c'est-à-dire, exactement, l'âme intellective, « a pour unique racine la lumière de l'Intelligence agente » et non le « mélange des éléments » définissant les réalités corporelles. C'est pourquoi les philosophes l'ont appelée un « écho » *(resultatio)* ou une « ombre de l'Intellect divin ».

L'appréciation positive de la théorie des *philosophi* a donc pour unique fonction d'expliquer en quoi, comme l'annonçaient les *Quaestiones super De animalibus*, la théorie de l'*eductio formarum* ne s'applique pas à la *production* de l'intellect humain :

> Il ne peut donc y avoir d'autre mode de production de l'âme intellective dans l'être que celui qui a été dit, et elle n'est d'aucune façon enracinée dans les [quatre] éléments ni éduite des [quatre] éléments (« Nullus igitur alius modus productionis in esse potest esse intellectualis animae, nisi qui dictus est, et nullo modo radicatur in elementis neque ex elementis educitur »)[33].

Pour l'âme végétative et sensitive, en revanche, la doctrine est différente : toutes deux ont leurs racines dans la matière, mais, et c'est ici que se révèle le sens de la polémique albertinienne, ce qui dans la matière est radical n'est pas une quelconque *forma elementalis* au sens d'Alexandre, c'est la *forma impressa ab anima descindente semen, vel impressa a motore orbium*, forme qui est éduite de la matière par « les instruments corporels que sont la lumière, les vertus et les mouvements des cieux, des étoiles et les qualités élémentales possédant en elles les vertus du ciel et de l'âme ». Cette disparité entre l'origine des âmes végétative et sensitive, d'une part, de l'âme intellective, de l'autre, quoique placée dans le cadre large de la distinction entre éduction et induction des formes, ne peut pas ne pas apparaître comme une manière de faire droit à une thèse fondamentale, dans son antialexandrinisme,

32. En fait, ces « philosophes » renvoient au *Livre des causes*, dont la prop. 3, § 32, pose que « la Cause première a créé l'être de l'âme par la médiation de l'Intelligence, et que c'est pour cela que l'âme a été faite [capable] d'effectuer une opération divine » (« Quod est quia causa prima creavit esse animae mediante intelligentia, et propter illud facta est anima efficiens operationem divinam »). Le § 33 précise que : « Après avoir créé l'être de l'âme, la Cause première l'a placée comme une sorte de litière [hypostase] pour l'Intelligence, pour que celle-ci y effectue ses opérations » (« Postquam ergo creavit causa prima esse animae, posuit eam sicut stramentum intelligentiae inquod efficiat operationes suas »). La surprenante discrétion d'Albert sur les *philosophi* en question s'explique sans doute par le fait que le *Liber* ne parle pas ici de l'âme humaine, mais de « l'Âme noble ».

33. Albert le Grand, *De an.*, I, 2, 13, p. 54, 78-81.

d'Averroès : l'affirmation de l'équivocité du terme « âme ». De fait, pour l'auteur du *Grand Commentaire*, l'âme intellective étant une substance séparée du corps ou, comme il aime à la dire, « une faculté qui n'est pas [située] dans le corps » *(virtus in corpore)*, mais communique seulement avec lui dans son opération, dans la mesure où, ayant besoin d'images pour s'exercer, l'activité intellectuelle dépend de l'imagination, qui est une fonction commune à l'âme (sensitive) et au corps, on doit dire que la pseudo-définition « commune » de l'âme en 412b4-6 (« entéléchie première d'un corps naturel organisé [= pourvu d'organes] », ἐντελέχεια ἡ πρώτη σώματος φυσικοῦ ὀργανικοῦ) se prédique en fait de deux manières : *analogiquement* des âmes végétative et sensitive et *homonymiquement* de l'âme intellective, qui n'est âme que *secundum aequivocationem*, ce qui revient à dire que la notion de perfection (correspondant au grec ἐντελέχεια) est elle-même homonymique (équivoque) selon qu'elle est appliquée aux êtres seulement vivants (plantes, fonction nutritive/végétative), aux animaux (tout ce qui est doté de sensation, fonction sensitive) et aux hommes (doués d'intellect). L'intellect ne figure pas dans le dispositif analogique. C'est, Aristote lui-même l'a dit, un autre « genre d'âme[34] », ce qui veut dire qu'il est, contrairement aux deux autres, faculté « séparée du corps[35] », et même qu'il n'est pas « âme » au sens où l'on dit « âmes » les facultés végétative et sensitive[36]. On peut donc dire à la fois qu'il y a et qu'il n'y pas de définition universelle de l'âme : il y en a une pour ce qui regarde l'âme sensitive et l'âme végétative, son unité est analogique (*i.e.* ἀφ’ ”ἑνόςκαὶ’ πρὸς’ἕν et τῷ’ἐφεξῆς) ; il n'y en pas qui englobe l'intellect, ce dernier étant « âme » en un sens purement homonyme. Retraduite dans l'idiome d'Alexandre, la thèse d'Averroès sur l'âme se laisse donc ainsi représenter :

34. Aristote, *De an.*, II, 2, 413b25-26 : « sed uidetur genus alterum anime esse » (ἀλλ’ ἔοικε ψυχῆς γένος ἕτερον εἶναι). Thomas d'Aquin (*De unitate intellectus*, chap. 1, § 8) commente en ces termes l'exégèse averroïste du passage : « Il ne faut pas comprendre cette clause comme l'expliquent perversement le Commentateur et ses partisans, à savoir qu'Aristote l'énonce parce que l'intellect n'est dit âme que par homonymie, ou dans le sens que la définition susdite ne peut lui convenir » (« Quod non est intelligendum, sicut Commentator et sectatores eius peruerse exponunt, ideo dictum esse quia intellectus equiuoce dicatur anima, uel quod predicta diffinitio sibi aptari non possit »).

35. Averroès, *In De an., II*, comm. 21; Crawford, p. 160, 28-30 : « Nécessairement, celui-ci est le seul parmi toutes les puissances de l'âme à être possible : pour être séparé du corps » (« necesse est ut ille solus inter omnes virtutes anime sit possibilis ut abstrahatur a corpore »).

36. Averroès, *In De an., II*, comm. 22 ; Crawford, p. 161, 9-10, où nous lisons que l'intellect est « séparé en tant qu'il n'est pas une âme » (« abstractus, *secundum quod non est anima* »).

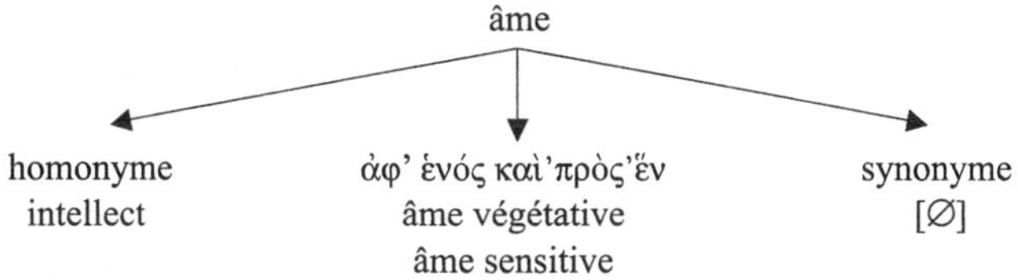

Du fait qu'il a fondamentalement le même adversaire que le *Grand Commentaire* – Alexandre –, Albert reprend en partie ce dualisme. La proximité des thèses albertiniennes avec celles qu'implique le schème antimatérialiste d'Averroès pose donc la question de la relation d'Albert au philosophe cordouan sur le terrain de la psychologie philosophique et de la noétique.

Le problème du monopsychisme : l'erreur d'Averroès

La relation d'Albert le Grand à Averroès est la partie la plus difficile et la plus obscure de sa philosophie. On a coutume d'articuler le problème sur la question dite du « monopsychisme »[37]. C'est une démarche légitime, mais qui précisément, dans sa légitimité *propre*, condense de nombreuses difficultés. Il faut, en effet, considérer, d'une part, qu'Albert a évolué dans sa lecture et sa compréhension d'Averroès et, d'autre part, qu'il a probablement tout ignoré des discussions suscitées par le séisme provoqué par le traité antiaverroïste de Thomas d'Aquin, *De unitate intellectus contra averroistas*, et ses diverses répliques parisiennes des années 1270, de l'Anonyme de Giele à la *Reportatio lecturae* de Gilles de Rome, en passant par les divers opuscules noétiques de Siger de Brabant.

37. Le terme *monopsychisme*, désignant dans la littérature la doctrine de l'unité de l'intellect, n'est ni averroïste ni médiéval. Il a été extrapolé de *monopsychite*, utilisé par Leibniz pour caractériser la théorie de l'Âme du monde, dont celle d'Averroès n'est, à ses yeux, qu'un surgeon. Nous reprenons ce vocabulaire par simple commodité. Pour Leibniz, cf. *Discours sur la conformité de la foi avec la raison*, § 9, in *Essais de théodicée sur la bonté de Dieu, la liberté de l'homme et l'origine du mal*, préface et notes de J. Jalabert, Paris, Aubier-Éditions Montaigne (Bibliothèque philosophique), 1962, p. 57 : « L'âme du monde de Platon a été prise en ce sens par quelques-uns ; mais il y a plus d'apparence que les stoïciens donnaient dans cette âme commune qui absorbe toutes les autres. Ceux qui sont de ce sentiment pourraient être appelés monopsychites, puisque selon eux il n'y a véritablement qu'une seule âme qui subsiste. M. Bernier remarque que c'est une opinion presque universellement reçue chez les savants dans la Perse et les États du Grand-Mogol ; il paraît même qu'elle a trouvé entrée chez les cabalistes et chez les mystiques. »

La réception d'Averroès a connu différentes phases. Au moment où Albert est arrivé à Paris – dans les années 1245 – régnait un « premier averroïsme » où la pensée du *Commentator* était « noyée dans un ensemble confus » qu'on a parfois appelé, à la suite de Renan, « arabisme ». La lecture d'Aristote étant à l'époque dominée par l'interprétation qu'en avait donnée Avicenne, Averroès servait le plus souvent de caution à une réaction contre la version avicennienne du « monopsychisme », l'unité numérique de l'Intellect agent séparé, et on lui attribuait une doctrine de la « multiplicité des intellects agents *et* possibles » qu'il n'avait en fait jamais professée. Prisonniers de ce modèle universitaire, qu'avait probablement popularisé Roger Bacon, les premiers écrits d'Albert reprennent la fiction d'un Averroès tenant de la *multiplicité numérique des intellects*.

Son attitude est, évidemment, toute différente lorsqu'il est chargé par Alexandre IV (pape de 1254-1261) de rédiger et de lire en curie pontificale (à Rome ou, plus vraisemblablement, à Anagni) une *disputatio* contre la théorie de l'unité de l'intellect. Ce texte, effectivement lu en 1256, a connu deux autres états : Albert l'a mis en forme en 1263, puis l'a repris, avec quelques modifications[38], dans la seconde partie de la *Somme de théologie* dite « de Cologne », entre 1270 et 1280. Publiée aujourd'hui sous le titre très thomasien de *De unitate intellectus*, la « dispute d'Anagni » a longtemps été considérée comme spécialement dirigée contre les « averroïstes » et comme une réfutation en règle du monopsychisme averroïste. Pourtant, rien dans la tradition manuscrite ne justifie cette interprétation. Si l'on considère, en effet, les témoins du XIIIe siècle, on constate qu'un seul – le ms *V* (Paris, Nat. lat. 14 577) – renvoie à l'averroïsme. Le texte de l'*Incipit* (fo 24ra) dit, en effet : « Incipit liber de diversitate animarum post mortem resolutis corporibus *contra averroistas* qui dicunt unam in omnibus » (« Ici commence le livre sur la diversité des âmes après la mort, une fois les corps décomposés, contre les averroïstes qui affirment qu'il n'y a qu'une âme en tous [les hommes] »). Les autres manuscrits n'ont pas d'indication (comme les mss *A*, Erfurt, *Amplon*. Fol. 328, et *P*, Paris, Mazarine 3479)

38. Dont une est évidemment capitale pour notre perception de l'œuvre (bien qu'elle ne change rien à son contenu) : le jugement sévère porté *à ce moment – i.e.* après le questionnaire de Gilles de Lessines, le *De quindecim problematibus* et la condamnation parisienne de 1270 – par Albert sur l'« erreur d'Averroès » et la retouche qu'il impose à la signification générale de la *Dispute* initiale (cf. *Summa theol.*, II, 12 ; éd. Borgnet, p. 75a) : « ... erreur qui est particulièrement dangereuse. Et c'est contre cette erreur que j'ai disputé autrefois quand j'étais à la curie » (« ... qui error periculosus est nimis, et contra hunc errorem iam pridem disputavi, cum essem in curia »). Ce *recadrage rétrospectif* ne peut cependant servir de fil de conducteur pour juger du rapport d'Albert à Averroès.

ou ne nomment personne (comme les mss *M*, Melk, *Stiftsbibl.* 1703, *G*, Paris, Nat. lat. 13960, ou *B*, Paris, Nat. lat. 14706). Quant à *M*, il dit simplement (f° 121rb) : « Incipit libellus de contradictione contra eos qui dicunt quod post separationem ex omnibus non remanet nisi intellectus unus et anima una » (« Ici commence le livre portant contradiction à ceux qui disent qu'après la séparation [de l'âme et du corps] il ne reste de tous [les hommes] qu'un seul intellect et une seule âme »). En outre, si la *disputatio* est dirigée contre l'unité de l'intellect, le complexe « questions-réponses » dont elle procède n'est pas celui du traité homonyme de Thomas, sous la bannière duquel l'historiographie « albertino-thomiste » l'enrôle pour mieux faire ressortir l'insigne mérite thomasien. Dans le CQR albertinien, la question de l'unité de l'intellect est abordée sur le terrain général de la *théologie* philosophique, contrairement à celui de Thomas qui, posant le problème au niveau épistémologique, affronte en réalité trois questions : la séparation de l'âme intellective, l'unité de l'intellect possible, l'unité de l'intelligible[39]. De même, Albert n'impose pas à Averroès l'alcootest noétique auquel l'Aquinate soumet explicitement le philosophe cordouan et ses disciples latins : rendre compte, par-delà le fait d'expérience que *je pense*, du fait lui aussi indubitable que *nous pensons.* Si l'usage latin ne tend pas à distinguer spontanément les deux formules (la plupart du temps, c'est le pluriel *intelligimus* qui sert à poser le problème de la pensée individuelle, comme d'ailleurs en grec depuis le *Premier*

39. Les deux auteurs n'ont fondamentalement en commun que la démarche philosophique. Albert le Grand, *De unitate intellectus,* 1 ; éd. Hufnagel, p. 1, 12-14 annonce : « Et c'est pourquoi nous laissons entièrement de côté ici tout ce qu'enseigne notre religion et n'acceptons que ce qui peut recevoir une démonstration par le syllogisme » (« Et ideo quaecumque dicit lex nostra, nunc omnino praeterimus, tantum ea accipientes quae per syllogismum accipiunt demonstrationem »). De même, Thomas s'en prend à la thèse de la séparation de l'intellect en déclarant d'emblée qu'elle « n'est pas moins contraire aux principes de la philosophie qu'aux témoignages de la foi » (cf. *De unitate*, § 2), et plus loin (§ 78) en posant que : « On doit [...] soutenir [la] thèse [que l'intellect est une puissance de l'âme qui nous est unie comme forme], comme étant absolument hors de doute, *non pas en vertu d'une révélation de la foi, comme ils* [les averroïstes] *le prétendent*, mais parce que rejeter cela, c'est aller contre l'évidence des faits [*contra manifeste apparentia*]. » Mais on sait qu'il finit par reprocher aux *averroistae* de présenter comme une simple *opinio*, objet de *dubitatio*, les thèses de la foi chrétienne, comme si ces dernières, en tant que révélées, n'étaient pas nécessairement vraies (cf. *De unitate*, § 118 : « Mais voilà qui est encore plus digne d'étonnement ou bien plutôt d'indignation : que quelqu'un qui se prétend chrétien ose s'exprimer de manière si irrévérencieuse au sujet de la foi chrétienne, qu'il dise [...] que "tel est l'argument duquel les catholiques semblent tirer leur position" – *où il appelle 'position' la doctrine de la foi* ») –, sans parler évidemment du piège logique de la « double vérité » qu'il tend à Siger de Brabant, sept ans avant le *Prologue* du *Syllabus* de Tempier.

Alcibiade et sa réécriture plotinienne[40]), Averroès et Thomas ont en revanche à le faire sur un terrain précis, qui engage le statut de l'intelligible : celui du partage de la pensée ou, si l'on préfère, de la communication du savoir/de l'acquisition de la connaissance, d'un mot, celui de l'enseignement. Comment enseigner *une chose*, si précisément deux intellects ne pensent pas *la même chose* ? Comment fonder la science et la connaissance sans une unité de l'*intellectum* ? En 1256, Albert aborde le problème, mais dans un cadre bien différent de celui – l'exégèse correcte du *De anima* – que choisira Thomas : l'horizon de sa réflexion est eschatologique – il s'agit d'un problème commun à la philosophie tardo-antique (néoplatonicienne) et aux trois religions du Livre : « Que restera-t-il des âmes humaines après la mort ? », c'est-à-dire *après la mort de tous les hommes* (une hypothèse *clairement contrefactuelle en bon averroïsme*, comme en bon aristotélisme). La réponse d'Averroès est *censée* être qu'il ne restera rien en dehors de l'intellect possible, qui n'est ni *de* l'homme ni *à* l'homme. Dans le *De unitate* d'Albert, le monopsychisme est une thèse d'anthropologie philosophique portant sur la destinée de l'homme, le sens de son existence, la possibilité d'une immortalité personnelle – donc, d'une rétribution des mérites et des fautes (la « peine et la gloire ») –, et non d'abord, comme chez Thomas, une hypothèse noétique destinée à résoudre un problème de théorie de la connaissance. La problématique d'Albert est donc plus proche de celle d'un Bonaventure que de celle de l'Aquinate. En somme, l'unité de l'intellect n'est d'aucune façon attribuée au seul Averroès (contrairement à ce que fait Thomas, dont toute la stratégie vise à *isoler* son adversaire), et le philosophe cordouan lui-même n'est qu'évoqué parmi d'autres – *bien d'autres*. Cela saute aux yeux (ou devrait le faire) : aucune des trois parties qui composent le *De unitate* albertinien ne prend l'averroïsme comme argument central. La première présente 30 *obiectiones* ou *rationes*, appelées *viae* (voies, c'est-à-dire méthodes de démonstration), en faveur de l'unité de l'intellect ; la deuxième, 36 *rationes in contrarium*, c'est-à-dire 36 arguments autonomes, en faveur de la thèse opposée ; la troisième, une *solutio* – l'énoncé de la thèse personnelle d'Albert –, suivie d'une *responsio ad obiectiones* – une réplique détaillée aux 30 *rationes* de la première partie. Dans ce vaste dispositif, Averroès n'apparaît que... trois fois[41].

40. Sur cette question, cf. A. Schniewind, *L'Éthique du sage chez Plotin. Le paradigme du spoudaios*, Paris, Vrin (Histoire des doctrines de l'Antiquité classique, 31), 2003, p. 102.

41. Cf. Albert le Grand, *De unitate intellectus,* 1 ; éd. Hufnagel, p. 5, 73-6, 3 (4e voie) ; 12, 4-39 (27e voie) ; 12, 63-13, 6 (29e voie).

Le moins que l'on puisse dire est donc qu'il ne joue pas un rôle central dans la supposée querelle « antiaverroïste » : il est comme noyé au milieu des autres « philosophes arabes » (« *omnes Arabes* ») « qui ont été les premiers inventeurs de l'erreur » consistant à séparer l'intellect de l'âme humaine[42] ; et Albert de mentionner le *Fregoli* de l'arabisme – « un Maure nommé Abubacher »[43], « un philosophe maure nommé Abubacher, mais connu aussi sous le nom d'Haly », « Haly Abubacher »[44], « Avempeche, dans la lettre qu'il a appelée *La Prolongation de l'intellect en l'homme* »[45] –, sans oublier « Alfarabi »[46] et « Avicebron, dans le livre intitulé *La Matière et la Forme* ou *La Source de vie* »[47]. Tout bien considéré, Averroès a le *beau rôle* : il n'est pas l'inventeur de la thèse monopsychiste (la 26e opinion discutée) – qui est originairement et essentiellement attribuée à « Avempeche », Albert suivant ici à la lettre les informations glanées dans... le *Grand Commentaire*[48]. Et quand enfin il se résout à l'attaquer, il donne nettement l'impression de retenir ses coups. C'est le cas, spécialement, dans la discussion de la 29e voie, qui pourtant aborde deux thèmes centraux de la noétique rushdienne : l'éternité de l'intellect possible, puis corrélativement le statut de l'intelligible – il s'agit d'expliquer comment le *factum* de l'agent dans le patient peut être engendré et corruptible, autrement dit, comment l'intellect « produit », l'intellect « spéculatif », partie actuée de l'intellect possible se continuant avec l'âme humaine, peut n'être pas éternel alors que l'intellect possible en lui-même est éternel. Telle que la résume Albert, la thèse d'Averroès n'a rien d'*absolument* inacceptable : séparé et éternel, l'intellect n'est pas « nombré selon le nombre de la matière » ; donc il n'est pas « nombré selon le nombre des hommes » ; donc, une fois les hommes disparus, « il ne reste d'eux qu'une seule chose » numériquement une, qui n'est d'aucune façon multipliée. L'argument – qu'une saine méthode voudrait voir concilier avec la thèse de l'éternité de l'espèce humaine, problème qui n'est pas même effleuré – n'est certes pas bon, mais il y a quelque chose en lui que l'on peut sauver : la *séparation de l'intellect*, à condition de

42. Cf. *ibid.*, p. 7, 77-8, 18, notamment : « Dire que l'intellect n'est pas une partie de l'âme, c'est l'hypothèse qui guide tous les Arabes : ce sont eux qui ont été les premiers inventeurs de cette erreur. »

43. Cf. *ibid.*, p. 6, 55-68 (sur ce personnage de synthèse, cf. *infra*, p. 288).

44. Cf. *ibid.*, p. 13, 7-10.

45. Cf. *ibid.*, p. 11, 66-78.

46. Cf. *ibid.*, p. 7, 20-39.

47. Cf. *ibid.*, p. 8, 85-9, 9.

48. Cf., *ibid.*, p. 11, 66-12, 3, d'après Averroès, *In De anima* III, comm. 5 ; éd. Crawford, p. 412, 729-739.

distinguer deux sens du mot « séparé ». Le premier sens est correct, et rushdien : c'est « séparé de la matière », au sens de « ce qui n'est ni un corps ni une faculté logée dans le corps *(nec est corpus nec virtus in corpore)* » – l'expression est directement empruntée au Commentateur ! Seul le second est incorrect : c'est « séparé de tout existant particulier » – or tout lecteur d'Averroès peut aisément vérifier qu'il ne soutient pas cette séparation radicale. La dénonciation attendue du monopsychisme tourne donc à l'avantage d'Averroès, ou plutôt elle tourne court : Albert finit en fait sur un autre terrain, la dénonciation du matérialisme alexandrinien, un terrain où l'on sait bien qu'il suit toujours à la lettre Averroès contre Alexandre[49].

Une chose est donc claire : en 1256 (1263, 1270), Albert n'attribue pas la théorie de l'unité de l'Intellect au seul Averroès. La doctrine en est multiple : elle a son histoire et ses figures – histoire d'autant plus fascinante pour le lecteur moderne qu'Albert la reconstitue largement à partir du *Grand Commentaire* ! La question du monopsychisme est dès lors peu discriminante, s'agissant de savoir ce que le Colonais pense véritablement du Cordouan. Comme tout philosophe Albert a lu, réfléchi, changé. Il s'est contredit ici ou là, parce qu'il a affiné sa lecture, complété son information. Reste que sa sympathie pour Averroès existe, qu'elle s'expose dans les œuvres tardives, fruit de la réflexion la plus personnelle, non dans celles de la jeunesse, fruit d'une méprise commune ; reste qu'il faut expliquer *à la fois* ce qui unit et ce qui sépare les deux auteurs, car c'est sur le seul terrain de l'intellect, non sur des domaines distincts et indépendants, que *tout* se joue, bref, que se font *simultanément* la proximité et la distance.

C'est là que l'on retrouve la phrase quasi programmatique du *De anima*, tantôt citée, croix de tous les commentateurs :

> Sur le sujet traité, aussi bien que dans la manière d'en traiter, nous nous nous accordons *en tout* avec Averroès (« In causa autem, quam inducemus, et modo convenimus cum Averroe *in toto* »)[50].

Postérieur de plus de cinq ans à la *Dispute d'Anagni*, le *De anima* ne peut souscrire à des doctrines réfutées devant la curie pontificale – réfutation reprise pratiquement telle quelle, on l'a dit, dans les années 1270. Albert ne devrait donc pas, normalement, « se rencontrer en tout » avec Averroès. Que signifie l'affirmation du *De anima* ? Albert accepte

49. Cf. *ibid.*, p. 30, 19-49.
50. Albert le Grand, *De an.*, III, 3, 11, p. 221, 70.

la grille de lecture rushdienne du *De anima d'Aristote*[51]. Cela ne suffit cependant pas pour parler d'accord ou de désaccord. À quoi consent-il alors ? On ne peut répondre qu'en distinguant les questions : celle du monopsychisme, d'une part ; celle de la *continuation* de l'intellect possible avec l'Intellect agent séparé, d'autre part.

Il est certain que le *De anima* rejette la théorie averroïste « de l'unité et de l'unicité de l'intellect possible »[52]. Mais il est non moins clair qu'il accepte la théorie de la *continuation* ou *conjonction* (ar. *ittiṣāl*) de l'âme avec l'Intellect séparé[53]. Peut-on philosophiquement accepter l'une sans accepter l'autre ? C'est toute la question. La démarche, qui peut sembler incohérente, est résolue, et elle préside sans doute, quelques décennies plus tard, à l'essai d'« augustinisme averroïsant » de Dietrich de Freiberg[54]. Peut-on, pour autant, suivre séparément l'analyse des deux thèmes ? Il ne semble pas. D'un point de vue averroïste, continuation et unité de l'intellect *vont ensemble.* L'effort philosophique d'Albert semble être, pourtant, de les dissocier. Revenons donc sur chaque point.

Dans les textes albertiniens de la maturité, le monopsychisme est présenté comme une thèse « commune », épelée en deux points :

1. Il y a un seul Intellect possible en tous les hommes.

2. Cet Intellect s'unissant à l'homme par le biais des *phantasmata*, la connaissance qui en résulte n'est cependant pas la même pour tous[55].

Autrement dit : les hommes n'ont en propre que les images tirées du sensible, la Pensée, une et transcendante, leur vient ou leur advient dans une rencontre, une affection ; l'homme ne peut « s'approprier » l'intellect « universel et essentiellement identique en toutes les âmes » que « par l'imagination et les sens ». Selon la *Somme de théologie* dite « de Cologne », le premier auteur de cette position « commune » n'est pas Averroès, mais « Abubacher » :

> Cette voie, c'est un dénommé Abubaker qui l'a découverte : on l'appelait aussi Almassor, et c'était un Maure[56].

51. Cf. A. Zimmermann, « Albertus Magnus und der lateinische Averroismus », *in* G. Meyer et A. Zimmermann (éd.), *Albertus Magnus. Doctor Universalis, 1280/1980,* Mayence, Matthias Grünewald Verlag (Walberberger Studien, 6), 1980, p. 485.

52. Cf. L. Hödl, « Über die averroistische Wende der lateinischen Philosophie des Mittelalters im 13. Jh. », *Recherches de théologie ancienne et médiévale*, 39 (1972), p. 171-204.

53. Cf. B. Mojsisch, « Grundlinien... », p. 30.

54. Cf. R. Imbach, « Die deutsche Dominikanerschule : Drei Modelle einer *Theologia mystica* », *in* M. Schmidt und D.R. Bauer (éd.) *Grundfragen christlicher Mystik. Wissenschaftliche Studientagung Theologia mystica in Weingarten vom 7.-10. November 1985* (Mystik in Geschichte und Gegenwart, I / 5), Stuttgart-Bad Cannstatt, 1987, p. 168.

55. Albert le Grand, *De an.*, III, 2, 6, p. 186, 59-68.

Sa thèse a été reprise par un autre « Maure », Hali, son « élève » ou son « disciple » *(Hali Maurus socius eius)*[57]. Voilà donc notre Fregoli. Qui est en effet Abubacher (Abubaker) ? Dans la réalité, ce ne peut être *Abū Bakr* Muhammad Ibn Ṭufayl, celui que nous appelons « Abubacer », à savoir l'auteur du *Philosophe autodidacte (Ḥayy ibn Yaqẓān)*, qu'Albert ne connaît d'ailleurs pas, mais seulement *Abū Bakr* Muhammad ibn Yahyā ibn [as-Sā'igh] ibn Bāǧǧa, celui que nous appelons « Avempace », malheureusement appelé une fois « Abubacer » dans la traduction latine du *Grand Commentaire* d'Averroès sur le *De anima*[58]. Mais qui est Hali ? On pense immédiatement au commentateur du *Centiloquium* de Ptolémée, lui bien connu d'Albert, désigné dans la littérature récente sous le nom de « Pseudo-Hali », autrement dit Abū Ja'far Ahmad ibn Yūsuf[59]. Mais, pour des raisons qu'il n'est pas utile de rappeler ici (la principale étant que, dans le *De unitate*, le même « Maure nommé Abubacher[60] » apparaissait successivement comme « un philosophe maure nommé Abubacher, mais connu aussi sous le nom de Haly[61] », puis comme « Haly Abubacher[62] » !), ce ne peut être lui[63]. En fait, pour s'en tenir à Abubacher – inventeur, répétons-le, de la position « commune » –, il ne fait pas de doute que l'auteur que vise Albert *sans le savoir* est bien ibn Bāǧǧa – celui qu'il appelle ordinairement « Avempace », et qu'il ne compte deux philosophes au lieu d'un qu'à cause d'une particularité de la traduction latine du *Grand*

56. Albert le Grand, *Summa theol.*, II, 12, 77 ; éd. Borgnet, p. 77a : « Hanc viam invenit quidam nomine Abubaker, qui alio nomine Almassor dicitur, et erat Maurus. »

57. *Ibid.*, p. 83a et 84b.

58. Cf. éd. Crawford, p. 397, 299. L'ensemble du passage est consacré à l'explication de l'erreur... d'ibn Bāǧǧa, qui, pour échapper au matérialisme d'Alexandre, identifie intellect matériel et imagination. Cf., *infra*, n. 67.

59. Sur Abū Ja'far, Cf. R. Lemay, « Roger Bacon's attitude toward the Latin translations and translators of the twelfth and thirteenth centuries », *in* J. Hackett (éd.), *Roger Bacon and the Sciences. Commemorative Essays*, Leyde-New York-Londres, Brill (Studien und Texte zur Geistesgeschichte des Mittelalters, 47), 1997, p. 47 (p. 25-47, pour l'ensemble de l'article). Lemay semble penser que le « Pseudo-Hali » est aussi l'auteur du *Centiloquium*. Cf., toutefois, la récente mise au point de Ch. Burnett, qui « laisse ouverte la question de savoir si Aḥmad ibn Yūsuf est à la fois responsable du texte du *Centiloquium* et de son *Commentaire*, comme l'affirme Lemay ». Cf. Ch. Burnett, *in* J. Biard (éd.), *Langage, Sciences, Philosophie au XIIe siècle*, Paris, Vrin (Sic et Non), 1999, p. 86 (avec n. 3).

60. Cf. Albert le Grand, *De unitate intellectus*, 1 ; éd. Hufnagel, p. 6, 55-68.

61. Cf. *ibid.*, p. 12, 40-62.

62. Cf. *ibid.*, p. 13, 7-10.

63. Le lecteur intéressé par l'imbroglio des faux Hali et autres « Abubacher » albertiniens se reportera au long développement qui leur est consacré dans *Raison et Foi* : *Un « auteur » en quête de personnage : « Haly »*.

Commentaire : sa seule source en l'occurrence ! S'il est partiellement mystifié par l'état de sa documentation latine, Albert a en revanche les idées claires sur ce qu'est censé avoir professé « Abubacher » : la *solidarité* des deux thèses qu'il va s'efforcer de *dissocier* chez Averroès, *pour pouvoir adopter la seconde sans devoir souscrire à la première* – unité de l'Intellect, continuation de l'Intellect jusqu'à l'homme par l'intermédiaire des images. Cette solidarité est la marque de fabrique de la doctrine d'« Abubacher », puisque ce qui, aux yeux du *De natura et origine animae*, caractérise sa « voie », c'est qu'il pose simultanément que l'intellect n'est pas de la nature de l'âme, mais se « continue à elle de l'extérieur », *et* qu'« il y a un seul intellect en tous les hommes » [64]. Sans être Carl von Prantl, on ne peut s'empêcher d'être songeur devant la démarche d'Albert historien de la noétique arabe, s'étonner que, dès le *De unitate* de 1256, modifié 63, modifié 70, il ne s'aperçoive pas que l'auteur de la 28e voie de démonstration de la thèse de la rémanence d'un seul intellect après la mort [65], voie « tirée de la notion d'intellect possible, comme étant toutes choses en puissance », autrement dit, ce « philosophe maure, nommé Abubacher, que certains appellent d'un autre nom, [*i.e.*] Haly » [66], est rigoureusement *le même penseur* que l'auteur de la 26e voie, autrement dit cet « Avempeche », « in epistula quam vocavit *de continuatione intellectus cum homine* » ; qu'il ne se rende pas compte, en somme, que *le même philosophe*, Ibn Bāǧǧa, se cache sous les appellations d'« Abubacher » et d'« Avempeche ». Mais la raison de cet aveuglement ne laisse pas place au songe. Elle est simple. Elle est claire. Comme Thomas, et comme tous ses contemporains, Albert, si grand lecteur qu'il soit, dépend d'Averroès dès qu'il évoque les

64. Albert le Grand, *De nat. et or. an.*, p. 13, 93-14, 14.

65. Autrement dit de la thèse affirmant que « ex omnibus animabus humanis remanens est idem et unum », cf. Albert le Grand, *De unitate intellectus*, 1 ; éd. Hufnagel, p. 4, 13-14.

66. Cf. Albert le Grand, *ibid.*, p. 12, 40-62 : « Vigesima octava via est sumpta a ratione possibilis intellectus, inquantum ipse est potentia omnia, et est cuiusdam philosophi Mauri, qui Abubacher vocabatur, quem alio nomine quidam Haly vocant. Obicit autem sic : quidquid est potentia omnia non est res in seipsa distincta ab aliquo ; intellectus possibilis est potentia omnia ; igitur non est res in seipso ab aliquo distincta. Probatur autem prima per hoc, quod si detur, quod id quod est in potentia omnia, sit res distincta ab aliquo, sequitur contradictio, quod videlicet non omnia sit in potentia, quia non distinguitur ab aliquo nisi per id quod est in actu, et quod est in actu, non est in potentia. Igitur non fuit verum, quod esset in potentia omnia et nihil omnium in actu, quod tamen probatum est de intellectu possibili. Hoc autem sic habito procedit sic : quod non est distinctum ab aliquo, secundum se non numeratur, quando est secundum se acceptum ; intellectus possibilis non est distinctus ab aliquo ; igitur non numeratur, quando secundum se est separatus. Post mortem autem est separatus secundum se acceptus, ergo tunc non numeratur, sed est idem in omnibus et per omnia et non multiplicatus. »

philosophes de l'Islam occidental. Dira-t-on qu'il a la reconnaissance de la lecture ? Que, contrairement à tant d'autres, il hésite à s'en prendre à celui auquel il doit sinon toute sa culture, du moins toute sa culture « andalouse » ? Pourquoi pas ?... Toujours est-il que, face à « Abubacher » comme à « Avempace », le Colonais, arbitrant entre les « voies », comme Averroès lui-même, prend le parti de son modèle – on n'ose dire son « informateur » – contre l'ennemi commun. La polémique contre le monopsychisme est donc d'emblée biaisée : Averroès n'est pas sans reproche, mais il a aux yeux d'Albert un mérite insigne, celui d'avoir montré comment, pour échapper aux absurdités de la doctrine d'Alexandre identifiant le *sujet de la pensée* au corps ou à une vertu du corps, « Abubacher » s'était engagé sur une mauvaise voie : l'identification de l'« intellect matériel » à la « vertu imaginative », en faisant d'elle l'unique sujet des pensées[67]. Cette doctrine, qu'Albert condamne, est pire à ses yeux que celle d'Averroès, qu'il condamne aussi, mais pour d'autres motifs, et sur un seul point : l'affirmation de l'unicité de l'intellect matériel, qui ruine les aspects positifs de la théorie rushdienne des *deux* sujets de la pensée, qu'Albert à la fois voudrait adopter, pour son élégance, et se doit de rejeter, à cause de son présupposé.

La difficulté de l'interprétation albertinienne d'Averroès apparaît ainsi clairement. Il ne suffit pas de dire qu'Albert se sert d'Averroès pour exposer les doctrines péripatéticiennes auxquelles il n'a pas d'accès direct et que cette dépendance rejaillit nécessairement sur sa propre lecture du maître cordouan. Il doit à Averroès la formulation même du problème fondamental de la psychologie : quel est le *sujet* de la pensée, autrement dit *qui* pense ? Et il lui doit l'essentiel du complexe « questions-réponses » où il se déploie. Le slogan par lequel on *résume* généralement le monopsychisme averroïste : *Homo non intelligit* – ce n'est pas l'homme qui pense –, problème qu'Albert affronte à la demande de Gilles de Lessines dans le *De quindecim problematibus*, n'est pas l'horizon premier de la rencontre d'Albert et d'Averroès. Il faut avoir cela bien présent à l'esprit. Le *résumé* lui-même est d'ailleurs loin d'être satisfaisant : Averroès ne nie pas que l'homme pense ; il propose un modèle original pour rendre compte de la pensée humaine :

67. Cf. Averroès, *De an.*, III, comm. 5, p. 397, 299-311 : « Il semble bien, d'après ses mots, qu'Abubacer ait voulu dire que l'intellect matériel est la faculté imaginative en tant qu'elle est préparée à ce que les entités qui sont en elle soient conçues *(intellecte)* en acte, et qu'il n'y a pas d'autre faculté servant de sujet à ces intelligibles en dehors de cette faculté. Abubacer semble soutenir cela pour éviter les impossibilités auxquelles se heurte Alexandre, quand il dit que le sujet recevant les formes intelligibles est le corps produit à partir des éléments ou une faculté [existant] dans le corps. » Sur tout cela, on consultera mon commentaire du *De unitate intellectus contra averroistas* de Thomas d'Aquin.

la théorie des deux sujets de la pensée et celle de la continuation. Le slogan attribué à Averroès a une genèse interne aux discussions parisiennes des années 1270 : il ne faut pas s'étonner qu'Albert ne l'ait pas pris en compte dans les années 1250-1260. Tout commence avec Thomas d'Aquin, qui aux § 61, 64 et 65 du *De unitate intellectus*, pose que, si l'on adopte la position d'Averroès (séparation de l'âme intellective), et sa *via* (méthode), à savoir la théorie des deux sujets de l'intellection, il est impossible de « sauver les phénomènes », c'est-à-dire de rendre compte du fait d'expérience que *'l'homme individuel (cet homme-ci) pense' ('hic homo intelligit')*. Vient ensuite la censure de 1270, qui stigmatise l'affirmation que « la proposition 'l'homme pense' est fausse ou impropre » – thèse que discute Albert dans le *De quindecim problematibus* (à l'instigation de Gilles de Lessines), sans l'avoir même entrevue dans les décennies précédentes. La proposition *'(hic) homo non intelligit'* n'apparaît qu'après l'intervention conjointe de Thomas et de Tempier, et dans quatre textes seulement : les *Quaestiones De anima* de l'Anonyme de Giele, la *Reportatio Lecturae* de Gilles de Rome, les *Quaestiones De anima* de l'Anonyme de Van Steenberghen, le *De plurificatione intellectus* de Gilles de Rome. On notera cependant que, pas plus qu'Averroès, l'Anonyme de Giele, de loin le plus radical des averroïstes latins du XIIIe siècle, ne soutient que l'homme ne pense pas. Il pose seulement que '*au sens propre,* l'homme ne pense pas'. Autrement dit, il refuse de concéder la proposition thomasienne *'(hic) homo intelligit'* dans la discussion de la théorie rushdienne de la *séparation* de l'intellect possible, parce qu'il soutient une thèse précise : *'au sens propre,* ce n'est pas l'homme qui est sujet de la pensée'. Cette thèse n'a rien de scandaleux. Elle signifie que, l'acte de penser n'ayant pas d'organe (de substrat organique dédié), mais étant séparé du corps (ce que soutiennent à la fois « Aristote et les adversaires », *ut vult Aristoteles et adversarii etiam*), il s'ensuit que, « au sens propre des mots, l'homme *ne pense pas comme il sent (perçoit)* »[68]. Selon l'Anonyme, on peut évidemment dire que *l'homme pense*, mais pas *au sens propre*, c'est-à-dire au sens où il serait le *sujet* de la pensée ; on peut dire *au sens propre* que *l'homme sent* (perçoit), parce qu'il est le *sujet* de la sensation (la sensation est une passion subjectée *dans* le corps humain). On ne peut dire cela de l'homme : c'est l'intellect qui est le sujet de la

68. Cf. *Quaestiones in libros Aristotelis De anima*, in *Trois Commentaires anonymes sur le Traité de l'âme d'Aristote*, éd. M. Giele *(Un commentaire averroïste sur les livres I et II du Traité de l'âme)*, Louvain, Publications universitaires - Paris, Béatrice-Nauwelaerts (Philosophes médiévaux, 11), 1971, p. 75, 49-50 : « ex hoc sequitur ut *proprio sermone homo non intelligat sicut sentit.* »

pensée, lequel n'est pas une « faculté existant dans le corps » ; le corps, sujet de l'image – *via* l'imagination (faculté existant dans le corps) – n'est que l'objet dont l'intellect a besoin pour penser[69]. *Bref, l'intelliger n'est pas sub-jecté dans le corps.* C'est cette théorie que reprend Siger de Brabant dans le *De anima intellectiva*, chapitre 3. Albert ne semble avoir connu ni la version de l'Anonyme ni celle de Siger ; ses dossiers sont clairement antérieurs, même si, quand il écrit à Gilles de Lessines que le succès parisien de la théorie de l'unité de l'intellect est dû à « l'ignorance des textes des philosophes, beaucoup de Parisiens s'adonnant aux *sophismata* plutôt qu'à la philosophie »[70], il n'a pas tort sur un point : la nature disputationnelle de la proposition *'homo (non) intelligit'*.

L'énoncé litigieux présuppose, en revanche, deux autres problèmes, auxquels le Colonais se confronte dès le *De anima.* Le premier est : quel est le porteur de la pensée, le *subiectum* au sens aristotélicien de l'ὑποκειμένον, où « sujet » a le sens de « suppôt », substrat. Le second est : quelle est l'origine de la pensée ? La réponse d'Albert, qui ne doit évidemment rien aux débats « sophistiques » parisiens des années 1270 (non plus qu'elle ne les annonce ou les formate), est solidaire de sa théorie du cosmos intelligible : c'est là que, pour lui, se joignent noétique et métaphysique, métaphysique et noétique. Sa thèse, que l'on pourrait dire d'un mot « émanatiste », est – se veut – péripatéticienne : elle emprunte à plusieurs sources, cherchant le consensus, par une démarche exactement opposée, dans sa visée, à celle qu'adoptera Thomas, décrétant la levée en masse des péripatéticiens authentiques *contre* Averroès : les Grecs, Alexandre, Théophraste, Themistius (voire... Platon), les Arabes, Avicenne et Ghazālī. Albert, au contraire, n'isole pas Averroès. Il n'en fait pas le « corrupteur du péripatétisme », comme le fera Thomas. Il l'insère, à titre de figure accomplie du péripatétisme, *contre* Alexandre d'Aphrodise, dans une théorie mixte, globalisante, qui emprunte aussi à Avicenne et au *Livre des causes*, non moins qu'à l'« Aristote » de la pseudo-*Théologie* transmis (à son insu) par al-Fārābī. Alexandre est à Albert ce qu'Averroès est à Thomas : l'antihéros d'une science – la noétique – qui est à la fois à construire et à narrativiser. L'émanatisme métaphysico-noétique des Grecs et des Arabes fournit la base de cet « accord » des péripatéticiens qu'une saine

69. Cf. Giele, p. 75, 57 : « ... l'intelliger n'est pas la perfection de l'homme, mais il a besoin de l'homme à titre d'objet. »

70. Cf. Albert le Grand, *De quindecim problematibus*, 1 ; éd. Geyer, p. 34, 53-57, spéc. : « ... causa dicti est ignorantia philosophorum, quia multi parisienses non philosophiam, sed sophismata sunt secuti. »

considération de la pensée d'Averroès permet seule de sceller. À grands traits, la réponse d'Albert au problème noétique est donc que l'homme pense ; que le sujet de la pensée est l'intellect possible, puissance réceptive *(potentia)* émanée en l'âme humaine à partir de son *quod est*, que l'origine de la pensée est l'intellect agent, puissance active *(potestas)* émanée en l'âme humaine à partir de son *quo est* ; et que la pensée humaine advient par continuation de l'intellect possible de l'homme avec cet intellect agent qui prolonge en lui l'Intellect même. Albert se sépare d'Averroès en affirmant la multiplicité des intellects possibles et agents. Il admet cependant la continuation de l'Intellect jusqu'à l'homme : c'est tout le sens du *flux psychique*. Il faut le souligner, car, pour Albert, c'est là que tout se joue, l'intellect agent de l'homme n'est pas l'Intellect agent séparé : il en émane. L'Intellect agent séparé est *intellectus per essentiam*, l'intellect agent de l'homme est seulement *essentiellement agent*, c'est-à-dire non pas intellect producteur mais intellect *donné*, produit en l'âme de l'extérieur, tout en se fixant en elle comme principe coessentiel.

L'attitude d'Albert à l'égard d'Averroès est donc nuancée. Il y a une vérité dans la « voie » d'Averroès, qu'Albert dégage et souligne dans les textes mêmes où il entreprend la réfutation de « l'opinion d'Averroès et de son erreur ». Selon le *De anima*, III, 2, 7, l'apport décisif de la doctrine rushdienne est la solution qu'il donne au problème de la relation de l'intellect possible et de l'intelligible, autrement dit sa réponse au problème du sujet de la pensée entendu comme « *sujet* de l'universel »[71]. C'est beaucoup. C'est capital. Car c'est en cela qu'Averroès peut à bon droit être crédité d'« avoir été *le seul* à trouver une solution satisfaisante » à tous les problèmes laissés pendants par ses devanciers – Alexandre, Théophraste, Themistius, Avempace et « Abubacher » (les deux appellations d'Ibn Bāǧǧa) – et d'« être parvenu à *sauver* tout ce qu'Aristote avait dit de l'intellect possible »[72]. D'où

71. Albert le Grand, *De an.*, III, 2, 7, p. 186-188 (on lira la traduction intégrale du texte *infra*, en annexe).

72. *Ibid.*, p. 186, 3-6. Ces problèmes, tous résolus sans rien sacrifier des dits d'Aristote, sont ceux qu'Averroès se targue précisément lui-même d'avoir débrouillés grâce à la « théorie des deux sujets ». Comme l'affirme triomphalement *In De an.*, III, comm. 5 (Crawford, p. 411, 710-412, 728) : « [Le] mode selon lequel nous posons l'essence de l'intellect matériel résout toutes les questions existant au sujet de l'affirmation que l'intelligible est à la fois un et multiple *(unus et multa)*. Car, si la chose conçue en moi et en toi était une sous tous les modes, il faudrait que, quand je connais un certain intelligible, toi aussi tu le connaisses, et bien d'autres impossibilités. Et si nous posions qu'il est multiple, il faudrait que la chose conçue en moi et en toi soit une en espèce et deux en nombre, et ainsi la chose conçue aurait une chose conçue, et l'on régresserait à l'infini. Il serait alors impossible que l'élève apprît du maître, à moins que le savoir qui est

l'intérêt que porte Albert à la théorie des deux sujets de l'intellection – l'intellect matériel et le phantasme ou image –, qu'il reformule, au moins partiellement, dans le sens où l'entend réellement Averroès, *i.e.* en faisant de l'intellect matériel le sujet récepteur – le seul *sujet* donc, au sens propre du terme – et de l'image une sorte de sujet *moteur*[73]. D'où surtout l'extrême attention qu'il donne à l'élaboration à ses yeux proprement rushdienne de la nature de la sub-jectité intellectuelle, fondée sur un concept original, celui de *détermination*, permettant de donner toute son assise et toute sa portée à la théorie de la continuation ou conjonction de l'homme avec l'intellect (agent) séparé, théorie qui est le cœur de l'apport rushdien et la base de la notion dont Albert fera le couronnement à la fois métaphysique et éthique de la noétique : la félicité mentale.

La nouveauté d'Averroès est de donner pour la première fois un sens rigoureusement psychique à la notion aristotélicienne de « sujet », d'ὑποκειμένον. Il le fait en s'écartant des deux seules interprétations reçues jusque-là, le rapport forme-matière, le rapport accident-substance : l'intellect possible n'est le sujet de l'intelligible ni au sens de

---

dans le maître ne soit une puissance engendrant et créant le savoir qui est dans l'élève, sur le mode par lequel un feu [singulier] en engendre un autre semblable en espèce – ce qui est impossible. Et le fait que ce qui est connu soit le même dans le maître et l'élève est ce qui a fait croire à Platon que la science était une réminiscence. Mais, si nous posons que la chose intelligible qui est en moi et en toi est multiple dans le sujet selon lequel elle est vraie, c'est-à-dire les formes de l'imagination, et une dans le sujet par lequel elle est un intellect qui est (et c'est l'intellect matériel), ces questions sont parfaitement résolues. » Tout le *De anima*, III, 2, 7 d'Albert n'est qu'une réorchestration critique, point par point, argument par argument, de l'autocélébration rushdienne.

73. L'expression *phantasma movens* figure *ibid.*, p. 187, 44-45. Naturellement, cela ne suffit pas pour faire pleinement justice à Averroès, et l'on peut sans doute être tenté de reprocher à Albert ce que l'on peut et doit reprocher à Gilles de Rome, quand il soutient que le phantasme et l'intellect matériel rushdiens sont les deux *sujets d'inhérence* de l'espèce intelligible (l'*intentio intellecta* dans la terminologie du *Grand Commentaire*). On ne saurait jurer qu'Albert a pleinement compris que, quand Averroès fait du phantasme un des deux « sujets » de la forme universelle, il entend qu'il est un « objet » pour l'intellect et non pas un « support » de l'intelligible (en puissance ou en acte), que comme l'écrit J.-B. Brenet, « il n'est pas le *second* support de l'intelligible » et que « ce n'est pas, par conséquent, une double inhérence qui fonde l'individualité de la pensée ». De fait, dans le *De anima*, une fois introduite l'idée rushdienne des deux sujets, Albert écrit que l'intellect formel, c'est-à-dire la forme intelligible, n'est pas modifié du fait de l'intellect possible, mais « du phantasme *dans lequel il est* » : « Propter quod etiam formalis intellectus, qui est forma speculata, non habet transmutationem ex intellectu possibili, sed ex phantasmate, *in quo est*, sicut diximus » (*De an.*, III, 2, 7, p. 186, 49-52). Son insistance sur la notion de « détermination » semble bien indiquer toutefois qu'Albert ne comprend pas la théorie des deux sujets comme la doctrine de la bilocation de l'espèce intelligible, de la « coprésence en deux substrats distincts », que Gilles impute au *Grand Commentaire*.

la matière relativement à la forme, ni au sens de la substance relativement à l'accident, mais seulement comme le *déterminé* est sujet d'un *déterminant*. Par là, Averroès s'écarte à la fois, d'une part, d'une interprétation superficielle, inclinant au matérialisme, de l'hylémorphisme – celle que, précisément, Averroès (et Albert) reproche(nt) à Alexandre d'Aphrodise –, faisant de l'intellect la forme, nécessairement périssable, d'un corps périssable, et, d'autre part, d'une interprétation inacceptable du rapport entre l'âme et ses actes, déjà rejetée par Augustin, assimilant, dans un cadre que l'on pourrait appeler « attributiviste », les actes mentaux à des prédicats ou attributs de l'âme [74].

Aux yeux d'Albert, cette théorie de la *détermination*, évitant le double écueil du *matérialisme* et de l'*attributivisme*, est authentiquement aristotélicienne, puisqu'elle pousse dans ses dernières conséquences une comparaison de la pensée avec la sensation qui articule toute la psychologie d'Aristote. Elle consiste à dire que, de même que le sens n'est pas la *matière des sensibles* mais leur espèce *(species)*, le *medium* qu'ils viennent distinguer et déterminer, de même, et bien plus encore, l'intellect est l'espèce des intelligibles, qui « n'est privation relativement à eux qu'à la façon d'un *medium* et non pas d'une matière d'où ils seraient éduits de la puissance à l'acte ». Cette partie de la doctrine d'Averroès étant celle qui fonde la réfutation de la notion d'éduction utilisée dans la psychologie matérialiste d'Alexandre, on comprend aisément qu'Albert la juge positive : il ne cesse lui-même d'y recourir. C'est donc sans inconséquence qu'il écrit, à propos de la solution rushdienne d'une des apories attribuées à Théophraste – la théorie des deux sujets complétée par celle du *medium* :

74. J'appelle « attributiviste » toute thèse faisant de l'âme à la fois le sujet d'inhérence réelle des états et/ou actes mentaux et leur sujet d'attribution et, plus précisément, toute théorie fondée sur l'assimilation des actes mentaux à des attributs ou des prédicats du sujet-*ego*. Sur cet usage du terme et la problématique postheideggérienne de la subjectité *(Subjektheit)*, je me permets de renvoyer à l'article « Sujet » du *Vocabulaire européen des philosophies* (dir. Barbara Cassin, Paris, Éd. du Seuil - Le Robert, 2004, p. 1233-1254), écrit en collaboration avec Ét. Balibar et B. Cassin et au texte de la communication présentée au Congrès de la SIEPM (Porto, 2002) sous le titre : « Augustin critique d'Averroès. Deux modèles du sujet au Moyen Âge » (qui développe les remarques esquissées dans « Analyse du vocabulaire et histoire des corpus », *in* J. Hamesse et C. Steel (éd.), *L'Élaboration du vocabulaire philosophique au Moyen Âge*. Actes du colloque international de Louvain-la-Neuve et Leuven, 12-14 septembre 1998, organisé par la SIEPM, Turnhout, Brepols, 2000, p. 11-34).

> Et en vérité, dans cette solution, Averroès s'est montré très satisfaisant, et ce qu'il dit est vrai (« Et in veritate in ista solutione bene satisfecit et verum dicit Averroes »)[75].

Ce d'autant plus que la notion aristotélico-averroïste de *medium* lui fournit un concept fondamental de sa noétique, qui restera par la suite dans toute l'école dominicaine allemande[76]. Étant donné que les expressions d'« espèce des sensibles » et d'« espèce des intelligibles » reprennent les formules d'Aristote[77], l'opération philosophique d'Albert se laisse ainsi décrire :

75. *De an.*, III, 2, 7, p. 186, 58. Cette aporie qui ne doit rien en particulier à Théophraste est, en réalité, héritée d'Averroès lui-même, qui en fait l'un de ses thèmes d'arbitrage privilégiés entre philosophes antiques, Themistius, Alexandre et autres (dont Théophraste) : comment comprendre que les intellects possible et agent soient séparés et immuables, si leur produit, l'intellect dit « spéculatif » (théorétique), est transmuable et temporel ? Une autre aporie de Théophraste résolue par Averroès selon Albert est ce qu'il appelle avec lui « le problème de Théophraste ». Il l'évoque (*De an.*, II, 2, 19, p. 205, 21-22) en disant « qu'il aime beaucoup la manière dont Averroès résout le problème de Théophraste ». Par « problème de Théophraste », Albert entend *comme Averroès* la question de la distinction entre puissance de la matière et puissance de l'intellect possible (ou « hylique », c'est-à-dire « matériel », dans la terminologie d'Alexandre d'Aphrodise). Le texte du « problème » énoncé par Averroès, qui constitue le « fragment » 309A de Théophraste (éd. Fortenbaugh, p. 66-67), n'a pas de source grecque connue : « Il est nécessaire de poser que l'intellect [matériel] n'a aucune forme, mais il est tout aussi nécessaire de poser qu'il est un certain étant, car sinon il n'y aurait ni réception ni préparation. Car la préparation tout comme la réception font partie des choses qui ne se trouvent que dans un sujet. Mais si [l'intellect matériel] est un certain étant et qu'il n'a pas la nature d'une forme, il [semble qu'on doive dire] qu'il a la nature de la matière première, ce qui [à son tour] est très déraisonnable. En effet, la matière première n'est capable ni de percevoir ni de distinguer ; en outre, comment pourrait-on qualifier de "séparé" quelque chose dont l'être serait tel ? » La « solution » d'Averroès, reprise par Albert, est exposée en *In De an.*, III, comm. 14 ; Crawford, p. 429, 23-40.

76. Voir notamment Berthold, *Exp. sup. Elem. theol. Procli*, 194E, p. 151, 54 *sq.* : « Non seulement l'âme précontient les [objets] artificiels selon sa partie sensitive dans la raison particulière, mais elle précontient aussi les [objets] sensibles dans ses sens particuliers [...], et cela, Averroès l'établit lui aussi dans [le commentaire] du livre II *De l'âme*, en disant que l'acte de sensation dépend d'un certain principe intérieur actif, à la façon dont cela se passe pour l'intellection » (« Non solum autem anima secundum partem sensitivam quoad rationem particularem prehabet artificiata, sed etiam *quoad sensus particulares prehabet sensata* [...] et hoc etiam astruit Averroes super II *De an.* dicens quod actus sensus dependet ab aliquo principio interiori activo, sicut in intellectu »).

77. Aristote, *De an.*, III, 8, 432a1-3, *Transl. vetus* : « Quare anima sicut manus est ; manus enim est organum organorum, intellectus autem species specierum, et sensus species est sensibilium », p. 223, 71-76 (« C'est pourquoi l'âme est comparable à la main ; la main est en effet l'organe des organes [Tricot, p. 197 : « un instrument d'instruments »], et l'intellect est la forme des formes, comme le sens est la forme des sensibles »).

1. Le mot *medium* signifie l'aptitude à connaître, à savoir, originairement, l'organisation sensorielle entendue comme *constitution intermédiaire* des organes sensoriels, équilibre, moyen ou juste milieu (μεσότης) entre qualités sensibles des opposés à percevoir [78].

2. Dire que le sens est « espèce des sensibles » revient à dire que le sens commun est « médiété de tous les sensibles ».

3. Ceci à son tour signifie que le sens commun est « l'origine des sens particuliers », c'est-à-dire « la cause qui les précontient et dont ils dérivent ».

L'âme est ainsi originairement dotée d'une « puissance à sentir » qui, « parachevée par un habitus qui lui est connaturel » et consiste dans « une certaine inchoation et harmonie des formes de tous les sensibles », fait qu'elle « possède en puissance tous les sensibles sans en détenir aucun en acte tant qu'elle n'a pas été distinguée », c'est-à-dire déterminée, « par l'un d'entre eux ».

Pas de détermination sans précontenance, pas de précontenance sans inchoation de formes. D'Averroès à Aristote, en passant par Proclus : singulier itinéraire, dont la notion de *medium/médiété* assure le moyen terme. Il ne peut y avoir détermination que du déterminable, et de déterminable que ce qui tend à la détermination, comme la matière désire la forme : un matériau, un *matériel qui est forme* (formé, formable) *à l'état inchoatif*. Il suffit de transposer à l'intellectualité l'interprétation de la médiété comme cause précontenante pour obtenir une version philosophiquement acceptable de la relation de l'intellect possible aux intelligibles : ni table rase, ni matière, ni substance, mais déterminabilité psychique.

Cette reformulation de la notion aristotélicienne de *puissance seconde* (ou, ce qui revient au même, d'*acte premier*) en termes néoplatoniciens de *précontenance,* qui correspond à la partie positive de l'enseignement d'Averroès, n'est pas exprimée telle quelle chez lui – c'est Albert qui l'en leste. Elle n'en est pas moins conforme à l'esprit de sa doctrine, et ailleurs Albert ne laisse pas de la reprendre dans ses termes d'origine, soutenant ainsi, avec Averroès, que, du point de vue de ses puissances cognitives, l'âme « est d'une certaine façon *(quodammodo)* toutes choses » – d'une certaine façon, c'est-à-dire « selon l'être intentionnel *(esse intentionale)* des espèces, et non selon l'être matériel ».

Si la théorie averroïste de la détermination de l'intellect possible a une valeur rectrice pour la pensée d'Albert, il n'en reste pas moins qu'Averroès a commis une erreur : il a *concédé* l'unicité de l'intellect

78. Aristote, *De an.*, II, 11, 424a5-7.

possible en tous les hommes[79]. Il y a de la déception dans le ton d'Albert : il est donc un domaine où Averroès « répond comme les autres *(sicut alii)* »[80], c'est-à-dire comme ses prédécesseurs gréco-arabes – abstraction faite d'Avicenne et de Ghazālī[81] !

Rigoureusement formulé, le monopsychisme averroïste soutient que le sujet des intelligibles est numériquement identique en tous les hommes : *subiectum intelligibilium est unum numero in omnibus*[82]. C'est donc contre cette unicité numérique du sujet de l'intelligible que polémique Albert et contre elle seule, comme *pour l'expulser d'une doctrine qui ne la réclame pas*, et qu'elle dépare ou défigure.

Le principal argument d'Averroès a beau être tiré d'Aristote – tout ce qui est nombré est divisé, la division étant cause du nombre ; or, selon la nature, seule la matière corporelle est divisible, ce qui est immatériel étant indivisible et unique ; l'intellect possible est sans matière, il est donc indivisible et unique *in omnibus* –, Albert ne craint pas de s'écarter des conséquences qu'en tire le Cordouan : tout cela a l'apparence du délire, *sed hoc mihi omnino videtur deliramento simile*[83].

79. Albert le Grand, *De an.*, III, 2, 7, p. 186, 77.

80. *Ibid.*, p. 186, 65.

81. *Ibid.*, III, 2, 13, p. 195, 68-72.

82. *Ibid.*, p. 195, 66-68.

83. Albert le Grand, *De an.*, III, 2, 7, p. 187, 46. Malgré la réfutation d'Albert, l'argument d'Averroès (seules les formes matérielles peuvent être multipliées ; l'intellect est immatériel ; donc il est unique) a non seulement été *repris*, mais *développé* par les averroïstes vers 1267-1269. C'est sous cette forme développée qu'il est discuté par Thomas dans son *De unitate* (§ 95-117). *D'abord l'argument de l'immatérialité proprement dit* [a^1], que l'on peut analyser ainsi : (p_1) tout ce qui est multiplié selon la division de la matière est forme matérielle ; (p_2) les substances séparées de la matière ne sont pas plusieurs en une seule espèce (par p_1) ; ($p_{3.1}$) *si* donc plusieurs intellects étaient en plusieurs hommes numériquement distincts les uns des autres par division de la matière, ($p_{3.2}$) *alors*, il s'ensuivrait nécessairement que l'intellect serait une forme matérielle (par p_1) ; (p_4) cela (= $p_{3.2}$) est contre les paroles d'Aristote et la démonstration par laquelle il prouve que l'intellect est séparé. (p_5) Si donc l'intellect est séparé et n'est pas une forme matérielle (par p_4), il n'est d'aucune façon multiplié selon la multiplication des corps (par p_1) [le noyau dur de l'argument formé par (p_1) et l'inférence ($p_{3.1}$) – ($p_{3.2}$) qu'elle est censée motiver ne figurant pas sous cette forme condensée chez Averroès, mais en des termes voisins chez Siger de Brabant, qui dans les *Quaestiones In III De anima*, q. 9 (Bazán, p. 25, 7-26, 9), le ramène au syllogisme suivant : « Aucune forme immatérielle une en espèce n'est multipliée en nombre. Or l'intellect est une forme immatérielle une en espèce. Il n'est donc pas plusieurs en nombre. »] *Puis, la version développée, proprement averroïste*, que Thomas résume en trois points [a^2-a^4] : « Ils font tellement confiance à cet argument qu'ils disent que [a^2] Dieu ne pourrait faire plusieurs intellects de même espèce en divers hommes. Ils disent en effet que cela impliquerait contradiction, car avoir une nature pour être multiplié selon le nombre est étranger à la nature d'une forme séparée. Mais ils vont plus loin encore en voulant conclure de cela [a^3] qu'aucune forme séparée

Contre ce « délire », Albert présente quatre « objections fortes » :

1. Un composé est un individu grâce à la forme substantielle qui est son entéléchie première. Tout homme est un individu. Chaque homme a donc une forme unique qui le parachève au titre de perfection première. Or ce qui parfait l'homme individuel est l'âme intellective (rationnelle) qu'« ils » – c'est-à-dire Averroès et ses devanciers – appellent « intellect possible ». Donc, l'intellect possible est un dans tel individu, autre dans tel autre.

2. Aristote dit contre Platon que les principes des choses particulières sont eux-mêmes particuliers.

3. Aucun moteur spécifiquement et numériquement un ne peut utiliser simultanément deux mobiles (aucun moteur céleste n'utilise deux corps, ce pour quoi, d'ailleurs, Aristote peut déterminer le nombre des moteurs d'après le nombre des mobiles). Si donc l'intellect possible est considéré comme numériquement un, il va devoir, étant donné qu'on lui assigne la fonction de mouvoir le corps, utiliser plusieurs corps – thèse déraisonnable et antiphilosophique *(contra rationem et contra determinata in philosophia)* [84].

4. S'il y a un seul intellect numériquement un comme forme substantielle de l'homme, les hommes auront une seule et même humanité mais

---

n'est une en nombre ni quelque chose d'individué. Ce qui, disent-ils, se voit à partir du mot lui-même, car n'est un selon le nombre [*unum numero*] que ce qui est un par le nombre [*unum de numero*] ; or une forme libérée de la matière n'est pas une par le nombre – elle n'a pas en effet en elle la cause du nombre, puisque [a^{I}] la cause du nombre est la matière. »

84. Assez curieusement, Albert semble ici utiliser un dossier instruit par Averroès lui-même dans... le *Grand Commentaire* sur le *De anima* (Crawford, p. 403, 473 *sq.*) : « ... on considère que, lorsqu'il y a des êtres animés dont la perfection première est une substance séparée de ses sujets, comme on le soutient à propos des corps célestes, *il est impossible qu'il en existe plus d'un individu par espèce* [=*Auct. Arist.* 3, n° 41 ; Hamesse, p. 162, 52 : « In caelestibus non sunt plura individua sub una specie »]. » La thèse ici en italiques correspond à la lecture rushdienne de *Metaph.* XI [= XII], 8, 1074a18-22 (où Aristote fait la péréquation entre le nombre des mouvements planétaires et celui des substances éternelles immobiles) et de *Metaph.* XI [= XII], 8, 1074a15-17. Averroès justifie ainsi son affirmation : « En effet, s'il existait en elles, c'est-à-dire dans chaque même espèce, plus d'un individu (par exemple plus d'un corps mû par le même moteur), l'existence de [ces individus supplémentaires] serait inutile [*ociosum*] et superflue, puisque leur mouvement serait causé par la même entité [*intentio*] numériquement une. Or il est inutile, par exemple, qu'un même pilote dispose de plus d'un navire en même temps, tout comme il est inutile qu'un artisan dispose de plus d'un instrument appartenant à la même espèce. » Sur cette base, Averroès enchaîne sur la thèse du *De caelo*, justifiant l'impossibilité qu'existe plus d'un individu dans une même espèce de corps céleste par le fait qu'il ne peut y avoir plus d'un corps céleste mû par le même moteur. On le voit, les idées d'Averroès et d'Albert sont voisines : *Albert retournerait-il Averroès contre lui-même ?* C'est possible, sinon probable.

pas la même animalité, puisque l'homme est animal par le pouvoir de sentir (qui s'individue), et homme par celui de penser (qui ne s'individue pas). Dans ce cas, il faudra donc admettre qu'une espèce puisse être composée, selon l'être, d'un individué (la nature du genre) et d'un non-individué (la différence), d'un corruptible et d'un incorruptible – thèse absurde.

Quelle que soit la valeur de ces critiques, ce n'est pas en elles que réside l'essentiel de la réaction d'Albert. Le principal reproche qu'il adresse finalement au monopsychisme est d'être un échec philosophique. La théorie de l'appropriation de l'intellect par le biais des *phantasmata* avait un objectif clair – et raisonnable : expliquer comment, si un seul intellect existait en tous les hommes, tous ne pensaient pas la même chose dès que l'un d'entre eux pensait[85]. Cet objectif n'est pas réalisé dans le cadre théorique de l'unicité de l'intellect possible, et il ne peut l'être. De fait, si l'intellect possible unique est le seul possesseur de la « science spéculative » et qu'il l'*a* en tant qu'il *est* commun à tous les hommes, tous, dans la mesure même où ils « ont » cet intellect, auront *ipso facto* la même « science ». On croyait échapper à une absurdité, on y retombe.

Faisant de l'intellect possible une puissance émanée en l'âme humaine, forme du corps non par essence, mais par *accident*, Albert prétend sauver Aristote mieux que ne l'a fait Averroès, mais il prétend aussi sauver la théorie même de la continuation de l'intellect et donc, en un sens, sauver Averroès de l'averroïsme. C'est en cela qu'il réalise son programme philosophique – transmettre Aristote aux Latins –, et c'est par là qu'il exercera une influence sur l'averroïsme latin lui-même. C'est que là réside la conception même qu'Albert se fait de la philosophie, de sa valeur, de sa finalité ; c'est que là réside le foyer d'un *péripatétisme total*, où Averroès a sa place, éminente.

La conjonction de l'intellect

Le thème de la continuation ou conjonction de l'intellect est au centre de la pensée péripatéticienne et donc au centre de l'albertisme. Si Albert évoque ici ou là la *Lettre sur la continuation de l'intellect avec*

85. Cf. Albert le Grand, *De an.*, III, 2, 7, p. 186, 64-67. Il s'agit d'un des problèmes qu'Averroès pense avoir résolus par la « théorie des deux sujets ». Dans sa présentation du problème, Albert pose ainsi la difficulté : comment concilier l'unité de l'intellect matériel (possible) et la pluralité des actes de connaissance ? En fait, l'unicité de l'intellect matériel est, aux yeux d'Averroès, non une partie du problème, mais une partie de la solution – l'autre partie étant la diversité numérique des images individuelles.

l'homme d'Ibn Bāǧǧa – qu'il appelle tantôt « Abubacher », tantôt « Avenperthe »[86] –, il ne l'a jamais lue, non plus d'ailleurs que l'œuvre homonyme d'Averroès l'*Epistola de connexione intellectus abstracti cum homine*, et que son *Tractatus de beatitudine animae*, qui, bien qu'accessible au Moyen Âge, n'était pas encore en circulation au temps d'Albert[87]. C'est pourtant cette notion judéo-arabe de *conjonction*, à la fois « réception du flux supérieur » et « degré de la prophétie authentique »[88], qui organise toute la vision albertinienne de la philosophie. Averroès joue donc ici son rôle, et avec lui d'autres « péripatéticiens » qu'il faut identifier.

Dans le chapitre de son *De anima* consacré « à la véritable cause et au mode de la conjonction de l'intellect agent avec nous »[89], Albert redit son attachement à Averroès et indique du même coup sa source principale, le *Grand Commentaire sur le Livre de l'âme* :

> Quant à nous, nous ne nous séparons que sur peu de choses d'Averroès, qui traite cette question dans son *Commentaire sur le livre De l'âme* (« Nos autem in paucis dissentimus ab Averroe, qui inducit istam quaestionem in *Commento super Librum de anima* »)[90].

La question d'Averroès est la suivante : si l'Intellect agent est séparé et n'est pas (toujours) conjoint à l'âme, quelle est la cause qui le fait formellement se conjoindre à l'intellect possible « de manière que l'âme puisse ainsi intelliger les Substances séparées » ? Adversaire du monopsychisme, Albert s'efforce de suivre Averroès sans « imiter ses dires » – tâche quelque peu acrobatique. Pour ce faire, il concède à l'« ensemble des péripatéticiens » qu'intellect agent et intellect possible sont tous

86. Albert le Grand, *Summa theol.*, II, 12, 77, p. 83b.

87. Les épîtres d'Averroès sur la « béatitude » philosophique ont été traduites par des philosophes juifs au XIIIe siècle et primitivement utilisées pour... expliquer la Bible. Elles ont été recousues ensuite en un seul texte, à son tour traduit en latin après avoir été interpolé et réécrit. Ce texte a enfin été imprimé, allant jusqu'à se retrouver au programme de l'Université chez les « averroïstes padouans » au début du XVIe siècle. Le traité sur *La Béatitude de l'âme* a été édité et traduit par C. Steel et M. Geoffroy, Paris, Vrin (Sic et Non), 2001. L'*Épître*, qui était bien connue des juifs de la France méridionale au XIVe siècle, a été commentée par Moïse de Narbonne (1300-1362) en 1344, sous le titre de *Commentaire du traité d'Averroès sur l'intellect hylique et la possibilité de la conjonction avec l'intellect agent* (sur ce texte et son interprétation, cf. M.-R. Hayoun, *La Philosophie...*, p. 73-76). Albert n'a connu ni l'un ni l'autre des « textes » d'Averroès.

88. Cf. M.-R. Hayoun, *La Philosophie...*, p. 212. On notera que pour Narboni, commentateur du *Ḥayy ibn Yaqẓān d'Ibn Ṭufayl*, la « conjonction » devient « l'action » (quasi théurgique) « d'attirer et de faire venir vers soi le suprême ».

89. Albert le Grand, *De an.*, III, 3, 11, p. 221, 6-223, 38.

90. Cf. Averroès, *De an.*, III, comm. 36, p. 480-503.

deux séparés, et « l'intellect agent davantage que l'intellect possible », mais il fixe les limites de cette convergence en posant que :

1. L'intellect agent est une puissance et une partie de l'âme ;
2. En tant que partie, il est toujours conjoint à l'âme ;
3. La lumière par laquelle il produit les contenus de pensée *(intellecta)* n'est, en revanche, « pas toujours conjointe en acte à l'intellect possible » !

Ainsi formulée, la thèse n'est pas très claire. Elle s'éclairera par la suite. Pour l'heure, Albert se contente d'ajouter qu'il a d'autres « présupposés » qu'il « tire d'al-Fārābī », l'un emprunté à son *De anima*, l'autre « au livre X de sa *Nicomachie*, autrement appelée chez nous *(apud nos) Éthique à Nicomaque* ». Inutile d'admirer ici l'érudition d'Albert : tout vient d'Averroès !

Le premier principe est que l'intellect a deux opérations : l'une, active, consiste à produire les *intellecta* en les « dénudant de la matière » ; l'autre, passive, consiste à les penser. Seule la première opération, strictement « active », qualifie ici l'intellect[91].

Le second principe définit le sens de la philosophie pour le philosophe. Il deviendra la charte de l'averroïsme latin ou, plus exactement, de l'aristotélisme radical. Albert en fait un véritable mot d'ordre – l'« espérance » ou la « foi » du philosophe, disons sa ferme espérance, *fiducia philosophantis* :

> Mais ce qu'il dit dans le livre X de l'*Éthique*, c'est que l'espoir de celui qui s'adonne à la philosophie est de n'être pas uni à l'agent seulement comme efficient, mais aussi comme forme (« Id autem quod dicit in X Ethicae, est, quod fiducia philosophantis est non coniungi tantum agenti ut efficienti, sed etiam sicut formae »)[92].

Ce texte, qui fait de la conjonction le terme de l'attente philosophique, sorte de *vertu philosophale*, au sens où l'espérance chrétienne est une *vertu théologale*, transpose, en y soulignant une dimension éthique nouvelle, quelques lignes, beaucoup moins explicites, d'Averroès :

> Or, la confiance dans la possibilité de la jonction de l'intellect à l'homme réside dans la démonstration qu'il est en relation à l'homme au titre de forme et d'agent, et non pas seulement au titre d'agent (« Fiducia enim in possibilitate continuationis intellectus nobiscum est in declarando quod respectus eius ad hominem est respectus formae et agentis, non respectus agentis tantum »)[93].

91. *Ibid.*, p. 494, 462-496, 478. Le résumé d'Albert est assez libre : dans l'original averroïste, la seconde partie de la thèse d'al-Fārābī est, en effet, attribuée à Alexandre !

92. Albert le Grand, *De an.*, III, 3, 11, p. 221, 47-49.

93. Averroès, *De an.*, III, comm. 36, p. 502, 661-664.

Cette profession de foi philosophique appelle deux commentaires en ce qui concerne l'« averroïsme ». Premièrement, Albert pouvait lire la notion de *fiducia* philosophique dans le *De mundo*, également présentée, chose capitale, en liaison avec une théorie de l'illumination intellectuelle. Comme l'écrit en effet Apulée :

> Le Père ou le Seigneur de toutes choses, celui qui à lui seul est tout, se révèle volontiers à tous. Il ne se fait pas connaître comme situé en un lieu, ni comme ayant telle qualité ou telle grandeur, mais il illumine l'homme de cette connaissance qui n'appartient qu'à l'intellect ; et l'homme alors, après avoir chassé de l'âme les ténèbres de l'erreur et acquis la lumière de la vérité, s'unit de tout son intellect à l'intelligence divine (« sed hominem sola intellegentia mentis inluminans, qui discussis ab animo errorum tenebris et ueritatis claritate percepta toto se sensu intellegentiae diuinae commiscet »), dont l'amour l'a délivré de cette partie de sa nature par laquelle il est mortel et lui a fait concevoir *une ferme espérance en l'immortalité future* (« cuius amore a parte naturae, qua mortalis est, liberatus *inmortalitatis futurae concipit fiduciam* »)[94].

Cette foi n'est cependant pas la *fiducia philosophantium* dont parle Albert : elle regarde le futur, la vie future, non celle d'ici-bas. *Deuxièmement*, la notion proprement rushdienne de foi philosophique ne doit pas être surdéterminée ou, si l'on préfère, surévaluée. Le texte d'Averroès ne dit vraisemblablement rien de ce qu'Albert appelle la « foi du philosophe ». Il pose simplement que *ce qui fait foi* quant à la possibilité de la « conjonction » est la *démonstration* que « l'intellect est en relation à l'homme au titre de forme et d'agent, et non pas seulement au titre d'agent », autrement dit qu'il n'y a pas d'autre façon d'établir la possibilité de la conjonction que de démontrer que l'intellect agent peut être forme pour l'homme. Quant à tirer du « livre X de la *Nicomachie* » de Fārābī ce qu'Albert, qui ne l'a pas lu, en tire, c'est une autre question[95]. En effet, selon Averroès, dans sa *Nicomachie*, Fārābī a été conduit à *nier*

94. Cf. Apulée, *De mundo*, trad. cit., p. 336, 3-11.

95. Rappelons que cette *Nichomachie* est le *Commentaire* d'al-Fārābī *sur l'Éthique à Nicomaque* aujourd'hui perdu. Sur les positions d'al-Fārābī dans ce texte, cf. M. Galston, « The Theoretical and Practical Dimensions of Happiness as Portrayed in the Political Treatises of al-Fārābī », *in* Ch. E. Butterworth (éd.), *The Political Aspects of Islamic Philosophy*, 1992, p. 100-101 et 121-122. Albert ne semble pas avoir clairement saisi le sens de la doctrine farabienne rapportée par Averroès. À force de jouer avec les fantômes, il se perd dans les corridors. Au lieu de s'appuyer exclusivement sur le *De intellectu*, qu'il connaissait bien, pour (f)arabiser Aristote, comme, on le verra à la section suivante, les « artistes » parisiens des années 1250 le faisaient, il monte en épingle une allusion d'Averroès à un texte qu'il ne connaît pas lui-même (puisqu'il ne semble pas avoir été jamais traduit en latin), *en ne se rendant pas compte qu'il dit le contraire de ce qu'il voudrait lui faire dire*.

la possibilité de la « conjonction », parce que, croyant que l'opinion d'Alexandre sur le caractère engendré de l'intellect matériel était *vraie* (c'est-à-dire démontrée), il a *dû* penser que *l'intellect agent était pour nous cause efficiente des intelligibles abstraits, mais qu'il n'était en aucun cas Forme de l'intellect matériel* ni possédé par lui à titre d'habitus assurant une jonction avec les intelligibles purs[96]. On ne peut « poser à la fois que l'intellect matériel est engendré et que la fin [de l'homme] est la jonction avec les [choses] séparées ». Faute de saisir cela, Fārābī a sombré dans un dilemme insoluble et, pour en sortir, renoncé à la « conjonction ». Avant d'évoquer la *fiducia*, le commentaire 36 du livre III résume ainsi la situation :

> Il est également manifeste que, si nous avions posé que l'intellect matériel est engendrable et corruptible, nous n'aurions trouvé aucune voie pour expliquer comment l'intellect agent s'unit par une union propre à l'intellect en habitus, à savoir par une union comparable à la jonction des formes et des matières. Et si [l'existence et la nature de] cette jonction [propre à l'homme] n'était pas posée, il n'y aurait aucune différence entre la relation de cet intellect à l'homme et sa relation avec les autres êtres[97], si ce n'est par la diversité de son action sur eux. Dès lors, sa relation à l'homme ne le mettrait vis-à-vis de lui qu'en position d'agent, non de forme, et l'on retomberait sur le problème posé par Alfarabi dans la *Nicomachie*.

Telle que la présente Averroès, la doctrine de la *Nicomachie* ne laisse donc pas de place à la *fiducia philosophantium* chère à Albert. Elle la ruine. Cela étant, comme le note le *Grand Commentaire*, la position de Fārābī dans la *Nicomachie* « est contraire à sa propre opinion dans l'*Épître sur l'intellect*. Là, en effet, il dit qu'il est possible à l'intellect matériel de penser les choses séparées – et c'est cette [dernière] opinion que lui attribue Avempace ». Il y a donc deux positions farabiennes. La « bonne » position, selon Averroès, est d'admettre que l'intellect agent n'est pas seulement agent mais forme pour l'homme. C'est elle qui rend la *continuatio* digne de foi au sens où l'entend Albert. Mais elle ne figure pas dans la *Nicomachie*. Le Colonais a-t-il vraiment compris le texte d'Averroès ? On peut en douter. Reste qu'il farabise sans retenue, car il faut bien une caution de philosophe à ce qui est sa doctrine la plus importante et que, pour un Latin comme lui, il n'y en a sans

96. Cf. Crawford, p. 485, 182-184 : « ... fuit necesse apud ipsum secundum hanc opinionem opinari quod intelligentia agens *non est nisi causa agens nos tantum.* »

97. Or c'est un des objectifs fondamentaux du *Grand Commentaire* : prouver qu'il y a « une différence entre la jonction [de l'intellect] avec nous et sa jonction avec les [autres] êtres ».

doute pas de meilleure – puisque, après tout, le *De intellectu et intellecto* existe et que, on va le voir, il y a bien quelque chose à y prendre.

En quoi consiste la conjonction elle-même ? En un acte de connaissance qui est en même temps suprême *félicité*. Albert déroule ici tout ce qu'il peut tirer d'Averroès lecteur de Fārābī, en reformulant le tout si besoin est. Tel que le définit « Fārābī », donc, l'intellect agent qui produit en nous les *intellecta* est un intellect par essence, agissant en nous « par une opération qui lui est essentielle » *(operatione sibi substantiali)*, sans que nous y « coopérions » *(sine nobis coagentibus)*. L'intellection *(intelligere)* de ces contenus de pensée n'en est pas moins notre œuvre *(opus)*, qui s'effectue « par », « dans » ou « à travers » l'intellect qui nous est conjoint *(per intellectum nobis coniunctum)*. L'Intellect ne pense pas à notre place, il donne à penser, il est la pensée qui se donne comme ce qui est à penser, il est la dispensation de la pensée. Dans la procession de l'intelligible, le penser se constitue comme auscultation de la pensée. Si l'« espérance » du philosophe est de se « conjuguer » à l'Intellect comme à une forme, la conjonction est donc une identification fontale du pensant, du penser et du pensé. L'état de conjonction est alors présenté comme *félicité suprême*, dans la mesure où la forme par laquelle l'homme opère l'œuvre de pensée est celle-là même qui définit son humanité. En d'autres termes : il y a deux conjonctions. La première désigne la production de l'intelligible en l'homme ; la seconde, l'accès de l'homme au Principe même de l'intelligible par l'œuvre qu'il accomplit en lui.

La théorie de la double conjonction dessine un espace de jeu entre la causalité efficiente et la causalité formelle, où s'accomplit l'appropriation de l'Intellect. Cette appropriation, par laquelle l'homme accède à sa propre nature en laissant l'Intellect s'actualiser en lui comme forme, est le degré optimal de la sagesse *(sapientia)*, celui où les « âmes » des *heureux (felicium)* « savourent *(sapiunt)* les réalités divines », et trouvent là leur *delectatio*. Il y a ainsi une *félicité philosophique* distincte de la *béatitude théologique*, une « félicité mentale » qui consiste dans une contemplation proprement philosophique[98]. L'objet de cette contemplation n'est pas l'Intellect agent, puisqu'il en est à la fois l'agent et la forme, ce sont les *réalités divines*, les *divina*, autrement dit les substances séparées, les « intelligibles purs ».

98. Sur cette question, cf. Th. Ricklin, « Von den *beatiores philosophi* zum *optimus status hominis*. Zur Entradikamosierung der radikalen Aristoteliker », *in* J.A. Aertsen, A. Speer (éd.), *Geistesleben im 13. Jahrhundert*, Berlin-New York, Walter De Gruyter (Miscellanea Mediaevalia, 27), 2000, p. 217-230.

Contemplation intellectuelle et théologie philosophique

Largement filtrée par Averroès, la théorie albertinienne de la conjonction de l'intellect est d'abord péripatéticienne. C'est le couronnement de la « théologie d'Aristote », telle que la reconstruit Albert ; c'est la théologie de l'intellect appelée par la théorie des Intelligences exposée dans le *Livre des causes*. Si, dans sa restitution de la *Nicomachie* d'al-Fārābī, Albert dépend de la doxographie averroïste, il n'en recourt pas moins directement à une source farabienne authentique, le *De intellectu*, pour fixer le cadre métaphysique – théologique « au sens d'Aristote », c'est-à-dire, on l'a vu, *théiologique* – de la doctrine de la contemplation philosophique : cadre qu'il remplit, au niveau de la théorie même de la pensée, d'une autre doctrine, qui, à ses yeux, prolonge celle d'al-Fārābī, la théorie avicennienne des « degrés de l'intellect ».

Dans cette fusion des sources péripatéticiennes, Albert poursuit sa propre vérité, il n'en développe pas moins les lignes générales d'une conception de la métaphysique (celle-là même que l'on désigne sous le nom d'« arabisme »), qu'il a probablement rencontrée à Paris lors de son magistère.

La fin des années 1240 a vu l'éclosion d'une conception originale de la « métaphysique » dont Albert a tiré sa vision de la théiologie. Le *Guide de l'étudiant* parisien, témoin de cette orientation nouvelle, définit la métaphysique comme « science des choses absolument séparées du mouvement et de la matière selon l'être et la définition »[99]. Prenant appui sur un passage de la *Philosophia prima* d'Avicenne consacré à la division des sciences théorétiques, cette définition se retrouve dans d'autres textes « didascaliques » de ces années charnières : la *Divisio scientiarum* d'Arnoul de Provence, la *Philosophia* d'Aubry de Reims, le *De ortu scientiarum* de Robert Kilwardby[100].

Mais que signifie exactement l'expression *separata* ? La réponse est simple : les *separata* s'opposent aux *abstracta*. Méconnaître cette différence, c'est manquer le sens même de la métaphysique. On peut alléguer ici le témoignage de Roger Bacon dans ses questions parisiennes sur la

99. Cf. ms. Barcelone, Ripoll 109, f° 134ra. Sur le *Compendium examinatorium parisiense* (également connu sous le titre de *Guide de l'étudiant*), cf. Cl. Lafleur et J. Carrier (éd.), *L'Enseignement de la philosophie au XIIIe siècle. Autour du « Guide l'étudiant » du ms. Ripoll 109*, Turnhout, Brepols (Studia Artistarum. Études sur la Faculté des arts dans les universités médiévales, 5), 1997.

100. Sur les divisions des sciences et les introductions à la philosophie, cf. R. Imbach, « Einführungen in die Philosophie aus dem XIII. Jahrhundert. Marginalien, Materialen und Hinweise im Zusammenhang mit einer Studie von Claude Lafleur », in *Quodlibeta. Ausgewählte Artikel*, Fribourg, Universitätsverlag (Dokimion, 20), 1996, p. 63-91.

Physique : le fondement de la distinction des sciences théorétiques repose sur une différenciation entre *abstractio* et *separatio*. Pour Bacon, le mot *abstraction* peut être pris en un premier sens, qui n'est pas propre mais « commun et large » : les « abstraits » désignent alors « ce qui est ou a été uni à une matière selon ses déterminations à elle, mais en est disjoint selon l'essence et par l'intellect » ; en un second sens, propre, les « abstraits » désignent les « séparés », « ce qui n'a jamais été d'aucune façon que ce soit uni à une matière, c'est-à-dire les êtres divins, *res divinae* »[101].

Ces deux sens d'« abstrait » sont d'origine farabienne. C'est la distinction du *De intellectu et intellecto* opposant les intelligibles entendus comme formes abstraites de leurs matières et les intelligibles comme formes pures, « qui n'ont jamais été, ne sont pas et ne seront jamais dans des matières » – distinction qui, à son tour, revêt un sens psychologique dans la mesure où les *abstracta* vont être caractérisés comme objet de l'*intellect en acte*, ou plus exactement « mis en acte » *(intellectus in effectu)*, tandis que les *separata*, une fois devenus formes pour notre intellect et reçus par lui, porteront le nom d'*intellect acquis (intellectus adeptus)*[102].

La distinction entre intellect effectué et intellect acquis correspond à celle des deux régimes de causalité de l'intellect agent en l'homme selon Albert : ici cause efficiente, là cause formelle. Si l'objet de la métaphysique n'est pas l'abstrait au sens de l'intellect en acte, mais le séparé au sens de l'intellect des formes pures, *res divinae*, la métaphysique est une science intuitive, une contemplation se produisant en nous « après que nous avons épuisé, ou à peu près, la connaissance abstractive » des formes engagées dans une matière[103]. C'est cette conception farabienne de l'objet de la métaphysique, avec le couple noétique qui l'articule, qui porte la lecture albertinienne de la conjonction comme réalisation de la métaphysique en l'homme.

La théorie farabienne de la *fiducia philosophantis* et de la *felicitas intellectualis*, la détermination « parisienne » de l'essence de la métaphysique comme science intuitive des *separata*, également dérivée de Fārābī, sont le manifeste du péripatétisme tel que l'entend Albert. Tout y converge, la psychologie, la cosmologie, l'éthique, la théologie

101. Roger Bacon, *Quaestiones supra libros quattuor Physicorum Aristotelis*, éd. Delorme, *Opera hactenus inedita Rogeri Baconis*, VIII, Oxford, 1928, p. 71, 7-16. Le texte de Delorme est très corrompu. Nous en restituons ici le sens en fonction de l'intention supposée de Bacon.

102. Cf. al-Fārābī, *De intellectu et intellecto*, éd. Gilson, *in* « Les sources gréco-arabes... » p. 120, 174-182.

103. Cf. Ét. Gilson, *in* « Les sources gréco-arabes... », p. 33.

philosophique. C'est le programme des énigmatiques *philosophi theologizantes* dont les sermons universitaires parisiens nous ont conservé la trace, c'est aussi celui d'Albert ; ce sera bientôt la *magna charta* de l'aristotélisme radical.

L'adhésion d'Albert à l'idéal philosophique ne se discute pas : elle fait partie intégrante de sa lecture d'Aristote *théologien.* À la double vérité des disciplines, le Colonais ajoute la double possibilité des idéaux, des engagements et des vies [104]. Si l'intellection des réalités séparées, des *divina*, nous est promise après la mort, elle nous attend aussi *ici-bas.* C'est le sens même de la conjonction :

> Dans cette vie, l'intellect (possible) se continue avec l'agent de manière formelle, et ainsi, par l'agent, il intellige les séparés. Autrement, l'homme n'atteindrait pas dans cette vie la félicité contemplative, ce qui est contraire à l'enseignement des péripatéticiens qui tous affirment que l'espérance des contemplatifs est d'atteindre l'intellect agent comme forme [105].

La doctrine de la conjonction, « la plus importante de toutes les questions qui se posent au sujet de l'âme », Aristote l'annonce sans la donner réellement dans le *De anima* [106]. Albert suppose qu'elle fait partie de son *enseignement perdu*. Le rôle de la *Nicomachie* d'al-Fārābī est de compenser cette perte [107]. L'Aristote d'Albert est un Aristote

104. D.B. Twetten, « Albert the Great... », *loc. cit.*, discute de l'importance donnée au philosophisme albertinien dans mon interprétation (présentée en détail, p. 277-281 : « Albert's Adoption of *Sapientia Mundana* : The Philosophy of emanation ») et celle de L. Sturlese (« The Development of a Pagan Cosmology », p. 281-284). Soulignant leur commun aspect « nardien », il conclut ainsi son analyse (p. 358) : « For Albert, philosophical work should be pursued autonomously, without appeal to principles of revelation. Nevertheless, philosophy' success and limits must be assessed by a theologian who is an authentic philosopher. In fact, a theologian must employ philosophy, bringing into theology itself – even into its very subject – those philosophical contributions that bear on the human aspiration for wisdom and happiness. »

105. Albert le Grand, *De an.*, III, 3, 12, p. 224, 84-90. Ce texte est, à l'évidence, une réécriture du passage d'Averroès, *De an.*, III, comm. 36 ; Crawford, p. 502, 661-664, cité plus haut, p. 302, n. 93.

106. Cf. Aristote, *De an.*, 431b17, où les termes mêmes de la distinction entre *separata* et *abstracta* portant la détermination de l'essence de la métaphysique sont comme programmés : « Utrum autem contingat separabilium aliquod intelligere ipsum existentem non separatum a magnitudine aut non, *considerandum posterius*. »

107. Cf. Albert le Grand, *De an.*, III, 3, 6, p. 215, 19-28. En fait, compte tenu de son programme et de ce qu'on a vu dans la section précédente du contenu réel de l'œuvre farabienne selon Averroès, Albert se fie au seul texte de Fārābī qu'il ne fallait pas invoquer pour compenser la perte d'un enseignement d'Aristote qu'il est le seul à croire perdu. La thèse d'ensemble n'en reste pas moins claire, et fondée pour/par le *De intellectu* : la « conjonction » est la thèse centrale de la noétique du péripatétisme arabe *vu à partir de la*

(f)arabisé. Deux textes fantômes croisent ici leurs écritures : l'un qu'Albert lit mais pense incomplet ; l'autre qu'il n'a évidemment jamais lu, mais qu'il connaît (ou, plutôt, affecte de connaître) à travers Averroès. C'est pourtant sur ce double mirage, et sur d'autres encore – telle la *Lettre* d'« Avempeche » – que, le *De intellectu et intellecto* aidant, il construit « son » péripatétisme, proclamant son « plein accord avec Averroès », pour, épousant sa lecture, s'accorder de proche en proche avec les sources qu'il ventile.

La dynamique de l'appropriation intellectuelle est la vraie vie philosophique, une ascèse, un travail couronné par le bonheur. En laissant s'actualiser en lui les *intellecta*, ce qui est le produit de la première conjonction, où l'intellect agent se conjoint à nous comme efficient, « l'intellect possible en reçoit la lumière par continuation et se fait semblable à lui chaque jour un peu plus » – ce que les « philosophes appellent marcher vers la continuité et la conjonction »[108] ; ensuite, lorsqu'il « a reçu tous les *intelligibles*, cette lumière lui est acquise comme forme » – c'est la « seconde conjonction », l'« intellect acquis »[109]. À ce moment, l'homme est prêt à opérer l'œuvre qui est sienne en tant qu'homme, et cette œuvre est l'œuvre même qu'« opère Dieu » : la contemplation du cosmos.

Cette apologie de la sagesse théorétique comme conjonction est péripatéticienne. Elle est aussi aristotélicienne[110]. Différée dans le *De*

---

reconstitution averroïste. On comprend qu'il serait vain de se demander si Albert est plus farabien qu'averroïste ou plus averroïste que farabien : ses dossiers farabiens sont tissés d'Averroès.

108. *Ibid.*, 3, 11, p. 221, 91-92. *Moveri ad continuationem* : l'expression est directement empruntée à Averroès, *De an.*, III, comm. 36, p. 500, 605-606.

109. La conjonction actuelle de l'intellect à l'homme, thème « averroïste » directement modelé sur *De an.*, III, comm. 36, p. 500, 601-603 *(cum omnia intellecta speculativa fuerint existentia in nobis in actu, erit ipse tunc copulatus nobis in actu)*, est interprétée dans le langage farabien de l'intellect « acquis ».

110. La conception « artiste » de la vie philosophique, avec son éthique de la contemplation et son exaltation passionnée de la « vie de théorie » prônées à la Faculté des arts dans les années 1260, est très proche de l'apologie albertinienne. Elle semble avoir été initialement influencée par une représentation farabienne, avicennienne et (pseudo-) ghazalienne de l'union de l'âme avec l'intellect séparé. On peut penser qu'il en va de même pour Albert – à cela près que, chez lui, l'ensemble « péripatéticien » arabe est revisité dans une perspective ouverte à la fois par Averroès et les commentateurs byzantins de l'*Éthique à Nicomaque*. Concernant l'influence de Ghazālī, cf. Cl. Lafleur et J. Carrier, « La *Philosophia* d'Hervé le Breton [*alias* Henri le Breton] et le recueil d'introductions à la philosophie du ms. Oxford, Corpus Christi College 283, IIe partie », *AHDLMA*, 62 (1995), p. 379, n. 97 : « Il faut verser au dossier des sources de la théologie de l'intellect selon les maîtres ès arts parisiens un extrait d'Algazel souvent cité (*Métaphysique*, *Pars*, I, I, 1 ; éd. Muckle, p. 1, 26 -2, 12), car, en identifiant "description dans nos âmes de la

anima, ou perdue, elle est reprise, exposée, proclamée dans l'*Éthique à Nicomaque*. C'est du moins ainsi qu'Albert entend le livre X de l'*Éthique*, *ubi fere dicit ista*[111]. Elle est aussi partie intégrante de la tradition interprétative de la morale d'Aristote, non seulement « arabe », mais grecque, ou plutôt « byzantine » : c'est l'enseignement même d'Eustrate, le *Commentator*, et de Michel d'Éphèse[112]. Enfin, elle est « averroïste », dans la mesure où c'est la *réécriture averroïste* de la théorie péripatéticienne de la conjonction qui en fournit à la fois la formule théorique et le principe de *mise en histoire*.

Par Averroès, Albert accède à une *positio peripatetica* où la théorie de l'intellection comme conjonction vient se placer sous le patronage d'Alexandre :

> Ce mode vérifie aussi l'opinion d'Alexandre selon laquelle l'intellection des choses séparées se fait par la jonction de cet intellect avec nous, non au sens où l'acte de pensée existerait en nous alors qu'auparavant il n'existait pas – ce qui est la cause de la jonction de l'intellect agent avec nous, telle que l'entendait Avempace –, mais au sens où c'est la jonction qui est la cause de l'intellection, et non l'inverse[113],

tandis que celle de la conjonction comme assimilation à Dieu se place sous celui de Themistius :

---

forme de l'être universel" et "perfection de ces dernières", il confirme et explique, en en manifestant clairement l'arrière-plan de péripatétisme gréco-arabe, l'équivalence des notions d'"information" et de "perfection de l'intellect" suggérée par la *Diuisio scientiarum* d'Arnoul de Provence, auteur qui [...] conçoit, de façon surprenante pour nous, la "*fronesis*" aristotélicienne comme la vertu mystique suprême et traduit en latin le terme grec [...] par celui d'"*informatio*", qui devient ainsi le symbole même de l'efficace philosophique, capable de nous élever "*ad cognitionem uniuersi esse*" ». Sur cette interprétation de la *fronesis*, cf. Cl. Lafleur, *Quatre Introductions à la philosophie au XIIIe siècle*, Montréal - Paris, Institut d'études médiévales - J. Vrin (Université de Montréal, Publications de l'Institut d'études médiévales, XXIII), 1988, p. 304, 100-305, 104. Sur l'influence d'al-Fārābī sur la scolastique du XIIIe siècle, cf. Cl. Lafleur, « Abstraction, séparation et tripartition de la philosophie théorétique : Quelques éléments de l'arrière-fond farabien et artien de Thomas d'Aquin, *Super Boetium 'De Trinitate'*, question 5, article 3 », *Recherches de théologie et philosophie médiévales*, 67, 2 (2000), p. 248-271.

111. Aristote, *Éth. Nic.*, X, 7, 1175b5-1178a9.

112. Albert le Grand, *De an.*, III, 3, 11, p. 222, 9-14. On sait que, dans le *Corpus* éthique constitué par Grosseteste, Eustrate ne commente pas le livre X de l'*Éthique*, mais les livres I et VI. Le commentaire sur le livre X est du seul Michel d'Éphèse (avec celui des livres V et IX). Le commentaire du livre VIII est d'Aspasius. Ceux des livres II, III, IV, V (scolies) et VII sont anonymes. Sur ce point, cf. les remarques de H.P. Mercken in *The Greek Commentaries on the Nicomachean Ethics of Aristotle in the Latin Translation of Robert Grosseteste, Bishop of Lincoln († 1253)*, *loc. cit.* (CLCAG, VI/1), p. 3*-29*.

113. Averroès, *De an.*, III, comm. 36, p. 501, 622-625.

> Selon ce mode, l'homme est donc, comme le dit Themistius, semblable à Dieu, car il est d'une certaine manière tous les êtres et il les connaît [tous] en quelque manière ; en effet les êtres ne sont rien d'autres que sa science, et la cause des êtres n'est rien d'autre que sa science. Et que cet ordre est admirable ! Que ce mode d'être est extraordinaire [114] !

Par Averroès, Albert accède à la substance historique d'une *sagesse péripatéticienne*, dont les termes recteurs sont conjonction et assimilation. La théorie avicennienne des degrés de l'intellect va remplir cette structure.

Théorie de l'intellect

La théorie albertinienne de l'intellect est le couronnement de sa philosophie, puisqu'elle rassemble, synthétise ou, mieux, focalise la psychologie, l'éthique et la théologie du péripatétisme. Elle illustre aussi la *difficulté pratique* qu'Albert a dû affronter pour ordonner un champ d'énoncés livrés dans un corpus disjoint, hétérogène, travaillé, déformé – en un mot : *accidenté* – par la pluralité des sources et des *traductions*.

On se plaît généralement à représenter Albert hésitant entre les doctrines, ici averroïste, là avicennien, comme si les notions fondatrices de l'aristotélisme et jusqu'à leurs principes de classement lui étaient parvenus en l'état d'origine, intacts, univoques, et qu'il avait *lui-même* tout brouillé dans une recherche concordataire écrasant l'histoire, ses rythmes et ses différences. Rien n'est plus faux. Philosophe de l'intellect, Albert est aussi, et pour cette raison précise, le philologue de la noétique péripatéticienne. On ne peut comprendre ni sa méthode ni ses résultats – donc sa doctrine – si l'on ne voit pas l'éclatement, la dissémination, de la donne littéraire.

Pour construire sa théorie de l'intellect, Albert a dû maîtriser les incohérences d'un *corpus peripateticorum* formé par les *De intellectu et intellecto* d'Alexandre d'Aphrodise et d'al-Fārābī, les *De anima* d'Aristote, d'Avicenne et d'Averroès, sans oublier les pages consacrées à l'*intellectus* dans la *Metaphysica* d'al-Ghazālī ; il a dû aussi intégrer et dépasser les premières lectures données par les maîtres parisiens des années 1230-1240 : tâche écrasante, dont il s'est pourtant acquitté.

Pour penser philosophiquement l'articulation des notions d'intellection, de conjonction et d'assimilation comme livrant le sens ultime du péripatétisme Albert a dû non seulement recevoir la distinction « aristotélicienne » de l'intellect agent et de l'intellect possible, mais aussi et

114. *Ibid.*, p. 501, 619-622.

surtout expliquer une troisième notion, un tiers manquant dans le texte d'Aristote : ce que l'on a coutume d'appeler l'*intellect acquis.*

La notion d'*intellectus adeptus* est, on l'a vu, une manière de dire la conjonction. Elle a donc une signification éminemment péripatéticienne, mais elle est aussi aristotélicienne au sens où elle est structurellement exigée par le *De anima*[115]. En d'autres mots, si la distinction de l'intellect possible et de l'intellect agent, mise en place par Aristote dans le *De anima,* III, 4-5, regarde les parties essentielles de l'âme, tous les péripatéticiens s'accordent à introduire une troisième sorte d'intellect, inconnue d'Aristote, pour fonder la doctrine des opérations de l'intellect exposée en *De anima,* III, 6, et la doctrine de l'« intellect pratique » proposée en III, 7. Défini comme présence de la « forme du connu » dans l'âme, cet « intellect » supporte donc un certain nombre de divisions aristotéliciennes (intellection des indivisibles, intellection des composés) ou non aristotéliciennes (analyse de l'intellection des composés en « intellect des principes » et « intellect acquis ») qui permettent de décrire la mise en œuvre de l'activité intellectuelle à partir de la rencontre avec l'objet, là où la distinction de l'intellect agent et de l'intellect possible ne fait qu'en fixer les conditions de possibilité du côté du sujet connaissant.

Telle est la structure et le centre d'ancrage ; là aussi, le point de départ de toutes les dérives et le cœur de toutes les difficultés. On sait la thèse commune : le tiers intellect, indispensable à la psychologie aristotélicienne, est l'intellect acquis ou conjonction seconde, continuation en acte. Cependant, on sait aussi que cette notion n'est pas aristotélicienne, et l'on va voir qu'elle revêt elle-même diverses acceptions. Décrire, comprendre, justifier son introduction, en retracer les étapes, en dessiner les figures, en comparer les modèles : telle est la tâche philologique accomplie par Albert.

La division de l'intellect et le problème de l'intellect acquis

L'expression latine *intellectus adeptus* recouvre deux notions distinctes. Ces deux notions existaient à l'état séparé chez Alexandre d'Aphrodise, et dans deux œuvres différentes. Rien, dira-t-on, ne devait normalement les rapprocher : le fait est qu'elles l'ont été et que c'est de leur fusion qu'est née toute l'ambiguïté de la théorie de la conjonction.

115. Sur tous ces thèmes, cf. l'annotation accompagnant *Averroès. L'Intelligence et la Pensée. Grand commentaire du 'De anima' III.* Trad., introd., bibliogr., chronologie, notes et index par A. de Libera, Paris, Flammarion (GF), 1998.

On a vu qu'Averroès attribuait la paternité de la notion de *continuatio* à Alexandre :

> Ce mode vérifie aussi l'opinion d'Alexandre selon laquelle l'intellection des choses séparées se fait par la jonction de cet intellect avec nous (« Et secundum hunc modum verificabitur opinio Alexandri in hoc quod dicit quod intelligere res abstractas fiet per continuationem istius intellectus nobiscum »)[116].

Cette attribution repose sur le passage où, résumant l'opinion de son maître Aristoclès, Alexandre présente le rapport de l'Intellect agent séparé au nôtre comme un rapport de synergie. Dans ce texte, l'Intellect séparé est dit ὁ θύραθεν, « extrinsèque », extérieur, terme aristotélicien, sur lequel repose effectivement toute la théorie de l'*inductio* de l'intellect en l'homme. Cette formule particulière de la « collaboration » entre l'Intellect séparé et l'homme est la matrice de la théorie de la conjonction : l'intellection est ici virtuellement pensable comme « entrée » *in nobis* d'un intelligible déposé de l'extérieur par un Intellect transcendant. Dans la version grecque du texte d'Alexandre, il n'y a naturellement pas lieu de confondre l'intelligible communiqué avec le Principe qui le communique, ni même de bloquer en une seule entité (la synergie) le produit et le Producteur : c'est pourtant le cas dans le texte latin lu par Albert. Là, en effet, le νοῦς ὁ θύραθεν se fait *intellectus adeptus agens*, intellect agent *acquis* – ce que nous désignerons par commodité comme *intellectus adeptus-1.*

Mais il y a une seconde acception de l'intellect *acquis*, qui procède d'Alexandre sans qu'Albert puisse le savoir – ce que nous appellerons *intellectus adeptus-2*.

Le traité *De l'âme*, non traduit au Moyen Âge, parle de l'intellect, notre intellect, parvenu à l'actualité du penser, en en faisant un « intellect habituel », *considéré comme acquis* par l'intellect matériel. Ce νοῦς ἐπίκτετος se dit en latin *acquisitus* ou *adeptus*. Il n'a rien à voir avec le νοῦς ὁ θύραθεν, pourtant, l'identité des formulations latines aidant, Albert va non seulement les retrouver tous deux comme tels dans les *traductions* des commentateurs arabes d'Aristote, mais encore devoir les distinguer l'un de l'autre en certains endroits où ils sont sinon toujours confondus, du moins souvent confondables.

Reste un dernier problème. Alexandre avait adopté une division tripartite de l'intellect, distinguant un νοῦς ὑλικός et un νοῦς ποιητικός, l'« intellect capable de tout devenir » et l'« intellect capable de tout produire » selon Aristote, et glissant entre les deux un νοῦς καθ' ἕξιν,

116. Cf., *supra*, p. 309, n. 109.

intellect habituel, fruit de leur rencontre[117]. Il avait également mentionné au passage un intellect en acte, ὁ κατ' ἐνέργειαν νοῦς. Ces diverses acceptions allaient se retrouver en latin. La division tripartite, avec le ternaire :

– *intellectus materialis ;*
– *intellectus qui intelligit et habet habitum ut intelligat ;*
– *Intelligentia agens ;*

l'expression ὁ κατ' ἐνέργειαν νοῦς, avec celle d'*intellectus in effectu* qualifiant apparemment le νοῦς καθ' ἕξιν considéré non comme capable de penser *(habens habitum ut intelligat),* mais comme en train de penser *(qui intelligit)*[118].

Quel texte d'Alexandre Albert a-t-il donc lu ? On connaît la réponse de Gilson : un texte « arabe », ou plutôt « arabisé »[119], marqué par l'introduction d'un « corps étranger » au texte grec original – notre *intellectus adeptus-1* –, un texte, ajouterons-nous, complexifié *par deux dédoublements,* l'un explicite, celui du νοῦς ποιητικός en *intellectus adeptus-1* et en *Intelligentia agens*, l'autre, virtuel mais nécessaire, celui du νοῦς καθ' ἕξιν en un *intellectus in actu intelligendi* (ou *intellectus in effectu*) et un *intellectus in habitu intelligendi* (ou *intellectus in habitu*).

117. Le *De intellectu* d'Alexandre d'Aphrodise attribue à Aristote une distinction entre trois sortes d'intellect, l'intellect matériel (νοῦς ὑλικός), l'intellect « selon l'habitus » (νοῦς καθ' ἕξιν), et l'intellect poiétique (νοῦς ποιητικός) : « L'intellect est triple selon Aristote » (νοῦς τριττός). Cf. P. Moraux, *Alexandre d'Aphrodise exégète de la noétique d'Aristote*, Liège, Faculté de philosophie - Paris, E. Droz (Bibliothèque de la faculté de philosophie et lettres de l'Université de Liège, Fasc. XCIX), 1942, p. 185 (= éd. Bruns, p. 106, 19). Cette distinction à trois termes a été reprise par tous les Commentateurs, et s'est à ce point imposée comme aristotélicienne que la traduction arabe sur laquelle Averroès a bâti son *Grand Commentaire du De anima* a incorporé la division d'Alexandre au texte même d'Aristote (Cf. *Textus* 18, éd. Crawford, p. 437, 1-7 : « Oportet igitur ut in ea sit intellectus qui est intellectus secundum quod efficitur omne, et intellectus qui est intellectus secundum quod facit ipsum intelligere omne, et intellectus secundum quod intelligit omne, quasi habitus, qui est quasi lux. Lux enim quoquo modo etiam facit colores qui sunt in potentia colores in actu »). En fait, non seulement Aristote ne parle pas de νοῦς καθ' ἕξιν, mais la distinction même de l'intellect agent et de l'intellect « hylique » ou « possible » est loin d'être si nettement formulée dans le *De anima* que le laisse entendre Alexandre.

118. On notera que l'expression νοῦς κατ' ἐνέργειαν (« intellectus secundum operationem » ou « secundum actum » dans le latin de Moerbeke, éd. Boese, p. 82, 4 et 7 ; trad. Trouillard, p. 160 : « esprit en acte » !) se retrouve chez Proclus, *Élém. théol.*, prop. 168 (= *Kalām fī maḥḍ al-khair*, prop. 12 et *Liber de causis*, prop. 13), où elle s'applique aux Intelligences *(al-'aql, al-'ālim).*

119. Ét. Gilson, « Les sources gréco-arabes... », p. 21 : « En le traduisant comme ils doivent l'avoir traduit pour que la retraduction latine soit ce qu'elle est, ils [= les traducteurs arabes] ont arabisé Alexandre. »

Un texte que l'existence d'un *intellectus adeptus-2* chez les Arabes allait encore rendre plus opaque : fallait-il l'identifier à l'*intellectus in effectu* ou à l'*intellectus in habitu* ? Un texte que l'accident textuel, ayant substitué le nom d'*Aristoteles* à celui d'*Aristocles* dans les manuscrits latins du Moyen Âge, allait achever de rendre quasi inintelligible.

La thèse de Gilson sur l'arabisation/farabisation d'Alexandre par les traducteurs arabes doit être entièrement abandonnée. Comme l'a établi M. Geoffroy, elle repose sur une série de confusions graves[120]. La plus pernicieuse est l'hypothèse d'une continuité doctrinale entre le Περὶ νοῦ arabe et la doctrine farabienne de l'intellect, *via* l'*Épître de l'intellect* d'al-Kindī – une filiation doublement impossible : (1) puisque « pour des raisons chronologiques, al-Kindī (m. 866) ne pouvait connaître la version arabe du Περὶ νοῦ d'Alexandre, traduite par Isḥāq ibn Ḥunayn (m. 910-911) » et (2) que « la doctrine des quatre intellects d'al-Kindī présente avec celle d'al-Fārābī des dissemblances de structure si profondes qu'il ne peut être sérieusement question d'envisager une influence de l'une sur l'autre ». On peut ajouter à cela qu'il est impossible que le dédoublement de l'intellect agent en *intellectus adeptus* et en *intelligentia agens* ait été opéré par les traducteurs arabes dans les textes d'Alexandre « pour faire place à une notion » – l'intellect « acquis » – dont il faudrait « chercher l'origine chez Alfarabi »[121]. Comme l'écrit plaisamment M. Geoffroy :

> Gilson, lisant la traduction arabo-latine faite sur la version d'Isḥāq éditée par G. Théry, laquelle donnait *intellectus adeptus (> mustafād)* pour νοῦς ὁ θύραθεν, en avait tiré la conclusion que le traducteur arabe, « contaminé » par la doctrine farabienne de l'intellect, aurait adapté le texte d'Alexandre pour le mettre en conformité avec l'enseignement d'al-Fārābī. Sans doute pourrait-il être séduisant d'imaginer, en bande annonce d'un prochain film de Youssef Chahine, le vieil Isḥāq (m. 910-911) cheminant sur les routes du Turkestan pour aller recueillir, penché sur le berceau d'al-Fārābī, l'enseignement de ce dernier en matière d'intellect, puis s'en servir pour adapter sa traduction du Περὶ νοῦ d'Alexandre d'Aphrodise. Pourtant, à l'évidence, la traduction d'Isḥāq est antérieure au traité sur l'intellect d'al-Fārābī, et si influence il y a eu

120. Cf. M. Geoffroy, « La tradition arabe du Περὶ νοῦ d'Alexandre d'Aphrodise et les origines de la théorie farabienne des quatre degrés de l'intellect », *in* C. D'Ancona Costa et G. Serra (éd.), *Aristotele e Alessandro di Afrodisia nella tradizione arabe. Atti del colloquio La ricezione arabe ed ebraica della filosofia e della scienza greche. Padova, 14-15 maggio 1999*, Padoue, Il Poligrafo (Subsidia Mediaevalia Patavina, 3), 2002, p. 191-231.

121. Ét. Gilson, « Les sources gréco-arabes... », *ibid.*

– ce qui est le cas –, celle-ci s'est exercée de l'Alexandre arabe sur al-Fārābī, et non l'inverse [122].

Ce qui est vrai, en revanche, c'est que les lecteurs arabes d'Alexandre *postérieurs à al-Fārābī* ont été portés à chercher chez le premier ce qu'ils trouvaient chez le second et qu'ils ont eu raison de le faire, dans la mesure où (1) al-Fārābī ne connaissait probablement pas le *De anima* d'Aristote, et (2) tirait toute son information sur ce livre de la pseudo-*Théologie d'Aristote* et, précisément, du Περὶ νοῦ arabe d'Alexandre.

Par sa situation dans l'histoire, à l'apogée, pour ainsi dire, d'une accumulation de contresens et de dérives, Albert était encore moins bien placé que le lecteur d'aujourd'hui pour s'orienter dans la généalogie complexe des doctrines arabes de l'intellect. Pourtant, c'est lui qui, le premier, allait tenter – avec ses moyens – de débrouiller les fils de cet extraordinaire écheveau, et il allait le faire en attaquant le problème dans l'orbite de sa plus grande force : en confrontant les unes aux autres les divisions de l'intellect issues de la réécriture arabe d'Alexandre.

D'un tiers polyonyme : le νοῦς καθ' ἕξιν
Albert et la philologie

L'histoire médiévale de la théorie de l'intellect est initialement conditionnée par les métamorphoses de la division alexandrinienne de l'intellect. Ayant sous les yeux une masse de données contradictoires, Albert s'efforce, dès son magistère parisien, d'en découvrir la logique cachée.

C'est que, décidément, rien ne concorde. Normalement issu d'Avicenne, le *Liber de causis primis et secundis* propose – ou plutôt suppose – en fait deux divisions, dont aucune n'est à proprement parler avicennienne, mais qui toutes deux, à des degrés divers, semblent découler d'un Alexandre déjà arabisé.

Le premier ternaire distingue [123] :

1. *intellectus materialis,*
2. *intellectus formalis,*
3. *intellectus in habitu ;*

le second [124] :

122. Cf. M. Geoffroy, « La tradition arabe... », art. cité.
123. Cf. R. De Vaux *(O.P.)*, *Notes et Textes...*, p. 128-129.
124. *Ibid.*, p. 129 et 134.

1. *intellectus in potentia,*
2. *intellectus in effectu,*
3. *Intelligentia agens ;*

l'*intellectus in effectu* du second ternaire regroupant sous une même rubrique l'*intellectus formalis* et l'*intellectus in habitu* du premier !

Si l'on regarde Fārābī, on voit opérer une distinction quadripartite entre :

1. *intellectus in potentia,*
2. *intellectus in effectu,*
3. *intellectus adeptus,*
4. *Intelligentia agens ;*

division qui devient quintuple chez Avicenne, quand il différencie :

1. *intellectus in potentia absoluta sive materialis,*
2. *intellectus in potentia facili sive in effectu,*
3. *intellectus in potentia perfecta ut in habitu,*
4. *intellectus in potentia perfecta ut adeptus,*
5. *Intelligentia agens ;*

mais que ne reprend pas le résumé de Ghazālī qui, lui, distingue :

1. *intellectus in potentia,*
2. *intellectus in habitu,*
3. *intellectus in effectu,*
4. *forma intellectus agentis,*
5. *Intelligentia agens.*

Chez les « avicenniens latins » du XIIe siècle, la classification d'Avicenne est, évidemment à l'honneur, mais elle présente une inversion inattendue des deuxième et troisième niveaux et une simplification terminologique du premier (qui évoque plus directement Alexandre). Gundissalinus distingue en effet :

1. l'intellect matériel, *intellectus materialis ;*
2. l'intellect habituel, *intellectus in habitu ;*
3. l'intellect en acte, *intellectus in effectu ;*
4. l'intellect acquis d'un autre, *intellectus adeptus ab alio ;*
5. l'intelligence en acte, *intelligentia in effectu*[125].

Cette classification, montage de textes empruntés au *De anima*, I, 5 ; V, 1 et V, 5, est pourtant justifiée en détail :

125. Cf. Gundissalinus, *Liber de anima*, éd. Muckle, p. 87-88.

Quand il est en puissance seule, c'est-à-dire (1) quand la puissance de l'âme n'a encore rien reçu de ce qui est sa perfection, l'intellect, qu'il soit actif ou contemplatif, est appelé intellect *matériel*. Il est dit matériel à l'image de l'aptitude de la matière première, qui d'elle-même n'a aucune forme, mais est réceptive à l'égard de toutes les formes. (2) Quand l'un et l'autre intellects sont en puissance facile, c'est-à-dire quand ils ont déjà les principes leur permettant d'accomplir leurs actions, pour l'actif, les propositions probables et d'autres affections, pour le contemplatif, les [propositions] connues par soi, comme « le tout est plus grand que sa partie », ou « deux choses égales à une troisième sont égales entre elles », et autres intelligibles premiers à partir desquels et avec lesquels on parvient aux intelligibles seconds, l'un et l'autre intellect est appelé intellect *habituel* et peut être dit en acte par rapport au premier. En effet, la puissance première ne peut intelliger quelque chose en acte. Celle-ci, en revanche, peut intelliger quelque chose en acte, pourvu qu'elle le recherche. (3) Conséquemment, une fois que l'un et l'autre de ces intellects a acquis la perfection [recherchée], l'intellect est dit *en acte*. Alors, en effet, l'intellect contemplatif est semblable à la puissance parachevée : quand commencent à exister dans l'âme les formes intelligibles acquises à partir des [propositions] connues par soi. Et, bien qu'elle [l'âme] ne soit pas tournée vers elles pour les considérer en acte, ces [formes] n'en sont pas moins comme déposées en elle, et elle les considérera en acte dès qu'elle le voudra, et elle les intelligera et elle intelligera qu'elle les intellige. Cet intellect est en effet celui qui intellige chaque fois qu'il veut intelliger, sans le labeur de la recherche. Bien que cet intellect soit appelé intellect *en acte*, il peut néanmoins être appelé intellect *en puissance* par rapport à celui qui le suit. (4) En effet, quand l'intellect contemplatif est en acte absolu, c'est-à-dire quand la forme intelligée lui est présente et qu'il la considère en acte, et qu'il intellige en acte, et qu'il intellige qu'il intellige en acte, ce qui alors est en elle [l'âme] est appelé *intellect acquis d'un autre*. On l'appelle intellect acquis d'un autre, car l'intellect en puissance ne passe à l'acte que grâce à l'intellect qui est toujours en acte. Il y a donc quelque chose grâce à quoi nos âmes, pour ce qui est des choses intelligibles, passent de la puissance à l'acte. Ce quelque chose n'est rien d'autre que l'intelligence en acte en laquelle sont les principes des formes intelligibles abstraites. C'est pourquoi, quand l'intellect qui est en puissance s'unit à l'intellect en acte par un certain mode de conjonction, une espèce des formes s'imprime en lui, laquelle est acquise de l'extérieur. C'est, en effet, cet intellect, celui qui donne la forme intelligible, dont le rapport à nos âmes est comme le rapport du soleil à notre vue.

Au contraire, un des premiers interprètes scolastiques de la théorie péripatéticienne de l'intellect, le franciscain Jean de La Rochelle, semble directement renouer avec Avicenne, puisqu'il différencie :

1. *intellectus materialis,*
2. *intellectus in effectu,*
3. *intellectus in habitu,*
4. *intellectus adeptus sive in actu*[126].

Mais, cette fois, c'est sa conception de l'*intellectus adeptus* qui, semble-t-il, l'éloigne de son modèle. De fait, là où l'auteur du *De anima* définissait l'intellect acquis comme « un certain mode de conjonction entre l'intellect qui est en puissance et l'intellect qui est en acte », Jean définit simplement l'« intellect acquis ou en acte » comme celui qui « considère en acte les conclusions » découlant des « propositions évidentes par soi » *(= intellectus in effectu)*, par opposition à l'« intellect habituel » qui les « possède sans y penser actuellement » – ce qui est certes conforme à l'intention d'Avicenne, mais laisse échapper le maître mot de « conjonction » où culmine toute la noétique de l'assimilation.

Gundissalinus et Jean de La Rochelle n'ont manifestement pas lu la même chose chez Avicenne. Comment expliquer de telles fluctuations ? Un pallier semble atteint : on pourrait croire qu'il est difficile d'aller plus loin dans l'incohérence. Un auteur qui, comme Albert, arrive à Paris dans les années 1245 n'est pourtant pas encore au bout de ses peines.

Quelques remarques pour fixer le cadre des déplacements et des collages[127].

Allégué pour la première fois dans le *Liber de causis primis et secundis*, l'*intellectus formalis* est un standard de l'enseignement universitaire du début du XIIIe siècle[128]. Il n'a pourtant pas le même sens des deux côtés de la Manche. À Paris, la *Summa de Bono* du chancelier Philippe[129] l'oppose à l'*intellectus possibilis* et à l'*intellectus agens* ; à Oxford, le *Tractatus de anima* de John Blund[130], après l'avoir identifié à

126. Jean de La Rochelle, *Tractatus de multiplici divisione potentiarum animae*, II, XVIII ; éd. Michaud-Quantin, p. 87-88.

127. Pour reconstituer l'épistémé d'Albert en noétique, cf. D.N. Hasse, « Das Lehrstück von den vier Intellekten in der Scholastik : Von den arabischen Quellen bis zu Albertus Magnus », *Recherches de théologie et philosophie médiévales*, 66, 1 (1999), p. 21-77.

128. Cf. Anonymus, *De potentiis animae et obiectis*, éd. Callus, *RThAM*, 19 (1952), p. 157, 25-27 ; Gauthier, « Le traité *De anima et de potentiis eius* d'un maître ès arts (vers 1225) », *RSPT*, 66/2 (1982), p. 16, n. 11 ; « Notes sur les débuts (1225-1240) du premier *averroïsme* », *RSPT*, 66/3 (1982), p. 350.

129. Philippe le Chancelier, *Summa de bono*, éd. Wicki (Opera philosophica Mediae Aetatis selecta, II, 1), Berne, Franck, 1985, p. 270, 119-205.

130. John Blund, *Tractatus de anima*, éd. Callus-Hunt (Auctores Britannici Medii Aevi, II), Londres, British Academy-Oxford University Press, 1970, § 59, p. 17, 19-22.

« l'*intellectus adeptus* d'Aristote » (!), l'oppose à l'*intellectus agens*, à l'*intellectus materialis* et à l'*intellectus exiens in effectum* ou *intellectus in effectu*[131].

L'attribution à Aristote de la notion d'« intellect acquis » est pour nous facile à expliquer : elle découle directement de la confusion entre *Aristoteles* et *Aristocles*, caractéristique de la tradition manuscrite du *De intellectu* d'Alexandre.

L'original grec, le Περὶ νοῦ, comprend, en effet, quatre séquences distinctes (A, B, C1 et C2) :

> A – 106, 19-110, 3 est un exposé de la théorie personnelle d'Alexandre sur l'intellect.
>
> B – 110, 4-112, 5 est un exposé des raisons qui ont conduit « Aristote » à soutenir la doctrine du νοῦς θύραθεν [pour l'*incipit* duquel P. Moraux a donné deux traductions différentes. En 1942 : « J'ai eu connaissance d'une théorie d'Aristote sur l'intellect extérieur, et je l'ai conservée fidèlement »[132] ; en 1961 : « Au sujet de la théorie aristotélicienne de l'intellect venu du dehors, j'ai entendu proposer des explications que j'ai tenu à conserver »[133]].
>
> C1 – 112, 5-113, 12 est l'exposé de la réponse à une objection contre la célèbre théorie du νοῦς θύραθεν, objection consistant à dire que, si l'intellect « vient du dehors », il doit, bien qu'immatériel, se mouvoir dans l'espace.
>
> C2 – 113, 12-24 présente des objections à la réponse de C1 et un essai de solution personnelle.

L'hétérogénéité du texte d'« Alexandre » pose encore aujourd'hui des problèmes aux interprètes. Les thèses de B ont été longtemps attribuées à Aristoclès de Messine[134] ; ce n'est qu'à partir de 1967, et surtout de 1984, que P. Moraux a proposé l'identification de l'*Aristote* de B à un autre Aristote que celui de Stagire – Aristote de Mytilène[135] –,

131. *Ibid.*, § 337, p. 92, 23-26.

132. Cf. P. Moraux, *Alexandre d'Aphrodise exégète de la noétique d'Aristote, loc. cit.*, p. 189.

133. Cité par F.M. Schroeder et R.B. Todd, *Two Greek Aristotelician Commentators on the Intellect. The 'De intellectu' attributed to Alexander of Aphrodisias and Themistius' Paraphrase of Aristotle 'De anima' 3. 4-8.* Introduction, Translation, Commentary and Notes by F.M. Schroeder and R.B. Todd, Toronto, PIMS (Medieval Sources in Translation, 33), 1990, p. 29.

134. À la suite de E. Zeller, *Die Philosophie der Griechen in ihrer geschichtlichen Entwicklung dargestellt,* vol. 3.1, 1923, p. 814-815, et de sa correction de Ἀριστοτέλους le génitif d'« Aristote » en Ἀριστοκλέους, le génitif d'« Aristoclès ».

135. L'ensemble du dossier est présenté par Schroeder et Todd. Cf., en outre, P. Moraux, « Le *De anima* dans la tradition grecque. Quelques aspects de l'interprétation

identification qui a été en général acceptée, non sans que des divergences se manifestent derechef sur ce point : certains soutenant que B transcrivait les thèses d'Aristote de Mytilène, tandis que d'autres, dont Moraux lui-même, voyaient en B l'expression d'une tradition commune à laquelle cet « Aristote » souscrivait, et réservaient le seul C1 à l'expression de ses idées personnelles. Concernant C1, l'absence de référent du terme sur lequel s'ouvre le propos (βουλόμενος : « voulant ») a conduit plus d'un interprète à suivre Moraux, en conjecturant l'existence d'une lacune dans le texte entre B et C1. Schroeder et Todd ont ainsi proposé de distinguer en A, B et C1-C2, « deux traités distincts, et le fragment d'un troisième »[136], la question de savoir ce qui, dans cet ensemble grossièrement compilé (comme le texte édité sous le titre de *Mantissa* ou les *Quaestiones*), était réellement imputable à Alexandre, restant, en dehors de A, largement ouverte.

Le problème épineux qui est aujourd'hui le nôtre était évidemment pire pour les interprètes anciens. Tout particulièrement pour la section C1. Comme l'original grec donnait à peu près ceci :

> *Voulant* démontrer l'immortalité de l'intellect et échapper aux difficultés que l'on soulève à propos de la théorie de l'intellect venu de l'extérieur : cet intellect, objecte-t-on, doit nécessairement changer de lieu ; mais, d'autre part, étant incorporel, il ne peut ni exister en un lieu, ni changer, ni passer d'un endroit en un autre.

et que le sujet de cette phrase – ou plutôt le *verbe* – ne venait que quelques lignes plus tard, et si l'on suit Moraux[137], *dans une autre phrase* (« Voici ce que, d'après sa propre réflexion, *il* professait au sujet de l'intellect qui est dit exister dans tout le corps mortel[138] »), les lecteurs n'avaient aucun moyen de l'identifier. « Il ». Qui cela ? Comme personne ne soupçonnait à l'époque l'existence ni d'un Aristote de Mytilène ni d'un Aristoclès de Messine, il n'y avait que deux possibilités : soit « il » renvoyait à Alexandre, soit « il » renvoyait au Stagirite.

---

du traité, de Théophraste à Themistius », *in* G.E.R. Lloyd et G.E.L. Owen (éd.), *Aristotle on Mind and the Senses*, Cambridge, CUP, 1978, p. 281-324.

136. F.M. Schroeder et R.B. Todd, *Two Greek Aristotelician Commentators*..., *loc. cit.*, p. 31.

137. Cf. P. Moraux, *Alexandre d'Aphrodise exégète de la noétique d'Aristote*, *loc. cit.*, 1942, p. 192.

138. F.M. Schroeder, in *Two Greek Aristotelician Commentators*..., *loc. cit.*, p. 55, traduit : « Wishing to show that the intellect was immortal and to escape the problems that they raise for the intellect from without, viz. that it must change place [...], he said the following concerning the intellect that is said to exist in the whole of the mortal body » ; la différence avec Schroeder s'explique par le fait que Moraux rend βουλόμενος non par « voulant », mais par « il voulut ».

Les lecteurs latins de la traduction *patchwork* du *De intellectu* arabe par Gérard de Crémone n'avaient pas à choisir. Leur version de C1 portait explicitement la mention d'« Aristote » (βουλόμενος devenant « Unde quia *Aristoteles* voluit ») :

> D'où, puisque Aristote voulut démontrer que l'Intelligence est immortelle, et voulant échapper aux objections qui découlent de ce qu'il a dit de l'intellect acquis [...] (« Unde quia *Aristoteles* voluit ostendere quod intelligencia est inmortalis, et volens evadere obiectiones que sequntur ex eo quod dixit de intellectu adepto [...] »).

Comment un lecteur de la version arabo-latine du Περὶ νοῦ aurait-il pu démêler cet écheveau ? La situation d'Albert n'était pas facile. Mais ce n'est pas tout. Il y avait aussi le problème de l'intellect formel. Sur ce point, le scénario est moins embrouillé.

L'identification de l'*intellectus adeptus* d'« Aristote » (= Aristoclès) cité par Alexandre avec un intellect « formel », tous deux intermédiaires entre l'intellect matériel et l'intellect agent, mais opposés à l'*intellectus exiens in effectum*, est une évidente création des commentateurs latins du *De anima*, qui suppose à la fois l'influence d'Avicenne et l'utilisation d'une définition caractéristique de la classification de l'intellect selon al-Kindī, donnant comme troisième variété de l'intellect un *intellectus cum exit in anima de potentia ad effectum* (situé entre l'*Intellectus semper in actu* et l'*intellectus in potentia in anima*, d'une part, l'*intellectus demonstrativus*, d'autre part) – une création donc, mais qui va manifestement contre Alexandre, pour qui l'*intellectus in effectu* occupe précisément la place tenue par l'*intellectus formalis*[139] !

Nouvelles incohérences. À quoi l'on doit ajouter une dernière difficulté, relative cette fois à Avicenne et sur laquelle l'inversion des niveaux 2 et 3 dans le classement des intellects de Gundissalinus à Jean de La Rochelle a attiré notre attention. Une nouvelle fois, l'apparente inconséquence *philosophique* des Latins s'explique de manière purement *philologique*. Le phénomène est complexe et dépend des particularités de la tradition manuscrite du *Liber sextus de animalibus sive de anima*. On sait aujourd'hui qu'il y a deux familles dans les manuscrits latins du *De anima* : la famille A, sur laquelle Gilson a fondé son analyse de la psychologie avicennienne ; la famille B, que S. Van Riet a choisie comme base de son édition dans l'*Avicenna Latinus*. Or, et c'est là le décisif, ces deux familles n'ont pas le même ordre d'énumération pour l'*intellectus in effectu* et l'*intellectus in habitu*. Cet accident textuel explique la plupart des divergences entre interprètes latins.

139. Cf. G. Théry, *Autour du décret de 1210. II. Alexandre d'Aphrodise. Aperçu sur l'influence de sa noétique* (Bibliothèque thomiste, VII), Kain, 1926, p. 76.

Compris entre l'*intellectus materialis sive in potentia* et l'*intellectus in effectu*, l'*intellectus formalis sive adeptus* de John Blund est l'équivalent de ce qu'une partie de la tradition avicennienne, celle de Gundissalinus et d'Albert lui-même, appelle *intellectus in habitu* – tradition liée à la famille B des manuscrits latins du *De anima*, celle aussi de la paraphrase d'al-Ghazālī, où l'intellect en acte fait suite à l'intellect habituel.

Au contraire, dans l'autre tradition, celle de Jean de La Rochelle (liée à la famille A, où l'intellect habituel fait suite à l'intellect en acte), l'intellect formel *(intellectus formatus)* est logiquement apparenté à l'*intellectus in effectu*[140].

Cela posé, il est clair que, quelles que soient les traditions manuscrites d'Avicenne, l'*intellectus adeptus* (famille A) ou *accommodatus* (famille B) avicennien, encore appelé *intellectus in actu*, ultime degré d'actuation de la puissance de l'intellect matériel, se distingue nécessairement de l'intellect formel d'« Aristote »-Alexandre qui n'en est que le premier degré, « facile » (famille A)[141] ou « possible » (famille B).

Ce qui est clair pour nous, qui disposons d'éditions critiques d'Alexandre et d'Avicenne, et connaissons, du moins dans ses grandes lignes, l'histoire de leurs avatars textuels, ne pouvait l'être en revanche pour un maître du XIIIe siècle.

Le grand apport philologique d'Albert est d'avoir tenté de surmonter la pathologie des corpus par la mise en évidence des solidarités conceptuelles. Issue de la seule perception du rôle central de l'intellect formel, sa mise en ordre de la théorie péripatéticienne de l'intellect n'en est pas moins, une fois de plus, confirmée ou portée par la lecture d'Averroès.

La question 54 de la *II Pars* de la *Summa de creaturis*, rédigée à Paris avant 1246 est ici le texte de référence. En effet, dans l'article unique qui la compose, Albert passe en revue toutes les classifications de l'intellect : d'Alexandre *(potentialis sive materialis, in habitu sive formalis, agens)* et d'al-Kindī *(semper in actu, in potentia in anima, cum exit de potentia ad effectum, demonstrans)* à Ghazālī et à Avicenne *(possibilis, in habitu, adeptus, agens)*, en passant par Aristote *(agens, possibilis)*, mais il le fait à la lumière de celle d'Averroès *(agens, possibilis, speculativus)*. Le résultat de cette démarche plus structurale qu'historique peut-être résumé ainsi :

140. *Tractatus...*, II, 18, p. 87-88, et 22, p. 93-94.

141. La dépendance de Gundissalinus par rapport à la famille A est confirmée par son utilisation de l'expression *potentia facilis* (= *De anima*, I, 5 ; éd. Van Riet, p. 96, 36) pour désigner l'état où les deux intellects, théorétique et pratique, ont reçu les « principia quibus perficiuntur eorum operationes ».

1. L'*intellectus in habitu sive formalis* d'Alexandre est à la fois identique à l'*intellectus qui fit in effectu* d'al-Kindī et aux intellects *in habitu et adeptus* d'Avicenne et de Ghazālī ;

2. L'intellect « spéculatif » d'Averroès « issu de l'intellect agent et de l'intellect possible » doit être compris comme se subordonnant lui-même les intellects habituel et acquis d'Avicenne et l'intellect démonstratif de Kindī.

Cette analyse, qui semble s'opposer radicalement à la doctrine des quatre degrés de l'intellect selon Avicenne, montre en réalité qu'Albert interprète ici la notion d'intellect « acquis » au sens d'*intellectus adeptus-2*, autrement dit le νοῦς ἐπίκτετος d'Alexandre, et non au sens d'*intellectus adeptus-1*, νοῦς ὁ θύραθεν, *intellectus adeptus agens*[142].

Ne connaissant pas le *De anima* d'Alexandre, c'est à Avicenne et Averroès qu'Albert emprunte la distinction entre un intellect habituel désignant l'habitus (c'est-à-dire la possession) « de principes non reçus d'un maître », que l'on connaît « en connaissant simplement les termes qui les composent », et un intellect acquis, désignant une autre forme d'ayance, à savoir : l'habitus de principes « que l'on acquiert au contact d'un maître par l'enseignement et l'étude ».

Si l'évocation de cet *intellectus*, qu'il dit *acquisitus* autant qu'*adeptus*, probablement en écho du passage où Averroès distingue possession naturelle et acquisition volontaire des intelligibles :

> Les intelligibles adviennent de deux manières en nous – soit naturellement (et ce sont les premières propositions, dont nous ne savons ni quand elles nous sont venues ni d'où ni comment), soit volontairement (et ce sont les intelligibles acquis à partir des premières propositions)[143],

montre qu'Albert a affaire aux deux variétés d'intellect acquis dont la tradition arabe a lesté la psychologie d'Alexandre, l'une (découlant de la réinterprétation arabe du νοῦς ὁ θύραθεν) qui est étroitement liée à la notion de conjonction, l'autre (issue de la lecture arabe du νοῦς

142. Dans la tradition interprétative du *De anima*, la question de savoir en quel sens l'intellect « venu du dehors » (ἔξωθεν) ou « surajouté » (ἐπίθετος) – le νοῦς ὁ θύραθεν d'Alexandre – peut être dit « congénital » (συμφυής), agitée notamment par Théophraste (fragment I^{b}), semble avoir toujours été parasitée par (voire parfois réduite à) celle de l'« acquisition des connaissances » (= les intelligibles), *i.e.* le νοῦς ἐπίκτετος d'Alexandre. Ce parasitage, compliqué par l'apparente synonymie des termes *adeptus* et *acquisitus*, censés correspondre aux deux registres distincts, explique le flottement entre *intellectus adeptus*-1 et *intellectus adeptus*-2. La tâche d'Albert n'était décidément pas facile.

143. Averroès, *De an.*, III, comm. 36, Crawford, p. 496, 490-493 : « Intellecta autem duobus fiunt in nobis : aut naturaliter et sunt prime propositiones, quas nescimus quando extiterunt et unde et quomodo, aut voluntarie et sunt intellecta acquisita ex primis propositionibus. »

ἐπίκτετος) qui en est indépendante ; elle montre aussi quel chemin théorique il a à parcourir pour éliminer les effets pervers de l'ambiguïté de la notion d'intellect acquis. Il lui faut, tirant le parti maximal de la notion d'intellect spéculatif, y subsumer avec Averroès l'intellect habituel et l'intellect acquis – au sens d'*intellectus adeptus-2* –, pour penser ensuite la « marche vers la conjonction » comme une montée progressive de l'intellect spéculatif vers l'intellect acquis – au sens d'*intellectus adeptus-1*.

C'est ce qu'il fait dans le *De anima*, sur les pas d'al-Fārābī et d'Averroès, et c'est la théorie du triple mode de la conjonction de l'Intellect agent à l'homme où culmine le programme philosophique du péripatétisme.

Les degrés de l'intellect et la divinisation de l'homme

Aucune doctrine d'Albert n'est plus « péripatéticienne » que sa doctrine, pourtant à nos yeux néoplatonicienne, de la divinisation par l'intellect.

Les prémisses sont d'Averroès. Il y a deux sources des intellects spéculatifs, autrement dit de l'actuation des formes intelligibles en nous : la nature, qui nous met en possession des premiers principes *(dignitates)* de toute démonstration ; la volonté ou l'art, qui nous fait recevoir certaines connaissances d'un maître. Le moyen terme est de Fārābī : le but du philosophe est l'intellect acquis, c'est-à-dire la conjonction formelle à l'Intellect séparé[144]. La conclusion est d'Avicenne, mais elle

144. La juxtaposition de la figure du maître et de celle de l'Intellect séparé, qui redouble en l'amplifiant l'intrication des deux sens de l'*intellectus adeptus*, n'est pas le fait du hasard. Ces dérives s'expliquent sans doute par le fait que la pseudo-*Théologie d'Aristote* (autrement dit... les *Ennéades* !) a joué un rôle décisif dans la transmission des thèses du *De anima* (revues et corrigées par Plotin), mais elles ont une justification secondaire, et réelle. Dans le complexe péripatéticien, on l'a vu, le modèle émanatiste prend en charge le CQR de la réminiscence platonicienne. La « motion » des intellects subalternes (comme l'intellect de l'homme) par l'Intelligence séparée prend donc la place de la « motion » de l'âme du disciple par la parole du maître dans le dialogue pédagogique. Comme le note Ph. Hoffmann, « Catégories et langage selon Simplicius. La question du *skopos* du traité aristotélicien des *Catégories* », *in* I. Hadot (éd.), *Simplicius. Sa vie, son œuvre, sa survie. Actes du colloque international de Paris, 28 sept.-1er oct. 1985*, Berlin-New York, W. de Gruyter (Peripatoi, 15), 1987, p. 86 : « Dans la relation pédagogique, le Maître (celui qui a contemplé la vérité) provoque, au moyen de la parole qui est proférée par lui, une réminiscence dans l'âme du Disciple qui l'écoute. Les notions, ou intellections, "motrices" (αἱ κινητικαὶ νοήσεις) qui sont dans l'âme du Maître meuvent (κινεῖν) les notions, jusque-là refroidies par l'oubli, qui sont dans l'âme du Disciple, par l'intermédiaire des notions qui, dans le langage proféré, procèdent de l'âme du Maître et sont le contenu intelligible des mots et des discours. »

va plus loin : la conjonction avec l'Intellect agent est sanctificatrice, c'est une assimilation à Dieu. Cependant, la nature même des prémisses choisies – la notion d'*intellecta speculata* – signifie qu'Albert veut rester d'un bout à l'autre dans l'orbe d'Averroès, ainsi qu'il l'a d'ailleurs lui-même annoncé d'une formule lapidaire : « cum Averroe in toto et in parte cum Alfarabio ».

Dès lors, la théorie averroïste des trois modes de la conjonction absorbe toutes les divisions de l'intellect et jusqu'à l'ambiguïté même de la notion d'intellect acquis. L'intellect agent nous est conjoint par nature en puissance ; puis comme cause efficiente des *intellecta speculativa* ; enfin, il nous est conjoint en acte comme forme.

> On peut tirer de tout cela que l'intellect agent nous est joint de trois manières, bien qu'en lui-même et selon son essence il soit séparé. Par nature, en effet, il nous est joint à titre de puissance et de faculté de l'âme, mais en produisant les intellects spéculatifs il se joint à titre de cause efficiente, et sur la base de ces deux conjonctions, l'homme n'est pas [assez] parfait pour opérer œuvre divine. Mais, finalement, il se joint [à nous] comme forme, et la cause de cette conjonction est l'intellect spéculatif, et c'est pourquoi il doit y avoir intellect spéculatif avant qu'il y ait intellect acquis. Car alors l'homme est rendu parfait et divin et à même d'accomplir son œuvre en tant qu'il est homme, et non pas animal : et il y a des degrés dans l'intellect spéculatif, par lesquels il s'élève pour ainsi dire à l'intellect acquis (« Colligitur igitur ex his, quod intellectus agens tribus modis coniungitur nobis, licet in se et secundum essentiam suam sit separatus. A natura enim coniungitur ut potentia et virtus quaedam animae, sed faciendo intellecta speculativa coniungitur ut efficiens, et ex his duabus coniunctionibus non est homo perfectus, ut operetur opus divinum. Coniungitur tandem ut forma, et causa coniunctionis illius est intellectus speculativus ; et ideo oportet esse speculativum ante adeptum. Et tunc homo perfectus et divinus effectus est ad suum opus, inquantum homo est et non animal est, perficiendum, et sunt gradus in intellectu speculativo, quibus quasi ascenditur ad intellectum adeptum »).

Cette conjonction, l'intellect acquis, est donc à la fois le résultat des « degrés de contemplation », littéralement des « degrés d'intellect spéculatif » (*i.e.* d'intellection théorique) par lesquels l'homme monte vers lui ; une conjonction au sens exact où, « dans le livre XVI des *Animaux*, Aristote dit que l'intellect agent en tant qu'intellect acquis au titre de forme entre en l'homme de l'extérieur » ; une « assimilation de l'homme à Dieu » dans laquelle l'homme réalise sa nature d'homme et, ainsi habilité à sa propre fin, s'élève jusqu'à la sainteté et la prophétie.

Connaître les êtres séparés, c'est réaliser l'univers métaphysique en soi – « devenir un monde *(saeculum)* intelligible », comme le dit

Avicenne[145] –, devenir un contemplatif, bref philosopher, si la philosophie est contemplation ou, comme le dit l'*Éthique* : sagesse théorétique.

Le philosophe ne saurait pratiquer une autre sagesse que celle de la contemplation intellectuelle, car elle seule lui permet d'« opérer ce qui lui est propre ». Cette sagesse est et se veut péripatéticienne. Toute autre postulation est vaine. Il n'y a pas de philosophie du singulier. Tout épicurisme est bestial : « Ils ne comprennent rien de plus que les bêtes, ceux qui en restent à la connaissance du singulier. » Il y a diverses philosophies comme il y a divers types d'hommes. Les uns ont besoin d'enseignement et de beaucoup d'études. Leur intellect est comme prisonnier des *sensibilia* :

> Il est obscur et ne reçoit rien de stable sans difficulté. Si on lui enseigne quelque chose, c'est à force d'exemples sensibles, mais de tels exemples ne permettent pas d'intelliger les réalités divines et manifestes par soi, dont traite la philosophie première.

Le philosophe péripatéticien n'a, au contraire, aucune attache avec le sensible. L'Agent n'est pas en lui simple puissance de l'âme ou cause efficiente produisant par abstraction les intelligibles. Le philosophe péripatéticien a quasi l'Agent pour forme – forme par laquelle il opère tout, s'élève à la félicité, à la sainteté, à la divinisation, à la Prophétie.

> Dans le livre sur *l'Âme*, j'ai dit que la félicité était ce à quoi tentait d'aboutir tout philosophe[146]. Cette félicité est appelée intellect saint ou pur par Avicenne[147], mais Aristote, lui, l'appelle intellect divin[148] :

145. Cette notion fonde la théorie du « retour » *(fīl-ma'ād)*, exposée en *Metaphysica*, IX, 7 ; éd. Van Riet, p. 510, 72-511, 83 (notre traduction) : « La perfection de l'âme raisonnable est de *devenir un monde intelligible* dans lequel se décrive ou se dessine la forme du tout et l'ordre intelligé dans le tout et la bonté s'écoulant en tout. Cette bonté commence à l'origine de tout, s'avance [procède] jusqu'aux substances spirituelles très nobles qui sont séparées, puis à celles qui, d'une certaine manière, dépendent des corps, puis aux âmes qui meuvent ces corps, puis à ces corps célestes eux-mêmes, pour que ceux-ci viennent tout ensemble inscrire en l'âme leurs dispositions et leurs puissances, jusqu'à ce que s'accomplisse et s'achève en elle la disposition de l'être de l'univers. C'est ainsi que l'âme se *transforme* alors *en un monde intelligé*, qui est à l'instar de l'être du monde tout entier, qu'elle contemple et distingue ce qui est la beauté absolue et le bien absolu, que le vrai beau s'unit à elle pour ne faire qu'un avec elle, et que sculptée à son exemple et selon sa disposition, elle marche dans sa voie, transformée à l'image de sa substance. »

146. Albert le Grand, *De an.*, III, 3, 11, p. 221, 47-60, où, on l'a vu, Albert expose la *fiducia philosophantium* selon al-Fārābī (filtré par Averroès). Cf. également III, 3, 12, p. 224, 82-90, où l'expression est attribuée à « tous les péripatéticiens ».

147. Avicenne, *De an.*, V, 6, p. 151, 84-85, avec les commentaires d'Albert le Grand, *De an.*, III, 3, 11, p. 222, 24, et 223, 11-38.

148. Albert le Grand, *De an.*, III, 3, 11, p. 222, 4-14, qui, ainsi qu'on l'a dit, renvoie aux « péripatéticiens » : Aristote, *Éth. Nic.*, X, 7, 1175b5-1178a9, Eustrate et Michel d'Éphèse, commentateurs de l'*Éthique*.

> c'est cet intellect qui sans beaucoup d'étude reçoit l'illumination nécessaire aux prophéties et à l'interprétation véridique des songes.

Le philosophe véritable est prophète. Un Dante, un Savonarole s'en souviendront [149]. Un Eckhart aussi, à sa manière.

Le second livre du *De intellectu et intelligibili*, véritable manifeste de l'albertisme, dit les étapes de la montée vers cette conjonction totale qui à travers la sanctification et l'assimilation mène l'intellect acquis vers la divinisation [150]. On ne peut mieux faire qu'en reprendre la trajectoire, telle que la résume Ulrich de Strasbourg, c'est le fin mot de la philosophie d'Albert :

> L'intellect possible devient formel par la conception des termes [premiers] ; de cette formalité il passe à l'état d'habitus des principes, état également appelé intellect des principes (étant entendu que nous connaissons les principes en connaissant les termes) ; puis il passe à l'état d'intellect en acte, par développement de ces principes en une science ; de l'intellect en acte il passe à l'état d'intellect acquis, à savoir quand l'intellect possible, après une investigation de tous les objets de science possibles, acquiert son propre acte, de telle façon que l'intellect agent lui est totalement uni comme une forme *(cum scilicet investigatione omnium scibilium intellectus possibilis adeptus est suum proprium actum ita, quod intellectus agens coniunctus est ei totaliter ut forma)* ; et d'intellect acquis il devient intellect saint, c'est-à-dire pur de toute matérialité et de toute condition impure ; et d'intellect saint il devient intellect assimilé [...] et d'intellect assimilé il devient intellect divin, à savoir quand dans la lumière de l'Intelligence, nous autres hommes recevons la lumière divine [...] et dans cette lumière nous connaissons Dieu [151].

149. Sur ce point, cf. Jérôme Savonarole, *La Fonction de la poésie*, précédé de B. Pinchard, *Le Nœud de la colère*, Lausanne, L'Âge d'homme (Contemplation), 1989.

150. Sur les prolongements de cette doctrine dans la « mystique rhénane », cf. A. de Libera, *Eckhart, Suso, Tauler, ou la Divinisation de l'homme*, Paris, Bayard Éditions (L'Aventure intérieure), 1996.

151. Cf. Ulrich, *De summo bono*, I, 1, 7, p. 18, 3-19, 22.

CHAPITRE VII

De la noétique à l'hénologie

Interprète d'Aristote, Albert a été aux Latins ce qu'Averroès avait été pour lui : le *Commentator* par excellence, le *Lesemeister* du péripatétisme. On aurait pourtant tort de croire qu'il a fallu attendre l'albertisme du XVe siècle pour lui voir reconnaître un rôle philosophique de plein exercice. Parisien et Colonais, Albert avait proposé une vision particulière du sens de la philosophie, finalisée par la doctrine péripatéticienne de la conjonction, il avait aussi donné une conception de l'histoire mettant au premier plan le péripatétisme et, dans le péripatétisme, sa théologie. C'est sur ces deux axes qu'a joué son héritage : le premier voyant la naissance de l'aristotélisme intégral ; le second, la submersion de la métaphysique d'Aristote par une théologie nouvelle, résolument (néo-)platonicienne, mais qui de la théologie philosophique d'Albert gardait l'essentiel : la divinisation de l'homme ; deux axes, donc deux courants : l'un universitaire et parisien, l'autre dominicain et allemand, signe unique, bi-face, d'une double appartenance et d'une double postulation que le travail philosophique de Maître Albert de Cologne a suscité par son ampleur puis couvert par son autorité. On évoquera ici ce qui, dans ce complexe, mène de la noétique à l'hénologie.

L'« averroïsme latin » et la félicité mentale : Dante, Jean de Jandun, Dietrich de Freiberg

Depuis Bruno Nardi, l'influence d'Albert le Grand sur le courant dit « averroïste latin » est admise par un nombre croissant d'historiens. On l'argumente généralement en deux points :

1. La théorie albertinienne de la « félicité » intellectuelle *(felicitas)* fondée sur son interprétation personnelle de la notion d'« intellect acquis » a été reprise par la majorité de ceux que, depuis Renan, on

appelle les « averroïstes » – en ce sens, E.P. Mahoney va jusqu'à qualifier d'« albertiste » la doctrine développée dans le *De intellectu* du supposé « averroïste » Agostino Nifo[1].

2. La doctrine albertiste de la contemplation philosophique, connaissance métaphysique purement intellectuelle, réalisant ici-bas une union de l'homme à Dieu et aux substances séparées, grâce à l'étude et à l'exercice de la pensée, est, comme le souligne R.-A. Gauthier[2], celle que – « par réaction contre la contemplation d'amour décrite par saint Thomas d'Aquin » – professent les commentateurs « averroïstes » de l'*Éthique à Nicomaque*.

Dans sa recension d'*Albert le Grand et la philosophie*, parue en mai 1991 dans la *Revue philosophique de Louvain*, F. Van Steenberghen a vigoureusement contesté ces affirmations. Pour le grand historien belge, « Nardi et de Libera commettent la même erreur » en « présentant Albert comme le fondateur de l'averroïsme latin » :

> On n'est pas « averroïste » [...] parce que, *à la suite d'Aristote*, on présente la contemplation philosophique comme le sommet de la béatitude naturelle et terrestre. On est « averroïste », au XIIIe siècle, lorsqu'on professe l'erreur pernicieuse d'Averroès sur l'unicité de l'intellect humain [p. 313], [...] de l'intellect humain *tout entier*, ou plutôt des *deux intellects*, le réceptif (ou « possible ») et l'agent [*ibid.*, n. 19]. [Or] Albert a toujours condamné et combattu sans réserve, et en des termes très durs, le monopsychisme d'Averroès.

Cette critique mérite l'attention. Il est clair qu'Albert n'est pas le père, mais on l'a vu dans le chapitre précédent, un des premiers adversaires de la doctrine de « l'unicité des deux intellects ». Le sens du vocable *averroista* est, en revanche, moins univoque *au XIIIe siècle* que ne le dit l'auteur. Précisément, à cette époque, *'averroista'* est employé dans divers contextes, qui n'ont pas toujours de lien avec les thèmes classiques de l'averroïsme défini dans l'historiographie – éternité du monde, « double vérité », « monopsychisme ». On peut évoquer ici le témoignage de Roger Bacon, pour qui l'averroïsme se caractérise par la

1. E.P. Mahoney, « Albert the Great and the *Studio Patavino* in the Late Fifteenth and Early Sixteenth Centuries », *in* J. Weisheipl (éd.), *Albertus Magnus and the Sciences : Commemorative Essays 1980*, Toronto, 1980, p. 552-554 ; « John of Jandun and Agostino Nifo on Human Felicity *(status)* », *in* Chr. Wénin (éd.), *L'Homme et son univers au Moyen Âge. Actes du VIIe Congrès international de philosophie médiévale (30 août-4 septembre 1982)*, Louvain-la-Neuve, Éditions de l'Institut supérieur de philosophie (Philosophes médiévaux, 26-1), 1986, p. 476.

2. R.-A. Gauthier, « Trois commentaires averroïstes sur l'*Éthique à Nicomaque* », *AHDLMA*, 16 (1948), p. 290.

doctrine de la forme substantielle, seule donatrice d'être au composé – à quoi s'oppose l'hylémorphisme bien compris :

> Les averroïstes ne peuvent rien à cela, même s'ils soutiennent avec lui [Averroès] que c'est la forme qui donne l'être à l'agrégat, car ce n'est pas seulement la forme qui donne l'être à l'agrégat, mais aussi la matière (« Nec *averroistae* impedire possunt hoc, licet sentiunt cum eo quod *forma dat esse aggregato*, nam non solum forma dat esse aggregato, sed materia »)[3].

Diagnostic exact, mais incomplet : l'unité des formes substantielles vaudrait aussi bien comme caractéristique du thomisme, et c'est sans aucun doute comme telle qu'elle a été condamnée à Oxford le 18 mars 1277 par l'évêque de Cantorbéry, chancelier de l'université, Robert Kilwardby, *O.P.* († 1279), puis par Jean Peckham[4], avant d'alimenter l'effervescente littérature des *Correctoires*[5]. En outre, on peut se demander si le réquisit de Van Steenberghen – « *professer* l'erreur pernicieuse d'Averroès sur l'unicité [...] des *deux intellects*, le réceptif (ou "possible") et l'agent » – a jamais été complètement satisfait au XIIIe siècle et, si oui, s'il l'a été durablement, à savoir au-delà des années 1270. Le peu que l'on sait de la crise dite « averroïste » en cette période ne va guère au-delà de la discussion d'une thèse précise : l'affirmation de la séparation de l'intellect possible et l'utilisation d'un modèle « cosmologique » pour rendre compte de l'intellection humaine, dans le cadre d'une théorie elle-même précise, celle de l'intellect moteur, qui,

3. Cf. Roger Bacon, *Compendium studii theologiae*, I, chap. 3, § 80. Un peu plus loin, Bacon évoque, sur le même thème, la « folie d'Averroès et son inépuisable fatuité, qui a induit en erreur [tant d']imbéciles » (« insania Averrois et multiplex eius fatuitas, quae stultos cogit multipliciter in errorem »).

4. Archevêque de Cantorbéry du 28 janvier 1279 au 8 décembre 1292, Peckham a non seulement confirmé, le 29 octobre 1284, la censure imposée par son prédécesseur à 16 propositions « inspirées » de Thomas, mais ajouté une nouvelle liste de 8 articles le 30 avril 1286. Sur ce point, cf. F. Pelster, « Die Sätze der Londoner Verurteilung von 1286 und die Schriften des Magister Richard von Knapwell *O.P.* », *Archivum fratrum Praedicatorum*, 16 (1946), p. 83-106, et, surtout, A. Boureau, *Théologie, Science et Censure au XIIIe siècle. Le cas de Jean Peckham*, Paris, Les Belles Lettres, 1999, qui reprend l'ensemble du dossier.

5. Sur la place de la controverse sur l'unité ou la pluralité des formes substantielles dans le dossier de l'averroïsme latin et celui des condamnations parisiennes de 1277, cf. C.J. McAleer, « Was Medical Theory Heterodox in the Latin Middle Ages ? The Plurality Theses of Paul of Venice and the Medical Authorities, Galen, Haly Abbas and Averroes », *Recherches de théologie et philosophie médiévales*, 68, 2 (2001), p. 349-370 et, du même, « Who were the Averroists of the Thirteenth Century ? A Study of Siger of Brabant and Neo-Augustinians in respect of the Plurality Controversy », *The Modern Schoolman*, 76 (1999), p. 273-292.

jusqu'à preuve du contraire, ne semble avoir eu qu'un partisan de premier plan – l'Anonyme de Giele – et un assez volatil épigone – Siger dans le *De anima intellectiva.* Dans la partie de l'*Ordinatio* de son *Commentaire des Sentences*, substituée à la *Reportatio Lecturae* mise rapidement en circulation sous une forme autonome grâce au *De plurificatione intellectus possibilis*, Gilles de Rome a donné, sur ce point, le seul témoignage précis, sous la forme d'un souvenir personnel remontant à l'époque où il était bachelier à la faculté de théologie de l'université de Paris, à savoir aux années 1270-1272 :

> Quand nous étions encore bachelier, nous vîmes un certain grand maître, des plus importants en philosophie, qui était alors lui aussi à Paris, vouloir soutenir l'opinion du Commentateur, concédant que *l'homme ne pense pas, si ce n'est au sens où le ciel pense parce que le moteur du ciel pense* ; ainsi donc [selon lui], l'homme pensait parce que cet intellect séparé pensait. Mais par là même ce maître concédait qu'il ne pensait pas lui-même, et il concédait que personne n'aurait dû discuter avec lui, car il n'y a pas à discuter avec les bêtes brutes, les arbres et, plus généralement, avec ceux qui ne pensent pas [6].

On peut douter que le « grand maître » en question ait jamais *concédé* qu'il était indigne de *disputer* avec ses collègues. Tout ce que l'on peut dire est qu'un maître, l'Anonyme de Giele, a, avant la fin de l'année 1270, en réponse au *De unitate intellectus* de Thomas d'Aquin (qui aux § 68 et 76 de son opuscule semble avoir forgé l'argument de l'homme-plante), soutenu une version « cosmologique » de la théorie de l'intellect moteur en liaison avec la discussion d'une « proposition scandaleuse » : *'homo non intelligit'*, née précisément dans l'univers de la *dispute* et qui n'en est sortie que par méprises successives ou addition de partis pris. C'est en tout cas à lui que se réfère Gilles de Rome, tant dans la *Reportatio Lecturae* (au début de 1271) que dans le *De plurificatione* (à une date proche de 1271), quand il discute une « première réponse anonyme » aux arguments antiaverroïstes de Thomas dans le *De unitate* [7]. Cela ne fait pas grand monde.

6. Cf. Gilles de Rome, *In II Sententiarum*, d. 17, q. 2, a. 1 ; éd. Venise, t. II, p. 48aD-bA : « Nos, cum adhuc essemus baccalaureus, vidimus quendam magistrum magnum, in philosophia maiorem qui tunc esset Parisiis, volentem tenere opinionem Commentatoris, concedentem quod homo non intelligit nisi sicut caelum intelligit quia intelligit motor caeli, sic etiam homo intelligit quia intelligit intellectus separatus. Sed ex quo concedebat se non intelligere, concedebat quod nullus deberet cum ipso disputare. Nam cum brutis et cum arboribus et universaliter cum non intelligentibus non est disputandum. »

7. Cf. C. Luna, 1999, p. 658. Comme l'écrit C. Luna : « [...] il faut se résigner à admettre [...] qu'en 1270-1271 la Faculté des arts de Paris comptait parmi ses maîtres *un*

Il y en a bien davantage en revanche pour soutenir la théorie de la « conjonction » et de la « félicité », plus précisément : la théorie qu'Albert le Grand a, le premier, formulée et systématisée à partir d'une lecture idiosyncrasique du *Grand Commentaire* d'Averroès sur le *De anima*, filtrée par le *De intellectu* d'al-Fārābī. Si l'on parle ici d'*averroïsme*, c'est donc à l'Averroès qu'Albert a légué à la scolastique des XIIIe et XIVe siècles qu'il faut remonter : un Averroès *farabisé*. Il y a pour Albert un « bon » et un « mauvais » Averroès. Le socle du bon est la doctrine de l'intellect *acquis*, celui du mauvais, qu'Albert « a toujours » effectivement « condamné et combattu sans réserve », celle de l'unicité de l'intellect *possible*.

Les choix d'Albert n'engagent pas toute la scolastique. Ils ont en revanche déterminé une doctrine éthique qui est un développement particulier de son interprétation de la théorie du « bonheur spéculatif » ou « sagesse théorétique » exposée par Aristote dans le livre X de l'*Éthique*[8]. Cette théorie du bonheur est donc moins spécifiquement « averroïste » que « péripatéticienne », au sens précis où, le premier, Albert le Grand isole et détermine une *sententia peripateticorum* fondée sur une lecture d'ensemble de l'*Aristoteles novus* et de ses prolongements gréco-arabes. Plus que d'« averroïsme », il convient dès lors de parler d'un aristotélisme qui n'est pas tant « radical » ou « hétérodoxe », comme le voulait F. Van Steenberghen, que plus encore « total » ou, comme l'écrit R.-A. Gauthier, « intégral ». F. Van Steenberghen souligne à juste titre qu'« intégral » n'exclut pas « radical » et « hétérodoxe ». Il a tort, en revanche, de dire qu'« aucun scolastique du XIIIe siècle ne professe un aristotélisme *intégral*, car tous remplacent le Premier Moteur d'Aristote par la Cause première créatrice, sacrifiant ainsi une doctrine capitale de l'aristotélisme » (*op. cit.*, p. 313). Il va de soi qu'aucun aristotélisme médiéval n'est intégral, si le critère de l'intégralité est l'élimination de la Cause première créatrice. L'intégralité s'entend ici du *péripatétisme*, non de l'*aristotélisme d'Aristote*. De ce point de vue, il va également de soi qu'aucun péripatétisme médiéval, qu'il soit arabe ou latin, n'est un aristotélisme intégral. Le péripatétisme médiéval est solidaire d'un certain néoplatonisme, d'une harmonisation plus ou moins poussée de l'aristotélisme d'Aristote et de l'aristotélisme d'« Aristote » – le Pseudo-Aristote du *Livre des causes* et/ou de la *Théologie*. C'est avec le péripatétisme – les *Peripatetici philosophi* – que s'explique Albert, et c'est sa vision du péripatétisme qu'il veut

philosophe averroïste de grand renom [c'est moi qui souligne] qui, n'étant ni Siger de Brabant ni Boèce de Dacie, nous reste inconnu. »

8. Cf. Aristote, *Éth. Nic.*, X, 7-9, 1177a12-1179a32.

transmettre (et transmet) aux Latins. Il est donc inutile d'entrer dans des querelles d'étiquettes. L'aristotélisme « intégral » d'Albert est le mixte d'aristotélisme, d'averroïsme et de farabisme qu'il a su imposer comme cadre de discussion à tous ceux qui ont choisi sa conception de la philosophie plutôt que celles, par exemple, de Thomas ou de Duns Scot. C'est tout. C'est suffisant. Cela mérite en tout cas d'être décrit précisément.

La position fondamentale transmise par Albert à ses contemporains est une doctrine de l'intellect acquis *(intellectus adeptus)* qui, à partir de ce que l'on a vu jusqu'ici, peut être articulée dans les huit thèses suivantes :

ThAlb 1 : l'intellect acquis désigne l'état de l'âme humaine entrée en conjonction *(coniunctio, connexio)* avec l'Intellect agent séparé ;

ThAlb 2 : pareille conjonction a lieu de trois manières : [a] en puissance (l'intellect agent nous est naturellement uni comme puissance et faculté de l'âme) ; [b] causalement – et ce de deux manières : [b1] au niveau de l'intellect dit « spéculatif », en tant que l'intellect agent est principe de la connaissance, c'est-à-dire cause efficiente de l'actuation des intelligibles dans l'âme et [b2] au niveau de l'intellect acquis proprement dit en tant que l'intellect agent se fait forme de l'âme, ce qui produit en elle un état de sagesse contemplative décrit par Aristote sous le nom de « vie théorétique » ;

ThAlb 3 : l'état de conjonction ou vie théorétique est l'état que les philosophes définissent comme le but suprême de l'existence humaine ;

ThAlb 4 : il y a donc ici-bas une forme de vie qui, au minimum, anticipe la béatitude promise aux élus dans la patrie céleste et, au maximum, se suffit à elle-même (c'est en ce sens que, dans le *De intellectu et intellecto*, al-Fārābī définit l'« autre vie » – *alia vita* – comme l'union du philosophe avec l'Intellect séparé)[9] ;

ThAlb 5 : au sens le plus littéral du terme cette forme de vie s'acquiert : elle est l'objet d'un travail et suppose une progression *(moveri ad continuationem)* ;

ThAlb 6 : le contenu de cette forme de vie est cela même qu'Aristote définissait comme l'objet de la théologie philosophique : la contemplation des êtres séparés ;

9. Cf. al-Fārābī, *De intellectu et intellecto, éd. cit.* : « Et sic substantia animae hominis vel homo cum eo per quod substantiatur fit propinquius ad intelligentiam agentem et hic est finis ultimus, et *vita alia*, scilicet quia ad ultimum acquiritur homini quiddem per quod substantiatur et acquiritur perfectio eius ultima, quod est ut agat in alteram aliam actionem per quam substantietur, et hec est intentio de *vita alia*. Quamvis eius actio non fiat in alio quod sit extra suam essentiam, ipsam enim agere est quam invenire suam essentiam. »

ThAlb 7 : la forme de vie caractéristique de la contemplation philosophique peut être appelée « félicité intellectuelle » ;

ThAlb 8 : Cette conception de la philosophie comme forme de vie contemplative est une conception indissolublement spéculative et éthique.

La doctrine de la « félicité mentale » est la justification théorique d'une pratique vivante de la philosophie, thème de longue durée, s'il en est, puisqu'on le retrouve encore *mutatis mutandis* chez Descartes, au seuil de la modernité[10]. Son originalité est d'être un humanisme philosophique enraciné à la fois dans une expérience unitive du transcendant, qui reste proprement philosophique, et dans une thèse d'anthropologie générale tirée par Albert de l'*Éthique à Nicomaque*, selon laquelle l'« homme en tant qu'homme n'est rien d'autre qu'intellect ».

L'ensemble des huit thèses est construit à partir de sources diverses : les péripatéticiens de terre d'Islam – Fārābī, Avicenne, Averroès – et, à un degré moindre, les commentateurs byzantins de l'*Éthique à Nicomaque*, Eustrate de Nicée et Michel d'Éphèse. L'équation, maintes fois formulée par Albert, entre la doctrine arabe de l'intellect acquis *(intellectus adeptus)* et la doctrine « grecque » de ce qu'il appelle « intellect possédé » *(intellectus possessus)* a pour fonction d'établir le caractère authentiquement péripatéticien d'une reformulation éthique de la philosophie qui, ultimement, culmine dans un état qu'il ne craint pas de caractériser avec Aristote comme « divin » *(intellectus divinus)*.

Elle ne doit cependant pas nous abuser. Albert a le souci de rappeler que la conjonction de l'homme avec l'Intelligence n'est pas une idée purement arabe, que c'est, en somme, la charte du péripatétisme – grec et arabe. À l'*intellectus adeptus* d'al-Fārābī – auteur qui, pour lui, inaugure la doctrine philosophique de la « conjonction » de l'homme à l'Intellect séparé – il fait donc, comme on l'a dit, correspondre l'*intellectus possessus* d'Eustrate, classé parmi les « sages grecs », aux côtés de Porphyre et d'Aspasius :

> Voilà donc l'antique position de tous les péripatéticiens telle que l'a déterminée Alfarabi. Il en découle que l'intellect possible est l'espèce de tous les intelligibles et aucunement une puissance matérielle leur [servant de sujet]. Après vinrent les sages grecs, à savoir Porphyre et Eustrate, Aspasius et Michel d'Éphèse et bien d'autres à l'exception d'Alexandre qui soutient Épicure : tous dirent que l'intellect de l'homme est un intellect possédé et que son mode d'existence n'est pas de la nature de

10. Sur ce point, cf. L. Renault, *Descartes ou la Félicité volontaire*, Paris, PUF (Épiméthée), 2000.

> l'Intelligence. Et ce que les sages grecs appellent *possédé*, les philosophes arabes, Avicenne, Averroès, Abubacher et maints autres le disaient *acquis*, car ce qui est possédé est autre et d'une autre nature que le possesseur [11].

Cet *intellectus possessus* qui *survient sur l'âme* n'est pas l'« intellect agent acquis », l'intellect agent devenu forme ultime, dans la « vie théorétique » génératrice de félicité, autrement dit l'*intellectus adeptus* décrit en ThAlb 2b2 et ThAlb 6-8 : c'est seulement l'intellect acquis au sens de ThAlb 2b1, autrement dit l'*intellectus acquisitus* au sens d'intellect habituel ou en acte. Albert le sait bien. C'est pourquoi il explique, ici ou là, que l'*intellectus possessus* des Grecs n'est que la condition préparatoire, une étape dans le procès de montée vers l'union proprement dite. Dans une des pages les plus curieuses du *De causis et processu universitatis*, il va même jusqu'à attribuer à Hermès Trismégiste, une distinction entre deux « parties » de l'intellect agent : l'une, « postérieure », qui réside en l'âme en tant que lumière émanée acquise *(lumen acquisitus)* – c'est l'*intellectus possessus* ; l'autre, antérieure, qui reste dans l'Agent lui-même, à titre de source de lumière ou de lumière source *(lux)* – l'intellect à acquérir ultimement à titre de forme.

> C'est pourquoi aussi cet intellect est appelé par certains philosophes intellect acquis ou possédé. *Acquis*, parce qu'on l'acquiert par l'étude de la vertu ou de la science [...] ; *possédé*, parce que, comme le dit Hermès Trismégiste, c'est le siège de la partie postérieure de l'Intellect agent dans l'âme. La partie antérieure de l'agent est en effet la lumière source qui reste dans l'agent lui-même. La lumière émanée, en revanche, qui procède de l'agent et se diffuse dans les intelligibles pour les rendre intelligibles, est postérieure dans l'agent, et c'est par elle et en elle que celui-ci siège dans l'âme. C'est pourquoi un tel intellect est appelé

11. Cf. Albert le Grand, *De quindecim problematibus*, I ; éd. Geyer, p. 32, 62-71 : « Hoc igitur omnium Peripateticorum antiqua est positio, secundum quod eam Alfarabium determinavit. Ex qua sequitur intellectum possibilem intelligibilium omnium esse speciem et non omnino potentiam esse materialem ad ipsa. Post hoc Graeci sapientes, Porphyrius scilicet et Eustratius, Aspasius et Michael Ephesius et quam plures alii venerunt praeter Alexandrum, qui Epicuro consentit, qui omnes intellectum hominis intellectum possessum et non de natura intelligentiae existentem esse dixerunt. Et quem Graeci sapientes possessum, eundem Arabum philosophi Avicenna, Averroes, Abubacher et quidam alii adeptum esse dicebant, quia id quod possessum est, aliud est alterius naturae a possidente. » Cf. également *Dcpu*, II, 2, 32 ; éd. Fauser, p. 126, 63-70, d'après Eustrate, *Eth. Nic.* VI, 5 ; éd. Heylbut, p. 314, 9-10 ; *transl. ant.*, Vat. lat. 2171, f° 110va : « ... mais il ne pose pas que l'intellect existe substantiellement dans l'âme, mais comme survenant sur elle en tant que possédé et comme habitus » (« sed non substantialiter existere in ipsa intellectum ponit, sed possessum et ut habitum supervenientem »).

possédé : il est acquis par la lumière de l'agent, lumière dans laquelle l'agent lui-même est possédé [12].

Par rapport à l'aristotélisme d'Aristote, l'aristotélisme authentique, la position d'Albert comporte donc une nouveauté remarquable : l'idée d'une progression ascétique de l'âme humaine s'élevant petit à petit de la connaissance du monde sublunaire jusqu'à l'intuition intellectuelle des réalités séparées. Cette « nouveauté » ne s'explique que par l'influence d'al-Fārābī, véritable clef de la compréhension albertinienne d'Avicenne, voire d'Averroès. À travers al-Fārābī, c'est toute la doctrine de l'élévation de l'intellect en acte vers « la forme de l'intellect acquis agent », héritée des traductions arabes d'Alexandre, mais aussi, et surtout, de la rencontre tacite entre l'« Aristote » de l'*Alexandre arabe* et l'« Aristote » de la pseudo-*Théologie d'Aristote* qui trouve, dans l'Occident latin, un ultime (et très inattendu) accomplissement.

Qu'il y ait ici-bas une félicité récompensant un effort philosophique entendu comme détachement progressif de l'âme humaine par l'abstraction et l'acquisition de l'intellect qui en résulte graduellement, telle est l'idée centrale de la pensée albertinienne qui est reprise tant par l'école dominicaine allemande que par le courant dit « averroïste latin ». Cette idée est incontestablement farabienne. Plus que pour aucun autre auteur scolastique latin, cette caractérisation de la philosophie d'al-Fārābī par M. Geoffroy vaut pour Albert le Grand :

> La connaissance parfaite, celle des substances séparées se présente comme le terme de la réalisation intellectuelle de l'homme. Mais la connaissance abstractive, en l'espèce de l'intellect en acte, en est *dans tous les cas* le passage obligé. Il existe une connaissance supérieure qui n'est pas d'ordre empirique, mais cette connaissance elle-même n'est autre que l'aboutissement naturel d'un processus de perfectionnement de la connaissance empirique [13].

12. Cf. Albert le Grand, *Dcpu*, II, 2, 20 ; éd. Fauser, p. 114, 39-54 : « Propter quod etiam a quibusdam philosophis hic intellectus acquisitus vel possessus appellatur. Acquisitus quidem, quia per studium acquiritur vel virtutis vel scientiae [...]. Possessus autem dicitur, ut dicit Hermes Trismegistus, quia est sessio posterioris partis intellectus agentis in anima. Anterius enim agentis est lux, quae in ipso agente est. Lumen autem, quod ab ipso agente procedit et in intelligibilibus diffunditur ad hoc quod intelligibilia sint, est posterius agente, per quod et in quo sedet in anima. Propter quod talis intellectus vocatur possessus, lumine scilicet agentis acquisitus, in quo etiam ipse agens possessus est. » Cf., en outre, *Ethica*, VI, 2, 13 ; éd. Borgnet, p. 423 et VI, 2, 18 ; éd. Borgnet, p. 433.

13. Cf. M. Geoffroy, « La tradition arabe... », *loc. cit.* Sur al-Fārābī, cf. Ph. Vallat, *Al Farabi et l'école d'Alexandrie. Des prémisses de la connaissance à la philosophie politique*, Paris, Vrin (Études musulmanes), 2005, qui explique comment, « dans le prolongement de la pensée pédagogique du néoplatonisme d'Alexandrie », celui-ci « conçoit le cursus d'études aristotélicien, de la logique à la métaphysique et de la métaphysique à la

Et c'est encore à Albert qu'il faut penser pour expliquer comment l'aristotélisme a pu devenir, dans l'Occident latin, ce que nous appelons le « péripatétisme arabe ». Par son entremise, le farabisme a triomphé un temps dans tous les courants qui se sont inspirés de la lecture albertinienne d'Aristote. Comme l'écrit encore M. Geoffroy : « La conception farabienne, diversement modelée, l'a emporté de loin, pour la postérité, sur celle d'al-Kindī. Jusqu'à devenir une des caractéristiques majeures de ce qui s'est appelé plus tard le "péripatétisme arabe". » L'autre grande conception rectrice est celle d'Averroès : on a vu tout ce que ses *interprétations latines* devaient, là encore, à Albert. L'école dominicaine allemande et l'averroïsme latin ont, dans leur refondation éthique de la philosophie, puisé à la même source : la théorie albertinienne de la félicité intellectuelle, de sa nature et de ses conditions.

Parler de « psychologie péripatéticienne » à propos de l'influence d'Albert le Grand sur les générations ultérieures réclame donc bien une série de précisions, si l'on veut échapper au diagnostic faible de Gilson posant que l'on trouve tout (c'est-à-dire aussi, on peut le craindre, *n'importe quoi*) à la *Samaritaine* albertinienne. La psychologie dont nous parlons est aristotélicienne, dans la mesure où elle se fonde sur l'ensemble théorique formé par le *De anima* et l'*Éthique à Nicomaque*. Elle est, cependant, pénétrée ou imprégnée de néoplatonisme, dans la mesure où l'éthique métaphysique de l'aristotélisme se définit par la psychologie gréco-arabe de l'intellect, celle de l'Alexandre arabe et de l'« Aristote » de la pseudo-*Théologie*, « déterminée », comme le dit Albert lui-même par al-Fārābī, aboutissant à une interprétation de la contemplation philosophique – la « sagesse théorétique » d'Aristote –, comme *optima felicitas* et foi philosophale *(fiducia philosophantis)*. Telle est la position philosophique de l'aristotélisme « intégral » : celle d'une valeur inconditionnée de la philosophie comme vie éthique parfaite et réalisation de l'essence pensante de l'homme. Cette position qui exalte la « vie philosophique » ne suffirait pas, aux yeux de Gilson, à sauver l'averroïsme latin, philosophie rétrograde et figée [14]. On ne peut pour autant dénier à cette forme d'aristotélisme sa rigueur *philosophique*.

---

politique et à la religion, comme le parcours platonicien du philosophe depuis la Caverne jusqu'à la cime des intelligibles ». Pour Vallat, Fārābī défend donc une « ultime forme de néoplatonisme », appuyée sur une « doctrine de l'analogie de l'être » (qu'il est le premier à formuler) – un diagnostic qui à la fois complique et explique la position clef du (f)arabisme dans la reconstruction albertinienne du péripatétisme.

14. On ne résiste pas au plaisir de citer le texte complet – un véritable « éreintement » : « ... l'averroïsme, malgré son aspect hardi et révolutionnaire, fut essentiellement conservateur. Il n'y a peut-être pas d'exemple dans l'histoire de la philosophie d'une école aussi complètement fermée sur elle-même et d'une doctrine aussi absolument imperméable

Pour les aristotéliciens intégraux, en effet, qu'ils soient ou non estampillés « averroïstes », le mot d'Aristote, « bienheureux comme des hommes », ne signifie pas, comme chez Thomas, que le bonheur de cette vie réalise imparfaitement le concept d'un bonheur plein, réservé pour la seule patrie céleste, mais plutôt qu'il « réalise *parfaitement* le concept d'un bonheur *humain* tel qu'il est possible à des hommes en cette vie »[15]. Ce bonheur humain parfait, qui réside dans la contemplation métaphysique de Dieu *et des substances séparées*, est défini en des termes qui procèdent directement, en la radicalisant, de la conception philosophique de la conjonction introduite par Albert[16]. La contemplation des *divina* va jusqu'à la Première Cause. Comme l'écrit un commentateur anonyme de l'*Éthique*, elle seule peut « apaiser l'intellect de l'homme » :

> Maintenant, il n'est en ce monde aucun bien suffisant pour que l'intellect de l'homme y trouve le repos, si ce n'est la Première Cause. La félicité humaine consiste donc dans l'union de l'intellect humain à la Première Cause par la connaissance. Et c'est l'intention d'Aristote [ce que veut dire Aristote] dans le livre X [de l'*Éthique*], qui veut [quand il soutient que] la félicité humaine consiste dans la contemplation, et au plus haut point dans la contemplation du Premier Étant[17].

C'est cette doctrine que prêche le *De summo bono* de Boèce de Dacie, elle qui fait de la philosophie un genre de vie spirituelle qui,

---

aux influences du dehors. Les seules concessions consenties par l'averroïsme latin du XIVe siècle l'ont été au dogme chrétien ; on peut signaler en effet un certain nombre de philosophes qui se sont efforcés de diminuer l'écart entre Averroès et les données de la révélation ; mais les tentatives pour ouvrir l'averroïsme à l'influence du mouvement ockhamiste ont été rares et insignifiantes. Si l'esprit qui animait les successeurs de Siger de Brabant avait été, comme on le croit généralement, l'esprit moderne, ils auraient dû reconnaître l'importance des idées et des découvertes d'un Buridan ou d'un Albert de Saxe ; dans l'interprétation que l'on en donne ordinairement, l'averroïsme aurait dû se dissoudre dans l'ockhamisme dès la première moitié du XIVe siècle. Or c'est exactement le contraire qui est arrivé. Les disciples de Siger de Brabant ont inlassablement répété et confirmé leurs thèses fondamentales en les défendant contre la raison non moins énergiquement que contre le dogme. *C'est l'averroïsme, et non la scolastique en général, que l'on a le droit d'assimiler à un aristotélisme obstiné et borné.* »

15. Cf. Gauthier, « Trois commentaires... », p. 279.

16. Albert le Grand, *Metaph.*, XI, 2, 11, p. 497, 39-72, et 498, 42-53 ; Ulrich, *De summo bono*, IV, 1, 2, 11, p. 15, 114-126, et 16, 133-139.

17. Cf. la question 20 du *Commentaire du Vatican* citée par R.-A. Gauthier, « Trois commentaires... », p. 290, n. 2 : « Modo non est aliquod bonum de mundo quod sufficienter possit quietare hominis intellectum nisi prima causa. Ergo in unione intellectus humani ad primam causam per cognitionem consistit humana felicitas. Et hoc est intentio Philosophi X huius qui vult quod in speculatione consistit humana felicitas, et maxime in speculatione primi entis. »

conforme au seul « ordre de la nature », n'en permet pas moins à l'homme de « conquérir la fin la meilleure et la plus élevée de la vie humaine »[18]. C'est elle qui est condamnée en 1277[19]. Si l'on en croit S. Ebbesen, cette condamnation n'est pas restée sans effet. Ses conséquences apparaissent, notamment, chez Radulphus Brito, dernier des « grands maîtres » parisiens du XIIIe siècle. Chez lui, en effet, le (f)arabisme albertinien paraît bien s'absenter, spécialement quant à la définition de « l'espérance philosophale » et au rôle accordé à la « conjonction avec l'intellect séparé ». S'appuyant sur son témoignage, S. Ebbesen, qui se rencontre sur ce point avec L. Sturlese interprétant le *De intellectu et intelligibili* d'Albert, remet donc en cause toute lecture « mystique » de l'idéal des maîtres ès arts : le but de la philosophie n'est pas une union plus ou moins nébuleuse avec un quelconque intellect séparé, mais la connaissance scientifique totale de la réalité. Partant, c'est toute l'image de la philosophie après 1277 qui doit être repensée, une fois libérée du schème de la *contiuatio/copulatio* :

> The generation preceding Brito had made some extravagant claims about what philosophy can do for its servants. Because of the 1277 condemnations scholarship has had a tendency to focus on claims to the effect that the ultimate reward for good study is some sort of a union with an impersonal super-intellect. It would be foolish to deny that such claims occur. But I think the attention paid to this particular piece of doctrine tends to make us blind to the bigger picture. Some arts masters believed in a union with a super-intellect, some did not, and those who did believe in it did not at all believe in the same sort of union or, for that matter, in the same sort of super-intellect. But they all believed in the salutary effects of knowledge, and most or all of them believed that a total or almost total knowledge of the created world is possible, at least in principle[20].

18. Boèce de Dacie, *Du souverain bien ou de la vie philosophique*, § 31, trad. R. Imbach, in *Philosophes médiévaux*..., p. 166. Voir également les *Quaest. de generatione et corruptione*, éd. G. Sajo, 1972, p. 3, 1 *sq*. et le *Tractatus de somniis*, éd. N.J. Green-Pedersen, 1976, p. 381, 21 *sq.* Sur la signification de la théorie boécienne de la félicité, son rapport avec Thomas d'Aquin et les condamnations de 1277, cf. L. Bianchi, « Felicità terrena e beatitudine ultraterrena. Boezio di Dacia e l'articolo 157 censurato da Tempier », *in* P.J.J.M. Bakker, *Chemins de la pensée médiévale. Études offertes à Zénon Kaluza*, Turnhout, Brepols (FIDEM. Textes et Études du Moyen Âge, 20), 2002, p. 193-214.

19. Cf. prop. 170-172, avec les commentaires de R. Hissette, *Enquête*..., p. 263-264.

20. Cf. S. Ebbesen, « Radulphus Brito The Last of the Great Arts Masters. Or : Philosophy and Freedom », *in* J.A. Aertsen, A. Speer (éd.), *Geistesleben im 13. Jahrhundert*, p. 237.

Faut-il réellement dissocier contemplation du cosmos intelligible et « science » ? Quoi qu'en disent Ebbesen, Sturlese et... Radulphus, en 1310-1312, c'est bien, en tout cas, le mot d'ordre albertinien de la contemplation métaphysique que développe un Dante[21]. La vie selon l'intellect devient sous sa plume « la fin de toute la société humaine »[22]. Cette forme de vie parfaite qui réside dans « l'exister capable d'appréhender au moyen de l'intellect possible » étant une opération, la pensée, « à laquelle ne peut parvenir un seul individu, ni une seule famille, ni un seul village, ni une seule cité, ni un seul royaume particulier », s'adresse à l'humanité tout entière, par l'intermédiaire des hommes selon l'intellect[23]. Th. Ricklin voit là une « opposition marquée à la conception élitiste du *summum bonum*, dont un des points culminants est le *De summo bono* de Boèce de Dacie »[24]. La notion de « réalisation collective » de la philosophie, généralement considérée comme une marque d'averroïsme « politique », mérite cependant reconsidération. Avant de caractériser ainsi les points de vue respectifs de Dante et de Jean de Jandun, il importe en effet de se demander si la thèse en question est bien d'Averroès. Le passage sur lequel repose tout le dossier ne milite guère, c'est le moins qu'on puisse dire, en ce sens : il s'agit du texte célèbre sur l'éternité et la corruptibilité de l'intellect théorique – perfection dernière de l'homme – affirmant : « peut-être la philosophie existe-t-elle en tout temps *dans la majeure partie du sujet* comme l'homme existe grâce à l'homme, et le cheval grâce au cheval. » En comprenant, contre les principes mêmes de la noétique d'Averroès, que « la philosophie est parfaite dans la majeure partie de son sujet » *(sui subiecti)*, c'est-à-dire « dans la majeure partie des hommes » *(in maiori parte hominum)*, Jean de Jandun a sans doute puissamment contribué à lancer l'hypothèse « collectiviste », dont Dante participe *à sa manière*. Cette interprétation « averroïste » semble cependant sans fondement chez Averroès lui-même. Elle s'explique seulement si l'on considère que

21. Sur la philosophie de Dante, cf. R. Imbach, *Dante, la philosophie et les laïcs*, Paris, Éd. du Cerf-Fribourg, Éditions universitaires (Vestigia), 1996 ; sur le *Banquet*, cf. Th. Ricklin, « Théologie et philosophie du *Convivio* de Dante Alighieri », *in* J.-L. Solère et Z. Kaluza (éd.), *La Servante et la Consolatrice*, *loc. cit.*, p. 129-150 ; F. Cheneval, « Dante Alighieri, Convivio », *in* K. Flasch (éd.), *Interpretationen. Hauptwerke der Philosophie. Mittelalter*, Stuttgart, Reclam, 1998, p. 352-379. Sur Dante et Albert, cf. Th. Ricklin, « L'image d'Albert le Grand et de Thomas d'Aquin chez Dante », *Revue thomiste*, 97 (1997), p. 129-142. Pour le Banquet lui-même, les germanistes se reporteront au commentaire continu proposé par Ricklin et/ou Cheneval dans *Das Gastmahl, Dante Alighieri, Philosophische Werke*, 4, 1996 *sq.*

22. Dante, *La Monarchie*, I, 3, 1, trad. R. Imbach, in *Philosophes médiévaux...*, p. 258.

23. *Ibid.*, p. 258-259.

24. Th. Ricklin, « Théologie et philosophie... », p. 143.

Michel Scot, le traducteur latin du *Grand Commentaire du De anima*, a confondu les termes arabes *mawḍū'* (le sujet, le substrat au sens de l'*hupokeimenon*) et *mawḍi'* (le lieu). Là où Averroès indiquait simplement que la philosophie a toujours existé, « dans la majeure partie du lieu, c'est-à-dire presque partout » (sans quoi elle n'existerait pas aujourd'hui), Jean comprend qu'elle a pour sujet la majeure partie des hommes, chacun (ou presque) contribuant à sa parfaite et complète réalisation à la mesure de son savoir et de ses aptitudes[25].

Si la théorie albertinienne de la conjonction se voit donner chez Dante (comme dans ses modèles arabes) une signification ouvertement politique, il en va de même pour celle de la félicité – la *vita felice* –, à laquelle l'auteur du *Banquet* donne aussi une traduction impériale :

> Le fondement radical de l'impériale majesté, selon le vrai, est la nécessité pour les hommes d'un vivre civil ordonné en vue d'une fin, à savoir la vie heureuse[26].

Au début du XIVe siècle, l'aristotélisme intégral, albertiste et éthique, est donc la revendication d'un idéal « civil » de noblesse – maître mot pour Dante[27], mais aussi, on le sait, pour Eckhart. Cette noblesse est la félicité intellectuelle obtenue en cette vie et qui, sous ses divers noms – *ultima prosperitas animae, adeptio, status, reditus, copulatio, connexio* –, reste distincte de l'idéal chrétien de la « béatitude », la *beatitudo* ou *visio beata* promise aux élus dans la Jérusalem céleste.

Distinction ne veut pas nécessairement dire opposition. Il va de soi que Dante n'entend pas dresser l'idéal de la noblesse terrestre contre celui de la vision béatifique, et que, pas plus qu'Albert, il ne donne la béatitude comme réalisée ou réalisable ici-bas[28] ; mais, dans ce refus qui scelle toute conscience chrétienne, il n'en reste que davantage encore sur les pas d'Albert, lui reprenant le *topos* des « trois écoles philosophiques », pour, expliquant en théologien la parabole des trois femmes au tombeau, célébrer en philosophe le primat des vertus intellectuelles :

> Marc dit que Marie-Madeleine et Marie-Jacobé et Marie-Salomé allèrent au monument pour trouver le Sauveur, et ne le trouvèrent pas [...]. Par

25. Sur ce point, cf. J.-B. Brenet, « Perfection de la philosophie ou philosophe parfait ? Jean de Jandun lecteur d'Averroès », *Recherches de théologie et philosophie médiévales*, 68, 2 (2001), p. 310-348.

26. Dante, *Convivio (Le Banquet)*, IV, IV, trad. Pézard (retouchée), Paris, Gallimard (La Pléiade), 1965, p. 440.

27. Sur la noblesse, l'intellect et la félicité chez Dante, cf. *Convivio*, IV, XX-XXI, p. 502-508. Dans son analyse de la noblesse, Dante est manifestement inspiré par Albert le Grand, Avicenne et le *Liber de causis*.

28. Dante, *Convivio*, *op. cit.*, IV, XXII, p. 514.

> ces trois femmes, on peut entendre les trois sectes de la vie active, c'est-à-dire les épicuriens, les stoïciens et les péripatéticiens ; qui vont au monument, c'est-à-dire au monde présent qui est le réceptacle des choses corruptibles ; et demandent le Sauveur, c'est-à-dire la béatitude, et ne la trouvent pas [29].

avant que de les célébrer à nouveau en définissant la félicité comme béatitude presque parfaite :

> Et ainsi apparaît-il que notre béatitude, cette félicité dont on parle, [...] nous la pouvons trouver presque parfaite dans les opérations des vertus intellectuelles [30].

Présente sans opposition chez Dante, la distinction entre *felicitas* et *beatitudo*, il est vrai, en tout cas dans ces derniers textes, un peu matinée de thomisme, va, dans l'aristotélisme intégral, devenir le paradigme d'une distinction à la fois conceptuelle et existentielle entre la philosophie et la théologie.

En tant qu'elle est intellectuelle, la félicité s'oppose à la contemplation théologique de l'homme viateur, qui est exclusivement définie par l'amour ; en tant que félicité, la contemplation philosophique est une vie heureuse qui s'oppose à la vision bienheureuse en valorisant le monde d'ici-bas comme monde humain, ouvert dans l'âme humaine elle-même à la totalité naturelle des ordres et des hiérarchies intellectuelles et intelligibles. La félicité intellectuelle est un moment du cosmos intelligible, c'est une sorte de béatitude naturelle naturellement obtenue, *naturaliter adepta*. En la rigueur des termes, la philosophie est un status, c'est-à-dire à la fois un métier et un état, et cet état – le *status adeptionis* – est l'état de perfection ultime susceptible d'être atteint dans une expérience naturelle du Transcendant. C'est, pour reprendre ici une expression de la philosophie religieuse de Fichte, une « initiation à la vie bienheureuse » [31].

C'est chez Jean de Jandun, phare de l'averroïsme parisien des années 1310-1327, que cette théorie de la félicité trouve sa formulation la plus notable et la plus albertinienne. Ce fait est capital, car, pour F. Van Steenberghen, Jean est assurément plus authentiquement averroïste que ses prédécesseurs du XIIIe siècle, y compris et surtout Siger de Brabant.

29. *Ibid.*, p. 512.

30. *Ibid.*, p. 513.

31. Sur la « vie bienheureuse » fichtéenne dans ses rapports avec une christologie conçue comme « unité d'une christologie d'*en bas* et d'une christologie d'*en haut*, qui, enracinant en l'homme la possibilité de l'Incarnation, constitue pour lui une incitation à *devenir* Dieu », cf. J.-Chr. Goddard, « Christianisme et philosophie dans la première philosophie de Fichte », *Archives de Philosophie*, 55/2 (1992), p. 199-220.

Averroïste *ou* albertiste ? Averroïste *et* albertiste ? Singe d'Averroès[32] ou singe du *singe d'Aristote* ? Puisant aux deux sources en tout cas, même si la première l'emporte largement sur la seconde. De fait, comme le montre J.-B. Brenet, Jean de Jandun ne se borne pas à un exposé standard, scolaire, de la théorie de l'intellect acquis. Il distingue *adeptio* et *ascensio* : le « mouvement vers la jonction » (acquisition de l'intellect agent) est suivi chez lui d'une « remontée vers l'intelligible pur », qui est la métaphysique véritable. Ce double parcours, qui mène d'abord aux *abstracta*, puis aux *separata*, est certainement influencé par le (f)arabisme d'Albert[33]. Pour Jean, en effet, comme pour Albert, la félicité suprême est sagesse, *sapientia*, et cette sagesse est actualisation d'une aptitude, l'*intellectus adeptus*, comme « félicité préparatoire » *(felicitas dispositiva)*, capacité de « connaître les substances séparées »[34]. De même, définie comme « acte formel et complétif de la sagesse »[35], l'union à Dieu, la conjonction, n'est pas pensée comme une union d'« inhérence », mais comme une assimilation, *secundum similitudinem et conformitatem*[36] – thème on ne peut plus albertinien[37].

L'aristotélisme intégral n'englobe pas les seuls averroïstes. Le phénomène apparaît aussi nettement si l'on se tourne vers l'école dominicaine allemande. On a généralement tendance à sous-évaluer l'influence d'Albert sur Dietrich de Freiberg. Pourtant, il faut souligner

32. On sait que l'appellation *simia Aristotelis* dont, selon Paul Langius, on a un temps affublé Albert, avait été utilisée bien avant par Jean de Jandun pour... se qualifier lui-même de « singe imparfait d'Aristote et d'Averroès ». Cf. *Quaestiones in XII libros Metaphysicae*, VI, q. 10, Venise, 1553, f° 84rb : « Si ergo Aristoteles qui fuit princeps philosophorum et Commentator qui fuit multum propinquus titubabant de inquisitione quaestionum difficilium, ergo nos multo magis debemus formidare de huiusmodi inquisitione, cum ad Aristotelem et Commentatorem nos habeamus sicut *simia defectuosa* ad hominem, quia sicut simia imitatur hominem cum defectu, sic nos Aristotelem et Commentatorem imitamur... »

33. Cf., sur tout cela, J.-B. Brenet, *Transferts du sujet. La noétique d'Averroès selon Jean de Jandun*, Paris, Vrin (Sic et Non), 2003.

34. Jean de Jandun, *Quaestiones in XII libros Metaphysicae*, I, q. 1 *(Utrum sapientia sit felicitas)*, Venise, 1553, f° 1va : « Felicitas consistit in cognitione primorum principiorum et abstractorum et praecipue Dei, et haec est sapientia. » Cf. également *Quaestiones super libros De anima* III, q. 36 *(An intellectus humanus possit intelligere substantias separatas)*, Venise, 1587, col. 407-425.

35. *Quaestiones in XII libros Metaphysicae*, *ibid.*, f° 1va : « Felicitas humana consistit in actu sapientiae completive. »

36. *Ibid.*, f° 1vb. Cf., sur ce point, Z. Kuksewicz, « A Mediaeval Theory of Felicity », *Dialectics and Humanism*, 2-3 (1986), p. 229-235.

37. Sur le thème albertinien de l'assimilation, cf. B. Mojsisch, « La psychologie philosophique d'Albert le Grand et la théorie de l'intellect de Dietrich de Freiberg. Essai de comparaison », *Archives de philosophie*, 43 (1980), p. 675-693.

à quel point la théorie de la vision béatifique selon Dietrich s'inscrit dans le programme aristotélico-albertinien d'une vie bienheureuse.

Dietrich de Freiberg, le seul dominicain allemand qui après Albert et avant Eckhart ait enseigné à Paris comme *magister actu regens* (1296/1297), et qui comme eux y ait aussi terminé ses études de théologie (aux alentours de 1274, donc en pleine crise « averroïste »), a connu tous les états de la tension entre *sapientia christiana* et *sapientia mundana*[38] et a été le témoin direct de la montée de l'« aristotélisme intégral » : son ralliement à la doctrine de la conjonction ne peut donc être sans signification philosophique profonde, et, par là même, sans rapport avec l'inspiration constante d'Albert.

On sait que Dietrich définit la vision béatifique comme résidant dans l'information de l'intellect possible par l'intellect agent, autrement dit dans « ce que les philosophes appellent intellect acquis »[39]. Cette transposition théologique de la conjonction se fait dans le langage même du péripatétisme modelé par Albert : il y a information de l'intellect possible par l'intellect agent quand il y a continuation des deux. Cependant, la notion même de conjonction semble prendre un sens philosophique encore plus accusé, véritablement solidaire de la théologie péripatéticienne des Intelligences : il y a continuation quand l'intellect possible connaît de la même façon que l'intellect agent connaît, autrement dit, par réflexion sur son Principe. Est-on dans l'averroïsme ? Peut-être. Dans une forme particulière de la double vérité ? C'est à voir.

Dietrich a coutume de mettre en jeu l'univers des substances séparées en l'assortissant d'une clause : « s'il en existe » *(si quae sunt)*. C'est peut-être là une manifestation de prudence s'expliquant par les condamnations universitaires. Ce n'est pas la « double vérité » au sens classique (historiographique) du terme. Cela ne suffit pas en tout cas au penseur allemand. On peut le vérifier aisément.

Soit le problème de la distinction entre philosophie et théologie. À l'évidence, Dietrich quitte ici Albert. De fait, la distinction n'est plus simplement fondée pour lui dans une différenciation entre les objets respectifs de la théologie chrétienne et de la théologie des philosophes – ici, le Dieu Un et Trine ; là, la Cause première et les substances séparées –, mais dans une dissociation entre deux manières de consi-

38. Sur les années d'études de Dietrich, cf. L. Sturlese, *Dokumente und Forschungen...*, 1984, p. 1-12.

39. Dietrich, *De vis. beat.*, 4.3.2., 5, p. 114, 22-28. Sur tout cela, cf. B. Mojsisch, *Die Theorie des Intellekts bei Dietrich von Freiberg*, Hambourg, Felix Meiner (CPTMA, Beiheft 1), 1977 et, du même, « *Dynamik der Vernunft* bei Dietrich von Freiberg und Meister Eckhart », *in* K. Ruh (éd.), *Abendländische Mystik im Mittelalter*, Symposium Kloster Engelberg, 1984, Stuttgart, 1986, p. 135-144.

dérer le rapport, l'*ordo*, existant entre Dieu et son produit, autrement dit : deux manières de considérer la procession et le retour de ce que Dietrich, après Albert et « Aristote », appelle l'« univers total des êtres », *tota universitas entium*.

Certes, ces deux perspectives sur la processualité conversive sont prudemment baptisées, puisque exprimées à l'aide d'un couple de notions emprunté au *De Genesi ad litteram* de saint Augustin : la Providence naturelle *(Providentia naturalis)* et la Providence volontaire *(Providentia voluntaria)* [40], distinction qui permet de spécifier deux visées de l'*exitus* et du *reditus* – la considération philosophique ou « science divine des philosophes » *(scientia divina philosophorum)*, terme typique du péripatétisme arabe, et la considération proprement théologique ou *scientia nostra*, la seule qui puisse être appelée théologie « au sens véritable et absolu » [41]. Cette distinction n'en est pas moins l'expression d'un conflit latent entre la *sapientia mundana* et la *sapientia divina*.

A-t-elle d'autre valeur que prudentielle ? Là n'est peut-être pas la question. On peut imaginer qu'il y va d'abord d'un changement de paradigme philosophique. La philosophie n'est pas un produit mort du passé, hérité d'Aristote et des Arabes. Elle existe comme l'univers existe, elle y a sa place, *elle est la sagesse du monde*, et rien ne saurait pour l'instant la soumettre à un quelconque ordre des fins dernières : sous la *Providentia naturalis* d'Augustin, Dietrich entend l'*influentia* du *Livre des causes* et la πρόνοια de Proclus, autrement dit, cette « activité prénoétique universelle » que, selon l'*Elementatio theologica*, proposition 120, « chaque dieu détient en sa propre subsistance » et qu'« il exerce sur tous les êtres en les emplissant tous de la bonté antérieure à l'esprit » [42].

La fonction prénoétique proclienne ne concerne pas le Premier Principe lui-même : elle est le propre des « hénades ». Comme l'a bien vu C. D'Ancona Costa, les « hypostases de la causalité de l'Un permettent à Proclus de garder intacte la transcendance absolue du Premier Principe, en tant qu'elles exercent à la place de l'Un cette providence universelle et antérieure à toute délibération du meilleur, que Plotin avait attribuée directement au Premier Principe » [43]. La providence

40. Augustin, *De Gen. ad litt.*, VIII, 9, n. 17 ; PL 34, 379-380.

41. Dietrich, *De sub. theol.*, 3, 8, p. 281, 98-99.

42. Cf. Proclus, *Élém. théol.*, prop. 120, comm. ; trad. Trouillard, p. 131-132.

43. Sur l'attribution d'une connaissance active au premier principe (« contre la *communis opinio* néoplatonicienne »), en tant qu'elle se retrouve à la fois chez Denys, dans la paraphrase arabe des *Ennéades* et dans le *Livre des causes*, cf. C. D'Ancona Costa, « Proclus, Denys, le *Liber de causis* et la science divine », *in* O. Boulnois, J. Schmutz,

naturelle de Dietrich s'inscrit donc dans un mouvement de déplacement sur Dieu (Denys) ou sur la Cause première *(Livre des causes)* de la thèse que Proclus « avait mise en place pour attribuer aux hénades la connaissance des dérivés sans que cela implique chez elles dépendance vis-à-vis des objets connus ». Le « péripatétisme dionysien » d'Albert a joué un rôle décisif dans ce mouvement.

Tout en continuant Albert, Dietrich le dépasse, cependant, en *accentuant* fortement deux éléments : sa théologie philosophique repose sur la πρόνοια proclienne autant, voire plus que sur l'*influxio* « péripatéticienne » ; sa théologie chrétienne n'est qu'une des deux perspectives possibles sur l'univers : à grands traits, une eschatologie. Dietrich anticipe-t-il la distinction *moderne* entre nature et grâce ? On ne saurait le dire. On peut en revanche faire deux constats :

1. Rencontrant Proclus, la supposée théologie du péripatétisme, celle du *Livre des causes*, si chère à Albert, renoue avec ses origines réelles et recouvre son identité, prélude à une irrésistible dérive de l'école dominicaine allemande vers le (néo-) platonisme ;

2. Ne différant plus par leurs sujets respectifs, philosophie païenne et théologie chrétienne, *théiologie* et *théologie* sont désormais des points de vue différents, potentiellement concurrents, sur le même phénomène : la Providence, c'est-à-dire, le rapport entre l'activité pré-noétique universelle de ce que la supposée *Lettre d'Aristote sur le Principe de toutes choses* nommait précisément *Principium universitatis esse*, et l'activité noétique des êtres séparés – Intelligences, Intellect agent, intellect de l'homme –, qui par réflexion sur Lui s'autoconstituent dans l'être.

C'est sur le fond de cette *double* Providence qu'il faut juger la thèse la plus connue de Dietrich : l'identification de l'intellect agent séparé et « non mélangé » des philosophes (selon l'expression empruntée par Aristote à Anaxagore)[44] au fond secret de l'âme *(abditum mentis)* selon Augustin. Cette thèse vient, comme on le sait, couronner une réflexion sur l'objet de l'intellect :

> L'intellect agent a trois objets de connaissance. Le premier et le principal est son propre Principe, duquel il procède en pensant, acte de pensée dans lequel réside la réception même de son essence. Le deuxième objet qu'il pense est cette essence, ce, dans le cadre même de l'acte de pensée, par lequel il pense son principe. Autrement dit : il n'y a pas là deux pensées ou intellections différentes, mais une seule – comme

---

J.-L. Solère, *Le Contemplateur et les Idées. Modèles de la science divine, du néoplatonisme au XVIIIe siècle*, Paris, Vrin (Bibliothèque d'histoire de la philosophie), 2002, p. 19-44.

44. Cf. Aristote, *De an.*, III, 4, 429a18-20 ; trad. J. Tricot, p. 174.

je le démontrerai également plus bas à propos de l'intellect possible, qui, en se connaissant, connaît d'autres objets que lui grâce à ces intellections mêmes. Le troisième objet est la totalité des êtres, totalité qu'il embrasse dans son champ de connaissance même, puisque, comme le dit Augustin : « Il est manifeste que l'intellect humain est immortel et que toutes les notions vraies sont contenues dans les tréfonds secrets de son être, même si, soit par ignorance soit par oubli, il semble ne pas les posséder ou les avoir perdues » [*De immortalitate animae*, IV, 6]. Et, dans le livre X des *Confessions* [10, § 17], il écrit encore ceci : « Quand j'entends dire qu'il y a trois genres de questions : existence, quiddité, qualité, je détiens bien les images des sons dont sont faits ces mots, mais, les choses mêmes qu'ils signifient, je ne les ai ni atteintes par un sens corporel ni vues ailleurs que dans mon esprit, et ce que j'ai, caché au fond de ma mémoire, ce ne sont pas leurs images, ce sont ces choses mêmes. Elles étaient donc toujours déjà là, quelque part, avant même de les apprendre, mais elles n'étaient pas dans ma mémoire [proprement dite]. » Augustin parle ici de la mémoire habituelle, qui est l'auxiliaire de la cogitative extérieure et est le fruit de l'enseignement extérieur. À quoi il oppose cette profondeur plus cachée de la mémoire, dont il parle dans le livre XV du *De Trinitate* [21, § 40], profondeur où brille secrètement la totalité des vérités, et que, dans le livre XIV du *De Trinitate* [7, § 9], il appelle le « fond secret de l'âme » *(abditum mentis). Ce fond secret, c'est l'intellect agent, dans les secrets duquel l'homme découvre tout ce qu'il voit de vrai en lui-même ou en raisonnant ou quand il parvient à répondre s'il est interrogé correctement par quelqu'un d'autre, qu'il découvre, dis-je, mais qu'il ne produit pas, qu'il n'engendre pas*, puisque, comme le dit encore Augustin, découvrir n'est pas la même chose que créer ou engendrer ; sinon l'esprit [humain] engendrerait les réalités éternelles par une invention temporelle.

Assimilation violente, mais violence concertée, qui correspond moins à une *lecture* d'Augustin qu'à un changement silencieux de référentiel, dont Berthold de Moosburg tirera les ultimes conséquences. L'attitude d'un Maître Eckhart est bien différente, tendue qu'elle est vers la formulation d'un *status adeptionis* chrétien[45]. Ayant consacré de longs développements au rapport Eckhart-Albert dans *Raison et Foi*, il ne me paraît pas utile de reprendre ici ce que j'ai dit là. On ne peut cependant taire entièrement la contribution eckhartienne. Étudiant à Paris vers 1293-1294, et maître régent en acte à deux reprises dans les années 1300-1310, Eckhart a connu les polémiques parisiennes sur l'éthique provoquées par les aristotéliciens radicaux. Pour Eckhart comme pour Dietrich, la signification, les conséquences et les enjeux de

45. Sur le rapport Eckhart-Albert, cf. A. de Libera, « Albert le Grand et Maître Eckhart : les raisons d'une "mystique" », *Communio*, 17/2-3 (1992), p. 83-98.

la *sententia peripateticorum* défendue par les « maîtres de Paris » n'avaient pas de mystère, non plus que la *réaction* des théologiens conservateurs, qu'ils fussent, ne fussent *pas encore* ou *déjà plus* « thomistes ». La voie de l'humilité, défendue *contre eux tous* lors des deux magistères parisiens, comme le rapportent les *Sermons allemands* 14 et 15, est désormais bien connue[46]. On se contentera ici d'un bref rappel, renvoyant le lecteur à *Raison et Foi* pour plus de détails.

En quelques mots : c'est « en parlant d'humilité » que le Thuringien a proposé une conception nouvelle que l'on peut caractériser comme un *status adeptionis* chrétien, une *vie bienheureuse* distincte à la fois de la *felicitas* terrestre des philosophes et de la *beatitudo* céleste des théologiens. Ayant appris, à travers la montée de l'aristotélisme radical, à reconnaître les termes d'une alternative partagée par Dante, le principe de sa résolution – le recours à l'*humilitas* – peut sembler curieux et bien loin de l'intellectualisme d'Albert. Il y a cependant à cela une explication simple. Nous avons montré, sur la base des condamnations de 1277, que la position éthique des aristotéliciens intégraux débouchait quasi naturellement sur un conflit des *vertus*. Albert ayant admis l'existence de vertus philosophales, dont la *fiducia philosophantis* était l'emblème général, aussi éthique que métaphysique, l'aristotélisme intégral s'est un temps focalisé sur un domaine proprement moral, et, sans rien retirer à la signification globale de l'« espérance philosophique », s'est concentré sur une thèse morale, plus offensive, plus radicale, plus immédiatement argumentable que la difficile théorie de l'intellect : l'affirmation d'une supériorité de la vertu philosophique suprême, la magnanimité *(magnanimitas)*, sur la vertu chrétienne suprême, l'humilité[47]. C'est dans ce contexte que se situe l'intervention d'Eckhart. Singulière intervention,

46. Cf. *Pr.* 14, *D.W.* I, p. 235, 4-5 : « J'ai dit à Paris, dans l'École, que toutes choses seraient accomplies dans l'homme droit et humble » ; *Pr.* 15, *D.W.* I, p. 247, 5-7 : « J'ai dit à Paris, dans l'École, que toutes choses seraient accomplies dans l'homme droitement humble ». Ces deux formules sont relevées dans la seconde liste d'accusation de Cologne. Cf. Sturlese, *Acta et regesta...*, p. 181. Sur tout cela, cf. l'« Introduction » et les notes de *Maître Eckhart. Traités et Sermons,* Traduction, introduction, notes et index par A. de Libera, Paris, Flammarion (GF, 703), 1993.

47. Cf. Siger de Brabant, *Quaestiones morales,* q. 1, *Utrum humilitas sit virtus,* in *Écrits de logique, de morale et de physique,* éd. B. Bazán, Louvain-Paris (Philosophes médiévaux, 14), 1974, p. 98-99. Chez Siger, les deux vertus rectrices de la philosophie et du christianisme ne sont pas regardées comme équivalentes *en leur genre* ou comme incommunicables, tels les principes de la science philosophique et de la science théologique ; elles sont *opposées* comme deux caractères *inconciliables* définissant deux classes distinctes d'individus : les « grands » et les « médiocres », les philosophes et les « petits ».

qui dépasse l'« aristocratisme intellectualiste[48] » fondé sur la notion albertinienne de « félicité intellectuelle », *dans* une doctrine proprement chrétienne de la « divinisation ».

On a tantôt cité le mot d'Aubry de Reims, contemporain de Siger :

> Qui ignore la philosophie n'est pas un homme, sinon au sens équivoque[49].

On a aussi vu s'esquisser là une incontestable filiation averroïste :

> Car, comme le dit Averroès dans son *Prologue* sur le livre VIII de la *Physique* [...], le nom d'*homme* se dit équivoquement de l'homme parfait par les sciences spéculatives et des autres hommes, tout comme le mot *animal* se dit équivoquement de l'animal vivant et de l'animal peint sur un mur[50].

À cette apologie de la noblesse philosophique, explicitement placée sous le patronage d'Averroès, Eckhart répond dans la *Pr.* 44 : il y a une noblesse chrétienne, un *status adeptionis* chrétien. C'est l'humilité :

> L'homme humble reçoit immédiatement le flux de la grâce. Dans ce flux de la grâce, la lumière de l'intelligence s'élève immédiatement, et Dieu ruisselle dans une lumière qui ne peut être voilée. Si quelqu'un était à ce point ceint de cette lumière, il serait tellement plus noble que les autres hommes qu'il serait pour eux ce que l'homme vivant est à l'homme peint sur un mur.

L'opposition entre l'homme vivant et son portrait n'est pas le fruit du hasard : c'est depuis le chapitre 1 des *Catégories* l'exemple par excellence d'homonymie. Il y a peut-être une référence implicite à Averroès dans le propos d'Eckhart, mais, si tel est le cas, elle est meurtrière, puisqu'elle retourne contre lui les armes de la philosophie, et surtout contredit le plus radicalement qui soit son « philosophisme », par le geste qui substitue la perfection de l'humilité à celle de la grandeur. Contradiction ou plutôt... *Aufhebung* de la prétention unilatérale du « philosophe », puisque le geste eckhartien aboutit en somme à poser qu'il y a une notion chrétienne de la noblesse qui synthétise la vertu du philosophe et celle du chrétien en une sorte d'oxymore : l'humilité

48. Sur la notion d'« aristotélisme intellectualiste », cf. L. Bianchi, « La felicità intellettuale come professione nella Parigi del Duecento », *Rivista di Filosofia*, 78 (1987), p. 181-199.

49. Sur ce thème, cf. L. Bianchi, « Filosofi, Uomini e Bruti. Note per la storia di un'antropologia "averroista" », *Rinascimento*, seconda serie, vol. XXXII (1992), p. 185-201.

50. Aubry de Reims, *Philosophia*, éd. Gauthier, p. 29, 15-17, d'après Averroès, *In Phys. Prol.*, Venise 1562, f° 1vaH.

magnanime. Dans la prédication allemande, cette synthèse se révèle dans la mise en équation des vertus qui, *dès ici-bas,* rendent possible un rapport vivant de l'homme avec Dieu, un rapport tel que la « contemplation philosophique » ou la « sagesse théorétique » louées par l'aristotélisme radical puissent être intégrées à la théologie de la « naissance de Dieu dans l'âme »[51] et de la « divinisation du chrétien » illustrée par les Pères grecs. Ces vertus sont la pauvreté *(armuot)*, l'humilité *(dêmüeticheit, ôtmüetikeit)* et la noblesse *(edelkeit)*, ou, en un mot qui les résume toutes, le détachement *(abegeschaidenheit)*.

L'homme noble et l'homme humble sont le même homme : celui que le *Sermon allemand* 52 appelle l'homme pauvre. Pensée comme détachement, l'équivalence de la noblesse, de l'humilité et de la pauvreté est à la fois théologique et philosophique : théologique parce que la parfaite humilité ne peut être pensée sans l'intellection du néant de la créature, philosophique parce que le détachement qui la porte et lui donne son sens ne peut être pensé sans le secours de la philosophie. Il n'y a là nul paradoxe, mais sans doute une dette, la plus nette, sinon la seule, à l'égard d'Albert.

Nous avons montré ailleurs comment la théorie eckhartienne de l'humilité supposait la théorie métaphysique du flux tirée du *Liber de causis* et de la *Métaphysique* d'Avicenne[52]. Le principe en est l'*influxio* telle que la voit Albert : le supérieur flue, s'écoule et émane dans l'inférieur de par sa nature même, il ne peut faire autre chose ni autrement. En « rejetant toutes les créatures au-dessous de lui, et en se soumettant à Dieu seul », l'humble selon Eckhart se fait le *lieu naturel* de Dieu et le « contraint » à se diffuser en lui, puisque, selon l'adage dionysien constamment invoqué dans la tradition albertinienne, la nature du Bien suprême est de « se diffuser soi-même et l'être ».

Le fin mot de la théologie eckhartienne est donc le noble renoncement caractérisant une humilité, qui, selon les formules des *Pr.* 14 et 15, « commande » à Dieu de s'épancher. Ces paroles surprenantes, voire « scandaleuses », signent en fait une rencontre forte et féconde de la métaphysique péripatéticienne et de la théologie chrétienne. On peut l'exprimer ainsi : chez Eckhart, la loi du « flux » ou « causalité essentielle » vaut à la fois pour la nature et pour la grâce. La magnanimité eckhartienne est la grandeur de l'âme vide de tout le créé,

51. Sur ce point, cf. P. Miquel, « La naissance de Dieu dans l'âme », *Revue de sciences religieuses,* 35/4 (1961), p. 378-406.

52. Cf. « Le pôle et le centre. Une doctrine de la divinisation », *in* Eckhart, *Sur l'humilité.* Texte français et postface de A. de Libera, Paris, Arfuyen, 1988, p. 63 et 68-69.

la noblesse du détachement total[53] ; littéralement, c'est la grandeur du vide qui, dans sa pureté absolue, en fait le Lieu naturel de Dieu. En se vidant totalement du créé, l'âme se rend libre pour un Dieu qu'elle libère d'elle-même, elle « laisse Dieu être ce qu'il est », c'est-à-dire s'épancher lui-même dans son Lieu. La dialectique de l'humilité et de la grandeur, puissamment instrumentalisée par la théorie philosophique du flux, aboutit ainsi à une pensée qui bouleverse Eckhart lui-même et qui transcende les limites de la philosophie : « l'abaissement intérieur » de Dieu.

> Si l'homme était véritablement humble, Dieu devrait ou perdre sa propre divinité, et en être totalement dépossédé, ou se diffuser et fluer entièrement dans cet homme. Hier soir, il m'est venu cette pensée : la grandeur de Dieu dépend de mon humilité, plus je m'humilierai plus Dieu sera élevé. *Jérusalem recevra la lumière*, disent l'Écriture et le prophète. Mais moi, hier, je pensais que c'est Dieu qui devait être abaissé, non pas totalement, mais intérieurement. Cela veut dire un Dieu abaissé. Cela me plut tellement que je l'écrivis aussitôt dans mon livre. Cela veut dire un Dieu abaissé, non pas totalement, mais intérieurement, afin que nous soyons élevés.

Pour bouleversante qu'elle soit, cette pensée qui présente l'humilité et l'aliénation comme régnant au sein même de la divinité est cependant moins mystique que théologique. L'« abaissement » de Dieu est l'Incarnation, c'est le premier acte de l'humilité divine, moment primordial de la divinisation salvifique de l'homme. L'« abaissement intérieur » est le second moment de l'humiliation de Dieu : l'Inhabitation du Verbe, grâce instauratrice de déiformité. Comme l'explique le commentaire sur le *Prologue de l'Évangile selon saint Jean,* Dieu s'est fait chair afin d'habiter en nous[54] : « La grâce de l'Incarnation est en vue de la grâce d'Inhabitation[55]. »

Théologie de la grâce d'inhabitation et de l'Incarnation, la théologie de l'humilité est aussi le manifeste d'une théologie néoplatonicienne qui dépasse la philosophie péripatéticienne et la théologie chrétienne traditionnelle dans une hénologie. Celle-ci doit tout à Denys. Réunir la philosophie et la théologie dans une expérience unitive sans sujet fonctionnaire, tel est le principal élément dionysien de la théologie d'Eckhart.

53. Le rapport du vide et de la noblesse entendue comme détachement se lit dès le superbe jeu de mots du *Sermo paschalis* où Eckhart définit la pauvreté d'esprit par la *pureté* de la conscience et le mépris du *monde* : « ... paratur pauperibus et *mundas* conscientias habentibus et *mundum* contemnentibus » (§ 7 ; Sturlese, p. 140, 13-14).

54. Eckhart, *In Iohannem*, § 117, in *Maître Eckhart. Commentaire sur le Prologue de l'Évangile selon Jean* ; trad. A. de Libera *et al.*, Paris, Éd. du Cerf, 1988, p. 230-233.

55. *Ibid.*, § 177, p. 316-317.

Pour lui, l'ascension de l'Intellect, postposée par un Jean de Jandun à l'intellect acquis, est naissance du Verbe ; le *status adeptionis*, déification de l'homme et abaissement intérieur de Dieu. Le haut et le bas, le là-bas et l'ici-bas coïncident dans le *Seelengrund,* cet « unique un » *(einic ein)*, cette « unité dans l'âme », ce « fond sans fond » où ni l'âme ni Dieu ne portent un nom[56]. La félicité intellectuelle des philosophes et la vision bienheureuse des théologiens sont ainsi toujours déjà devancées dans la ἕνωσις πρὸς Θεόν décrite par Denys le Pseudo-Aréopagite, dans l'« unité » *(unitas, einekeit)* au profond de l'âme qui, pourtant, « transcende la nature de l'esprit » *(unitatem superexaltatam supra mentis seu intellectus naturam)*, dans cette « unition » *(unitio, einunge)* du voyage immobile où Dieu et l'âme sont un seul être et une seule vie. La philosophie et la révélation ne s'opposent pas : elles s'éclairent l'une l'autre, l'aristocrate et le mendiant, le philosophe et le spirituel ne font qu'un, car « quel que soit le nombre des fils que l'âme engendre dans l'éternité, il n'y a jamais plus d'un Fils »[57].

Telle est la doctrine que Maître Eckhart est venu dire « à Paris, dans l'École ». Elle doit beaucoup à Albert le théologien, commentateur de Denys, et chantre de la ἕνωσις. Elle doit aussi beaucoup à Albert le philosophe : le schème de l'assimilation et de la déification intellectuelle *(intellectus sanctus, intellectus assimilatus, intellectus divinus)* fonde toute la vision eckhartienne de l'humilité comme élévation, montée, marche vers le Centre où le haut et le bas coïncident. Elle doit beaucoup enfin à Albert philosophe et théologien, car c'est chez lui qu'Eckhart trouve de quoi christianiser la *conjonction* en *unition.* Mais elle doit avant tout à Denys lui-même. Lecteur de Denys, Eckhart sait que l'union qui « transcende la nature de l'esprit » met en même temps l'âme « en connexion avec ce qui la dépasse »[58]. Lecteur d'Albert, philosophe *et commentateur de Denys*, Eckhart découvre que le thème dionysien de la « connexion » est la version chrétienne de la *connexio, copulatio* ou *continuatio* proposée par les philosophes dans leur théorie du *status adeptionis.* Le reste, qui est la marque de son génie propre, ne nous concerne pas ici. Nous importe en revanche le devenir du dionysianisme chez Berthold. Pour deux raisons : celui-ci a succédé à Eckhart, reprenant sa chaire à Cologne, après les longues années de crise ouvertes

56. Sur le *Seelengrund* et l'*unum animae* dans l'école dominicaine allemande après Eckhart, voir L. Sturlese, « Tauler im Kontext. Die philosophischen Vorausetzungen des *Seelengrundes* in der Lehre des deutschen Neuplatonikers Berthold von Moosburg », in *Beiträge z. Gesch. d. deutschen Sprache u. Literatur,* Bd. 109, Heft 3, Tübingen, 1987, p. 416. Sur Berthold et Eckhart, cf. Sturlese, « Homo divinus... », p. 145-161.

57. Eckhart, *Pr.* 10 ; trad. Ancelet-Hustache, p. 110.

58. Cf. Denys, *De div. nom.*, 7, 1 ; PG 3, 865CD.

par la condamnation de 1329 ; c'est avec lui que le singulier parcours entamé par Albert sous les auspices d'un (à première vue) assez improbable « péripatétisme dionysien » a abouti, après Ulrich, après Dietrich, a une clarification décisive des relations entre péripatétisme et platonisme, théorie de l'intellect (noétique), métaphysique et hénologie.

Berthold de Moosburg et l'invention du néoplatonisme

Ouverte sur l'extérieur, mais solidement implantée dans son bastion de Cologne, la culture philosophique allemande n'a jamais subi directement le contrecoup des condamnations parisiennes de 1277. Cette liberté intellectuelle lui a permis de se frotter *avec Albert* à la philosophie gréco-arabe, de lire Aristote, Avicenne, Averroès sans réserve ni arrière-pensée, de fréquenter le *Liber de causis*, Proclus ou la littérature hermétique comme des autorités de premier plan, bref de faire de la philosophie dans le plein sens du terme[59].

On peut toutefois se demander pourquoi, avec les mêmes bases albertiniennes, la même connaissance du sens et de la structure de la *sententia peripateticorum*, mais avec, en plus, une liberté de manœuvre dont l'Université parisienne ne bénéficiait pas, la culture dominicaine allemande a inventé un (néo-)platonisme non seulement distinct de l'« aristotélisme intégral » des disciples parisiens d'Albert (avec Eckhart), mais finalement opposé à lui (avec Berthold), puisque subordonnant explicitement Aristote à Platon, l'être à l'Un, la métaphysique à l'hénologie.

La question est celle de la *Wirkungsgeschichte* d'Albert, c'est donc aussi celle de la pensée d'Albert lui-même. On ne peut séparer l'une de l'autre, car chacune des deux voies, la néoplatonicienne et l'aristotélicienne, en déploie les virtualités. En fait, tout se joue une fois de plus au point de *départ*, à savoir précisément dans la délimitation de la théiologie et de la théologie telle que l'avait *amorcée* Albert.

Sagesse péripatéticienne et hypersagesse platonicienne

Commentant Proclus, Berthold n'avait pas, du moins directement, à s'expliquer sur sa conception des rapports entre théologie chrétienne et

59. Sur la question de la liberté intellectuelle à Paris, après la crise des années 1270, cf. O. Pluta, « Persecution and the Art of Writing. The Parisian Statute of April 1, 1272, and Its Philosophical Consequences », *in* P.J.J.M. Bakker, *Chemins de la pensée médiévale*, p. 565-585.

théologie philosophique. Il l'a pourtant fait, à sa manière, ou plutôt il a, d'un geste ultime, définitivement déplacé la classification d'Albert, répondant à d'autres urgences, ouvrant d'autres horizons. À la fois lecteur de Dietrich de Freiberg et d'Albert le Grand, Berthold a emprunté à l'un et à l'autre, et il a dépassé l'un et l'autre, en changeant radicalement le sens de l'expression *sapientia nostra* vers laquelle convergeaient tous les éléments du débat entre philosophes péripatéticiens et théologiens chrétiens. On l'a vu, tant Albert qu'Ulrich et Dietrich appelaient *theologia nostra, sapientia nostra* ou *scientia nostra*, la théologie des Pères. Chez Berthold, la *sapientia nostra* ne s'oppose plus à la *scientia divina philosophorum* ; c'est que, pour lui, désormais, la grande affaire n'est plus de distinguer, voire d'opposer, théologie philosophique et théologie chrétienne, mais bien, et plus simplement, théologie et métaphysique, science divine et science de l'être en tant qu'être, platonisme et péripatétisme.

Berthold reçoit la distinction théodoricienne des deux Providences : la naturelle et la volontaire ; mais ce n'est plus pour y marquer la différence entre la philosophie et la théologie. Chaque Providence a son champion : la Providence naturelle a Proclus, la Providence volontaire a Denys ; tous deux cependant appartiennent au même camp, celui des *Platonici philosophi*. La *sapientia nostra* a donc un sens nouveau, qui fait qu'elle s'énonce de la même façon dans l'une et l'autre Providence. La perspective est la même, c'est « celle des platoniciens, Proclus et Denys ». À quoi s'oppose ce singulier platonisme ? À la théorie de l'être en tant qu'être, à la métaphysique, au péripatétisme. Partis d'une distinction entre sagesse divine et sagesse mondaine, typique des controverses liées à l'ascension du courant « aristotélicien intégral », nous aboutissons donc à une distinction entre ce qu'on appellerait aujourd'hui le *néoplatonisme* authentique ou chrétien, d'une part, et l'*aristotélisme*, d'autre part. Au clivage initial d'Albert entre théiologie philosophique et théologie chrétienne s'en substitue un autre, historiquement plus décisif, du moins pour l'histoire du philosopher, entre la « sagesse métaphysique d'Aristote » *(sententia peripateticorum)* et l'« hypersagesse divine » des platoniciens *(supersapientialis scientia platonica)*.

Tournée vers les réalités divines par ce principe cognitif que Denys appelle l'*unitio*, et Proclus l'*unum animae*, la *sapientia nostra* de Berthold se dit supérieure à toute métaphysique :

> Le principe cognitif [des platoniciens], c'est-à-dire l'un de l'âme ou l'unition, est d'une telle éminence qu'en s'établissant tout entière en lui l'âme se rend pareille à Dieu, selon Denys et notre auteur [Proclus]. L'habitus de cette hypersagesse qui est la nôtre dépasse donc tout autre habitus, non seulement ceux des sciences, mais encore celui de

> l'intellect, c'est-à-dire la sagesse, duquel Aristote tire les principes de sa philosophie première, qui traite seulement des êtres, puisqu'elle traite de l'être en tant qu'être [60].

Cette critique de la « philosophie première » d'Aristote peut surprendre en plein XIVe siècle : elle est à elle seule un événement. Elle mérite, cependant, qu'on s'y attarde aussi du strict point de vue de l'histoire de l'école dominicaine allemande. Tel que le reformule Berthold, le topos de la distinction entre sagesse et hypersagesse ouvre sur une définition platonicienne de la *sapientia nostra*. En ce sens, le *Preambulum libri* de l'*Expositio* sur Proclus constitue un redéploiement *philosophique platonicien* de tout ce qu'Ulrich de Strasbourg avait articulé au seul bénéfice de la *théologie des Pères* dans le premier livre de son *De summo bono*. Mais Berthold ne se contente pas de transférer à la théologie platonicienne ce qu'Ulrich avait attribué à la théologie chrétienne : son *habitus sursapientiel*, cette *mania* qu'est l'un de l'âme [61], rompt également, semble-t-il, avec le modèle *affectif* de la connaissance unitive impliqué par la notion ulricienne et paulinienne de *scientia fidei*.

Bien qu'il cite à l'occasion Thomas Gallus, Berthold ne reprend pas à son compte la thèse de la supériorité de l'affection et de l'affect sur l'intelligence et sur l'intellect théorétique que le commentaire latin anonyme du *Granum sinapis* attribué à Eckhart [62] célèbre en des termes directement empruntés à la *Paraphrase des Noms divins* [63]. Seul l'un de l'âme est supérieur à l'intellect, et l'un de l'âme est le véritable sens de l'unition. Le Denys de Berthold n'est donc ni celui d'Ulrich ni celui de l'entourage d'Eckhart – si tant est que le commentaire du *Granum* soit bien né au contact du Maître ; mais, réciproquement, son Proclus est également bien différent de celui que l'Anonyme commentateur du *Granum* intégrait à une lecture de Denys entièrement dominée par Thomas Gallus et Hugues de Saint-Victor.

Telle que nous la comprenons, l'« invention » bertholdienne du (néo-)platonisme est donc l'occasion d'une double rupture. Ici, avec la

60. Berthold, *Commentaire des Éléments de théologie... Préambule du Livre*, trad. A. de Libera, in *Philosophes médiévaux*..., p. 366.

61. Sur l'un de l'âme chez Berthold, cf. L. Sturlese, « Tauler im Kontext... », p. 415-426.

62. Sur la question de l'authenticité du *Granum*, cf. K. Ruh, *Meister Eckhart. Theologe, Prediger, Mystiker*, Munich, Beck, 1985, p. 47-59.

63. *Granum sinapis de divinitate pulcherrima in vulgari*, VII, 3, comm. ; éd. Bindschedler, p. 128, 1-9, d'après Thomas Gallus, *In div. nom.* 7 ; Dionysiaca, I, p. 696, n° 385. Pour le *Granum*, cf. *Eckhart, Poème. Suivi d'un commentaire latin anonyme*. Texte français et postface de A. de Libera, Paris, Arfuyen, 1988 ; nouv. éd. : *Maître Eckhart. Le Grain de sénevé*, Paris, Arfuyen, 1996 et 2004.

sagesse aristotélicienne de l'intellect et la *sententia peripateticorum* ; là, avec l'interprétation de l'unition chez Thomas Gallus et la vision traditionnelle sinon traditionaliste de Denys. Si l'on peut s'expliquer aisément le rejet du traditionalisme dionysien – il était de mise dans l'école de Cologne, où l'interprétation intellectualiste de Denys par Albert avait toujours dominé –, l'abandon de la doctrine albertinienne de l'Intellect, celle-là même qu'avaient reprise les « aristotéliciens radicaux », au bénéfice d'une doctrine de la ἕνωσις comme « un de l'âme », est plus difficile à comprendre. On peut risquer ici une réponse. Tout d'abord, on soulignera que le néoplatonisme *dionysien* d'Albert, étranger sur ce point à la vision du monde des « aristotéliciens radicaux », fournissait à Berthold un *prétexte* pour dépasser le péripatétisme vers le platonisme, le langage de l'être vers celui de la suressence. On notera ensuite que la subordination de la métaphysique de l'être à la théologie du Principe était précisément l'intuition fondamentale d'Albert interprète d'Aristote, et que le Colonais s'était toujours efforcé de distinguer entre science et sagesse péripatéticiennes. Enfin, on remarquera que, en substituant l'*unum animae* de Proclus à la *coniunctio* du péripatétisme gréco-arabe, Berthold prolonge le geste d'Eckhart mettant l'*unitio* ou *unitas* de Denys au-dessus de l'intellect entendu comme puissance de l'âme. C'est donc *contre* l'émanatisme d'Albert, d'Ulrich et des « aristotéliciens radicaux », *contre* leur théologie d'un intellect s'assimilant progressivement au Principe d'où il émane, que Berthold formule sa théorie de l'activité prénoétique (πρόνοια) de l'un dans l'âme, théorie qui fait de l'*unum animae* le fondement de l'intellect et de l'intellectualité. Mais ce n'est pas le seul terrain où le successeur d'Eckhart au *studium* de Cologne se sépare d'Albert et de ses épigones : reste, en effet, le plus général et le plus fondamental – la doctrine même de l'être et de l'un, articulée jusque-là sous le chef de la théorie dite des « transcendantaux ».

Un transcendantal et Un transcendant

La conception albertinienne de l'un peut être caractérisée comme fondamentalement « péripatéticienne » : en bref, c'est une doctrine de l'un transcendantal, qui repose sur l'affirmation d'un certain type de « convertibilité de l'un avec l'être »[64]. Cette convertibilité que l'un

64. Sur la théorie albertinienne des transcendantaux, cf. J.A. Aertsen, « Albert der Große und die Lehre von den Transzendentalien. Ein Beispiel der Vermittlung von Tradition und Innovation », *in* W. Senner (éd.), *Omnia disce. Kunst und Geschichte als Erinnerung und Herausforderung. Festschrift für W.P. Eckert*, Cologne, 1996, p. 159-168 et, du même, « What is First and Most Fundamental ? The Beginnings of Transcendental

partage avec les autres transcendantaux – le vrai et le bien ou le bon – est seulement modulée par l'attribution à l'un d'un aspect *(ratio)* et d'un mode de signification *(modus significandi)* spécifiques, qui le distinguent à la fois de l'être, son objet, et des autres « modes » transcendantaux de l'être – *bonum* et *verum*. Comme pour le bien et le vrai, la convertibilité de l'un avec l'être est limitée aux sujets ou « suppôts » de ces termes, leurs concepts ou leurs « intentions » ne se convertissant pas.

> Il faut dire que ces quatre : l'être [l'étant], l'un, le vrai, le bon, sont convertibles selon les sujets, mais pas selon les signifiés [concepts] des noms, bien que chacun d'entre eux inclue d'une certaine manière la notion de l'autre selon le mode d'exister qui est le sien[65].

L'un, le vrai et le bon sont donc en chaque étant inséparables de l'être, mais ils se distinguent de l'être en ce qu'ils lui ajoutent quelque chose et ils se distinguent les uns des autres par cela même qu'ils lui ajoutent. Comme l'explique Albert, d'une formule d'allure maimonidienne constamment reprise après lui, le propre de l'un est d'« ajouter une négation » ou, plutôt, une « négation de la négation » *(negatio negationis)*. L'un et l'être se convertissent selon les suppôts du fait que tout ce qui est étant est également un, mais l'un ajoute à l'étant selon la *ratio* (c'est-à-dire la manière de concevoir) et cette « raison » elle-même dépend d'un mode de signifier. Le mode de signifier que l'un « ajoute à l'étant » est fondé dans la négation, « il comporte *(importat)* l'idée de quelque chose d'indivisé en soi et de divisé des autres, ce que n'apporte pas l'étant »[66]. C'est contre la thèse de la convertibilité de l'un et de

---

Philosophy », *in* J.A. Aertsen, A. Speer (éd.), *Was ist Philosophie im Mitterlalter ?*, Berlin-New York, Walter de Gruyter (Miscellanea Mediaevalia, 26), 1998, p. 177-192 ; « Die Frage nach dem Ersten und Grundlegenden. Albert der Große und die Lehre von den Transzendentalien », *in* W. Senner (éd.), *Albertus Magnus. Zum Gedenken nach 800 Jahren...*, p. 91-112. Cf., en outre, G. Ventimiglia, « Die Transzendentalienlehre des Thomas von Aquin : Denktraditionen, Quellen, Eigenheiten », *ibid.*, p. 522-528.

65. Cf. Albert le Grand, *Summa theol.*, I, 6, q. 28, éd. Siedler, p. 214, 1-6 : « Dicendum, quod ista quattuor : ens, unum, verum, bonum, convertuntur secundum supposita, sed non secundum intentiones nominum, quamvis unumquodque ipsorum induat aliquo modo rationem alterius secundum modum existendi, quem habet. ».

66. Cf. Albert le Grand, *Super Dion. De div. nom.*, éd. Simon, p. 436, 8-16. Cf., dans le même sens, Thomas d'Aquin, *Quaest. quodlibetales, quodl.* X, q. 1, a. 1, *ad 3m* : « La notion de multiple inclut la négation de la chose, tandis que, dans celle de l'un, il y a [à la fois] la négation de la chose et la négation de [cette] négation [...]. C'est pourquoi, en tant que l'un nie à la fois l'affirmation et la négation, il y a [en l'un] simultanément négation de la chose et négation de la négation » (« In ratione multitudinis includitur negatio rei, sed in ratione unius negatio negationis et rei simul [...]. Et sic unum, in quantum negat affirmationem et negationem, simul est negatio rei et negationis simul »), et *In I Sent.*, d. 24, q. 1,

l'être, et plus particulièrement contre la réduction péripatéticienne de l'Un transcendant à l'un transcendantal, position dont le porte-parole suprême est « Algazel le péripatéticien *(sic !)*, abréviateur d'Avicenne » *(per Algazelem Peripateticum, breviatorem Avicennae)*, que Berthold construit la position « platonicienne » qu'il dit être celle de Denys et de Proclus[67]. Le point de départ du divorce entre les deux systèmes est la question de l'origine du multiple.

La thèse du Stagirite, que Berthold reformule à partir du livre X de la *Métaphysique* lu avec le *De natura contrariorum* de Dietrich de Freiberg, est que la *ratio unius et multi* dérive d'une opposition originaire, qui est elle-même la source de toutes les autres contrariétés : celle de l'être *(ens)* et du néant *(non ens)*. La *ratio unius* et la *ratio multi* n'ont pas de positivité, elles ne peuvent être produites que négativement, par la négation de la distinction de l'être et du non-être. Tel est du moins le sens nouveau que Berthold donne à la théorie albertinienne de l'un comme « indivision » : chaque un est simultanément indistinct en soi et distinct par rapport à autre chose, il ne peut ni être *un* sans nier d'être un *autre* ni être *ceci* sans nier d'être *cela.*

> C'est de la première et la plus absolue des oppositions que, selon Aristote, dérive la notion de l'un et du multiple. Celle de l'un, en tant que se voit supprimer la distinction qui consiste dans l'opposition de l'être et du non-être pris absolument : est un, en effet, ce qui est indistinct en soi et distinct de tout [ce qui est] autre. Quant à la notion de multiple, elle est tirée du même genre d'opposition, en tant que la distinction est posée sous la supposition [préalable] de la notion d'un : est multiple, en effet, ce qui fait [ce qui compte pour] un *et* un, celui-ci n'étant pas celui-là, et réciproquement[68].

Pour Platon, au contraire, l'origine de l'un et du multiple n'est pas l'opposition de l'être et du néant, mais celle de l'acte et de la puissance.

---

a. 3, *ad 1m* : « ... et semblablement la privation, par laquelle le non-être est nié de l'être est seulement notionnelle, à titre de privation de la privation ou de négation de la négation » (« ... et similiter privatio, qua de ente negatur non ens, est in ratione tantum, ut privatio privationis, vel negatio negationis »).

67. Cf. Berthold, *Expositio super Elementationem theologicam Procli*, prop. 1A, éd. M.-R. Pagnoni-Sturlese, L. Sturlese, Hambourg, 1984 (CPTMA, VI, 1), p. 77, 214-78, 244.

68. Cf. Berthold, *Expositio super Elementationem theologicam Procli*, prop. 1A, éd. citée, p. 73, 66-71 : « Ex prima autem et absolutissima oppositione secundum Aristotelem iam trahitur ratio unius et multi. Unius, inquantum removetur distinctio, quae fit per ens et non ens simpliciter : Unum enim est indistinctum in se et distinctum a quolibet alio. *Multi vero ratio accipitur per idem genus oppositionis*, inquantum ponitur distinctio cum supposita ratione unius : Multum enim est *unum et unum* et *hoc non est illud* et e converso. »

La raison du multiple dérive donc soit de la détermination d'une puissance par un acte (comme dans le cas de « l'universel de prédication », le genre logique d'Aristote, qui en soi est indistinct et puissance, et doit être distingué par quelque chose de plus actuel que lui, la différence spécifique, pour gagner en actualité), soit de la détermination d'un acte par une puissance (comme dans le cas de « l'universel de séparation », l'universel théologique ou l'Idée platonicienne, qui, en soi, est acte pur et est déterminé par une puissance). Quant à la raison de l'un, elle est tirée de la négation même de cette double détermination :

> Selon Platon [...], plus quelque chose est universel, plus il est actif, car l'universalité dont il parle est de séparation, alors que l'autre [dont parle Aristote] est de prédication. C'est pourquoi alors que l'universel logique, c'est-à-dire aristotélicien, puisqu'il est potentiel, est distingué par l'acte, l'universel théologique, c'est-à-dire platonicien, est, lui, au contraire, puisqu'il est acte ou actuel, distingué par la puissance. Il découle de cela que, selon Platon, l'un et le multiple ne sont pas causés par l'opposition originaire de l'être et du non-être, mais soit par une détermination variée de l'acte par la puissance et inversement, pour ce qui est du multiple, soit par l'exclusion d'une telle détermination, pour ce qui est de l'un [69].

Autrement dit, chez Aristote l'un et le multiple sont des propriétés de l'être en tant qu'être, de l'être pris comme premier transcendantal : « L'un ajoute à l'être l'idée d'indivision. Le multiple lui ajoute celle de division ou de distinction. » Au contraire, chez Platon, l'Un est un acte pur et absolu, « supérieur à l'être et au non-être, qui ne dérive pas de l'être et reste au-dessus de tout être », alors que tout ce qui « déchoit de l'Un » choit dans une potentialité qui croît à mesure qu'il s'en éloigne :

> Et ainsi, l'être, l'un et le multiple sont pris autrement chez Platon que chez Aristote, chez qui l'être en tant qu'être est un [terme] transcendant[al] et la première de toutes les intentions, n'ayant pas d'être dans la nature extérieurement à l'âme [...]. Par conséquent, pour lui, l'un et le

69. Cf. Berthold, *Expositio*..., *ibid.*, p. 74, 88-105 : « Secundum Platonem : [...] Quanto aliquid est universalius, tanto est activius, quia hic est universalitas separationis, illic vero praedicationis. Et ideo sicut universale logicum id est aristotelicum, cum sit potentiale, distinguitur per actum, ita e converso universale theologicum, id est platonicum, cum sit actus vel actuale, distinguitur per potentiam. Ex quo consequens est, quod unum et multa non causantur secundum Platonem ex prima oppositione entis et non entis, sed *vel* ex diversa determinatione actus per potentiam et e converso quoad multitudinem *vel* exclusione determinationis talis quoad unum. » On notera que la clause *et e converso* permet d'intégrer la formation de l'universel logique à la perspective platonicienne : d'un point de vue réel le multiple est produit par la potentialisation de l'universel théologique, mais du point de vue logique, on suit le trajet inverse ; l'universel théologique, lui, réclame le dépassement (l'exclusion) de l'un et l'autre procès.

multiple sont des propriétés transcendant[ales] de l'être en tant qu'être, dont l'être n'est pas non plus extérieurement à l'âme, l'un et l'autre étant postérieurs à l'être, puisque le premier [l'un] ajoute à l'être l'indivision, tandis que l'autre [le multiple] lui ajoute la division ou la distinction. Platon, lui, comme en témoigne Eustrate sur le chapitre 7 du livre I de l'*Éthique*, a dit que l'Un ineffable et bon était la cause commune de tous les étants, et il a placé l'Un au-dessus de tous les étants, en tant que cause de tous, en le disant pour cette raison supérieur à l'être et au non-être, et non pas déficient par rapport à l'être, mais situé au-dessus de tout étant. Telles sont les paroles d'Eustrate. Mais ce qui est au-dessus de tous les étants, en tant que cause de tous les étants, est le premier principe de toutes choses. Or le principe est principe pour le principié ou principe de tous les principiés, mais le principié est par le principe et distinct de tous les autres qui comme lui sont principiés. Il est par le principe, parce qu'il n'est pas de la même actualité ni du même être que lui [le principe], mais choit dans une potentialité plus ou moins grande selon qu'il est plus ou moins éloigné du Premier Principe absolument parlant, qui est exclusivement l'Un[70].

Appuyée sur le témoignage d'Eustrate de Nicée[71], l'analyse bertholdienne de l'hénologie platonicienne se présente donc explicitement comme une théorie de l'Un transcendant radicalement distinct de l'un transcendantal et irréductible à lui. C'est une nouveauté, non dans la philosophie en tant que telle, mais dans celle du Moyen Âge.

70. *Expositio...*, *ibid.*, p. 74, 106-123 : « Et sic aliter accipitur ens et unum et multum a Platone quam ab Aristotele, apud quem ens in eo, quod ens, est transcendens et prima omnium intentionum non habens esse in rerum natura extra animam [...].Et per consequens unum secundum eum et multum proprietates entis in eo, quod ens, erunt transcendentia, quarum esse etiam non est extra animam, quamquam secundum intellectum sint posteria ente, utpote quorum unum addit super ens indivisionem, aliud vero divisionem sive distinctionem. Plato vero unum, ut testatur Eustratius super I *Ethicorum* cap. 7, et ineffabile et bonum communem causam omnium entium dixit et super entia omnia unum ordinavit causam quidem omnium illud dicens propter hoc, ut super ens et non ens, non ut ab ente deficiens, sed ut enti omni superpositum. Haec Eustratius. Quod autem est super omnia entia ut omnium entium causa, est principium omnium rerum primum. Principium vero est principiati vel principiatorum principium, principiatum etiam est a principio et comprincipiatis distinctum : a principio quidem, prout non est eiusdem actualitatis et esse cum eo, sed cadens in potentialitatem minorem vel maiorem secundum minorem vel maiorem recessum a simpliciter primo principio, quod est tantum unum. »

71. Cf. Eustrate, *In Primum Aristotelis Moralium ad Nicomachum*, comm. I, 4, éd. Mercken, p. 76, 95-77, 99.

Conclusion

L'exaltation des *platonici philosophi* Denys et Proclus chez Berthold de Moosburg implique une modification radicale dans la perception historique du sens du platonisme, mais elle apporte aussi bien avec elle une réévaluation globale des « voies » et des « positions » philosophiques gréco-arabes. En termes modernes, on pourrait dire que, chez Berthold, la pensée de Proclus se voit distinguée à la fois de celle du Platon véritable et du péripatétisme empreint de néoplatonisme proposé par le *Livre des causes.* On a ainsi quatre grandes positions philosophiques : le platonisme de Platon, le péripatétisme d'Aristote, le péripatétisme du *Liber* et le « platonisme » de Proclus-Denys. Jusqu'à un certain point, cette distinction est le fruit du travail de lecture et d'interprétation engagé par Albert le Grand et poursuivi dans l'école dominicaine allemande – mais c'est un résultat évidemment bien différent de ce que laissaient augurer les données initiales.

Travaillant dans la perspective doxographique du péripatétisme arabe, Albert avait proposé un programme concordataire entre Platon et Aristote dont le point de vue « péripatéticien » qu'il adoptait était déjà en lui-même la réalisation concrète. Réorganisant l'histoire de la philosophie à partir de la critique proclienne d'Aristote, Berthold ne pouvait reprendre ce concordat dans les stipulations mêmes du péripatétisme arabe. Il lui incombait de distinguer et de hiérarchiser ce que l'attribution du *Liber de causis* à Aristote avait uniformisé ou confondu. L'invention bertholdienne du (néo-)platonisme résulte donc d'une libération des éléments néoplatoniciens jusque-là enfermés et adultérés dans la théologie de l'Intellect forgée par le péripatétisme arabe et poursuivie dans une partie de l'œuvre d'Albert le Grand.

C'est ici qu'il nous faut évaluer les résultats de la lecture albertinienne d'Aristote.

Albert philosophe a moins œuvré à rapprocher la science *aristotélicienne* de la sagesse *chrétienne*, à l'y baptiser ou à l'y résorber – voire à l'y subordonner tout en garantissant sa supposée autonomie, instaurant par là le régime d'indépendance dans l'interdépendance, célébré par Jean-Paul II tant dans l'appel du 15 novembre 1980 que dans *Fides et ratio* – qu'à développer librement pour elles-mêmes la science et la sagesse du *péripatétisme*. La juxtaposition albertinienne de la conception de la *science* exposée dans le dernier chapitre des *Seconds Analytiques* et de la théorie de la contemplation philosophique ou *sagesse* théorétique proposée dans le livre X de l'*Éthique à Nicomaque* a dès lors suscité un modèle de lecture de l'aristotélisme subordonnant une connaissance empirique, très vite associée à Aristote *tout court*, à une connaissance d'origine transcendante, tendanciellement rapprochée du platonisme, dont le *De intellectu et intellecto* de Fārābī a, avec sa théorie de l'intellect « acquis », servi de matrice.

Dans la première tradition philosophique allemande inspirée par Albert, le thème albertinien de la sanctification et de la divinisation par l'Intellect a ainsi mené à un dépassement d'Aristote fondé sur l'interprétation arabe de la partie sinon la plus « religieuse », du moins la plus sapientielle de sa noétique et de son éthique. On a vu ici même que, dès Ulrich de Strasbourg, la distinction entre deux « voies », deux « sagesses », l'une reçue des sens, l'autre du suprasensible, avait été interprétée comme l'opposition d'un point de vue péripatéticien et philosophique, « procédant des principes de l'être créé », et d'un point de vue platonicien et théologique, fondé sur « la raison même du Premier Principe », *non ex principiis entis creati, sed ex ratione primi principii*[1]. Brouillé par l'incertitude des attributions littéraires – de l'*Epistola de principio universitatis* au *De natura deorum* –, l'autodépassement de l'Aristote des *Seconds Analytiques* par l'Aristote arabisé de *l'Éthique* et du *De anima* s'est poursuivi dans ce qu'il est convenu d'appeler tantôt l'« aristotélisme intégral » tantôt l'« averroïsme » – mouvement qui, comme on l'a montré, était, à travers Albert, aussi proche d'al-Fārābī et d'Avicenne que d'Averroès. On a aussi rappelé que, parallèlement, les théologiens conservateurs développaient une interprétation affective de Denys qui leur servait de contrepoids à l'idéal aristocratique et intellectualiste de « félicité mentale » qu'Albert avait lui-même contribué à former.

C'est de ce conflit entre l'intellectualisme aristocratique des maîtres parisiens influencés par les Arabes et l'exaltation affective des théologiens conservateurs qu'ont hérité Eckhart et Berthold de Moosburg. Si

1. Ulrich, *De summo bono*, IV, 1, 8, 3, p. 45, 54-55.

Eckhart a dépassé l'un et l'autre en théologien chrétien avec sa théorie du détachement et sa réinterprétation des notions de « noblesse » et d'« humilité », sans retoucher décisivement la conception albertinienne des positions et des voies philosophiques, Berthold, lui, a dépassé à la fois la vision latine de Denys et la vision arabe d'Aristote, en opérant un retour à ce « platonisme » que nous dirions aujourd'hui « néoplatonisme ». C'est ce qui lui a permis de subordonner, avec d'autres ressources qu'Eckhart, la théologie albertinienne de l'assimilation par l'intellect *(intellectus assimilativus)* à une autre théologie philosophique, celle de l'un de l'âme et de l'unité supra-intellectuelle. Ce faisant, il s'est simultanément éloigné des perspectives théoriques et doxographiques propres aux philosophes et aux théologiens du XIIIe siècle, dominant leurs dissensions et leurs querelles grâce à une double reformulation du sens philosophique général de l'aristotélisme et du platonisme. Solution théologiquement incertaine, peut-être provisoire, vraisemblablement tactique, solution qui, toutefois, s'est avérée philosophiquement féconde et qui a totalement bouleversé la problématique des rapports entre philosophie et théologie telle que l'avaient formulée Albert le Grand et Ulrich de Strasbourg.

Avec Berthold, il ne s'agit plus de savoir si la théologie véritable est philosophique ou chrétienne : il s'agit de trancher *philosophiquement* entre une sagesse qui « transcende la nature de l'esprit », une « connaissance supra-intellective », un « délire divin », d'une part, et une sagesse « qui ne nous conduit pas plus haut dans les principes cognitifs et les connaissances de l'âme humaine que l'intellect », d'autre part. Tel est le nouveau choix : ou Platon – c'est-à-dire Denys, c'est-à-dire Proclus – ou Aristote. Fondée dans la théorie de l'Un, la noétique péripatéticienne travaillée par Albert reste valide en son genre, mais le régime mental du Transcendant a définitivement changé : la *coniunctio* péripatéticienne et ses avatars – l'« augustinisme averroïsant » de Dietrich, la félicité mentale de l'« aristotélisme intégral » – cèdent la place à l'*unitio* primordiale. La théologie de l'assimilation est supplantée par celle de l'unité.

Dans ce double héritage qu'Albert lui a transmis, l'école dominicaine allemande a choisi le prénoétique au détriment du noétique, l'activité prénoétique de l'Un au détriment de l'émanation nécessaire et de la tension anagogique vers l'Intellect séparé. On voit en quel sens il y a une école d'Albert et en quoi consiste l'influence du maître de Cologne : dans la recherche d'une sagesse philosophique, sans doute ; et, plus directement encore, dans une pratique de la philosophie comme *lecture* élicitant de la matière des textes une *forme* de contemplation. De 1260 à 1360, le style de lecture et de lecteurs a changé : la voie de Platon est tracée. Il faudra cependant attendre encore près d'un siècle pour qu'elle soit effectivement empruntée. Albert et Ulrich n'y joueront guère de rôle ; Dietrich, Eckhart et Berthold aucun. Leurs (re)découvertes respectives masqueront en fait partiellement le mouvement de fond qu'ils avaient suscité et, un temps, alimenté : le dépassement de la métaphysique dans la noétique, puis dans l'hénologie. Il est temps de les rapatrier tous dans cette histoire au long cours, à leur place véritable, au point d'affrontement, de contamination, puis d'émancipation relative de deux philosophies distinctes : l'aristotélisme et le platonisme, en attente d'une postérité néoplatonicienne, qui s'est paradoxalement faite contre eux ou, pis encore, sans eux. Temps surtout de prendre la mesure de ce que le Moyen Âge recèle de philosophies premières irréductibles au schéma onto-théo-logique – si occultées soient-elles par le thomisme, le scotisme et l'ockhamisme. Le foyer de la *prima philosophia* albertinienne est la noétique : c'est elle qui philosophiquement (mais aussi théologiquement au sens philosophique du terme, voire, au sommet, au sens chrétien du terme) fonde et organise la cohérence systématique, *héno*-logique, de la conception aristotélicienne de Dieu comme « Pensée de la Pensée », de la doctrine du flux intelligible du *Liber de causis* et de la cosmologie arabe, qui en déploie le dynamisme interne sous la figure platonicienne du Bien, et de la notion dionysienne de théophanie, qui donne à cette figure le visage du Dieu de la Bible. Métaphysique de l'être, métaphysique de l'esprit, métaphysique de l'Un : explorant inlassablement le lien qui unit métaphysique et noétique, Albert et ses élèves ont tout frayé, parfois en jouant un aspect de l'albertisme contre un autre. Leur échec commun est moins philosophique qu'historiographique : l'histoire de la philosophie les ayant tous abordés à partir de la dissociation des trois métaphysiques susdites, amplifiée par celles du *Sein* et du *Geist*, du *Glauben* et du *Wissen*, de la métaphysique de l'Esprit et de la *philosophy of mind*. On espère avoir donné ici l'envie de les lire d'un œil neuf.

Choix de textes d'Albert le Grand

Metaphysica, I, 1, 1 : Digression expliquant qu'il y a trois sciences théoriques, que cette science est la principale des trois et qu'elle établit les deux autres.

Ayant élucidé, autant que possible, les sciences naturelles et doctrinales[1], nous accédons maintenant à la sagesse véritable de la philosophie, qui parfait l'intellect en tant qu'il est quelque chose de divin qui existe en nous, de même que la science naturelle parfait l'intellect en tant qu'il est [joint] au temps et qu'il est parfait par les sciences doctrinales en tant qu'il penche *(inclinatur)* vers le continu. Il est en effet absolument nécessaire que l'intellect spéculatif[2] soit parfait selon toutes

1. C'est-à-dire les mathématiques.

2. L'intellect spéculatif *(intellectus speculativus)* désigne la plupart du temps, *comme ici*, l'intelligible théorique ou théorétique, le « composé » de l'intellect matériel et de l'intellect agent, qu'Averroès appelle « intellect produit » *(factus)*, à savoir, non pas une faculté, mais un contenu, une forme (voire un acte ou une activité : l'« intellection des indivisibles », selon Aristote, *ta adiaireta* [τὰ ἀδιαίρετα], *ta hapla* [τὰ ἁπλᾶ], et celle des « composés », objets du jugement). L'expression provenant de la traduction latine du *Grand Commentaire* peut cependant, chez Albert, désigner aussi deux autres entités : 1. la faculté désignée par Aristote comme « intellect théorétique » en *De anima*, III, 6, 429a25 *sq*. (ar. *'aql naẓarī*) par opposition à l'« intellect pratique » de *De anima*, III, 7, 431a1 *sq*. (ar. *'aql 'amalī*) ; 2. l'intellect agent en tant qu'il est joint à l'intellect matériel et est pour l'homme « forme » essentielle – une acception d'origine thémistienne, extrapolée du passage de *De anima*, II, 2, 413b24-25 (Tricot, p. 76-77), où, parlant de « l'intellect et de la faculté théorétique », Aristote indique qu'« il semble bien que ce soit là un genre de l'âme tout différent, et que seul il puisse être séparé, comme l'éternel, du corruptible » (cf. Themistius, *In III De anima, ad* 430a20-25 ; Verbeke, p. 232, 44-46 et 233, 80-82). Même si la prose d'Albert n'est pas toujours limpide, ces trois sens ne sont en général pas cumulés. Le contexte immédiat permet, normalement, de trancher. Le latin *res speculativas* désigne les objets de l'activité de l'intellect théorétique au sens des indivisibles allégués en *De anima*, III, 6, 430a26-31. L'activité « spéculative » elle-même porte chez

les sortes *(secundum omnem rationem)* de formes intelligibles *(formae speculatae)*, dans lesquelles le vrai est contemplé *(speculatur)* [3].

[...] Ces spéculations *(speculationes)* sont des degrés et des guides conduisant *(manuductiones)* à la spéculation *(speculationem)* divine, comme le dit très bien le Maure Abubacher dans la lettre qu'il a écrite sur la contemplation *(in epistula, quam de contemplatione conscripsit)* [4]. En effet, cette spéculation existe dans notre intellect non en tant qu'il est humain, mais en tant que quelque chose de divin existe en nous. Comme le dit en effet subtilement Hermès Trismégiste dans le livre sur le Dieu des dieux qu'il a composé pour son disciple Esclepius [*sic*], l'homme est le nœud de Dieu et du monde *(nexus est dei et mundi)*. Il existe au-dessus du monde par une double investigation, la physique et la doctrinale, dont chacune est achevée par la force *(virtute)* de la raison humaine, et selon ce mode il est correct de l'appeler [l'homme] gouverneur du monde. Mais il est soumis *(subnexus)* à Dieu, et il reçoit ses beautés non immergées dans le monde, c'est-à-dire dans le continu et le temps, grâce à la similitude divine qui est en lui par la lumière de l'intellect simple, qui participe du Dieu des dieux.

Mais cette spéculation est des choses les plus hautes et les plus divines, qui sont les différences et les passions de l'être *(esse)* simple, conçues sans relation avec le continu et le temps, et ne reçoivent d'eux aucun principe d'existence, puisqu'elles leur sont antérieures et sont leurs causes ; et c'est pourquoi ce sont elles qui établissent dans l'être tout [ce qui est] continu et tout [ce qui est] temporel.

Averroès le nom de « représentation » (*taṣawwur*, repris par Albert comme *formatio*, « formation », subsistant dans « former un dessein » au sens de « concevoir un dessein »), en tant qu'elle s'applique aux intelligibles envisagés en eux-mêmes, en dehors de la prédication, tandis que la considération des « noèmes » (*ma'nā*, intention) dont la combinaison, dans la prédication, « comporte vérité ou fausseté », porte le nom d'« assentiment » (*taṣdīq*, repris par chez Albert par *fides*, « foi »). Dans les traductions arabo-latines d'Aristote (ainsi que dans celles d'Avicenne et d'Averroès), l'expression correspondant à *noein* [νοεῖν] est, le plus souvent, *formare per intellectum*, surtout reprise chez Albert (subst. *formatio per intellectum* = « représentation par l'intellect », ar. *al-taṣawwur bi-al-'aql*).

3. La métaphysique est d'emblée pensée dans le cadre de la noétique : c'est une forme de contemplation, un degré de perfection (ultime) de l'intellect théorétique. En toute rigueur, elle est *spéculative*.

4. Le titre de cette œuvre et le nom de ce personnage non identifiés par Geyer (p. 2, n. 1) renvoient probablement à l'*Épître sur la jonction de l'intellect avec l'homme (Risālat ittiṣāl al-'aql bi-l-'insān)* et à Avempace, qu'Albert mentionne dans son *De unitate intellectus*, 2 (éd. Hufnagel, p. 21, 41-51 : « Avempeche [...] in epistula, quam vocavit *De continuatione intellectus cum homine* »), mais connaît exclusivement par l'intermédiaire d'Averroès (cf., *supra*, p. 288).

[...] C'est pourquoi le physicien, qui présuppose l'être du corps mobile, et le mathématicien, qui présuppose celui de la quantité continue ou discrète, posent pour cette raison même l'être. Or ils ne peuvent prouver l'être [auquel ils ont affaire] à partir de leurs propres principes ; il est donc nécessaire que [cet] être soit prouvé à partir des principes de l'être pris absolument. C'est pourquoi cette science doit établir et les sujets et les principes des autres sciences. Ils ne peuvent être établis et fondés par les sciences particulières elles-mêmes, dans lesquelles le *que c'est* ou l'être sont reçus ou présupposés. Et ils ne sont pas premiers au sens où ils seraient eux-mêmes pour les autres choses des fondements non fondés *(fundamenta non fundata)* en autre chose qui les précède selon la nature. Il découle donc nécessairement de ces deux points qu'ils doivent être établis et fondés dans cette sagesse.

C'est pourquoi cette science est appelée « *trans*-physique » *(transphysica)*, parce que ce qui est une certaine nature déterminée par la quantité ou la contrariété est fondé par les principes de l'être pris absolument, qui transcendent tout ce que est ainsi appelé physique *(omne sic vocatum physicum)*. Mais elle est aussi appelée « divine », car sont divines, parfaites et premières toutes les [réalités] par rapport auxquelles les autres n'apportent qu'un complément dans l'être. Or l'être *(esse)* que cette science considère n'est pas pris en tant que contracté à ceci ou à cela, mais tout au contraire en tant qu'il est la première émanation *(effluxio)* de Dieu et le premier créé, avant lequel il n'y a pas d'autre créé[5]. Mais l'on reparlera de tout cela plus subtilement dans ce qui suit.

Il y a donc trois sciences spéculatives, et pas davantage, ainsi que nous nous rappelons l'avoir déjà dit dans le livre III de notre *De anima*[6] ; en effet, les sciences logiques ne considèrent pas l'étant ou une certaine partie de l'étant, mais plutôt les intentions secondes qui sont posées par le discours à propos des choses, et grâce auxquelles on dispose de voies pour aller du connu à l'inconnu par le syllogisme qui permet d'inférer ou de prouver. C'est pourquoi, comme nous l'enseignerons dans ce qui suit, [les sciences logiques] sont plutôt des modes de la philosophie spéculative qu'une partie essentielle déterminée de la philosophie théorique. Quant aux sciences morales, qu'elles soient

5. Citation muette du *Livre des causes*, prop. 4, § 37-38 : « Prima rerum creatarum est esse et non est antę ipsum creatum aliud. Quod est quia esse est supra sensum et supra animam et supra intelligentiam, et non est post causam primam latius neque prius creatum ipso. »

6. Cf. Albert le Grand, *De an.*, I, 4, 4.

monostiques[7], économiques ou politiques, elles n'existent pas en vue de la contemplation, mais [seulement] pour nous rendre bons. Et dans les théoriques, c'est cette [science] divine, dont nous traitons maintenant, qui a la prééminence, dans la mesure où elle fonde les sujets, les passions et les principes de toutes les autres, sans être fondée par aucune. Et elle est la perfection de l'intellect divin en nous, dans la mesure où elle porte sur ces contemplations que ne concernent ni le continu ni le temps, mais qui sont *simples*, et *pures* de tout ce qui obombre l'être divin, et *fermes*, puisqu'elles fondent les autres sans être elles-mêmes fondées. Ce pourquoi elles sont *admirables* par leur hauteur et *nobles* par leur divinité.

Metaphysica, I, 1, 2 : Digression expliquant quel est le sujet propre de cette science, avec la discussion de trois opinions des philosophes à ce propos.

Nous nous exprimerons plus pleinement sur le sujet de cette science[8] et sur les passions de cette science dans les [livres] suivants[9], cependant, pour la facilité de l'enseignement il nous faut poser ici en préliminaire la question du sujet, à cause de la diversité des positions sur ce point[10].

7. Tous les éditeurs (y compris Geyer, p. 3, 16) donnent ici *monasticae*. Mais il faut certainement lire *monosticae*, terme couramment employé par les introductions à la philosophie des années 1245. Sur la division scolaire de la philosophie morale en monostique (transmise dans les *Éthiques*), économique (transmise dans le *De officiis* de Cicéron, puis dans les *Économiques* d'Aristote) et politique (transmise dans les « lois et les décrets », puis dans la *Politique* d'Aristote), cf. Arnoul de Provence, *Diuisio scientiarum*, éd. Lafleur, dans *Id.*, *Quatre introductions...*, p. 333-334, avec les notes de Lafleur, p. 334, *app. fontium*, l. 513 *sq.*, qui renvoie au *Compendium examinatorium parisiense* et aux autres introductions à la philosophie des maîtres parisiens : Olivier le Breton, *Philosophia*, l'anonyme *Vt ait Tullius* ou Nicolas de Paris (?), *Secundum quod testatur Ysaac* ; d'autres précisions sont apportées par Lafleur-Carrier, « La *Philosophia* d'Hervé le Breton..., Ire partie », section 3.3.2.2. « La philosophie pratique libérale (la morale) », p. 174-181.

8. Dans tout ce qui suit, comme il l'a fait partiellement dans le chapitre précédent, Albert évite de donner un nom à ce que P. Aubenque a précisément appelé la *science sans nom* : d'où l'expression *haec scientia* (« cette science »), qui, en préservant l'anonymat de ladite science, permet de ne pas indiquer d'avance quel est son « sujet ». Comme dans certaine pièce de Sacha Guitry, le mot juste ne sera prononcé (et révélé) qu'à la dernière ligne du chapitre : « philosophie *première* ».

9. Cf. Albert le Grand, *Metaph.*, IV, 1, 1-4 et VI, 1, 1-3.

10. Cf. Avicenne, *Metaph.*, I, 1, qui expose les trois opinions discutées par Albert, dont la troisième, défendue ici, selon laquelle « l'étant en tant qu'étant est le sujet » de la métaphysique.

Certains en effet ont soutenu que le sujet de cette science était la cause, au sens où la cause est ce qu'il y a de premier dans chaque genre de causes, en s'appuyant sur l'argument suivant : cette science considère les causes ultimes auxquelles se ramènent toutes les causes, [causes ultimes] qui selon l'ordre de la nature sont premières, car c'est en elles que toutes les autres causes particulières et secondes sont établies et fondées, et rien d'autre ne peut les établir. Pour confirmer leur dire, ils ajoutent que, dans les sciences théoriques particulières, il n'y a savoir que quand on connaît la cause. Or comme la cause particulière de cet [objet] de savoir, immédiate à cet [objet], essentielle et convertible [avec lui] ne peut être établie dans la science particulière, dans la mesure où cette cause a quelque chose qui lui est antérieur dans l'ordre du genre [auquel elle appartient], il faut nécessairement que dans cette science [la métaphysique] soient considérées les causes premières avant lesquelles il n'y a tout simplement rien, puisque c'est par elles qu'est établie la cause première et prochaine de l'[objet de] questionnement dans le genre [dont s'occupe] la science particulière, de sorte qu'ainsi le savoir est parfaitement arrêté quand le sujet *(suppositum)* de la science particulière est prouvé en elle par les [causes] qui sont absolument premières – de même que, dans toutes les sciences qui sont démontrées par des [réalités] qui ne sont pas absolument premières, le savoir ne s'achève pas pleinement, sinon quand elles ont été reconduites à ce qui est absolument premier et démontrées par [ce qui est absolument premier]. Et il en va de même de la connaissance des indivisibles ou des incomplexes, car leurs définitions ne sont rendues connaissables de manière suffisamment déterminée qu'après qu'elles ont été reconduites aux formes et causes premières.

C'est de cela donc et d'autres choses semblables que ces [philosophes] ont tiré leur opinion. Mais il n'est pas difficile de montrer qu'ils ont tort. En effet, est sujet dans une science, ce à quoi, comme à un prédicat commun, se ramènent les parties et les différences dont les propriétés sont questionnées en elle, et dont découlent les passions qui sont démontrées être inhérentes au sujet. Mais il est tout à fait certain que la substance, la quantité, la qualité et autres [prédicaments] ne se ramènent pas à la cause comme à un prédicat commun, et pourtant il est bien traité des modes et des propriétés de tous ces [prédicaments] dans cette science. De même, le par soi et le par accident, la puissance et l'acte, l'un et le multiple, le même et l'autre *(diversum)*, le semblable *(conveniens)* et le contraire, le séparé et le non-séparé, etc., à savoir les passions qui sont prouvées universellement et en tout lieu être inhérentes au sujet de cette science, ne suivent pas [de] la cause, ni en tant qu'[elle est] cause ni en tant qu'elle est première. Or, comme en toute science la passion est immédiate au sujet, la cause ne peut être le sujet de cette science.

C'est pourquoi d'autres ont soutenu que Dieu et les [réalités] divines étaient le sujet de cette science. L'argument le plus fort qu'ils ont avancé à ce propos est le suivant : tout ce qui est, on l'a dit plus haut, tombe sous deux considérations distinctes. Il y a les simples, et il y a les composés. Les composés [sont] tout ce qui est déterminé par la quantité seule ou la quantité prise simultanément avec la contrariété. Les simples sont les premiers causés et les émanations *(effluxiones)* divines, comme le Premier Être, la Première Subsistance *(subsistere)*, la Première Vie *(vivere)*, le Premier Intelliger et autres semblables, qui tous ont des notions *(rationes)* séparées de la grandeur et du temps. Donc, comme c'est en eux et dans toutes les [réalités] divines de cette sorte que sont fondées toutes les [réalités] déterminées par la grandeur et le temps, et que ces principes divins mêmes sont l'être de ces [réalités], cette science aura comme sujet Dieu et de telles [réalités] divines.

En outre, les [réalités] déterminées par la grandeur et le temps sont de certaines images et ombres ou échos *(resultationes)* des [réalités] simples et divines, et plus elles sont capables de les imiter, plus elles ont d'être, tandis que plus elles en déchoient, plus elles s'obombrent et s'enténèbrent et s'approchent du non-être. En considération de quoi ces [philosophes] disent que les premiers fondements des choses de ce monde sont les Préméditations *(praememorata)* divines [prises] avec le Principe de son universalité *(universitatis)*, qui est Dieu. Et puisque cette science porte sur les premiers fondements de tous les existants, cette science traitera de Dieu et des [réalités] qui sont divines sur le mode qu'on a dit plus haut, [à savoir] celles que Denys appelle les divines processions, au sens où ce sont des essences premières simples qui procèdent de Dieu, et sur lesquelles est fondée l'universalité du monde en sa totalité. Ces [philosophes] semblent être d'accord avec Platon, qui appelle ces [réalités] « Formes », dont il dit que les « images » sont ces essences, substances, vies et autres [réalités] semblables qui apparaissent dans les sensibles. En effet, Platon a suivi le dogme de Socrate, qui lui-même l'avait reçu d'Hermès Trismégiste, premier auteur de ce dogme [11].

11. Albert narrativise, sous forme d'une chaîne de transmission, les éléments empruntés aux titres (et au contenu) de trois œuvres « apuléennes » : le *De Platone et eius dogmate*, le *De deo Socratis* d'Apulée et le Pseudo-Apulée, *Asclepius* (attribué au Moyen Âge à Hermès lui-même). Il existe plusieurs éditions de l'ouvrage pseudo-apuléen. On a consulté *Ps.-Apulei Asclepius*, éd. P. Thomas, in *Apulei Platonici Madaurensis opera quae supersunt. III. De philosophia libri recensuit Paulus Thomas*, Stuttgart, 1970 (3e éd. [1re éd., 1908]). Cette édition contient le *De deo Socratis*, l'*Asclepius*, le *De Platone et eius dogmate*, ainsi que le *De mundo* et le Περὶ ἑρμηνείας. On peut cependant consulter aussi :

En outre, aussi bien ces [philosophes] que ceux que nous avons évoqués en premier soutiennent en ratiocinant que l'étant *(ens)* ne peut être le sujet de cette science, du fait que le sujet d'une science est ce dont quelque chose d'autre que lui peut être démontré ; or rien n'est différent de l'étant ; donc rien, disent-ils, n'est démontrable de lui ; et c'est pourquoi il ne peut être sujet.

En outre, si, disent-ils, l'étant *(ens)* était le sujet et que toutes choses étaient établies dans l'être *(esse)* et les parties de l'étant *(ens)*, cette science certifierait *(certificaret)* toutes les choses qui sont, ainsi que les principes de toutes choses. Donc toutes les autres sciences seraient superflues, puisque nous disposerions de la plus noble science de toutes choses, et qu'il ne nous faudrait pas alors chercher de science moins noble.

Que cette opinion soit erronée, cela ressort clairement du fait que rien n'est à la fois [objet] d'enquête et sujet dans une même science ; or c'est de Dieu et des [réalités] séparées et divines que l'on s'enquiert dans cette science ; donc ils ne peuvent en être les sujets.

De plus, les parties, dont beaucoup de choses sont démontrées dans cette science, ne se ramènent pas à Dieu comme à leur prédicat commun, que cette communauté soit prise comme celle du genre ou celle de l'analogie.

De plus, les parties considérées dans cette science, que l'on a mentionnées plus haut [12], ne suivent pas immédiatement Dieu et les [réalités] divines ; donc Dieu ne peut être le sujet de cette science.

C'est pourquoi, à dire le vrai avec tous les péripatéticiens, il semble qu'il faille dire que l'étant est le sujet [de cette science] en tant qu'il est étant, et que les [réalités] qui suivent de l'étant en tant qu'il est étant, et non pas en tant qu'il est tel ou tel étant, sont ses passions, comme par exemple la cause et le causé, la substance et l'accident, le séparé et le non-séparé, la puissance et l'acte, et autres [réalités] semblables. En effet, puisque de toutes les sciences, cette science est la première, il faut qu'elle traite de ce qui est premier, or cela c'est l'étant ; et puisqu'elle établit les principes, tant complexes qu'incomplexes, de tous les particuliers, et qu'ils ne peuvent être établis sinon par ce qui leur est

---

Asclepius, éd. A.D. Nock, A.-J. Festugière, *Corpus hermeticum. II*, Paris, Les Belles Lettres (CUF), 1946, p. 257-355. Pour une analyse du texte, on se reportera principalement à S. Gersh, *Middle Platonism and Neoplatonism. The Latin Tradition. I* (Publications in Medieval Studies, 23), Notre Dame (Indiana), 1986, p. 329-387. Cf., également, Cl. Moreschini, *Dall'Asclepius al Crater Hermetis. Studi sull'ermetismo latino tardo-antico e rinascimentale* (Biblioteca di studi antichi, 47), Pise, 1985, p. 69-119 (analyse) et 121-201 (texte et trad. it.).

12. À savoir « la quantité, la qualité et les autres [prédicaments] ».

antérieur et que rien ne leur est antérieur en dehors de l'étant et des principes de l'étant en tant qu'étant – non pas certes des principes qui principieraient l'étant *(non quidem quae ens principient)*, puisqu'il est lui-même le premier principe de tout, mais les principes qui découlent de l'étant *(sed principia quae sunt ex ente)* en tant qu'il est étant –, pour toutes ces raisons [dis-je], il faut que les principes de toutes choses soient établis par cette science en cela qu'elle est [science] de l'étant, qui est le premier fondement de toutes choses et qui n'est absolument fondé en rien qui lui soit antérieur.

Ce que disent ceux qui soutiennent que la cause est le sujet [de cette science], à savoir que ce sont les causes qui sont considérées dans les sciences particulières, cela est faux : ce qui est considéré en elles, c'est bien plutôt ce qui est inhérent aux parties de l'étant conçues avec la quantité ou le temps. Mais c'est par les causes que sont prouvées être inhérentes les [propriétés] qui sont inhérentes aux parties de l'étant ; c'est pourquoi ces causes se laissent ramener aux causes premières qui sont considérées dans cette science, lesquelles sont des consécutifs de l'étant en tant qu'il est étant ; et c'est pourquoi cette science ne porte pas sur la cause comme sur son sujet. C'est pourquoi aussi le savoir reçoit d'elle tout ce qui l'établit, car les causes intermédiaires, qui sont celles par lesquelles nous connaissons, reposent sur *(stant in)* les causes considérées dans cette science, non certes comme sujet, mais plutôt comme une certaine différence de ce sujet.

La deuxième opinion est plus probable. Cependant, elle est fausse. En effet, ces divines processions qu'elle allègue ne sont pas premières parce qu'elles sont divines, mais parce qu'elles se ramènent à la simplicité du premier étant. Et c'est pourquoi il est évident qu'aucune d'entre elles n'est absolument première, sinon l'étant, et que toutes suivent de l'étant ; donc seul l'étant simple est premier et sujet, et tout le reste lui est consécutif soit à titre de partie soit à titre de passion. En outre, bien que ces [réalités] soient des effets divins *(divina causata)* et des processions simples, elles n'ont pas d'être en dehors de la matière, contrairement à ce que dit Platon, et c'est pourquoi les sensibles ne sont pas fondés en elles sur le mode qu'a indiqué Platon. Mais nous traiterons de cela dans le livre VII de cette science.

Quant à dire que rien de différent ne peut être démontré de l'étant, c'est également faux, et cela ne prouve pas ce qu'ils veulent dire *(non probat intentionem eorum)*. En effet, bien que rien ne présente de différence réelle avec l'étant, tout ce qui est consécutif à l'étant possède néanmoins un certain mode qui ajoute quelque chose par rapport à lui *(modum quendam additionis ad ipsum)*. Et c'est par ce mode de différenciation, qui suffit à montrer l'inhérence à quelque chose comme à un sujet, que ce que l'on appelle les *passions de l'étant* sont prouvées lui être inhérentes. Mais il y a aussi une autre façon de résoudre [ce problème], qui consiste à dire que, même si nous accordions que rien ne peut être prouvé être inhérent à l'étant, on n'en pourrait pas moins prouver que beaucoup [de propriétés] sont inhérent[e]s aux parties de l'étant qui sont *par soi* des parties de l'étant. Et cela suffi[rai]t pour qu'il y ait un sujet à cette science.

Et les autres sciences ne sont pas non plus superflues sous prétexte que les causes et les principes de toutes choses sont établis en cette science, car ce n'est pas parce que l'on connaît les [termes] premiers et transcendantaux que l'on connaît une science ou un art. Mais les causes et les principes ne sont pas prouvés ici par ce qui est propre à une certaine nature ou prochain [par rapport à elle], c'est bien plutôt par les principes de l'étant que sont établis les propres, non en tant que propres, mais en tant que ramenés ou réduits à l'étant ou aux parties de l'étant en tant qu'il est étant, et non en tant qu'il est tel ou tel étant *(hoc ens)*. Et c'est pourquoi, pour connaître les choses dans leur nature propre, les sciences particulières sont au plus haut point requises, lesquelles cependant ne peuvent rien prouver, sinon en fonction de la manière dont leurs sujets et leurs principes restent après avoir été établis dans cette science par les principes de l'étant. Et ils ne sont pas non plus subalternés à la science propre et déterminée d'un certain étant, car, pour qu'il y ait subalternation, il n'est pas seulement requis qu'un sujet soit subordonné à un autre sujet, mais que le moyen terme, qui est la cause *propter quid*, soit enfermé ou contenu sous le moyen terme d'une autre science. Et c'est ce qui arrive dans la perspective, la géométrie, et semblablement dans la science naturelle, qui est transmise dans le livre des *Physiques*, dans la science *Du ciel et du monde* et dans les autres sciences naturelles.

Mais il y a certains Latins, persuadés par un raisonnement [purement] logique, qui disent que Dieu est le sujet de cette science, dans la mesure où, disent-ils, la science la plus noble se doit d'avoir le sujet le plus noble, et la science première, le premier sujet, et la divine, un divin, et la plus haute, le plus haut ; et ils posent beaucoup de choses de ce genre, selon des convenances logiques et communes *(secundum logicas et communes convenientias)*. Et ces gens, selon les mœurs des Latins, qui considèrent toute distinction comme une solution, disent qu'un sujet se dit de trois manières dans une science : en tant qu'est pris comme sujet ce qu'il y a de plus *commun*, ou ce qu'il y a de plus *certain*, ou ce qu'il y a de plus *digne* dans ladite science. Ils disent alors que selon le premier mode, c'est l'*étant* qui est sujet dans cette science, que selon le deuxième, c'est la *cause* et que selon le troisième, c'est *Dieu*, et que, dans ces conditions, cette science n'est pas nommée *divine* à partir de son tout, mais en fonction d'une partie seulement : celle qui est la plus digne. Mais moi de telles convenances logiques dans les sciences des choses, je les abhorre, car elles mènent à beaucoup d'erreurs. Je n'approuve pas non plus leur distinction, à cause des raisons que j'ai alléguées plus haut. Et la dénomination de *divine* [relativement à cette science] ne se fait pas davantage pour la raison qu'ils allèguent[13]. En effet, ce qui est le plus manifeste dans la nature de toutes les choses est [aussi] ce qui est le plus divin et le plus noble et est antérieur à toutes choses ; et cela, c'est l'étant, et les parties et les principes de l'étant, comme il appert de ce qui a été dit précédemment. Et c'est pourquoi cette science est par elle-même tout entière science des [réalités] les plus honorables, les plus admirables et les plus certaines, et non par une de ses parties ; et c'est pourquoi c'est à bon droit, que nous l'appelons *philosophie première.*

***De causis et processu universitatis*, I, 3, 6 : Que rien de ce qui a été dit jusqu'ici ne peut être affirmé en vérité du Premier.**

Puisqu'on a déjà prouvé dans ce qui précède que le Premier Principe n'est ni dans le genre de la substance ni dans les [divers] genres d'accidents, mais que tout ce que nous disons pour désigner le Premier a un signifié qui relève du genre de la substance ou d'un des genres d'accidents, il est constant que, selon la notion [correspondant aux] noms, rien ne peut être prédiqué affirmativement du Premier, puisqu'il dépasse éminemment ce mode à tous ces points de vue[14]. C'est pourquoi aussi il ne peut être défini au moyen d'aucun nom. Si on le dit *substance*, on le dit dans la mesure où il est au-dessus de toutes les substances et au-dessus de toute notion de substance. De même, si on le dit *étant*, on ne le dit pas *étant* selon l'intellection qui nous fait appeler *étant* ce qui est étant universellement. En effet, cet [universel étant] est contracté en tout ce qui est, et il n'a pas d'être en acte en dehors [de ce

13. Le mot « dénomination » a ici un sens plus technique encore que son sens aristotélicien (la paronymie, telle qu'elle est définie dans le chapitre 1 des *Catégories*) : celui de métonymie, *i.e.* l'attribution à un tout d'un terme désignant une partie du tout. Albert veut dire qu'il rejette l'interprétation métonymique du caractère divin de la philosophie première (transférant au tout de la métaphysique le prédicat caractérisant la troisième acception de son sujet : Dieu et les divins).

14. Cf. Ghazālī, *Metaph.*, I, III, *cap. de assignandis perfecte proprietatibus Primi* ; Muckle, p. 87-89.

qui est]. Rien de tout cela ne convient au Premier Principe. De même, si on le dit *un*, ce n'est pas au sens de l'un dont on dit : « l'un est l'unité qui fait chaque chose indivise en soi et divisée des autres »[15]. En effet cette unité est le terme [la limite] propre d'une chose et est quelque chose de son être. Cela ne convient pas au Premier Un. De même, si on le dit *chose*, ce qui désigne soit l'étant ratifié, soit l'étant qui est simplement conçu mais relativement à une chose, cette ratification renvoie soit aux principes constitutifs de la chose qui entrent dans [la formule de] son être, soit à une acception mentale que l'âme se fait d'une chose par l'abstraction. Cela ne convient pas non plus au Premier.

Il faut néanmoins que ces [choses] soient dites de lui et qu'elles en soient prédiquées affirmativement, dans la mesure où elles sont à titre premier en lui du point de vue de la cause et de l'exemplaire *(exemplum)*. Or la cause de la substance ne peut être que substance, la cause exemplaire de la sagesse ne peut être que sagesse, et la cause exemplaire de la bonté ne peut être que bonté. Donc, puisque de telles [choses] se prédiquent du Premier Principe, bien que, selon le nom d'après lequel elles tombent dans notre intellect, elles ne se disent pas de lui, elles n'en sont pas moins en lui, selon la nature même de la chose, avant [d'être] dans les [réalités] causées, et plus parfaitement, d'une perfection incomparablement plus grande. Et cela, parce que le causé imite la cause sans suivre sa perfection. C'est pourquoi il n'y a pas prédication univoque quand ces [termes] sont prédiqués du Premier et des seconds. En effet, c'est en raison de l'imitation de la cause par le causé que le nom de la forme, par laquelle le causé imite la cause, est prédiqué de la cause aussi bien que du causé. Mais du fait que le causé n'atteint pas à la perfection de la cause, il s'ensuit nécessairement qu'il n'atteint pas non plus à la parfaite notion de la chose. De là vient que ce n'est pas selon une notion une que [le terme] est prédiqué de la cause et du causé. Dans la notion par laquelle il est prédiqué du causé, il est nié dans la cause, et dans la notion par laquelle il est prédiqué de la cause, il est nié du causé.

C'est pourquoi Denys dit que « dans le Premier il importe d'affirmer les positions de toutes [choses] et de les nier toutes plus vigoureusement encore, en tant qu'il n'est rien d'entre toutes les choses, mais est un étant supérieur à tout et antérieur à tout ». Et de quelque [terme] qu'on le désigne, rien n'est distinct de sa substance. C'est pourquoi il est absolument simple et absolument un, et n'a en lui aucun nombre. En effet, là où n'est aucune diversité, aucun nombre ne peut être.

Mais, puisque les formes de toutes choses sont en lui [le Premier] par une triple considération – à savoir : unies, en tant qu'elles sont en lui ;

15. Cf. Aristote, *Metaph.*, V, 6, 1016b23-24.

procédantes, en tant qu'elles sont dans sa lumière ; distinctes, en tant qu'elles sont dans la lumière qui se termine à la constitution de la chose –, ce n'est pas incorrectement que Platon a dit qu'il produit toutes choses à partir d'un exemplaire [16]. En effet, bien qu'elles soient *unies* en lui, prises dans la lumière qui procède de lui elles présentent une distinction de raison, dans la mesure où tout ce qui procède de quelque [chose] présente une distinction de raison par rapport à ce qui procède avec lui *(a conprocedente)* de la même [chose]. Mais cette raison [différente] est tirée de la relation de la lumière à la chose dans laquelle elle procède [non de celle dont elle procède]. Il y a un bon exemple de cela dans l'art. Si la forme de la maison est prise dans l'intellect de l'architecte, elle est absolument indifférente et indistincte. Si elle est prise en tant que procédant dans la disposition des fondations, la disposition du toit et la disposition des murs, il est constant que, prise dans une telle procession, elle comporte une différence. Mais, si elle est prise en tant qu'elle est au repos dans la chose [réalisée], elle comporte nombre et distinction. C'est maximalement le cas dans l'intellect du Premier. En effet, comme on l'a dit, l'intellect du Premier Principe est simplement agent *(simpliciter agens)* : dans sa lumière propre et essentielle, il possède d'avance *(praehabet)* la forme de toute chose, et la raison et l'idée des choses est par la même lumière essentielle procédant de lui, et la même lumière, infusée dans les choses, constitue et distingue toute chose.

De anima, III, 2, 7 : Digression expliquant l'opinion d'Averroès et son erreur.

Après tous ceux-là vint Averroès, à qui l'on fait gloire d'avoir seul résolu toutes les apories, dans la mesure où il semblait avoir sauvé tout ce qu'avait dit Aristote sur l'intellect possible. Il concède en effet que, en les recevant, l'intellect se rapporte aux intelligibles comme le sens se rapporte aux sensibles, mais il dit que la comparaison ne tient pas complètement, bien qu'elle soit valable sur un point, de même qu'Aristote dit, lui aussi, que l'impassibilité du sens n'est pas la même que l'impassibilité de l'intellect. Il dit en effet que l'universel, qui est conçu [intelligé], a deux sujets : l'un, par lequel il est vrai, l'autre par lequel il est un des étants du monde. Et le sujet par lequel il est vrai, il l'appelle particulier selon la chose, car c'est dans la mesure où la chose est ou

16. Cf. Platon, *Timée*, 37 C-D, éd. Waszink, p. 29, 19-24.

n'est pas que la connaissance de l'âme est vraie ou est fausse, puisque la vérité de l'intellect est l'adéquation des choses et des intellects ; et relativement à ce sujet l'universel est universel en puissance, car il est confus dans le particulier et réside dans une d'entre les puissances sensibles. Et sous ce mode, l'universel n'est pas un des étants du monde, que nous appelons universel, car en tant qu'il est un des étants du monde, l'universel qui se distingue d'avec le particulier, selon [ce qu'il est en] lui-même et selon la vérité n'est que dans les intellects seuls, purs et nus, et n'est pas dans les choses extérieures à l'âme[17]. Nous reparlerons de cela le moment venu. Ce que nous disons ici n'est mentionné que pour préciser son intention [d'Averroès].

Il dit donc que, dans la mesure où il a un sujet double, l'universel ne reçoit de changement que du sujet par lequel il est vrai, car c'est en fonction de lui qu'il est éduit de la puissance à l'acte et que, ainsi, il a d'une certaine manière besoin du devenir et du temps ; et c'est aussi en fonction de lui qu'advient la lassitude [causée] par la fréquence des actes d'intellection. Du sujet qui en fait un étant dans le monde, il ne reçoit aucun changement : ce qui est reçu en lui [est reçu] sans changement aucun, à la manière dont ce qui détermine ou distingue [est reçu] par ce qui est déterminé ou distingué. De même, en effet, que nous avons dit plus haut que le sens n'est pas la matière des sensibles, mais leur forme, [forme] qui, parce qu'elle est la moyenne des sensibles, est distinguée et déterminée par eux, de même aussi et bien plus encore l'intellect est la forme des intelligibles, [forme] qui est privation par rapport à eux, comme un *medium* et non comme une matière, [et] dont ils sont éduits de la puissance à l'acte, comme on le montrera plus bas. Et c'est pourquoi elle leur sert de sujet à la façon dont le déterminé sert de sujet au déterminant ; et c'est pourquoi l'intellect possible et l'intelligible ne constituent pas quelque chose d'un comme sont un la matière et la forme ou le sujet et l'accident, mais plutôt comme la perfection déterminante est dans le déterminé et le parfait. C'est

17. Cf. Averroès, *In De an.*, III, comm. 5 ; Crawford, p. 400, 376-394 : « Car, puisque concevoir par l'intellect, comme le dit Aristote, c'est comme percevoir par le sens, et que percevoir par le sens s'accomplit par l'intermédiaire de deux sujets, dont l'un est le sujet par lequel le sens devient vrai (et c'est le sensible extérieur à l'âme) et l'autre, le sujet par lequel le sens est une forme existante (et c'est la perfection première de la faculté sensorielle), il est aussi nécessaire que les intelligibles en acte aient deux sujets, dont l'un est le sujet par lequel ils sont vrais, à savoir les formes qui sont des images vraies, et le second, celui qui fait de chaque intelligible un étant du monde [réel], et c'est l'intellect matériel. En effet, il n'y a en cela aucune différence entre le sens et l'intellect, si ce n'est que le sujet du sens, par lequel il est vrai, est extérieur à l'âme, alors que le sujet de l'intellect, par lequel il est vrai, est à l'intérieur de l'âme. Et c'est ce qu'Aristote lui-même a dit de cet intellect [matériel], comme on le verra ensuite. »

pourquoi aussi l'intellect formel, qui est la forme spéculative, ne reçoit pas de changement de l'intellect possible, mais du phantasme dans lequel il est, ainsi que nous l'avons dit. Et c'est ainsi qu'il [Averroès] satisfait la demande de Théophraste [posant la question de savoir] comment il se peut que l'intellect possible soit séparé et immuable, et semblablement l'intellect agent, tandis que l'[intellect] spéculatif est transmuable et temporel en tant qu'il passe de la puissance à l'acte. Et en vérité, dans cette solution, Averroès [s'est montré] très satisfaisant, et ce qu'il dit est vrai.

Mais, à cause des raisons indiquées plus haut, il [Averroès] concède comme à peu près tous les autres [interprètes] qu'il y a un seul intellect possible en tous les hommes, et que c'est pour cela que les universaux, dont est tirée la science de tout ce qui est connu, sont les mêmes pour tous. Et à la question de savoir comment il se fait alors que cet intelligible *(intellectus)* et cette science soient unis à un tel et pas à un autre, il répond comme les autres [interprètes] en disant que l'intellect n'intellige rien sans un phantasme, et que ce phantasme n'est pas le même chez tous [les hommes], et que par conséquent la science élicitée n'est pas non plus la même chez tous [les hommes]. Et il dit que c'est ce que soutient Aristote, là où il dit que l'intellect séparé du corps ne se souvient pas, car il n'intellige rien sans phantasme et n'en conserve pas avec lui quand il est séparé[18]. En outre, c'est ce que dit Aristote, [quand il dit que] l'intellect se corrompt si quelque autre chose se corrompt à l'intérieur[19] : en effet, c'est de [l'intellect] spéculatif que cela est dit, lequel ne souffre aucune corruption [du fait] de l'intellect possible, dans lequel il est, comme nous l'avons dit, mais plutôt [du fait] du phantasme, qui est requis comme moteur.

Mais [dis-je], il [Averroès] concède comme les autres [interprètes] qu'il y a un seul intellect possible en tous les hommes, et qu'il est immortel. C'est pourquoi il dit que la forme humaine est unique et incorruptible, puisqu'elle ne se corrompt pas du fait de la différence qui est constitutive de l'espèce, mais que, si elle se corrompt, c'est plutôt du

18. Cf. Aristote, *De an.*, III, 5, 430a23-25 : οὐ μνημονεύομεν δέ, ὅτι τοῦτο μὲν ἀπαθές, ὁ δὲ παθητικὸς νοῦς φθαρτός, trad. Tricot, p. 183 : « Nous ne nous souvenons pas cependant, parce qu'il est impassible, tandis que l'intellect patient est corruptible. »

19. Pour Bodéüs (p. 119, n. 1), cette « autre chose en nous », ou, plutôt, ce « quelque chose » qui, « dépérissant » (408b25 : « alio quodam interius corrupto »), provoque le « déclin » de la pensée et de la spéculation, « n'est pas identifiable autrement que comme ces mêmes organes des sens dont dépend l'intelligence (*via* la représentation, 403a8-10) ou comme le siège commun de la sensibilité (le cœur) ». Averroès, selon Albert, comprend qu'il s'agit du phantasme (la représentation dans la terminologie de Bodéüs), ou plutôt des phantasmes toujours nouveaux, qui meuvent l'intellect possible.

genre qu'elle tient cela. Cette forme, [prise] avec sa perfection, qui est la science de philosophie, il dit qu'elle demeure toujours unie à quelques hommes, car, comme le disent Aristote et les astronomes, les lieux du monde sont rendus habitables ou inhabitables par de [longues] vicissitudes, et l'habitation [humaine] n'est jamais détruite d'un coup dans les quatre [parties] du monde : quand un quart n'est pas habité, un autre l'est, et [ainsi] quand il n'y a pas de philosophie dans un [certain] quart [du monde], il y en a dans un autre[20]. Et tout cela, il le dit pour que l'on sache que l'intellect spéculatif ne reçoit aucun changement de l'intellect possible.

Autre [argument] : si l'on pose qu'il [l'intellect possible] n'est pas un en tous, [alors] comme il a été prouvé nécessairement par ce qui a été dit qu'il est incorruptible, il subsisterait de ce fait après la mort, et dans ces conditions il serait inutile *(otiosus)* selon la nature, à moins de dire qu'il passerait d'un corps à un autre, comme l'a dit Platon. Mais ce serait absurde : car alors les hommes ne seraient pas multipliés selon un nombre variable, mais il en résulterait qu'il y aurait autant d'hommes qu'il y a d'intellects, et que jamais un homme ne naîtrait sans qu'un autre soit mort [au préalable], ce qui est une thèse fausse et absurde. C'est pourquoi Averroès explique qu'[il y a] un seul [intellect] existant de manière ininterrompue *(indeficienter)* [qui] meut toujours un corps et n'est jamais sans corps ni sans science.

Il prouve cette affirmation par deux [arguments] qui lui semblent être nécessaires. Le premier est que tout ce qui est nombré est divisé d'une autre chose, puisque la division est la cause du nombre. Or rien n'est divisible selon la nature sinon la matière corporelle ; donc ce qui est absolument sans matière est indivisible et unique. Or l'intellect possible est absolument sans matière. Donc il est unique et indivisible en tous [les hommes]. Il invoque aussi Aristote, qui soutient cela dans le

20. Albert vise ici un des textes les plus célèbres du *Grand Commentaire* : « [on] considère comme impossible que toute la terre habitable délaisse *(fugiat)* la philosophie, tout comme on doit tenir pour impossible qu'elle délaisse les artisanats naturels. Si, en effet, une certaine partie de [la terre habitable] en était dépourvue, à savoir des arts, par exemple le quart septentrional de la terre, les autres quarts n'en seraient pas dépourvus, puisqu'on a établi que l'habitation est possible aussi bien dans la partie méridionale que dans la partie septentrionale [de la terre]. Par conséquent, peut-être la philosophie existe-t-elle en tout temps dans la majeure partie du sujet [= du lieu] comme l'homme existe grâce à l'homme et le cheval grâce au cheval. Et ainsi, selon ce mode, l'intellect théorétique n'est ni engendrable ni corruptible. » L'argument est mentionné en *De un. int.*, 2 ; éd. Hufnagel, p. 21, 14-29 : « [...] Il [Averroès] dit que jamais les hommes n'ont cessé ni ne cesseront d'être, ni les arts, ni la philosophie, et que s'ils ont cessé dans un quart du ciel à cause du mouvement des astres, ils n'ont pas cessé d'être dans les autres, et qu'ainsi ils ont toujours été et seront toujours [...]. »

livre *Du ciel et du monde*, là où il prouve qu'il n'y a qu'un seul monde, car, s'il y avait plusieurs mondes, il faudrait qu'il y ait plusieurs premiers ciels, et ils seraient mus par des moteurs différents ; et ainsi les moteurs premiers seraient différents et nombrés. Mais tout ce qui est nombré comporte une matière. Donc les moteurs premiers seraient matériels. De cela il [Averroès] veut tirer que, selon Aristote, ce qui est nombré est nombré par la division de sa matière, et que ce qui diffère en nombre diffère par la matière. Or on ne peut trouver de différence matérielle par laquelle on nombrerait l'intellect. Il reste donc qu'il est unique en tous les hommes.

Le second argument est une preuve par l'absurde *(deducens ad impossibile)* : si l'on pose que l'intellect possible est un *ce quelque chose*, ce qui est reçu en lui est reçu en tant qu'individué ; donc il n'y aura en lui aucun universel. Or tout le monde s'accorde à dire par consensus que l'universel est universel par l'universalité de l'intellect en lequel il est, et qu'il ne s'unit à celui-ci [cet homme-ci] et à celui-là [cet homme-là] que par le phantasme qui meut d'une manière différente dans l'un et dans l'autre.

Mais cela me semble absolument comparable à un délire. Pour le prouver je donnerai quatre arguments très forts.

1. Nous savons que tout composé est produit comme un *ce quelque chose* grâce à une forme substantielle qui est sa perfection première, comme le dit Aristote en une multitude d'endroits. Il est constant que tout homme individuel est un *ce quelque chose* ; donc sa forme, qui le parfait à titre de perfection première, est unique ; mais cette [forme] est l'âme rationnelle, qu'ils appellent intellect possible ; donc celui-ci [l'intellect possible] est un dans un [individu] et autre dans un autre.

2. Dans la *Philosophie première*, parlant contre Platon, Aristote dit que les principes des choses particulières sont [eux-mêmes] particuliers[21] ; or le plus puissant des principes est la forme ; donc elle est elle-même particulière dans ce particulier. Ainsi donc, puisque l'âme rationnelle, qui est cet intellect possible très puissant, est le principe d'un tel particulier [doué de raison], elle sera elle-même particulière.

3. Aucun moteur un en espèce et en nombre n'utilise dans le même temps deux [choses] [qui soient] mû[e]s par lui. Nous voyons en effet qu'aucun des moteurs célestes n'a deux corps qu'il meut, puisque c'est selon le nombre des mobiles qu'Aristote prouve quel est le nombre des moteurs[22]. De même dans les arts, nous voyons que nul pilote n'utilise

21. Cf. Aristote, *Metaph.*, III, 1, 996a9-10.

22. Selon Aristote le nombre des mouvements planétaires est égal à celui des substances éternelles immobiles. Cf. Aristote, *Metaph.* XII, 8, 1074a18-22 ; Tricot,

simultanément deux navires dans une seule navigation, ni un tisserand deux métiers dans une seule opération de tissage, et il en va ainsi de suite. Si l'on pose que l'intellect possible est un en nombre, puisqu'il est constant qu'il lui est attribué de mouvoir un corps, il sera utilisé par une multitude de corps mus par lui, ce qui est absolument contraire à la raison et contre tout ce qui est établi en philosophie.

4. S'il y avait un intellect un en nombre, par lequel existerait la forme substantielle de l'homme, il en résulterait que plusieurs hommes auraient une seule forme numériquement une, mais pas une seule animalité, car l'homme serait animal par son [âme] sensitive, et elle serait individuée, et il serait homme par l'intellect, qui ne serait pas individué. Il en résulterait alors que la nature du genre serait individuée, tandis que la différence demeurerait universelle et non individuée. Or comme l'espèce est composée selon son être de l'une et l'autre nature, il en résulterait qu'un même individu, l'espèce, serait composé de quelque chose qui serait individué selon l'être et de quelque chose qui ne le serait pas, ainsi que de quelque chose de corruptible et de quelque chose d'incorruptible – toutes [hypothèses] qui sont parfaitement absurdes *(absurdissima)*.

Ils [Averroès et les autres interprètes] n'échappent pas à l'absurdité *(inconveniens)* à laquelle ils s'efforcent d'échapper, à savoir comment un seul intellect existant en tous les hommes, tous ne recevraient pas une science, quand un seul d'entre eux reçoit cette science : en effet, même si le phantasme meut l'intellect possible, néanmoins c'est l'intellect possible seul qui a la science spéculative et il l'a dans la mesure où il est commun à tous. Et l'on ne peut dire qu'il l'a selon une partie et que selon une [autre] partie il ne l'a pas, car l'intellect est une substance indivisible. Il semble donc en découler nécessairement que tous [les hommes] pour lesquels il y a intellect ont la[dite] science. Donc la même absurdité retombe sur eux [Averroès et les autres interprètes], celle-là même pour échapper à laquelle ils avaient inventé à peu près tout ce qu'ils ont dit.

---

p. 696 : « S'il n'est pas possible qu'il n'y ait aucun mouvement de translation qui ne soit ordonné au mouvement de translation d'un astre, et si, en outre, toute réalité, toute substance impassible et ayant par soi atteint le Bien par excellence, doit être considérée comme une fin, il ne saurait y avoir d'autre nature en dehors de celles que nous avons indiquées, et le nombre des mouvements célestes est nécessairement celui des substances immobiles. S'il y avait, en effet, d'autres substances, elles seraient causes de mouvement comme étant la fin du mouvement de translation ; mais il est impossible qu'il y ait d'autres mouvements de translation que ceux que nous avons énumérés. »

***De anima*, III, 2, 12 : Digression expliquant la véritable doctrine des péripatéticiens [extrait].**

Quatrièmement, l'intellect [possible] est dit « impassible ». Le problème *(dubitatio)* vient ici de ce que nous disons que l'intellect est au nombre des vertus passives, et que tantôt il est en acte, et tantôt en puissance. À cela nous disons que l'intellect spéculatif, qui est la forme contemplée *(speculata)* dans l'intellect possible, est doublement en puissance. Premièrement, selon la relation à ce qui est intelligé, le particulier, en quoi il [l'intellect spéculatif] n'est qu'en puissance, car ce n'est qu'en puissance que le particulier a en lui l'universel ; et c'est selon le passage *(exitum)* de cette puissance à l'acte, que l'intellect comporte modifications, temps et changement ; et sous ce rapport il est « passible » *(passibilis)*. Deuxièmement, selon la relation à l'intellect possible, dans lequel est l'universel intelligé *(intellectum)* en acte, et dans cet intellect [possible] il n'est que sous l'acte et la forme de l'intelligibilité. Et cette forme il la tient de la lumière perpétuelle de l'intellect qui est agent, comme les couleurs tiennent de la lumière corporelle l'être formel grâce auquel elles meuvent la vue. Et quand, sous la lumière de cet intellect, l'universel s'unit à l'intellect possible, il ne s'unit pas à lui comme à un organe, comme c'est le cas pour les formes sensibles : il s'unit à lui comme le déterminant s'unit au déterminé, car l'habitus connaturel à l'intellect possible, qui est l'intellectualité elle-même, qui fait que l'intellect est appelé possible et qu'il est une nature intellectuelle, est de la même nature que les intelligibles en tant qu'ils sont intelligibles. Mais son intellectualité est confuse et indéterminée, et elle n'est déterminée que comme la puissance par l'acte et comme l'indéterminé est parfait *(perficitur)* par le déterminé ; et c'est pourquoi l'intelligible ne fait pas un avec l'intellect possible comme le sujet et l'accident sont un *(unum)*, puisque l'accident n'est pas la perfection du sujet ; et il n'est pas non plus un [avec l'intellect possible] comme la matière et la forme sont un, puisque la forme ne parfait la matière que selon l'être, en tant que distincte et divisée, alors que l'universel est non distingué et non divisé et ne parfait pas selon l'être, puisqu'il est plutôt un principe de connaissance des [choses] qui sont *(eorum quae sunt)*. Autrement il nous faudrait dire que l'intellect est pierre quand il intellige une pierre et âne quand il intellige un âne.

Et en cette doctrine *(sententia)* Averroès, dans son commentaire du *De anima*, s'accorde avec nous[23]. Donc, puisque c'est ainsi que l'uni-

23. Albert reprend effectivement ici la solution d'Averroès, fondée sur la théorie des deux sujets (qu'il paraphrase d'ailleurs à la fin du développement). La thèse d'Averroès

versel se rapporte à l'intellect [possible], l'intellect spéculatif ne reçoit ni changement ni passion véritable du sujet qu'est l'intellect possible.

Par là, la première des trois questions posées est résolue, à savoir comment il se peut que l'[intellect] agent soit une substance stable, et semblablement le possible, alors que l'[intellect] spéculatif est soumis au devenir *(factus)* et muable[24].

Par là, on comprend aussi en quoi il était vrai de dire que l'intellect se rapporte aux intelligibles comme le sens se rapporte aux sensibles. Non pas assurément par rapport à l'organe de la sensation, car l'organe s'unit à la forme sensible comme le sujet s'unit à l'accident, si toutefois il est vrai d'appeler « accident » l'intention sensible qui est dans l'organe, car selon la vérité des choses, ce n'est pas un étant : c'est quelque chose d'un étant, non selon l'être de l'étant véritable, mais selon l'être de l'abstraction – comme il appert de ce qui a été déterminé plus haut[25]. La ressemblance entre le sens rapporté aux sensibles et l'intellect rapporté aux intelligibles concerne la faculté *(virtutem)* même du sens, considérée sans son organe, et rapportée aux sensibles. Nous avons en effet dit plus haut que la première et principale forme sensitive, qui est le sens commun, se rapporte aux sensibles en tant qu'elle se termine à eux : de même le rapport de l'intellectualité de [l'intellect] possible aux universaux s'entend comme un [rapport] à ce qui détermine son intellectualité formelle. C'est pourquoi nous avons dit dans le livre VII

---

est que « [...] les intelligibles qui sont en acte, à savoir les intelligibles théoriques [= les intellects spéculatifs], ne méritent la qualification d'engendrables et corruptibles que relativement au sujet par lequel ils sont vrais, et non relativement au sujet grâce auquel lequel ils font partie des étants, c'est-à-dire l'intellect matériel. »

24. Première question, qui est aussi le premier problème annoncé dans le texte parallèle d'Averroès (Crawford, p. 399, 347). Et solution identique : les intelligibles théoriques ou spéculatifs sont bien éternels quant au substrat dont ils sont la perfection dernière, l'intellect matériel, mais ils sont engendrables et corruptibles quant au premier substrat, celui qui en fait la représentation de quelque chose au sens objectif du génitif : la faculté imaginative ou, plus exactement, les « intentions » imaginatives, les *intentiones imaginatae*. Cette thèse est formellement condamnée en 1277 dans le *Syllabus* de Tempier (article 131 : *Quod intellectus speculativus simpliciter est aeternus et incorruptibilis ; respectu vero huius hominis corrumpitur corruptis phantasmatibus in eo*), pour une raison évidente : comme le note R. Hissette, son « incompatibilité avec la pensée chrétienne est double », puisqu'elle « suppose deux hérésies : l'éternité de l'espèce humaine et le monopsychisme ». Après Averroès et... Albert, elle est soutenue par Siger de Brabant, *In III De anima*, q. 9, Bazán, p. 29, 10-12, qui y voit une thèse aristotélicienne (« *Intellectus speculativus in hoc homine est corruptibilis, est tamen secundum se et simpliciter aeternus*, ut dicit Averroes. Et ita videtur sensisse Aristoteles »), et par l'Anonyme de Giele pour qui la doctrine d'Averroès « est vraie selon l'intention d'Aristote correctement exposée » (cf. *Quaestiones De anima* I, q. 6, Giele, p. 41, 38-39, et 40, 18-24).

25. Cf. Albert le Grand, *De an.*, II, 3, 4.

des *Physiques* qu'il n'y a pas altération chez les [êtres] intellectuels, mais plutôt perfection advenant sur le mode qu'on a déterminé. Ainsi donc, l'universel se rapportant à deux sujets a un être double : selon en effet qu'il se rapporte au sujet dans lequel il est en puissance et dont il est abstrait, il fait *(facit)* un intellect vrai, puisque la vérité est l'adéquation des choses et des intellects ; en revanche, c'est selon qu'il se rapporte à l'intellect possible, dans lequel il est comme le déterminant dans le déterminé et l'acte dans la puissance, qu'il a d'être un des étants [qui sont] dans le monde *(habet esse unum entium in mundo)*, puisque l'universel en tant qu'universel n'a pas d'être en dehors de l'âme.

Mais, quand les philosophes disent que l'universel est acte et que l'intellect possible est puissance, on ne peut déduire de là que l'intellect possible soit matière et que l'universel soit forme, car nous avons montré plus haut, à partir de la doctrine d'Aristote, que la forme indéterminée du sens commun était plus formelle que ses déterminants, et qu'elle est une selon la forme et multiple selon la matière. Il en va de même pour les intellects spéculatifs. Tous en effet sont [quelque chose d']un *(unum)* selon la forme de l'intellectualité et ils sont multiples selon les déterminants, car l'universel ne peut déterminer que selon le rapport à ce dont il est l'universel et à ce dont il est abstrait par l'intellect. Or ce qui unit plusieurs en un seul acte est plus formel que ceux qui sont unis.

De là enfin appert le sens du dit où s'accordent les péripatéticiens les plus éprouvés, savoir que les intellects spéculatifs sont [quelque chose d']un *(unum)*, en tant qu'ils sont intellects, et qu'ils ne se multiplient qu'en fonction du rapport à ce dont ils sont intellects[26].

26. Une fois de plus, Albert épouse en partie les vues d'Averroès. Il garde la théorie de l'unité de l'intellect (intelligible) spéculatif (théorétique), sans garder ce qui la fonde chez son modèle : l'unicité de l'intellect possible. Cf. *In De an.*, III, comm. 5 ; Crawford, p. 406, 575-407, 600 : « Puisque ce discours nous a conduits à penser que l'intellect matériel est unique pour tous les hommes, et que, par là, nous avons aussi été conduits à penser que *l'espèce humaine est éternelle*, comme cela a été expliqué en d'autres lieux, [nous posons maintenant] que, nécessairement, l'intellect matériel ne peut être dénué des principes naturels communs à toute l'espèce humaine, à savoir les premières propositions et les premiers concepts simples *(singularibus)* communs à tous les [hommes]. Ces intelligibles sont uniques selon le récepteur, mais multiples selon l'intention reçue. Donc, selon le mode en vertu duquel ils sont uniques, nécessairement ils sont éternels, puisque l'être ne peut déserter le sujet reçu, à savoir le moteur, qui est l'intention des formes imaginées, et que, de l'autre côté, il n'y a pas d'empêchement du côté du récepteur. Par conséquent, la génération et la corruption ne les atteignent qu'à cause de la multiplicité qui leur échoit, non en vertu du mode selon lequel ils sont uniques. C'est pourquoi, quand, du fait de sa relation à un individu, un des premiers intelligibles se trouve corrompu par la corruption du sujet grâce auquel il nous est uni et est vrai, nécessairement cet intelligible n'est pas corruptible absolument parlant, mais seulement corruptible relativement à l'individu. Et

De anima, III, 2, 13 : Digression expliquant la solution de deux questions difficiles restant après ce qui a été dit.

Déterminons à présent, dans la mesure où nous le pouvons, deux questions qui demeurent. La première est celle qui résulte du fait que nous avons posé que l'intellect était séparé et, semblablement, que l'universel était séparé de tout ce qui individualise, et que ce qui est séparé est identique pour tous. En effet, dans ces conditions, il semble, au moins pour l'intellect spéculatif, qu'il soit identique pour tous et que, ainsi, si j'acquiers une science, tu l'acquières toi aussi – ce qui est absolument faux.

La seconde résulte du fait que l'intellect possible est en puissance toutes choses, et que la matière l'est semblablement. En effet, il semble en découler que l'intellect est identique à la matière première et que la matière devrait intelliger les formes qui sont en elles, comme le fait l'intellect[27].

En fait, ces questions ne sont pas très dures à résoudre si l'on suit l'opinion qui a été avancée. Nous avons en effet déjà concédé que l'intellect est séparé selon lui-même et qu'il est conjoint par cela que, existant dans une même substance, il communique avec ce qui, par soi, communique avec le corps, comme l'imagination et le sens ; et dans cette mesure l'intellect est un *ce quelque chose*, bien qu'il ne soit pas un d'entre les intelligibles, si ce n'est quand il s'intellige lui-même ; et nous rendrons raison de cela plus bas[28] à partir des dits d'Aristote. Et ainsi, il faut concéder que le sujet des intelligibles n'est pas numériquement un en tous [les hommes]. Et en cela nous sommes en désaccord avec Averroès, mais nous nous accordons avec Avicenne et Algazel et avec Aristote, à ce qu'il semble, là où il appelle « partie de l'âme », l'intellect, par lequel l'âme connaît *(cognoscit)* et sait *(sapit)*[29]. Laquelle âme

---

c'est de cette façon que nous pouvons dire que l'intellect théorétique est un en tous les hommes. »

27. On reconnaît là une des nombreuses versions albertiniennes du problème dit « de Théophraste » (« fragment » arabe 309A de Fortenbaugh, p. 66-67), connu des Latins par le seul intermédiaire d'Averroès.

28. Cf. Albert le Grand, *De an.*, III, 2, 17.

29. Cf. Aristote, *De an.*, 429a23-24. Tricot (p. 175) traduit ὁ ἄρα καλούμενος τῆς ψυχῆς νοῦς par : « Ainsi cette *partie de l'âme* qu'on appelle *intellect* » et poursuit : « et j'entends par intellect ce par quoi l'âme pense et conçoit (λέγω δὲ νοῦν ᾧ διανοεῖται καὶ ὑπολαμβάνει ἡ ψυχή), n'est, en acte, aucune réalité avant de penser » ; Bodéüs (p. 227), plus circonspect n'introduit pas la notion de partie, préfère « intelligence de l'âme » et traduit ainsi ὁ ἄρα καλούμενος τῆς ψυχῆς νοῦς : « Par conséquent, ce qu'on appelle *l'intelligence de l'âme* », rendant la suite par : « (et, par là, j'entends ce qui permet à l'âme de

assurément est perfection d'un corps organisé [doué d'organes], et ne peut par conséquent être numériquement la même en plusieurs ; or l'intellect selon lui-même est universel ; c'est pourquoi ce qui est en lui selon lui-même est aussi universel selon l'acte, et cela, d'après les péripatéticiens, il faut concéder que c'est identique pour tous [les hommes], et que le même intelligible universel est dans mon âme et dans ton âme – autrement, il faudrait dire que *'qu'un homme est assis (hominem sedere)'* et autres [énonçables] du même genre est quelque chose de commun à ce qui est dans mon âme et dans ton âme. Bien qu'en effet mon intellect soit individuel et séparé de ton intellect, ce n'est pas cependant en tant qu'il [mon intellect] est individuel qu'un universel a d'être en lui ; par conséquent ce qui est dans l'intellect n'est pas individué, pas plus que les couleurs ne sont individuées par la lumière qui les abstrait, [elles le sont] bien plutôt par la matière et les appendices de la matière, comme la situation *(situs)*, la forme extérieure *(figura)* et autres [conditions] du même genre. Ainsi donc, l'universel en tant qu'universel est partout et toujours le même absolument et [il est] le même dans les âmes de tous [les hommes], sans recevoir d'individuation de l'âme ; pour autant, toutefois, la science d'un [homme] n'est pas la science d'un autre, ni ce qui est contemplé *(speculatum)* par l'un, contemplé par un autre, car la contemplation *(speculatio)* s'accomplit en fonction du mouvement des phantasmes. Mais semblablement la science est [science] d'universaux, qui adviennent à partir de nombreux souvenirs et expériences, qui ne sont pas identiques en tous [les hommes]. Et c'est ce que j'ai dit plus haut : les intellects spéculatifs sont un en tant qu'ils sont intellects, mais ils sont multiples, en tant qu'ils sont [l'intellect] de ceux-ci ou de ceux-là. Et dans cette détermination [de la première question] Averroès s'accorde avec nous, bien qu'il soit [d'un avis] quelque peu *(aliquantulum)* différent du nôtre en ce qui concerne le mode de séparation *(abstractionis)* de l'intellect.

La seconde question, à laquelle, en guise d'échappatoire, Théophraste répond que l'intellect possible n'est jamais en puissance et que l'intellect spéculatif est perpétuel, est très facile à résoudre selon ce qui a été déterminé. En effet, les formes ne sont d'aucune façon semblablement dans la matière première et dans l'intellect possible. Il y a là quatre différences.

1. La principale est assurément que les formes intelligibles sont dans l'intellect possible comme dans quelque chose de plus formel *(magis formali)* qui est déterminé par elles ; les formes sont dans la matière

---

réfléchir et de se former des idées) n'est effectivement aucune des réalités avant de penser ».

première comme dans quelque chose de matériel, où elles trouvent à subsister – cette différence est évidente d'après ce qui a été dit.

2. Les formes qui se rapportent à l'intellect possible sont universelles [et] simples ; celles qui se rapportent à la matière sont divisées selon l'être et le particulier, et elles existent ici et maintenant : c'est pourquoi la matière ne les intellige pas, contrairement à [ce que fait] l'intellect. En effet, comme nous le montrerons plus bas, tout ce à quoi se rapportent des formes en tant qu'universelles, simples et dépouillées *(denudatae)*, a le pouvoir de distinguer *(habet discretionem)* les formes qui lui sont rapportées, tandis que ce à quoi elles se rapportent comme individuelles et divisées a grâce à elles un être en acte, et aucun pouvoir de distinction ni d'intellection. Averroès s'accorde avec nous sur cette différence.

3. En tant qu'elle appartient à la matière première la puissance de la matière n'est pas déterminée à l'être de la nature intellectuelle ; la puissance de l'intellect possible est en revanche déterminée à l'être de la nature intellectuelle : c'est pourquoi la nature de la matière ne rayonne *(illustrat)* pas par sa lumière sur les formes qui sont en elle, mais demeure dans les ténèbres de la privation de toute forme. Au contraire la nature de l'intellect possible rayonne sur les formes qui sont en lui, et c'est pourquoi il les discerne toutes. Et sur cette différence nous nous accordons avec Avicebron dans le livre *La Source de vie*.

4. Les formes qui sont dans l'intellect possible sont en lui non individuelles, dans la mesure où elles ne s'unissent absolument pas à lui comme à un sujet ni à une matière. C'est pourquoi l'intellect possible n'a d'obligation par rapport à aucune comme en ont la matière et l'instrument dans lequel et par lequel la forme exerce ses opérations ; il reste libre, capable d'opérer sur elles. La matière au contraire reçoit les formes qu'elle reçoit comme le fait un sujet : c'est pourquoi elle est divisée en parties par les formes et est mise en acte [litt. effectuée] par parties, obligée qu'elle est par rapport à toute forme, laquelle exerce en elle ses opérations comme dans un instrument et un sujet.

Si donc on regarde un peu plus subtilement tout cela, il est assez évident que la puissance passive se dit de manière homonyme de la matière et de l'intellect possible. Par là est détruit le fondement sur lequel Avicebron a fondé tout son propos *(intentionem)* dans le livre *La Source de vie*. Quant à savoir si l'âme rationnelle est composée de puissance et d'acte, nous nous en occuperons ensuite. Ce que nous avons dit ici était destiné à résoudre les questions sur l'intellect possible formulées par les péripatéticiens.

De anima, III, 2, 15 : Où l'on prouve que l'intellect n'est pas mélangé au corps, par le fait que son impassibilité n'est pas semblable à l'impassibilité du sens [extrait].

... *Quand donc* l'intellect possible devient spéculativement *l'un quelconque* des intelligibles selon l'acte, cet intellect produit *selon l'acte est dit savant (sciens)* [30] ; en effet l'intellect possible devient l'intelligible lui-même, comme la puissance devient acte quand elle est muée en acte. Mais cela est encore plus fort dans l'intellect, dans la mesure où l'intellect et l'intelligible sont identiques *(idem)* formellement, comme il appert de ce qui a été dit plus haut. *Cela se produit, quand il* [l'intellect] *peut opérer par lui-même,* de sorte qu'il n'ait plus besoin d'un moteur, et c'est le cas quand il a déjà une forme. Et cet intellect certains l'appellent « acquis » *(adeptum), et alors il est aussi en puissance d'une certaine façon,* au sens où nous disons qu'est en puissance ce qui a un habitus, mais ne contemple pas effectivement : il n'a pas besoin d'être mû, sinon [en passant] du repos *(otio)* à l'agir, et il n'a pas besoin non plus de recevoir quelque chose. *Et* c'est pourquoi ce mode de puissance est *différent* de celui sur lequel il était dit être en puissance *avant d'apprendre ou* avant *de trouver* [31]. C'est par ces deux [derniers] modes en

30. Cet extrait est une paraphrase de *De an.*, III, 4, 429b5-10, qui constitue le texte 8 du *Grand Commentaire* : « Et une fois que chacun d'eux est devenu ainsi, à savoir à la manière dont on dit que la science est en acte (et cela arrive quand il est capable de penser par lui-même), même alors il est encore en puissance en quelque manière, non pas cependant de la même manière qu'il l'était auparavant, avant de savoir ou de trouver. Et il peut alors se penser par lui-même. » Le texte paraphrasé par Albert est une nouvelle fois plus proche de celui de Gauthier, p. 446 (« Cum autem hic unaquaeque sciat, sciens dicitur secundum actum. Hoc autem accidit cum possit operari per se ipsum. Est quidem et tunc similiter potencia quodam modo, non tamen similiter est et ante addiscere aut invenire ; et ipse autem se ipsum aliquando potest intelligere ») que du texte édité par Stroick, p. 198. L'arabo-latine donne (Crawford, p. 419, 1-6) : « Et cum quodlibet eorum fuerit sic, scilicet sicut dicitur scientia in actu (et hoc continget quando poterit intelligere per se), tunc etiam erit in potentia quoquo modo, sed non eodem modo quo ante erat, antequam scivit aut invenit. Et ipse tunc potest intelligere per se. » La traduction Tricot (p. 176) du grec est : « Mais une fois que l'intellect est devenu chacun des intelligibles, au sens où l'on appelle "savant" celui qui l'est en acte (ce qui arrive alors que le savant est, de lui-même, capable de passer à l'acte), même alors il est encore en puissance d'une certaine façon, non pas cependant de la même manière qu'avant d'avoir appris ou d'avoir trouvé ; et il est aussi alors capable de se penser lui-même. » Nous indiquons en italiques les éléments aristotéliciens fondus par Albert à son propre texte.

31. Dans le *De unitate intellectus*, § 89, Thomas d'Aquin résume dans les mêmes termes la doctrine d'Aristote : T1 : *avant d'apprendre ou de trouver* l'intellect possible est en puissance comme une tablette où il n'y a rien d'écrit en acte [« intellectus possibilis ante addiscere aut inuenire est in potentia, sicut tabula in qua nichil est actu scriptum »]. T2 : *mais* après avoir appris et trouvé, (i) il est *en acte* selon l'habitus de science grâce auquel il peut opérer par lui-même, (ii) même si, alors, il est aussi *en puissance* par rapport à la considération en acte [« *sed* post addiscere et inuenire est actu secundum habitum

effet qu'une science est acquise, car tout ce que quelqu'un sait, il le connaît soit en l'apprenant soit en le trouvant, et *dès lors* aussi *il peut intelliger par lui-même*, car toute puissance réceptive peut opérer dès qu'elle a été réduite *(reducta)* à l'acte. Et alors il s'intellige aussi *lui-même*, car de même que nous sentons que nous voyons et que nous entendons par une [seule et] même puissance, qui est le sens, de même nous intelligeons que nous intelligeons par une [seule et] même puissance qui est l'intellect. Dans tous les intelligibles selon l'acte, l'intellect en effet s'intellige lui-même, car il intellige qu'ils sont en lui ; or cet intelliger consiste à les contempler *(speculari)* en lui même, ce qui ne peut se faire s'il ne se contemple *(speculetur)* pas lui-même en tant qu'il est sujet des intelligibles. Et ainsi, tout intelliger n'est rien d'autre qu'une certaine conversion de l'intellect en lui-même, en tant qu'il est sujet des intelligibles. Et les intellects qui n'intelligent rien en dehors d'eux-mêmes, l'intelliger leur est plus essentiel qu'aux hommes, et cela vaut au plus haut point pour le Premier Intellect.

Le fait que nous disions ici que l'intellect est le sujet des intelligibles ne doit absolument pas être pris au sens où il serait véritablement sujet, car alors sa conversion en lui-même ne serait pas véritablement intelliger. C'est un sujet formel, au sens où ce qui est commun et indéterminé est sujet de ce qui le détermine ; et c'est pourquoi nous avons dit plus haut que la forme de l'intellect n'opère rien d'autre en l'intellect qu'une détermination, et que c'est plutôt l'intellect qui opère sur l'espèce intelligée distinction, jugement, analyse et maintes autres opérations. C'est pourquoi aussi il est clair que l'espèce intelligible n'est pas dans l'intellect comme la forme dans la matière. Avicebron s'est trompé sur ce point, et beaucoup d'autres [aussi], principalement chez les Latins, se sont trompés sur ce point.

De anima, III, 2, 17 : Comment l'intellect est sujet de réception et non de changement, et comment il s'intellige lui-même et les autres.

Mais on pourrait mettre en doute ce que nous avons déterminé dans ce qui précède[32]. Si en effet *l'intellect* possible *est simple et impassible,*

---

scientie, quo potest per se ipsum operari, quamuis et tunc sit in potentia ad considerare in actu »]. Comme chez Albert, T1 et T2 portent sur deux états de l'intellect possible : l'un antérieur, l'autre postérieur à l'acquisition d'un intelligible par l'une des deux voies ouvertes à l'homme – l'*inuenire*, la découverte, et l'*addiscere*, l'apprentissage. Dans le premier, l'intellect est en puissance ; dans le second, il est à la fois en acte et en puissance.

32. Albert paraphrase ici *De an.*, III, 4, 429b22-430a9. Cf. Tricot, p. 178-179 : « Mais on pourrait se poser la difficulté suivante : si l'intellect est simple et impassible, et si, comme le dit Anaxagore, il n'a rien de commun avec quoi que ce soit, comment pensera-

et s'il n'a absolument *rien de commun avec rien*, puisque lui même n'est pas un ce quelque chose, *comme le dit* très bien *Anaxagore*, *comment* pourra-t-on dire avec cela *qu'il intellige* quelque chose, *puisqu'intelliger c'est* recevoir quelque chose et *subir une certaine passion* ? Si en effet il pâtit, puisqu'on a prouvé que, pour tout agent et patient *il y a quelque chose de commun*, qui est sujet et matière, par la communauté de laquelle *l'un agit et l'autre pâtit*, comme on l'a déterminé dans le premier livre des *Physiques*[33], il semble que l'intellect possible se rencontre en un [même] sujet avec les intelligibles qui agissent en lui et qu'ainsi il ait quelque chose de commun avec les étants qu'il intellige ; auquel cas ce que dit Anaxagore est faux.

Mais, avant de résoudre ce problème *(dubitationem)*, soulevons-en *un autre*. Demandons-nous *si l'intellect* possible *est lui-même* ou non du nombre des *intelligibles*. On ne peut dire qu'il n'est pas un des intelligibles, puisqu'on a montré plus haut qu'il s'intellige et que c'est pourquoi il est une puissance séparée. Mais, s'il s'intellige, ou il intellige les autres [intelligibles] comme il s'intellige lui-même, ou il s'intellige comme il intellige les autres. Il faut en effet accorder l'une ou l'autre de ces [hypothèses], car tout *intelligible* en tant qu'il *est* intelligible est *un* et le même par [son] espèce *(specie)* : l'intelligibilité, de même que, en tant qu'il est visible, tout visible est spécifiquement *(specie)* identique à un autre visible.

Si l'on dit qu'*il intellige les autres comme lui-même*, il découle de tout ce qui a été dit plus haut, qu'il s'intellige lui-même comme séparé en acte de la matière et des appendices de la matière ; donc il intellige

---

t-il, puisque penser c'est subir une certaine passion ? En effet, c'est en tant qu'une certaine communauté de nature appartient à deux facteurs, que l'un, semble-t-il, agit et que l'autre pâtit. Autre question : l'intellect est-il lui-même intelligible ? Ou bien, en effet, l'intellect appartiendra aux autres intelligibles, si ce n'est pas en vertu d'autre chose que lui-même qu'il est intelligible et si l'intelligible est une chose spécifiquement une ; ou bien, mêlé à l'intellect, il y aura quelque élément étranger qui, comme pour les autres intelligibles, le rendra intelligible. Ne faut-il pas plutôt reprendre notre distinction antérieure de la passion s'exerçant grâce à un élément commun, et dire que l'intellect est, en puissance, d'une certaine façon, les intelligibles mêmes, mais qu'il n'est, en entéléchie, aucun d'eux avant d'avoir pensé ? Et il doit en être comme d'une tablette où il n'y a rien d'écrit en entéléchie : c'est exactement ce qui se passe pour l'intellect. En outre, l'intellect est lui-même intelligible comme le sont les intelligibles. En effet, en ce qui concerne les réalités immatérielles, il y a identité du pensant et du pensé, car la science théorétique et ce qu'elle connaît sont identiques. Quant à la cause qui fait qu'on ne pense pas toujours, il reste à la déterminer. Par contre, dans les choses qui renferment de la matière, c'est en puissance seulement que réside chacun des intelligibles. Il en résulte qu'à ces dernières choses l'intellect ne saurait appartenir (car l'intellect n'est puissance de choses de ce genre qu'à l'exclusion de leur matière), tandis qu'à l'intellect l'intelligibilité appartiendra. »

33. Cf. Albert le Grand, *Phys.*, I, 3, 1.

ainsi les autres [intelligibles] séparés ; donc les formes séparées selon l'acte sont dans les choses *(insunt rebus)*. Mais les formes séparées sont les principes de l'intellect et non de l'être naturel ; donc les principes de l'intellect sont dans les choses. Or, puisque la nature n'est jamais en défaut pour ce qui est nécessaire[34], tout ce qui est doté de principes pour l'intellection des choses a aussi en lui la faculté d'intelliger ; donc *l'intellect appartient* à toutes les choses *(inest omnibus rebus)*. Mais cela semble être faux. Donc on ne peut dire qu'il intellige les autres comme lui-même.

Si au contraire on dit qu'il s'intellige *comme les autres*, il intellige les autres mêlés en acte à la matière, et il les sépare de la matière et des [facteurs] individualisants ; donc *il s'intellige aussi mêlé* à la matière, et il se sépare d'elle et des [facteurs] individualisants : donc il est lui-même mêlé à la matière, et il pâtit en vertu de la communication de la matière avec les choses qui agissent en lui. Mais alors ce qu'a dit Anaxagore – et tout ce qu'on a avancé plus haut – semble être faux.

Pour résoudre la première question, disons que le pâtir physique, qui est accompagné d'un mouvement, a toujours lieu grâce à *quelque chose de commun* à l'agent et au patient, qui sert de sujet. C'est pourquoi nous avons dit précédemment que l'intellect n'est pas absolument parlant *(simpliciter)* puissance passive des intelligibles, mais qu'il est *puissance d'une certaine façon (quodammodo)* ; c'est en effet une puissance seulement réceptive et non proprement passive ; en effet il est en puissance les intelligibles, et *avant d'intelliger il n'est absolument rien* des intelligibles, mais seulement après *les* avoir intelligés *en acte*.

Pour voir ce qu'il en est, il faut se remettre en mémoire ce qui est dit à la fin du livre I des *Physiques*[35]. On comprend en effet à partir de là qu'il y a deux sortes de puissance passive. L'une, de par sa potentialité, n'est sujet et cause que d'une simple réception ; l'autre, de par sa potentialité, est cause et sujet d'une réception et d'un changement *(transmutationis)* : elle est en effet, pour deux raisons, sujet d'un changement et, pour une seule, sujet d'une réception. Dans la mesure où elle comporte en elle un contraire, il faut qu'il soit rejeté *(abici)* par un changement, et du fait qu'elle a en elle l'inchoation d'une forme avant sa perfection selon l'acte, il faut que cette inchoation procède jusqu'à l'acte par un changement qui consiste dans la succession d'une forme à une autre, sa

34. Cf. Aristote, *De an.*, III, 9, 432b21-22 : « si donc la nature ne fait rien en vain ni ne néglige aucune nécessité. » Cf. *Auctoritates Aristotelis* (6), n° 168, Hamesse, 1974, p. 188, 83-84 : « Natura nihil facit frustra, unde non deficit in necessariis, nec abundat in superfluis. »

35. Cf. Albert le Grand, *Phys.*, I, 3, 11.

puissance fluant de manière continue jusqu'à l'acte. Pour ces deux raisons il *importe* que la matière soit temporellement assujettie au changement avant [de l'être] à la réception. Elle sert en effet de sujet à la réception par le fait que la réception est la fin du changement, et c'est pourquoi la réception a lieu dans un indivisible de temps, alors que le changement a lieu dans le temps – mais tout cela est prouvé manifestement dans les *Physiques*.

Mais la puissance, qui ne contient pas de contraire ni d'inchoation [de la forme] à recevoir, elle, ne peut être sujet d'un mouvement ; elle est sujet d'une simple réception. Un exemple [de ce genre de puissance], qui toutefois n'est pas ressemblant sous tous les aspects, est la *table* rase, aplanie et polie, *où il n'y a ni écriture* en acte, ni contraire d'une écriture, ni inchoation d'une écriture par une disposition intermédiaire entre l'acte et la puissance qui est éduite à l'acte par un mouvement ; [table] qui est seulement bien préparée pour recevoir une écriture, et qui donc la reçoit sans mouvement, sans que rien ne soit rejeté *(abicitur)* ni que quoi que ce soit d'imparfait procède vers l'acte ; [table] qui reçoit n'importe quelle lettre comme un acte acquis sans mouvement, et par rapport auquel elle n'est en puissance que de réception seulement.

Et ainsi il faut considérer pour l'intellect possible qu'il est seulement en puissance réceptive, que les intelligibles ne sont pas d'emblée en lui en acte, ni ne sont en lui en vertu d'une disposition intermédiaire entre l'acte et la puissance, car sinon il faudrait qu'il [l'intellect possible] soit matériel et qu'il accède à l'acte par un changement. Il a seulement à les recevoir et d'une manière meilleure que la table, car nous avons montré plus haut qu'il est lui-même d'une certaine façon formel par rapport à eux, ce que la table n'est pas par rapport à l'écriture. Et il est opératoire vis-à-vis des intelligibles, ce que derechef la table n'est pas vis-à-vis de l'écriture. Toutefois la table est l'exemple le plus adapté *(convenientius)* que l'on pouvait trouver dans les réalités corporelles pour mettre en évidence la puissance des réalités incorporelles[36].

36. Toute cette analyse reprend en la condensant une partie du comm. 14 du livre III du *Grand Commentaire* : « Ayant notifié ce qu'on entend par passion dans le cas de l'intellect et [indiqué] l'homonymie [de ce terme] quand il est appliqué à l'intellect et à la matière, [Aristote] prend une comparaison *(exemplum)* dans les choses sensibles pour expliquer ce que veut dire cette notion dans le cas de l'intellect matériel [...] C'est pourquoi il dit : *Et il doit en être de l'intellect,* etc. C'est-à-dire : il faut comprendre ce que nous venons de dire de cette signification générale [...] à savoir qu'il s'agit d'une pure réception, sans changement, comparable à la réception d'une image sur une tablette. De même, en effet, qu'une tablette ne pâtit pas du fait de l'image et qu'elle ne subit aucun changement à cause d'elle, mais ne présente le caractère *(intentio)* de la passion qu'au sens où elle est parfaite par l'image, après avoir été peinte en puissance, de même en va-t-il pour l'intellect matériel. Cette comparaison utilisée par Aristote exprime analogiquement

Sur ce point il faut prendre garde à l'erreur d'Alexandre. Celui-ci dit en effet que l'intellect possible ne ressemble pas à la table, mais à la préparation, au grattage et au polissage de la table. Et la cause pour laquelle il dit cela est qu'il soutient que l'intellect possible est la forme du corps, comme nous l'avons dit plus haut. Mais nous, nous disons que l'intellect est une chose parfaite, [qui a rang] parmi les étants, et qui est incorporelle ; et c'est pourquoi nous disons que l'intellect est comme la table et que sa potentialité est comme le grattage et la préparation[37].

Ainsi donc, puisque l'intellect est capable de recevoir, il accueille sans passion, sans mouvement et sans temps n'importe quel intelligible ; et c'est pourquoi il a besoin d'un double agent, l'agent qui confère la forme au moteur et le moteur [lui-même]. L'intellect agent confère en effet la forme de l'intellectualité et à l'intelligible et à l'intellect possible, comme une seule [et même] lumière à la fois parfait le diaphane et fait être en acte les couleurs[38] ; mais c'est l'intelligible qui le [l'intellect possible] meut en le distinguant comme la couleur le fait pour la vue. Et l'on aurait un [bon] exemple de cela, si l'on disait que les lettres s'écrivent elles-mêmes sur la table.

Une telle puissance réceptive ne convient qu'à *l'intellect* possible, et pas au sens, car des dispositions matérielles à la réception du sensible précèdent dans le sens, comme la chaleur ou le froid ou autre chose de ce genre. Dans l'intellect en revanche, absolument rien ne précède : ce qui est reçu selon l'acte est acquis par la pure réceptivité. Et sur ce point

---

le rapport [existant] entre l'intellect qui est en puissance et l'intellect qui est en acte. De même, en effet, que la tablette ne possède aucune image ni en acte ni en puissance prochaine par rapport à l'acte, de même, l'intellect matériel n'a en lui aucune des formes intelligibles qu'il reçoit, que ce soit en acte ou en puissance prochaine par rapport à l'acte. Et j'appelle *puissance prochaine par rapport à l'acte* l'état intermédiaire entre la puissance éloignée et la perfection dernière – ce qui veut bien dire que l'intellect matériel n'a en lui aucune intention intelligible en puissance. Et cela est propre au seul intellect. » La suite du texte d'Albert (à commencer par la critique d'Alexandre) est également fondée sur les analyses subséquentes d'Averroès.

37. Averroès est plus offensif : « [...] dire que l'intellect matériel est semblable à la préparation qui est dans la tablette plutôt qu'à la tablette elle-même en tant qu'elle est préparée, comme le fait Alexandre en expliquant ce texte, est faux. En effet, une préparation n'est qu'une certaine privation, elle n'a aucune nature propre indépendamment de la nature du sujet, et c'est pour cela que les préparations diffèrent *(preparationes diversentur)* selon chaque étant. Ô Alexandre ! Tu prétends qu'Aristote veut seulement nous désigner la nature de la préparation et non la nature de ce qui est préparé (et que la nature de cette préparation n'est pas propre [au préparé], puisqu'elle est possible sans connaître la nature du préparé), mais la nature de cette préparation pure *(simpliciter)*, en quoi existe-t-elle ? Moi, j'ai honte devant un tel énoncé, devant une explication si incroyable ! »

38. On notera le chiasme. L'analogie est en effet la suivante : diaphane = intellect possible ; couleurs = intelligibles.

Averroès, Themistius, Théophraste et Nicolas le Péripatéticien sont d'accord avec nous[39]. On voit très clairement par là comment l'intellect possible se distingue de la matière première, et que la passion, la réception, la puissance, etc. se disent de manière homonyme de l'intellect possible et des autres puissances réceptives.

Mais une fois déterminée cette question reste à résoudre la seconde en disant que *l'intellect est* par sa [propre] intention *lui-même intelligible comme les* autres *intelligibles*. Il y a toutefois une différence : l'intellect est lui-même l'intention par laquelle il est intelligé, et non pas celle par laquelle une autre chose est intelligée ; car il est l'intellect et non pas la pierre ou une autre chose ; en effet, rien ne peut être intelligé sinon par sa [propre] intention universelle et formelle. Et il ne faut pas dire à cause de cela que l'intellect n'est pas intelligible, parce qu'il s'intellige, mais n'est rien des intelligibles avant d'intelliger, et qu'il n'a qu'une pure et simple puissance réceptive à l'égard de ceux-ci ; en effet, quand il intellige, il est lui-même séparé, et son intention, par laquelle il s'intellige, est une intention séparée.

Mais, en ce qui concerne les [réalités] ainsi séparées qui *sont* dans l'intellect et [sont] *sans matière, il y a identité de l'intellect et de ce qui est intelligé, car la science spéculative* [théorétique] *et ce qui est spéculé* [= ce qu'elle connaît] *sont* absolument *identiques*. En effet, comme il est séparé, [l'intellect] est présent à lui-même par son intention, et c'est pourquoi il n'a pas besoin d'abstraction. S'il en était exactement de même pour les autres [intelligibles], alors la science et la chose connue seraient toujours identiques, ce qui est impossible.

39. Surtout Averroès, source réelle d'Albert. Cf. : « Quand Aristote s'est aperçu que la préparation qui est dans l'intellect était différente des autres, il a jugé précisément que la nature lui servant de sujet *(natura subiecta)* était différente des autres natures susceptibles de préparation. Or, ce qui est propre au sujet de cette préparation, c'est qu'il n'y a en lui aucune intention intelligible, que ce soit en puissance ou en acte. C'est pourquoi nécessairement ce sujet n'est ni un corps ni une forme dans un corps. Et puisque ce n'est ni un corps ni une faculté [existant] dans le corps, ce n'est pas non plus une forme de l'imagination. En effet, les [formes de l'imagination] sont des facultés [existant] dans le corps, et ce sont des intentions intelligibles en puissance. Et puisque le sujet de la préparation [dont nous parlons] n'est ni une forme de l'imagination ni, comme le soutenait Alexandre, un mélange des quatre éléments, et puisque [d'autre part] on ne saurait dire qu'une préparation est dénuée de sujet, nous voyons bien [pourquoi] Théophraste, Themistius, Nicolas et les autres péripatéticiens de l'Antiquité ont préféré conserver la démonstration d'Aristote et s'en tenir à ce qu'il avait dit. De fait, quand ils ont consulté les écrits d'Aristote et examiné ses paroles, aucun n'a pu les rapporter ni à une préparation prise absolument ni à une chose servant de sujet à la préparation au titre de faculté [existant] dans un corps : au contraire, ils ont dit que cette chose était simple et séparée, qu'elle était impassible et qu'elle n'était pas mélangée au corps. Et si ce n'était pas l'opinion d'Aristote, il faudrait, malgré tout, la tenir pour l'opinion vraie. »

Pour résoudre entièrement la question *il faut* cependant *demander encore pourquoi l'intellect n'intellige pas toujours* selon l'acte aussi bien les autres intelligibles que lui-même. Si en effet on accorde que tout ce qui est intelligé est intelligé par une intention qui est abstraite de [ce qui est intelligé][40], il faut que l'intellect s'intellige lui-même par une abstraction de ce genre. Or l'abstrait n'est pas reçu dans ce dont il est abstrait, mais dans quelque chose d'autre. Donc, si c'est ainsi que s'intellige l'intellect possible, il aura besoin pour s'intelliger d'un autre intellect qui reçoive son intention, et ainsi on régressera à l'infini. Si en revanche il ne s'intellige pas lui et les autres par abstraction, alors ce sont les autres en quoi il y aura un intellect spéculatif, et ainsi les autres seront intelligents [eux aussi], comme on l'a vu grâce au raisonnement introduit plus haut.

Puisque ces [thèses] sont toutes deux impossibles, il faut donc dire que l'intellect s'intellige à la fois comme les autres et pas comme les autres. Comme les autres, parce qu'il s'intellige au moyen d'une intention propre, et parce que c'est également ainsi qu'il intellige les autres. Mais il ne s'intellige pas comme les autres, parce qu'il ne s'intellige pas en abstrayant – puisqu'il est séparé –, alors qu'il intellige les autres en séparant et en abstrayant, comme cela a été dit dans ce qui précède. Et comme, avant l'abstraction, ceux qu'il abstrait sont *intelligibles en puissance*, ils ne sont pas toujours présents dans l'âme ; c'est pourquoi il n'y a pas toujours intellect *(intellectus)* de *tels* intelligibles, sinon quand ils sont *sans matière*, or ils ne sont pas toujours sans matière. *En revanche,* il convient *à cet* intellect, à savoir l'intellect possible, *d'être* toujours *intelligible*, dans la mesure où, étant toujours dénué [de matière] il est toujours présent à lui-même ; et c'est parce qu'il est immatériel, qu'il a [qu'il lui revient] de s'intelliger lui-même. Par là, toutes les questions évoquées sont parfaitement résolues.

De anima, III, 2, 19 : Comparaison entre les intellects possible, agent et spéculatif.

Grâce à tout cela, on peut facilement s'apercevoir que l'agent a deux opérations : 1° abstraire les formes intelligibles, ce qui n'est rien d'autre que les rendre simples et universelles ; 2° illuminer l'intellect possible, comme la lumière *(lumen)* se rapporte au diaphane, car aussi longtemps qu'elle est universelle, l'espèce universelle reste toujours dans la

40. « Si enim detur, quod omne quod intelligitur, intelligitur per intentionem a se abstractam ».

lumière de l'agent ; c'est pourquoi, quand elle est reçue dans l'intellect possible, il faut qu'elle [y] soit reçue dans la lumière de l'agent ; et c'est bien pourquoi il importe que l'intellect possible soit illuminé par la lumière de l'intellect agent[41].

Semblablement le possible a deux relations : il se rapporte en effet à l'agent comme le complément de sa lumière et il se rapporte aux formes élicitées à partir des phantasmes en tant que mû et formé par elles. Ce sont ces formes, ainsi contemplées par l'intellect possible, qui sont appelées « intellect spéculatif ». Mais le spéculatif a aussi un être double : l'un dans la lumière de l'agent qui le rend spéculatif, l'autre en vertu du rapport qu'il a avec les choses dont il est l'espèce ; et c'est sous ce rapport qu'il est multiplié et varie selon la puissance et l'acte ; du premier être, en revanche, il ne reçoit aucun changement *(permutationem)*, comme on l'a dit plus haut.

C'est pourquoi, quand nous comparons ces intellects, l'intellect *qui est* dit *selon la puissance, est antérieur selon le temps dans* n'importe quel *individu*, car nous intelligeons d'abord seulement en puissance, et l'intellect agent n'opère pas encore en nous d'intellects *(intelligentias)* spéculatifs. Par la suite, à mesure que nous croissons en expérience et dans le temps *(tempore)* l'opération de l'intellect agent commence à se manifester en nous par la séparation des intelligibles. *Mais, universellement*, si l'on compare l'intellect possible à l'agent selon la substance, *il n'est pas antérieur selon le temps*, car si l'on compare ces intellects non en tant qu'ils se manifestent en nous, mais selon leurs substances, alors l'agent est antérieur à l'acte et ce qui informe *(informans)* est antérieur à ce qui est informé *(informato)*. *Mais* selon ce rapport *on ne peut dire que* le possible *tantôt intellige et tantôt n'intellige pas*, mais plutôt qu'il intellige toujours, car selon ce rapport il n'est joint *(coniungitur)* qu'à l'intellect agent, dont l'intelliger est toujours, puisqu'il ne sort pas de lui-même, comme on l'a dit plus haut.

C'est en effet ainsi *séparé* que l'intellect, tant le possible que l'agent et que le composé des deux *est seulement ce qui est véritablement et est éternel*, et non pas ce qui est tantôt intellect et tantôt ne l'est pas, comme

41. Tout ce chapitre est une paraphrase de *De an.*, III, 5, 430a20-25, le texte 20 du *Grand Commentaire*. L'exégèse albertinienne, très influencée par Averroès, n'a que peu de chose à voir avec le texte ainsi traduit par Tricot, p. 182-183 : « Par contre, la science en puissance est antérieure selon le temps, dans l'individu, mais, absolument, elle n'est pas antérieure même selon le temps, et on ne peut dire que cet intellect tantôt pense et tantôt ne pense pas. C'est une fois séparé qu'il n'est plus que ce qu'il est essentiellement, et cela seul est immortel et éternel. (Nous ne nous souvenons pas cependant, parce qu'il est impassible, tandis que l'intellect patient est corruptible) ; et sans l'intellect agent, rien ne pense. »

c'est le cas de la spéculation des choses particulières. *Et cet* [intellect] ainsi séparé *est seul immortel et perpétuel*, demeurant dans l'âme même quand elle s'est dépouillée du corps, car ce qui maintenant tantôt intellige et tantôt n'intellige pas le doit au fait qu'il est mû par les phantasmes qui sont en puissance intelligibles, ce pourquoi ils ne sont pas toujours moteurs en acte ; c'est pourquoi nous avons dit plus haut que l'intellect de telles [choses] ne demeure pas toujours. Et c'est pourquoi, même quand cet intellect est séparé en totalité, qui est la conversion de l'intellect possible à l'agent, et qui a tout son intelliger à l'intérieur de lui-même, *nous ne nous souvenons pas*, car le souvenir se fait par conversion aux particuliers qui sont dans les phantasmes, et il se fait par l'intermédiaire de la cogitative, qui est l'acte de la raison qui confère des particuliers [se rapporte aux particuliers]. Et cela, l'intellect possible ne le doit pas à la conversion à l'agent, mais à la conversion aux phantasmes, et c'est de ce point de vue qu'il est véritablement *intellect passible*, comme on l'a montré plus haut, et selon cela qu'il *est corruptible*, bien qu'en lui-même il soit une substance perpétuelle. *Sans ce* phantasme et cet intellect corruptible, la cogitation des particuliers *n'intellige* absolument *rien* de déterminé dans les particuliers. C'est pourquoi quand il lui arrive d'être séparé des activités des puissances *(virium)* de l'âme sensible, il [l'intellect] ne se souvient ni n'imagine ; puisqu'en effet la substance rationnelle est tout entière séparée du corps, elle n'opère dans le corps que selon certaines puissances *(vires)* ; et c'est pourquoi, quand il n'est pas dans le corps, l'intellect n'a aucune opération [découlant] de sa conversion à celles-ci selon la nature[42].

42. Cette exégèse est proche de la première des deux exégèses « conformes au sens obvie » proposées par Averroès, spécialement pour l'interprétation de Crawford, p. 449, 184 : « et sine hoc nichil intelligit ». Il est clair qu'ici Averroès comprend : « et sans cela [= l'activité de l'intellect passible] il [= l'intellect matériel] ne conçoit rien », au lieu de « et sans celui-ci [= l'intellect agent] rien n'est conçu » (comme dans la traduction Tricot) : « [Aristote] entend ici par *intellect passible* les formes de l'imagination en tant qu'agit sur elles la faculté cogitative propre à l'homme. En effet, cette faculté a un caractère rationnel, et son activité consiste soit à déposer l'"intention" de la forme imaginée, avec son individu, dans la mémoire soit à la distinguer de lui dans la faculté formative et l'imagination. Or, il est manifeste que l'intellect qu'on appelle matériel reçoit les entités imaginées après cette distinction. Par conséquent l'intellect passible est nécessaire à la conception [par l'intellect]. Il a donc dit à bon droit : *Et nous ne nous souvenons pas, car il n'est pas passible, alors que l'intellect passible, lui, est corruptible ; et sans cela il ne conçoit rien.* C'est-à-dire : sans la faculté imaginative et cogitative l'intellect qu'on appelle matériel ne conçoit rien ; ces facultés en effet sont comme les choses qui préparent la matière de l'art à recevoir l'action de l'art. Telle est, par conséquent, la première exégèse [qui correspond au sens obvie]. »

Il y a encore quelque chose de digne de considération dans ces intellects : quand l'intellect possible passe de la puissance à l'acte, il utilise le souvenir, la sensation, l'imagination et la *phantasia*, car de la sensation il reçoit une expérience *(experientiam)* et de [plusieurs] expériences la mémoire et de [plusieurs] mémoires un universel. Mais quand il possède déjà la science, on l'appelle intellect acquis, et dès lors il n'a plus besoin des facultés *(virtutibus)* de l'âme sensible. Il en va comme celui qui a besoin d'un véhicule pour le porter dans sa patrie, comme le dit Avicenne : une fois qu'il est parvenu dans sa patrie, il n'a plus besoin du véhicule[43].

Nous pouvons par conséquent dire que, ainsi séparé, l'intellect qui possède déjà les intelligibles et n'est converti qu'à l'agent et à lui-même, *est seulement ce qui est vraiment*, car est le plus véritablement ce qui est dénué de matière et des appendices de la matière : la matière en effet trouble *(turbat)* l'être véritable à cause de la privation et du changement. Et alors cet intellect acquis, qui consiste dans un intellect simple, est *immortel et perpétuel*, et en lui *nous ne nous souvenons pas* ni n'utilisons une quelconque faculté sensible, puisque l'intellect qui utilise le souvenir et la cogitation, est *passible* et muable, et étant passible, il est *corruptible*, du fait qu'il communique avec le corruptible, et qu'il se corrompt quand celui-ci à l'intérieur se corrompt, bien qu'en lui-même il soit une substance incorruptible. En effet, sans un tel intellect passif, l'intellect n'intellige absolument rien, dans la mesure où toute notre science a son origine dans les sensibles. Et c'est pourquoi l'intelliger de l'intellect possible après la mort est homonyme de l'intelliger dans cette vie où il se sert des sens ; et l'intelliger consécutif à l'acquisition de l'habitus de la science [qui se fait] seulement selon la conversion à l'agent est homonyme de l'intellect qui [consiste] à recevoir une science par l'expérience *(experimentum)* et la mémoire. Ainsi il est clair que l'intellect agent est la forme du possible, et que le deux ne font qu'un en tant que composé, mais que leurs opérations sont différentes, comme il appert de tout ce qu'on a dit.

43. Albert s'appuie ici sur un passage du *De anima* où Avicenne explique que la relation entre l'âme et le corps est « une relation où le corps est un instrument au service de la réalisation de l'âme » – le corps n'étant qu'un instrument *(āla)*, une « monture *(dābba)* qu'il faut savoir abandonner lorsque le but du voyage est atteint et qu'elle se révèle encombrante », un « vêtement, auquel l'homme est tellement habitué qu'il se le représente » à tort comme une « partie intégrante de lui-même » (sur tout cela, cf. M. Sebti, *Avicenne. L'âme humaine*, Paris, PUF, 2000, p. 19).

De intellectu et intelligibili, II, 11 : Comment l'âme humaine est applicable par l'intellect à la lumière des Intelligences.

Mais quelqu'un demandera peut-être par quel mode l'âme humaine est applicable par l'intellect et, s'il est permis de parler ainsi, quasi mélangeable à la lumière des Intelligences. Il ne semble pas, en effet, qu'elle puisse atteindre leur lumière, puisqu'elle est assignée à un corps et que rien ne peut parvenir au-delà des limites de son corps.

En outre, si l'on accorde qu'elle se mêle aux lumières supérieures, puisque ces lumières sont les formes du monde, il ne semble pas que quelque chose de distinct et de déterminé puisse advenir en lui [l'intellect] à partir de ces lumières ; par conséquent, même si l'intellect est rendu plus clair, il n'en reçoit pas pour autant une connaissance déterminée.

Ces questions et toutes celles du même genre sont agitées par les [esprits] frustes ignorant les natures des formes du monde. De même, en effet, que la forme matérielle [= engagée dans une matière] embrasse et illumine toute la matière en laquelle elle se trouve, et que tout ce qui [de cette forme] est dans la matière est proportionné à chacune de ses parties, de même [une] forme du monde embrasse et illumine toute la matière de l'ordre qui lui est assujetti, et sa lumière présente partout est impartie proportionnellement à tout[44]. Mais il y a une différence : la forme matérielle est l'acte d'un corps, et ses parties sont l'acte des parties d'un corps, tandis que l'Intelligence n'est pas l'acte d'un corps, mais une substance séparée selon l'être et les opérations. Et c'est ce qui la rend plus puissante pour mouvoir, de même que le marin est distinct du navire, ne reçoit rien du navire, mais imprime au navire un mouvement de gouverne ; en effet, tout mouvement vient d'un premier qui est immobile. Mais nous parlerons de cela dans le livre sur *Les Principes des mouvements des animaux*. Il suffit de dire ici que l'Intelligence séparée selon la substance diffuse et infuse sa lumière dans la totalité de l'ordre [J : orbe] qui lui est assujetti, comme l'âme le fait dans le corps, et que cette lumière partout présente est produite proportionnellement en

44. Cf. *Liber de causis*, prop. 9 (8), § 81-82, trad. P. Magnard *et al.*, p. 54-55 : « L'intelligence est régente de toutes les choses qui sont sous elle par la puissance divine qui est en elle, et par cette puissance elle maintient *(retinet)* ces choses, c'est par elle qu'elle en est la cause ; ainsi, l'intelligence maintient toutes les choses qui sont sous elle et les enveloppe. [...] Donc, l'intelligence est principe *(princeps)* des choses qui sont sous elle, et les maintient et les régit, comme la nature maintient et régit les choses qui sont sous elle, et ceci par la puissance de l'intelligence. Et, pareillement, l'intelligence régit la nature par la puissance divine. »

tous ceux qui s'étendent jusqu'à elle. Et c'est ce que dit le grand Denys : la lumière s'étend à travers tous les visages de la nature *(vultus naturae)*[45], et elle advient intellectuellement dans l'intellect, animalement dans l'âme et naturellement dans le corps, selon l'analogie propre à chacun, tout comme la lumière de l'âme est diversement participée par chaque membre [du corps] selon l'analogie qui lui est propre[46]. Ainsi donc, en s'étendant lui-même, l'intellect rencontre la lumière partout présente, et il est informé et imprégné par elle, et il est clarifié à l'instar de la beauté céleste. Et c'est ce que disent les philosophes : l'Intelligence est partout[47], ne renvoyant pas par là à la présence de la substance [de l'Intelligence] mais à celle de la lumière répandue à travers le tout. Et c'est de cette façon aussi que les âmes des hommes excellents contiennent plus que leurs corps propres, quand leurs âmes sont appliquées aux formes du monde. Et c'est pourquoi aussi il arrive que les changements [dans les réalités] extérieures leur obéissent comme ils obéissent aux formes du monde. Et c'est d'eux que les philosophes disent qu'ils opèrent des [choses] admirables *(mirabilia)* dans la transmutation des hommes et des natures[48]. Par là, la solution de la première question apparaît clairement.

La solution de la seconde question est que cette lumière, à quelque Intelligence qu'elle appartienne, ou même qu'elle soit divine, est une lumière active et formative de toutes les choses qui appartiennent à un ordre inférieur ; et c'est pourquoi elle s'étend toujours aux natures déterminées des choses, de même que la lumière de l'art s'étend à la matière. C'est pourquoi aussi, quand elle informe l'intellect, elle l'étend

45. La formule n'est pas de Denys, mais d'Ovide (cf. *Métamorphoses*, I, 5-7 : « Ante mare et terras et quod tegit omnia caelum *unus erat toto naturae vultus in orbe*, quem dixere chaos. » Voltaire, *Dictionnaire philosophique*, art. « Ovide », traduit : « La face de la nature était la même dans tout l'univers »). Elle est reprise chez Calcidius, Gundissalinus, Bernard Sylvestre et Alain de Lille : c'est chez l'un d'eux qu'Albert l'aura probablement trouvée. Le texte qui suit n'est pas non plus de Denys. Il est adapté du *Liber de causis*. Le *De div. nom.* 7, 2, PG 3, 869B dit en effet : « C'est en se connaissant soi-même que la divine Sagesse connaît toutes choses, immatériellement les choses matérielles, indivisiblement les choses divisibles, unitairement les choses multiples, car c'est dans un acte unique qu'elle connaît et produit tout. »

46. Cf. *Liber de causis*, prop. 12 (11), § 107, trad. P. Magnard *et al.*, p. 59 : « L'être premier est dans l'intelligence sur le mode intelligible, l'intelligence dans l'âme sur le mode animé, l'âme dans le sens sur le mode sensible. » La formule vient évidemment de Proclus, *Elementatio theol.*, prop. 103, comm.

47. Cf. *Liber de causis*, prop. 9 (8), § 84 et 86, trad. P. Magnard *et al.*, p. 55 : « ... l'intelligence enveloppe les êtres engendrés et la nature et l'horizon de la nature, c'est-à-dire l'âme : elle est en effet au-dessus de la nature » ; « L'intelligence contient donc toutes choses [...]. »

48. Cf. Avicenne, *De anima*, IV, 4, éd. Van Riet, p. 65, 35-66, 58.

[à son tour] aux natures déterminées des choses. Et c'est pourquoi il connaît dans la lumière même par le mode même sur lequel elle est mélangée aux choses et donne l'être aux choses – choses à la connaissance desquelles il ne s'étend que s'il est effectivement tourné vers elles dans la lumière même. Et ainsi, il a connaissance de toutes les natures en tant qu'elles sont [dans cette lumière]. Et bien des hommes [ainsi] illuminés connaissent d'avance l'ordre des choses futures dans l'ordre de cette lumière, et font des prédictions. Et les [esprits] frustes croient qu'ils n'ont pas dit vrai certaines fois quand ce qu'ils ont prédit n'arrive pas, ne comprenant pas que, si quelque chose n'arrive pas, ce n'est pas à cause d'un défaut de l'ordre qui est dans la lumière qui le meut et agit pour qu'il arrive, mais plutôt à cause d'une disposition contraire de la matière. Mais cette prescience de l'ordre, certains des philosophes les plus excellents l'ont appelée « prophétie ». Et puisque le songe est une certaine préfiguration de cet ordre en images figurées obombrant la clarté d'un tel ordre intellectuel, ils ont appelé le songe « chute de la prophétie » ou « péché *(lapsus)* de la prophétie »[49]. Et de tout cela découle à l'évidence la solution des questions posées.

De intellectu et intelligibili, II, 12 : De la réduction de l'âme à l'être divin selon le degré ultime de sa perfection.

Mais c'est chose plus admirable que tous les miracles et bien meilleure que tous les biens que de s'apercevoir de la bonté et de la générosité de la Cause première quand elle réduit à elle l'âme de l'homme. Puisque, en effet, dans toute [la] nature, rien n'a lieu à cause du plus vil, mais tout à cause du meilleur, les formes qui fluent continuellement dans la matière à partir des lumières de la Cause première et des Intelligences, existant sur un mode bien meilleur dans la Cause première et les lumières des Intelligences que dans la matière, ne fluent d'aucune manière dans la matière à cause de l'être qu'elles ont dans la matière, bien que la matière les désire comme quelque chose de divin et de bon, ainsi que nous l'avons dit dans le livre *De physico auditu* [50]. Et

49. Cf. Maimonide, *Dux neutrorum,* II, 37; Paris 1520, f° 63v ; trad. S. Munk (II, 36, p. 364) : « Le fruit abortif [*novéleth*] de la prophétie est le songe » ; cf. Albert le Grand, *Super Dion. De div. nom.* 4, n. 124, éd. Simon, p. 218, 24-36.

50. Cf. Albert le Grand, *Phys.*, I, 3, 16, éd. Hoßfeld, p. 72, 61-63 : « *Sed materia, per hoc quod est immixta privationi, nata est appetere ipsam formam,* quae est divinum et optimum. » Le texte en italiques est une citation muette d'Averroès, *Phys*. I, comm. 81, f° 46C.

l'on ne peut pas dire qu'elles fluent pour que ces formes qu'on appelle « formes du monde » révèlent la générosité [de la Cause première] en tant que Source originaire *(largitatem suae fontalitatis)* : car consommer sa substance dans des choses plus viles n'est pas [signe] d'une générosité admirable. Il faut donc que, si les formes fluent, ce soit pour accomplir un certain ordre divin et des opérations divines. Or elles n'accomplissent ni être divin ni opération sinon séparées de la matière, et nous savons qu'elles ne sont parfaitement séparées que par l'âme humaine : il faut donc qu'elles soient ramenées à l'être divin par l'intellect séparant de la matière. Ce type de réduction ne peut se faire par l'intellect des formes du monde, car l'intellect de ces formes les possède [déjà] séparées dans l'être et par opération divine ; cette réduction doit donc nécessairement avoir lieu grâce à l'intellect de l'homme qui, pour ce faire, possède des facultés et des organes pour recevoir les formes divines à partir de la matière.

D'après tout ce qu'on a dit, cependant, une forme n'est pas suffisamment rendue divine par cela qu'est produit l'intellect qu'on appelle « intellect en acte » *(in effectu)* ou « intellect acquis ». Une forme divine advient grâce à l'intellect « assimilant », et à celui qu'on appelle « divin ». Par conséquent, c'est ainsi réduite qu'elle [l'âme] se rapporte à l'être divin et à l'opération divine. Une substance qui possède un être divin et une opération [divine] n'a besoin de rien. Donc, l'âme ainsi réduite n'a plus besoin alors des sensibles et de la matière du corps, puisqu'elle n'a naturellement reçu d'organes matériels et instrumentaux que pour être réduite à l'être divin : [à ce moment] donc, elle s'arrête *(stat),* substantifiée et formée dans l'être divin et l'opération parfaite. Et cet état, les philosophes l'ont appelé une « retombée » *(caducum)* de l'autre vie, la vie immortelle, et c'est ce qui véritablement prouve l'immortalité de l'âme humaine.

Quand nous avons dit que l'âme avait besoin des sensibles et du corps, il fallait donc entendre cela du besoin relatif à [ce qui permet] la perfection de l'intellect. Car c'est ainsi que l'on démontre l'ultime perfection de l'âme selon l'intellect. Mais il y a une autre perfection sienne selon la vertu et la félicité de la vertu, dont nous ferons l'examen détaillé dans l'*Éthique*.

À partir de ce qui vient d'être déterminé, il faut en revanche ici [= dans le corpus des écrits naturels], s'enquérir à présent de la nature de chaque âme, de sa génération et de son immortalité, puis des principes des mouvements des animaux, car c'est par là que l'on comprend de quelle façon elle [l'âme] est unie au corps. Nous ferons cela dans les deux autres livres qui doivent être placés immédiatement après celui-ci. Par celui-ci, en effet, on sait de quelle façon l'âme est sujette à la vie éternelle et se laisse réduire [à la Cause première], [comment,] quand elle est ramenée au Premier qui est l'être nécessaire et la cause de tout, elle est tellement pénétrée par sa lumière admirable et causale qu'elle ne sait rien réclamer de plus, et, [tout en] se tenant en elle-même, elle demeure en elle [cette lumière]. Quant à l'intellect des Intelligences, grâce auquel elles connaissent leur essence et la Cause première de leur essence, cela, je veux que nous le laissions ici de côté, tout comme le fait qu'elles [les Intelligences] sont nécessairement de deux natures et non d'une nature simple selon l'intellect, tout comme aussi la question de savoir comment elles sont et combien elles sont : cette question *(negotium)* est, en effet, d'un ordre très élevé, et elle réclame un examen par la philosophie première.

Liste des abréviations

AHDLMA	*Archives d'histoire doctrinale et littéraire du Moyen Âge*
BA	Bibliothèque augustinienne
CAG	Commentaria in Aristotelem Graeca
CIMAGL	Cahiers de l'Institut du Moyen Âge grec et latin
CLCAG	Corpus Latinorum Commentariorum Aristotelis Graecorum
CPDMA	Corpus Philosophorum Danicorum Medii Aevi
CPTMA	Corpus Philosophorum Teutonicorum Medii Aevi, Hambourg, Felix Meiner
CSEL	*Corpus Scriptorum Ecclesiasticorum Latinorum*
CUF	Collection des universités de France (publiée sous le patronage de l'Association Guillaume Budé), Paris, Les Belles Lettres
CUP	Cambridge University Press
OUP	Oxford University Press
PL	Patrologie latine
PG	Patrologie grecque
RSPT	*Revue des sciences philosophiques et théologiques*
RThAM	*Revue de théologie ancienne et médiévale*
SIEPM	Société internationale pour l'étude de la philosophie médiévale

Bibliographie

Éditions et traductions des œuvres philosophiques

Super Porphyrium De V universalibus (Jammy, t. 1, p. 1-94 ; Borgnet, t. 1, p. 1-148) [1] ; *De praedicamentis* (Jammy, t. 1, p. 94-193 ; Borgnet, t. 1, p. 149-304) ; *De sex principiis* (Jammy, t. 1, p. 194-236 ; Borgnet, t. 1, p. 305-372) [2] ; *De divisione* [3] ; *Perihermeneias* (Jammy, t. 1, p. 237-289 ; Borgnet, t. 1, p. 373-457) ; *Analytica priora* (Jammy, t. 1, 289-512 ; Borgnet, t. 1, p. 459-809) ; *Analytica posteriora* (Jammy, t. 1, p. 513-658 ; Borgnet, t. 2, p. 1-232) ; *Topica* (Jammy, t. 1, p. 658-839 ; Borgnet, t. 2, p. 233-524) ; *De sophisticis elenchis* (Jammy, t. 1, p. 840-953 ; Borgnet, t. 2, p. 525-752).

Physica (Jammy, t. 2a, p. 1-384 ; Borgnet, t. 3) [4] ; *De caelo et mundo* (Jammy, t. 2b, p. 1-200 ; Borgnet, t. 4, p. 1-343) [5] ; *De natura loci* (Jammy, t. 5, 262-292 ; Borgnet, t. 9, p. 527-584) ; *De causis proprietatum elementorum* (Jammy, t. 5, p. 292-329 ; Borgnet, t. 9, p. 585-657) ; *De generatione et

1. L'édition critique, actuellement préparée par M. Santos Noya, figurera dans le *Tomus I* des *Alberti Magni Opera Omnia*. Trad. allemande partielle : *Albertus Magnus. De quinque universalibus*, tr. 2, cap. 1-9, *in* H.-U. Wöhler (éd.), *Texte zum Universalienstreit, vol. 2 : Hoch- und spätmittelalterliche Scholastik. Lateinische Texte des 13.-15. Jahrhunderts*, Berlin, 1994, p. 3-42.

2. L'édition critique, actuellement préparée par R. Meyer, figurera dans le *Tomus I* des *Alberti Magni Opera Omnia*.

3. L'ouvrage n'existe à l'heure actuelle que dans l'édition de P. von Loë, 1913. Son édition est prévue dans le *Tomus I* des *Alberti Magni Opera Omnia*.

4. Cf. *Albertus Magnus, Physica. Pars I : Libri 1-4*, éd. P. Hoßfeld *(Alberti Magni Opera Omnia, Tomus IV, pars I)*, Münster/W. ; *Physica. Pars II : Libri 5-8*, éd. P. Hoßfeld *(Alberti Magni Opera Omnia, Tomus IV, pars II)*, Münster/W., 1993. Outre la fin de la paraphrase de la *Physique*, le volume contient une édition du *Liber de lineis indivisibilibus*.

5. Cf. *Albertus Magnus, De caelo et mundo* éd. P. Hoßfeld *(Alberti Magni Opera Omnia, Tomus V, pars I)*, Münster/W., 1971.

corruptione (Jammy, t. 2c, p. 1-72 ; Borgnet, t. 4, p. 345-476)[6] ; *Meteora* (Jammy, t. 2d, p. 1-209 ; Borgnet, t. 4, p. 477-832)[7] ; *Mineralia* (Jammy, t. 2d, p. 210-272 ; Borgnet, t. 5, p. 1-116)[8].

De anima (Jammy, t. 3, p. 1-189 ; Borgnet, t. 5, p. 117-443)[9] ; *De nutrimento et nutribili* (Jammy, t. 5, p. 175-184 ; Borgnet, t. 9, p. 323-343) ; *De sensu et sensato* (Jammy, t. 5, p. 1-51 ; Borgnet, t. 9, p. 1-96) ; *De memoria et reminiscentia* (Jammy, t. 5, p. 52-53 ; Borgnet, t. 9, p. 97-119) ; *De intellectu et intelligibili* (Jammy, t. 5, p. 239-262 ; Borgnet, t. 9, p. 477-525)[10] ; *De somno et vigilia* (Jammy, t. 5, p. 64-109 ; Borgnet, t. 9, p. 121-212) ; *De spiritu et respiratione* (Jammy, t. 5, p. 139-159 ; Borgnet, t. 9, p. 213-255) ; *De motibus animalium* (Jammy, t. 5, p. 109-131 ; Borgnet, t. 9, p. 257-303) ; *De iuventute et senectute* (Jammy, t. 5, p. 131-138 ; Borgnet, t. 9, p. 305-321) ; *De morte et vita* (Jammy, t. 5, p. 159-175 ; Borgnet, t. 9, p. 345-373) ; *De vegetabilibus* (Jammy, t. 5, p. 342-507 ; Borgnet, t. 10, p. 1-320)[11] ; *De animalibus I-III* (Jammy, t. 6 ; Borgnet, t. 11-12)[12] ; *Liber de natura et origine animae* (Jammy, t. 5, p. 185-217 ; Borgnet, t. 9, p. 375-436) ; *Liber de principiis motus processivi* (Jammy, t. 5, p. 508-527 ; Borgnet, t. 10, p. 321-360) ; *Quaestiones super De animalibus*[13].

6. *De natura loci, De causis proprietatum elementorum* et *De generatione et corruptione* constituent la *pars II* du *Tomus V* des *Alberti Magni Opera Omnia.*

7. L'édition critique, actuellement préparée par P. Hoßfeld, figurera dans le *Tomus VI* des *Alberti Magni Opera Omnia.*

8. Trad. fr. du *De mineralibus*, I-II, in *Saint Albert le Grand. Le monde minéral. Les pierres*. Présentation, trad. et commentaires par M. Angel, Paris, Éd. du Cerf (Sagesses chrétiennes), 1995. Trad. ital. du livre III, 1, chap. 1, 4, 7 et 9, *in* C. Crisciani, M. Perreira, *L'Arte del sole e della luna. Alchimia e filosofia nel medioevo* (Società internazionale per lo studio del Medioevo latino, 17), Spoleto, 1996, p. 143-155.

9. Cf. *Albertus Magnus, De anima*, éd. Stroick *(Alberti Magni Opera Omnia, Tomus VII, pars I)*, Münster/W., 1968 ; trad. all. partielle : *Albertus Magnus. De anima, II, 3 – De anima, III, 2*, überstetz von P. Theiss, *Die Wahrnehmungs-psychologie und Sinnesphysiologie des Albertus Magnus. Ein Modell der Sinnes- und Hirnfunktionen aus der Zeit des Mittelalters* (Europäische Hochschulschriften, Reihe III, vol. 735), Francfort/Main, 1997, p. 145-419.

10. Nous préparons nous-même une édition et une traduction de cet opuscule, à paraître dans la collection « Sic et Non », Paris, Vrin.

11. Le texte existe en outre dans l'édition E.H.F. Meyer, K. Jessen, Berlin, 1867. La publication de l'édition critique est prévue dans le *Tomus VIII* des *Alberti Magni Opera Omnia.*

12. Le *De animalibus I* a été édité par H. Stadler, in *Baeumkers Beiträge* 15-16, 1916 et 1920. Trad. angl. partielle : *Albert the Great. Man and the Beasts* : *De animalibus* (Books 22-26). Translated by J.J. Scanlan (Medieval and Renaissance Texts and Studies, 47), Binghampton/New York, 1988. Les livres I, II et III constituent respectivement les tomes IX, X et XI des *Alberti Magni Opera Omnia.*

13. *Liber de natura et origine animae, Liber de principiis motus processivi* et *Quaestiones super De animalibus* constituent le tome XII des *Alberti Magni Opera Omnia*. Cf. *Albertus Magnus, De natura et origine animae*, éd. B. Geyer *(Alberti Magni Opera Omnia, Tomus XII)*, Münster/W., 1955, p. 4-45. Il existe en outre une édition du

Ethica (Jammy, t. 4a ; Borgnet, t. 7) ; *Super Ethica*[14] ; *Politica* (Jammy, t. 4b ; Borgnet, t. 8).

Metaphysica (Jammy, t. 3b ; Borgnet, t. 6)[15] ; *De causis et processu universitatis a prima causa* [noté *Dcpu*] (Jammy, t. 5, p. 528-655 ; Borgnet, t. 10, p. 361-628)[16] ; *De unitate intellectus* (Jammy, t. 5, p. 218-238 ; Borgnet, t. 9, p. 437-475) ; *De quindecim problematibus ; Problemata determinata ; De fato*[17].

Une reproduction de l'édition Jammy sur support électronique est commercialisée par *Opus Doctorum Foundation* sous le titre *The Complete Works of Albertus Magnus* (apinto@albertthegreat.com).

Études et textes

AERTSEN, J.A., EMERY, K., SPEER, A. (éd.), *Nach der Verurteilung von 1277. Philosophie und Theologie an der Universität von Paris im letzten Viertel des 13. Jahrhunderts*. Studien und Texte, Berlin-New York, Walter De Gruyter, 2001.

BATAILLON, L.-J. *(O.P.)*, « Problèmes philosophiques dans les œuvres théologiques », *in* O. Weijers, L. Holtz (éd.), *L'Enseignement des disciplines à la*

De principiis motus processivi due à H. Stadler, 1909. On notera que les questions 1-9 et 11 du livre XV des *Quaestiones super De animalibus* (sur la différence masculin-féminin et la reproduction sexuée) ont fait l'objet d'une nouvelle édition et d'une traduction allemande par B. Mojsisch, *in* « Albert der Grosse Über die Lebewesen », *Bochumer Philosophisches Jahrbuch für Antike und Mittelalter*, 3 (1998), p. 152-185, avec une introduction de S. Schultz, « Die Aristotelische Zeugungs- und Vererbungslehre und die mittelalterliche Mönchsethik », *ibid.*, p. 146-150.

14. Cf. *Albertus Magnus, Super Ethica, Pars I : Libri 1-5*, éd. W. Kübel *(Alberti Magni Opera Omnia, Tomus XIV, pars I)*, Münster/W ; *Super Ethica, Pars II : Libri 6-10*, éd. W. Kübel *(Alberti Magni Opera Omnia, Tomus XIV, pars II)*, Münster/W.

15. Cf. *Albertus Magnus, Metaphysica, Pars I : Libri 1-5*, éd. B. Geyer *(Alberti Magni Opera Omnia, Tomus XVI, pars I)*, Münster/W., 1960 ; *Metaphysica, Pars II : Libri 6-13*, éd. B. Geyer *(Alberti Magni Opera Omnia, Tomus XVI, pars II)*, Münster/W., 1964.

16. Cf. *Albertus Magnus, De causis et processu universitatis a prima causa*, éd. W. Fauser S.J. *(Alberti Magni Opera Omnia, Tomus XVII, pars II)*, Münster/W., 1993.

17. *De unitate intellectus, De quindecim problematibus, Problemata determinata, De fato* constituent le *Tomus XVII, pars I* des *Alberti Magni Opera Omnia*. Cf. *Albertus Magnus, De unitate intellectus*, éd. A. Hufnagel *(Alberti Magni Opera Omnia, Tomus XVII, pars I)*, Münster/W., 1975, p. 1-30 ; *De quindecim problematibus*, éd. B. Geyer *(Alberti Magni Opera Omnia, Tomus XVII, pars I)*, Münster/W., 1975, p. 31-44 ; *Problemata determinata*, éd. J.A. Weisheipl *(Alberti Magni Opera Omnia, Tomus XVII, pars I)*, Münster/W., 1975, p. 45-64 ; *De fato*, éd. P. Simon *(Alberti Magni Opera Omnia, Tomus XVII, pars I)*, Münster/W., 1975, p. 65-78. Le *De quindecim problematibus* avait déjà connu une édition par P. Mandonnet en 1908, les *Problemata determinata*, par J.A. Weisheipl en 1960.

On notera que le site web de l'*Albertus Magnus Institut* de Bonn fournit un état périodiquement actualisé de l'avancement des travaux de l'édition critique.

Faculté des arts (Paris et Oxford, XIIIe et XIVe siècle), Turnhout, Brepols (Studia Artistarum. Études sur la Faculté des arts dans les universités médiévales, 4), 1997, p. 445-453.

BERTOLACCI, A., « *Subtilius speculando*. Le citazioni implicite della *Philosophia prima* di Avicenna nel Commento alla *Metafisica* di Alberto Magno », *Documenti e Studi sulla Tradizione Filosofica Medievale*, IX, 1998, p. 261-339.

—, « Le citazioni implicite della *Philosophia prima* di Avicenna nel Commento alla *Metafisica* di Alberto Magno : analisi tipologica », *Documenti e Studi sulla Tradizione Filosofica Medievale*, XII, 2001, p. 179-274.

BIANCHI, L., *Il vescovo e i filosofi. La condanna parigina del 1277 e l'evoluzione dell'aristotelismo scolastico*, Bergamo, Lubrina (Quodlibet, 6), 1990.

—, « Filosofi, Uomini e Bruti. Note per la storia di un'antropologia "averroista" », *Rinascimento*, Seconda serie, vol. XXXII (1992), p. 185-201.

—, « Censure, liberté et progrès intellectuel à l'université de Paris au XIIIe siècle », *Archives d'histoire doctrinale et littéraire du Moyen Âge (AHDLMA)*, 63 (1996), p. 45-93.

—, *Censure et Liberté intellectuelle à l'université de Paris XIIIe-XIVe siècles*, Paris, Les Belles Lettres, 1999.

BIANCHI, L., RANDI, E., *Vérités dissonantes. Aristote à la fin du Moyen Âge*, Paris, Éd. du Cerf - Fribourg, Éditions universitaires (Vestigia, 11), 1993.

BOULNOIS, O., « Le chiasme. La philosophie chez les théologiens, la théologie selon les artiens, de 1267 à 1300 », *in* J.A. Aertsen, A. Speer (éd.), *Was ist Philosophie im Mittelalter ?*, Berlin - New York, Walter de Gruyter (Miscellanea Mediaevalia, 26), 1998, p. 595-607.

BOUREAU, A., *Théologie, Science et Censure au XIIIe siècle. Le cas de Jean Peckham*, Paris, Les Belles Lettres, 1999.

BRAGUE, R., *La Sagesse du monde. Histoire de l'expérience humaine de l'univers*, Paris, Fayard, 1999.

CHENEVAL, F., IMBACH, R., RICKLIN, Th. (éd.), *Albert le Grand et sa réception au Moyen Âge*, *Separatum* de la *Freiburger Zeitschrift für Philosophie und Theologie*, 45 (1998).

DAIBER, H., « Lateinische Übersetzungen arabischer Texte zur Philosophie und ihre Bedeutung für die Scholastik des Mittelalters. Stand und Aufgaben der Forschung », *in* J. Hamesse, M. Fattori (éd.), *Rencontres de cultures dans la philosophie médiévale. Traduction et traducteurs de l'Antiquité tardive au XIVe siècle*, Louvain-la-Neuve-Cassino (Publications de l'Institut d'études médiévales, Textes, études, congrès, 11 - Rencontres de philosophie médiévale, 1), 1990, p. 203-250.

D'ANCONA COSTA, C., *Recherches sur le 'Liber de causis'*, Paris, Vrin (Études de philosophie médiévale, LXXII), 1995.

EBBESEN, S., « Albert (the Great ?)'s Companion to the Organon », *in* A. Zimmermann (éd.), *Albert der Grosse, seine Zeit, sein Werk, seine Wirkung...*, p. 89-103.

ENDRESS, G., *Der arabische Aristoteles und sein Leser. Physik und theologie im Weltbild Alberts des Großen*, Münster, Aschendorff (Lectio Albertina, 6), 2004.

ERISMANN, C., « *Generalis essentia.* La théorie érigénienne de l'*ousia* et le problème des universaux », *AHDLMA*, 69 (2002), p. 7-37.

—, « *Essentialis causa.* De la cause comme principe dans la métaphysique de Jean Scot Érigène », *Quaestio. Annuario di storia della metafisica,* 2 (2002), p. 187-215.

—, « *Processio id est multiplicatio.* L'influence latine de l'ontologie de Porphyre : le cas de Jean Scot Érigène », *Revue des sciences philosophiques et théologiques (RSPT),* 88 (2004), p. 401-460.

FAUSER, W., « Albertus Magnus », *in* S. Corsten *et alii* (éd.), *Lexikon des gesammten Buchwesens*, 1, Stuttgart, 1985, p. 52b-53a.

GERSH, S., *Middle Platonism and Neoplatonism. The Latin Tradition. I* (Publications in Medieval Studies, 23), Notre Dame (Indiana), 1986.

GIORDANO DI [IORDAN DE] QUEDLINBURG, *Opus Ior. Registrum sermonum. Tabula contentorum secundum ordinem alphabeti*, éd. N. Bray, présentation L. Sturlese, Pise, Scuola normale superiore (Centro di cultura medievale, 13), 2004.

HALLEUX, R., « Albert le Grand et l'alchimie », *Revue des sciences philosophiques et théologiques*, 66 (1982), p. 57-80.

HÖDL, L., « Über die averroistische Wende der lateinischen Philosophie des Mittelalters im 13. Jh. », *Recherches de théologie ancienne et médiévale*, 39 (1972), p. 171-204.

HOENEN, M.J.F.M., LIBERA, A. DE (éd.), *Albert und der Albertismus. Deutsche philosophische Kultur des 14. und 15. Jahrhunderts*, Leiden-New York-Köln, E.J. Brill, 1995.

HOßFELD, P., « Albertus Magnus (*ca.* 1200-1280) », *in* G. Böhme (éd.), *Klassiker der Naturphilosophie. Von den Vorsokratikern bis zur Kopenhagener Schule*, Munich, 1989, p. 74-85.

JORISSEN, H., *Der Beitrag Alberts des Großen zur theologischen Rezeption des Aristoteles am Beispiel der Transsubstantiationslehre*, Münster, Aschendorff (Lectio Albertina 5), 2002.

KLUXEN, W., « Albert der Große », in *Staatslexikon*, herausgegeben von der Görres-Gesellschaft, 1, Freiburg i. Br., 1985 (7e éd.), col. 88-91.

LEMAY, R., « Origin and Success of the *Kitab Thamara* of Abū Ja'far Ahmad ibn Yūsuf ibn Ibrahim from the Tenth to the Seventeenth Century in the World of Islam and the Latin West », *in* Ahmad Y. al-Hassan, Ghada Karmi, Nizar Namnun (éd.), *Proceedings of the First International Symposium For The History Of Arabic Science, April 5-12, 1976,* vol. II, Alep, University of Aleppo, Institute for the History of Arabic Science, p. 29-45.

LIBERA, A. (DE), « Albert le Grand et Thomas d'Aquin interprètes du *Liber de causis* », *Revue des sciences philosophiques et théologiques*, 74 (1990), p. 347-378.

—, « Introduction » à *Averroès. Le Livre du discours décisif.* Traduction inédite, notes et dossier par Marc Geoffroy, Paris, Flammarion (GF, 871), 1996, p. 5-83.

—, *La Querelle des universaux. De Platon à la fin du Moyen Âge*, Paris, Éd. du Seuil (Des Travaux), 1996.

—, *L'Art des généralités. Théories de l'abstraction*, Paris, Aubier (Philosophie), 1999.

—, « Pour Averroès », Introduction à *Averroès. L'Islam et la raison. Anthologie de textes juridiques, théologiques et polémiques*. Traduction de Marc Geoffroy, Paris, Flammarion (GF, 1132), 2000, p. 9-76.

—, « *Omnis homo de necessitate est animal* : Référence et modalité selon l'*Anonymus Erfordensis* Q 328 (Pseudo-Robert Kilwardby) », *AHDLMA*, 69 (2002), p. 201-237.

—, *Raison et Foi. Archéologie d'une crise d'Albert le Grand à Jean-Paul II*, Paris, Éd. du Seuil (L'Ordre philosophique), 2003.

—, *L'Unité de l'intellect. Commentaire du 'De unitate intellectus contra averroistas' de Thomas d'Aquin*, Paris, Vrin (Études et Commentaires), 2004.

LOHRUM, M., *Albert der Große. Forscher–Lehrer-Anwalt des Friedens* (Topos-Taschenbücher, 216), Mayence, 1991.

LONFAT, J., « Archéologie de la notion d'analogie d'Aristote à saint Thomas d'Aquin », *AHDLMA*, 71 (2004), p. 35-107.

LUNA, C., « Quelques précisions chronologiques à propos de la controverse sur l'unité de l'intellect », *RSPT*, 83/4 (1999), p. 649-683.

MEERSSEMAN, G., *Geschichte des Albertismus, Heft I : Die Pariser Anfänge des Kölner Albertismus*, Paris, 1933 ; *Heft II : Die ersten Kölner Kontroversen*, Rome, 1935.

MOJSISCH, B., « Die Theorie des Intellekts bei Berthold von Moosburg. Zur Proklosrezeption im Mittelalter », *in* Th. Kobusch, B. Mojsisch, O.F. Summerell (éd.), *Selbst - Singularität - Subjektivität. Vom Neuplatonismus zum Deutschen Idealismus*, Amsterdam - Philadelphia, B.R. Grüner, 2002, p. 175-184.

—, « Der Grund der Seele. Das Ich als Ursache seiner selbst und Gottes in der Philosophie Meister Eckharts », *in* G. Binder, B. Effe, R.F. Glei (éd.), *Gottmenschen. Konzepte existentieller Grenzüberschreitung im Altertum*, Trier (Bochumer Altertumswissenschaftliches Colloquium, Bd. 55), 2003, p. 181-203.

MOONAN, L., « What is a Negative Theology ? Albert's Answer », *in* W. Senner (éd.), *Albertus Magnus. Zum Gedenken nach 800 Jahren : neue Zugänge, Aspekte und Perspektiven*, Berlin, Akademie Verlag (Quellen und Forschungen zur Geschichte des Dominikanerordens, 10), 2001, p. 605-618.

MORESCHINI, Cl., *Dall'Asclepius al Crater Hermetis. Studi sull'ermetismo latino tardo-antico e rinascimentale* (Biblioteca di studi antichi, 47), Pise, 1985.

MÜLLER, J., *Natürliche Moral und philosophische Ethik bei Albertus Magnus*, Münster, Aschendorff (Beiträge zur Geschichte der Philosophie und Theologie des Mittelalters, 59), 2001.

PERLER, D., *Théories de l'intentionnalité au Moyen Âge*, Paris, Vrin (Conférences Pierre Abélard), 2003.

PICHÉ, D., *La Condamnation parisienne de 1277* ; nouv. éd. du texte latin, trad., introd. et commentaire, Paris, Vrin (Sic et Non), 1999.

PUTALLAZ, F.-X., Imbach, R., *Profession philosophe. Siger de Brabant*, Paris, Éd. du Cerf, 1997.

RENAULT, L., *Descartes ou la Félicité volontaire*, Paris, PUF (Épiméthée), 2000.

RESNICK, I.M., KITCHELL, K.F., *Albert the Great : A Selectively Annotated Bibliography (1900-2000)*, Tempe, Arizona Center for Medieval and Renaissance Studies (Medieval and Renaissance Texts and Studies, 269), 2004.

SCHEEBEN, H.C., « Albert der Grosse. Zur Chronologie seines Lebens », *Quellen zur Geschichte des Dominikanerordens in Deutschland*, 27 (1931), p. 7-15.

STEEL, C., « Siger of Brabant versus Thomas Aquinas on the Possibility of Knowing the Separate Substances », *in* J.A. Aertsen, K. Emery, A. Speer (éd.), *Nach der Verurteilung von 1277...*, p. 211-231.

—, « Medieval Philosophy : an Impossible Project ? Thomas Aquinas and the "Averroistic" Ideal of Happiness », *in* J.A. Aertsen, A. Speer (éd.), *Was ist Philosophie im Mittelalter ?*, p. 152-174.

—, *Der Adler und die Nachteule. Thomas und Albert über die Möglichkeit der Metaphysik*, Münster, Aschendorff (Lectio Albertina, 4), 2001.

STURLESE, L., « Saints et magiciens : Albert le Grand en face d'Hermès Trismégiste », *Archives de philosophie*, 43 (1980), p. 615-634.

—, « Albert der Große und die deutsche philosophische Kultur des Mittelalters », *Freib. Zeitschr. f. Philos. und Theol.*, 28 (1981), p. 133-147.

—, *Storia della filosofia tedesca nel medioevo. Il secolo XIII*, Florence, Leo S. Olschki Editore (Accademia Toscana di Scienze e Lettere. « La Colombaria ». Studi, CXLIX), 1996.

SUAREZ-NANI, T., « Remarques sur l'identité de l'intellect et l'altérité de l'individu chez Thierry de Freiberg », *in* F. Cheneval, R. Imbach, Th. Ricklin, (éd.), *Albert le Grand et sa réception au Moyen Âge...*, p. 96-115.

—, « Substances séparées, intelligences et anges chez Thierry de Freiberg », *in* K.-H. Kandler, B. Mojsisch, F.-B. Stammkötter (éd.), *Dietrich von Freiberg. Neue Perspektiven seiner Philosophie, Theologie und Naturwissenschaft.* Freiberger Symposion, 10-13. März 1997. Amsterdam - Philadelphia, B.R. Grüner (Bochumer Studien zur Philosophie, 28), 1999, p. 49-67.

—, *Les Anges et la philosophie*, Paris, Vrin (Études de philosophie médiévale, LXXXII), 2002.

THOMASSEN, B., *Metaphysik als Lebensform. Untersuchungen zur Grundlegung der Metaphysik im Metaphysikkommentar Alberts des Großen* (*Beiträge*, N.F. 27), Münster i. W., 1985.

TRACEY, M.J. « Albert the Great on Possible Intellect as *locus intelligibilis* », *in* J.A. Aertsen, A. Speer (éd.), *Raum und Raumvorstellungen im Mittelalter* Berlin-New York, Walter de Gruyter (Miscellanea Mediaevalia, 25), 1998, p. 287-303.

TWETTEN, D.B., « Albert the Great, Double Truth, and Celestial Causality », *Documenti e Studi sulla Tradizione Filosofica Medievale*, XII, 2001, p. 274-358.

WÉBER, É.-H., « Albert le Grand (1193?-1280) », in *Encyclopaedia Universalis, Corpus*, Paris, 1992, p. 680a-681b.

WEISHEIPL, J.A (éd.), *Albertus Magnus and the Sciences. Commemorative Essays 1980*, Toronto, Pontifical Institute of Mediaeval Studies, 1980.

WIELAND, G., *Untersuchungen zum Seinsbegriff im Metaphysikkommentar Alberts des Großen* (*Beiträge*, N.F. 7), Münster i. W., 1972.

—, « Albertus Magnus », *in* W. Kasper (éd.), *Lexikon für Theologie und Kirche*, 1, Fribourg-Bâle-Rome-Vienne, 1993 (3e éd.), col. 337-339.

—, *Zwischen Natur und Vernunft. Alberts des Großen Begriff vom Menschen*, Münster, Aschendorff (Lectio Albertina, 2), 1999.

ZIMMERMANN, A. (éd.), *Albert der Große. Seine Zeit, Sein Werk, Seine Wirkung*, Berlin-New York, W. De Gruyter (Miscellanea Mediaevalia, 14), 1981.

ZONTA, M. « L'autore del *De causis* : una nova ipotesi », *in* R.B. Finazzi, A. Valvo (éd.), *La diffusione dell'eredità classica nel'età tardoantica e medievale. Il 'Romanzo di Alessandro' e altri scritti*, Alessandria, Ed. dell'Orso, 1998, p. 323-330.

Index

Auteurs anciens et médiévaux

AUTEURS MODERNES

Table des matières

Imprimerie de la Manutention à Mayenne (France) – Avril 2005 – N° 99-05
Dépôt légal : 2e trimestre 2005